本书系国家社会科学基金项目
"中国FTA范式研究"（13CFX117）
结项成果

# 新时代
# 中国自由贸易协定
# 法律范式研究

Study on the Legal Paradigm of
China's Free Trade Agreements in the New Era

刘彬 著

**图书在版编目(CIP)数据**

新时代中国自由贸易协定法律范式研究/刘彬著. —北京:北京大学出版社,2020.9
ISBN 978-7-301-31517-0

Ⅰ.①新⋯　Ⅱ.①刘⋯　Ⅲ.①自由贸易—贸易协定—研究—中国　Ⅳ.①F752.4

中国版本图书馆 CIP 数据核字(2020)第 147303 号

| | |
|---|---|
| 书　　　名 | 新时代中国自由贸易协定法律范式研究<br>XINSHIDAI ZHONGGUO ZIYOU MAOYI XIEDING FALÜ FANSHI YANJIU |
| 著作责任者 | 刘　彬　著 |
| 责 任 编 辑 | 孙维玲 |
| 标 准 书 号 | ISBN 978-7-301-31517-0 |
| 出 版 发 行 | 北京大学出版社 |
| 地　　　址 | 北京市海淀区成府路 205 号　100871 |
| 网　　　址 | http://www.pup.cn　新浪微博:@北京大学出版社 |
| 电 子 信 箱 | sdyy_2005@126.com |
| 电　　　话 | 邮购部 010-62752015　发行部 010-62750672　编辑部 021-62071998 |
| 印　刷　者 | 北京溢漾印刷有限公司 |
| 经　销　者 | 新华书店 |
| | 730 毫米×980 毫米　16 开本　30 印张　459 千字<br>2020 年 9 月第 1 版　2020 年 9 月第 1 次印刷 |
| 定　　　价 | 108.00 元 |

未经许可,不得以任何方式复制或抄袭本书之部分或全部内容。
**版权所有,侵权必究**
举报电话: 010-62752024　电子信箱: fd@pup.pku.edu.cn
图书如有印装质量问题,请与出版部联系,电话: 010-62756370

# 序

  作者自学生时代始,一心向学,勤于求知。在厦门大学法学院完成学业之后,他执教于西南政法大学国际法学院,一如既往,执念于学术,笔耕不辍,是一位难得的青年国际法学者。

  作者长期从事自由贸易协定(FTA)研究,融贯该领域学理,学术积累厚实。在此基础上,他承担了国家社会科学基金项目,潜心专研中国 FTA,历经数年,完成这部专著。

  本书并非囿于对中国 FTA 的纯粹文本分析和解读,而是立足于晚近中国内外政策导向和国际环境的深刻变化,探索中国 FTA 理论建构和制度设计的基本思路,展现了相当宽阔的学术视域。

  学界迄止对中国 FTA 的研究多关注有关具体议题和具体规则,而本书则着眼于新时代中国国家身份与利益的变迁,以及中国作为新兴大国对国际立法话语权的需求,重在研究中国 FTA 的整体风格。可以说,只有观其全貌,才能厘清中国 FTA 的内在机理,并完整把握其蕴含的中国特色。

  立基于以上两大特点,本书围绕中国 FTA"法律范式建构"这一主线,思考中国打造 FTA 体系面临的时代挑战,意在从历时性维度对以往中国众多 FTA 的得失作出系统性总结,并从共时性角度借鉴世界范围内典型 FTA 的精义,从而阐明新时代中国 FTA 建构的战略选择和应有范式,并就其具体规则的完善提出相应的对策建议,所涉诸种观点具有启发意义。

值得一提的是,国家社会科学基金项目通常由集体完成,诚然有助于凝结多人的学术智慧,但各人的研究成果有时难以有效整合。本书系作者独立完成,力求研究理路通达,论证一以贯之,结构有序展开,各部分内容对接平顺,有利于保证该国家社会科学基金项目最终成果的学术质量。

特朗普执政以来,美国推行贸易霸凌主义,对现行国际贸易体制产生了巨大冲击,也必将影响中国的对外经贸法律实践。有鉴于此,期待作者跟踪国内国际大局的变动,进一步开展对中国 FTA 的后续研究,产出更多新的科研成果。

是为序。

厦门大学法学院国际法学教授 徐崇利

2020 年 2 月 10 日

# 缩略语表

（按缩略语字母排序）

| 缩略语 | 英文全称 | 中文全称 |
|---|---|---|
| APEC | Asia-Pacific Economic Cooperation | 亚太经济合作组织 |
| BIT | Bilateral Investment Treaty | 双边投资条约 |
| CEPA | Closer Economic Partnership Arrangement | 《关于建立更紧密经贸关系的安排》 |
| CETA | Comprehensive Economic and Trade Agreement | 《全面经济与贸易协定》 |
| CPTPP | Comprehensive and Progressive Trans-Pacific Partnership Agreement | 《全面与进步跨太平洋伙伴关系协定》 |
| ECFA | Economic Cooperation Framework Agreement | 《海峡两岸经济合作框架协议》 |
| EFTA | European Free Trade Area | 欧洲自由贸易区 |
| EGA | Environmental Goods Agreement | 《环境产品协定》 |
| EIA | Environmental Impact Assessment | 环境影响评估 |
| EPA | Economic Partnership Agreement | 经济伙伴协定 |
| FTA | Free Trade Agreement | 自由贸易协定 |
| FTAAP | Free Trade Area of the Asia-Pacific | 亚太自由贸易区 |
| FTZ | Free Trade Zone | 自由贸易园区 |
| GATS | General Agreement on Trade in Services | 《服务贸易总协定》 |

（续表）

| 缩略语 | 英文全称 | 中文全称 |
|---|---|---|
| GATT | General Agreement on Tariffs and Trade | 关贸总协定 |
| GATT 1947 | General Agreement on Tariffs and Trade 1947 | 《1947年关贸总协定》 |
| GATT 1994 | General Agreement on Tariffs and Trade 1994 | 《1994年关贸总协定》 |
| GPA | The Government Procurement Agreement | 《政府采购协定》 |
| ICS | The Investment Court System | 投资法院体系 |
| ICSID | International Centre for Settlement of Investment Disputes | 国际投资争端解决中心 |
| ICT | Information and Communication Technology | 信息通信技术 |
| ILO | International Labor Organization | 国际劳工组织 |
| ISDS | Investor-State Dispute Settlement | 投资者与国家争端解决 |
| ITA | Information Technology Agreement | 《信息技术协定》 |
| MEAs | Multilateral Environmental Agreements | 多边环境协定 |
| MERCOSUR | Mercado Común del Sur | 南方共同市场 |
| NAFTA | North American Free Trade Agreement | 《北美自由贸易协定》 |
| OECD | Organization for Economic Co-operation and Development | 经济合作与发展组织 |
| RCEP | Regional Comprehensive Economic Partnership | 《区域全面经济伙伴关系协定》 |
| RTA | Regional Trade Agreement | 区域贸易协定 |
| SACU | Southern African Customs Union | 南部非洲关税同盟 |
| SIA | Sustainable Impact Assessment | 可持续（发展）影响评估 |
| SPS | Sanitary and Phytosanitary | 卫生与植物卫生（措施/协定） |
| TBT | Technological Barriers to Trade | 技术性贸易壁垒（措施/协定） |
| TISA | Trade in Service Agreement | 《服务贸易协定》 |
| TPP | Trans-Pacific Partnership Agreement | 《跨太平洋伙伴关系协定》 |
| TRIPS | Trade-Related Aspects of Intellectual Property Rights | 与贸易有关的知识产权（协定） |

（续表）

| 缩略语 | 英文全称 | 中文全称 |
|---|---|---|
| TTIP | Trans-Atlantic Trade and Investment Partnership Agreement | 《跨大西洋贸易与投资伙伴协定》 |
| UPOV | The International Union for the Protection of New Varieties of Plants | 植物新品种保护国际联盟 |
| USMCA | The United States-Mexico-Canada Agreement | 《美墨加协定》 |
| WCT | WIPO Copyright Treaty | 《世界知识产权组织版权条约》 |
| WIPO | World Intellectual Property Organization | 世界知识产权组织 |
| WPPT | WIPO Performances and Phonograms Treaty | 《世界知识产权组织表演和录音制品条约》 |
| WTO | World Trade Organization | 世界贸易组织 |

# 目录

**导论** / 001
    第一节  研究命题之缘起 / 001
    第二节  以往学术史回顾 / 025
    第三节  研究目标、方法与框架 / 032

**第一章  以往中国自由贸易协定文本的法律特征** / 035
    第一节  以往中国自由贸易协定实践概况 / 035
    第二节  以往中国自由贸易协定文本的主要法律特征 / 037
    第三节  以往中国自由贸易协定文本特征的动因分析 / 054

**第二章  以往中国自由贸易协定的实效分析与反思** / 074
    第一节  以往中国自由贸易协定对经贸利益的正面促进 / 074
    第二节  以往中国自由贸易协定关税优惠的低利用率问题 / 078
    第三节  以往中国自由贸易协定利用率状况的分析与反思 / 086
    第四节  中国自由贸易协定关于经贸利益的待开发区 / 097

## 第三章　新时代中国自由贸易协定面临的政策与形势 / 103
- 第一节　转型期中国的国内发展政策导向 / 103
- 第二节　转型期中国的国际经贸政策导向 / 116
- 第三节　转型期中国面对的国际经贸规则制定形势 / 124

## 第四章　新时代中国自由贸易协定法律范式构建的客观趋势与主观立场 / 136
- 第一节　客观趋势：世界经济活动新特征对国际经贸规则的新要求 / 136
- 第二节　主观立场：重新认识"少边主义"与发展中大国利益 / 185

## 第五章　国际社会相关借鉴与新时代中国自由贸易协定法律范式归纳 / 205
- 第一节　以往学术界与国际组织的成果 / 205
- 第二节　欧盟 TTIP 谈判立场文件的借鉴 / 213
- 第三节　世界范围内其他重要自由贸易协定的谈判状况 / 247
- 第四节　新时代中国自由贸易协定法律范式构建思路的归纳 / 260

## 第六章　新时代中国自由贸易协定法律规则之变 / 285
- 第一节　议题项目之变 / 285
- 第二节　利益要点之变 / 311
- 第三节　开放模式之变 / 327
- 第四节　优惠授予面之变 / 366

## 第七章　新时代中国自由贸易协定法律规则之不变 / 404
- 第一节　市场准入力度加深之不变 / 404
- 第二节　公共监管权力保持之不变 / 412
- 第三节　特殊与差别待遇坚持之不变 / 430
- 第四节　协定条款软硬并行之不变 / 443

全书结论 / 453

主要参考文献 / 466

后记 / 469

# 导　论

## 第一节　研究命题之缘起

### 一、全球新背景下中国自由贸易协定的实践动态

#### （一）国际经贸规则的新变革与FTA地位的进一步勃兴

后金融危机时期，世界面临百年未有之大变局，[1]全球范围内的国际经贸规则正在发生一系列重大变革。就变革主体论，以中国为代表的若干发展中大国在国际经贸规则制定中的地位日益上升，并迎来了有利于自身的若干重大新契机。[2]而美、欧、日等发达国家和地区因受金融危机及其他复杂政治因素影响，经济相对低迷，贸易与投资保护主义有所抬头。就变革内容论，由于各国政治经济力量的此消彼长，一些发展中国家如中国，对内采取一系列加速改革开

---

[1]　参见中华人民共和国国务院新闻办公室：《新时代的中国与世界》，人民出版社2019年版，第39页。
[2]　典型事例是人民币于2016年被列入国际货币基金组织（IMF）特别提款权货币篮子。

放的创新性试验措施,[1]对外与其他新兴经济体一道,积极争取扩大自身在贸易、投资、金融、知识产权等诸多领域的规则话语权。[2] 而发达国家在贸易投资等领域的缔约实践中,虽继续强势推行其自由市场理念,但也在一定程度上强化了主权防卫倾向。[3] 就变革舞台论,当代既有世界贸易组织(WTO)、国际货币基金组织、世界知识产权组织(WIPO)、联合国国际贸易法委员会(UNCITRAL)、联合国贸易和发展会议(UNCTAD)等传统的多边舞台,又蓬勃兴起了双边性、区域性的自由贸易协定(FTA)等"少边"舞台。[4] 实际上,无论是发展中国家还是发达国家,都坚持各自的利益基调,在各种变革舞台上各擅胜场,力图在国际经贸规则制定中赢得有利地位。

在这场规则变革的大潮中,变革舞台的中心正在悄然发生转变。由于业内周知的原因,WTO 多哈回合至今不能取得市场准入谈判的实质性进展,处于事实上的近乎"停摆"状态,规则改革谈判也由于 160 多个成员的立场歧异而难以达成有效成果。[5] 与之形成鲜明对照的是,区域贸易协定(RTA)继续大量涌

---

〔1〕 典型措施如,近年来于中国积极推进从沿海到内陆的十几个自由贸易试验区的建设,逐步对外资实行准入前国民待遇加负面清单的开放模式。同时,创新驱动发展战略、供给侧结构性改革等顶层设计,也彰显了中国政府进一步将改革开放事业推向纵深的政策导向。

〔2〕 例如,中国积极倡议并参与金砖国家合作与对话机制,与其他发展中大国一道主张扩大国际货币基金组织中发展中成员的投票份额,即为典型表现。

〔3〕 例如,西方国家近年来对投资者与国家争端解决(ISDS)机制的态度发生了不同以往的明显变化。澳大利亚明确反对在 FTA 投资章中纳入 ISDS 机制;欧盟则在《跨大西洋贸易与投资伙伴协定》(TTIP)谈判中主张 ISDS 机制应建立常设法庭和上诉机制,以加强法律裁决的正当性和合法性。参见李庆灵:《中国—澳大利亚 FTA 中投资仲裁庭的权力约束机制述评》,载《国际经贸探索》2016 年第 5 期;叶斌:《欧盟 TTIP 投资争端解决机制草案:挑战与前景》,载《国际法研究》2016 年第 6 期。此外,业内周知的是,美国总统特朗普上任以来在国际经贸领域的一系列言论和举措也显示出保护主义、孤立主义的明显特征。

〔4〕 "少边主义"一词系译自英文单词 minilateralism,该词在西方国际关系文献中已被较多使用,指特定的少数国家在特定议题上进行小范围合作和协调的一种理念和方式。将该词译为"少边主义"为国际关系学者苏长和所倡。参见〔美〕米尔斯·卡勒:《小数目和大数目中的多边主义》,载〔美〕约翰·鲁杰主编:《多边主义》,苏长和等译,浙江人民出版社 2003 年版,第 337—373 页。该译法虽不太符合中文表达习惯,但在表意上十分到位。本书后面也将多处使用"少边""少边主义""少边合作"等表述。

〔5〕 WTO 多哈回合迄今有限的规则谈判成果是已经生效的《贸易便利化协定》,以及全面取消农业出口补贴的承诺。

现。据 WTO 官方资料统计,截至 2020 年 6 月 1 日,现行有效的 RTA 有 303 个,若将同一 RTA 中的货物贸易协议、服务贸易协议分开计算,则通报次数达到 490 次。[1] 出于传统的表述习惯,人们继续普遍使用"区域贸易协定"一词。然而,现今的 RTA 早就突破了过去货物贸易自由化的单一内容,将覆盖范围延伸到服务贸易、投资、电子商务、知识产权、竞争政策、环境保护等众多议题,成为事实上的综合性经贸协定。

其中,FTA 由于组建难度远小于关税同盟或经济货币共同市场,成为全球范围内最主流的 RTA 形式。近些年来,FTA 出现了引人注目的新动向,即出现所谓"巨型 FTA"(mega-FTA)谈判。巨型 FTA 谈判突破了过去的双边或至多三边的谈判模式,其特征是参与成员众多,经济总量规模巨大,牵涉议题范围较广,规则标准引领潮流。晚近的典型代表便是美国主导下的《跨太平洋伙伴关系协定》(TPP,现已为《全面与进步跨太平洋伙伴关系协定》(CPTPP)所取代)[2]与《跨大西洋贸易与投资伙伴协定》、中国参与的《区域全面经济伙伴关系协定》(RCEP)的谈判,以及未来中国可能与欧盟之间发生的 FTA 谈判等,[3]对贸易投资等国际经贸规则的制定都将产生全球性影响。巨型 FTA 谈判因其示范效应巨大,已成为当代国际经贸规则制定主导权"争夺战"的"新高地"。

---

[1] See https://www.wto.org/english/tratop_e/region_e/region_e.htm, last visited on June 20, 2020.

[2] 美国总统特朗普在上任之初即下令终止批准 TPP。但是,笔者认为,TPP 文本的许多内容无疑是历年来美国关于经贸谈判的种种立场的经典表达,若未来新的经济繁荣周期来临,美国或重拾 TPP,或将其规则改头换面,这种可能性仍不可忽略。杨国华也撰文指出,WTO 现有的议题覆盖度已经明显落后于世界经济治理的现实,需要建立"世界贸易与投资组织"(WITO),其理想模型是"TPP+WTO"。参见杨国华:《论世界贸易与投资组织的构建》,载《武大国际法评论》2018 年第 1 期,第 139—157 页。可见,研究 TPP 仍然具有重大意义。

[3] 参见《欧盟内部呼吁启动中欧 FTA 谈判 中方表示欢迎》,http://fta.mofcom.gov.cn/article/fzdongtai/201605/31677_1.html;《迟福林:中欧应在 2020 年建立自贸区》,http://fta.mofcom.gov.cn/article/fzdongtai/201606/32337_1.html,2018 年 12 月 10 日访问。

## （二）晚近中国 FTA 的实践动态及初评

作为当今全球重要经济体之一，中国也积极融入时代发展潮流之中。据官方资料归纳，除了《亚太贸易协定》[1]这一传统的优惠贸易安排，迄今中国签署的 FTA 或类似协定已达到 17 个，涉及国家或地区 25 个，具体包括：内地与香港、澳门《关于建立更紧密经贸关系的安排》(CEPA)、《海峡两岸经济合作框架协议》(ECFA)，中国—智利 FTA 及其升级版，中国—巴基斯坦 FTA 及其第二阶段成果，中国—东盟 FTA 及其"10+1"升级版，中国—新加坡 FTA 及其升级版，中国—新西兰 FTA，中国—秘鲁 FTA，中国—哥斯达黎加 FTA，中国—冰岛 FTA，中国—瑞士 FTA，中国—韩国 FTA，中国—澳大利亚 FTA，中国—马尔代夫 FTA，中国—格鲁吉亚 FTA，中国—毛里求斯 FTA 等。此外，中国正在谈判的 FTA 中，双边层面的有与海湾合作委员会、挪威、斯里兰卡等的谈判，区域层面的有 RCEP、中日韩 FTA 谈判，以及与新西兰、韩国、秘鲁进行的 FTA 升级版或第二阶段谈判。[2]

对中国 FTA 各个文本进行初步考察便可直观地看出，所涉及的议题范围日益扩大，规则标准逐步提高，自由开放度渐进深入。仅就最直观的议题范围论，中国早期与东盟 10 国、智利、巴基斯坦等伙伴的 FTA 的最初文本仅涉及传统的货物贸易自由化、货物贸易一般监管与救济措施、投资保护等事项，且未必齐全，如中国—智利 FTA 的原初文本就未涉及投资保护；2008 年与新西兰的 FTA 增加了"海关程序""自然人流动""知识产权""例外"章，这也成为后来与新加坡、秘鲁、哥斯达黎加的 FTA 的通例；2013 年与冰岛的 FTA 增加了"竞争政策"章，与瑞士的 FTA 增加了"环境"章；2015 年与韩国的 FTA 增加了"金融服务""电信""电子商务"章，与澳大利亚的 FTA 增加了"电子商务"章。虽然与美国主导的 TPP 文本相比，中国 FTA 目前在议题覆盖度上仍有差距，但无疑正

---

〔1〕 前身为《曼谷协定》，但仅为优惠贸易安排，并非完整意义上的 FTA。
〔2〕 参见中国自由贸易区服务网，http://fta.mofcom.gov.cn，2019 年 10 月 23 日访问。

呈现出日益扩张的"深度一体化"态势,[1]这与全球FTA大潮流是一致的。

当前,在"一带一路"倡议和自由贸易区战略(以下简称"自贸区战略")的引领下,中国国内若干顶层设计文件都强调FTA建设的高标准化。[2] 同时,中国正在谈判中的FTA伙伴包括经济体量大中小不等的发达国家、新兴工业化国家与发展中国家等各种类型。[3] 因此,可以断言,中国FTA议题范围扩大、规则标准提高、日益自由开放的大趋势总体上是不会逆转的。

## 二、全球新背景下中国自由贸易协定法律范式研究的必要性

本书试图提出的一个命题是:在后金融危机时期,FTA已悄然崛起为全球范围内国际经贸规则制定最活跃的舞台,而且是规则主导权争夺的焦点舞台。基于这一全球新背景,中国作为最引人注目的发展中大国,其FTA实践动态无疑将与自身经贸利益乃至国际经济新秩序的构建息息相关。

为此,中国FTA法律范式研究的必要性得以凸显。对这种必要性的理解可从以下几个方面展开:首先,需要对"范式"概念及其在科学史上的地位作词源考察,并结合本书研究对象——中国FTA对"范式"一词作出含义界定;其次,探讨中国FTA的当代实践为何需要一定的范式,范式对于中国FTA的实践指导意义为何;再次,阐述中国FTA在全球后金融危机时期与中国特色社会主义新时代究竟需要什么样的范式,并试图对范式的具体要义作初步归纳;最后,澄清"范式"与"范本"这一对易混淆概念的区别,论证中国FTA为何宜提"范式"而不是"范本"。

---

[1] 关于中国FTA迈向"深度一体化"的观点,参见东艳等:《深度一体化:中国自由贸易区战略的新趋势》,载《当代亚太》2009年第4期。

[2] 参见国家发展改革委、外交部、商务部经国务院授权于2015年3月28日联合发布的《推动共建丝绸之路经济带和21世纪海上丝绸之路的愿景与行动》;《习近平:加快实施自由贸易区战略 加快构建开放型经济新体制》,http://fta.mofcom.gov.cn/article/zhengwugk/201412/19394_1.html,2018年12月16日访问;《国务院关于加快实施自由贸易区战略的若干意见》,国发〔2015〕69号,2015年12月17日发布。

[3] 参见中国自由贸易区服务网,http://fta.mofcom.gov.cn,2019年6月18日访问。

表 0-1 中国对外 FTA 篇章结构一览表[1]

| 缔约对象 | 签署时间 | 货物贸易（国民待遇和市场准入等） | 货物原产地规则 | 卫生与植物卫生措施、技术性贸易措施 | 货物贸易救济措施 | 海关程序（贸易便利化） | 服务贸易 | 自然人流动（商务人员入境） | 投资 | 透明度 | 经济合作 | 知识产权 | 竞争政策 | 环境保护 | 电子商务 | 金融服务 | 电信 |
|---|---|---|---|---|---|---|---|---|---|---|---|---|---|---|---|---|---|
| 东盟10国 | 2002.11.04（框架协议） | √ | × | × | × | × | √ | × | √ | × | √ | × | × | × | × | × | × |
| 智利 | 2005.11.18 | √ | √ | √ | √ | √ | × | × | × | × | √ | × | × | × | × | × | × |
| 巴基斯坦 | 2006.11.24 | √ | √ | √ | √ | √ | × | × | √ | × | √ | × | × | × | × | × | × |
| 新西兰 | 2008.04.07 | √ | √ | √ | √ | √ | √ | √ | √ | √ | √ | × | × | √ | × | × | × |
| 新加坡 | 2008.10.23 | √ | √ | √ | √ | √ | √ | √ | √ | × | √ | × | × | × | × | × | × |
| 秘鲁 | 2009.04.28 | √ | √ | √ | √ | √ | √ | √ | √ | √ | √ | √ | × | √ | × | × | × |
| 哥斯达黎加 | 2010.04.08 | √ | √ | √ | √ | √ | √ | × | × | √ | √ | √ | × | × | × | × | × |
| 冰岛 | 2013.04.15 | √ | √ | √ | √ | √ | √ | × | √ | √ | √ | √ | √ | √ | × | × | × |
| 瑞士 | 2013.07.06 | √ | √ | √ | √ | √ | √ | × | × | √ | √ | √ | × | √ | × | × | √ |
| 韩国 | 2015.06.01 | √ | √ | √ | √ | √ | √ | √ | √ | √ | √ | √ | √ | √ | √ | × | × |
| 澳大利亚 | 2015.06.17 | √ | √ | √ | √ | √ | √ | √ | √ | √ | × | √ | × | × | × | × | √ |
| 格鲁吉亚 | 2017.05.13 | √ | √ | √ | √ | √ | √ | × | × | √ | √ | √ | √ | √ | √ | × | × |

[1] 此表系笔者根据中国自由贸易区服务网提供的中国 FTA 文本信息整理。需要说明的是，此表仅统计各个 FTA 议题范围的不断扩张趋势。表格对各个 FTA 篇章结构的统计以"章"标题为准，升级版或第二阶段协议或补充协议后未计入。如此可从中发现中国 FTA 的《全面经济合作框架协议》并未分章，表格以该协议"条"标题为准。也有一些特殊情况，例如，中国—东盟 FTA 的原初文本的内容，而后来的修订书、议定书、补充协议、升级版或第二阶段协议或补充协议未计入。如此可从中发现中国 FTA 的《全面经济合作框架协议》并未分章，表格以该协议"条"标题为准。也有一些特殊情况，例如，中国—东盟 FTA 中"自然人流动（商务人员入境）"没有放在"章"标题，而是放在附件中，表格将其计为"×"。此外，已签署的 2017 年中国—马尔代夫 FTA，2019 年中国—毛里求斯 FTA，因在写作之时中国自由贸易区服务网尚未披露文本，故未计入。

(一) 何为"范式"?

1. "范式"的学术溯源:对库恩经典理论的追忆

关于"范式"(paradigm)一词,科学哲学界公认:美国学者托马斯·库恩在《科学革命的结构》一书中对该词的系统性阐述,使该词在科学界产生了巨大影响。尽管有人指出库恩并非第一个使用该词的学者,[1]但无可争议的事实是,从库恩开始,"范式"一词才得以真正在科学界广为流传,并且派生出各类衍生和借用含义。

库恩基于他所扎根的英美学术风格,在《科学革命的结构》一书中并未采用中国人所喜爱的统一定义方法来清晰界定何为"范式"。他首先提出"科学共同体"和"常规科学"的概念:科学共同体是指以科学探索为职业的科学家团体;常规科学指"坚实地建立在一种或多种过去科学成就基础上的研究,这些科学成就为某个科学共同体在一段时期内公认为是进一步实践的基础"。[2]但是,并非所有的科学成就都能成为指导科学共同体"进一步实践的基础"。库恩指出,科学成就只有具备以下两个基本特征才能达到上述地位:一是它能够空前地吸引一批坚定的拥护者,使他们脱离科学活动的其他竞争模式;二是它足以无限制地为重新组成的一批实践者留下有待解决的种种问题。[3]在库恩看来,诸如亚里士多德物理学、托勒密天文学、牛顿力学等就是科学史上具备这种特征和地位的范式,通过相关定律、理论、应用和配套仪器等一起为特定的、连贯的科学研究提供模型。[4]范式的建立,意味着某个科学共同体达成了一种共识性研究理念,是该科学领域达到成熟的标志。

同时,在库恩看来,范式并不代表绝对真理,它在很大程度上只是一种人为建构起来的关于如何看待实践现象的世界观,是一种人为的理论预设。尽管范

---

[1] 参见李醒民:《库恩在科学哲学中首先使用了"范式"(paradigm)术语吗?》,载《自然辩证法通讯》2005年第4期,第105—107页。

[2] 参见〔美〕托马斯·库恩:《科学革命的结构》,金吾伦、胡新和译,北京大学出版社2003年版,第9页。

[3] 同上。

[4] 同上。

式未必绝对正确,但范式对于科学研究的巨大推动作用不容抹杀。无论如何,范式为科学家提供了"游戏"规则,为他们认识世界、探索世界建构了强大的理论模型,从而为科学家认识杂乱无章的自然界现象提供了去粗取精的系统性归纳工具。[1]例如,亚里士多德物理学、托勒密天文学、牛顿力学在今天都被证明是具有局限性甚至是错误的。然而,这并不影响曾经接受上述范式的科学家们在此基础上开展科学研究,甚至还能继续取得高水平的研究成果。"理论要作为一种范式被接受,它必须优于它的竞争对手,但它不需要,而且事实上也不可能解释它所面临的所有事实。"[2]如果说成功的范式在开始时很大程度上只是有选择性的、不完备的、有可能成功的一些预示,那么前述"常规科学"就在于验证、实现这种预示。其方法是,扩展那些范式所展示出来的特别有启发性的事实,增进这些事实与范式预测之间的吻合程度,并且力图使范式本身更加明晰。所以,常规科学研究的本意并不是开拓性的,而是服务于范式的自我完善,其目标在于澄清、证成范式已经提供的那些现象与理论。[3]

因此,科学共同体取得一个范式,就是有了一个选择问题的标准。当范式被科学家们视为理所当然时,这些被选择出来的问题就可以被认为是有解的问题。但是,如前所述,范式并非能够对所有问题都提供现成的解,它会给科学共同体不断留下待解的问题。库恩称这些问题为"谜"。解答常规科学研究中的问题,从而实现范式的预期,即所谓"解谜"。[4]然而,"解谜"活动会不断增加新的科学发现,其中有些发现往往与原先范式的预期并不一致,即"反常"。当这些"反常"越来越多并在技术层面上产生对原先范式的动摇时,即产生"危机"。科学家们有可能在"危机"中发展出新的范式,就是库恩所说的"革命",其本质是世界观的改变。科学发现既是范式变化的原因,又是范式变化的结果;它对于新范式是建设性的,对于旧范式则是破坏性的。[5]

---

[1] 〔美〕托马斯·库恩:《科学革命的结构》,金吾伦、胡新和译,北京大学出版社2003年版,第16页。

[2] 同上。

[3] 同上书,第21—22页。

[4] 同上书,第33页。

[5] 同上书,第61页。

在库恩的理论体系中,范式具有强烈的建构性色彩。他强调,范式常常并无对错之分,只是对世界的认识模式存在不同,而认识模式是科学家们人为构建并用来解释实践现象的理论。新的范式未必解释什么都对,旧的范式也未必什么都错。例如,他指出,尽管哥白尼天文学取代托勒密天文学是范式的革命,但对于一些天文现象,过去的托勒密天文学其实比哥白尼天文学解释得更完美。这就解释了为何新范式出现时仍然有众多的旧范式追随者拒绝接受新范式。他指出,不同的范式之间具有"不可通约性",这种不可通约性往往来自各个范式对世界的认识模式的不同,并非存在截然的对错。例如,如果分别问物理学家、化学家单个氦原子是不是分子,他们会从各自的训练和研究实践来看待这个问题。尽管回答不同,但我们不能说任何一方错了,因为他们各自的专业所关注的问题语境不同,术语体系自然也不同。[1] 库恩的"不可通约性"思想常常令人困惑,以至于人们常常从"真理客观性"角度指责他陷入"相对主义""虚无主义"的泥潭。实际上,这一思想正对应着当代西方哲学所强调的认识的可建构性。例如,对于同一棵树,物理学家、化学家、生物学家、园艺学家眼中所看到的东西必定是不一样的。

库恩一再强调,尽管范式未必代表绝对真理,但却是一个学科领域得以开展常规科学研究并不断发展进步的前提。没有范式的指导,科学就无法进步。正如没有在托勒密天文学指导下开展的大量观测活动,就不会催生哥白尼天文学;没有牛顿力学,就不会有物理学的巨大进步,就不会迎来相对论和量子物理革命一样。也正因如此,库恩的范式理论产生了极其巨大且广泛的影响力,至今仍被奉为科学哲学中的经典理论,并从自然科学界扩散到人文社科界。简言之,"范式"在科学研究中既是科学家的一种精神定向工具,也是认识和理解世界的工具,[2] 属于认识模式的范畴。

---

[1] 参见〔美〕托马斯·库恩:《科学革命的结构》,金吾伦、胡新和译,北京大学出版社2003年版,第47页。

[2] 参见陈俊:《库恩"范式"的本质及认识论意蕴》,载《自然辩证法研究》2007年第11期,第105—106页。

## 2. 国际法学科视野下中国FTA"范式"之含义界定

(1) 人文社科界对"范式"的广泛借用

时至今日,"范式"一词仍极为流行,并衍生出大量其他含义,其中许多含义其实已经偏离了库恩的原意。[1] 不过,笔者认为,语言为普世之公器,库恩本人并非"范式"一词的创造者,而只是学术史上该词的一个权威诠释者,因此各个学科对"范式"一词的借用乃至衍生使用并无不可。只要我们在借用的时候,清楚当初在学术界影响最大的"库恩含义",并注意鉴别自己用法与库恩用法的异同,即是对学术严肃性的尊重。

就笔者有限范围的观察,目前在国内人文社科界,"范式"一词也十分流行。例如,社会学学者周晓虹在《社会学理论的基本范式及整合的可能性》一文中指出,社会学家对库恩"范式"概念的借用是有改进或偏离的。[2] 关于"范式"一词的各种衍生用法,他专门提出:[3]

> 为了使范式的概念能够在社会学中更为灵活地使用,瑞泽尔提出可以在不同层面上使用"范式"概念。比如,"范式"既可以用来区分科学家共同体或干脆用来区分不同学科,如社会学和心理学;也可以用来代表某一学科的不同发展阶段,如18世纪时的物理学和20世纪初期的物理学;还可以用来代表同一时期、同一领域内的亚科学家共同体,如心理学中的精神分析,在同一时期就有弗洛伊德、荣格、阿德勒和霍妮等不同范式。瑞泽尔认为,在这三个层面的范式变式中,最后一种是最为普遍也最为有效的。由此,"范式是存在于某一科学论域内关于研究对象的基本意向。它可以用来界定什么应该被研究,什么问题应该被提出,如何对问题进行质疑,以及在解释我们获得的答案时该遵循什么样的规则。范式是一科学领域内获得最广泛共识的单位,我们可以用其来区分不同的科学家共同体或亚共同体。它能够将存在于某一科学中的不同范例、理论、方法和工具加以归

---

[1] 参见杨斌:《库恩的"范式"概念及其借用中的误区》,载《东北大学学报(社会科学版)》2010年第6期,第474—475页。

[2] 参见周晓虹:《社会学理论的基本范式及整合的可能性》,载《社会学研究》2002年第5期,第34—35页。

[3] 同上文,第35页。

纳、定义并相互联系起来"(Ritzer,1975:7)。

(2) 国际法学界对"范式"的借用

回到本书所围绕的国际法学科语境,我们可以发现,国际法学界使用"范式"一词的文献亦为数众多。例如,蔡从燕有一文,其中的"范式"意指解决南北问题的途径、方式或理念等;[1] 而在他的另一文中,"范式"则意指行政管理活动的内容、功能、价值。[2] 徐崇利有一文,其中的"范式"意指国际经济法学科所持的理论建构模式;[3] 在他的另一文中,其中的"范式"含义基本同上。[4] 刘志云有一文,其中的"范式"意指国际关系学科中的不同理论流派。[5] 刘瑛有一文,其中的"范式"意指世界主义的国际法建构观念或理论。[6] 杜涛有一文,其中的"范式"意指冲突法在历史上赖以立基的各种理论基础及其背后蕴含的价值理念。[7] 陈一峰有一文,其中的"范式"意指全球治理视野下的国际法研究新模式。[8] 韩秀丽有一文,其中的"范式"意指中非经济合作的方式。[9] 漆

---

[1] 参见蔡从燕:《从国际经济新秩序运动到可持续发展战略——南北问题解决范式的可能转换及其对发展中国家的深远影响》,载陈安主编:《国际经济法学刊(第15卷第3期)》,北京大学出版社2008年版。(因系引证对"范式"一词的使用事实的存在,省略了文献页码,以下皆同。)

[2] 参见蔡从燕:《论中国外贸管理法的范式转换——全球治理与公共行政的视角》,载《现代法学》2004年第4期。

[3] 参见徐崇利:《经济全球化与中国国际经济法的研究范式》,载《清华法治论衡》2005年第2期。

[4] 参见徐崇利:《走出误区的"第三条道路":"跨国经济法"范式》,载《政法论坛》2005年第4期。

[5] 参见刘志云:《"世界秩序理论"视野下的国际法》,载《甘肃政法学院学报》2010年第2期。

[6] 参见刘瑛:《世界主义:伦理、外交、国际法》,载《国外社会科学》2014年第1期。

[7] 参见杜涛:《冲突法的中国模式?——21世纪冲突法的范式转型》,载《武大国际法评论》2012年第1期。

[8] 参见陈一峰:《全球治理视野下的国际组织法研究——理论动向及方法论反思》,载《外交评论》2013年第5期。

[9] 参见韩秀丽:《中非双边投资条约:现状与前景》,载《厦门大学学报(哲学社会科学版)》2015年第3期。

彤有一文,其中的"范式"意指国际投资的主体性质和资金来源。[1]

从以上对"范式"的各种用法来看,国际法学界确有不少学者对"范式"的使用比较接近"库恩含义",意指国际法学科中的理论模式、分析框架等,属于研究者关于研究方式、研究理念的主观认识范畴。但是,也有若干学者对"范式"的使用带有各种领域的衍生借用色彩。当然,这些仅仅是由于学术研究的具体需要所致,借用行为本身并无对错之分。

(3) 中国FTA"范式"的含义界定

鉴于"范式"一词在学术实践中用法不一,本书需要对中国FTA"范式"这一研究对象作出清晰界定。在此之前,首先对中国FTA所面对的实践问题,即库恩所说的"谜"作一梳理。近十余年来,伴随着中国国力的快速提升和有效的战略行动,中国FTA实践的迅速发展令世人瞩目,但也给中国国际经济法学科提出了一系列的新问题。典型问题如下:

第一,以往,中国致力于推进WTO多边谈判的立场得到广泛赞誉,而FTA的大量涌现对WTO多边秩序的冲击则一贯为学界所担忧。那么,中国在新时代大力推进FTA战略布局是否存在"随大流""机会主义""抛弃初心"之嫌?

第二,中国的身份定位一直是发展中国家,高度重视南南合作是中国特色国际经济法理论的重要内容。过去,中国FTA缔约伙伴多以周边国家、发展中国家、中小国家为主。近年来的中国FTA战略指导文件开始强调要重视与发达国家、新兴经济体、金砖国家开展FTA谈判。其中,冰岛、新西兰、瑞士、韩国、澳大利亚等相对发达国家已经成为中国FTA缔约伙伴,英国、欧盟等发达国家或经济体也出现了与中国进行FTA谈判的可能。[2]那么,应如何看待新形势下南南合作与南北合作的协调关系?

第三,当今中国FTA的议题覆盖面日益扩大,规则标准逐渐提高。许多新议题和新规则过去曾经被国内学界广泛质疑,如投资自由化、知识产权"超

---

[1] 参见漆彤:《论主权财富基金之若干法律纷争》,载《武大国际法评论》2010年第1期。

[2] 关于英国未来与中国商谈FTA的可能性,参见蒋华栋:《英国积极推动中英双边自贸谈判》,http://fta.mofcom.gov.cn/article/fzdongtai/201608/32958_1.html,2018年1月26日访问。

TRIPS"义务、竞争政策、环境保护等,为何今天已经进入中国 FTA 的实定规则范围?这是否意味着中国放弃了国际新秩序的传统主张和发展中国家的应有立场?中国此种新实践对于自身利益是否具有合理性?其合理性可否从"互利共赢"等外交理念中获得证成?

第四,中国的国家利益定位正在发生显著的变迁,已经成为世界第二大经济体和货物贸易进出口第一大国,海外投资规模也已经悄然增长到全球前列,与国内使用外资量相差无几。[1] 相比传统的"引进来",中国现在更加重视"走出去",海外贸易与投资利益越来越突出。然而,中国依然是一个国情复杂的发展中国家,农业基础薄弱,环境灾害多发,技术水平总体还不高,在全球产业链上处于相对的中低端。于是,中国的国家身份呈现出复杂多元、难以简单定位的特征。相应地,中国在贸易开放与贸易保护、投资母国与投资东道国、知识产权保护与知识产权限制等一系列重大的二元关系问题上出现了规则的两难抉择。[2] 那么,中国 FTA 在规则设定上应如何处理此种身份与利益的变迁张力?

第五,中国迄今已经缔结了十余个 FTA,其实际效用如何?是否有效促进了中国经贸利益?中国企业是否充分利用了 FTA 所提供的关税优惠和市场准入机会?如果中国缔结的 FTA 有名无实,未能切实产生明显的经济福利效果,那么未来的中国 FTA 缔约策略是否需要及时调整?如何调整?

第六,近年来,中国国内经济与社会政策出现了不同于以往的鲜明导向,大力倡导供给侧结构性改革、产业转型升级、创新驱动发展战略、"互联网+"、绿色 GDP 和可持续发展等治国理政新理念,对内积极建设上海等自贸试验区,对外推行"一带一路"倡议,并在准入前国民待遇加负面清单模式基础上开展中美、中欧投资协定谈判。这些政策导向对于中国 FTA 谈判是否将/应产生影响?产生何种影响?如何认识中国的供给侧结构性改革、创新驱动发展战略、

---

[1] 中国《2015 年政府工作报告》指出,2014 年,中国"实际使用外商直接投资 1196 亿美元,居世界首位。对外直接投资 1029 亿美元,与利用外资规模并驾齐驱"。近些年来,中国海外投资规模的增长趋势仍在继续。

[2] 例如,在国际投资规则中,关于外资待遇、外资保护、ISDS 机制的利弊等问题,中国在利用外资和海外投资两方面呈现出双重身份和利益二元化的特征。

"一带一路"倡议等顶层设计与中国自贸区战略的关系？中国自贸区战略如何有效服务于以上各项国家顶层设计？

第七，近年来，西方国家通过 TPP、TTIP 等巨型 FTA 的谈判活动，力推 FTA 高标准样本，将中国排除在谈判圈子之外，力图继续掌控国际经贸规则制定的主导权。TPP、TTIP 等高标准经贸规则之于中国 FTA 谈判，究竟是应予抗拒抵制的对立性挑战，还是值得参考借鉴的外部改革推手？

用库恩的范式理论审视，以上问题可被视为"常规科学"所面对的"谜"。欲在范式指导下有效地"解谜"，从而验证、澄清、完善既有的范式，我们就需要先明确中国国际经济法学科主流研究范式的基本内涵。

显然，经过改革开放四十多年的发展，中国国际经济法学科已经形成了具有自身鲜明特色的理论范式，对国际经济法的各种具体研究发挥着高屋建瓴的指导作用。似可认为，经权威学者的演绎和归纳，中国国际经济法学科主流范式包括以下若干元要义：

第一，以马克思主义、中国特色社会主义理论等为指导，国际经济法学是一门边缘性、综合性的独立法学学科，横跨公法、私法两个层面。[1] 不过，在学术实践中，学者们仍习惯性地以国际经济条约、各国经济管制制度等公法内容为主要研究对象。

第二，国际经济法学的基本原则包括经济主权、公平互利、全球合作、有约必守等。经济主权原则意味着国际经济法研究应以国家利益和经济事务自主权的维护为依归，公平互利原则意味着国家间在平等基础上追求彼此获益与实质性利益均衡，全球合作原则意味着倡导南北合作与南南合作，有约必守原则意味着在自由意志基础上诚信履约。[2]

第三，中国目前是发展中大国，这一基本国情和身份定位贯穿于以上各个基本原则。经济主权原则意味着，维护国家经贸利益和决策自主权，反对部分

---

[1] 参见陈安主编：《国际经济法学专论（上编 总论）》，高等教育出版社 2002 年版，第 49—82 页。

[2] 同上书，第 262—331 页。

西方国家的经济霸权主义；[1]公平互利原则意味着，倡导互利共赢，主张发展中国家应有的特殊与差别待遇；[2]全球合作原则意味着，高度重视南南合作与南北合作，并且作为发展中大国，愿意充当发展中国家与发达国家之间的连接桥梁，反对部分西方国家的单边主义行为；[3]有约必守原则意味着，在意志自由的基础上，诚实履行中国所承诺的国际义务，反对外来强迫、出尔反尔。[4]

第四，中国拥有数千年优秀的文化传统，传统文化精华也贯穿于以上各个基本原则，如"和而不同""己所不欲，勿施于人""和平发展""和谐世界""中庸之道"等理念，对于中国国际经济法实践具有重要的指导价值。

第五，以上诸原则寄托的最终目标是建立并维护公正的国际经济新秩序，中国在这个秩序中发挥"负责任的发展中大国"的作用。因此，强调国际经济新秩序是中国特色国际经济法理论的重要标志。[5]

基于以上学科范式，再来审视当代中国FTA实践所面临的种种问题，似乎令人产生库恩所说的"反常"甚至"危机"之感：中国是否已经不再坚守国家经济主权，纵容知识产权、竞争政策、环境保护、金融与电信开放等美式"超前"规则的渗透，全面接受自由主义的"华盛顿共识"？随着自身拓展海外市场的需求增强，中国是否抛弃了公平互利原则，一味强调对货物出口利益与海外投资者利

---

[1] 实践中的典型表现是以往中国的双边投资条约（BIT）、FTA对投资自由化持保守态度。参见刘彬：《从中巴FTA看我国BIT在区域一体化实践中的发展——迈向务实灵活的缔约新理念》，载《武大国际法评论》2008年第2期。

[2] 实践中的典型表现是中国在WTO多哈回合规则谈判中的一系列主张，如"知识产权与公共健康问题"。

[3] 实践中的典型表现是，中国高度重视与亚非拉发展中国家的经贸合作，倡导中美战略与经济对话、亚欧首脑会议、二十国集团峰会等南北全面对话机制，以及反对美国"301调查"等单边贸易制裁行为。

[4] 实践中的典型表现是，鉴于在世界贸易组织《中华人民共和国加入议定书》（以下简称《入世议定书》）中被迫接受了若干独有的苛刻条款，中国目前在国际经贸谈判中更加务实谨慎。中国反对WTO"中国原材料案""中国稀土案"等裁决对《入世议定书》条款的歪曲解释，反对美欧等不愿在贸易救济措施上对中国产品放弃"替代国价格"的做法，要求美欧尊重《入世议定书》第15条的约定精神。

[5] 参见曾华群：《论国际经济法学的发展》，载陈安主编：《国际经济法论丛（第2卷）》，法律出版社1999年版，第39页。

益的维护,而对其他国家的就业问题、环保问题等听之任之?在后金融危机时期,中国作为发展中国家的定位是否已经过时?是否应当根据自身利益滑向发达国家的规则主张?如果承认中国已经在某些方面具有发达国家色彩,是否就背上了"富即不仁"的"道义赤字"?对自贸区战略的热衷是否意味着中国投机取巧,选择了小集团道路,推脱多边主义秩序的责任?面对这些问题,以往的学科范式是否已经出现了动摇,不能再有效解释当代中国 FTA 实践的现实需求,需要其他的范式话语取而代之?

对此,笔者持鲜明的否定态度。波斯纳曾指出,只有当一种理论不能为当下研究者所困扰的问题提供可接受的答案时,才会发生研究范式的转换。[1] 笔者认为,在全球后金融危机时期和中国特色社会主义新时代,中国国际经济法学科的基本范式对于中国推行自贸区战略仍然具有高度的理论与实践指导价值。但是,随着中国的国力增强和全球大环境的变迁,需要用发展的观点看问题。这并不是说传统理论范式过时了,而是对若干基本认识需要调整和澄清。

因此,本书旨在"常规科学"体系下"解谜",即在中国国际经济法学科的传统范式指导下,尝试在理论上分析并解答中国 FTA 所面临的以上问题,澄清在应然层面上新时代中国 FTA 的指导思想应发生何种变化,并对新的指导思想进行归纳。这属于理论层面。同时,我们还需注意实践层面。例如,有学者借用"范式"一词指称 FTA 法律文本呈现出的风格模式,具体可参见陈咏梅的《美国 FTA 范式探略》一文,其中的"范式"意指美国历年来对外制定的 FTA 文本呈现出的"超 WTO"风格模式。[2] 本书以中国 FTA 范式为主题,"范式"一词既指向理论意义,也指向实践意义——在实然层面上,总结中国历年来 FTA 文本呈现出的风格模式,并分析未来文本应呈现出何种新的风格模式。

另外,本书所研究的中国 FTA 范式系指法律性质的范式。这涉及法学与经济学、政治学等其他学科的差异。例如,对于国际区域经济一体化这一现象,

---

[1] See Richard A. Posner, Social Norms, Social Meaning, and Economic Analysis of Law: A Comment, *Journal of Legal Studies*, Vol. 27, 2000, pp. 553-556.

[2] 参见陈咏梅:《美国 FTA 范式探略》,载《现代法学》2012 年第 5 期,第 145—154 页。

经济学界同样开展了大量卓有成效的研究,而且其研究成果数量远远超越法学界。但是,经济学界的大量研究成果都围绕着FTA的经济效应这一研究对象,其学科核心范畴是"经济福利""经济效率"。而法学界直接的研究对象是法律规则,其学科核心范畴则是"公平正义"。运用规则以促进效率固然非常重要,但脱离公平正义的效率恰恰是法学所批判的对象。具体的经济效应模型、数据推算等并非法学之所长,更多是作为法学论证依赖的事实依据。同样,政治学界对FTA也多有涉足,但其研究倾向于将FTA作为一种国际政治现象看待,其学科核心范畴是"权力",一般着眼于国家间权力分配格局展开分析,也不同于法学界。法学比经济学、政治学具有更强烈的应然色彩,这是由法学学科的自身特征决定的。强调公平正义就是法学的使命甚至宿命,不可缺失。[1] 因此,尽管中国FTA属于法学、经济学、政治学的共同研究对象,但法学研究有其自身关注的核心问题,即中国FTA如何改进立法技术,改进规则合理性,以维护和促进中国经贸利益,以及这种利益是否反映了国际经济新秩序的公平正义。[2]

综上所述,本书主题——新时代中国FTA法律范式的基本含义可得到界定。

第一,在这里,"范式"一词的用法与"库恩含义"具有一定的逻辑联系,但并不等同于"库恩含义"。具体而言,该主题包含理论与实践两个层面:

(1)在应然的理论层面,立足于中国国际经济法学科的若干元要义,研究中国FTA缔约活动如何应对中国特色社会主义新时代和全球后金融危机时期的理论新挑战,澄清和归纳新时代中国FTA谈判应有的指导思想。该理论层面是在库恩所说的"常规科学"体系下进行的"解谜"活动。

---

〔1〕 关于国际法研究中法学与政治学、经济学研究的区别,参见刘彬:《广义的国际法跨学科研究之倡导——兼论国际法学科的自主性问题》,载《武大国际法评论》2012年第1期。

〔2〕 库恩曾就范式比共有规则更具有优先地位作过深入说明。一个规则可能适用于非常广泛的科学团体,但范式不是这样。专门化的学科中存在各自的范式,但却可能共享相同的规则。例如,物理学、化学等各个专业都需要掌握量子力学原理,但这是共有规则,而不是各该专业的范式。参见〔美〕托马斯·库恩:《科学革命的结构》,金吾伦、胡新和译,北京大学出版社2003年版,第45—46页。

(2) 在实然的实践层面,分析以往中国 FTA 文本的特征及其得失,研究中国 FTA 在中国特色社会主义新时代和全球后金融危机时期如何有效体现国内政策需求,回应国际形势挑战,从而明确在未来的文本模板上应呈现出何种风格特征。该实践层面是对库恩所解释的"范式"一词的衍生借用,事实上更接近于"表现形式"的含义。

第二,上述理论与实践两个层面均可归属于"法律"范式研究,是运用法学方法进行的规则研究,而经济学、政治学等其他学科的知识则是作为法学论证的辅助。

(二) 为何需要"范式"?

"范式研究"的提法并非无病呻吟,它具有学术和现实的双重价值和意义,其研究思路有助于中国 FTA 文本的完善、中国经贸规则话语权的加强以及中国国际经济法学科理论的发展。

1. 范式研究的价值和意义

(1) 学术价值和意义

如上所述,FTA 研究存在政治学、经济学和法学三条进路。范式研究注重条文规范的合理化与规范化,属于法学的优势领域。目前,FTA 的法学研究相当丰富,但较为分散,已经发展到相对的瓶颈阶段。如果能倡导中国 FTA 范式研究,则在理论层面有望解答中国 FTA 在国际经贸规则重构过程中所面对的若干理论性挑战,促进相关法学研究更趋于系统化、整体化;在实践层面可归纳中国 FTA 文本的风格特征及缔约展望,不但能够总结眼下得失,而且可为未来的示范性文本研究打下良好基础,进而助力中国在国际经贸规则的制定中争取更大的话语权。

(2) 现实价值和意义

党的十八大报告提出,"统筹双边、多边、区域次区域开放合作,加快实施自由贸易区战略"。但是,中国 FTA 实践起步较晚,迄今仍然不够成熟,主要表现为:① 各个 FTA 文本的重要实体条款存在不一致和若干规则缺陷,在宏观方面,如 FTA 各章体系安排存在潜在冲突;在微观方面,如同一议题的规则不一致。② 各个 FTA 文本都是关注传统的关税削减、服务市场准入、投资保护等问题,而对于区域产业导向、资源整合、结构调整等方面没能发挥应有作用,不利于中国加强在全球价值链中的地位。③ 各个 FTA 的实际利用率偏低,经贸促进效果尚未达到预期。④ 各个 FTA 的谈判对象的发展程度不同,它们在市场准入方式、投资自由化、知识产权、竞争政策、环境保护等"21 世纪新议题"方面存在着不同的要求,而中国 FTA 在这些方面迄今尚缺少成熟的应对构想。⑤ 各个 FTA 在许多制度上尚处于对他国规则模板的追随状态,对中国作为发展中大国在新时期的"利益进攻点"体现不足,未能充分表达中国的国际经济法主张。

相比之下,美欧的 FTA 实践已经比较定型化,而且明显为维护其经贸霸权地位服务。例如,美国缔结的 FTA 企图在成员间实现不切实际的高标准自由化,却被其宣传为 FTA "黄金标准范本"(gold standard FTA model)[1]。美国前总统奥巴马曾在谈及 TPP 时明确地公开宣称:美国主持制定 TPP 的战略意图是为了继续把控国际经贸规则制定的主导权,并避免让中国享有这种规则主导权。[2] 美国国会为监测中国经贸政策而特设的"美中经济安全审查委员会"在 2015 年的一份专题研究报告中指出,中国 FTA 谈判伙伴越来越多,许多与美国的 FTA 伙伴重合,如澳大利亚。这样,规则和标准的设置就显得非常重要了。[3] 至于欧盟,在与美国的 TTIP 谈判中,将其具有代表性的一系列经贸谈判主张作了系统性总结,并在官方网站上予以公布。这不但针对 TTIP 谈判,也呼应了欧盟晚近一系列 FTA 文本。[4] 就连一些新兴经济体,如墨西哥,似

---

[1] See Gary C. Hufbauer and Jeffrey J. Schott, Fitting Asia-Pacific Agreements into the WTO System, in R. Baldwin and P. Low (eds.), *Multilateralizing Regionalism: Challenges for the Global Trading System*, Cambridge University Press, 2009, p.612.

[2] See Obama Warns TPP Failure Would Let China Write Trade Rules, http://www.japantimes.co.jp/news/2015/04/18/business/economy-business/obama-warns-tpp-failure-would-let-china-write-trade-rules/#.WL7ACvvlqUk, last visited on Mar. 10, 2018.

[3] See Nargiza Salidjanova, *China's Trade Ambition: Strategy and Objectives Behind China's Pursuit of Free Trade Agreements*, U.S-China Economic and Security Review Commission, Staff Research Report, May 28, 2015, pp.32-33.

[4] See EU Negotiating Texts in TTIP, 14 July 2016, http://trade.ec.europa.eu/doclib/press/index.cfm? id=1230, last visited on Sep. 16, 2019.

乎也早已在 FTA 谈判中形成了固定模式。[1]

可见,在后金融危机时期,FTA 已经成为国际经贸规则主导权最突出的争夺"高地",而这正凸显出大国 FTA 范式研究的重要性。肖冰指出,与美式、欧式 FTA 相比,中国现有 FTA 一是多源于"应对"考虑,缺乏主动的"引领"追求;二是其规范个性,特别是与自身经济技术水平及利益趋向相匹配的特色不足,因而难以独树一帜并与美欧相抗衡。[2] 因此,作为最具代表性的发展中大国,为有效维护国家利益并促进世界贸易自由化和公平公正的国际经济新秩序的建立,中国的 FTA 实践需要有自己的范式研究。

2. 范式研究的基本思路

新时代中国 FTA 法律范式研究的基本思路如下:

(1) 中国 FTA 应紧密结合中国特色社会主义新时代的大背景。2017 年,党的十九大报告指出:"经过长期努力,中国特色社会主义进入了新时代,这是我国发展新的历史方位。""我国社会生产力水平总体上显著提高,社会生产能力在很多方面进入世界前列,更加突出的问题是发展不平衡不充分……""我们要在继续推动发展的基础上,着力解决好发展不平衡不充分问题,大力提升发展质量和效益,更好满足人民在经济、政治、文化、社会、生态等方面日益增长的需要,更好推动人的全面发展、社会全面进步。"以上构成了新时代中国 FTA 范式研究的根本指南。

2019 年,国务院新闻办公室发布《新时代的中国与世界》白皮书,进一步指出:当今世界百年未有之大变局的最大变化,就是以中国为代表的新兴市场国家和发展中国家群体性崛起,从根本上改变了国际力量对比。[3] 中国致力于推动开放、包容、普惠、平衡、共赢的新型经济全球化。[4] 中国将以更低的关税

---

[1] 参见〔美〕西蒙·莱斯特、〔澳〕布赖恩·默丘里奥编著:《双边和区域贸易协定:案例研究》,王晨曦译,上海人民出版社 2016 年版,第 125 页。

[2] 参见肖冰:《新型 FTA 之 SPS 规范的特色与问题——以美欧中 FTA 的对比为线索》,载孙琬钟、孔庆江主编:《WTO 法与中国论坛年刊(2015)》,知识产权出版社 2015 年版,第 62 页。

[3] 参见中华人民共和国国务院新闻办公室:《新时代的中国与世界》,人民出版社 2019 年版,第 39 页。

[4] 同上书,第 48 页。

水平、更短的负面清单、更便利的市场准入、更透明的市场规则、更有吸引力的营商环境,打造更高层次的开放型经济。中国将加大"走出去"力度,鼓励更多企业、机构到海外投资兴业,加强经贸、人文等各领域交流合作,搭建互利共赢合作新平台。[1] 作为现行国际体系的参与者、建设者、贡献者,中国参与和推动全球治理体系变革,目的不是推倒重来、另起炉灶,而是与时俱进、创新完善。[2] 中国积极发掘中华文化中积极的处世之道、治理理念同当今时代的共鸣点,努力为完善全球治理贡献中国智慧、中国方案、中国力量。[3] 这些重要论述清晰阐明了新时代中国融入世界、发展自己的基本思路,对中国的国际法实践也发挥着指导作用。

在自贸区战略上,该白皮书专门指出:中国将加快实施自贸区战略,构建立足周边、辐射"一带一路"、面向全球的高标准自由贸易区网络,积极推动早日达成《区域全面经济伙伴关系协定》,加快推进中日韩自贸区、中欧投资协定等谈判进程。推动亚太自贸区和东亚经济共同体建设,支持非洲大陆自贸区建设,推进区域经济一体化,促进贸易和投资自由化便利化,让经济全球化的动力更加强劲。[4] 以上论述为新时代的中国FTA范式研究指明了方向,提供了最直接的指导。

(2) 中国FTA应形成适合国情的成熟文本风格。目前,美国等发达国家尽管没有明确宣称,但事实上已经形成了成熟的FTA风格,且正在对发展中国家施加强大影响。中国作为转型期发展中大国,唯有形成适合国情的FTA成熟范式,才能在战略层面上有效维护国家利益。中国FTA范式应立足于发展中大国立场,借鉴同时期其他国家的FTA实践成果,体现国际经济秩序变革新时期的中国国际经济法实践的气质和诉求,丰富和完善中国国际经济法学科的理论范式。

(3) 中国FTA需要总结现有文本的特征和缔约规律,各类条款尚需进一

---

[1] 参见中华人民共和国国务院新闻办公室:《新时代的中国与世界》,人民出版社2019年版,第59页。
[2] 同上书,第65页。
[3] 同上书,第67页。
[4] 同上书,第59—60页。

步完善。目前,中国 FTA 文本已经初步形成了一定的风格。例如,中国立足于发展中国家立场,对发达国家提出的若干"新议题"或"超 WTO 义务"保持谨慎。同时,中国在原产地规则、争端解决机制等具体领域的条款模式也初见雏形。这些都值得我们对其中的规律进行认真归纳,总结得失。此外,中国 FTA 各部分具体条文尚可斟酌,还存在一定的改进空间。提出改进建议可以促进中国 FTA 文本走向完善并进一步发挥良好实效。

(三)需要何种"范式"?

范式的具体内容是什么?归结起来,基于中国在经济社会转型期的复杂身份定位,中国 FTA 法律范式在新时代应呈现出"变与不变"。对于中国 FTA,有的理论认识和实践特征应仍然保持不变,而有的则须因应时代潮流发生主动、积极的变化。

笔者认为,中国 FTA 在理论层面的认识应作出以下调整,以服务于中国国际经济法学科的理论元要义:

第一,"国际经济新秩序"这一提法绝不过时,但其内涵并非一成不变,其实现方式和手段相比 20 世纪六七十年代有所变化。现有的国际权力格局决定了中国应在现有秩序框架下融入自由主义国际经济法律机制,利用 FTA 等现有秩序所允许的机制工具,争取自身实力的增长,适度提出话语主张,从而谋求当代国际经济新秩序的建立和维护。

第二,当前西方国家的政治和经济实力总体上仍占优势,多边规则改革难有实质性进展。但是,FTA 恰恰为发展中国家提供了获取规则谈判参与权以及促进国际关系民主化的契机。中国客观上具备较雄厚的硬实力基础,在 FTA 谈判中可以合理运用现实主义外交理念,以自身谈判资本获取对国际经贸规则的渐进改造。

第三,中国特色社会主义建设是为了国家富强、民族振兴,绝非以贫穷为荣。尽管中国总体上还是一个发展中国家,但国力发展到了一定阶段,无须回避自己在某些方面已经出现接近发达国家的部分特征,而对外经贸立场也必然会有所变化,这些都是正常现象。

第四,新时代中国自贸区战略不能脱离自身经济、社会、外交政策的宏观导向,同时国内若干顶层设计也需要得到FTA的外部配合与呼应。因此,新时代中国FTA需要改变过去循规蹈矩、平平淡淡效仿他国模板的做法,应在文本中鲜明体现自己的"利益进攻点"和规则主张。

第五,中国FTA实践应奉行南南合作与南北合作并举,并且在新时代需要把南北合作放在更加突出的位置上。面对不同的谈判对手,中国可以灵活调整自己的谈判诉求,以富有变化的务实方式实现"己所不欲,勿施于人"。

第六,中国欲通过FTA实现对国际经贸规则的渐进改造,但其推动建立并维护的国际经济新秩序仍然以过去的公平公正理念为核心特征,只不过在新时代辅之以全球价值链这一新理论和可持续发展这一普世价值。因此,中国在FTA谈判中会继续奉行"互利共赢"的理念。

第七,中国欲通过FTA实现对国际经贸规则的渐进改造,应通过经济促进政治,在FTA谈判中继续奉行"和谐世界"的理念,在新时代大力倡导"人类命运共同体"的理念。

以上都是理论层面的调整性认识,也是本书关于新时代中国FTA范式的理论构想。而在实践层面,中国FTA范式又应当呈现何种文本风格与特征?对此,本书将在正文部分对相关文本的以往得失和未来改造进行具体论证和阐述,并在结论部分予以总结。

(四)为何不是"范本"?

在学界,可能是在一定程度上受到BIT范本建设工作的影响,有学者提出了FTA"范本"的说法。[1]"范式"与"范本"两个词的确字面相似,容易混淆。但是,笔者认为,中国FTA宜谈"范式"而不是"范本",即是"paradigm"而不是"model"。主要理由如下:

第一,从全球范围来看,无论美、欧、日、澳等发达经济体,还是包括中国在内的众多发展中经济体,官方都未曾出现过"FTA范本"的提法。因为当代FTA议题众多、体系庞大,远远超出了BIT所涉的单一投资议题。而如此多元

---

[1] 参见王燕:《区域经贸法治的"规则治理"与"政策治理"模式探析》,载《法商研究》2016年第2期,第169页。

化的议题,其内容极其丰富,以至于不可能像 BIT 那样出现稳定、划一的范本。即使有人勉强提出这样的设想,也必然会因其工作量过于庞大、沉重而作罢。

第二,范本之论要求其条款设计必须十分具体、明确。但是,当代许多议题,如电子商务、服务外包、竞争中立、环境保护、发展合作等,不但各国的基本政策取向存在很大分歧,而且相关具体制度无论在国内法还是国际法层面均远未成熟、定型,尚处于争论中的发展培育阶段。因此,这类事项往往只适合以软法性质的合作条款、协商条款加以调整,范本之论自然无从谈起。

第三,中国面对的 FTA 谈判对手的类型各不相同,既有发达国家也有发展中国家,既有大国也有中小国家,它们的具体谈判诉求存在很大差异。同时,中国自身客观上存在身份和利益的"二元分裂",在面对不同类型的对手时,自己的谈判诉求也会发生明显差别(如投资、环保等议题)。同时,当下中国正在推动"一带一路"宏伟倡议,沿线国家和地区的发展水平明显参差不齐。因此,中国很难运用单一标准、单一规则、单一模式建立 FTA 网络,只能依据共商、共建、共享的要求,打造多层次、多类型、多样化的双边、区域乃至全球性的自由贸易区。而所谓"范本",必然是一套固定的规则模板,更接近美国 FTA 僵硬、强势的风格(即便如此,美国 FTA 也没有"范本"一说),显然无法适应中国 FTA 谈判的各种具体需要和"一带一路"倡议的务实灵活特征。

农业议题可以充分证明这一点。对于这一在国际经贸谈判中最具敏感性的部门,专家指出:进口国的敏感度决定了农业待遇的标准,谈判结果也会因此而有所不同。双边 FTA 数量增长的结果是,使农业市场变成由市场准入和特别保障措施的各种不同规则形成的复杂网络。[1] 以美国这一农业强国为例,在其与中美洲和多米尼加共和国、加拿大和墨西哥、智利、澳大利亚、韩国等一系列伙伴的 FTA 中,对农业议题的处理方式也是大相径庭。[2] 这足以佐证在农业议题上一对一处理方式的合理性。更何况,FTA 农业议题的一些重要内容,如国内支持、出口补贴等,事实上还取决于 WTO 多哈回合农业谈判的结果,这就使我们对"FTA 范本论"难言乐观。

---

[1] 参见〔美〕西蒙·莱斯特、〔澳〕布赖恩·默丘里奥编著:《双边和区域贸易协定:评论和分析》,林惠玲、陈靓等译,上海人民出版社 2016 年版,第 154—155 页。

[2] 同上书,第 162—163 页。

不过,从目前美国、中国等国的 FTA 文本来看,在某些特定议题上出现范本是完全有可能的。例如,美国与中国的 BIT 范本对各自的 FTA 投资章显然有明显影响。另外,美国 FTA 在知识产权章文本上呈现明显的结构稳定化、条款定型化倾向。尽管美国未称"范本",但事实上已经存在知识产权章的范本。中国也有学者倡导推进中国 FTA 知识产权章范本建设。[1] 笔者认为,虽然 FTA 整体文本不存在范本之论,但在 FTA 较成熟的局部性议题上可以存在范本研究,以发挥谈判导向作用;而范式之论则适用于一国 FTA 文本的整体模式、风格等宏观特征,也是本书的研究目标所在。

## 第二节 以往学术史回顾

### 一、中外自由贸易协定法学文献的梳理

FTA 是国际经济法的热点问题,历年中外关于 FTA 的法学文献数量可观,难以穷举。对相关学术发展脉络作一梳理,有助于总结该领域的研究规律,并可为未来的 FTA 法学研究提供有效指引。

大体来说,FTA 引起中外国际经济法学界的广泛关注可以追溯至 20 世纪 90 年代,尤其是在北美自由贸易区(美国、加拿大、墨西哥缔结了《北美自由贸易协定》,即 NAFTA)组建之时。1995 年 WTO 成立之后(实际上也可以认为就是在 NAFTA 出现之后),全球区域一体化运动进入"新区域主义"或所谓"区域主义第三波"的新阶段,国外关于 FTA 的研究文献开始大量增加。中国 2001 年加入 WTO(以下简称"入世")之后,也逐步启动对外缔结 FTA 的活动,至今仍方兴未艾。相应地,国内学者对 FTA 的法学研究也出现了持续至今的热潮,成为国际贸易法领域与 WTO 法并行的学术主题。

不过,由于 FTA 在争端解决的司法维度上总体力度偏弱,尤其是中国 FTA 至今尚未出现争端案例,导致 FTA 法学研究有所受限,在研究路径上也与 WTO 法有较大不同。目前,学界的注意力主要集中于 FTA 规则谈判这一

---

[1] 参见杨静、朱雪忠:《中国自由贸易协定知识产权范本建设研究——以应对 TRIPS-plus 扩张为视角》,载《现代法学》2013 年第 2 期,第 149—160 页。

立法维度,以及 FTA 规则谈判所体现的各国政策导向。这是 FTA 法学研究的主要路径。

以往与 FTA 相关的法学研究成果主要体现为以下三类:

第一类是针对 WTO 与 FTA 的宏观关系以及 WTO 如何加强对 FTA 的法律约束。这类研究起步较早,体现了学界对 FTA 大量涌现是否会冲击 WTO 多边秩序权威的极大关注。国内学界的代表性文献有:刘俊的《区域贸易安排的法学进路:GATT/WTO 框架下区域贸易一体化的法理学及其实证研究》(2004)、郑玲丽的《WTO 关于区域贸易协定的法律规范研究》(2008),分析了区域贸易协定与多边贸易体制的辩证关系,剖析了 WTO 关于区域贸易集团的法律规范的症结,并对 WTO 相关纪律的重构提出了建议;陈海波的《WTO 对 RTAs 的法律约束》(2007),紧密跟踪当时各成员的提案动态,深入探讨了 WTO 关于区域贸易协定的法条改革,是国内在法条分析方面最深入的成果之一;刘彬的《RTAs 涌现背景下国际贸易法治秩序的重构———一种外在的法社会学视角》(2012),结合法理学探讨了 RTA 与 WTO 长期并存的社会基础,提出应接受 RTA 作为一种国际法现象的正当性。国外学界的代表性文献有:James H. Mathis, *Regional Trade Agreements in the GATT/WTO: Article XXIV and the Internal Trade Requirement* (2002); Lorand Bartels and Federico Ortino (eds.), *Regional Trade Agreements and the WTO Legal System* (2006); D. Steger (ed.), *Redesigning the World Trade Organization for the Twenty-first Century* (2010)等。中外相关论文更是不胜枚举,观点纷呈,但总体而言多倾向于维护 WTO 多边体制权威,主张协调 WTO 与 FTA 之间的关系,维护国际贸易法治秩序的稳定。

第二类是围绕以 FTA 为主要形式的区域经济集团现象进行宏观概览式分析,并就相关国家(包括中国)所受影响及其策略提出建议。国内典型文献有杨丽艳的《区域经济一体化法律制度研究:兼评中国的区域经济一体化法律对策》(2004),慕亚平、李伯侨等的《区域经济一体化与 CEPA 的法律问题研究》(2005),代中现的《中国区域贸易一体化法律制度研究:以北美自由贸易区和东亚自由贸易区为视角》(2008)等。国外典型文献有:Frederick M. Abbott, *Law and Policy of Regional Integration: The NAFTA and Western*

Hemispheric Integration in the World Trade Organization System(1995); Yoshi Kodama, Asia Pacific Economic Integration and the GATT/WTO Regime(2000); Joseph H. H. Weiler (ed.), The EU, the WTO and the NAFTA: Towards a Common Law of International Trade(2000); Tran Van Hoa and Charles Harvie (eds.), Regional Trade Agreements in Asia(2008)等。中外有关论文更是为数众多。

第三类是针对FTA中的具体法律问题展开研究。国内学界的典型文献有：石静霞的《WTO服务贸易法专论》(2006)(书中附带讨论中国FTA服务贸易问题)，史晓丽的《北美自由贸易区贸易救济法律制度研究》(2012)，以及孟国碧关注FTA原产地规则的一系列论文等。同时，在近些年的中国国际经济法年会上，多位学者关注FTA中的能源合作、劳工标准、环境保护、竞争条款等新问题。国外学界的典型文献有：Tania S. Voon, Eliminating Trade Remedies from the WTO: Lessons from Regional Trade Agreements (2010); Dukgeun Ahn, Foe or Friend of GATT Article XXIV: Diversity in Trade Remedy Rules (2008); Keith Acheson and Christopher Maule, Much Ado About Culture: North American Trade Disputes(1999); Richard H. Steinberg (ed.), The Greening of Trade Law: International Trade Organizations and Environmental Issues(2002)等。

近些年来，关于FTA与国际区域经济一体化的法学研究又出现了若干新动向：

一是TPP、TTIP等巨型FTA谈判的出现及其可能产生的全球性影响力，引发了学界新一轮的热烈讨论。在中国各种研讨会上，许多学者关注TPP谈判及其对WTO、对中国的影响等重要问题。国外学界典型文献有：M. K. Lewis, The Trans-Pacific Partnership: New Paradigm or Wolf in Sheep's Clothing? (2011); C. L. Lim, Deborah K. Elms and Patrick Low (eds.), The Trans-Pacific Partnership: A Quest for a Twenty-first Century Trade Agreement(2012); Gary Clyde Hufbauer and Cathleen Cimino-Isaacs, How Will TPP and TTIP Change the WTO System? (2015)等。

二是中国、韩国、印度、东盟等新兴经济体在FTA大潮中奋起直追，对国际经济法律秩序产生了重大影响。这些国家的学者纷纷就本国 FTA 实践撰文，并在英文国际法学术刊物上发表，引起了广泛关注。典型文献有：Qingjiang Kong, China's Unchartered FTA Strategy(2012); Guiguo Wang, China's FTAs: Legal Characteristics and Implications(2011); Won-Mog Choi, Aggressive Regionalism in Korea-U.S. FTA: The Present and Future of Korea's FTA Policy(2009); Heng Wang, The Challenges of China's Recent FTA: An Anatomy of the China-Korea FTA(2016); Rajesh Sharma, China-India FTA: Is the Future Imperfect? (2014)等。这些文献标志着非西方学者发表在英文学术刊物上的 FTA 前沿研究成果。

三是随着各国 FTA 实践的深入开展，学者们对于 FTA 中若干专门议题的规则之新进展也有了进一步的深入探讨，且成果数量极多。国内代表性文献有：李国安主编的《金融服务国际化法律问题研究》(2011)（书中附带讨论 FTA 金融服务议题），王春婕的《区域贸易争端解决机制比较研究》(2012)，杨静的《自由贸易协定知识产权条款研究》(2013)，李先波、李琴的《自然人流动法律规制研究》(2013)，曾文革等的《中国—东盟自由贸易区农业贸易法律问题研究》(2014)，石静霞的 *Free Trade and Cultural Diversity in International Law*(2013)（书中附带讨论 FTA 贸易与文化关系），厉力的《自由贸易区的原产地规则问题研究》(2013)等。国外文献有相当一部分集中在 FTA 知识产权等前沿议题上，例如：Sean M. Flynn, et al., U.S. Proposal for an Intellectual Property Chapter in the Trans-Pacific Partnership Agreement(2012); Burcu Kilic, Defending the Spirit of the Doha Declaration in Free Trade Agreements: The Trans-Pacific Partnership and Access to Affordable Medicines(2014); Gregory Maus, Arguments over Geographical Indications: Spreading the Trademark System Through the Korean-U.S. Free Trade Agreement(2014)等。这些成果标志着中外 FTA 法学研究已经发展到较深入的阶段。

四是在后金融危机时期 WTO 多哈回合持续停滞的大背景下，美欧等发达成员立场强硬，拒绝在多边场合作出实质性的让步。转向谈判难度相对较低的 FTA 成为大部分 WTO 成员的现实选择，FTA 已经崛起为国际经贸规则制定的中心舞台和规则主导权的争夺"高地"。在此背景下，中国国际经济法学界出现了关注以 FTA 为制度载体的国际经贸规则重构的重要动向。典型文献有:陈德铭等的《经济危机与规则重构》(2014)、赵龙跃编著的《制度性权力:国际规则重构与中国策略》(2016)等,以及徐崇利所主持教育部 2009 年度哲学社会科学重大课题攻关项目"全球金融危机后国际经济秩序重构与中国的法律对策研究"下的系列论文等。此类成果虽然并非以 FTA 作为直接研究对象,但它们关注的贸易、投资、金融、知识产权等领域的国际经贸规则重构在很大程度上正是发生在各国 FTA 谈判活动中。同时,此类研究以国际经济法各个领域的规则塑造、再造活动为切入口,以关注新时期中国规则话语权为依归,是中国特色非常鲜明的学术成果,对本书具有极高的参考价值。

### 二、以往法学文献的借鉴价值

国内外 FTA 法学成果虽多,但对主要大国的 FTA 范式关注甚少,即 FTA 文本的整体风格特征和相应条款设计策略较少有人问津。迄今为止,就笔者所知,国内仅有陈咏梅的《美国 FTA 范式探略》(2012)一文专注于此类方向;黄洁的《TPP 视野下的中国自由贸易区战略研究》(2016)一书探讨 TPP 影响下中国自贸区战略的走向,亦属于类似方向。总体上,此类研究方向在学界体现得不多。在政府层面,世界主要大国的确大多具有明确的 FTA 战略构想文件,[1]但其商务主管部门关于 FTA 法律范式的指导文件还较少。因此,大国 FTA 范式研究目前仍然较为薄弱,对中国 FTA 范式的系统研究尤其缺乏。

以上现象说明,在当下的后金融危机时期,各国加强对国际经贸规则主导权争夺的大背景下,"新时代中国 FTA 法律范式研究"这一主题的确有一定的研究意义和价值。进行 FTA 法律范式研究,是对中国 FTA 整体性文本风格和基本规律的归纳总结,不是对 FTA 局部法律问题的单纯研究,也不同于对 FTA 和 WTO 宏观关系的传统研究,而是结合新时代的国内外形势与政策背景,在总结中国现有 FTA 文本得失的基础上,以中国 FTA 文本的系统化、规范化和特色形成为研究指向。

---

[1] 以欧盟为例,其 FTA 战略性文件参见:European Commission, Global Europe: Competing in the World—A Contribution to the EU's Growth and Jobs Strategy, April 10, 2006, COM (2006) 567 Final.

毋庸讳言，以往中外学者对FTA各种法律问题所作的深入研究，为本书主题的研究打下了非常良好的前期基础。如前所述，在FTA的农产品贸易、贸易救济措施、贸易便利化、技术性贸易壁垒（TBT）与动植物卫生检疫措施、投资保护与投资自由化、服务贸易、自然人移动、金融服务、文化产品贸易、原产地规则、知识产权、竞争政策、环境保护、争端解决机制等领域，几乎都有大量现成的专著、论文可供借鉴，为新时代中国FTA范式研究的开展提供了宝贵的资料和观点基础。同时，国内有部分学者长期从事国际经济秩序走向以及中国在其中的角色和作用等问题的宏观研究，尤其关注中国的身份定位、行动逻辑等重要主题。显然，此类成果对于新时代中国FTA范式研究也具有重大的借鉴价值。此外，国际政治学的若干重要理论资源，如权力政治理论、国际机制理论、建构主义理论等，将在新时代中国FTA范式研究中有所体现。法理学中的软法理论也将在中国FTA大量软条款的分析中发挥作用。总而言之，对中国FTA进行总结性、整合性研究正当其时。

另有一重要方面需要专门说明，即WTO针对FTA的纪律规范与新时代中国FTA范式构建的关系。多边贸易体制在诞生之初就针对区域贸易协定作出了纪律性规定。发展至今，这方面的规范大体包括：在实体纪律上，有《1994年关贸总协定》（GATT 1994）第24条及其谅解书、《服务贸易总协定》（GATS）第5条、东京回合"授权条款"等；在程序监督上，有WTO区域贸易协定委员会（CRTA）制定的《RTA透明度机制》等文件。总体来讲，GATT 1994第24条和GATS第5条构成了这方面WTO规范的最核心内容。那么，新时代中国FTA范式构建，将在多大程度上与此发生联系？

考察中国迄今为止的FTA文本，几乎都表示充分尊重或基于WTO关于FTA的约束性规范，特别是GATT 1994第24条和GATS第5条。[1] 实际上，从货物关税与非关税壁垒的削减、服务市场准入减让表来看，中国FTA充

---

[1] 参见2005年中国—智利FTA的序言、第一章第1条，2006年中国—巴基斯坦FTA的序言、第一章第1条，2008年中国—新西兰FTA的序言、第一章第1条，2013年中国—瑞士FTA的序言、第一章第1.1条，2015年中国—澳大利亚FTA的序言、第一章第1条，等等。

分做到了 GATT 1994 第 24 条和 GATS 第 5 条的基本要求。[1] 同时,正如以往很多学术文献指出的,GATT 1994 第 24 条和 GATS 第 5 条本身就具有模糊特征,条款中的一些经典模糊点[2]至今在 WTO 成员中尚缺乏共识。因此,一个 FTA 是否做到了遵守 GATT 1994 第 24 条和 GATS 第 5 条的要求,其实是一个弹性认识。GATT 1994 第 24 条和 GATS 第 5 条实际上是为各国 FTA 提供了一个柔性的制度框架,这个框架允许有一定弹性,但弹性也有一定的限度。[3] 从这个意义上讲,我们无须担忧中国 FTA 的 WTO 合规性问题。

此外,从学术史的变迁来看,在 20 世纪 90 年代迎来"区域主义第三波"之时,也就是区域贸易协定开始大量涌现之际,学术界关注的焦点的确是多边贸易体制中心地位受到冲击,以及如何完善 WTO 相关纪律以有效约束区域贸易协定。这股学术热潮持续了大约十年。时过境迁,如今多边贸易体制的进展缓慢和区域贸易协定的重要作用都已是既成事实,曾经的热潮目前在学界已经退却,人们现在讨论更多的是区域贸易协定在促进规则建构上所扮演的角色。在这种学术大背景下,再探讨中国 FTA 的 WTO 合规性问题已经意义不大。本书将把探讨重心放在中国 FTA 的规则建构方面,这也符合当前的国内外学术趋势。

---

〔1〕 以 2015 年中国—澳大利亚 FTA 为例,中国 96.8% 的税目、澳大利亚 100% 的税目被纳入自由化范围。从贸易额角度看,中国实现自由化的产品自澳大利亚进口额占自澳进口总额的 97%;澳大利亚在协定生效 5 年内所有产品关税均将降为零。以上足以证明中国-澳大利亚 FTA 符合 GATT 1994 第 24 条的相关要求。参见《中华人民共和国政府和澳大利亚政府自由贸易协定解读》,http://fta.mofcom.gov.cn/article/chinaaustralia/chinaaustralianews/201506/22176_1.html,2018 年 9 月 23 日访问。中国其他 FTA 也都具备上述特征。

〔2〕 这些经典模糊点如:何谓"实质上所有贸易""实质的众多服务部门"？贸易救济措施是否属于应取消的非关税壁垒？何谓"合理过渡期间"？WTO 成员关于这些模糊点的争执由来已久,至今难有共识。此类讨论可参见陈建国:《体制性难题——WTO 对区域贸易协定的审议》,载《国际贸易》2004 年第 6 期,第 34—37 页。

〔3〕 参见刘彬:《GATT 第 24 条法律功能的法哲学反思》,载《武大国际法评论》2010 年第 2 期,第 134—165 页。

## 第三节  研究目标、方法与框架

### 一、研究目标

本书立足于中国国际经济法学科的传统理论范式,从澄清中国自贸区战略的若干理论性认识入手,着眼于中国对外FTA实践中遇到的专门法律问题,根据不同的FTA谈判对象分门别类;立足于中国的法律主张和利益立场,将中国FTA文本的既有条文加以系统整理,进行合理化、规范化研究,归纳总结新时代中国FTA法律范式在理论层面的应有立场与在实践层面的基本特征,以服务于全球后金融危机时期中国在国际经贸规则谈判中话语权的加强,以及公平公正的国际经济新秩序的建立和维护。

### 二、研究方法

本书立足于法学定位,拟采取以下方法开展研究:

(1) 文本分析方法。本书对中国FTA文本从语义、逻辑等角度进行规则分析,这是法学研究的通行方法和优势所在。

(2) 比较分析方法。本书对中外FTA以及中国历次对外FTA文本进行比较研究。其中,在中外FTA对比上,尤其注重选择美国、欧盟等代表性发达经济体和韩国、印度、东盟等代表性新兴经济体的FTA文本与中国的FTA文本进行对比;在中国历次对外FTA文本的对比上,尤其注重将中国近些年来与瑞士、韩国、澳大利亚等相对较发达经济体缔结的FTA与先前中国和中小发展中经济体缔结的FTA进行对比。

(3) 横向联系方法。本书在FTA规则与WTO规则存在密切联系的情况下,注重研究这种横向联系产生的专门法律问题。这种横向联系在知识产权等议题上表现得十分明显。

(4) 利益分析方法。本书立足于发展中大国的利益立场,结合中国国情,对FTA文本中各类条款进行得失分析,试图获得对发展中国家和中国利益有利的结论性建议。但是,与经济学等学科相比,法学在利益分析上应用的是一种抽象思维,需要借助其他学科的若干事实性论据。

(5)价值分析方法。新时代中国FTA范式研究以完善中国自贸区战略与实践为直接目标,服务于后金融危机时期中国在国际经贸规则重构进程中的话语权提升,最终的价值寄托是促进建立和维护以公平公正为核心理念、中国扮演负责任的发展中大国角色并从中受益的国际经济新秩序。其中,特别注重人文价值维度是法学区别于经济学、政治学的重要特色所在。

### 三、研究框架

本书主体部分共分七章。除导论外,基本结构按照以下安排展开:

第一章为"以往中国自由贸易协定文本的法律特征"。该章首先回顾以往中国FTA实践概况,归纳以往中国FTA文本的基本法律特征,然后从中反思传统的中国FTA已经不能适应中国加快改革攻坚、扩大开放力度的需要,必须作出战略性调整。

第二章为"以往中国自由贸易协定的实效分析与反思"。该章从中国与FTA缔约伙伴的贸易投资量增长、企业对FTA的利用率等指标入手,进行实证研究,指出中国FTA存在商界利用率不高、实际经济功效有限等问题,认为传统中式FTA带有明显的"20世纪贸易协定"的特征,将重心放在新的关税削减和市场准入承诺上,在经贸规则建构和改革方面几乎无所建树,不能适应当代中国进一步加快国内结构性改革、扩大对外开放力度的需要,也不能适应当代世界区域经济一体化运动的新要求。

第三章为"新时代中国自由贸易协定面临的政策与形势"。该章系统分析入世至今转型期中国的国内外政策导向发生的明显变化,以及一系列给中国带来外部压力的国际经贸动态,旨在论证中国有必要在新的政策与形势下加快自贸区战略的实施,尤其是要对自身FTA范式作出及时调整。

第四章为"新时代中国自由贸易协定法律范式构建的客观趋势与主观立场"。该章从客观趋势与主观立场两个层面入手,探索新时代中国FTA范式构建的新思路。在客观趋势层面,全球价值链格局的形成和可持续发展理念的深入人心,为中国FTA范式构建工作提出了经济自由化与可持续发展须两者兼顾的共性要求;在主观立场层面,中国作为发展中大国存在个性需要,应在FTA中推行中国价值和中国理念,运用FTA表达自身经贸利益点和规则诉求,重视少边主义机制与现实主义外交理念的合理运用,为国际社会提供中国引领的制度性公共产品,确保国际经济秩序的规则参与权。

第五章为"国际社会的相关借鉴与新时代中国自由贸易协定法律范式归纳"。该章对世界范围内的 FTA 理论与实践动态作系统性考察,包括学术界、重要国际组织和主要 WTO 成员对于 FTA 改革作出的大量理论建议和实践主张。而后,在明确新时代中国 FTA 面临的客观趋势与主观立场、借鉴国际社会晚近理论与实践的基础上,该章系统归纳和阐述新时代中国 FTA 法律范式的构建思路,这是本书的中心命题所在。

第六章为"新时代中国自由贸易协定法律规则之变"。该章依次分析新时代中国 FTA 的议题项目之变、利益要点之变、开放模式之变、优惠授予面之变等一系列应然意义上的重要变化,并提出若干具体的操作性建议。

第七章为"新时代中国自由贸易协定法律规则之不变"。该章依次分析新时代中国 FTA 的市场准入力度加深之不变、公共监管权力保持之不变、特殊与差别待遇坚持之不变、协定条款软硬并行之不变等一系列应然意义上重要精神的继续保持,并提出若干具体的操作性建议。

最后为"全书结论",表明本书研究任务的最终完成,集中重述新时代中国 FTA 法律范式构建的基本思路,同时加以具体阐释,并对新时代中国 FTA 法律范式构建作出展望。

需要再次强调的是,本书绝非对中国 FTA 各个章节具体规则的分散化研究(事实上,因范围过大,也不现实),而是从宏观层面出发,对中国 FTA 的理论内涵、实践风格、指导思想、利益重点等范畴的整体性分析,以服务于全球后金融危机时期和中国特色社会主义新时代中国参与国际经贸规则重构的战略新需要。

# 第一章
# 以往中国自由贸易协定文本的法律特征

本章首先回顾以往中国FTA实践概况,先从政策层面归纳以往中国FTA的缔约规律,再从文本层面总结以往中国FTA的法律特征,初步认为以往中国FTA具有明显的"20世纪贸易协定"的基本特征,晚近几个FTA在一定程度上呈现出向"21世纪贸易协定"过渡的趋势。然后,本章着力分析以往中国FTA的上述法律特征背后的动因所在,包括直接原因和根本原因。

## 第一节 以往中国自由贸易协定实践概况

导论已对中国迄今为止全部FTA的缔约伙伴和议题范围作了介绍。从实践情况来看,对以往中国FTA在政策层面上可归纳出以下几个缔约规律:

(1) 缔约伙伴多为周边国家、发展中国家、中小国家。迄今为止,与中国已完成缔约的FTA伙伴,在本国范围内有中国香港、中国澳门、中国台北,在亚洲范围内有韩国、东盟10国(新加坡)、巴基斯坦、格鲁吉亚、马尔代夫,在非洲有毛里求斯,在大洋洲有新西兰、澳大利亚,在中美洲有哥斯达黎加,在南美洲有智利、秘鲁,在欧洲有瑞士、冰岛。由此可以看出,首先,中国比较重视与周边国家缔结FTA,[1]巴基斯坦、韩国、东盟10国应在此列。其次,中国比较重视与发展中国家缔结FTA。在2008年与新西兰缔结FTA之前,中国的FTA伙伴几乎都是发展中国家(发展水平最高的是新加坡这一新兴经济体)。但是,近些年来,中国开始重视与发达国家的谈判,发达国家FTA伙伴有所增加。最后,中国的FTA伙伴多为经济体量不大的中小国家,即便存在发达国家FTA伙伴,也多为新西兰、瑞士、冰岛等规模较小的经济体(澳大利亚除外),而美国、欧盟、日本等全球一流经济体(也是中国历年来最重要的对外贸易伙伴)尚未成为中国的FTA缔约伙伴。

(2) 推进策略多包含对政治因素、友好关系的考量。最能体现这一点的是中国首先从本国范围内之内地与香港、澳门地区的两个CEPA开始,而后大陆与台湾地区的ECFA也体现出政治考量特征;在对外层面,中国与巴基斯坦、东盟10国缔结的FTA无疑凸显对政治友好关系的考量。在中美洲,有些国家是台湾当局的所谓"建交"伙伴,其中哥斯达黎加在与台湾当局"断交"并与中国中央人民政府建交后,即迅速与中国缔结了FTA。此外,其他与中国缔结FTA的伙伴至少是与中国保持良好关系的国家。

(3) 资源供给是缔约伙伴选择的重要因素之一。最能体现这一特征的是智利和秘鲁,智利以生产铜矿等重要工业金属原料著称,秘鲁的矿业资源也十分丰富。澳大利亚因铁矿石资源丰富,被称为"坐在矿车上的国家"。巴基斯坦的煤炭资源丰富。事实上,中国从2004年启动与盛产石油的六个国家组成的海湾阿拉伯国家合作委员会(即"海合会")的FTA谈判,至今已经持续多年。[2]尽管目前谈判尚未结束,但无疑也彰显了中国加强资源供给安全的战略考虑。

(4) 缔约路径根据具体情况有所分别。由于不同FTA伙伴的政治关系有别,相对优势有别,谈判诉求有别,谈判的具体推进状况和难度也有别,因此过去十几年间,中国各个FTA呈现出不同的缔约路径。比较有代表性的缔约路

---

〔1〕 有研究者直言不讳地指出,中国自贸区战略应奉周边为首要,主要是基于国际政治经济与安全的一系列原因。参见对外经济贸易大学国际经济研究院课题组:《中国自贸区战略——周边是首要》,对外经济贸易大学出版社2010年版。

〔2〕 参见吴斌、冯群星:《中国—海合会自由贸易区谈判确定重启》,http://www.scio.gov.cn/ztk/wh/slxy/31208/Document/1465019/1465019.htm,2017年12月10日访问。

径有三类：一是中国与东盟 10 国的 FTA，采取了先缔结经济合作框架协议和"早期收获"清单，再依次缔结单独的货物贸易协议、服务贸易协议、争端解决机制协议、投资协议，从而最终达成自由贸易协定，这一路径显然较为曲折复杂。二是中国与巴基斯坦的 FTA，先缔结《关于自由贸易协定早期收获计划的协议》，再缔结正式的一揽子性质的 FTA（这一 FTA 只包含货物贸易、投资保护两块实质性内容），然后再缔结自贸区服务贸易协定，从而建成自由贸易区。中国—智利 FTA 亦与此相类似。三是近年来中国与新西兰、冰岛、瑞士、韩国、澳大利亚等国的 FTA，越来越倾向于采用一揽子协定模式，即一次性将 FTA 的各种典型议题纳入同一个协定中。

对此，有分析认为，中国未来的 FTA 缔约路径将越来越偏好于第三种，即一揽子协定模式。[1] 笔者同意这一观点，因为这种模式有利于谈判方进行不同议题领域的利益交换，有利于达成各方都相对满意的最终协定。这在过去已得到传统学术文献的有力佐证。以后中国将越来越多地与发达经济体在准入前国民待遇加负面清单模式基础上进行投资自由化谈判，而发达经济体通常奉行高度的投资自由化政策，在这方面其实并没有多少实质性出价的好处可提供给中国。从这个意义上讲，FTA 一揽子协定模式对于中国获取谈判中的对价利益具有重要意义。

## 第二节　以往中国自由贸易协定文本的主要法律特征

除了在政策层面呈现出一定的缔约规律外，在文本层面，中国 FTA 也呈现出一定的法律特征。王贵国 2011 年在《美国国际法杂志》上发表文章，对此作出了若干重要总结。[2] 值得注意的是，近年美国国会的"美中经济安全审查委

---

[1] See Guiguo Wang, China's FTAs: Legal Characteristics and Implications, *American Journal of International Law*, Vol. 105, Iss. 3, 2011, p. 500.

[2] Ibid., pp. 493-516.

员会"的有关报告指出,中国 FTA 没有稳定的文本模式可言。[1] 笔者认为这一断言较为轻率,下面的分析可以揭示以往中国 FTA 文本的主要法律特征。

## 一、对贸易自由化的专注倾向

迄今,中国 FTA 的主要精力都放在了贸易自由化即扩大市场准入上。中国早期的 FTA 关注传统的货物贸易,如关税削减、壁垒消除、贸易救济措施等,后来才逐渐扩展到服务贸易和投资等其他议题。[2] 在服务贸易领域,中国 FTA 在规则层面与 GATS 相差无几,区别仅在于其市场准入承诺与 GATS 项下的承诺有别。[3] 由于 FTA 谈判伙伴各自的需求不同,因此中国各个 FTA 在贸易自由化的部门覆盖度(coverage)、内容(contents)、处理方式(approaches)上呈现出多样性和弹性。[4]

近些年来,中国 FTA 在贸易自由化方面有两大明显倾向,一是突出海关合作与贸易便利化,二是对"自然人移动"议题单独设章。

就前者而言,中国自 2008 年与新西兰的 FTA 开始,将"海关程序合作"列为单独一章。而后,中国 FTA 的此种实践趋于常态化,该章名称除了在与哥斯达黎加的 FTA 中为"海关手续"之外,在与秘鲁、冰岛、瑞士、韩国、澳大利亚的 FTA 中一般均稳定为"海关程序与贸易便利化"或相近表述。这表明,该章内容已经大体定型。以中国—韩国 FTA 为例,该章包括通关便利化、透明度、海关估价、税则归类、海关合作、复议与诉讼、预裁定、处罚措施、自动化系统应用、风险管理、货物放行程序、快件通关特别程序、后续稽查、保密、磋商、海关委员会等内容。这标志着中国已将海关贸易便利化列为重要利益点。中国于 2015

---

[1] See Nargiza Salidjanova, China's Trade Ambition: Strategy and Objectives Behind China's Pursuit of Free Trade Agreements, U. S-China Economic and Security Review Commission, Staff Research Report, May 28, 2015, p. 3.

[2] See Guiguo Wang, China's FTAs: Legal Characteristics and Implications, *American Journal of International Law*, Vol. 105, Iss. 3, 2011, p. 500.

[3] See Shi Jingxia, Services Liberalization in China's Free Trade Agreements, *China Legal Science*, Vol. 1, Iss. 4, 2013, p. 117.

[4] See Guiguo Wang, China's FTAs: Legal Characteristics and Implications, *American Journal of International Law*, Vol. 105, Iss. 3, 2011, p. 499.

年批准了WTO《贸易便利化协定》,表明了在"一带一路"倡议背景下,致力于推进贸易效率提升、海关能力强化的决心。《贸易便利化协定》已于2017年达到WTO成员2/3多数的批准要求,从而正式生效。显然,与该协定的基本内容相呼应,中国FTA的海关程序与贸易便利化章将继续成为其文本特色之一。事实上,这也是贸易自由化的一个重要方面,因为贸易自由化绝不仅仅局限于单纯的关税削减,还涉及海关的种种非关税壁垒的移除。

就后者而言,自2008年中国与新加坡的FTA开始,"自然人移动"[1]被单独设为一章。而后,该章在中国FTA中渐成常态,但也有一些反复。比较明显的反复是,中国—秘鲁FTA的该章标题为"商务人员临时入境";中国—哥斯达黎加FTA则将"投资""服务贸易"与"商务人员临时入境"合并为一章,另有一个关于"商务人员入境工作组"的附件;中国—瑞士FTA中未设该章,也没有关于该问题的附件。但是,中国与韩国、澳大利亚的两个高水平FTA中仍然设置了单独的自然人移动章。实际上,"自然人移动"在GATS中被列为国际服务贸易的四种类型之一,在FTA中原本可被涵括在服务贸易章之内。中国FTA近些年来对"自然人移动"单独设章的热衷,一方面说明劳务输出已经成为中国重要的服务贸易利益点;另一方面,中国FTA的自然人移动章还包括商务人员出入境的有关规定,涉及国际经贸活动尤其是国际投资行为中相关从业人员的跨国往来,显然已经超越了单纯的"自然人移动"这一服务提供模式的范畴,涉及国际贸易投资便利化问题。

## 二、对"市场经济地位"的特别强调

这一特征实质上从属于上一点,同样体现了中国FTA对贸易自由化的重视,但基于问题的复杂性和关注度,有必要作专门说明。

众所周知,中国入世后一直深受其他WTO成员反倾销、反补贴乃至"双反"等贸易救济措施的困扰,尤其是成为各国反倾销措施的最大受害者。显然,通过FTA有效缓解国际贸易摩擦,已经成为中国当下国际经贸战略的重要着

---

[1] "自然人移动",即movement of natural persons,以往多被译为"自然人流动"。近些年的中国FTA中文版多将其译为"自然人移动"。在本书语境中,这两种译法可相互替代。

眼点。王贵国指出,中国希望通过 FTA 有效减少双边贸易摩擦。例如,秘鲁过去曾对中国出口产品频繁运用贸易救济措施,并且第一个运用《入世议定书》第 16 条的纺织品特保机制。中国与秘鲁的贸易关系通过 FTA 的缔结得以大大改善,贸易壁垒被大大削减,多数贸易争端在 FTA 双边机制下得以解决。[1] 中国商务部新闻办公室早在 2009 年就指出,FTA 有效化解和减少了中国与自贸伙伴的贸易摩擦。中国通过发展 FTA,已推动 21 个自贸伙伴承认中国市场经济地位。自贸伙伴对中国产品动用贸易救济措施也呈明显减少趋势。[2] 这充分展现了 FTA 在缓解国际贸易摩擦、推进国际贸易自由化方面的有效作用。

中国 2001 年入世时,在《入世议定书》第 15、16 条和《中国加入世界贸易组织工作组报告书》第 242 段接受了"非市场经济地位"的不利条款,导致中国出口产品遭到其他成员反倾销调查时,中国国内价格不能被作为正常价值。其他成员的"替代国价格"做法严重损害了中国出口利益,成为中国享受贸易自由化成果的最大挑战之一。通过 FTA 谈判,要求对方取消反倾销"替代国价格"做法,在反倾销调查中不再适用上述对中国不利的条款,成为中国 FTA 谈判的基本条件。这一基本条件有的被正式载于 FTA 文本中,[3] 更多的则是体现在有关国家在同中国开展 FTA 谈判之前与中国达成的外交声明中,如智利、新西兰等国的做法即如此。甚至有些国家宣布承认中国完全市场经济地位的时间远远早于其与中国缔结 FTA 的时间,典型代表为冰岛与韩国。[4]

2016 年 12 月 11 日原本是《入世议定书》第 15 条规定的 15 年"非市场经济

---

[1] See Guiguo Wang, China's FTAs: Legal Characteristics and Implications, *American Journal of International Law*, Vol. 105, Iss. 3, 2011, p. 506.

[2] 参见《坚定实施自贸区战略 保市场保份额稳出口》,http://fta.mofcom.gov.cn/article//zhengwugk/200912/1905_1.html,2018 年 3 月 12 日访问。

[3] 例如,中国—东盟 FTA 的《货物贸易协议》第 14 条、中国与巴基斯坦《关于自由贸易协定及其他贸易问题的谅解备忘录》、中国—韩国 FTA 第七章"贸易救济"第 7.7 条第 4 款等。但是,这里有个问题,即这些条款在中国 FTA 的宏观大结构中所处的位置不一,缺乏统一性。

[4] 冰岛早在 2005 年就以外交谅解备忘录的形式成为首个承认中国完全市场经济地位的欧洲发达国家,并与中国启动自贸区可行性研究,但中国—冰岛 FTA 直到 2013 年才得以缔结。韩国也在 2005 年就声明接受中国的完全市场经济地位,并启动中韩自贸协定可行性研究,但中国—韩国 FTA 直到 2015 年才得以缔结。

地位"到期之日。但是，美国、欧盟、日本等依然顽固坚持其旧有立场，继续在对华反倾销调查中使用"替代国价格"做法。西方学界也从法理层面进行各种辩护，其中一种典型论点便是中国现状仍与市场经济要求不符。[1] 这种做法引起中国政府强烈不满，导致中国在 WTO 争端解决机制中提起诉讼。在有关诉讼悬而未决、世人拭目以待之际，中国 FTA 仍应继续发挥对中国市场经济地位的正面支持作用。

### 三、对投资自由化的保守立场

FTA 的本义是"自由贸易协定"，原本以贸易为主题。投资议题进入 FTA 的先驱是 NAFTA。NAFTA 之后，各国 FTA 也纷纷将投资议题纳入其中，形成了"贸投合一"的大趋势。中国 FTA 从起步之初就采用"贸投合一"的做法，如在内地与港澳地区的两个 CEPA 中就包含投资制度安排。对外，中国在与巴基斯坦的 FTA 中率先推出了"贸投合一"的做法。而后，独立的投资章在中国 FTA 中成为常态。

应当注意的是，不同于美国通过 FTA 投资章大力推行投资自由化的做法，中国 FTA 投资章通常仅关注传统的投资保护，基本不涉及投资自由化。典型表现是，中国 FTA 投资章与传统 BIT 的内容几无差别。事实上，"投资保护"与"投资自由化"是存在显著区别的两个概念。投资保护更侧重于外资准入后的待遇问题，如国民待遇、最惠国待遇、公平公正待遇、业绩要求、征收和国有化措施、补偿问题、争端解决等；而投资自由化则集中关注外资准入前的国民待遇问题，即东道国各个行业对外资的开放度问题。中国传统 BIT 的内容侧重于投资保护，而基本不涉及投资自由化问题。中国 FTA 的投资章也具有相同特点。

中国 FTA 投资章这一特点体现了中国一直以来对投资自由化的保守立场。过去，中国持这种保守立场的缘由除了发展中国家本土产业竞争力较弱的普遍国情外，也与中国处于改革开放转型期的宏观形势密切相关。首先，迅速膨胀的经济规模造成了一系列严重的经济社会不协调的问题，如环境污染、资

---

[1] See Jorge Miranda, Interpreting Paragraph 15 of China's Protocol of Accession, *Global Trade and Customs Journal*, Vol. 9, Iss. 3, 2014, p. 98.

源短缺、区域发展不平衡、城市发展向农村征地与工程项目移民等活动引发的社会矛盾、国有经济控制力下降等。因此,中国对于过多依赖投资拉动的高耗能、高污染的经济发展方式进行了反思,而对外资过广、过快的开放有可能加剧上述社会问题。其次,中国改革开放以来,引资质量存在一些客观不足,有必要进行及时调整,对外资加强引导和控制。这是中国过去谨慎控制投资自由化的重要原因。[1] 最后,中亚、东盟、中东、非洲等中国投资者活动较多的地区政局不稳、恐怖袭击不断、对华人的敌视等安全问题是投资环境的不利因素,对于中国与相关地区的国家实行互惠的投资自由化也构成一定的阻碍。至于美欧等发达经济体,尽管中国企业在这些国家和地区的投资增长迅速,但美欧历来奉行高度的投资自由化,中国若与美欧进行互惠的投资自由化谈判,美欧实际上并没有对等的实质性好处能够提供给中国。

中国FTA在投资自由化方面的保守态度突出体现在中国—东盟FTA的投资协议谈判中。中方原本只希望签订一份侧重于投资保护的协议,而不涉及投资自由化。但是,东盟方面由于其成员国已经推行了内部投资自由化,因而希望中国能在投资自由化方面有所作为。双方立场分歧比较明显。[2] 中国—东盟FTA的投资协议是该FTA组建过程中最后一个谈完的,且最终协议内容与传统BIT并无本质区别。

近些年来,中国开始大力调整外资政策。中国在以上海自由贸易试验区为代表的一系列自由贸易试验区中大力推行准入前国民待遇加负面清单的外资准入模式,并在此基础上制定了《外商投资法》。对外,中国分别与美国、欧盟在准入前国民待遇加负面清单模式的基础上进行BIT谈判。这些行动表明,随着自身经济实力的增强和结构调整的需要,中国对投资自由化的态度开始发生显著转变。

体现在中国FTA文本上,2015年中国—澳大利亚FTA、中国—韩国FTA都有一项引人注目的内容:在投资、服务贸易(涉及外国投资的商业存在形式)

---

[1] 参见刘彬:《从中巴FTA看我国BIT在区域一体化实践中的发展——迈向务实灵活的缔约新理念》,载《武大国际法评论》2008年第2期。

[2] 参见陈辉萍:《构建中国—东盟自由贸易区投资法律框架》,载王贵国主编:《区域安排法律问题研究》,北京大学出版社2004年版,第244—255页。

领域,澳大利亚、韩国以开放度较高的负面清单模式作出承诺,而中国虽暂时仍以传统的正面清单模式作出承诺,但同意在协定生效后的合适时机与澳大利亚、韩国展开进一步谈判,积极考虑以负面清单模式进行市场开放。[1] 这是晚近中国 FTA 非常引人注目的新变化。

### 四、对"21 世纪新议题"的谨慎态度

除了关注贸易市场准入的进一步扩大外,中国大部分 FTA 对于所谓的"21 世纪新议题"兴趣不大,实质性涉足不多。"21 世纪新议题"或"21 世纪贸易协定"的说法在 TPP 谈判开启之后逐渐流行于西方学界,对国内学界也产生了一定影响。[2] 其实,NAFTA 及美国其他 FTA 的文本已经让人意识到发达国家对部分议题的一贯偏好,如知识产权、政府采购、竞争政策、劳工标准、环境保护等。但是,中国等发展中国家传统上对这些议题大多反应冷淡。

TPP 谈判进一步开创了"横向议题"(horizontal issues)的说法,[3] 涉及对缔约方普遍性经贸体制的一般调整。中国社会科学院世界经济与政治研究所国际贸易研究室的研究成果将 TPP 所涉议题分为以下几类:第一类是"传统议题",包括常见的货物贸易相关规则(货物贸易、原产地规则、海关管理与贸易便利化、动植物卫生检疫与技术性贸易壁垒措施、贸易救济措施)、服务贸易规则、投资等;第二类是"深度一体化议题",包括前述美国 FTA 等一贯偏好的政府采购、竞争政策、劳工标准、环境保护等,其中有的议题在 1996 年 WTO 新加坡部长级会议上曾被称为"新加坡议题";[4] 第三类是"横向议题",包括合作与能力建设、监管一致性、国有企业与指定垄断、中小企业、竞争力与商务便利化、发展、透明度与反腐败等议题;第四类是"其他制度性议题",包括争端解决、初始

---

[1] 参见中国—澳大利亚 FTA 第八章第 24 条第 3 款和第九章第 9 条第 3 款、中国—韩国 FTA 第二十二章第 22.2 条和附件 22-A。

[2] "21 世纪贸易协定"这一西方学术概念不能成为中国 FTA 的绝对衡量标准,但具有参考价值。See C. L. Lim, Deborah K. Elms and Patrick Low (eds.), *The Trans-Pacific Partnership: A Quest for a Twenty-first Century Trade Agreement*, Cambridge University Press, 2012, pp. 8-9.

[3] Ibid., p. 11.

[4] 第一类"传统议题"中的贸易便利化也属于"新加坡议题"的范畴。

条款与定义、管理与机制条款、例外条款等。[1] 其中,横向议题被认为体现了TPP"高标准、高质量、高层次、面向21世纪"的特征,以及试图通过协调与合作来降低国内管制政策所导致的市场分割效应。[2]

显然,所谓"新议题"是对于具体国家而言的。例如,对于美国,上述"深度一体化议题"早已被美国众多FTA纳入,当然不能算是新议题,其TPP的一系列"横向议题"才算是新议题。但是,对于中国,无论是"深度一体化议题"还是"横向议题",都可谓新议题,中国FTA过去所涉甚少。同时,对"新议题"或"21世纪议题"还需要辩证分析。当代FTA的所谓"新议题"或"21世纪议题",许多其实早在多边贸易体制乌拉圭回合和多哈回合中或多或少有所涉及,往往是多边谈判过去暂时放弃的、未成功的议题的自然延续,是对新时代经济发展需要的积极回应,也是不同经济体利益需求的反映。[3] 还有一些议题,如ISDS机制,本身并不是一个新议题,而放到当代FTA谈判背景中,则带有"新议题"色彩,在澳大利亚、美国、欧盟和一些发展中国家的FTA谈判中都引起广泛的争论。[4] 由于FTA本质上是一种结合特定缔约方的具体特点量身定做的贸易协定,中国基于在新时代进攻与防守的利益双重性——捍卫境内市场利益与开拓境外市场利益,其FTA必然面临着议题的"新"与"旧"的交织。[5]

迄今为止,中国FTA对待一系列新议题的态度相对比较谨慎,不过近些年出现若干新动态,具体表现如下:

第一,知识产权议题是典型例子。观察以往FTA文本可以看出,中国对区域知识产权议题的兴趣并不大。具体而言,2005年中国与智利的FTA只包含三条关于知识产权保护的零散内容,未设置专章。其后,中国与巴基斯坦、东盟10国、新加坡等分别达成FTA,均关注传统的贸易自由化和投资保护事项,知

---

[1] 参见中国社会科学院世界经济与政治研究所国际贸易研究室:《〈跨太平洋伙伴关系协定〉文本解读》,中国社会科学出版社2016年版,第5—14页。

[2] 同上书,第13页。

[3] 参见韩立余:《自由贸易协定新议题辨析》,载《国际法研究》2015年第5期,第82—86页。

[4] 参见中国社会科学院世界经济与政治研究所国际贸易研究室:《〈跨太平洋伙伴关系协定〉文本解读》,中国社会科学出版社2016年版,第87页。

[5] 同上书,第89页。

识产权条款基本上不见踪影。2008 年中国—新西兰 FTA 首次设置"知识产权"专章,但内容多为宽泛的软性条款、宣示性声明,或重申双方在《与贸易有关的知识产权协定》(以下简称《TRIPS 协定》)等公约下的权利与义务,没有任何超越《TRIPS 协定》的实质内容。其后,中国又分别与秘鲁、哥斯达黎加、冰岛等国缔结 FTA,对知识产权议题的处理方式与中国—新西兰 FTA 几乎完全相同。这些迹象表明,知识产权议题已经逐渐出现在中国 FTA 谈判议程中,但中国并不打算作出实质性超越《TRIPS 协定》的专门约定,因此知识产权条款的内容笼统,仅处于象征性宣示层面,而且很可能是迫于对方要求的被动回应——智利、新西兰、秘鲁、哥斯达黎加、冰岛等国都与美国、欧盟、澳大利亚等发达经济体存在贸易优惠安排,制度上受到后者影响。

不过,需注意的是,中国 2013 年与瑞士、2015 年与韩国和澳大利亚缔结的三个 FTA 在相当程度上改变了上述态势。这三个 FTA 不但设有"知识产权"专章,而且章节体系相当丰富,覆盖了目标与原则、与现有国际公约的关系以及知识产权各领域实体制度、执行措施、机构设置等各个方面;内容上新增了大量明确、具体、硬性的保护条款,并出现数量颇多的超越《TRIPS 协定》保护水平或其内容为《TRIPS 协定》所没有的专门约定,即所谓"超 TRIPS"(TRIPS-plus)或"TRIPS 外"(TRIPS-extra)条款,非常引人注目。这标志着中国对 FTA 知识产权议题的态度已发生明显变化。[1] 但是,考察这些条款的具体内容可以发现,这三个 FTA 知识产权章的"超 TRIPS"或"TRIPS 外"义务其实并没有大规模超越中国国内知识产权法,只是与近些年来创新驱动发展战略下国内立法、修法进程基本保持同步而已。[2] 美国、欧盟极力主张的若干"超 TRIPS"规则,如版权 70 年保护期的规定,仍然不为中国 FTA 所接受。这又从另一个侧面反映了中国在知识产权领域的谨慎态度。

第二,从环境保护、竞争政策等议题来看,中国 FTA 经历了一个从几乎不予关注到逐渐开始关注但迄今关注度依然较低的过程。

就环境保护而言,以往中国 FTA 大多在序言及各个具体章节中对环境问

---

[1] 参见刘彬:《中国自由贸易协定知识产权文本的体系化构建》,载《环球法律评论》2016 年第 4 期,第 180 页。

[2] 参见刘彬:《论中国自由贸易协定的"超 TRIPS 义务"新实践》,载《厦门大学学报(哲学社会科学版)》2016 年第 5 期,第 72—74 页。

题以软性措辞一带而过,直到 2013 年与瑞士缔结的 FTA 中才第一次出现独立的"环境问题"章。而后,在 2015 年中国—韩国 FTA 中,再次出现独立的"环境与贸易"章。然而,中国迄今十几个 FTA 中设有独立环境章的仅此两例。从该章的具体内容来看,并未设定硬性法律权利与义务,而是重申一些重要的国际环境条约、协定和宣言,阐明缔约方各自的环境立法、执法主权,规定不得以降低环境保护水平的方式鼓励贸易和投资,要求适时进行 FTA 环境影响评估,以及环境事项的双边合作、相关机构与资金安排等。尤其值得注意的是,这两个 FTA 的环境章都规定不适用 FTA 争端解决机制。[1] 显然,以上内容篇幅较小,且多为框架性、笼统性的规定,明显具有程序性、软法性的色彩。相比之下,TPP"环境"章继承了美国 FTA 在环境问题上的文本基调:一是对环境事项的合作程序、合作方式、绩效度量方法、指标和评估等进行了非常详细的规定;二是涉及众多具体的专项问题,包括海洋捕捞渔业、打击野生动植物非法交易、禁止某些渔业补贴、增加渔业补贴透明度等,还框架性地规定了臭氧层保护、海洋环境免受船源污染、贸易与生物多样性、外来物种入侵、向低排放经济转型等事项;三是建立了严格、多重的争端解决机制。[2] 以上规则呈现出美式风格的高约束力度。

就竞争政策而言,在中国 2013 年与冰岛缔结的 FTA 中首次出现独立的"竞争"章,后在中国与瑞士、韩国的两个 FTA 中再次出现同类章,仅此三例。[3] 纵观这三个 FTA 的竞争章,主要精神有五点:一是确认竞争问题会对自由贸易产生影响;二是竞争章不具有直接效力,不对缔约方的经营者创设任何具有法律约束力的义务,也不影响双方各自竞争执法机构的执法主权;三是竞争章也适用于缔约方境内具有特殊或排他性权利的经营者,但不得妨碍此类竞争者履行法定职责;四是缔约方竞争执法机构应开展相关合作;五是竞争章不适用 FTA 争端解决机制。显然,这样的竞争章还停留在象征性层次上。其中,中国—韩国 FTA"竞争政策"章的内容相对丰富一些,但也没有出现硬性的

---

[1] 参见中国—韩国 FTA 第十六章第 16.9 条、中国—瑞士 FTA 第十二章第 12.7 条。

[2] 参见中国社会科学院世界经济与政治研究所国际贸易研究室:《〈跨太平洋伙伴关系协定〉文本解读》,中国社会科学出版社 2016 年版,第 234 页。

[3] 在世界范围内,澳大利亚是对竞争中立规则非常热衷的国家。然而,在中国—澳大利亚 FTA 中,中国并没有接受独立的"竞争政策"章。

具体义务,更多体现在增加了透明度、信息通报等程序方面的要求,并对相关法律名词进行了定义。将中国 FTA 竞争章的以上内容与 TPP"竞争政策"章对比,可以得出与上述环境章相仿的结论。中国在竞争执法方面依然高度重视国家主权的保有,并不愿过多接受外来干预。

当然,从广义的角度讲,中国 FTA 关于知识产权、竞争政策、环境保护等方面的条款,并不局限于以这些议题直接命名的独立章。在中国各个 FTA 的序言、初始条款、贸易救济条款、投资章、服务贸易章、合作章等部分,或多或少都存在对知识产权、竞争政策、环境保护等方面有所涉及的条款。例如,中国—智利 FTA 在初始条款中明确,协定目标包括"改善自由贸易区公平竞争条件"。[1] 尤其是各个 FTA 的序言,几乎无一例外都要提及以上几个问题关系到自由贸易环境的建设。但是,很显然,这些条款依然带有鲜明的软约束、宣示性的基本特征。

## 五、对世界贸易组织文本的大量参照

迄今为止的中国 FTA 的另一文本特点是:重点关注市场准入条件的改善,而在规则、制度框架上少有创新,在制度层面往往大量参照 WTO 相关协定。参照的方式可分为三种:一是直接并入 WTO 有关条文,使之成为 FTA 文本的一部分;[2] 二是在 FTA 条文设计上,明显复述 WTO 相关协定的有关条文,或对 WTO 相关协定的有关条文虽有部分改动,但整体上仍然明显模仿;三是在各个领域重申 WTO 相关协定的权利与义务。不过,这一特点不是中国 FTA

---

〔1〕 参见中国—智利 FTA 第一章第 2 条。

〔2〕 此种条款极多。以中国—新西兰 FTA 为例,其序言规定:"以两国在《马拉喀什建立世界贸易组织协定》及其他多边、区域、双边协定及安排中的权利、义务和承诺为基础……"第 2 条第 5 项规定:"根据《TRIPS 协定》的规定,在各方境内提供知识产权保护和执法,巩固并加强知识产权合作……"第 3 条第 1 款规定:"本协定不应减损一方根据《WTO 协定》或其缔结的任何其他多边或双边协定中既存的权利和义务。"第 6 条规定:"各方应当根据 GATT 1994 第三条,给予另一方的货物国民待遇。为此,GATT 1994 第三条及其解释性说明经必要修改后应当并入本协定,构成本协定的一部分。"第 61 条第 1 款规定:"双方保留其根据 WTO《关于实施 1994 年关税与贸易总协定第六条的协定》、WTO《补贴与反补贴措施协定》、GATT 1994 第十九条及《保障措施协定》享有的权利义务。"

所独有的。从世界范围来看，WTO 成员缔结的众多区域贸易协定的确多以 WTO 规则为基础，再根据具体缔约情况附加具体贸易规则和相关领域。在实体层面，这种做法覆盖区域贸易协定的宗旨目标与一般原则、货物的国民待遇、市场准入的手续与措施、贸易救济措施、卫生与植物卫生（SPS）措施、技术性贸易壁垒措施、服务贸易规则等多个方面。在程序层面，这种做法主要体现为，区域贸易协定的争端解决机制在专家组或仲裁庭之设立、磋商、斡旋与调停、裁决、补偿、中止减让等方面明显模仿 WTO 的争端解决规则。[1]

归纳起来，中国 FTA 对 WTO 相关协定的参照，体现在以下几个领域：

第一，在货物贸易规则上，关于最惠国待遇、国民待遇、关税削减与约束、行政费用与手续、禁止数量限制等重要内容，基本上直接参照 GATT 1994 的相关定义、概念与规则。[2] 在货物贸易救济措施方面，往往直接参照 GATT 1994 第 6 条、第 16 条、第 19 条关于反倾销、反补贴、全球性保障措施的规定。[3] GATT 1994 第 20 条"一般例外"、第 21 条"安全例外"及其脚注说明也常常被引入。[4] 在 TBT 与 SPS 规则方面，往往直接重申缔约方在 WTO 项下《TBT 协定》《SPS 协定》的相关权利与义务。有学者指出，与美欧 FTA 相比，中国 FTA 的 SPS 规范的个性特色并不明显，仅限于重申《SPS 协定》的权利与义务、建立联合管理委员会、对《SPS 协定》义务有所细化等，有关内容谈不上对 WTO 之 SPS 规范体制的实质性超越，从中也无法看出真正体现中国特有的 SPS 问题或需求的内容。[5]

第二，在服务贸易规则上，关于若干名词的法律定义、国际服务贸易的四种类型划分、规则适用范围与不适用范围、一般义务与纪律（包括国民待遇、最惠国待遇、市场准入、国内规制、相互承认、支付与转移、垄断与专营服务提供者

---

[1] 参见刘彬：《宪政的幻象：评 WTO 对区域贸易协定的"联邦宪政化"构想》，载刘志云主编：《国际关系与国际法学刊·第 6 卷（2016）》，厦门大学出版社 2016 年版，第 251 页。

[2] 此种条款极多，故省略了具体法条的引注。

[3] 同上，法条从略。

[4] 同上，法条从略。

[5] 参见肖冰：《新型 FTA 之 SPS 规范的特色与问题——以美欧中 FTA 的对比为线索》，载孙琬钟、孔庆江主编：《WTO 法与中国论坛年刊（2015）》，知识产权出版社 2015 年版，第 73—74 页。

等)等涉及服务贸易的重要规则,几乎都原样照搬了 GATS 的大量条款。有学者在经过深入比对后指出,中国 FTA 的服务贸易章在规则设置上与 GATS 基本相仿,区别只是在国民待遇和市场准入的具体承诺上较 GATS 项下有所扩大。[1] 显然,比 WTO 项下开放承诺更进一步只是 FTA 的题中应有之义,与规则和制度上的创新无关。

第三,在知识产权规则上,2008 年中国—新西兰 FTA"知识产权"章是一个典型代表。该章的主要精神是重申对《TRIPS 协定》以及双方参加的其他知识产权多边协定的承诺,规定《TRIPS 协定》经必要修改后并入本 FTA。该章其余部分则是关于联络点、通知与信息交流、合作与能力建设、磋商等程序性条款。就实体内容而言,该章没有明显超出《TRIPS 协定》之处。[2] 如前所述,后来的中国—瑞士、中国—韩国、中国—澳大利亚三个 FTA 的知识产权章发生了较大变化,出现不少"超 TRIPS"或"TRIPS 外"规定,但相当多的条文仍以《TRIPS 协定》为基础,如知识产权保护类型、版权保护期、商标概念、可专利性的排除对象等。

第四,在争端解决规则上,如前所述,中国 FTA 与其他国家的 FTA 一样,大量借鉴了 WTO 争端解决机制的基本内容,少有创新。但是,事实上,这一领域并非没有可作为之处。美国、欧盟的 FTA 争端解决机制在专家组程序的对外透明度、公众参与与法庭之友、裁决执行措施、货币补偿、特定事项争端等很多方面都有相当可观的创新性规定,所涉及的法律问题相当复杂和专业,国外学界已经对此进行了大量分析。[3] 中国 FTA 争端解决机制对这些新问题关注甚少,实际发生的争端也几乎没有。

---

[1] See Shi Jingxia, Services Liberalization in China's Free Trade Agreements, *China Legal Science*, Vol.1, Iss. 4, 2013, p. 117.

[2] 中国—新西兰 FTA 关于民间文艺、遗传资源、传统知识的规定是个例外,是《TRIPS 协定》所没有的内容,但也仅限于泛泛声明。参见中国—新西兰 FTA 第十二章第165 条。

[3] 参见〔美〕西蒙·莱斯特、〔澳〕布赖恩·默丘里奥编著:《双边和区域贸易协定:评论和分析》,林惠玲、陈靓等译,上海人民出版社 2016 年版,第 360—377 页。

## 六、若干制度安排的灵活性

中国传统文化带有明显的务实、灵活、弹性、和谐的特征,中国国际法与国际关系实践也在无形中带有这种文化的印记。相比美式 FTA 的规则具体化、内容定型化、效力硬法化、立场强势化,中国 FTA 的制度安排带有明显的灵活性,政策导向型色彩也非常明显。事实上,所谓的"中国 FTA 没有成熟模板"可以说在某种程度上恰恰反映了中国所面对的 FTA 谈判对手的多样性,以及由此导致的中国 FTA 风格的务实性、宽松性、量身定制性。

在货物贸易领域,中国—东盟 FTA 多层次的降税安排是灵活性的很好体现。《中国与东盟全面经济合作框架协议》首先列出了"早期收获"计划,主要涉及对部分农产品的先行降税。但是,东盟 10 国中,菲律宾拒绝参与"早期收获"计划,原因在于菲律宾顾虑该计划会威胁其国内农业。出于长远考虑,中国接受了菲律宾的这一要求,并与菲律宾约定在 2005 年 4 月 27 日前取消除蔬菜之外的农产品的所有关税。[1] 此为其一。其二,后来的货物贸易协议将需要削减或取消的关税税目分为"正常类产品"(Normal Track)和"敏感类产品"(Sensitive Track)。正常类产品按照该协议附件一模式降税,敏感类产品按照该协议附件二模式降税。两种模式均区分东盟经济水平较高的 6 个老成员国和相对落后的 4 个新成员国(柬埔寨、老挝、缅甸和越南),分别采取了不同的降税要求,充分体现了包容性、灵活性。

在服务贸易领域,一方面,中国 FTA 对于当事方可能分歧较大、在 WTO 多边谈判中尚无定论的若干复杂问题,采取了"存而不论"的态度,规定等到 GATS 项下取得多边成果后,再考虑将多边成果纳入 FTA。这方面的典型问题,一是服务贸易紧急保障措施(原理类似于货物贸易中的保障措施),二是服务补贴(原理类似于货物贸易中的补贴支持),三是空运服务。[2] 这几个问题

---

[1] See Guiguo Wang, China's FTAs: Legal Characteristics and Implications, *American Journal of International Law*, Vol. 105, Iss. 3, 2011, p.499.

[2] 关于服务贸易紧急保障措施的规定,参见中国—东盟 FTA《服务贸易协议》第 9 条;关于服务补贴的规定,参见中国—瑞士 FTA 第八章第 8.12 条;关于空运服务的规定,参见中国—哥斯达黎加 FTA 第九章第 91 条第 3 款。

在 GATS 项下由于各方立场不一,至今尚未得出明确结论。[1] 我们似可认为,"存而不论"的法律效果,实质上就是让 FTA 缔约方各自保留在这些问题上的自由决断权,如允许出于产业政策目标考虑,对国内服务行业实施各种补贴支持计划。另一方面,中国 FTA 将其他一些重要问题留待未来合适时机进行谈判。如中国—澳大利亚 FTA、中国—韩国 FTA 中,中方承诺目前暂时以正面清单列出开放部门,未来将考虑以负面清单模式为基础与对方展开新的准入谈判。此外,对于 FTA 一缔约方给予非 FTA 缔约方的待遇是否也应给予 FTA 另一缔约方的问题,即"非成员最惠国待遇"问题,中国 FTA 大多规定,在这种情况下,一缔约方将给予另一缔约方充分的谈判机会。[2] 中国—东盟 FTA《服务贸易协议》甚至允许缔约方在承诺生效起三年之内修改或撤销减让,但要提前三个月通知其他缔约方和东盟秘书处,并与受影响的缔约方达成必要的补偿性调整。[3] 这种规定体现了高度的灵活性,无疑更多是为东盟伙伴而设。

在争端解决领域,中国 FTA 展现了比较明显的重视政治协调的粗线条特征。例如,内地与香港 CEPA 规定,如实施过程中出现争端,将在政治磋商的基础上解决。该 CEPA 并没有专家组程序或仲裁小组的有关规定。当时,国内有部分学者批评该 CEPA 缺乏有力的争端解决机制。[4] 中国—东盟 FTA《争端解决机制协议》签订后,也有部分学者批评该机制的不完善之处,如没有明确的仲裁员名单和仲裁员任命程序。[5] 然而,事实证明,这些批评更多是出于法学家的一种职业偏好,却忽略了中国 FTA 在争端解决领域更重视政治协调的缔约文化。

近些年来,中国 FTA 的争端解决条款在法律途径有所完善的同时,似乎依然不忘强化政治协调的倾向。典型代表为中国—韩国 FTA"争端解决"章第

---

[1] 参见陈德铭等:《经济危机与规则重构》,商务印书馆2014年版,第318—328页。

[2] 参见中国—格鲁吉亚 FTA 第八章第 6 条第 3 款、中国—澳大利亚 FTA 第八章第 7 条第 4 款、中国—瑞士 FTA 第八章第 8.3 条第 3 款等。

[3] 参见中国—东盟 FTA《服务贸易协议》第 24 条第 1 款。

[4] 持此类观点的国内文献很多,可参见杨丽艳:《试论 CEPA 运作中所涉法律及其效力层次问题》,载《暨南学报(哲学社会科学版)》2006 年第 6 期,第 21 页。

[5] 参见杨丽艳:《试论中国—东盟自由贸易区争端解决机制》,载《安徽大学学报(哲学社会科学版)》2008 年第 4 期,第 80—82 页。

20.5条第4款规定,在涉及非关税措施的争议时,缔约双方被鼓励进入调解程序。相比技术意义上的关税措施,非关税措施往往更多涉及一国的经济体制、监管体制,更具有根本性意义,有关争端被鼓励进入调解程序,能够更好地适应非关税壁垒的敏感性、复杂性。在专家组报告的执行措施部分,中国—韩国FTA"争端解决"章明确规定,被诉方的补偿性措施或起诉方的中止减让都属于执行措施的允许范围。但是,无论是补偿性措施还是中止减让,都不如完全执行专家组裁决的建议,以使被诉措施符合该协定。[1] 此外,中国FTA争端解决章通常规定不赋予私人诉权,[2]专家组报告也不为私人创设权利与义务。[3] 此种条款否定了FTA在缔约方国内的直接效力,淡化了FTA对缔约方的强制色彩。

在软性合作条款方面,中国FTA往往设置独立的经济合作章。尽管这并不是中国FTA所独有的,如TPP就有单独的"合作与能力建设"章,但中国FTA将许多尚在发展之中或存在处理需要但形成硬性规则的时机尚不成熟的经贸法律问题都尽可能纳入未来的软性合作范围内,其辐射范围远远超越了TPP的"合作与能力建设"章。在这方面,中国—智利FTA、中国—韩国FTA的经济合作章的内容都十分丰富,堪为突出代表。

除设定泛泛的合作总目标外,中国—智利FTA的合作范围极广,涉及经济合作、科技研究、教育、中小企业、文化合作、知识产权、促进投资、矿业和工业合作等各个领域。其中,尤其值得注意的是中小企业、知识产权、矿业和工业合作条款。中小企业条款系为中小企业更好地提供各类服务,以促进双方中小企业更有效、更充分地参与区域产业链,事实上与TPP"中小企业"章(同样为软条款)的立意十分接近,体现了中国FTA同样具备新时代的高标准。知识产权条款提到了WTO部长级会议通过的《TRIPS协定与公共健康宣言》,确认发展中成员在药品专利强制许可上的权利,这成为中国FTA知识产权章(如有)的代表性条款。中国—智利FTA中大量的知识产权合作条款被后来的中国—瑞士、中国—韩国、中国—澳大利亚FTA"知识产权"章所吸收;矿业和工业合作条

---

[1] 参见中国—韩国FTA第二十章第20.15条第2款。
[2] 参见中国—韩国FTA第二十章第20.17条。
[3] 参见中国—韩国FTA第二十章第20.11条第7款。

款最鲜明地体现了中智两国经贸合作的优先领域,尤其提到了两国铜业公司的联合协定和安排。

中国—韩国 FTA 在经济合作总目标中提到了可持续发展,[1]这标志着中国与发展水平较高的缔约伙伴之间的共识理念。其后列出的大量合作领域的分类比中国—智利 FTA 更加清晰明了,主要合作领域分为农渔合作、工业合作、政府采购、其他领域四块。其中,农渔合作包括粮食安全、渔业合作、林业;工业合作包括钢铁合作、中小企业合作、信息和通信技术合作、纺织合作、联络点;政府采购条款规定:中韩双方同意在中国完成加入 WTO《政府采购协定》谈判后,尽快开展政府采购谈判,以期在互惠基础上达成双边政府采购协定;[2]其他领域合作包括能源与资源合作、科学与技术合作、海运合作、旅游合作、文化合作、药品合作、医疗器械和化妆品合作、威海和仁川自由经济区等地方经济区合作、中韩产业园等。在这些合作领域中,渔业合作是老问题,涉及与《中韩渔业协定》有关的海上渔业系列问题;钢铁合作涉及两个主要钢铁出口大国之间的协调;中小企业合作部分与中国—智利 FTA 等其他文本一样,已经成为中国 FTA 的特色合作内容;信息和通信技术合作、纺织合作鲜明地体现了中韩产业结构特点;政府采购条款表明了中国现阶段将政府采购谈判重心暂时先放在 WTO 中的立场;能源与资源合作等"其他领域"的合作内容,对于中韩经济活动更是具有极强的针对性,紧扣双方经济结构特征,从中可以明显感受到双方的产业利益点。

相比之下,以 TPP 为代表的美国 FTA 的合作与能力建设章显得比较简单,条文寥寥,且缺乏具体伙伴的针对性。[3] 其中一个原因在于,TPP 其他部分,如"中小企业""竞争力与商务便利化""发展"等章,其内容事实上也属于软性合作条款。在中国 FTA 中,这些内容都被纳入合作章,从而显得 TPP 的"合作与能力建设"章比较单薄。中国 FTA 将众多的经贸合作问题纳入软性的合

---

[1] 参见中国—韩国 FTA 第十七章第 17.1 条。
[2] 参见中国—韩国 FTA 第十七章第 17.17 条。这是一个具有代表性的合作条款,类似规定在中国—澳大利亚 FTA、中国—瑞士 FTA 中也可以发现,非常到位地体现了中国对于政府采购议题的谨慎态度。
[3] See Trans-Pacific Partnership Agreement, Chapter 21.

作章,同时又体现与具体伙伴之间的特别诉求领域,既有广度,又有重点,已成为其灵活性风格的一大表征。同时,与世界通行做法接轨的是,中国 FTA 中的这些合作事项都不适用 FTA 争端解决机制,仅通过双边合作委员会、主管部委、联络点等方式进行沟通。

## 第三节 以往中国自由贸易协定文本特征的动因分析

### 一、以往中国自由贸易协定文本特征的初步结论

(一)"20 世纪贸易协定"与"21 世纪贸易协定"的概念

从中国 FTA 对贸易自由化的专注倾向、对市场经济地位的特别强调、对投资自由化的保守立场、对"21 世纪新议题"的谨慎态度、对 WTO 相关协定的大量参照、若干制度安排的灵活性这一系列文本特征,我们可以得出初步结论:以往中国 FTA 文本侧重于贸易利益的维护与扩大,而对于经贸制度的建设与创新关注较少,带有浓厚的"20 世纪贸易协定"的特征。但是,随着国内外经贸形势和政策的变化,晚近的中国 FTA 文本在一定程度上逐渐展现出向"21 世纪贸易协定"有限靠拢的态势。

应当注意的是,所谓"20 世纪贸易协定""21 世纪贸易协定",其实都是出自西方学者的说法,在宏观上不应成为对中国 FTA 的绝对衡量标准。但是,西方学者在微观技术层面的若干分析仍然可以为我们提供一些有益的启发。

西方学者对"20 世纪贸易协定"作了系统界定,指出"20 世纪贸易协定"往往具有以下特征:[1]

(1) 专注于最终产品(final goods)的跨境贸易,核心目标在于移除较高的关税壁垒或关税高峰。

(2) 原产地规则非常复杂,给外贸企业制造了很大的障碍,严重影响了协定

---

[1] See C. L. Lim, Deborah K. Elms and Patrick Low (eds.), *The Trans-Pacific Partnership: A Quest for a Twenty-first Century Trade Agreement*, Cambridge University Press, 2012, pp. 7-8.

提供的贸易优惠的利用率。

(3) 对国内经贸体制、法规等"边境后(behind-the-border)壁垒"的处理力度不足,多为浅尝辄止或干脆忽略。多数协定对关税之外的大量贸易保护手段(多为非关税壁垒或监管性问题)关注不够,如配额等数量限制、国内法律框架、贸易救济措施、SPS法规、TBT问题等。

(4) 侧重于货物贸易,对服务贸易的涉足十分粗浅。实践中,许多协定只是重申对WTO服务贸易纪律(即GATS条文)的维护,而未再有所发展。事实上,随着当代互联网与通信技术的发展,传统的四种国际服务贸易类型已经出现界限上的模糊。GATS对国际服务贸易的四种类型划分以及各国在GATS项下按照这四种类型分别作出的义务承诺都已经不能适应许多服务贸易企业的实际业态。国际服务贸易规则需要变革,但许多区域贸易协定依然步GATS之后尘,在服务贸易的一般规则上无所作为。

(5) 有的协定也处理了一些其他议题,如投资、知识产权、政府采购、金融服务等。然而,常见的处理标准仅仅是重申WTO下的规则义务或略微超出WTO的义务水平。

西方学者进一步指出,新时期的"21世纪贸易协定"需要处理更广泛的经贸议题,具备或理应具备以下新元素：[1]

(1) 在货物贸易领域,更多考虑中间产品(intermediate products,即最终产品的中间投入品)的贸易。由于国际生产分工和供应链的发达化,中间产品通常会在国境之间往返流转多次,因此产品流转障碍的移除工作就显得非常迫切。关税固然需要削减,但已不是唯一的因素。商业界更关注的是如何移除烦琐低效的海关手续、简化各种办事程序、改善基础设施以便利货物流动等事项。此外,优惠性原产地标准也需要多元化、灵活化,以促使协定伙伴国之间的优惠贸易量尽量最大化。

(2) 在服务贸易领域,不必受WTO现有规则的束缚,至少要做到以负面清单为基础进行市场开放承诺。当代的服务贸易业态越来越丰富,范围日益广

---

[1] See C. L. Lim, Deborah K. Elms and Patrick Low (eds.), *The Trans-Pacific Partnership: A Quest for a Twenty-first Century Trade Agreement*, Cambridge University Press, 2012, pp. 8-9.

泛,特定的服务提供往往伴随着相应的人员流动。有关服务业态在整体上已经融合了多种服务贸易类型,传统的服务贸易四分法因其界限分明已经显得不合时宜。因此,贸易协定只有采取开放度更高的负面清单模式,才能更加便利业界优质服务的提供。

(3) 跨境投资必须成为贸易协定的组成部分。21世纪以来,跨境投资迅猛增长,并且与货物贸易、服务贸易紧密相连,仅采用BIT来调整跨境投资问题已经不够。在这里,笔者的理解是,不但采用BIT来调整跨境投资问题已经不够,而且仅仅将侧重投资保护事项的传统BIT内容简单移植到FTA中(如中国过去的FTA所做的那样)也已经不够,需要在FTA投资章或投资规则中融入与贸易(尤其是服务贸易)相关的内容,才能跟上形势发展的需要。

(4) 在与WTO重合的领域,FTA中超越WTO水平的规则,如知识产权、电信或贸易救济等方面的"超WTO"规则,应尽可能广泛。

(5) 一系列新议题应被纳入FTA中,正如TPP所做的那样。例如,协调和简化那些阻碍国际贸易的相互冲突的监管标准和法规,帮助中小企业更多利用FTA中的优惠规则以获得好处等。

## (二) 中国FTA文本的过渡性特征

对以上分析,我们应持批判性吸收的态度。剔除"华盛顿共识"的新自由主义偏见,西方学者的上述观点对于新时代中国进一步将改革开放推向纵深依然具有相当大的借鉴价值。事实上,迄今中国大部分FTA都将主要精力放在了进一步削减货物关税、扩大服务贸易市场开放承诺上,对于货物贸易规则、服务贸易规则却鲜有创新,多为重申WTO相关概念和条文。具体来说,服务贸易市场承诺以开放度较低的正面清单为基础,原产地规则多偏向"40%当地价值含量"的单一标准,[1]监管合作总体上也比较滞后,[2]投资规则基本局限于传

---

[1] 这主要是指2008年之前的情况。以2008年中国—新西兰FTA为标志,中国FTA原产地规则开始转向采用多元化标准。

[2] 中国迄今各个FTA的TBT章、SPS章都重申WTO相关协定,并以软性措辞规定一些合作意向(例见2015年中国—澳大利亚FTA第六章第4条、第7条)。同时,这些协定都未设立专门的监管合作或监管一致性章。

统 BIT 内容的直接移植，知识产权规则多为重申《TRIPS 协定》的权利与义务。可见，中国 FTA 的确在一定程度上、一定范围内具有"20 世纪贸易协定"的色彩。

同时，也要辩证地看到，近些年来，中国 FTA 开始发生一些积极的变化。比较典型的是，在中国—澳大利亚 FTA、中国—韩国 FTA 中，中方承诺将在未来以负面清单为基础进行服务贸易与投资领域的自由化谈判。在海关程序方面，秉承对 WTO《贸易便利化协定》大力支持的立场，近年来的中国 FTA 大大丰富了这方面的条款。在原产地规则方面，从 2008 年与新西兰的 FTA 开始，中国逐渐转向以"产品特定"（product-specific）的原产地规则为基础、综合采用多种选择性标准的多元化体系。在监管合作方面，尽管总体上中国的实质性动作仍然不多，但在部分协定中以附件形式加强了在某些特定产品上的监管一致性合作。[1] 知识产权的"超 TRIPS""TRIPS 外"规则在中国—瑞士、中国—韩国、中国—澳大利亚等 FTA 中开始有节制地出现。[2] 竞争政策、环境保护等新议题开始以专章形式出现在部分 FTA 文本中。[3] 中小企业、价值链培育、能力建设等问题往往被规定在合作章中。综上所述，中国 FTA 正逐渐呈现出与"21 世纪贸易协定"这一国际趋势相接轨的一面，同时又显得较为谨慎，保持一种批判性吸收的立场。

近年来，中国与东盟、新加坡、智利等的 FTA 升级版谈判结果也显示出这一趋向。[4] 其中，2018 年中国—新加坡 FTA 升级版议定书具有较强的代表性，在海关程序与贸易便利化、原产地规则、贸易救济、服务贸易、投资、经济合作等六个领域进行升级，又新增了电子商务、竞争政策和环境保护三个领

---

[1] 例如，2008 年中国—新西兰 FTA 存在一个部门性附件，即《中华人民共和国政府与新西兰政府关于电子、电器产品及其部件合格评定的合作协定》。

[2] 参见刘彬：《论中国自由贸易协定的"超 TRIPS"义务新实践》，载《厦门大学学报（哲学社会科学版）》2016 年第 5 期，第 72—77 页。

[3] 参见 2013 年中国—瑞士 FTA 第十、十二章，2015 年中国—韩国 FTA 第十四、十六章，2017 年中国—格鲁吉亚 FTA 第九、十章。

[4] 参见《中国和秘鲁、新西兰自贸区升级谈判加速进行》，http://fta.mofcom.gov.cn/article/fzdongtai/201705/34918_1.html，2019 年 3 月 6 日访问。

域。[1] 从该议定书来看,中国 FTA 升级版的基本特征可概括为四点:(1) 进一步扩大货物贸易与服务贸易的市场准入力度;(2) 对原产地规则、贸易救济、投资等章进行规则微调;(3) 在竞争政策、环境保护两章中实行软性承诺;(4) 在海关程序与贸易便利化、电子商务两章中有较多的实质性规则。在这四点中,第一点是中国的一贯关注;第二点体现了保守的实用主义态度;第三点是象征性的行为;只有第四点体现了规则建构,这源于中国近年来对海关程序与贸易便利化、电子商务的支持立场和相关的国内立法发展——海关程序与贸易便利化章与国内自贸试验区改革措施直接相关,电子商务章主要包括电子认证与电子签名、在线消费者保护、个人信息保护、无纸化贸易、透明度等内容,与中国 2018 年通过的《电子商务法》、2015 年修正的《电子签名法》相呼应。不过,中国 FTA 的缔约实践似乎并不稳定。例如,在 2017 年中国—格鲁吉亚 FTA 中,就没有独立的"电子商务"章。

## 二、以往中国自由贸易协定文本特征的形成动因

笔者认为,中国 FTA 的以上文本特征背后有其深刻的时代根源与国情根源,既有若干明显的直接原因,也有一些深层次的根本原因。

(一) 直接原因

1. 入世后对贸易红利的持续热望

如果从 1986 年启动的"复关"谈判开始计算,到 2001 年正式入世,中国加入多边贸易体制的谈判历程持续了漫漫 15 年之久。即便如此,基于当时的国内外大局,中国在《入世议定书》及《中国加入世界贸易组织工作组报告书》中依然接受了一些对自身经贸利益相当不利的条款,有的不利影响甚至持续至

---

[1] 参见《商务部国际司负责人解读中国—新加坡自由贸易协定升级议定书》,http://fta.mofcom.gov.cn/article/zhengwugk/201811/39339_1.html,2019 年 3 月 12 日访问。

今。[1] 这种状况意味着,中国在 20 世纪末 21 世纪初这段时间内,对于入世带来的贸易红利必然抱有极大的期待。事实也的确如此,中国进出口总额从 2001 年的 5097.68 亿美元发展到 2015 年的 3.96 万亿美元,约占全球比重的 12%,[2] 后一数字约为前一数字的 8 倍。从国内生产总值(GDP)贡献率看,2001 年,中国实际 GDP 对全球贡献率为 0.53%;2015 年,这一数字为 24.8%。同时,中国对全球实际 GDP 增长率的拉动度也从 0.03 个百分点升至 0.6 个百分点。[3] 中国入世的代价绝不是白白付出的,而是综合权衡的结果。中国入世虽然付出了代价,但换来了持续快速发展的黄金时期,实现了国民经济的跨越式发展。[4]

有学者指出,由于在入世谈判中作出了较大让步,中国在随后的 WTO 多哈回合谈判中并没有非常强劲的动力。中国在农业领域作出了巨大让步,实际上已经超前完成了多哈回合的谈判承诺,在最重要的议题领域已经没有多少可以出价的筹码。[5] 鉴于多哈回合谈判对自身的实质利益影响有限、能力和意愿有限、地位和话语权也有限,中国更多是作为多哈回合发展主题的支持者,在发达成员和发展中成员之间发挥协调和桥梁作用。[6] 然而,这并不是因为中国不再欢迎进一步的贸易自由化带来的利益,而是因为 WTO 最惠国待遇原则

---

〔1〕 See Julia Ya Qin, "WTO-Plus" Obligations and Their Implications for the World Trade Organization Legal System: An Appraisal of the China Accession Protocol, *Journal of World Trade*, Vol. 37, Iss. 3, 2003, p. 491; Julia Ya Qin, The Challenge of Interpreting "WTO-PLUS" Provisions, *Journal of World Trade*, Vol. 44, Iss. 1, 2010, p. 127.

〔2〕 参见孙南翔:《入世 15 年:深刻改变中国的经济法律制度》,http://www.iolaw.org.cn/showArticle.aspx? id=4998,2018 年 3 月 9 日访问。

〔3〕 参见《历史上的今天——中国加入世界贸易组织》,https://www.sohu.com/a/210047595_372608,2018 年 3 月 9 日访问。

〔4〕 参见陈雨松:《中国参与多哈发展议程谈判综述》,载曾华群、杨国华主编:《WTO 与中国:法治的发展与互动——中国加入 WTO 十周年纪念文集》,中国商务出版社 2011 年版,第 372 页。

〔5〕 参见屠新泉:《中国在 WTO 中的定位、作用和策略》,对外经济贸易大学出版社 2005 年版,第 178—179 页。

〔6〕 参见余敏友、刘衡:《评中国在 WTO 近十年的表现》,载曾华群、杨国华主编:《WTO 与中国:法治的发展与互动——中国加入 WTO 十周年纪念文集》,中国商务出版社 2011 年版,第 391 页。

决定了中国的任何承诺都必须无条件给予所有成员,在多边贸易体制中作出的承诺必然是一种较重的义务。可见,中国在多哈回合中的谨慎甚至保守态度是从这个角度出发的。

事实证明,尽管中国入世已经作出了市场开放的巨大承诺,[1]但入世后并没有停止贸易自由化的步伐。最突出的体现是,中国入世后,迅速实行既尊重多边主义又积极推动区域经济一体化的"两条腿走路"的方针。注意不到这一点,就看不到中国对贸易红利的持续热望。例如,中国迅速提出了与东盟组建FTA的倡议,与东盟的经济合作框架协定缔结于2002年;内地与香港的CEPA缔结于2003年。从选择FTA伙伴的角度讲,这两个协定显然能带来最直接也最现实的经贸利益。与WTO不同的是,FTA中所作承诺只对FTA伙伴适用,是一种成本较低、速度更快的谈判途径。

因此,中国FTA高度重视进一步扩大市场开放的特征,与入世后多方面扩充渠道以进一步享受贸易红利的目标直接相关。换言之,中国早期FTA的问世,其实是入世谈判的一种惯性延续。

2. WTO谈判的停滞和其他国家FTA步伐的加快

多哈回合启动后一直在曲折中艰难前行,总体上处于停滞状态。据分析,多哈回合难以成功的原因,一是谈判在许多方面已经逐渐触及各成员尤其美、欧、日的贸易政策的核心与底线,达成妥协的难度空前加大;二是美欧这两大巨头之间缺乏彼此让步的动力,因为在农业这一重点领域中,美国可能的让步是农业国内支持的削减,欧盟可能的让步是农产品关税的削减,但这种让步的最大受益者不是美欧自己,而是广大发展中成员。[2] 此外,近些年来美欧内部政治经济形势的变化,也使得多哈回合的推进面临更复杂、严峻的挑战。

在这种大形势下,各国纷纷加快了区域一体化的步伐,大量的FTA得以涌

---

[1] 在履行市场开放的承诺方面,中国削减了5000多种货物的关税,平均关税从20世纪90年代早期的43.2%降到过渡期结束后的9.8%。参见曾华群、杨国华主编:《WTO与中国:法治的发展与互动——中国加入WTO十周年纪念文集》,中国商务出版社2011年版,第382—383页。

[2] 参见陈雨松:《中国参与多哈发展议程谈判综述》,载曾华群、杨国华主编:《WTO与中国:法治的发展与互动——中国加入WTO十周年纪念文集》,中国商务出版社2011年版,第371页。

现。其中,美国是娴熟运用多种贸易政策工具的代表,率先提出了"竞争性自由化"的战略思想。"竞争性自由化"一说始于美国学者伯格斯坦,该观点涵盖了贸易自由化进程中多边化与区域化之间以及区域化与区域化之间的竞争,并在美欧之间从肯尼迪回合到乌拉圭回合谈判期间的贸易外交战略交锋中得到一定的佐证。[1] 前美国贸易代表佐立克于2001年关于"竞争性自由化"的一番讲话标志着多边、区域、双边"三管齐下"的美国对外贸易政策基调的确立。[2] 此后,美国开始在三条线上全面出击。2006年多哈回合中止后,伯格斯坦又撰文主张发起亚太自由贸易区谈判,希冀以此对欧盟、印度、巴西等非亚太成员形成压力,促使多哈回合"复活"。[3] 以上学说与政策实践构成了"竞争性自由化"的最初含义,推动了美国近二十年来相当强势的FTA实践,也直接触动了其他国家,促使它们也纷纷投入到FTA缔约实践中。

在这场"新区域主义"的浪潮中,相比美欧甚至部分亚洲国家,中国是一个明显的晚来者。欧共体统一大市场于1985年启动建设,1992年年底基本建成;美国主导的NAFTA于1991年开始谈判,1992年签署。整个20世纪90年代,亚太区域经济合作向组织化发展,次区域集团纷纷涌现,各种不同形式的经济合作组织与联盟也在积极酝酿和构筑之中。[4] 而中国直到2001年入世之后,才开始与东盟开展第一个对外FTA的谈判。

事实上,早在20世纪90年代初,中国领导层已经注意到世界经济的区域集团化趋势。在国务院国民经济和社会发展总体研究协调小组办公室的领导

---

〔1〕 See C. Fred Bergsten, Globalizing Free Trade: The Ascent of Regionalism, *Foreign Affairs*, Vol. 75, Iss. 3, 1996, pp.105-120; C. Fred Bergsten, Competitive Liberalization and Global Free Trade: A Vision for the Early 21st Century, https://www.piie.com/publications/working-papers/competitive-liberalization-and-global-free-trade-vision-early-21st, last visited on May 26, 2020.

〔2〕 See Robert B. Zoellick, American Trade Leadership: What Is at Stake, https://www.piie.com/commentary/speeches-papers/american-trade-leadership-what-stake, last visited on May 26, 2020.

〔3〕 See C. Fred Bergsten, Plan B for World Trade: Go Regional, *Financial Times*, Aug. 16, 2006.

〔4〕 参见对外贸易经济合作部课题组:《世界经济区域集团化趋势、影响及对策》,中国经济出版社1994年版,第1页。

下,当时的对外贸易经济合作部组织人员承担了"世界经济区域集团化趋势、影响及对策"的课题。研究成果显示,20世纪80年代中期以来,世界经济的区域集团化趋势日益明显,发展速度之快与范围之广令世人瞩目。这一发展态势是世界政治局势缓和以及冷战结束后经济矛盾突出和竞争加剧的表现,是生产力发展的客观要求,是全球经济一体化的必然阶段。[1] 1999年,中国时任国务院总理朱镕基在第三次东盟—中国领导人非正式会议上提出,中国愿加强与东盟国家和东盟组织在经贸、科技和金融等领域的合作,得到东盟国家的积极回应。2000年,朱镕基在第四次东盟—中国领导人会议上首次提出建立中国—东盟自由贸易区的构想,建议成立专家组开展可行性研究。

世纪之交,中国的主要精力集中于入世谈判,谈判过程非常艰苦,显然无暇分身于区域一体化事务。一俟入世谈判完成,出于对世界经济大势的敏锐考察,担心在FTA浪潮中被边缘化进而导致入世红利被淡化,中国也迅速投身于区域一体化运动,并很快在2007年党的十七大报告中明确提出实施自贸区战略,将其上升为顶级国策之一。中国察觉到多边主义与区域主义"两条腿走路"的必然性以及自己在FTA实践上起步较晚的事实,意识到入世固然是开放道路上极重要的一步,但绝不是最后一步。从这个角度,同样可得出与前文类似的结论,即中国早期FTA侧重于市场开放承诺,本质上是旨在进一步融入世界经济的惯性之举,是另辟蹊径,以区域化手段补充多边化手段,仍然是追逐经济红利目标的延续。同时,内地与港澳的两个CEPA、中国与东盟和巴基斯坦等国的FTA也含有一定的政治考量,蕴藏着后冷战时期以经济强化政治联系的战略思想。

3. 发展中国家区域贸易协定实践的普遍保守

众所周知,中国以发展中成员身份入世。近二十年来,无论国际舆论如何渲染"中国威胁论""中国责任论""中美共治论",中国仍然一直自我定位为发展中国家。关键依据在于,虽然中国经济总量指标日渐趋于世界前列,但人均经

---

[1] 参见对外贸易经济合作部课题组:《世界经济区域集团化趋势、影响及对策》,中国经济出版社1994年版,第1页。

济指标仍然靠后。[1] 相应地,在贸易、投资、金融、税收、争端解决等方面,中国国际经济法的实践进程与理论建构历来以发展中国家为根本定位。在国际贸易法领域的研究和实践中,无论是入世谈判还是区域一体化,中国都体现出发展中国家阵营的若干共性。

有研究者指出,随着美欧 FTA 实践的发展,"竞争性自由化"已经朝着"竞争性帝国主义"(competitive imperialism)方向发展。所谓"竞争性帝国主义",是指美欧等发达经济体竞相与落后发展中国家缔结 FTA,以软硬兼施、威逼利诱等多种方式,不仅换得更大的市场准入利益,而且在竞争政策、知识产权、劳工标准、环境保护等方面获取在 WTO 多边场合得不到的成果。其中,后者已成为"竞争性帝国主义"的重心所在。[2] 尽管这些领域不同于单纯的贸易事项,但发达经济体认为它们与贸易事项紧密联系,并将其作为一个整体,确定具体谈判中的利益交换与妥协。在这些强国的眼中,高新技术产业、服务业等是它们的优势竞争力所在,必须加以维护,而与此相联系的投资、知识产权、服务贸易、公共采购、竞争政策正是它们集中关注的经济增长领域。[3] 以知识产权为例,如果在双边 FTA 中能够获取充分的保护和得到有效的执行,这些强国可能就不会有动力再去推动 WTO 多边框架采纳这些成果了。[4]

值得注意的是,发达经济体推行"竞争性自由化",一个根本性阻碍就在于南北利益得失的不平衡。以美国与南部非洲关税同盟(SACU)的自由贸易谈判为例,关税收入原本是 SACU 内部一些小国财政收入的重要来源,而对外缔结 FTA 势必导致其关税收入的流失。[5] 美国曾在 WTO 中提出在 2015 年之前取消非农产品的关税。所以,SACU 赢得的对美市场准入机会可能只是暂时性

---

[1] 参见徐崇利:《现行国际经济秩序的重构与中国的责任》,载陈安主编:《国际经济法学刊(第 17 卷第 2 期)》,北京大学出版社 2010 年版,第 5—6 页。

[2] See Raj Bhala, Competitive Liberalization, Competitive Imperialism, and Intellectual Property, *Liverpool Law Review*, Vol. 28, 2007, pp. 77-105.

[3] 朱颖:《评欧盟全球贸易新战略》,载《世界经济研究》2007 年第 8 期,第 69 页。

[4] See Raj Bhala, Competitive Liberalization, Competitive Imperialism, and Intellectual Property, *Liverpool Law Review*, Vol. 28, 2007, p. 105.

[5] See John Walley and J. Clark Leith, Competitive Liberalization and a US-SACU FTA, NBER Working Paper Series, No. 10168, 2003, p. 6.

的,在服务贸易、投资、知识产权等方面却面临不对称的开放,在制度建设方面也缺少经验与准备。[1]

"竞争性自由化"在现实中面临着发展中国家的抵制。WTO 于 2005 年 1 月发表的关于 WTO 运作方式的咨询委员会报告——《WTO 的未来》(即著名的《萨瑟兰报告》)曾指出:既然这些议题不能在 WTO 的"正门"通过,那么也不应鼓励它们从区域贸易协定这一"侧门"通过。[2] 在《TRIPS 协定》规定的"最低保护标准"的基础上,发达国家所推动的"新一代"FTA 致力于知识产权保护的进一步深化。然而,实践中,发展中国家已经实施了一些抵制行动。例如,在 SACU 与欧洲自由贸易区(EFTA)的 FTA 谈判中,EFTA 企图迫使 SACU 接受公共健康方面的一些"超 TRIPS"条款,遭到了 SACU 的拒绝。同样,SACU 也拒绝了美国在 FTA 谈判中的类似要求,因为这些要求将严重妨碍贫穷的非洲国家获取公共健康所需的必要药物。[3] 此外,美国与泰国的双边 FTA 谈判也在相当程度上由于泰国对"超 TRIPS"条款的抵制而失败。[4]

在这样的大背景下,中国对于 FTA 中众多非贸易议题(或称"社会议题"[5])不感兴趣,也就非常自然了。同时,20 世纪 90 年代至 21 世纪初这段时间,美国作为唯一超级大国以冷战胜利者和世界秩序主导者自居。中国面临着较为复杂严峻的国际环境,持续面对西方的霸权政治压力。诸如投资自由化、

---

〔1〕 See John Walley and J. Clark Leith, Competitive Liberalization and a US-SACU FTA, NBER Working Paper Series, No. 10168, 2003, Abstract.

〔2〕 See Peter Sutherland, et al., *The Future of the WTO: Addressing Institutional Challenges in the New Millennium*, Report by the Consultative Board to the Director-General Supachai Panitchpakdi, 2004, p. 23.

〔3〕 See Sungjoon Cho, Defragmenting World Trade, *Northwestern Journal of International Law and Business*, Vol. 27, Iss. 39, 2006, p. 75.

〔4〕 See Beatrice Lindstrom, Scaling Back TRIPS-Plus: An Analysis of Intellectual Property Provisions in Trade Agreements and Implications for Asia and the Pacific, *New York University Journal of International Law and Politics*, Vol. 42, Iss. 3, 2010, pp. 974-977.

〔5〕 严格地讲,社会议题与非贸易议题是有区别的。诸如投资自由化、知识产权等议题,属于非贸易议题,但仍然属于经济议题,而不属于社会议题。典型的社会议题(同时也是非贸易议题)是劳工标准、环境保护等议题,还可以包括教育、反腐败等。

劳工标准、环境保护、竞争政策这样一些为美欧所一味热衷的议题，对于中国则具有相当的敏感性。中国一直担忧这些领域中权利与义务的失衡。因此，中国在FTA文本中专注于贸易自由化，而对社会议题予以回避或淡化处理，是一种明智的方案抉择，完全切合一个发展中国家的经济利益与外交需要。

（二）根本原因

实际上，以上若干直接原因只是表象，并未深入内因层面——中国自身的条件。笔者认为，对以往中国FTA文本的基本特征的理解，不能脱离以往中国国情与发展阶段的客观限制。中国在内部发展上的宏观指导思想最终决定了其在对外经济协定中愿意采纳何种内容。西方国家所青睐的FTA非贸易议题大多与中国经济社会的发展以及相应的改革开放指导思想的演变不同步，有的甚至严重脱节。这是非常大的论题，涉及改革开放以来经济、政治、社会、法制、文化等各个方面，对其作系统全面的阐述已经大大超出了本书的主题。故笔者仅从法学角度选取两点——入世之前与入世之初中国改革开放指导思想的演变轨迹以及相应的内外法治实践的发展，试作一初步阐述，然后再结合非贸易议题（社会议题）的具体特征，试分析中国FTA有关立场的根本原因。

1. 中国改革开放指导思想的演变

中国改革开放的指导思想集中体现于中国共产党作为执政党三十多年来历次全国代表大会的重大决议与决策。1987年，党的十三大比较系统地论述了中国社会主义初级阶段的理论，明确提出了党的"一个中心、两个基本点"的基本路线。1992年邓小平南方谈话和党的十四大的召开，被公认为改革开放全面迈向新时期的重要里程碑。邓小平提出的一系列观点，包括"社会主义的本质，是解放生产力，发展生产力""发展是硬道理""三个有利于"等，实质都强调中国需要集中精力抓经济建设、尽快发展经济的迫切性。其后的党的十四大作出了若干意义深远的重要决策，包括：第一，决定抓住机遇，加快发展，指出"我国经济能不能加快发展，不仅是重大的经济问题，而且是重大的政治问题"，并对加快经济发展作出战略部署。第二，首次明确提出"我国经济体制改革的目标是建立社会主义市场经济体制"，核心"是正确认识和处理计划与市场的关系"，认为"社会主义市场经济体制是同社会主义基本制度结合在一起的"。第三，对建设有中国特色社会主义理论的主要内容作了概括,将该理论和以该理论为指导的社会主义初级阶段党的基本路线写进了党章。

1997年,党的十五大报告首次将邓小平理论作为指引党继续前进的旗帜,指出邓小平理论围绕"什么是社会主义、怎样建设社会主义"这个根本问题,第一次比较系统地初步回答了中国社会主义建设的一系列基本问题,将邓小平理论确立为党的指导思想与行动指南。党的十五大进一步阐述了社会主义初级阶段理论,明确提出了党在这个阶段的基本纲领,涵盖了建设有中国特色社会主义的经济、政治和文化的基本目标与基本政策,确定了中国跨世纪发展的战略部署,指出"从现在起到下世纪的前十年,是我国实现第二步战略目标、向第三步战略目标迈进的关键时期"。"在这个时期,建立比较完善的社会主义市场经济体制,保持国民经济持续快速健康发展,是必须解决好的两大课题。要坚持社会主义市场经济的改革方向,使改革在一些重大方面取得新的突破,并在优化经济结构、发展科学技术和提高对外开放水平等方面取得重大进展……"根据建设有中国特色社会主义经济、政治、文化的基本目标的要求,党的十五大报告对社会主义初级阶段的所有制结构、公有制实现形式、推进政治体制改革、依法治国、建设社会主义法治国家等问题提出了一系列新的论断。

2002年,党的十六大报告提出了全面建设小康社会的奋斗目标和"三个代表"重要思想,指出"社会主义市场经济体制初步建立","市场体系不断健全,宏观调控继续完善,政府职能加快转变"。"开放型经济迅速发展,商品和服务贸易、资本流动规模显著扩大。国家外汇储备大幅度增加。"尤其重要的是,党的十六大报告专门提及"我国加入世贸组织,对外开放进入新阶段"。

可以看出,从党的十三大到十六大,中国改革开放的主要指导思想落脚于迅速推进市场经济、迅速壮大经济实力、迅速发展开放型经济。对外,这一时期正好是中国致力于复关和入世谈判,处于入世之前与入世之初的一段时期。这种内外节奏的同步并非偶然。显然,这一时期,国内改革的主要焦点是扭转过去计划经济体制与观念的惯性,致力于建立社会主义市场经济体制,针对人民群众日益增长的物质文化需要与落后的社会生产力之间的主要矛盾,集中力量发展社会生产力。这一时期也是中国各地政府招商引资浪潮和"唯GDP论"最盛行的一段时期。体现在对外开放上,主要焦点在于让国内经济治理体制迅速与国际通行的市场体制接轨、行政治理体制迅速与国际通行的法治体制接轨。但是,行政治理体制的法治化,其首要动机依然是为了满足经济目标,为市场经济和入世需要保驾护航。总之,这一时期,中国将迅速把经济建设搞上去,即尽快壮大"硬实力"作为第一要务。这突出体现在国民生产总值、资本流动规模、国家外汇储备这几个指标的迅速增长上,即追求"增量扩张"。从最直观的角度讲,对外开放首先追求的就是外贸总量与引资总量这两个指标的直接增长。

表现在 FTA 实践上,中国在入世之前显然对 FTA 无暇顾及。入世之后,中国为了不落于人后,也迅速投入 FTA 大潮中。这种行动必然是追逐贸易红利的惯性延续。对经济价值的追求居于首要地位,非经济价值(社会价值)则并非重要考虑因素。这就可以从根本上解释为何中国早期 FTA 专注于贸易自由化与市场准入,而对非贸易议题(社会议题)着墨甚少。

2. 中国内外法治实践的发展

经济基础决定上层建筑。事实上,中国实行改革开放以来,国内经济法律制度的构建和完善进程与市场经济体制的逐步建立一直相伴而行。在改革开放初期,涉外经济法律规范开始大量出现,但明显受到传统计划经济体制的影响,从而形成内外分立的"双轨制"经济立法模式。随着建立社会主义市场经济体制目标的提出,中国涉外经济立法呈现出一方面与国内经济立法逐渐趋同(即走向内外统一的"单一制"经济立法模式),另一方面与国际经济立法(包括国际经济条约、国际商事惯例等)日益接轨的明显趋势。[1]

"依法治国,建设社会主义法治国家"是党的十五大确立的基本治国方略。2001 年中国入世,正如党的十六大报告所言,标志着中国对外开放进入新阶段,由此给中国国内法治建设带来的推动作用极其深远。入世深刻改变了中国的经济法律制度,强化了法治思维与法治方式的运用,促进了中国特色社会主义法律体系的构建与完善。[2] 有学者将入世对中国法治建设的积极影响归纳为

---

〔1〕 参见徐崇利:《市场经济与我国涉外经济立法导向》,载《法学研究》1994 年第 6 期,第 36—43 页。

〔2〕 参见孙南翔:《入世 15 年:深刻改变中国的经济法律制度》,http://www.iolaw.org.cn/showArticle.aspx? id=4998,2018 年 3 月 9 日访问。

七个方面,非常全面地概括了中国入世后法治建设的发展状况。[1] 具体来说:第一,入世加快了中国经济法律的现代化进程,推动了中国知识产权法律制度的进步;[2] 第二,WTO透明度原则对中国法治政府建设产生了重要影响;第三,入世促进了中国司法审查制度的完善;[3] 第四,入世促进了中国法律制度的统一实施;[4] 第五,WTO法律实践扩大了国际法在中国的影响;第六,入世提升了中国在国际立法中的地位;[5] 第七,入世丰富了中国法学研究与教育的内容。

就内部法治实践而言,改革开放和入世极大地推进了中国经济法律甚至整个法律体系真正迈向以权利为本位的现代化转变,摆脱了过去僵化的计划经济、压抑的义务本位等传统法治特征,逐步实现了转变政府职能,解放社会思想,释放经济活力,维护与促进以生存权、发展权为根本的人权自由。就外部法治实践而言,中国对西方主导的自由主义的国际经济秩序以及相应的国际经济组织与机制,从过去的怀疑、忽略甚至一定程度上的排斥与敌视,转变为加强参与、逐渐融入、最终适应并积极利用,进而在入世后成为开放包容的国际经济体制的受益者。

以上内外法治实践的飞跃最明显的成就是,中国在改革开放四十多年后,人民生活水平极大提升,社会文明极大发展,国家财富极大积累,综合国力显著增强,国际地位根本性提高,乃至当下已有能力引领若干大规模的国际倡议与国际对话。正因如此,我们需要注意到一个根本点:中国改革开放以来的国内与国际法治实践的巨大进步,一直是万变不离其宗,始终服务于搞好经济建设、发展生产力这个最大的中心任务,始终不曾偏离执政党治国理政的宏观政策导

---

[1] 以下七个方面的论述,参见刘敬东:《入世10年对中国法治建设的影响述评》,载陈安主编:《国际经济法学刊(第18卷第3期)》,北京大学出版社2011年版,第134—154页。

[2] 参见刘敬东:《入世10年对中国法治建设的影响述评》,载陈安主编:《国际经济法学刊(第18卷第3期)》,北京大学出版社2011年版,第137页。

[3] 突出体现于中国反倾销、反补贴等贸易救济措施、专利与商标事项的司法审查机制的建立。参见刘敬东:《入世10年对中国法治建设的影响述评》,载陈安主编:《国际经济法学刊(第18卷第3期)》,北京大学出版社2011年版,第143页。

[4] 同上书,第144—145页。

[5] 同上书,第148—152页。

向。经济发展、经济利益处于改革开放事业的最高目标层面。

3. 非贸易议题(社会议题)对于中国的不利性

回到本书所探讨的国际法语境,既然发展仍然是解决中国一切问题的基础与关键,那么中国外部层面的国际法治实践就始终不能脱离务实的经济目标去考量。具体到中国的 FTA 实践,如前所述,中国 FTA 事实上从一开始就主要服务于入世之后市场利益获取途径的多样化,从而实现经济红利的进一步扩大。无论是在 WTO 多边谈判还是在 FTA"少边"谈判中,中国向其他经济伙伴作出的市场开放承诺都以对方作出的市场开放承诺为相应的对价考量,最终取决于谈判结果是否对中国利大于弊。如果有关议题不能使中国获取明显的经济发展利益,甚至对自身发展会有所损害,则中国必然会慎之又慎。

首先,西方的有关理论依据存在一个明显的缺陷,即缺少对国家利益的必要分析。[1] 关于国际经济立法与国际社会立法的挂钩,或者说"国际经济立法的社会化"的研究,在 20 世纪 90 年代的西方学界曾风行一时。非贸易议题引起学界热烈讨论的直接起因是,WTO 乌拉圭回合一揽子协议包含投资规则、知识产权规则。在 WTO 成立后的数次部长级会议上,美欧等成员曾试图继续纳入若干新的非贸易议题。另外,与 WTO 几乎同期问世的 NAFTA 也包含众多非贸易议题,成为学界对此热烈讨论的又一大诱因。据此,西方学者提出了种种理论依据,以支持此种挂钩,如"市场失灵理论""合法性理论""国际道德或正义理论""保障人权的国际宪法或宪政理论"等。[2] 但是,无论理论层面存在何种依据(何况这些依据本身不无争议),在实践中的互惠模式下,非贸易议题(社会议题)只有在对当事方都有利的情况下才会被引入贸易谈判,这是一个明显的基本事实。[3] 在 WTO 中是如此,在 FTA 中也是一样。从谈判机制上讲,有学者指出,非贸易价值将会破坏贸易谈判达成的互惠减让、成果公平分配的政

---

[1] 参见徐崇利:《经济一体化与国际经济法律体制的构建》,载陈安主编:《国际经济法学刊(第 8 卷)》,北京大学出版社 2004 年版,第 74 页。

[2] 同上书,第 72—74 页。

[3] 徐崇利认为,WTO 应以保证各成员能从贸易中相互获利为目标,那些具有非互惠性质的议题就不应被纳入 WTO,包括环境与劳工问题以及知识产权保护问题等。参见徐崇利:《经济一体化与国际经济法律体制的构建》,载陈安主编:《国际经济法学刊(第 8 卷)》,北京大学出版社 2004 年版,第 92 页,英文脚注。

治基础。[1]这是非常重要的学术观点,尽管原本是分析 WTO 中贸易规范与非贸易规范之间的关系,但无疑也适用于 FTA。该学者还指出,WTO 最重要的政治基础就是成员进行互惠的贸易利益交换,以实现增长的经济福利在各成员之间公平分配。在现有的国际社会结构中,互惠性贸易利益的交换为国际贸易谈判提供了重要的政治支持动力。[2]换言之,动辄将非贸易议题(社会议题)塞入经贸谈判中,会给各方的出价、还价考量带来极大的不确定性,极可能损害原本建立在经贸互惠基础上的利益均衡,从而使经贸谈判丧失政治支持。

实际上,中国的国际经贸谈判立场并非"唯利是图",并非对各种社会价值视而不见,而是基于拥有世界上最庞大人口但又相对落后的发展中大国急需发展的基本国情。西方所倡导的各种社会价值主张并非毫无合理性,但大多立足于后工业社会的基础,与中国的发展水平、发展阶段存在严重脱节。西方强行"推销"的社会价值理念,多数情况下并不符合包括中国在内的多数发展中国家的现阶段利益,且往往脱离发展中国家的社会实际情况。如劳工标准问题,中国国内劳工在劳动耐受程度、待遇水平等各个方面的观念和习惯都与美欧劳工存在很大不同,中国企业最终出口的产品在销售数量和价格等方面自然有别于美欧。这本来可以归为生产率相对优势的范畴,美欧却以一己标准要求发展中国家,显然过于武断,且存在打压发展中国家出口利益的现实动机,自然难以被发展中国家接受。知识产权、环境保护等议题更是与一国的经济社会发展阶段有直接的紧密关联。例如,在气候变化谈判中,发展中国家主张"共同但有区别的责任",强调发展中国家在承担减排任务的同时,其发展利益不应受到过多的阻碍。此外,有国外学者指出,甚至发达国家之间在 FTA 谈判中对社会议题的立场也远未一致,如澳大利亚就反对将贸易与社会保护联系起来。EFTA 国家也表现得较为矛盾。因此,各国的这种立场分歧是一种长远态势而非短期

---

[1] 参见贾海龙:《非贸易规范与 WTO 规范的根本冲突:政策及政治基础》,载曾华群、杨国华主编:《WTO 与中国:法治的发展与互动——中国加入 WTO 十周年纪念文集》,中国商务出版社 2011 年版,第 166 页。

[2] 同上书,第 166—167 页。

现象。[1]

其次，非贸易议题不能被简单换算为贸易价值，它们具有自身社会意义上的特性。当初，在关贸总协定乌拉圭回合中，非贸易议题如知识产权、投资措施等被纳入贸易谈判，直接的理论依据是"与贸易有关"。有学者将这种议题挂钩称为"规范性挂钩"，即贸易议题与非贸易议题之间、经济议题与社会议题之间具有内在的关联。[2] 笔者认为，虽然这种关联性的确存在，但只是存在于一定的范围内，不宜过分夸大。正如有国外学者指出的，贸易与社会保护的"互相支持"充其量也只能说是模糊不清的。[3] 徐崇利也指出，社会价值本身无法通过经济福利最大化的计量来实现。社会议题与经济议题是不同质的事物，不可能完全通约，任意将社会议题转化为经济议题无助于社会议题的公正解决。[4] 他还指出，社会价值对于贸易自由化还存在制约作用，一些特殊贸易产品，如农产品、渔业产品、转基因产品、文化产品等，由于其与生俱来的社会影响非常强烈，自始就不能适用一般的贸易自由化规则。[5] 可见，将种种非贸易议题或社会议题简单打上"与贸易有关"的标签，然后塞入经贸谈判中，并不能使其自动获得与贸易议题或经济议题的同质化效果。

实践中，一些中小发展中国家甘愿在 FTA 中接受发达国家所施加的种种非贸易议题，是因为期冀发达国家也能对其扩大市场开放，从而获取经济上的好处。这是一种"策略性挂钩"，即无论议题有无直接关联，主要出于谈判策略的考虑，对各个议题进行交叉挂钩。[6] 但是，从实际效果来看，对发展中国家

---

[1] 参见〔美〕西蒙·莱斯特、〔澳〕布赖恩·默丘里奥编著：《双边和区域贸易协定：评论和分析》，林惠玲、陈靓等译，上海人民出版社 2016 年版，第 333 页。

[2] See David W. Leebron, Linkages, *American Journal of International Law*, Vol. 96, Iss. 1, 2002, pp. 12-15.

[3] 参见〔美〕西蒙·莱斯特、〔澳〕布赖恩·默丘里奥编著：《双边和区域贸易协定：评论和分析》，林惠玲、陈靓等译，上海人民出版社 2016 年版，第 313 页。

[4] 参见徐崇利：《经济一体化与国际经济法律体制的构建》，载陈安主编：《国际经济法学刊（第 8 卷）》，北京大学出版社 2004 年版，第 80 页。

[5] 参见徐崇利：《WTO 贸易议题与社会政策连结的内在途径——以农业"多功能性"为例的分析》，载《法律科学（西北政法大学学报）》2008 年第 3 期，第 107—110 页。

[6] See David W. Leebron, Linkages, *American Journal of International Law*, Vol. 96, Iss. 1, 2002, pp. 12-15.

的此种妥协策略,仍应谨慎评估其前景。有实证研究表明,以为不假思索地接受外来知识产权保护的高标准就能促进经济发展的想法过于简单,撒哈拉以南非洲地区的国家就提供了反面例证。[1] 另外,如前所述,SACU 国家与美欧缔结 FTA 赢得的市场准入机会可能只是暂时性的,而它们在服务贸易、投资、知识产权等方面却面临不对称的开放。至于环境保护、劳工标准等社会议题,更是关系到一国公共政策导向。中国作为人口众多、国情复杂的发展中大国,处在经济与社会的改革转型关键期,必须认真对待社会各方面利益的关系平衡,在重大的社会议题上理应立足于自身需要,不宜一味强调外部"倒逼"。按照国际关系学者约翰·鲁杰著名的"深嵌的自由主义"观点,政府在实行自由主义贸易政策的同时,应保留国内政治与社会利益考量的自主权,这也是二战之后各国处理经济开放与本国利益之间关系的普遍做法。

再次,FTA 这一"少边"谈判途径,具有不同于 WTO 多边途径的自身特点。一国在 FTA 谈判中会分别面对不同的谈判伙伴,在关税削减、市场开放等贸易问题上,固然可以视对手情况分别作出不同的承诺。然而,非贸易议题往往涉及国内法律体制的构建与改革,这就决定了一国无法在面对一个对手时作出一种承诺,而在面对另一个对手时又作出另一种承诺。比如,在 FTA 知识产权议题方面,美国与欧盟在诸如地理标志等问题上的立场存在很大区别。很显然,其他国家如果与美欧分别进行 FTA 谈判,则不可能在国内同时维持两套不同的知识产权法律制度。时下,有的巨型 FTA 谈判所涉及的监管一致性问题也是如此,一国显然难以在与不同国家的相互贸易中实行不同的产品监管标准,那样只会徒增沉重的管理负担,带来国内监管工作、监管标准的极大混乱。同理,环境保护、劳工标准、竞争政策等社会议题也具有类似特征。由于这些议题本质上涉及国内制度的构建,因此应由各国立足于本国国情,建立适合自身需求的基本制度。如果将其盲目引入 FTA,势必严重破坏各国的国内事务自主权,还存在由于谈判对手各不相同而导致制度碎片化的危险,甚至会破坏最惠国待遇原则这一近代以来国际经济关系的基石。

---

[1] See Christine Haight Farley, Trips-Plus Trade and Investment Agreements: Why More May Be Less for Economic Development, *University of Pennsylvania Journal of International Law*, Vol.35, Iss. 4, 2014, pp.1061-1062.

从实用性角度分析,FTA这种一对一谈判方式对于硬实力日益增长的中国是有利的。但凡其他国家有兴趣与中国开展FTA谈判,中国以其庞大市场体量的吸引力获取对方的市场准入承诺并非难事,并不是一定要在非贸易议题(社会议题)上作出巨大让步才能换取到,这一点与其他中小发展中国家不同。[1] 况且,除FTA之外,中国尚有多种途径可与他国开展各种议题的合作,其讨论深度、专业性可能比FTA更强。[2] 非贸易议题(社会议题)在中国FTA中可以适度处理,但无论从国家利益还是专业技术性角度讲,都不宜过于详尽地全面处理,而应限于与贸易有关的部分事项,且应保持软法特征,并将其排除在FTA争端解决机制之外。

最后,还应看到,在世纪之交时,中国对于国际经济秩序仍然以融入心态、旁观心态、参与心态为主,尚未做好主动引领的准备。这就决定了中国在投身FTA谈判之初,必然以务实的经济利益考量为中心,对各种非贸易议题(社会议题)怀有不确定感,倾向于在WTO多边场合中与众多发展中成员一起表达其疑虑心态,而不愿在FTA少边场合中率先"以身试法"。

---

[1] 例如,中国—智利FTA达成了两个劳工与环境补充协议,但只有一个是公开的。同时,协议也并非旨在设定标准,而只是提供研究与信息交换等双方同意的合作活动。参见〔美〕西蒙·莱斯特、〔澳〕布赖恩·默丘里奥编著:《双边和区域贸易协定:评论和分析》,林惠玲、陈靓等译,上海人民出版社2016年版,第332页。

[2] 例如,在环保领域,中国与其他国家之间存在议定书、备忘录等形式的合作或对话;在气候变化、劳工政策、知识产权、人权等各个领域,也是如此。

# 第二章
# 以往中国自由贸易协定的实效分析与反思

在探讨新时代中国 FTA 的范式构建思路之前,有必要先对以往中国众多 FTA 的实际效用状况进行分析。"不知过去,无以图将来。"为此,我们不能仅停留在抽象的理论层面,相关实证研究十分重要。本章经考察后认为,传统的中国 FTA 带有明显的"20 世纪贸易协定"的特征,在推动双边经贸利益扩张上确有一定的功效,但由于多种原因,现已逐渐接近瓶颈,难以适应当今世界区域经济一体化运动的新要求。为进一步挖掘区域经济合作的巨大潜力,中国 FTA 需要改变过去片面关注货物贸易关税削减和服务市场有限开放的做法,将重心转移到经贸规则建构和营商环境建设上。同时,当代中国进一步加快国内结构性改革、扩大对外开放力度的国内政策导向,以及世界范围内价值链理论的兴起,将为中国 FTA 的范式构建思路提供全新的启示。

## 第一节 以往中国自由贸易协定对经贸利益的正面促进

在经济学中,对于 FTA 实际效用的分析非常复杂,涉及众多的经济学模型和运算手段,有关效用指标的概念也较为多样化。从法学的借鉴角度出发,笔者将探讨重点放在相对简明的两个指标上,一是中国与 FTA 伙伴双边贸易投资数量的变化,二是中国企业对 FTA 关税优惠的实际利用率。这两个指标能在相当大的程度上说明中国 FTA 的实际效用状况。

一、特定代表:中国—东盟自由贸易协定的相关数据

迄今为止,中国官方发布的信息或学界主流观点基本都倾向于指出,中国现有的 FTA 充分推动了中国与相关伙伴之间的贸易投资增长,经济福利效应显著。这从围绕中国—东盟 FTA 的信息与文献中也可见一斑。在中国已有的 FTA 伙伴中,东盟 10 国是周边主要贸易伙伴,与中国的双边贸易额规模较大,因此中国—东盟 FTA 具有相当强的代表性。

2011 年,商务部研究院的有关报告指出,在关税降低的推动下,中国与东盟的贸易取得长足的发展。从 2005 年到 2008 年,中国与东盟之间的进出口总额持续增长,从突破 1300 亿美元到突破 2311 亿美元;2009 年受金融危机影响,也达到 2130 亿美元的较好水平,虽有下降,但大大低于中国同其他主要贸易伙伴的贸易额降幅。[1]《中国自由贸易区发展报告 2011》指出,中国—东盟 FTA 缔结之后,双方贸易发展迅速。从 2002 年到 2010 年,中国与东盟的货物贸易年均增长 23.3%,在中国整体贸易中的比重也从 8.8%提升到 9.8%,年均增长率高于同期中国整体贸易增长率。[2] 在服务贸易方面,商务部的报告概括为"蓬勃发展"。2009 年,东盟成为中国第四大服务出口目的地,仅次于中国香港、欧盟与日本;同时,东盟还是中国第五大服务进口来源地,仅次于中国香港、欧盟、美国与日本。2010 年,东盟仍为中国第五大服务贸易伙伴。[3]

中国国际问题研究院的研究成果也显示,自 2003 年中国—东盟 FTA 开始签署有关协议到 2013 年约十年间,中国与东盟的贸易额增长了 5 倍,相互投资额扩大了 3 倍。中国已经是东盟的第一大贸易伙伴,东盟则成为中国第三大贸易伙伴。2014 年,中国与东盟的贸易额增速放缓。但是,与其他主要贸易伙伴

---

[1] 参见商务部研究院:《中国自由贸易区战略》,中国商务出版社 2011 年版,第 54 页。
[2] 参见崔卫杰、袁波主编:《中国自由贸易区发展报告 2011》,中国商务出版社 2012 年版,第 39—40 页。
[3] 同上书,第 47—48 页。

相比(如美、欧、日,都与中国不存在FTA伙伴关系),中国与东盟的贸易额增速仍然最快。[1]

## 二、全面纵览:中国各个自由贸易协定的相关数据

放眼以往中国的FTA,在亚洲,就2006年中国—巴基斯坦FTA而言,商务部报告指出:2010年之后,在中巴两国经济形势向好的大背景下,双边贸易实现了相对较快增长。[2] 在大洋洲,就2008年中国—新西兰FTA而言,《人民日报》报道,自该FTA实施以来,中新双边经贸保持两位数高速增长。统计显示,2016年,中新双边贸易额超过200亿新元,同比增长接近5%,向两国领导人设立的双边贸易额2020年达到300亿新元的目标稳步迈进。近年来,中新两国服务贸易尤其是旅游业异军突起,中国公民赴新西兰旅游人数每年保持两位数增长,人均消费稳居第一。[3] 在美洲,就2005年中国—智利FTA而言,商务部报告指出,两国双边贸易规模呈现相对较快的发展势头。以2006年为分界点,2000—2005年,双方货物贸易量年均增长27.44%;2007—2010年,双方货物贸易量年均增长率达到30.72%。[4] 2010年,中国—智利FTA服务贸易协议开始生效,但商务部报告未提及这方面的增长数据,只是认为有助于双边服务市场的开放和投资环境的改善。[5]

2010年以后,中国又与哥斯达黎加、冰岛、瑞士、澳大利亚、韩国等国签署了若干FTA。无论是对于这些新协定还是先前的老协定,官方报道多持肯定态度。例如,据海关总署统计,在已实施的14个FTA(不包含当时尚未实施的中国—格鲁吉亚FTA)和3项优惠贸易安排下,2017年上半年,享惠进口3705亿

---

[1] 参见魏民:《全球自贸架构与中国战略选择》,世界知识出版社2014年版,第158页。

[2] 参见崔卫杰、袁波主编:《中国自由贸易区发展报告2011》,中国商务出版社2012年版,第98页。

[3] 参见鲍捷:《自贸协定,让中新贸易走得更远》,载《人民日报》2017年4月25日第22版。

[4] 参见崔卫杰、袁波主编:《中国自由贸易区发展报告2011》,中国商务出版社2012年版,第116页。

[5] 同上书,第125页。

元,同比增长39%;税款减让314亿元,其中关税减让270亿元,分别增长37%和32%。同期,中国出口企业充分利用互惠安排的积极性持续提升,申领出口货物原产地证书货值5427亿元,增长18%;申领证书数量211万份,增长12%。[1]

商务部中国自由贸易区服务网专门针对部分外贸发达地区进行了数据报道。2017年上半年,浙江省义乌检验检疫局共签发FTA优惠原产地证书49939份,货值8.4亿美元,同比分别增长58.45%和44.22%,签证量在全省各县市地区排名第一。据测算,可为出口货物减免约6720万美元的关税。从各FTA签证量来看,出口东盟的FTA原产地证书签证量最大,其次为中韩FTA原产地证书。[2] 在福建省厦门,自2010年1月1日中国—东盟FTA全面启动至2017年7月,厦门检验检疫局共签发中国—东盟FTA优惠原产地证书235798份,涉及货值90.98亿美元,预计可为厦门出口企业节省关税约4.5亿美元。[3]

具体到单个FTA,就2010年中国—哥斯达黎加FTA而言,据福建省有关部门统计,厦门检验检疫局签发的中国—哥斯达黎加自贸区优惠原产地证书呈逐年增长态势,2017年1—7月份,签发证书527份,货值1430.7万美元,同比分别增长23.71%和7.28%。[4] 另据广东省有关部门统计,中国—哥斯达黎加FTA原产地证书签证量从2011年的852份增长至2016年的5159份,增加了5倍;签证金额从2011年的1609万美元增长至2016年的16522万美元,增加了9倍之多。[5]

---

[1] 参见《上半年我国自贸协定货物贸易大幅增长》,http://fta.mofcom.gov.cn/article/fzdongtai/201707/35579_1.html,2018年7月3日访问。

[2] 参见杨晨等:《半年减免关税6720万美元 义乌自贸协定"红利"显现》,http://fta.mofcom.gov.cn/article/chinakorea/koreagfguandian/201707/35420_1.html,2018年7月17日访问。

[3] 参见《中国—东盟自贸协定为厦企节约关税4.5亿美元》,http://fta.mofcom.gov.cn/article/fzdongtai/201708/35759_1.html,2018年8月22日访问。

[4] 参见《中哥自贸协定实施六周年 厦门外贸企业受益连年增》,http://fta.mofcom.gov.cn/article/fzdongtai/201708/35739_1.html,2018年8月16日访问。

[5] 参见郑小红、马筱玉:《中哥自贸协定6周年,深企减免关税3300万美元》,http://fta.mofcom.gov.cn/article/fzdongtai/201708/35639_1.html,2018年8月9日访问。

就2013年中国—瑞士FTA而言，中国自由贸易服务网指出协定成效显著。以上海市的外贸情况为例，截至2017年6月底，上海市闵行区检验检疫局共为辖区内企业签发中国—瑞士自贸区签证金额达4300万美元，企业由此可享受关税减免约215万美元。[1]

据人民网报道，自中国—澳大利亚FTA于2015年12月实施以来，在全球贸易持续低迷的大环境下，中澳双边货物贸易基本保持平稳。在货物出口方面，中国的优势产品，特别是机电产品对澳大利亚的出口，2016年逆势增长。2016年前三季度，发动机及动力装置增长143%。另外，中国—澳大利亚FTA也带动双边服务贸易迅速增长，旅游、教育等领域尤为明显。[2]

以上数据资料来源权威、统计翔实，表明中国现有FTA在促进国家经贸利益、推动外贸发展方面的重要作用有一定的数据支撑。这是中国近二十年来积极推进自贸区建设的努力成果，一方面，使中国的对外经贸合作尤其是区域性经贸合作得以迎头赶上其他国家，尤其是亚洲近邻国家，不致落后于世界大潮流；另一方面，在中国入世后，多哈回合长期陷于停滞的背景下，也使中国融入世界自由经济体制的红利在一定程度上得以延续，取得了阶段性经济收获，为中国经贸实力的壮大和国际地位的提升做出了贡献。

## 第二节 以往中国自由贸易协定关税优惠的低利用率问题

关于中国FTA的实际经济效用，功效与问题同时存在，主管部门和实务界也表达了不少忧虑性的或期望改进的观点。其中，最主要也是最常见的问题便是中国外贸企业对FTA关税优惠的利用率不高。[3] 这是本章实证研究的重点，现有的法学文献对这一问题的探讨相对较少，值得加强关注。不管FTA列

---

[1] 参见《中瑞自贸协定3周年成效显著》，http://fta.mofcom.gov.cn/article/fzdongtai/201708/35697_1.html，2018年8月13日访问。

[2] 参见《中澳自贸协定第三次降税 家电出口迎新商机》，http://homea.people.com.cn/n1/2017/0110/c41390-29012236.html，2018年8月12日访问。

[3] 在经济学文献中，若无特别说明，FTA利用率一般专指出口利用率。

入减让承诺的货物税目覆盖度如何广泛,关税税率削减力度如何之大,最终仍必须由进出口企业积极申领 FTA 原产地证书,[1]实际提交海关主管部门,要求享受关税减让待遇,该 FTA 才能真正发挥促进货物贸易增长的作用。但是,自 21 世纪开启以来,关于 FTA 优惠关税低利用率的讨论就没有停止过,一直延续至今。

## 一、2010 年之前的状况

### (一) 世界范围内普遍的低利用率现象

事实上,FTA 优惠关税的低利用率现象不仅在中国存在,在世界范围内也相当普遍。这个现象往往与 FTA 原产地证书的获得成本有直接的关系,此外还有一些其他原因。早在 2007 年,世界银行有关报告就指出,东盟自由贸易区在亚洲算得上建立较早、影响较大。但是,由于满足原产地规则要求所需的各种成本,东盟 10 国商界对 FTA 优惠税率的利用率低得惊人,仅占区域内贸易总量的大约 5%。[2] 不过,这个现象并非东盟所独有,欧盟缔结的 FTA 在更早时候就被学界指出存在这个问题。[3] 因此,这些 FTA 存在的政治意义大于经济意义。有学者介绍,从 2006 年开始,日本贸易振兴机构每年对日本外贸企业的 FTA 利用率进行问卷调查。2008—2009 年的调查结果显示,从各个贸易行业来看,日本企业对 FTA 的利用率(包括考虑未来将利用 FTA 的企业)虽然呈现逐年上升态势,但几乎都不超过 50%。[4] 在南美,秘鲁商界负责人士称,大

---

[1] 目前,在实践中,政府正在大力试点和推广外贸企业"原产地自我声明"的做法,被视为贸易便利化的重要举措。这种做法不再强求外贸企业申领 FTA 原产地证书,而是由外贸企业在货物通关环节自我声明货物的原产地,政府保留事后对企业检查监督的权力,并可将检查监督的结果纳入企业信用管理体系。但是,这并不影响在这里所讨论问题的实质。

[2] See Miriam Manchin and Annette O. Pelkmans-Balaoing, Rules of Origin and the Web of East Asian Free Trade Agreements, World Bank Policy Research Working Paper 4273, 2007, p. 13.

[3] See Paul Brenton and Miriam Manchin, Making EU Trade Agreements Work: The Role of Rules of Origin, *The World Economy*, Vol. 26, Iss. 5, 2003, p. 755.

[4] 参见孙玉红:《日本企业未能充分利用 EPA 优惠的原因和对策》,载《日本学刊》2010 年第 4 期,第 81—86 页。

约 3/4 的秘鲁 FTA 未得到充分利用,名大于实。[1] 全球为数不多的正面突出个例是 NAFTA。据国外专家称,墨西哥对美出口中,对 NAFTA 关税优惠的利用率在 20 世纪 90 年代末期就已达到 82.68%。[2]

(二)亚洲开发银行的问卷调查

2008—2010 年,亚洲开发银行主持开展了一项重要研究,专门对中国、日本、韩国、菲律宾、新加坡、泰国共六个国家的大量外贸企业展开问卷调查,研究亚洲范围内众多 FTA 究竟对各国企业的行为产生何种实际影响,力图获得相关经验性证据。调查结果显示,仅有约 28% 的受访东亚企业利用过 FTA 关税优惠。不过,如将未来计划利用的企业计算在内,则这一数字翻倍。积极利用 FTA 的企业大多规模较大,成立时间长,有更多外资持股,所交易产品的最惠国待遇税率与 FTA 优惠税率之间差额较大。[3]

专门针对中国企业的问卷调查于 2008 年年底进行,亚洲开发银行邀请中国社会科学院张蕴岭主持,调查范围覆盖了中国 15 个省级区域,基本都是沿海省份或边疆省份。调查结果显示,中国企业利用 FTA 完成的出口比重较低。答卷企业中,8.8% 的企业在其 50% 以上的出口中利用了 FTA,11% 的企业在其 20%—50% 的出口中利用了 FTA,33.1% 的企业在其 20% 以下的出口中利用了 FTA,接近一半的企业没有利用 FTA。调查人员认为,这反映了中国企业的出口仍集中于诸如美国等传统市场。[4] 从利用过 FTA 的企业来看,中国—东盟 FTA 最受青睐,内地与香港 CEPA 次之。调查人员认为,中国—东盟 FTA 的特殊地位反映出该区域市场的重要性与潜力,而香港仍然是内地中小

---

[1] 参见驻秘鲁经商参处:《秘鲁出口需要充分利用自贸协定》,http://china.huanqiu.com/News/mofcom/2014-01/4732634.html,2018 年 3 月 7 日访问。

[2] See Olivier Cadot, et al., Assessing the Effect of NAFTA's Rules of Origin, available at http://web.worldbank.org/archive/website00894A/WEB/PDF/CADOT_RU.PDF,last visited on Oct. 12, 2018, pp.31-32.

[3] 参见〔日〕河合正弘、〔英〕加乃山·维格那拉加主编:《亚洲的自由贸易协定——企业如何应对》,王震宇等译,张蕴岭校,社会科学文献出版社 2012 年版,第 49 页。

[4] 同上书,第 94 页。

企业的重要出口市场。[1]

有了上述问卷调查,接下来是关于中国 FTA 利用率为何不高以及究竟存在何种障碍的探讨。问卷结果显示,45.1%的受访企业(其中包括 62.9%的未利用 FTA 的企业)提出"缺乏信息",也就是不了解 FTA 的有关知识;10.6%的受访企业(其中包括 14.5%的未利用 FTA 的企业)认为申请原产地证书"耽误时间和行政成本大";14.2%的受访企业(其中包括 13.7%的未利用 FTA 的企业)认为 FTA"优惠幅度小",也就是与最惠国待遇税率相差不大;8.8%的受访企业(其中包括 12.1%的未利用 FTA 的企业)表示它们另外利用了出口加工区的优惠政策或 WTO《信息技术协定》下的零关税优惠;10.6%的受访企业(其中包括 10.5%的未利用 FTA 的企业)表示是出于商业保密需要(笔者注:因为申请原产地证书往往涉及产品价值成分的会计账簿);5.3%的受访企业(其中包括 6.5%的未利用 FTA 的企业)认为存在海关对原产地随意分类的情况;4.4%的受访企业(其中包括 6.5%的未利用 FTA 的企业)认为原产地规则的例外情况过多,导致它们难以满足原产地规则;6.2%的受访企业(其中包括 4.8%的未利用 FTA 的企业)认为 FTA 伙伴的非关税壁垒太多。[2]

(三) 国内经济学文献的调研观点

亚洲开发银行的研究结论得到了国内经济学文献的呼应。张蕴岭事后在国内发表的一篇重要论文中,大体重述了本次参与亚洲开发银行项目调研的主要数据与结论,同时补充了一些新的观点。他指出,许多中国企业在对 FTA 负面影响的评价中,选择了"FTA 文件太烦琐",反映出即使实现了市场开放,企业依然担忧贸易管理的繁文缛节。[3] 但是,有意思的是,在调查中国企业对 FTA 原产地规则具体内容(如几种常见的原产地标准)的偏好程度时,调查结果又暴露出很多企业对原产地规则不甚了解。虽然表面上很少有企业答复认

---

[1] 参见〔日〕河合正弘、〔英〕加乃山·维格那拉加主编:《亚洲的自由贸易协定——企业如何应对》,王震宇等译,张蕴岭校,社会科学文献出版社 2012 年版,第 92 页。
[2] 同上书,第 95 页。
[3] 参见张蕴岭等:《FTA 对商业活动的影响——基于对中国企业的问卷调查》,载《当代亚太》2010 年第 1 期,第 15 页。

为原产地规则将构成它们出口的障碍,但是张蕴岭认为,从问卷情况来看,中国企业实际上对原产地规则并不熟悉,因此出现了很多企业在对外贸易中宁可放弃 FTA 优惠的现象。[1]

同一时期,经济学界也有学者表达了类似观点。沈铭辉、王玉主发表的《企业利用 FTA 的影响因素研究》一文(以下简称"沈文"),是为数不多的同时考察 FTA 出口利用率与进口利用率的重要文献。沈文介绍,继 2008 年亚洲开发银行的调研之后,中国商务部也在 2009 年面向中国企业开展了大型问卷调查,这构成了该文的写作基础。[2] 沈文指出:在出口方面,中国—东盟 FTA 是所有中国 FTA 中利用率最高的,已经利用和准备利用的比例分别是 35.6% 和 34.6%;其次是内地与香港 CEPA,分别达到 24.8% 和 27.1%;其他的 FTA 利用比例则更低。在进口方面,中国—东盟 FTA 已经利用和准备利用的比例分别是 16.3% 和 19.0%,内地与香港 CEPA 的比例分别达到 16.3% 和 20.0%,而其他的 FTA 无论是实际利用率还是计划利用率均低于 10%。[3] 沈文提到,中国企业对 FTA 的认知水平较低,尤其是许多中小企业,往往只关注生产环节和客户关系。同时,中国企业对 FTA 原产地规则认知度偏低;对中国—东盟 FTA 的原产地规则虽然认知度最高,但也仅为 36.2%。也就是说,将近 2/3 的企业对此并不了解。此外,企业在申领原产地证书时也面临很多困难,包括办证费用过高、手续烦琐、服务网点少等。[4]

至此,从以上典型文献所反映的情况似可得出初步结论:中国企业过去一段时间对 FTA 关税优惠的利用率不高或较低,主要原因一是对 FTA 缺乏了解,信息渠道不畅,尤其对原产地规则缺乏了解;二是原产地证书的程序性要求较为复杂,增加了企业负担。但是,企业界主观上仍然有加强利用 FTA 的愿望,这将有赖于政府主管部门和商会的支持服务的进一步加强,如扩大宣传、重

---

[1] 参见张蕴岭等:《FTA 对商业活动的影响——基于对中国企业的问卷调查》,载《当代亚太》2010 年第 1 期,第 19—20、26 页。
[2] 参见沈铭辉、王玉主:《企业利用 FTA 的影响因素研究》,载《国际商务(对外经济贸易大学学报)》2011 年第 1 期,第 103 页。
[3] 同上,第 104—105 页。
[4] 同上,第 117—118 页。

视培训、改进原产地规则以及简化原产地证书申报流程等。

### 二、2010 年之后的状况

2010 年之后，中国签署的 FTA 数量进一步增加，自贸区战略进一步推向纵深。但是，从各种文献资料、媒体报道来看，FTA 关税优惠的利用率偏低的问题仍未得到根本性扭转。笔者曾向海关、中国国际贸易促进委员会（以下简称"中国贸促会"）等部门、机构了解有关动态，得到的回答大体是：FTA 优惠关税的利用率仍然不高，大型企业相对比较重视，而中小企业的积极性偏低。经过对文献资料的整理，似可推断：近些年来，该问题的确在一定程度上有所改观，但依然存在。

（一）关于利用率的"担忧型"资料

在经济学界和政府管理部门，近些年仍然有相当多的文献继续探讨中国 FTA 利用率不高的问题。例如，在经济学界，2014 年，华晓红、汪霞指出，中国—东盟 FTA、内地与香港 CEPA、大陆与台湾 ECFA 三个 FTA 的利用率仍然不高。[1] 刘冰、陈淑梅也指出，中国 FTA 很少提及能力建设，利用率不高，企业对 FTA 的利用能力仍然不足。[2] 2016 年，肖丹等指出，就中国—东盟 FTA 而言，福建省的签证覆盖率仅为 16.3%。[3] 倪英民、尤欣霆指出，福建企业长期以来对 FTA 的利用率普遍不高，各项 FTA 没有充分发挥作用；同时，企业运用意识不足，推广存在困难。[4] 王惠等指出，青岛地区企业利用中国—东

---

[1] 参见华晓红、汪霞：《CAFTA、CEPA、ECFA 利用率浅析——以货物贸易为例》，载《国际贸易》2014 年第 12 期，第 59 页。

[2] 参见刘冰、陈淑梅：《基于与 TPP 比较视角的我国 FTA 现状、问题与对策研究》，载《经济问题探索》2014 年第 3 期，第 177 页。

[3] 肖丹等：《关于提升自贸区优惠原产地证书利用率的思考》，载《中国经贸》2016 年第 16 期，第 32 页。

[4] 参见倪英民、尤欣霆：《对外贸企业运用自贸协定优惠原产地证现状的思考——以福建地区为例》，载《中国经贸》2016 年第 19 期，第 35 页。

盟 FTA 的签证率仅为 38%。[1] 此外,中国社会科学院研究人员也认为,中国中小企业对 FTA 的利用率低,国家与企业之间缺少信息传导机制。[2]

同时,近年媒体报道也大量涉及该问题。例如,2015 年,中国贸促会商事认证中心原产地处负责人指出,中国企业对 FTA 利用率偏低,其中对中国—东盟 FTA 的利用率不足 17%。[3] 毕马威会计师事务所相关人员认为,中资企业对 FTA 的利用率不是很高,中国—东盟 FTA 的利用率相对较高,中国—智利 FTA 的利用情况也还可以。[4] 2016 年,广东检验检疫局工作人员指出,中国 FTA 的实施效果不理想,部分企业对如何利用相关优惠还存在很多理解上的误区。[5] 2017 年,人民网报道,江苏出口企业的 FTA 原产地签证率约为 29%左右,比例仍不高,企业主动性也不强;同时,对不同 FTA 的利用率也不均衡,如对中国—新西兰 FTA 的利用率只有 4.72%。[6]

(二)关于利用率的"乐观型"资料

近年来,也有不少鼓舞人心的报道。例如,在国家质检总局通关司对全国检验检疫系统的有效组织下,2016 年前三季度,全国检验检疫部门共签发 13 种 FTA 原产地证书 250.21 万份,涉及货值 958.62 亿美元,同比分别增长 77.45%和 45.52%,中国出口产品借此获得进口方关税减免达 48 亿美元。[7] 各地外贸企

---

[1] 参见王惠等:《区域优惠原产地政策利用存在的问题及应对建议》,载《经济师》2016 年第 7 期,第 22 页。

[2] 参见中国社会科学院世界经济与政治研究所国际贸易研究室:《〈跨太平洋伙伴关系协定〉文本解读》,中国社会科学出版社 2016 年版,第 278—279 页。

[3] 参见陈悦、张姗姗:《专家指中国企业自贸协定利用率偏低 要用好原产地优惠》,http://www.chinanews.com/cj/2015/04-30/7246464.shtml,2018 年 7 月 18 日访问。

[4] 参见姚瑶:《14 个自贸协定"没有充分利用" 企业利用率为何偏低?》,载《21 世纪经济报道》2015 年 12 月 1 日第 8 版。

[5] 参见陈永雄、高鹏、李颖元:《关于提升自由贸易协定利用率的思考》,http://news.foodmate.net/2016/12/410193.html,2018 年 8 月 16 日访问。

[6] 参见邵生余:《江苏自贸协定签证利用率达 29.64% 比例仍不高》,http://js.people.com.cn/GB/n2/2017/0215/c360301-29716056.html,2018 年 8 月 16 日访问。

[7] 参见《我国企业利用自贸协定积极性明显提升》,http://www.tech-food.com/news/detail/n1305707.htm,2018 年 11 月 22 日访问。

业的 FTA 利用积极性显著上升,其中山东省的情况比较突出。2016 年前十个月,山东 31.6 万批出口商品办理 FTA 原产地证书,货值 131.6 亿美元,出口商品的 FTA 利用率同比提高 6 个百分点,突破 40%,而中国企业的 FTA 利用率为 34%。[1] 从 2015 年年底中国—韩国、中国—澳大利亚 FTA 生效到 2016 年 12 月 20 日两个 FTA 实施一周年,福建省福州检验检疫局共签发两类 FTA 原产地证书 7843 份,货值 2.2 亿美元,辖区企业获关税减免约超过 2200 万美元。[2] 此类"乐观型"报道在中国自由贸易区服务网上为数甚多。

(三) 近年来中国 FTA 相关支持服务的发展

非常值得注意的是,近年来,国家与各地方主管部门推出了不少改革措施,鼓励企业更充分利用 FTA。在国家层面,典型者如,国家质检总局通关司于 2016 年制定下发有关原产地服务优进优出的工作方案,部署全国检验检疫系统加强原产地政策宣传,提高优惠原产地政策的知晓度和利用率;大力推进原产地业务纳入国际贸易单一窗口,探索实施检商"两证合一"改革。[3]

在非政府层面,典型者如,中国贸促会商事法律服务中心积极完善 FTA 服务机制,包括:搭建 FTA 服务网站,开设微信公众服务账号,开通电话咨询专线等;建立国际业务合作与支持平台,为企业应用 FTA 提供保障,制作相关宣传材料展示优惠贸易政策内容和运用方法,提供办事指引等。该中心还开展了 FTA 优惠进万企活动,在全国各地区有计划开展自贸区政策宣讲和培训活动,重视和强化下厂核查,一对一送政策、送服务到企业。[4]

---

[1] 参见宋翠:《推进原产地签证改革 山东出口商品自贸协定利用率突破 40%》,http://sd.people.com.cn/n2/2016/1213/c166192-29456219.html,2018 年 11 月 26 日访问。

[2] 参见中国日报福建记者站:《中韩、中澳自由贸易协定实施一周年 福州检验检疫局力推"3+1"服务便捷中韩、中澳原产地证签发显成效》,http://www.chinadaily.com.cn/interface/zaker/1142841/2016-12-24/cd_27762486.html,2020 年 3 月 24 日访问。

[3] 参见《我国企业利用自贸协定积极性明显提升》,http://www.tech-food.com/news/detail/n1305707.htm,2018 年 11 月 22 日访问。

[4] 参见孙阳:《贸促会创新举措全面助力企业用好自贸协定优惠政策》,http://finance.people.com.cn/n/2015/0828/c153179-27529691.html,2018 年 11 月 20 日访问。

在地方主管部门层面,典型者如,2015年,江苏省试点全省原产地签证一体化,办证不再受工商注册地限制。2016年,江苏省检验检疫局与省商务厅、省贸促会联合开展企业备案"三证合一"改革,开通江苏省国际贸易单一窗口原产地免费申报端。2017年3月,江苏省推出了全国签证"一体化"、非优惠原产地证书快速审签、全面实施无纸化申报、邮寄证书等八项改革举措。[1]

## 第三节 以往中国自由贸易协定利用率状况的分析与反思

从以上资料来看,尽管在数据统计上可能存在一些出入(应考虑到其中可能存在统计方式、计算指标、样本范围等因素的差异),但似可认为:近年来,在政府商务主管部门、国家检验检疫部门、中国贸促会等商会组织的锐意改革与大力支持下,中国外贸企业对FTA的利用积极性有了一定程度甚至是较明显的提升,FTA关税优惠下的货物交易量呈现出较明显的增长。

同时,通过对以上资料进行归纳整理,我们不难发现:这些资料彼此间存在着明显的观点差异,即一类持悲观、担忧态度,认为中国FTA的利用率状况至今没有得到根本的改观;而另一类则持乐观、肯定态度,认为在政府与非政府机构的双重努力下,外贸管理体制有了显著进步,便利化程度大大提高,中国企业利用FTA的积极性和实际比例显著提升。那么,如何认识这种看似矛盾的现象?从中又可得出何种结论?显然,这仍需要作进一步的深入分析。

### 一、对数据资料的深度解析

笔者认为,持乐观态度的资料介绍的数据固然是翔实可信的,但对这些数据还需要从多个角度作进一步、全方位的具体分析,才能得出更加客观的结论。兹举数例,以说明有关问题:

---

[1] 参见《上半年无锡签发自贸协定优惠原产地证超2万份》,http://fta.mofcom.gov.cn/article/fzdongtai/201708/35779_1.html,2018年11月26日访问。

### 资料一

2016年,普华永道发布的"中国海关与国际贸易事务优化管理年度调查"显示,85%的受访企业已利用FTA享受优惠税率,而2014年与2015年这一比例分别为52%与67%。25%的企业正在利用中国—东盟FTA,22%的企业正在或将要利用中国—韩国FTA。[1]

这一报道显然属于"乐观肯定"型。前面的数据相当惊人,即便在全球范围内也处于领先地位。不过,须注意,85%这一比例是对中国所有FTA的利用。也就是说,只要企业利用了中国任一FTA,就可以被计入其中。但是,当具体到单个FTA的利用率时,该调查后半段显示的利用比例出现了显著的下降。具体到其他影响力相对较小的FTA,如中国—冰岛FTA等,利用率可能更低。事实上,这就是计算指标、统计方式等因素的差异所导致的最终数据差异,看似矛盾,实质并不矛盾。

其实,按照这种统计方式,韩国企业的FTA利用率也不低。据韩国关税厅统计,2017年1—2月,韩国进出口贸易对FTA的有效利用率出现小幅增长,出口利用率为63%,进口利用率为66.9%,同比分别增长0.3和1.7个百分点。截至2017年3月,韩国已与52个国家签订了15个FTA,与FTA伙伴的贸易额约占韩国总体进出口贸易额的68%。[2] 在这里,韩国的统计方式显然也是针对所有韩国FTA而言,而不是单个FTA的利用率。

### 资料二

## 吴江区前11个月自贸协定利用率增122%

2016年1—11月,吴江国检局共签发各类原产地证书23373份,签证金额

---

[1] 参见周轩千:《普华永道:用足自贸协定是企业降关税首选》,http://www.shfinancialnews.com/xww/2009jrb/node5019/node5051/node5062/userobject1ai162733.html,2018年12月6日访问。

[2] 参见《韩FTA出口利用率小幅上升至63%》,http://fta.mofcom.gov.cn/article/chinakorea/koreagfguandian/201703/34563_1.html,2018年12月3日访问。

9.19亿美元,同比分别增长36.1%、19.68%。其中,签发各类自贸区优惠原产地证书13713份,签证金额4.73亿美元,份数和金额同比分别增长122%和65%。

据统计,1—11月,该局签发出口至东盟国家的原产地证书累计达5171份,货值2.35亿美元,分别占自贸区签证总量的38%和50%,同比增长35%、24%。按照平均5%的关税降幅计算,仅签发的中国—东盟自贸区优惠原产地证书就可为企业减免进口国关税约7990万元。[1]

**资料三**

## 上半年自贸协定为义乌企业减免关税6720万美元

2017年上半年,义乌检验检疫局共签发自贸协定优惠原产地证49939份,货值8.4亿美元,同比分别增长58.45%和44.22%。据测算,自贸协定优惠原产地证可为出口货物减免约6720万美元的关税。

从各自贸区签证量来看,出口东盟产品自贸协定原产地证书签证量最大,达17036份,货值3亿美元。其次为中国—韩国自贸区原产地证书,签发了13309份,货值1.98亿美元。从签证产品来看,排名前五位分别为服装、袜子、塑料制品、纺织制品以及工艺品等。

近年来,义乌检验检疫局自贸协定原产地证书签证量呈爆发式增长,但根据与整体出口数据的比对分析结果来看,义乌地区自贸协定利用水平仍然偏低。[2]

资料二显然也是"乐观肯定"型,在各地关于FTA利用状况的众多报道中具有很强的代表性。其特点是:所列举的企业利用率数据都是增长型的,对企业获利状况也列举了明确的数据,且金额相当可观,令人信服。我们从中可以

---

[1] 参见李伟:《吴江区前11个月自贸协定利用率增122%》,http://js.ifeng.com/a/20161208/5213558_0.shtml,2018年12月22日访问。

[2] 参见李佳:《上半年自贸协定为义乌企业减免关税6720万美元》,https://zj.zjol.com.cn/news/695629.html,2018年12月22日访问。

得知,中国地方企业在利用FTA方面确实正在逐年取得一定的进步。

不过,仔细观察可以发现,这类资料所报道的利用率增长通常都是"同比增长",即相对过去同一时期FTA利用率的增长程度,而不是对"绝对利用率"的说明。我们不妨假设:某地的FTA优惠原产地证书签发份数在上一年是20000份,如果今年达到了26000份,即可称为"同比增长30%";如果今年达到了28000份,即可称为"同比增长40%"。但是,如果该地区每年的货物出口平均达到100000批次,那么20000份、26000份、28000份的FTA原产地签证数量所对应的绝对利用率分别只有20%、26%、28%,虽然呈现逐年递增趋势,但总体上仍然处于低位。虽然FTA关税优惠下的货物出口批次相当可观,数据令人印象深刻,但相对于该地区的外贸总出口量,比重仍然较低。即使我们将计算指标改为货值金额或企业数量而不是货物批次,这个结果也是一样。这样,就能够解释前文所述的"乐观肯定"和"悲观担忧"这两种资料的态度为何存在如此鲜明的差异。实际上,这种差异只是表象:前者多报道相对增长率(即同比增长),而后者更多侧重的是绝对利用率。

现实中的一个有力佐证是,河南省洛阳市人民政府曾在2016年专门下发《洛阳市进一步提升自贸协定利用率工作方案》,推出了不少贸易便利化改革措施,并提出工作目标:力争到2016年年底,全市外贸出口企业FTA原产地证书政策培训知晓率达到90%以上;到2017年年底,全市办理FTA原产地签证率比2015年度提升50%以上。可以看出,该市的目标是在两年内使FTA利用率的同比增长达到50%以上,但并没有提出关于绝对利用率的硬性目标。

这一判断可从资料三中得到有效的印证。资料三在前面介绍了成绩和进步,强调的是FTA利用率的相对增长。不同于资料二的是,资料三在后面非常坦率地承认,当前企业对FTA的绝对利用率仍然不高。笔者认为,资料三比较客观地反映了中国FTA当前在商业界的利用状况,可以概括为:随着近年来宣传与培训力度加大,以及外贸管理部门贸易便利化改革措施的推出,中国FTA利用率有所上升,但尚未发生根本性改变;应承认成绩确实存在,状况有一定程度的改善,但总体上仍然差强人意。

实际上,上面假设的例子还排除了现实中的其他因素。我们可以结合外贸形势的发展,对这个例子作一个调整:某地的FTA优惠原产地证书签发份数在上一年是20000份,今年是26000份,那么同比增长30%的相对增长率没有变化。但是,如果该地区今年的货物总出口不再是上一年的100000批次,而是增长到150000批次,那么今年的FTA利用率就是26000÷150000×100%=17.33%,相比上一年20%的比例,绝对利用率反而有所下降。如果该地区外贸增长幅度温和一些,如今年货物出口是130000批次,那么今年的FTA利用率就是26000÷130000×100%=20%,与上一年的绝对利用率相比也只是持平。这个修正的例子充分说明,FTA利用数据的同比增长并不代表FTA绝对利用率的增长。因为一国的总体外贸形势很可能是水涨船高的,所以想将FTA的绝对利用率始终保持在一定水准上并不容易。

回到现实中的中国外贸发展大势,情况正是如此。事实上,自2001年中国入世之后,以及随后启动区域经济一体化合作进程以来,中国外贸交易量呈现出非常显著的增长趋势,以至于中国被西方视为自由开放的国际经济贸易体制的最大受益者。在这其中,中国FTA所发挥的实际功效到底有多大、占比是多少,结合上面的假设、例子所作的分析,都很值得深思。下面的资料四可以说明一些问题:

**资料四**

据东盟方面统计,2002年至2009年,东盟与中国的货物贸易年均增长22.6%,同时东盟与中国的双边贸易在东盟整体贸易中的比重也从6%提升到11.6%。2010年,中国不但是东盟第一大贸易伙伴,而且还是东盟第二大出口市场。据中国方面统计,2002年到2010年,中国与东盟的货物贸易年均增长23.3%,在中国整体贸易中的比重也从8.8%提升到9.8%,年均增长率高于同期中国整体贸易增长率。到2010年年底,东盟已经成为中国第四大贸易伙伴(前三为欧盟、美国与日本)。[1]

以上资料来源于商务部研究院,数据本身具有很高的可信度。但同时,也

---

[1] 参见崔卫杰、袁波主编:《中国自由贸易区发展报告2011》,中国商务出版社2012年版,第39—40页。

要看到,中国入世以后,经济体量日益壮大,几乎与所有贸易伙伴的贸易额都在迅猛增长。考虑到东盟国家与中国山水相邻、运输便利,中国与东盟之间的贸易额十几年来节节攀升自是十分正常的现象。那么,中国与东盟之间的贸易额增长,究竟应归结为中国外贸事业本身的"大河涨水小河满",还是中国—东盟FTA特别推动的结果?鉴于很多商界代表性人士都认为中国—东盟FTA利用率并不高(只是在中国所有的FTA中相对较高),笔者对后一推测持谨慎的怀疑态度。[1]即便中国—东盟FTA确实发挥了一定作用,也要看到一个事实,那就是:中国迄今的最重要贸易伙伴大体上依然是欧盟、美国、日本这几个发达经济体,这几个贸易伙伴目前与中国之间都不存在FTA优惠关系,然而这并不影响它们与中国之间贸易往来的长盛不衰。

还有一个例证是,商务部发布的《中国对外贸易形势报告(2019年春季)》指出,2018年,中国对前四大贸易伙伴欧盟、美国、东盟、日本进出口分别增长7.9%、5.7%、11.2%和5.4%,合计占进出口总额的48.3%;中国对非洲进出口增长16.4%;中国对"一带一路"沿线国家俄罗斯、沙特阿拉伯和希腊进出口分别增长24.0%、23.2%和33.0%。[2] 2019年第一季度,中国对欧盟、东盟进出口分别增长11.5%和8.1%。[3] 可以看出,2018年,中国与东盟之间贸易增速的确高于与欧、美、日之间的贸易增速,这可能表明FTA有一定作用。但是,中国当时尚未与非洲大陆国家有任何FTA(中国—毛里求斯FTA当时尚未签署,且毛里求斯是印度洋岛国),而中非贸易增速却高于中国与东盟之间的贸易增速;俄罗斯、沙特阿拉伯和希腊等贸易伙伴与中国也不存在FTA优惠关系,而它们与中国之间的贸易增速却明显更高。此外,2019年第一季度,中国对东盟的贸易增速甚至还低于对欧盟的贸易增速。再往前追溯,2016年,中国对欧

---

〔1〕 张蕴岭也持这一观点。他指出,区域内贸易和投资流量的增长主要取决于其他若干因素,如政府政策、交易成本与市场规模等,而不是FTA。他还指出一个事实,中国—东盟FTA的《货物贸易协议》于2005年7月开始实施,但中国东盟之间2005—2006年的货物贸易增长率却要低于2003—2004年,因此对FTA的经济影响不应高估。以上观点参见张蕴岭等:《FTA对商业活动的影响——基于对中国企业的问卷调查》,载《当代亚太》2010年第1期,第7页。

〔2〕 参见商务部:《中国对外贸易形势报告(2019年春季)》,第一部分,第2—3页。

〔3〕 参见商务部:《中国对外贸易形势报告(2019年春季)》,第二部分,第8页。

盟、美国的出口增速虽较慢,但毕竟仍在增长;而同期中国对东盟的出口额不但没有增长,反而出现了下降。[1]

以上现象至少在逻辑上足以说明,FTA在推动贸易额直接增长上作用有限,至少并非决定性因素。一国外贸量增长与否,取决于很多复杂因素,更与世界经济的宏观环境和走势直接相关。商务部发布的《中国对外贸易形势报告(2017年春季)》就谨慎指出,今后一段时间中国进出口有望继续回稳向好,但不稳定不确定因素依然较多,如"世界经济复苏加快但仍存在下行风险""全球金融环境趋紧潜藏新一轮金融风险""国际贸易投资面临新的变局""国际大宗商品价格上涨势头可能放缓"等。此外,还有"逆全球化"浪潮下经济政策被人为政治化、各种地缘政治矛盾、恐怖主义活动等不确定因素,殊难逆料。[2]

## 二、对利用率状况的宏观思考

至此,试作一小结:以往中国FTA迄今的实际经济效用仍然有限。既然国家与地方、政府部门与非政府组织近年来已经在多方面做了大量工作,力图提升企业利用FTA的积极性,那么显然不能将其归因为主观上的鼓励、宣传不足。因此,我们必须思考:还有哪些客观原因导致了这一现状(在很大程度上也是世界范围内的普遍现状)?除了原产地规则这一微观的技术性因素之外,从更宏观的视角分析,究竟是哪些深层次客观因素导致了这种低效用现象的长期存在?

笔者认为,存在以下重要原因:

第一,在当今世界经济自由化进程中,传统的货物关税减让的自由化方式已经逐渐走向末路,各国的关税优惠空间越来越小。

首先,WTO多边贸易体制运行数十年,各成员最惠国关税税率已经一降再降,尤其是工业制成品税率已经被压缩到很低的程度。其中,乌拉圭回合取得了历史性成就,各成员关税全面降低。[3] 虽然各成员部分工业制成品还存在关税高峰,农产品关税总体也还比较高,但这些多为各成员较为在意的"钉子

---

[1] 参见商务部:《中国对外贸易形势报告(2017年春季)》,第一部分,第4页。
[2] 参见商务部:《中国对外贸易形势报告(2017年春季)》,第三部分,第1—4页。
[3] 关于具体关税减让数据,可参见曹建明、贺小勇:《世界贸易组织(第三版)》,法律出版社2011年版,第17页。

户"部门,尽管在 WTO 项下的最惠国税率较高,但在各成员 FTA 中也往往照样被列为较敏感部门,或免于减让,或减让幅度较小,或减让过渡期较长。[1]

在多边贸易自由化逐步推进的大背景下,尽管 FTA 缔约方之间"实质上所有贸易"都应取消关税壁垒(GATT 1994 第 24 条的要求),但从长远来看,FTA 优惠税率相对于 WTO 最惠国税率的吸引力必将逐步下降。在本章前文所述的亚洲开发银行的问卷调查中,企业反映的不愿利用 FTA 的一个重要原因就是 FTA 优惠税率与 WTO 最惠国税率的差额不大,不值得再花费成本去获取 FTA 原产地证书。实践中,在有的国家,有的时候甚至出现 FTA 中产品降税进程赶不上它在多边贸易体制中最惠国关税削减进程的情况,如日本—泰国"经济伙伴协定"(EPA)。[2] 事实上,多年来,学界在讨论如何化解区域贸易协定的"碎片化"效应时,提出的一个常见方案就是要通过多边贸易体制加速货物关税削减,以多边贸易自由化化解区域贸易协定的挑战。[3] 多边贸易体制的部分实践已经实现了这一点,某些重要领域的货物如信息技术产品,由于《信息技术协定》的出台以及后来的扩围,已经基本实现了零关税;环境产品也在中国、美国等大国倡导下,在较广的成员范围内实现了相当程度的多边关税削减。

作为发展中成员,中国改革开放初期的关税壁垒的确较高。但是,自从 20 世纪 80 年代中期提出复关目标以及 20 世纪 90 年代加入亚太经济合作组织(APEC)并继续进行入世谈判以来,中国的关税削减工作取得了长足的进步。截至 2018 年,中国的关税壁垒已经处在发展中成员中相对较低的水平。对于 FTA 谈判而言,中国进一步削减关税的空间确实存在,但大部分产品的关税优惠空间在极端情况下也不会超过 25%,10% 上下的优惠空间更是常态。[4] 截至 2019 年,中国单边削减关税的行动还在不断进行中,最惠国关税水准也在继

---

[1] 欧盟、日本、韩国等甚至常常在其 FTA 中极力避免农业部门的充分自由化。

[2] 参见孙玉红:《日本企业未能充分利用 EPA 优惠的原因和对策》,载《日本学刊》2010 年第 4 期,第 90 页。

[3] See Richard Baldwin and Phil Thornton (eds.), Multilateralising Regionalism: Ideas for a WTO Action Plan on Regionalism, Centre for Economic Policy Research (CEPR), 2008, pp. 31-35.

[4] See China Tariff Profile, available at https://www.wto.org/english/thewto_e/countries_e/china_e.htm, last visited on Jul. 8, 2019.

续下调。这就印证了上文的分析——较低的最惠国关税水平导致 FTA 项下关税削减空间相对有限,难以激发企业充分利用的积极性。

早在 2012 年,财政部就发文指出,改革开放 30 多年来,中国关税总水平不断降低,关税结构不断优化,基本实现了从"高税率、窄税基"向"低税率、宽税基"的转变。[1] 可见,即使没有后来 FTA 项下区域经济合作的考虑,随着改革开放的深入开展和国家经济实力的逐渐增强,中国也会逐渐融入世界经济体系,关税水平本来就是要逐步走低的,这是改革开放不断推进的大背景下中国经济发展的必然趋势。

其次,各国除了 FTA 之外,还存在多种多样的关税优惠政策,如普惠制、自愿的单边关税削减,以及实行特殊的关税优惠与监管制度的出口加工区、自贸试验区、自由港等,这些也稀释或冲淡了 FTA 关税优惠的吸引力。

其中,普惠制由来已久,其法律依据来自 1979 年关贸总协定东京回合"授权条款"。另外,2015 年 WTO 内罗毕第十届部长级会议决定,从 2016 年起,非洲国家棉花可免税免配额进入发达成员的市场,多边贸易体制的最高权力机构通过决议授予发展中成员单方面的优惠待遇,其法律性质与"授权条款"相同,也可以说是普惠制的一种特殊延续形式。自愿的单边关税削减在实践中虽不是常态,但也时而可见。例如,APEC 在 20 世纪 90 年代就倡导过"单边行动计划",取得了一定成效。[2] 中国自愿单边削减关税的典型例子,除了 APEC 项下行动外,还有中非经贸合作等例,如从 2005 年 1 月 1 日起,对 25 个非洲最不发达国家的 190 个税目的输华产品给予免税待遇。美国、欧盟等对非洲也早就有类似安排。[3] 出口加工区、自贸试验区等关税特殊政策区域在中国等众多

---

[1] 参见《中国关税结构的优化和完善》,http://gss.mof.gov.cn/gszhs/guanshuizhishi/201204/t20120416_643431.html,2018 年 12 月 8 日访问。

[2] 参见朱彤等:《APEC 贸易自由化、便利化问题研究》,南开大学出版社 2005 年版,第 109—111 页。

[3] 典型者如美国《非洲增长与机遇法案》,属于发达国家实施普惠制的范畴。参见《美国〈非洲增长与机遇法案〉简介》,http://www.mofcom.gov.cn/article/i/dxfw/gzzd/201408/20140800687280.shtml,2018 年 12 月 8 日访问。欧盟也在 2001 年单方对从最不发达国家进口的全部产品实行零关税政策。参见〔荷兰〕尼科·斯赫雷弗:《可持续发展在国际法中的演进:起源、涵义及地位》,汪习根、黄海滨译,社会科学文献出版社 2010 年版,第 160 页。

国家早已如火如荼地开展起来。此外,世界上还有许多国家和地区实行自由港政策,自由港内通常除了少数特殊商品外,几乎没有进口关税,典型者如新加坡、吉布提、中国香港、德国汉堡、英属直布罗陀等。目前,全球约有130多个自由港。内陆小国瑞士就设有约20个自由港,因此瑞士企业对本国FTA利用率较低也就不足为怪了。

最后,当今互联网环境下,电子商务蓬勃兴起,大有冲击传统货物贸易业态的趋势。美国强烈倡导经网络传输的货物贸易(如音乐、软件等)应免征关税,[1]并在它的若干FTA文本中已经确立了这一规则。WTO决定在讨论制定有效的电子商务规则之前,暂时先采纳这一规则。这一规则对各国产生了很大影响,中国目前也同意这一规则。此处不再赘述。

第二,2008年全球金融危机之后,由于危机后续的经济、政治影响长期存在,中国外贸面对的客观形势决定了难以对单纯的贸易额增长再寄予厚望。全球经济大环境决定了外贸整体增长乏力,外贸企业需要优先考虑的是成本、需求、定价、质量、标准、市场规模、非关税壁垒及贸易摩擦等更重要的因素,而并非几个百分点的关税优惠。

《中国对外贸易形势报告(2017年春季)》对此作出了精要的论述。该报告指出,中国外贸发展面临的环境虽有望缓慢向好回稳,但形势依然严峻复杂,不确定、不稳定因素较多,还存在诸多挑战和压力,突出体现在三个方面:一是外部需求回升的基础并不稳固。尽管世界经济总体复苏步伐加快,但深层次结构性矛盾未得到根本解决。二是新一轮产业竞争更加激烈。中国正面临着来自周边新兴经济体和老牌发达国家的双重挤压。三是贸易摩擦的影响进一步凸显。针对中国产品的贸易摩擦仍在频繁发生。[2]在分析世界经济贸易大形势时,该报告指出:贸易保护主义仍是重大的全球性风险。发达国家收入分配失衡,助长保守主义、民粹主义思潮,一些国家"逆全球化"思潮泛滥,全球范围内贸易保护主义倾向日益凸显。同时,国际社会共同反对保护主义的共识有削弱态势,全球贸易摩擦高发态势在短期内难有缓解。[3]

---

[1] 这类贸易究竟属于货物贸易还是服务贸易,目前在WTO中尚存争议。
[2] 参见商务部:《中国对外贸易形势报告(2017年春季)》,第三部分,第5—6页。
[3] 参见商务部:《中国对外贸易形势报告(2017年春季)》,附件一,第7—8页。

在经济不景气形势下,甚至出现中国的一些重要 FTA 伙伴以非关税壁垒阻碍中国出口的现象。据人民网报道,2008 年金融危机前,江苏省每年收到国外原产地证书退证查询不超过 50 份;而 2009 年以来,退证查询数量持续上升,2016 年一年便达 650 份。其中,90% 的退证查询来自印度尼西亚、巴基斯坦、越南等国,退证理由不一而足,有的质疑出口货物不符合 FTA 原产地标准,有的认为生产商、货物第三方信息不符合规定,有的则以未有效遵守原产地直接运输规则为理由。2017 年 1 月,江苏检验检疫局共收到国外海关退证查询 89 份,其中印度尼西亚官方质疑不满足原产地直接运输规则的就占了 60%。[1] 以上贸易保护主义现象,无疑为中国 FTA 作用的发挥又蒙上了一层阴影。

第三,在当今的区域经济一体化进程中,关税减让作为一种浅层次的贸易自由化手段,其作用已不明显。对于新兴经济体和发达国家,经贸制度和营商环境的建设正在取代传统的关税减让,成为它们参与当下国际经贸规则重构的真正重心。

《中国对外贸易形势报告(2017 年春季)》指出,目前中国产品占国际市场份额已处较高水平,2016 年占据份额达 13.2%,这是从 1971 年以来其他国家均未达到过的水平,进一步提高份额的难度增大。未来一段时期,中国外贸可能保持中低速增长,且更易受市场需求变化、汇率涨跌等短期因素影响,波动更加频繁。[2] 这正是当下中国领导层所强调的经济"新常态"的表现之一。这意味着,即便中国企业积极寻求利用 FTA,使 FTA 利用率有根本性的大幅增长,中国外贸增长速度也不会很快,FTA 的客观经济效用仍然较为有限。

虽然认为中国外贸面临一些困难因素,但该报告又指出,中国外贸发展长期向好的基本面并没有变,进出口企业参与国际竞争具备一系列有利因素和条件。具体而言:一是外贸竞争新优势正在逐步形成,如中国基础设施网络健全高效,企业开拓国际市场与国际化经营的经验不断积累,人力资源日益壮大,企业巨额研发投入不断培育外贸出口的技术优势等;二是外贸发展新动能正在不断积聚,如制造业数字化、网络化、智能化进程深入推进,商业新模式与外贸新

---

[1] 参见邵生余:《江苏自贸协定签证利用率达 29.64% 比例仍不高》,http://js.people.com.cn/GB/n2/2017/0215/c360301-29716056.html,2018 年 12 月 20 日访问。

[2] 参见商务部:《中国对外贸易形势报告(2017 年春季)》,第三部分,第 6 页。

业态蓬勃发展,"一带一路"合作取得积极进展等;三是外贸发展的制度环境不断优化,如着力提高贸易便利化水平,营造良好营商环境,当然也包括加大FTA的宣传力度等。[1]

从该报告提到的这些因素和条件来看,其中许多都属于经贸制度构建、营商环境建设的范畴。例如,基础设施完善、互联互通、贸易便利化改革、企业减负、人力资源壮大等工作即为营商环境建设之典型。加强企业研发、保证技术优势涉及中国国内、贸易伙伴的知识产权制度的构建,推动企业国际化经营则涉及贸易伙伴国内的贸易便利化、投资保护、市场监管、竞争政策等多方面经贸制度的构建。

同时,我们还应注意到,这些领域基本也是TPP涉及的"21世纪新议题"的内容。例如,TPP包含硬规则的"竞争政策""知识产权""电子商务"等章,以及包含软规则的"合作与能力建设""竞争力与商务便利化""发展""中小企业""监管合作"等章。这是一个有意思的现象。过去,对于所谓的FTA"21世纪新议题",学界大多批评这些都是美欧等单方面强加于发展中国家的议题,具有明显的利益片面性。而现在,商务部发布报告,指出中国外贸发展日益有赖于这些领域的相应发展,也就是要着力改善制度环境。这不能不引起我们的深思。如何解释这种现象?有一些论著指出,对于这些属于"高标准"的国际经贸规则,中国应积极试验其承受度,并争取早日接受之。[2] 然而,这些国际经贸规则究竟"高"在哪里?有何内在必然的逻辑?在此,有必要提及的是,经济学上的全球价值链理论正在对国际经贸规则重构产生深远影响,同时若干研究成果表明,当代FTA的重心将从传统的市场准入逐渐转向经贸制度塑造。对此,本书第四章将作专门探讨。

## 第四节　中国自由贸易协定关于经贸利益的待开发区

除了商界利用率不高导致FTA经济效用相对不明显之外,中国主管部门

---

[1] 参见商务部:《中国对外贸易形势报告(2017年春季)》,第三部分,第7—8页。
[2] 参见李善民主编:《中国自由贸易试验区发展蓝皮书(2015—2016)》,中山大学出版社2016年版,第69、75页。

和学界还进一步意识到,以往 FTA 的自由化水平、规则水平不够高,已经不能适应当今区域经济一体化合作推向纵深的需要。也就是说,传统的中国 FTA 还存在着相当广阔的未涉足领域以及关于经贸利益的大量待开发区。正因如此,中国才会提出众多以往 FTA 升级版谈判的目标,并积极投身其中。

### 一、自由贸易协定升级版谈判的缘由

为何需要传统 FTA 的升级版? 2013 年,中国时任商务部部长高虎城曾就中国—东盟 FTA 升级版谈判意向进行过阐述:10 年前启动的中国—东盟 FTA 现在看来水平相对较低,体现在两个方面,一是贸易投资自由化、便利化水平明显滞后,二是 FTA 涵盖的范围、内容已经不能适应经济全球化和区域一体化的新趋势与新要求。[1] 那么,中国传统 FTA 升级版谈判势必要从这两个方面着手,而这两个方面实质上强调的是经贸制度构建、营商环境建设的重要性。

回顾以往中国 FTA 可以发现,多数 FTA 文本具有以下特征:在贸易领域,侧重于新的关税削减和市场准入承诺,而基本的货物贸易和服务贸易规则仍大体照搬 WTO 各相关协定;服务贸易虽然比 WTO 项下开放承诺更高,但仍然是"正面清单"模式下的有限开放。在投资领域,往往局限于对中国 BIT 的直接移植和纳入,少有投资制度创新,更不存在新的投资部门的开放承诺。在知识产权领域,基本限于重申《TRIPS 协定》的精神并照搬其相关条文。在争端解决领域,条文和机制明显受到 WTO 争端解决机制的影响,也基本照搬其相关条文,缺乏争端解决手段等的创新。在新议题领域,对于竞争政策、环境保护、知识产权"超 TRIPS"标准等多持回避态度。在突出中国利益点方面,目前比较明显的是海关合作与贸易便利化、自然人移动这两章的独立设置。但是,除此之外,其他利益点不够突出。我们在总体上可作出阶段性判断:以往中国 FTA 将重心主要放在新的关税削减和市场准入承诺上,注重入世后货物贸易红利的延续;在经贸制度方面,基本上是移植 WTO 或其他国际经济条约下的现有条款,缺少对于经贸制度构建、营商环境建设的积极关怀。

---

[1] 参见魏民:《全球自贸架构与中国战略选择》,世界知识出版社 2014 年版,第 159 页。

再回顾第一章中西方学者所称的"20世纪贸易协定"的基本特征：

(1) 专注于最终产品的跨境贸易。

(2) 原产地规则非常复杂，严重影响了协定提供的贸易优惠的利用率。

(3) 对国内经贸体制、经贸法规等"边境后壁垒"的处理力度不足，对关税之外大量的贸易保护手段(多为非关税壁垒或监管性问题)关注不够。

(4) 侧重于货物贸易，对服务贸易的涉足较浅。许多协定只是重申GATS纪律，而未再有所发展。

(5) 有的协定也处理了一些其他议题，如投资、知识产权等，但一般仅仅是重申WTO下的规则义务或略微超出WTO的义务水平。

可以看出，传统中式FTA实际上也属于世界范围内"20世纪贸易协定"的组成部分，在推动双边经贸利益扩张上确有功效，但已经逐渐接近瓶颈，不能适应当代中国进一步加快国内结构性改革、扩大对外开放力度的新需要，也不能适应当代世界区域经济一体化运动的新要求。以上分析也可以从张蕴岭的观点中得到印证。他比较具体地指出了中国—东盟FTA的局限性：协定利用率不高，限制很多，交易成本高；投资与服务市场开放度低，产业链构造水平低；许多领域的问题如知识产权、政府采购、技术监管、环境等没有涉及；在改善经济发展环境如互联互通方面，还存在融资与法规等瓶颈。他还认为，升级版FTA应深化经济合作，尤其是要把重点放在互联互通上。[1] 从这些论述来看，他显然也认为经贸制度构建、营商环境建设是中国—东盟FTA必须补上的短板。

当然，传统的关税削减等并非已不需要加以重视。正如有专家指出的，中国与东盟之间的货物贸易还有进一步降税的空间，对敏感产品要重新梳理。但是，中国—东盟FTA的经济红利已经基本释放，双边经贸关系需要注入新动力。[2] 对此，笔者的理解为，这里所说的"经济红利"，主要是指单纯的货物贸易收益。但是，货物贸易关税减让属于边境措施范畴，毕竟不触动一国的经济环境和经济制度，只是一种浅层次的经济自由化、一体化方式。相比形式简单的货物贸易，服务贸易与投资对一国边境之内的宏观经济环境、经济制度、产业

---

[1] 参见魏民：《全球自贸架构与中国战略选择》，世界知识出版社2014年版，第159—160页。

[2] 同上书，第160—161页。

状况、消费状况的影响效应更大,是对外开放程度、产业配套程度和产业竞争力的更显著标志。很显然,原本已经较低的货物贸易最惠国待遇关税,即使再进行若干个百分点的有限削减(姑且不论利用率问题),其经济效应也远远不如服务与投资的市场开放。

## 二、自由贸易协定中的经贸制度构建和营商环境建设

即便在边境措施范畴内,货物关税削减也只是其中的一部分,并没有解决非关税壁垒的问题,诸如海关通关程序、海关知识产权保护、原产地规则、产品技术标准、环保标准、贸易救济措施等,都是当代外贸企业高度关注的问题。所以,纵观当代国内国际的重要经贸文件、宣言和谈话,当论及贸易合作时,几乎都在传统的"贸易自由化"之外又加上"贸易便利化"这一重要话题。"贸易便利化"一词道出了非关税壁垒的本质,即它属于一国经贸制度构建的范畴。

服务贸易与投资的市场开放,既涉及经贸制度构建,也涉及营商环境建设。具体来说,在经贸制度构建方面,涉及服务原产地规则、服务贸易紧急保障措施、最惠国待遇与国民待遇、市场准入的限制、国民待遇的限制等因素。在营商环境建设方面,所涉因素多种多样,其中固然有政治、文化、社会大环境,但这里侧重探讨的主要是投资自由化(典型者即准入前国民待遇加负面清单的准入模式)、投资便利化(如企业设立手续和设立要求等)、交通基础设施、电信基础设施、政府监管、政府补贴、政府采购、竞争中立、无形产权保护、用人制度、管理和技术人员进出往来、融资便利度与资本流动自由度、电子商务规则、环保要求、人力资源培育、政策法规透明度、政府效率与反腐败、企业能力建设、企业减负等。这些恰恰也是标榜"高标准、高质量、高层次、面向21世纪"的TPP大量涉及的内容。相对于传统的边境措施,这些内容往往共享一个时兴的名词"边境后措施"。在经济全球化与国际分工进一步发展、全球价值链理论勃兴的当代,众多边境后措施所代表的经贸制度和营商环境已取代传统的货物关税减让和服务市场的有限开放,成为各国经济往来能否获得显著收益的关键所在。[1]

---

[1] 一个有效例证是,石静霞针对服务法律制度指出,中国在通过FTA开放法律服务市场时,还需要进行配套的服务监管体制改革。See Shi Jingxia, Services Liberalization in China's Free Trade Agreements, *China Legal Science*, Vol.1, Iss. 4, 2013, p.117.

与传统立场有所差异的是,近年来,国内学者已不再简单地贬斥 TPP、TTIP 所代表的国际经贸规则,相反,他们主张中国应积极探寻如何与 TPP、TTIP 进行规则"对接"或"衔接",并以此作为应对后者挑战的一种方式。[1] 以中国社会科学院世界经济与政治研究所对 TPP 文本的研究成果为例,研究人员认为,中国应从自贸区战略布局、中国版国际经贸新规则设计、深化改革以及中国产业发展和营商环境构建等方面着手,应对 TPP 新规则带来的挑战。他们尤其指出,中国应加速建立国际化、规范化的营商环境和法律体系,如落实WTO《贸易便利化协定》,加强自身改革,完善市场环境、法规建设,逐步提高知识产权、环境、劳工等保护水平,鼓励创新,清理制约市场规范运营的制度性障碍,加快市场竞争环境改革等。[2]

综上所述,以往中国大多数的 FTA 以中国—东盟 FTA 为代表,其重心偏向于货物关税削减,服务贸易与投资的市场开放度远远不够,在经贸规则建设与改革方面几乎无所建树,也没有积极改善营商环境,以至于实际经济效用并不明显,存在大量关于经贸利益的待开发区。若要充分发挥 FTA 的作用,进一步挖掘区域经济一体化的巨大潜力,新时代中国 FTA 就必须"两手抓":既要继续与发展中国家、中小经济体进行 FTA 的南南合作,保障资源品和初级产品供给,又要勇于同发达国家、大型经济体开拓 FTA 的南北合作,发挥经济结构互补优势,积极寻求产业升级;既要抓传统议题,又要抓现代议题;既要推进自由化,又要实行便利化;既要继续推进关税削减与市场开放,又要在经贸规则改革上发力;既要处理关税壁垒,又要处理非关税壁垒;既要推进货物贸易,又要推进服务贸易与投资;既要完善传统的边境措施的规则,又要设计更为引人注目的边境后措施的规则。

如不进行以上改革,中国 FTA 恐难免处于经济效用的相对低下状态,难以跟上全球价值链分工和企业跨国化经营的时代潮流,也不能保证中国在国际经

---

[1] 参见中国社会科学院世界经济与政治研究所国际贸易研究室:《〈跨太平洋伙伴关系协定〉文本解读》,中国社会科学出版社 2016 年版,第 28 页;李善民主编:《中国自由贸易试验区发展蓝皮书(2015—2016)》,中山大学出版社 2016 年版,第 7—8 页。

[2] 参见中国社会科学院世界经济与政治研究所国际贸易研究室:《〈跨太平洋伙伴关系协定〉文本解读》,中国社会科学出版社 2016 年版,第 28 页。

贸规则重构进程中的话语权,更不能发挥中国的规则引领作用。

事实上,本章至此仍未阐述完整,尚存一个疑点:以上经贸制度构建和营商环境建设的呼声和压力,以往同样存在,为何唯独现今被放到如此之高的位置?是否仅仅因为中国经济实力的增长和发展阶段的提升导致其经贸规则需求逐渐与发达国家趋同?对此,笔者认为,中国国家实力的逐渐增强固然是重要原因之一,但并未触及问题的全部。唯有结合两个方面,一是当代中国改革开放指导思想与政策导向的最新发展,二是全球价值链分工状况的深度形成与经济学上全球价值链理论的勃兴,才能更好地解释这一问题。这些已经超出了本章的范围。第三章将阐述新时代中国FTA面临的国内外政策新导向,第四章将探讨全球价值链理论对当代国际经贸规则提出的新要求,从而为新时代中国FTA范式构建的新思路探索打下基础。

# 第三章
# 新时代中国自由贸易协定面临的政策与形势

本章认为,在改革开放转型的大背景下,中国的国内外政策导向发生明显变化。国内发展政策上,党的治国理念引人注目的新发展,经济"新常态"下供给侧结构性改革与创新驱动发展战略的提出,以及国内自贸试验区建设的启动,都表明新时代中国改革开放进入纵深发展阶段。国际经贸政策上,中国在经济实力壮大与国际地位提升的大背景下,提出并实施"一带一路"倡议,并将自贸区战略与该倡议结合起来,但也面临着国家身份与利益的双重挑战。后金融危机时期,世界经济格局深刻调整,全球治理进入新阶段,中国面临着国际经贸环境的外部压力,包括国际经贸规则制定舞台的中心迁移、其他国家争夺经贸规则主导权的竞争性态势等。以上都表明,新时代中国 FTA 有必要在新的政策与形势下作出及时的战略性调整。

## 第一节 转型期中国的国内发展政策导向

改革开放四十多年来,中国经济社会和国家实力已迈入全新阶段,相应的国内宏观政策导向也发生了引人注目的新发展。这些新发展意味着,中国 FTA 作为对外开放的重要制度载体,也将随之发生新的重要变化。不分析中国国内发展政策导向的根源，就无法从深层次挖掘中国 FTA 作为机制手段的相应功能。

## 一、入世之后中国改革开放指导思想的新发展

入世之后，一系列重要会议标志着党的治国理念的全新发展。在党的十七大召开之前，2003 年，党的十六届三中全会适时提出"坚持以人为本，树立全面、协调、可持续的发展观"；2004 年，党的十六届四中全会正式提出"构建社会主义和谐社会"。值得注意的是，社会主义和谐社会的基本特征之一是"人与自然和谐发展"。

2007 年，党的十七大报告将"深入贯彻落实科学发展观"作为"必须坚持和贯彻的重大战略思想"。"科学发展观，第一要义是发展，核心是以人为本，基本要求是全面协调可持续，根本方法是统筹兼顾。"其中，"全面协调可持续发展"要求建设资源节约型、环境友好型社会，实现速度和结构质量效益相统一、经济发展与人口资源环境相协调。党的十七大报告提出要"加快转变经济发展方式，推动产业结构优化升级"。对比以前常用的表述——"转变经济增长方式"，一词之差意味着政策内涵的重大变化，表明经济发展已经不能简单等同于经济增长，唯有加快转变经济发展方式，才能促进国民经济"又好又快"发展。党的十七大报告还提出"公民政治参与有序扩大"，"坚持国家一切权力属于人民，从各个层次、各个领域扩大公民有序政治参与，最广泛地动员和组织人民依法管理国家事务和社会事务、管理经济和文化事业"。

2012 年，党的十八大明确了科学发展观是党必须长期坚持的指导思想并将其写入党章，提出了全面建成小康社会的目标："经济持续健康发展"；"人民民主不断扩大"；"文化软实力显著增强"；"人民生活水平全面提高"；"资源节约、环境友好型社会建设取得重大进展"。党的十八大报告提出"全面落实经济建设、政治建设、文化建设、社会建设、生态文明建设五位一体总体布局"，着眼于"全面建成小康社会"，"总任务是实现社会主义现代化和中华民族伟大复兴"。其中，"五位一体"大大丰富了关于社会主义现代化的理论体系。以往的提法主要是"经济现代化"，党的十六大报告提的是"三位一体"（经济建设、政治建设、文化建设），党的十七大报告提出了"四位一体"（增加了社会建设），这次进一步

拓展到"五位一体"(增加了生态文明建设)。党的十八大报告突出的一系列要点中,有几点值得格外注意:其一,大力推进生态文明建设,从源头上扭转生态环境恶化趋势;其二,实施创新驱动发展战略,把科技创新摆在国家发展全局的核心位置;其三,全面深化经济体制改革,推进经济结构战略性调整,全面提高开放型经济水平。报告指出,必须着力解决制约经济持续健康发展的重大结构性问题,提高利用外资综合优势和总体效益,加快走出去步伐,统筹双边、多边、区域次区域开放合作,提高抵御国际经济风险能力。[1]

2013 年,党的十八届三中全会通过了《中共中央关于全面深化改革若干重大问题的决定》,提出全面深化改革的总目标是完善和发展中国特色社会主义制度,推进国家治理体系和治理能力现代化。这次全会是新时期改革的总宣示、总部署和总动员,明确提出经济体制改革是全面深化改革的重点,核心问题是处理好政府和市场的关系,使市场在资源配置中起决定性作用和更好发挥政府作用。这是执政党改革理论关于政府与市场关系认识的又一重大突破。以党的十八届三中全会与同年中央全面深化改革领导小组成立为标志,全面深化改革的大幕开启,中国很快迎来了经济"新常态"下的供给侧结构性改革。

2017 年召开的党的十九大标志着中国改革开放迈入全新时代。习近平在大会报告中提出了新时代中国特色社会主义思想和基本方略,宣布决胜全面建成小康社会,开启全面建设社会主义现代化国家的新征程。新时代中国特色社会主义思想"八个明确"中,包括明确中国特色社会主义事业总体布局是"五位一体";明确全面深化改革总目标是完善和发展中国特色社会主义制度、推进国家治理体系和治理能力现代化;明确全面推进依法治国总目标是建设中国特色社会主义法治体系、建设社会主义法治国家;明确中国特色大国外交要推动构建新型国际关系,推动构建人类命运共同体;等等。在新时代坚持和发展中国特色社会主义的基本方略中,包括坚持全面深化改革、坚持新发展理念、坚持全面依法治国、坚持人与自然和谐共生、坚持推动构建人类命运共同体等。

党的十九大报告提出"贯彻新发展理念,建设现代化经济体系",并指出:

---

[1] 这显然是针对 2008 年的全球金融危机而言的,这场危机对中国出口等经贸利益产生了不利影响。

"我国经济已由高速增长阶段转向高质量发展阶段,正处在转变发展方式、优化经济结构、转换增长动力的攻关期,建设现代化经济体系是跨越关口的迫切要求和中国发展的战略目标。"具体而言,需要做到:(1) 深化供给侧结构性改革;(2) 加快建设创新型国家;(3) 实施乡村振兴战略;(4) 实施区域协调发展战略;(5) 加快完善社会主义市场经济体制;(6) 推动形成全面开放新格局。

综上所述,从 2003 年开始,党的改革开放指导思想发生了显著转变和重大发展。在中国的"硬实力"(经济总量)迅猛增长、节节攀升的大背景下,国内主要矛盾发生变化,党的工作重心也在进行相应的调整,从过去集中精力单纯抓经济增长转变为高度强调经济结构和发展方式的优化,同时更加注重经济与社会的协调发展。"环境保护""生态文明""绿色低碳""节能减排""可持续发展""创新驱动""贸易与投资便利化""公众参与""简政放权""政府职能转型"等概念逐渐成为政策高频词。不过,中国领导人反复强调,"发展是解决我国一切问题的基础和关键"。[1] 也就是说,在以经济建设为中心这一不变的大前提下,中国比过去更加以人为本,更加重视经济价值与社会价值的统筹协调。

表现在 FTA 实践上,如前所述,中国近年来的若干 FTA 微妙地、逐渐地呈现出对非经济议题(社会议题)一定程度的接受趋势,更加重视议题的协调平衡,也更加重视公众参与,在传统的"20 世纪贸易协定"模式中继续前行,并开始具备一些"21 世纪贸易协定"的色彩。据报道,中国—澳大利亚 FTA 升级谈判有望引入更多的"21 世纪经贸议题"。[2] 不过,笔者认为,应当严肃指出的是,中国现在并没有、未来也不宜全方位迈向西方学者所称的"21 世纪贸易协定",理由将在本书后面阐述。

## 二、经济"新常态"下供给侧结构性改革与创新驱动发展战略

### (一) 中国经济发展"新常态"

改革开放四十多年来,中国经济持续高速增长,成功步入中等收入国家行

---

〔1〕 参见习近平:《发展是解决我国一切问题的基础和关键》,载中共中央文献研究室编:《习近平关于社会主义经济建设论述摘编》,中央文献出版社 2017 年版,第 1 页。

〔2〕 参见夏旭田、孙可昕:《中澳筹划自贸区升级谈判 聚焦服务贸易与投资便利化》,http://fta.mofcom.gov.cn/article/fzdongtai/201706/35257_1.html,2018 年 5 月 16 日访问。

列,从各项主要经济指标看,已堪称名副其实的世界经济大国。但是,随着人口红利衰减、"中等收入陷阱"风险累积、国际经济格局深刻调整等一系列内外因的作用,中国经济发展正进入"新常态"。[1] 有学者分析,所谓旧常态,是指一段时期中国经济增长速度偏高、经济偏热、经济增长不可持续的因素累积,并带来环境污染加剧、社会矛盾增加以及国际压力变大的严峻挑战。同时,国际经济危机带来的外部风险,也使中国经济发展的旧有模式难以为继。[2]

在把"新常态"作为执政理念关键词提出6个月后,习近平在2014年APEC工商领导人峰会上首次系统阐述了"新常态"的基本内涵。他表示,"新常态将给中国带来新的发展机遇",并指出新常态存在"3个特点""4个机遇""1个挑战"。[3]

"3个特点"是指:第一,速度——"从高速增长转为中高速增长";第二,结构——"经济结构不断优化升级,第三产业消费需求逐步成为主体,城乡区域差距逐步缩小,居民收入占比上升,发展成果惠及更广大民众";第三,动力——"从要素驱动、投资驱动转向创新驱动"。"速度""结构""动力"这三个关键词,勾勒出"中国经济呈现出新常态"的基本内涵。

"4个机遇"是指:第一,新常态下,中国经济增速虽然放缓,实际增量依然可观。无论是速度还是体量,中国经济增长在全球依然名列前茅。第二,新常态下,中国经济增长更趋平稳,增长动力更为多元。中国经济体量大、韧性好、潜力足、回旋空间大、政策工具多,更多依赖国内消费需求拉动,避免依赖出口的外部风险。第三,新常态下,中国经济结构优化升级,发展前景更加稳定。消费对经济增长的贡献率将超过投资,服务业增加值将超过第二产业,高新技术产业和装备制造业增速将明显高于工业平均增速,单位国内生产总值能耗继续下降。第四,新常态下,中国政府大力简政放权,市场活力进一步释放。简言之,

---

[1] 参见国家行政学院经济学教研部编著:《中国供给侧结构性改革》,人民出版社2016年版,第3页。

[2] 参见顾钱江等:《习近平首次系统阐述"新常态"》,http://www.xinhuanet.com/world/2014-11/09/c_1113175964.htm,2018年9月10日访问。

[3] 以下论述参见《习近平谈"新常态":3个特点 4个机遇 1个挑战》,http://news.china.com/domestic/945/20160225/21603012_all.html,2018年7月6日访问。

就是要让市场在资源配置中起决定性作用,同时放开政府这只"看得见的手"。比如,对企业登记制度的简化性改革极大促进了大量新企业进入市场。

"1个挑战"是指,中国改革已经进入攻坚期和深水区。新常态也伴随着新问题、新矛盾,一些潜在风险渐渐浮出水面。能不能适应新常态,关键在于全面深化改革的力度。

按照相关学者的解读,中国经济进入新常态后,其趋势性特点集中体现为以下六个方面的"转换":经济增速由高速向中高速转换,发展方式由粗放增长向集约增长转换,产业结构由中低端向中高端转换,增长动力由要素驱动、投资驱动向创新驱动转换,资源配置由市场起基础性作用向起决定性作用转换,经济福祉由先好先富型向包容共享型转换。[1] 以上分析非常全面地概括了新时期中国经济治理工作的目标所在和价值归依。

(二)供给侧结构性改革

在经济新常态下,中国领导人提出,必须推行供给侧结构性改革,以此引领经济新常态,推动经济长期可持续发展。2015年11月10日,在中央财经领导小组第十一次会议上,习近平指出,"在适度扩大总需求的同时,着力加强供给侧结构性改革,着力提高供给体系质量和效率,增强经济持续增长动力,推动我国社会生产力水平实现整体跃升"。供给侧结构性改革是继经济新常态之后的又一重大理论创新。

在经济旧常态下,供需关系面临着明显的结构性失衡,已成为经济持续增长的最大障碍。一方面,钢铁、煤炭、水泥、有色金属等行业的过剩产能已成为制约中国经济转型的一大包袱;另一方面,中国的供给体系与需求侧严重不配套,中低端产品过剩,高端产品和个性化产品供给不足。这种供给侧的低效率导致无法合理满足需求侧,出现巨额内部消费需求寻求海外满足的现象。因此,经济新常态强调供给侧结构性改革,就是要调整供给结构,优化经济结构和增长质量,寻找经济发展新动力,为真正启动内需、促进经济持续健康发展寻求

---

[1] 参见国家行政学院经济学教研部编著:《中国供给侧结构性改革》,人民出版社2016年版,第8—12页。

新路径。

根据习近平重要讲话和 2015 年年底召开的中央经济工作会议精神,供给侧结构性改革的主战场:一是调整完善人口政策,夯实供给基础;二是推进土地制度改革,释放供给活力;三是加快金融体制改革,解除金融抑制;四是实施创新驱动发展战略,开辟供给空间;五是深化简政放权改革,促进供给质量;六是构建社会服务体系,推进配套改革。[1] 以上六个方面看似属于中国国内宏观政策,似乎与中国 FTA 风马牛不相及,但仔细审视便可以发现:除了人口政策、土地制度、金融体制属于国家内政外,创新驱动发展战略与对外知识产权合作紧密联系,构建社会服务体系涉及引进高水平外资以弥补国内生产性、生活性服务业的供给不足,政府简政放权与国际贸易投资便利化直接相关。因此,关注供给侧结构性改革的主要内容,对于研究中国 FTA 的未来走向具有重大意义。

同理,在中央指出的供给侧结构性改革的工作重点中,也可以发现中国 FTA 的用武之地。这些重点是:"去产能",让绝对过剩的产能退烧去热;"去杠杆",消除瘀堵虚肿,让资金血脉畅行;"去库存",清除供给冗余,消除困扰发展的炎症病痛;"降成本",减税降费,为企业休养生息创造良好的政策环境;"补短板",提升基础设施,加强公共服务,培育发展新产业,让经济社会发展强身健体。其中,"去产能"的有效举措之一是"一带一路"倡议下的国际产能合作;"降成本"涉及中资企业与外资企业的贸易投资便利化;"补短板"更是内涵丰富,可包括海外基础设施建设、国外服务企业引入、有效投资的扩大、战略性新兴产业与高技术产业的成长,涉及国际货物贸易、服务贸易、投资等各个领域。这表明,中国 FTA 有必要在文本层面积极配合中央这一系列重大决策。

在一系列改革文件和举措推出之际,有学者指出一个关键点:供给侧结构性改革的重中之重是制度创新,而居于制度创新之首的是政府管理经济、社会方式的创新。中国的全面深化改革,是一场注重法治引领、强化制度创新的根

---

[1] 参见国家行政学院经济学教研部编著:《中国供给侧结构性改革》,人民出版社 2016 年版,第 45—96 页。

本性变革。[1] 全面深化改革以来,"制度设计""制度安排""制度完善""制度保障""制度衔接"等成为高频词汇。一大批关系到中国发展全局的重大制度改革,正在为完善和发展中国特色社会主义事业、推进国家治理体系和治理能力现代化夯实基础。

在供给侧结构性改革的系统工程中,产业结构的优化升级格外引人注目。中国应充分利用"互联网+"等发展契机,推动新一代信息技术与现代制造业、战略性新兴产业和现代服务业的深度融合,引领产业发展由产业链低附加值端向高附加值端不断迈进。中国应在消耗一批过剩产能的同时,也升级一批存量产能;在发展战略性新兴产业和现代服务业,消耗过剩产能的同时,增加公共产品和服务的供给,着力提高供给体系的质量和效益。[2] 2016年发布的《中华人民共和国国民经济和社会发展第十三个五年规划纲要》(以下简称《十三五规划纲要》)指出,"今后五年经济社会发展的主要目标"之一为:"产业迈向中高端水平,农业现代化进展明显,工业化和信息化融合发展水平进一步提高,先进制造业和战略性新兴产业加快发展,新产业新业态不断成长,服务业比重进一步提高。"[3]

(三) 创新驱动发展战略

在这场宏大的改革进程中,"创新"被提到了前所未有的国家发展战略位置。创新驱动发展战略最初由党的十八大提出。2015年3月,习近平提出"创新是引领发展的第一动力"。同年11月,党的十八届五中全会提出,为实现"十三五"发展目标,破解发展难题,必须树立并贯彻五大新发展理念:创新、协调、绿色、开放、共享。新发展理念深刻揭示了实现更高质量、更有效率、更加公平、更可持续发展的必由之路。[4] 其中,创新位居五大新发展理念之首,被摆在国

---

[1] 参见国家行政学院经济学教研部编著:《中国供给侧结构性改革》,人民出版社2016年版,第31—32页。
[2] 同上书,第107—108页。
[3] 《十三五规划纲要》第一篇第三章"主要目标"。
[4] 参见胡鞍钢、唐啸:《人民日报人民要论:新发展理念是当今中国发展之道》,http://opinion.people.com.cn/n1/2017/0208/c1003-29064558.html,2018年6月8日访问。

家发展全局的核心位置。

有学者指出，现在，中国农村未充分就业的劳动力已近乎耗竭，制造业就业率开始下降，经济增长越来越需要依靠服务业，但中国服务业生产率仍然显著低下。这就意味着过去低层次的、不具有自主知识产权的技术与管理引进路径不再有效了。[1] 还有学者指出，制造业的核心并不是加工制造本身，而是以自主核心技术为支撑，以产品研发和设计为龙头，通过全球采购进行集成，获取高附加值利润。中国企业消耗了大量不可再生资源，承受着环境污染和倾销的恶名，利润的"大头"却在外国企业手中。唯有强化创新驱动，才能改变这种状况。[2] 为此，中国经济持续增长的动力必然寄托于真正的创新，尤其是实体技术的创新，才能有效提升劳动生产率，迈向全球价值链的中高端地位。

《十三五规划纲要》将五大新发展理念纳入其中，针对创新理念指出："创新是引领发展的第一动力。必须把创新摆在国家发展全局的核心位置，不断推进理论创新、制度创新、科技创新、文化创新等各方面创新，让创新贯穿党和国家一切工作，让创新在全社会蔚然成风。"[3] 针对实施创新驱动发展战略，《十三五规划纲要》指出："把发展基点放在创新上，以科技创新为核心，以人才发展为支撑，推动科技创新与大众创业万众创新有机结合，塑造更多依靠创新驱动、更多发挥先发优势的引领型发展。"[4]

为配合以上重要文件精神，2016年5月，《国家创新驱动发展战略纲要》正式发布。该纲要分为战略背景、战略要求、战略部署、战略任务、战略保障、组织实施共六个部分。在"战略要求"部分，纲要提出"到2050年建成世界科技创新强国"的"分三步走"的战略目标。在"战略部署"部分，纲要提出"坚持双轮驱动、构建一个体系、推动六大转变"的行动布局。其中，双轮驱动是指科技创新和体制机制创新两个轮子相互协调，持续发力。在"战略任务"部分，具体内容极为丰富。例如，纲要指出，推动产业技术体系创新，加快工业化和信息化深度

---

[1] 参见李扬：《理解新常态 适应新常态》，载中国社会科学院经济学部编：《解读中国经济新常态——速度、结构与动力》，社会科学文献出版社2015年版，第14—15页。

[2] 参见陈宇学：《创新驱动发展战略》，新华出版社2014年版，第35—36页。

[3] 《十三五规划纲要》第一篇第四章"发展理念"。

[4] 《十三五规划纲要》第二篇"实施创新驱动发展战略"。

融合,把数字化、网络化、智能化、绿色化作为提升产业竞争力的技术基点,推进各领域新兴技术跨界创新。在"战略保障"部分,纲要特别指出"实施知识产权、标准、质量和品牌战略"。

显然,《国家创新驱动发展战略纲要》将创新驱动发展战略与知识产权战略二者直接联系了起来,表明中国知识产权法制建设也将展示出不同以往的全新局面。该纲要专门提到的"提升中国标准水平""推动质量强国和中国商标品牌建设"问题,已经成为新时期中国企业"走出去"、迈向国际化进程中的重大利益问题。

### 三、国内自由贸易试验区的系列改革举措

自由贸易试验区(以下简称"自贸试验区")是中国新一轮改革开放的重要举措,旨在适应国内外形势的变化,促进制度创新与转型,打造开放型经济新格局。自2013年国务院正式批准设立上海自贸试验区以来,自贸试验区从沿海扩展到内地,数量达到十多个,成为中国将改革开放推向纵深的先行标杆。

(一) 自贸试验区建设概况

对自贸试验区,绝不能孤立地理解为只是传统的经济开放政策(如招商引资、财税优惠、关税优惠等)的延续,而要在中国经济新常态、供给侧结构性改革的大背景下理解。党的十八届三中全会通过的《中共中央关于全面深化改革若干重大问题的决定》提出了全面深化改革的三个很重要的方面:一是加快完善现代市场体系,二是加快转变政府职能,三是构建开放型经济新体制。以上指导思想和精神,深刻地反映和体现在近些年中国自贸试验区建设的实践中。

建设自贸试验区,是中国面对全球经济治理体系深度调整和国内经济发展进入新常态,积极探索扩大服务贸易与投资市场开放、主动应对国际贸易投资规则变革以及加快深化经济体制改革的重大举措。中国旨在将自贸试验区建设成为全国新一轮改革开放先行地,服务于"一带一路"建设和辐射带动区域经济协同发展。自贸试验区的目标是营造国际化、法治化、便利化的营商环境,加快形成公平、统一、高效的市场体系,为新时期深化改革和扩大开放探索新途

径、积累新经验。[1] 在国际需求疲弱、保护主义抬头、国内劳动力成本升高的背景下,中国不能长期依赖外贸出口支撑经济增长,继续深化改革、扩大开放才是未来中国经济可持续发展的关键。[2]

自贸试验区在战略定位上具有"为国家试制度、为开放搭平台、为地方谋发展"三方面的功能作用。其中,"为开放搭平台"意味着,自贸试验区要突出对外开放,发挥开放型经济新体制的优势,形成面向全球的大开放格局,集聚国际国内高端要素,打造一批对内对外开放相促进、"引进来"和"走出去"相结合的新平台,服务于"一带一路"建设、"走出去"战略和自贸区战略。[3] 显然,制度创新被放在中国自贸试验区建设的核心位置。

自贸试验区的主要创新性措施已为人们所熟知,兹为本书研究需要,归纳如下:[4]

(1) 投资管理制度创新方面,自贸试验区推行准入前国民待遇加负面清单的外商投资准入模式,减少和取消对外商投资的准入限制,重点扩大服务业和制造业对外开放,对外商投资项目从审批核准制改为备案制,推行"一口受理""先照后证"等举措,商事登记制度从实缴登记制改为认缴登记制,取消外商投资企业注册资本的最低限额要求;

(2) 贸易监管制度创新方面,基于"一线放开""二线安全高效管住"的货物通关监管服务模式,在保证货物安全的前提下,最大限度地简化通关程序,实行快捷通关,包括:推行国际贸易"单一窗口",建立贸易、运输、加工、仓储等业务的跨部门综合管理服务平台,实行"先进区后报关""批次进出、集中申报"以及智能化卡口验放,简化统一进出境备案清单,等等;

(3) 金融领域开放创新方面,以人民币国际化和资本项目可兑换为最终目

---

[1] 参见李善民主编:《中国自由贸易试验区发展蓝皮书(2015—2016)》,中山大学出版社2016年版,第3—4页。

[2] 参见上海市社会科学界联合会编:《中国(上海)自由贸易试验区150问(第二版)》,格致出版社、上海人民出版社2014年版,第6页。

[3] 参见李善民主编:《中国自由贸易试验区发展蓝皮书(2015—2016)》,中山大学出版社2016年版,第10页。

[4] 以下所归纳的内容参见李善民主编:《中国自由贸易试验区发展蓝皮书(2015—2016)》,中山大学出版社2016年版,第24—26页。

标,探索投融资汇兑便利化,推动资本项目可兑换进程,扩大人民币跨境使用,稳步推进利率市场化,以支持实体经济发展,深化外汇管理体制改革,进一步减少行政审批;

(4) 综合监管制度方面,与负面清单管理模式相配套,政府职能也相应地从行政审批为主转变为事中事后监管为主,加快形成行政监管、行业自律、社会监督、公众参与的综合监管体系,并在事中事后监管模式的基础上构建以政府职能转变为核心的六项基本监管制度,包括国家安全审查制度、反垄断审查制度、社会信用体系、企业年度报告公示和经营异常名录制度、信息共享和综合执法制度、社会力量参与市场监督制度。

(二)"双自联动"之新解

事实上,中国自贸试验区建设还存在不可忽略的国际背景。TPP、TTIP、中美 BIT 三大国际经贸谈判均在一定程度上影响了中国自贸试验区的构想与创立。在中美 BIT 谈判中,中国接受以美方提出的准入前国民待遇加负面清单的开放模式为谈判基础;而 TPP、TTIP 这两个巨型 FTA 谈判都不包括中国,中国有被边缘化的担忧。在这些谈判中,美国作为主要参加者极力推行全面和高标准的经贸规则。具体来说,TPP 与 TTIP 除了包括传统的关税与非关税壁垒削减、贸易便利化等议题外,还着力增进服务贸易市场准入、加强监管标准的一致性与透明度等方面的合作;同时,维持卫生、安全、环保、劳工等方面的高标准,制定全球关注的经贸规则如知识产权、竞争政策等,[1]以及推行新型合作方式如中小企业、反腐败等议题。一方面,这些高标准经贸规则对中国构成强大压力。另一方面,中国虽仍为发展中国家,但经济体量日益壮大的现实导致其面临身份多元化的微妙处境。如何应对国际经贸规则的重构变迁,引导对己有利的国际经贸规则的形成,值得认真深入研究。因此,有学者指出,中国通过自贸试验区试点,带动贸易、投资、金融、税收、政府管理等一系列政策变革,测试中国进一步开放以及接受高标准经贸规则的承受力、风险和防范机制;通过

---

[1] 参见上海市社会科学界联合会编:《中国(上海)自由贸易试验区 150 问(第二版)》,格致出版社、上海人民出版社 2014 年版,第 9 页。

先行试验国际经贸规则新标准,积累新形势下参与双边、多边和区域合作的经验,为开展相关国际谈判、参与规则制定提供参考和支撑。[1]

以上目标点出了中国当下自贸试验区建设与自贸区战略的紧密联系,与本书主题直接相关。由此,笔者试提出,中国应重视国内自贸试验区与对外自贸协定的"双自联动"。这是对"双自联动"的一个尝试性的新解释。因为"双自联动"的说法原本是在上海自贸试验区建设中提出的,原是指上海自贸试验区与同在上海浦东新区的张江国家自主创新示范区的"双自"之间的战略叠加、战略协同,旨在实现制度创新与科技创新的联动。[2] 笔者尝试借用该词,转指中国国内自贸试验区与对外自贸协定的"双自"之间应实现政策精神的互通与法律措施的联动。这一观点正是基于中国自贸试验区建设的上述国际背景和应对国际经贸新规则的压力测试需要而提出的。

这一新理解能够从国家顶层设计文件中找到依据。2015年《国务院关于加快实施自由贸易区战略的若干意见》(以下简称《意见》)专门指出:加快实施自贸区战略,需要健全相应的保障体系,为此需要继续深化自贸试验区试点。上海等自由贸易试验区是我国主动适应经济发展新趋势和国际经贸规则新变化、以开放促改革促发展的试验田。可把对外自由贸易区谈判中具有共性的难点、焦点问题,在上海等自由贸易试验区内先行先试,通过在局部地区进行压力测试,积累防控和化解风险的经验,探索最佳开放模式,为对外谈判提供实践依据。这实际上已经表达了中国国内自贸试验区与对外自贸协定之间"双自联动"的思想。

近年来的国内外形势发展进一步表明,为服务于上述"双自联动",当前自贸试验区深化改革的试验具有急迫性。有学者指出,现在中国自贸试验区的战略出发点需要从被动的压力测试转向主动的开放试验,原因主要在于:全球化步入十字路口,全球化推进面临动力转换,全球经济治理体系面临变革,"一带

---

[1] 参见上海市社会科学界联合会编:《中国(上海)自由贸易试验区150问(第二版)》,格致出版社、上海人民出版社2014年版,第9页。

[2] 参见毕马威咨询课题组:《"双自联动"深化研究与展望》,载肖林、张湧主编:《中国(上海)自由贸易试验区制度创新:回顾与前瞻》,格致出版社、上海人民出版社2017年版,第258—259页。

一路"倡议获得国际性认可。[1] 同时,中国自贸试验区通过采用准入前国民待遇加负面清单模式,在投资管理方面的确实现了与国际标准对接。对于 TPP、TTIP 等所关注的边境后议题,如知识产权、竞争中立、国有企业、中小企业、环境保护、劳工标准、消费者保护、资本流动等,中国自贸试验区目前虽然在总体方案中有所提及,但仍然关注不够,还没有建立起一套基本制度框架。[2] 也就是说,目前中国自贸试验区在"双自联动"方面做得还不够充分。笔者认为,尽管 2016 年以来出现的若干逆全球化现象导致 TPP、TTIP 出现变数,但众多边境后议题仍然是未来国际经贸谈判不可回避的,中国必然要认真对待。

## 第二节　转型期中国的国际经贸政策导向

### 一、背景:中国经济实力的壮大和国际地位的提升

2008 年全球金融危机之后,中国在国际经济舞台上的地位进一步发生了引人注目的变化。据 WTO 发布的《2014 年世界贸易报告》统计,中国进出口货物贸易总量在 2013 年已经跃居世界第一位。[3] 据国家统计局发布的数据,中国的 GDP 于 2010 年超过日本,成为世界第二大经济体。2013 年 3 月,工业和信息化部部长苗圩表示,中国有 200 多种重要工业品的产量居世界第一位,制造业大国的地位基本确立。中国已成为世界经济大国,正处于迈向经济强国的新起点上。[4]

作为世界上最大的发展中国家,中国的国际经贸战略已经变成既要高质量"引进来",也要大规模"走出去",具体表现为:一方面,随着产业升级,机械、电子、化工乃至高端装备、高技术产品出口比重日益加大;另一方面,中国既是传统的资本输入大国,也已成长为资本输出大国,对外直接投资与国内利用外资

---

[1] 参见李善民主编:《中国自由贸易试验区发展蓝皮书(2016—2017)》,中山大学出版社 2017 年版,第 4—7 页。

[2] 同上书,第 20—21 页。

[3] See WTO, World Trade Report 2014, p.24.

[4] 参见国家行政学院经济学教研部编著:《中国供给侧结构性改革》,人民出版社 2016 年版,第 3 页。

已近乎并驾齐驱。据联合国贸易和发展会议的《世界投资报告》，2013年，中国对外投资总额仅次于美国和日本，居世界第三位。[1] 2016年，人民币被纳入国际货币基金组织特别提款权货币篮子。这些都是中国经济实力壮大和国际地位显著提升的重要标志。

《十三五规划纲要》指出，要构建全方位开放新格局，其中包括推行"一带一路"建设，积极参与全球经济治理，在维护多边贸易体制主渠道地位的同时，强化区域和双边自由贸易体制建设。在这里，《十三五规划纲要》提出了当代中国对外开放中的两个非常重要的顶层设计。

## 二、"一带一路"倡议的提出与实施

"一带一路"是"丝绸之路经济带"和"21世纪海上丝绸之路"的简称。"一带一路"倡议是中国领导人根据全球形势深刻变化、统筹国内国际两个大局作出的重大战略性倡议。2013年9月，国家主席习近平在访问哈萨克斯坦时发表演讲，首次提出共建"丝绸之路经济带"的战略构想。同年10月，习近平在访问印度尼西亚时发表演讲，提出共建"21世纪海上丝绸之路"。同年11月，党的十八届三中全会通过《中共中央关于全面深化改革若干重大问题的决定》，提出"推进丝绸之路经济带、海上丝绸之路建设，形成全方位开放新格局"。在2014年、2015年《政府工作报告》中，规划建设"丝绸之路经济带"和"21世纪海上丝绸之路"被列为政府的重点工作，"一带一路"的提法应运而生。

2015年3月28日，国家发展改革委、外交部、商务部联合发布《推动共建丝绸之路经济带和21世纪海上丝绸之路的愿景与行动》，这是国家关于"一带一路"倡议的总纲性指导文件。文件指出，当今世界正发生复杂深刻的变化，国际金融危机深层次影响继续显现，世界经济缓慢复苏、发展分化，国际投资贸易格局和多边投资贸易规则酝酿深刻调整，各国面临的发展问题依然严峻。"一带一路"倡议秉持开放的区域合作精神，致力于维护全球自由贸易体系和开放型世界经济。共建"一带一路"旨在推动沿线各国实现经济政策协调，开展更大范围、更高水平、更深层次的区域合作，共同打造开放、包容、均衡、普惠的区域经

---

[1] See UNCTAD, World Investment Report 2015, p.8.

济合作架构。"一带一路"共建原则和理念是:开放合作、和谐包容、市场运作、互利共赢。建设目标是:实现区域基础设施更加完善,互联互通达到新水平;投资贸易便利化水平进一步提升,高标准的自由贸易区网络基本形成;经济联系更加紧密,政治互信更加深入;人文交流更加广泛,各国人民相知相交、和平友好。

"一带一路"倡议的主要内容是"五通":政策沟通、设施联通、贸易畅通、资金融通、民心相通。其中,设施联通、贸易畅通、资金融通三者于经贸活动最为直观。设施联通是指与经贸活动有关的交通、能源、通信等基础设施的互联互通。贸易畅通事实上包含贸易和投资两方面,具体是指海关执法合作、海关口岸建设、通关能力建设、电子商务建设、投资合作等贸易投资便利化问题。资金融通涉及合作过程中的资金支撑,包括沿线国家间各种货币稳定体系、投融资体系与信用体系的建设等。其中,与本书研究主题直接相关的是贸易畅通,包含与沿线国家和地区共同商建自由贸易区,目标是"一带一路"区域内的高标准自由贸易区网络基本形成。

"一带一路"倡议作为中国新时代对外开放的顶层设计,事实上与国内供给侧结构性改革等战略思路相契合。[1] "一带一路"倡议实施中,一些重要的合作形式如国际产能合作、基础设施建设等,无疑正符合中国当前国内供给侧结构性改革中"去产能"的需要,因为"去产能"的有效途径之一便是加快国内过剩产能的国际转移。[2]

### 三、自贸区战略与"一带一路"倡议的结合

加快实施自贸区战略,是中国对外开放新格局的重要内容之一,也是本书主题所在。这里的自贸区,是指经国家(包括单独关税区)之间的相关协议(即FTA)而形成的自由贸易(含投资等其他经济活动)区域,性质上有别于一国内部的自由贸易园区(FTZ)或自贸试验区。目前,中国关于自贸区战略和"一带

---

[1] 参见中国现代国际关系研究院:《"一带一路"读本》,时事出版社2015年版,第9页。

[2] 参见国家行政学院经济学教研部编著:《中国供给侧结构性改革》,人民出版社2016年版,第104—106页。

一路"倡议的顶层设计文件均强调两者的紧密联系,既要让 FTA 成为"一带一路"倡议的有效实施手段和合作方式之一,又要将"一带一路"倡议的有关精神贯彻体现到 FTA 具体文本中。

2007 年,鉴于全球范围内经济区域集团化如火如荼的大趋势,党的十七大报告首次提出自贸区战略,将其上升到国家战略的地位。2012 年,党的十八大报告提出要加快实施自贸区战略。党的十八届三中、五中全会进一步要求以周边为基础加快实施自贸区战略,形成面向全球的高标准自贸区网络。自此,加快实施自贸区战略构成中国新一轮对外开放的重要内容。"当前,全球范围内自由贸易区的数量不断增加,自由贸易区谈判涵盖议题快速拓展,自由化水平显著提高。我国经济发展进入新常态,外贸发展机遇和挑战并存,'引进来''走出去'正面临新的发展形势。加快实施自由贸易区战略是我国适应经济全球化新趋势的客观要求,是全面深化改革、构建开放型经济新体制的必然选择。"[1]

2015 年 12 月,国务院正式印发了《意见》。根据商务部有关负责人对《意见》的解读,这是中国开启自贸区建设进程以来的首个战略性、综合性文件,对中国自贸区建设作出了"顶层设计",提出了具体要求。[2] 由于《意见》的内容非常重要,特将要点摘录如下:

《意见》指出,实施自贸区战略的指导思想是:"全面贯彻党的十八大和十八届三中、四中、五中全会精神,认真落实党中央、国务院决策部署,按照'四个全面'战略布局要求,坚持使市场在资源配置中起决定性作用和更好发挥政府作用,坚持统筹考虑和综合运用国际国内两个市场、两种资源,坚持与推进共建'一带一路'和国家对外战略紧密衔接,坚持把握开放主动和维护国家安全,逐步构筑起立足周边、辐射'一带一路'、面向全球的高标准自由贸易区网络。"

《意见》提出了加快实施自贸区战略要坚持的四个基本原则:一是扩大开放,深化改革。通过自贸区提高开放水平和质量,深度参与国际规则制定,拓展开放型经济新空间,促进全面深化改革,更好地服务国内发展。二是全面参与,

---

[1]《商务部国际司负责人解读〈国务院关于加快实施自由贸易区战略的若干意见〉》,http://fta.mofcom.gov.cn/article/zhengwugk/201512/29895_1.html,2018 年 3 月 18 日访问。

[2] 同上。

重点突破。全方位参与自贸区等各种区域贸易安排合作,重点加快与周边、"一带一路"沿线以及产能合作重点国家、地区和区域经济集团商建自贸区。三是互利共赢,共同发展。树立正确义利观,兼顾各方利益和关切,寻求利益契合点和合作公约数,推动中国与世界各国、各地区共同发展。四是科学评估,防控风险。加强科学论证,做好风险评估,努力排除自贸区建设中的风险因素。同时,提高开放环境下的政府监管能力,建立健全并严格实施安全审查、反垄断和事中事后监管等方面的法律法规,确保国家安全。

《意见》明确了加快实施自贸区战略的近期和中长期目标:"近期,加快正在进行的自由贸易区谈判进程,在条件具备的情况下逐步提升已有自由贸易区的自由化水平,积极推动与我国周边大部分国家和地区建立自由贸易区,使我国与自由贸易伙伴的贸易额占我国对外贸易总额的比重达到或超过多数发达国家和新兴经济体的水平;中长期,形成包括邻近国家和地区、涵盖'一带一路'沿线国家以及辐射五大洲重要国家的全球自由贸易区网络,使我国大部分对外贸易、双向投资实现自由化和便利化。"

《意见》对中国自贸区建设布局在周边、"一带一路"沿线和全球三个层次作出了规划:一是加快构建周边自由贸易区。力争与所有毗邻国家和地区建立自由贸易区,不断深化经贸关系,构建合作共赢的周边大市场。二是积极推进"一带一路"沿线自贸区。结合周边自贸区建设和推进国际产能合作,积极同"一带一路"沿线国家商建自贸区,形成"一带一路"大市场,将"一带一路"打造成畅通之路、商贸之路、开放之路。三是逐步形成全球自贸区网络。争取同大部分新兴经济体、发展中大国、主要区域经济集团和部分发达国家建立自贸区,构建金砖国家大市场、新兴经济体大市场和发展中国家大市场等。

《意见》对加快建设高水平自贸区提出了以下八个方面的要求和措施:

一是提高货物贸易开放水平。推动构建更高效的全球和区域价值链,稳步扩大货物贸易市场准入,与自由贸易伙伴共同削减关税和非关税壁垒,相互开放货物贸易市场,实现互利共赢。

二是扩大服务业对外开放。推进金融、教育、文化、医疗等服务业领域有序开放,放开育幼养老、建筑设计、会计审计、商贸物流、电子商务等服务业领域外资准入限制。在与自由贸易伙伴协商一致的基础上,逐步推进以负面清单模式开展谈判,推进服务贸易便利化和自由化。

三是放宽投资准入。大力推进投资市场开放和外资管理体制改革,进一步优化外商投资环境。实质性改善中国与自由贸易伙伴双向投资准入。在自贸区内积极稳妥推进人民币资本项目可兑换的各项试点,加强与自由贸易伙伴货币合作,促进贸易投资便利化。

四是推进规则谈判。对符合中国需要的规则议题,在自贸区谈判中积极参与。参照国际通行规则及其发展趋势,结合中国发展水平和治理能力,加快推进知识产权保护、环境保护、电子商务、竞争政策、政府采购等新议题谈判。

五是提升贸易便利化水平。加强原产地管理,积极探索在更大范围实施经核准出口商原产地自主声明制度。改革海关监管、检验检疫等管理体制,加强关检等领域合作,逐步实现国际贸易"单一窗口"受理。

六是推进监管[1]合作。加强与自由贸易伙伴就各自监管体系的信息交换,促进在监管体系、程序、方法和标准方面适度融合,降低贸易成本,提高贸易效率。

七是推动自然人移动便利化。通过自贸区建设推动自然人移动便利化,为中国企业境外投资企业的人员出入境提供更多便利条件。

八是加强经济技术合作。不断丰富自贸区建设内涵,适当纳入产业合作、发展合作、全球价值链等经济技术合作议题,推动中国与自由贸易伙伴的务实合作。

此外,《意见》还对健全加快实施自贸区战略的保障体系以及完善相关支持机制提出了具体要求:

关于健全保障体系,一是继续深化自贸试验区试点:在上海等自贸试验区内先行先试,探索最佳开放模式,为对外谈判提供实践依据;二是完善外商投资法律法规:实行准入前国民待遇加负面清单的管理模式,保持外资政策稳定、透明、可预期;三是完善事中事后监管的基础性制度:加强对市场主体"宽进"以后

---

[1] 原文为"规制",显系英文"regulation"之翻译。由于原文后面使用的是"监管",因此本书在此统一表述为"监管"。

的过程监督和后续管理;四是继续做好贸易救济工作:依法开展贸易救济调查,维护国内产业企业合法权益;五是研究建立贸易调整援助机制:在减少政策扭曲、规范产业支持政策的基础上,对因关税减让而受到冲击的产业、企业和个人提供援助,提升其竞争力,促进产业调整。

关于完善支持机制,一是完善自贸区谈判第三方评估制度,通过第三方机构对自贸区谈判进行利弊分析和风险评估;二是加强已生效自贸协定实施工作,提高协定利用率,用足用好优惠措施;三是加强对自贸区建设的人才支持。

毋庸置疑,《意见》高屋建瓴,概括全面,关于如何加快实施中国自贸区战略的内容极为丰富,精神非常重要,对中国FTA的研究工作具有重要的指导意义和价值。可以看出,中国自贸区战略完全建立在党的十八大以来执政党关于改革开放的一系列新的理论与实践基础上,与经济新常态下的供给侧结构性改革的大形势完全契合。当下,中国自贸区战略对外紧密结合"一带一路"倡议,事实上使得FTA成为推动"一带一路"倡议的重要途径之一;对内紧密结合国内各地自贸试验区的改革进程,从中汲取开放经验和谈判依据,从而实现"双自联动"。因此,似可断言,要深入理解中国自贸区战略背后的政策意义和法律依据,研究中国FTA范式建设,就不能脱离当代中国对内发展政策和对外经贸政策的宏观大背景。

### 四、新时代中国国际经贸实践身份和利益的双重性

上述"一带一路"倡议与自贸区战略等内容,彰显了中国近些年国际经贸政策导向的积极变化。中国从过去处处强调"防守需要"的发展中国家立场,转向逐渐展示主动性、进取性的态势。但是,中国毕竟还没有全方位迈入发达阶段,目前比较中肯的定位是一个发展尚不平衡的转型期大国。在新时代的国际经贸实践中,中国身份和利益的双重性开始凸显,主动进取性与被动防御性两种角色并存,使得中国对待国际经贸议题的相关立场更为复杂,处理难度有所增大。

无疑,近些年来,中国国际经贸实践发生了很大变化。在"一带一路"倡议指引下,中国主导设立了亚洲基础设施投资银行(以下简称"亚投行")和丝路基金,还要促进沿线国家加强在新一代信息技术、生物、新能源、新材料等新兴产

业领域的深入合作,以及共建国际技术转移中心,合作开展重大科技攻关,共同提升科技创新能力等。在这种新形势下,中国越来越期望维护其海外贸易、投资利益,并高度重视涉外知识产权保护。相应地,中国对国际经贸规则的制度性话语权的需求也越来越高。在多边层面,中国在 WTO 中正式接受《贸易便利化协定》,参与促成《信息技术协定》(ITA)产品扩围,积极谋求加入《政府采购协定》(GPA)。在诸边层面,中国寻求加入《服务贸易协定》(TISA)谈判,推动《环境产品协定》(EGA)谈判。在双边层面,随着中美、中欧 BIT 谈判的开展以及中国—澳大利亚 FTA、中国—韩国 FTA 关于未来进一步谈判的约定,中国已在上海等地进行自贸试验区建设,表明愿意接受外资准入前国民待遇加负面清单的开放模式,并以此作为对外谈判的基础。

在投资领域,中国目前高度关注本方海外投资权益不受东道国政府的干扰。例如,在澳大利亚先前已经表示反对 ISDS 机制的立场后,中国—澳大利亚 FTA 的"投资"章的最终文本仍然设置了这一机制。又如,对于欧盟近些年热衷的"常设投资仲裁法院"及其上诉机制,中国持谨慎态度。这些事实足以彰显中方立场。在知识产权领域,在发展中国家中,目前只有中国支持正在谈判中的《实体专利法条约》草案与《保护工业产权巴黎公约》的融合,而《实体专利法条约》草案对于发展中国家是"超 TRIPS"标准的。这可能与中国在世界知识产权组织的专利申请量逐年增加有关。[1] 总之,以上都体现了新时代中国在国际经贸政策与法律实践中日益强化的新兴经济体的利益特征。

与此同时,中国依然保持着发展中国家的若干传统的防御性特征。例如,在服务贸易领域,美欧等认为中国在 TISA 谈判中的出价不能令人满意,影响谈判的雄心水平,致使中国仍未能有效参与到 TISA 谈判中。在政府采购领域,中国虽谋求加入 GPA,但迟迟未能加入,仍然面临若干挑战,因为该协定的某些规则和参与方对中国的要求与中国现行的政府采购体制之间仍然存在较大差距。[2] 在知识产权领域,中国虽然在近些年的 FTA 中接受了一些"超 TRIPS"条款,但这些条款多为《TRIPS 协定》原本并不反对的选择性义务,而对

---

[1] 参见张娜:《TRIPS-plus 造法问题研究》,中国政法大学出版社 2015 年版,第 46 页。

[2] 参见陈德铭等:《经济危机与规则重构》,商务印书馆 2014 年版,第 381—383 页。

于美国极力主张的诸如延长版权保护期限、强化药品专利保护等"超TRIPS"义务仍然难以接受。

在投资领域,中国的身份二元性的挑战表现得尤为明显:一方面,作为资本输入国,中国需要继续强调保留东道国的主权权力与政策调整空间;另一方面,作为资本输出国,中国迫切需要缔结高标准的国际投资协定以保护自己日益增多的海外投资,同时又期望降低关于中国企业海外投资对其他国家环境影响的舆论关注。在环境保护等可持续发展领域,一方面,中国国内发展政策已经高度重视可持续发展理念,认识到经贸活动与可持续发展理念的融合符合中国自身发展的需要;另一方面,国际产业分工、贸易地位、能源结构和人口结构等多种因素决定了碳排放强度较高的劳动密集型产品在今后较长一段时间内仍将是中国的重要出口产品,[1]而国外的各种"绿色贸易壁垒",包括"碳关税""航空碳税"等各种做法,仍将对中国产品出口构成严峻挑战。实际上,中国一直希望发达国家减少"环境壁垒""劳工壁垒"等贸易保护主义做法,常被外方认为依然存在传统的重商主义倾向。

近些年来,FTA已经日益演变为综合性的各种国际经贸议题谈判的重要舞台,而中国在国际经贸实践中的身份和利益的二元特征也同样表现在FTA谈判中。中国已经意识到当今世界一些高标准的自贸谈判涉及的新规则、新议题反映了经济全球化深入发展的新趋势,与自身社会主义市场经济体制建设和改革方向有相通之处。但是,由于国内现实的国情需求、产业竞争力、经营体制和管理水平等诸多因素,中国暂时又不能对这些新规则、新议题全盘接受。关于中国FTA如何处理这种二元特征,本书将在后面再作分析。

## 第三节 转型期中国面对的国际经贸规则制定形势

中国FTA范式建设不但要服务于中国国内与国际宏观政策导向,而且还要面对后金融危机时期国际社会一系列复杂因素带来的外部压力。自2008年全球金融危机至今,世界经济一直处于深度调整期,仍面临诸多不稳定、不确定

---

[1] 参见陈德铭等:《经济危机与规则重构》,商务印书馆2014年版,第576页。

因素，中国的外部经济环境更加复杂。金融危机的后续深层次影响是全球经济贸易增长乏力，保护主义抬头。同时，世界经济格局深刻调整，全球治理进入新阶段。[1] 在此种背景下，中国 FTA 实践不得不认真对待若干国际性的压力因素。

### 一、国际经贸规则制定舞台的中心迁移

自 2001 年 WTO 多哈回合启动以来，经历多次反复，主要的谈判各方始终难以就重大问题达成整体性一致，该回合由此陷于长期停滞状态。尽管该回合以"发展"为主题，但利益角逐贯穿谈判始终。在 2003 年坎昆部长级会议无果而终后，2004 年日内瓦《七月框架协议》和 2005 年《香港部长宣言》曾一度让人们看到希望。但是，由于 2006 年谈判再次陷入僵局，时任 WTO 总干事拉米被迫宣布多哈回合无限期中止。后来，谈判又逐步恢复。2008 年 7 月召开的日内瓦会议被认为是多哈回合最接近成功终点的一次会议，约有 2/3 的谈判议题已经形成主席案文，主要成员在多数核心议题上已接近共识，美欧等对中国等新兴经济体的服务出价也表示满意。但是，由于印度与美国之间在农业特殊保障措施上的分歧，谈判最后仍然整体破裂。[2] 在错过这次最佳时机之后不久，金融危机迅速席卷美欧，西方世界的保护主义、孤立主义、反全球化浪潮明显抬头，多哈回合难以获得推动力。

经过不懈努力，2013 年巴厘岛部长级会议终于就若干分歧相对较小的议题达成"早期收获"协议。《巴厘部长宣言》包括关于农业、贸易便利化、发展等领域的"早期收获"文件，是 WTO 成立乃至多哈回合启动以来首次达成的实质性协议，其中尤以《贸易便利化协定》受到各方高度评价。但是，这一"早期收获"正如其名，仅仅解决了各方分歧相对较小的议题，这种局部性成功远远不能被视为多哈回合的整体成功。

2015 年 12 月，WTO 在内罗毕举行的第十届部长级会议终于取得了重要突破，通过了《内罗毕部长宣言》及九项部长决定。WTO 成员首次承诺全面取

---

[1] 参见国家行政学院经济学教研部编著：《中国供给侧结构性改革》，人民出版社 2016 年版，第 7 页。

[2] 参见陈德铭等：《经济危机与规则重构》，商务印书馆 2014 年版，第 113—114 页。

消农产品出口补贴,并在出口融资支持、棉花、国际粮食援助等方面达成了新的多边纪律。另外,各成员还达成了《信息技术协定》扩围协议。全面取消农产品出口补贴是多哈回合的重大阶段性成果,但距离多哈回合整体成功还有很长的路要走。

事实上,以上只是关于农业与非农产品市场准入的谈判,只是多哈回合的一个方面(虽然的确是关乎该回合成功与否的最重要方面),多哈回合还包括各项规则改革的谈判。按照中国驻 WTO 官员的权威归纳,多哈回合启动之初,这些规则改革的谈判包括服务贸易、TRIPS、TRIPS 与公共健康、新加坡议题、贸易便利化、反倾销与反补贴(含渔业补贴)、区域贸易协定、争端解决机制、贸易与环境、特殊与差别待遇等一大箩筐的内容。[1] 但是,查阅各个领域的规则谈判进程的文献便可发现,除了新加坡议题被搁置,以及 TRIPS 与公共健康、贸易便利化等少数议题达成协议之外,其他各个议题基本上都陷于一百六十多个成员"各说各话"的僵持状态,无法达成有效共识。

WTO 多边主义方式无法有效(更谈不上高效)推进国际经贸规则的制定,已经是明显的事实。关于其原因,学术界进行了很多分析和解释。其中,典型者便是"俱乐部理论",国外有学者以此来论述 WTO 的局限性。他们指出,规模巨大和成员的"异质性"(heterogeneity)是 WTO 这样的大型国际组织的致命伤,会不可避免地造成很大的组织成本和达成协商一致决策的障碍。[2] 且不论美、欧、日等发达经济体在多边贸易体制历史上的种种明争暗斗,即便是在 20 世纪 70 年代掀起国际经济新秩序风暴的发展中国家,到了乌拉圭回合,也由于

---

〔1〕 有关内容详见孙振宇主编:《WTO 多哈回合谈判中期回顾》,人民出版社 2005 年版。

〔2〕 See Michele U. Fratianni and John C. Pattison, International Organizations in a World of Regional Trade Agreements: Lessons from Club Theory, *The World Economy*, Vol. 24, Iss. 3, 2001, pp. 353-354.

经济发展水平的差异而发生了明显的利益分化。[1] 到多哈回合谈判时,主要谈判方的利益分歧表现得更为尖锐,导致WTO多边自由化进程严重受阻。还有一种很有影响的理论是"集体行动理论",该理论认为,由于"搭便车"现象的存在,使得每个决策个体都是理性的,但却无法形成理性的集体行动。[2] WTO多边谈判正是这样一种典型的"集体行动困境",最惠国待遇原则的存在使得主要成员在考虑出价时都要考虑其自动的多边适用性,从而对其他成员的出价也会相应提高要求。这些意味着,多边主义谈判路径固然有覆盖面广、集体协调、共同受益的优点,但其低效率的固有弊端也是显而易见的。

不仅如此,随着经济全球化和跨国经济活动业态的发展,人们开始担忧WTO现有规则和谈判议题已经明显跟不上时代的要求。国内有著作相当全面地概括了当代国际经贸规则塑造的主要领域,其中一本概括的是:原产地规则、贸易救济规则、官方出口信贷规则、电子商务规则、国际知识产权规则、竞争中立与国有企业、负面清单、投资者与国家间争端解决机制、多边投资规则、国际监管合作。[3] 另一本概括的是:国际金融规则、贸易救济规则、全球价值链与附加值问题、服务贸易规则、政府采购规则、国际知识产权规则、国际投资规则、竞争中立与国有企业、国际发展合作规则、贸易与可持续发展规则等。[4] 在国外,霍克曼也概括了一些已在若干巨型FTA中被讨论但WTO尚未涉足的议题,包括全球价值链、数字贸易与数据流动、产业政策/当地价值含量要求、环境政策、食品安全、可持续能源政策、竞争政策、汇率政策、补贴、市场监管与行业

---

[1] 例如,在农产品问题上,包括众多发展中国家的凯恩斯集团同美国一道与欧盟、日本、韩国进行讨价还价;在知识产权问题上,韩国与东南亚国家从发展中国家阵营中分化出来,成为促成《TRIPS协定》的重要原因。参见余劲松主编:《国际经济法问题专论》,武汉大学出版社2003年版,第69—70页。

[2] 参见〔美〕曼瑟尔·奥尔森:《集体行动的逻辑》,陈郁等译,上海三联书店、上海人民出版社1995年版。

[3] 参见赵龙跃编著:《制度性权力:国际规则重构与中国策略》,人民出版社2016年版。

[4] 参见陈德铭等:《经济危机与规则重构》,商务印书馆2014年版。

标准、公共参与、投资政策、出口限制(食品和自然资源方面)等。[1]我们可以发现,诸如数字贸易与数据流动、电子商务规则、竞争中立与国有企业、负面清单、全球价值链、国际投资规则、国际监管合作、国际金融规则、政府采购规则、国际发展合作规则、贸易与可持续发展规则、产业政策/当地价值含量要求、出口限制、公共参与等议题,要么尚未被WTO深度涉足,要么就是在WTO中陷入僵持而不能取得突破性进展。

在这种态势下,各国纷纷转向少边途径,包括双边主义、区域主义、诸边主义,是非常自然的事情。尽管各国都没有公开声明WTO多边谈判应当被废弃,但事实上已经将国际经贸规则制定的重心转向了少边主义,这是大势所趋。霍克曼甚至认为,WTO未来可能剩下的主要功能优势就是它的多边性争端解决机制,而不是制定并执行国际经贸规则;在谈判方面,主要也就是立足于各成员立场、意见的充分交流和讨论,而不是强求能达成有效的一致性成果。[2]

的确,从表面上看,各国依然声明WTO应当是全球贸易治理的中心,多边主义体制应当得到第一位的尊重。例如,2013年《巴厘部长宣言》第三部分"后巴厘工作"声称:"我们重申致力于使WTO成为最重要的全球贸易场所,包括开展谈判、实施贸易规则、解决争端以及通过使发展中国家融入全球贸易体制以促进发展。在此方面,我们重申致力于多哈发展议程以及WTO的日常工作。"中国维护WTO权威的立场在官方文件中也一以贯之。例如,《十三五规划纲要》指出:"维护世界贸易组织在全球贸易投资中的主渠道地位,推动多边贸易谈判进程,促进多边贸易体制均衡、共赢、包容发展,形成公正、合理、透明的国际经贸规则体系。"[3]2016年在中国杭州通过的《二十国集团领导人杭州峰会公报》宣称:"我们重申在当今全球贸易中维护以世贸组织为核心、以规则为基础、透明、非歧视、开放和包容的多边贸易体制。我们重申承诺开展以发展为核心的'后内罗毕'工作,承诺优先推进多哈回合剩余议题谈判,……"关于当代一些经贸新议题,该公报指出:"我们还注意到一系列议题也许在当前全球经

---

[1] See Bernard Hoekman, *Supply Chains, Mega-Regionals and Multilateralism: A Road Map for the WTO*, CEPR Press, 2014, p.52.

[2] Ibid., pp.55-59.

[3] 2016年国家《十三五规划纲要》,第十一篇第五十二章"积极参与全球经济治理"。

济中符合共同利益并具有重要性,因此可成为世贸组织讨论的合理议题,包括在区域贸易协定和二十国集团工商界提出的问题。我们将增强紧迫感,团结一致,与世贸组织成员一道推动在世贸组织第十一次部长级会议及此后取得积极成果。我们将共同加强世贸组织的作用。"[1]

但事实上,WTO已经明显处于成员"驱不动"的状态。各国在口头上声明要维护WTO多边权威的同时,丝毫没有放慢少边合作的步伐。美国先是致力于谋划TPP、TTIP等巨型FTA,虽然特朗普执政后宣布不会批准TPP并搁置TTIP,但美国依然将重心转向双边贸易谈判,并要求对NAFTA重新谈判。[2] 欧盟已经与加拿大达成《全面经济与贸易协定》(CETA),且推动TTIP谈判的立场一直未变。英国则在"脱欧"后,准备与他国展开一系列自贸谈判。东盟国家目前正在主导RCEP谈判。在美欧等发达经济体主导的巨型FTA谈判下,其他经济体倍感压力,唯恐落后于人,也竞相启动或加速自己的少边经贸合作。各国之所以口头上依然尊重WTO,固然是因为理论上多边合作若能成功当然是最理想的结果,但更多是出于道义和舆论的考虑。

中国的确高度重视多哈回合谈判,一线谈判官员曾郑重指出:"多哈回合只能成功,不能失败";"多哈回合失败——没有赢家"。[3] 然而,这种良好的主观愿望仍然必须面对无情的客观现实。从形成有约束力的成果的角度讲,当代国际经贸规则制定的中心舞台事实上已经从WTO转向了FTA,这是从实然角度而非应然角度得出的观察结论。维护多边贸易体制的主体地位这种立场从理论上讲当然是正确的,但当下如果一味强调将主要精力放在WTO谈判工作上,从实际形势讲似乎已不适宜。面对众多国家加速FTA缔约进程的现实,中国理应感受到压力,也应当顺应世界潮流,加快策略应对,维护自身利益。

## 二、各国争夺国际经贸规则制定主导权的竞争性态势

世界范围内少边合作的大潮不仅仅是FTA数量上迅猛增长的问题,我们

---

[1] 参见《二十国集团领导人杭州峰会公报》,http://www.g20chn.org/hywj/dncgwj/201609/t20160906_3392.html,2017年9月7日访问。

[2] 参见高攀、江宇娟:《美官员说TPP部分条款可作为北美自贸协定重新谈判起点》,http://news.xinhuanet.com/2017-05/04/c_1120917338.htm,2018年8月16日访问。

[3] 参见李仲周:《亲历世贸谈判》,上海人民出版社2009年版,第210—213页。

还要面对一个事实,那就是各国在推进 FTA 的进程中,不仅仅是多缔结几个 FTA,而且还要在谈判中鲜明地表达其自身利益立场,力图主导议题选择和议题谈判,出台自己的 FTA 指导战略,形成自己的文本范式,从而争夺或加强国际经贸规则制定的主导权,获取更有利的国际地位。对于中国,这些已经形成了制度性话语权的强大竞争态势。

美国自不待言,它在大量 FTA 中已经充分表达了主导谈判议题、形成文本模板的强烈要求。据国内学者研究,美国 FTA 已经形成了非常成熟的自身范式,在服务贸易与投资的负面清单模式、知识产权、竞争政策、劳工标准、环境保护、争端解决等一系列议题上都提出了有利于自己而对发展中国家形成强大压力的相似化文本,展现出强势的主导意识。[1] 这已经为学界所熟知。2009 年美国《贸易改革、问责性、发展与工作机会法案》就规定:基于现有 FTA 模板对各个现行 FTA 进行审查,在 15 个具体议题中使用特定的 FTA 条款。根据该法案的要求,美国拟重新谈判以往的 FTA。[2] 同时,美国一度致力于推动 TPP、TTIP、TISA 等巨型谈判,认为以上协定将以其市场高开放度、规则高要求度成为全球新一代经贸规则的"标杆",从而有助于美国在后金融危机时期继续主导国际经贸规则的重构。而业界周知的是,这些谈判都不包括中国。[3]

欧盟 FTA 文本虽不像美国 FTA 那样定型化,但也拥有相当突出的范式性特征。由于多哈回合陷于停滞以及欧盟青睐的"新加坡议题"被排斥,欧盟开始转向 FTA。鉴于过去采取的"联系协定"的合作方式收效不明显,欧盟于 2006

---

[1] 参见陈咏梅:《美国 FTA 范式探略》,载《现代法学》2012 年第 5 期,第 145—154 页。

[2] See C. O'Neal Taylor, Of Free Trade Agreements and Models, *Indiana International & Comparative Law Review*, Vol. 19, Iss. 3, 2009, pp. 605-606.

[3] 中国虽然寻求加入 TISA 谈判,但美欧认为中国出价不够,会影响谈判的雄心水平,事实上已经将中国排斥在谈判之外。参见彭德雷:《多边服务贸易规则的重构及其应对》,载《北京理工大学学报(社会科学版)》2015 年第 5 期,第 133—140 页。

年发布新的全球贸易战略性文件,提出要致力于达成"新一代自由贸易协定"。[1] 有学者研究,欧盟新一代 FTA 实际上是"新加坡议题"的双边版本。在上述战略性文件中,欧盟将 FTA 作为提升其全球市场竞争力的战略手段,并将政策目标定为:拓展欧盟货物和服务的新市场;增加投资机会;通过降低关税来降低贸易成本,同时增加贸易额;通过消除非关税壁垒,促进贸易便利化;提升贸易流的可预见性,降低成本和风险;加强知识产权保护,促进竞争、政府采购、环境保护等法律的协调和可持续发展。[2]

近年来,在 TTIP 谈判中,欧盟委员会先后发布了一系列权威文件,以鸟瞰全景、概述要点的方式,清晰阐明了欧盟关于谈判总体目标以及各个具体议题的立场。[3] 欧盟委员会表示欧盟始终奉行公开原则,有关立场文件分为市场准入、监管合作、贸易规则、机构条款等四个方面,条理清楚,观点鲜明。欧盟关于 TTIP 谈判立场的一系列文件基本反映了其关于 FTA 谈判的最新主张。可以看出,美国与欧盟不但大力推动自身 FTA 数量的增加,更重要的是,它们都拥有鲜明的规则建构主张,这是它们意图掌控国际经贸规则制定话语权的最鲜明体现。

除了美欧之外,日本、韩国等亚洲国家也出台了自己的 FTA 指导战略。早在 2002 年,日本外务省就出台了《日本 FTA 战略》,系统阐述了对待 FTA 的立场、基本原则、对象选择标准以及战略重点。2004 年,日本又出台了《关于今后推进 EPA 的基本方针》,进一步明确了 EPA 的意义、实施对策以及对象选择标准等。2006 年,日本拟定了《EPA 行动计划》。2007 年,日本公布了《关于 EPA 谈判的时间表》。[4] 与 2015 年中国《国务院关于加快实施自由贸易区战略的若

---

[1] See European Commission, Global Europe: Competing in the World—A Contribution to the EU's Growth and Jobs Strategy, COM (2006) 567 Final, Apr. 10, 2006.

[2] 参见叶斌:《欧盟贸易协定政策的变化和影响——法律的视角》,载《欧洲研究》2014 年第 3 期,第 113 页。

[3] See European Commission, EU Negotiating Texts in TTIP, available at http://trade.ec.europa.eu/doclib/press/index.cfm? id=1230, last visited on Dec. 19, 2018.

[4] 参见李俊久:《日本 FTA 战略论析》,载《当代亚太》2009 年第 2 期,第 112—113 页。

干意见》相比,日本的这一系列文件数量更多,在时间上早了很多。在2013年出台的《日本复兴战略》中,日本表示要在全球层面打造战略性贸易关系、促进经济伙伴关系,到2018年要把FTA覆盖的贸易量从19%提升到70%。为此,日本非常重视TPP谈判,并要在TPP规则的基础上将这些规则扩展适用于亚太自由贸易区(FTAAP)谈判。除了RCEP与中日韩三方FTA谈判外,日本还要开展与欧洲国家的EPA谈判。[1] 在《日本复兴战略》2014年修订版中,日本表示要加快与澳大利亚的EPA进程,与欧盟的EPA要争取在2015年达成框架协议。[2] 2017年7月,日本与欧盟达成EPA框架协议。

由上可见,日本的FTA行动计划基本都是着眼于与经济体量大的伙伴合作以及巨型FTA的构建,近些年的若干谈判行动均为"大手笔",继美欧之后也已成为当代国际社会中FTA实践的一大巨头。有学者分析,日本FTA战略着眼于推进经济社会的结构改革,促进经济效率与活力,确保能源、资源与食品的安全和稳定供给,形成对日本有益的国际环境。该战略的区域重点十分突出,即以东亚为中心,在中长期内构建起以日本为中心的"东亚经济圈",力图与正在崛起的中国争夺东亚区域经济合作的主导权;寻求"价值观外交",打造"自由、安全与繁荣之弧",将韩国、东盟、印度、澳大利亚等国置于其FTA战略的重要位置。[3] 以上战略导向对于近邻中国无疑构成巨大的竞争压力。

同样作为东亚国家和新兴经济体,韩国的FTA实践起步也比中国早。从21世纪初卢武铉执政开始,韩国的FTA实践从消极谨慎转向积极推动。[4] 2008年,韩国外交通商部发布了《韩国FTA政策》,主张同大型、先进经济圈以及新兴市场积极展开FTA谈判,谈判内容应涵盖服务、投资、政府采购、知识产权、技术标准等多领域的"超WTO"内容,目标是在较短时间内迅速与多个国家

---

[1] See Japan Revitalization Strategy: Japan Is Back, Jun. 14, 2013, p.128.

[2] See Japan Revitalization Strategy (Revised in 2014): Japan's Challenge for the Future, Jun. 24, 2014, p.167.

[3] 参见李俊久:《日本FTA战略论析》,载《当代亚太》2009年第2期,第119—121页。

[4] 参见沈铭辉:《亚洲经济一体化——基于多国FTA战略角度》,载《当代亚太》2010年第4期,第53—54页。

缔结FTA。[1] 韩国志在优先推进与大型先进经济体缔结FTA，美欧、加拿大、澳大利亚等成为最优先考虑，与近邻中国的FTA谈判被放在与美欧谈判之后。[2] 后来的实际进程也的确如此，美国—韩国FTA、欧盟—韩国FTA在时间上都要早于中国—韩国FTA，而中国至今尚未能与美欧这两个最大、最发达的贸易伙伴缔结FTA。

南亚国家印度的区域经济合作实践也早于中国。早在1985年，印度就参与组建了南亚区域合作联盟。印度1992年提出了"东向政策"，当时的合作重点是东盟国家，后来又扩展到东亚和澳大利亚、新西兰。[3] 但是，印度的FTA实践过去一直推进得较为缓慢。2003年，可能是受到中国—东盟FTA进程的促动，印度与东盟10国签署了《全面经济合作框架协议》。之后，印度的FTA战略开始加速推行。印度一直以称雄南亚和印度洋、争当世界大国为战略目标，其FTA实践除了经济考量外，多含有平衡中国在亚洲影响力的意图在内。

尤其值得注意的是，近年来，印度与发展中国家的FTA南南合作、与发达国家的FTA南北合作的双重进程都走在中国前面。在南南合作方面，印度立足于现有的南亚自由贸易区，与阿富汗、南方共同市场（MERCOSUR）、尼泊尔、不丹、斯里兰卡已经存在FTA，与SACU的FTA谈判已经向WTO作出早期声明。在南北合作方面，印度与日本已经缔结FTA，与欧盟、EFTA的FTA谈判已经向WTO作出早期声明。此外，印度还有一个相当宏大的FTA整合计划，即与已经存在双边FTA关系的六个伙伴进行"孟加拉湾多部门技术经济合作计划"（BIMSTEC，成员包括斯里兰卡、印度、不丹、孟加拉国、缅甸、泰国、尼泊尔七国）大自由贸易区谈判。[4]

东盟10国作为南南合作的典型代表，其FTA战略推进之迅速，在全球也

---

[1] 参见沈铭辉：《亚洲经济一体化——基于多国FTA战略角度》，载《当代亚太》2010年第4期，第54—55页。

[2] 同上，第55页。

[3] 参见王传剑：《从"东进战略"的实施看印度的东亚合作政策》，载《南洋问题研究》2007年第1期，第37页。

[4] See Bay of Bengal Initiative on Multi-Sectoral Technical and Economic Cooperation (BIMSTEC), http://rtais.wto.org/UI/PublicShowMemberRTAIDCard.aspx? rtaid=373, last visited on Apr. 19, 2017.

是十分引人注目的。经过不懈努力,东盟10国已经与中国、日本、韩国、澳大利亚、新西兰、印度缔结了FTA,标志着东盟10国已经与周边国家形成了比较完整的FTA网络,且这六个伙伴国恰恰是当下RCEP"10+6"谈判的六个当事方。中国方面指出,RCEP谈判的主导方不是中国而是东盟10国。[1] 可见,东盟10国通过大力推动FTA战略,不但巩固了其内部的一体化成果,而且确立了自己在亚洲区域经济合作中某种程度上的中心地位。东盟10国下一步的FTA谈判目标是欧盟,这一谈判已经向WTO通报。[2]

实际上,对中国构成国际压力的,不仅仅是其他国家的FTA实践,还有它们类似"一带一路"倡议的地缘政治经济战略。例如,美国自2011年以来针对中亚、南亚有"新丝绸之路"计划,[3] 俄罗斯自2014年以来对原独联体国家有"欧亚经济联盟",日本早自1997年以来对中亚就有"丝绸之路外交",印度不但有"东进战略",而且有针对中亚和西亚的"西进战略"。2016年年底以来,印度和日本共同提出"亚非自由走廊"计划,此举被认为有制约、平衡中国"一带一路"倡议的意图在内。此外,亚洲大陆上还存在着一系列区域经济合作论坛性质的机制,如南亚区域合作联盟、"孟加拉湾多部门技术经济合作计划"、中亚区域经济合作机制等。各国这些宏观的地缘政治经济战略,与中国的"一带一路"倡议一样,也将FTA作为重要组成部分和推进手段之一。[4]

以上事实和现象充分说明,在当今世界,区域经济一体化合作已经是潮流所在、大势所趋,晚近西方国家主导的若干巨型FTA计划更是对中国经济体制和企业竞争力提出了严峻的挑战。尽管各国在形式上都声明支持或至少不反

---

[1] 参见《发挥中国重要作用,加速推动RCEP谈判》,http://www.mofcom.gov.cn/article/ae/ai/201408/20140800714299;许宁宁:《RCEP:东盟主导的区域全面经济伙伴关系》,http://www.cafta.org.cn/show.php? contentid=65652,2018年6月8日访问。

[2] See Regional Trade Agreements Database, Information of European Union, http://rtais.wto.org/UI/PublicSearchByMemberResult.aspx? MemberCode=918&lang=1&redirect=1, last visited on Sep. 6, 2018.

[3] 参见潘光:《美国"新丝绸之路"计划的缘起、演变和发展前景——对话"新丝绸之路"构想的提出人斯塔教授》,http://world.people.com.cn/n/2015/0409/c1002-26820843.html,2018年9月3日访问。

[4] 参见中国现代国际关系研究院:《"一带一路"读本》,时事出版社2015年版,第11页。

对多边贸易体制,认为多边贸易体制仍然是理论上最理想的全球贸易治理形式,但事实上多边贸易体制一进入具体操作层面便矛盾重重,其现实性存疑。中国应认识到区域合作在国际经贸规则制定上的功能性优势和竞争性态势,加快自贸区战略在全球的纵深推进,并及时建设、调整自身的 FTA 范式,否则将有落后于人的可能。

# 第四章
# 新时代中国自由贸易协定法律范式构建的客观趋势与主观立场

对新时代中国 FTA 范式构建的思路探索，可从客观趋势与主观立场两个层面入手。在客观趋势层面，当今世界经济活动的新形态、新特征对国际经贸规则提出了全新要求：一是全球价值链分工状况的形成、全球价值链理论的兴起以及互联网经济和电子商务等新经济推动力，要求各国必须关注边境后措施和法治化营商环境建设；二是全球范围内可持续发展理念的深入人心，要求新时代国际经贸规则不能忽略经济议题与社会议题的紧密联系，必须将经济发展与环境、人权等社会价值结合成有机整体。在主观立场层面，中国作为发展中大国，应抓住有利时机，确保对内公共政策自主权和对外经贸规则话语权，重视少边主义国际机制与现实主义外交理念的合理运用，为国际社会提供中国引领的公共产品；在 FTA 中积极争取自身的经贸利益点，补救《入世议定书》中的不合理规定，消解 WTO 与国际投资仲裁不合理裁决的影响。

## 第一节 客观趋势：世界经济活动新特征对国际经贸规则的新要求

随着科学技术的发展和经济全球化的加深，当今世界范围内的经济活动出现了新特征,国际分工、经济业态等都大大不同于以往,价值链特征日益突出,其内在蕴含的理念也空前重视可持续发展。这一系列特征都对新时代国际经贸规则的重新塑造提出了新要求。

### 一、全球价值链理论的兴起对国际经贸规则的新要求

欲了解国际经贸规则的设计机理,先要了解相关国际贸易理论。全球价值链理论是晚近国际经济学的新兴理论,它跳出了传统的国家间贸易理论的旧框架,从当代跨国企业在全球范围内进行资源配置的需求出发,对各国企业间的分工状况进行了更加贴近真实的描述,因此对于当代国际经贸规则的内在构建机理具有重要的启发意义。"国际分工"这一关键词,贯穿了从传统的国家间贸易理论到当代全球价值链理论的发展主线。随着美国特朗普政府单边保护主义的登台和"世贸组织改革"呼声的高涨,全球价值链理论逐渐进入法学界的视野。近年来,美国明显的逆全球化倾向给中国带来了更多的贸易摩擦,中国政府多次发表专门声明,批评美国"301调查"、单边加征关税等贸易霸凌做法戕害全球产业链和价值链。[1] 这标志着全球价值链理论已经成为国际经济法学科不可忽视的研究对象。

本章首先对全球价值链理论作一概览,其次深入分析全球价值链理论对于当代国际经济法规则重构的显著影响,并侧重于从法学角度评判该理论的价值和局限,最后概括当今中国经贸实践对这一西方流行理论应持有的法律立场。

(一)当代全球价值链理论之概览

自近代民族国家产生以来,西方传统贸易理论对国际贸易曾具有持久的解释力。但是,从20世纪80年代中期开始,全球价值链理论开始逐步登上国际经济学舞台。在了解这一新理论之前,需要先就传统贸易理论的局限性作简要阐述。

---

〔1〕 详例参见中国商务部新闻办公室:《商务部发表声明》,http://www.mofcom.gov.cn/article/ae/ai/201807/20180702765543.shtml,2019年3月2日访问。

1. 传统贸易理论的局限性

传统贸易理论首先以斯密、李嘉图的古典自由贸易理论和赫克歇尔、俄林的要素禀赋理论为代表,其特点是假定各国的资源禀赋、消费偏好、科技水平等保持不变,资本、劳动力等生产要素也不进行跨越国界的流动,由此形成的各国之间的比较优势也就固定不变,国际贸易格局自然就是各国优势产品之间的交换,而国际分工体系也就如此建立起来了。[1] 这种静态的理论在今天看来,显然具有明显的局限性:一是排除了动态因素,即企业的经济活动和政府的干预政策等都会影响和改变比较优势,且生产要素存在跨国流动的巨大可能性;二是将国家视为单一的不透明实体,只看到抽象的所谓"国家利益",忽略了国家内部各个利益集团的存在,更忽略了跨国企业这种事实上独立于国家疆界之外的经济实体的大量存在;三是只考察最终产品的贸易活动,忽略了各国之间大量的中间产品交易。因此,以上传统贸易理论固然有重要的历史贡献,但已经远远跟不上时代。

后来,随着时间的推移,国际贸易理论界又相继出现了产品周期理论、规模经济与不完全竞争理论、国际贸易与经济增长之关联等动态理论,它们对国际分工格局的假定仍然具有时代局限性。

2. 全球价值链理论的基本内涵

直到20世纪80年代,对国际分工格局的论述仍然以发达国家间进行水平分工、发达国家与发展中国家间进行垂直分工为基本特征,并具体表现为发达国家间大量进行产业内贸易,发达国家与发展中国家间进行产业间贸易。[2] 然而,这一专注于最终产品贸易的理论传统渐渐不能适应经济全球化的现实。众多跨国企业发现同一产品中的不同生产环节在不同国家的环境中具有不同的生产效率和成本优势,于是它们越来越多地将同一产品中的具体生产环节外

---

[1] 参见〔美〕保罗·R.克鲁格曼、茅瑞斯·奥伯斯法尔德、马克·J.梅里兹:《国际经济学:理论与政策(第十版)》,海闻等译,中国人民大学出版社2016年版,第17—27、64—83页。

[2] 参见陈德铭等:《经济危机与规则重构》,商务印书馆2014年版,第280页。

包(outsource)给分布于世界各地的企业。[1] 这样,各国企业的分工不再是传统的产业间的分工,而是同一产品内部的不同生产环节与相应的价值增值环节的分工,这种现象被称为"产品内分工"。比较典型的例子便是苹果品牌手机iPhone 的生产制造过程:研发设计主要在美国境内,各个零部件的生产制造主要在其他各国(包括日本、韩国、德国等),所有零部件在中国境内由富士康公司组装,最终制成品再出口到包括美国在内的世界各国市场。同样,许多智能手机和电视的生产过程也在全球范围内呈现出类似的产品内分工特征。[2] 20 世纪 80 年代中期至今,东亚及周边太平洋地区也经历了相关分工格局的形成过程。[3]

对于跨国企业来说,生产环节的跨国配置有两种途径:一是在其他国家设立子公司或分公司。这种方式属于跨国企业的自我扩张和国际直接投资行为,相关的国际贸易属于集团内关联交易。二是将业务外包给其他国家的独立企业,与这些企业建立稳定的合作关系。这种方式超出了跨国企业的自我范畴,相关的国际贸易被称为"产品内贸易"。产品内贸易的日趋发达,使得全球范围内一系列价值增值环节组成的链条得以形成,这是跨国企业全球化采购战略的必然结果,由此催生了全球价值链理论。

全球价值链理论经历了一个发展演变的过程,其学说贡献来源也十分多元化。1985 年,波特在其著作《竞争优势》中指出,每个企业的生产都包括设计、生产、销售、分销、运输、售后服务等各个活动环节,这些不同环节组合起来就形成了一条"价值链"(value chain)。波特提出的这个概念起初是针对单个企业的,后来他将其扩展适用于各个企业之间的关联性,形成了"价值系统"(value system)的概念。几乎在同一时期,科格特于 1985 年提出了"价值增加链"

---

[1] See Fiona Smith, Natural Resources and Global Value Chains: What Role for the WTO? *International Journal of Law in Context*, Vol. 11, Iss. 2, 2015, pp. 136-137.

[2] See World Bank Group, *et al.*, Global Value Chain Development Report 2017, available at https://www.wto.org/english/res_e/publications_e/gvcd_report_17_e.htm, last visited on Sep. 26, 2019, p. 1.

[3] See Junji Nakagawa, Global Supply Chains and FTAs in East Asia and the Pacific, *Asian Journal of WTO & International Health Law and Policy*, Vol. 8, Iss. 2, 2013, pp. 442-450.

(value-added chain)的概念。他指出,在产品的各个生产环节中,由于原料、技术、劳动力等要素的投入,每个环节都发生了一定的价值增值,而产品制造出来后,营销、运输、交易和售后等各个阶段也会发生价值增值。[1] 以上是全球价值链理论的雏形阶段。

20世纪90年代,格里菲提出了"全球商品链"(global commodity chain)的概念:在经济全球化背景下,围绕某种商品的各个生产阶段分散于世界各国的企业,形成了跨国生产体系,从而形成了全球商品链。[2] 21世纪初,格里菲等人在"全球商品链"的基础上进一步分析全球产业联系和产业升级问题,正式提出了"全球价值链"(global value chain)的概念,并分析了企业融入全球价值链的必要性。在同一时期,卡普林斯基和莫里斯进一步指出,价值链上一般存在研发和设计环节、生产环节、销售环节、售后服务环节等,其中存在着战略性环节(往往是研发和设计环节),谁控制了战略性环节,谁就控制了该产业的全球价值链。[3] 也是在同一时期,阿恩特和基尔茨科夫斯基指出,同一价值链上的不同生产环节通过跨界生产网络被组织起来,这种跨界网络可以是在同一跨国企业集团内部完成的,也可以是由许多独立企业分工合作完成的。于是,发展中国家的企业就有了融入全球价值链的机会,只不过这种融入往往是从价值链低端环节(如零部件加工组装)开始的。[4]

在经历了上述概念演变后,全球价值链理论得以问世。这是晚近国际经济学的重要理论发展,尽管尚未完全成熟,还存在不少需要完善和澄清之处,但已经产生广泛的学术影响力。关于全球价值链理论的主要内容,经济学者张辉认为,该理论主要包括全球价值链的驱动力、治理模式与治理者以及全球价值链下的地方产业集群与产业升级问题等几个方面;[5] 汪斌、侯茂章认为,该理论

---

[1] 参见赵龙跃编著:《制度性权力:国际规则重构与中国策略》,人民出版社2016年版,第4—5页。

[2] 参见陈德铭等:《经济危机与规则重构》,商务印书馆2014年版,第281页。

[3] 参见汪斌、侯茂章:《经济全球化条件下的全球价值链理论研究》,载《国际贸易问题》2007年第3期,第92页。

[4] 参见张辉:《全球价值链理论与我国产业发展研究》,载《中国工业经济》2004年第5期,第39页。

[5] 同上,第40—45页。

主要包括全球价值链的价值分析、治理分析、类型分析、产业升级分析和贸易政策分析等,其中治理分析处于核心地位,包括治理类型、治理者识别、信任关系评估等具体内容。[1]

在全球价值链格局下,中间产品贸易持续增长,在许多区域所占比重已经超过了最终产品贸易。[2] 如果将服务贸易也考虑进来,"中间产品"这一概念就被扩展为"中间品",既包括中间品货物,也包括中间品服务。其中,比较典型的中间品服务便是大量的生产性服务业。[3] 晚近,跨国企业将服务环节跨境外包的做法逐渐盛行,特别是信息通信技术(ICT)的迅猛发展,极大地便利了通过电子形式进行的服务成果跨境交付。有学者将服务外包定义为:企业集中有限的资源,专注于核心业务,以信息技术为依托,利用外部专业服务商的知识、劳动力,完成原本由企业内部完成的业务和工作,从而降低成本、提高效率、提升企业的环境应变能力并优化企业核心竞争力的一种业务模式。[4] 按照业务类型,国际服务外包可分为信息技术外包、业务流程外包、知识流程外包三种主要形式。[5] 虽然各类外包的具体形式层出不穷,但它们都具有共性:其执行和传输均有赖于网络基础设施、网络服务技术与服务标准以及大数据、云计算、电商平台与移动互联网等新技术。[6]

与"全球价值链"相关的概念是"国内价值链"和"区域价值链"。在一国国

---

[1] 参见汪斌、侯茂章:《经济全球化条件下的全球价值链理论研究》,载《国际贸易问题》2007年第3期,第93—96页。

[2] 参见马风涛、李俊:《国际中间产品贸易的发展及其政策含义》,载《国际贸易》2011年第9期,第13—14页;张宇馨:《中国与东亚中间品贸易发展现状及挑战》,载《国际经济合作》2014年第6期,第46—48页。

[3] 生产性服务业是指与制造业直接相关的配套服务业,包括研发设计服务、物流服务、信息服务、金融服务、节能与环保服务、生产性租赁服务、商务服务、人力资源管理与培训服务、批发代理服务、专业服务等各个方面。实践中,最典型者有物流、金融、研发、咨询以及法律、会计、审计等各种服务。

[4] 参见高中理等主编:《国际服务外包》,清华大学出版社2015年版,第78页。

[5] 同上书,第79页。

[6] 同上书,第68—69页。

内,产品内分工状况也会形成以行业龙头企业为主导的价值链,此即国内价值链。[1] 区域价值链是指在一定地理区域内彼此邻近的国家(如欧盟、东亚、北美等区域的国家)之间因产品内分工形成的价值链。[2] 若区域价值链突破了区域范围,就会形成全球价值链。"国内价值链""区域价值链""全球价值链"等概念可谓层层递进。在探讨一国的产业升级问题上,三者具有密切的联动关系。发展中国家的企业如何融入全球价值链,如何从附加值较低的价值链低端攀升到高端,从而实现产业升级的目标,成为经济学界当下的显学。

3. 全球价值链的实际表现

实践中,我们可以观察到全球价值链在不同国家之间的分布状况。与中国直接相关的便是所谓的"东亚生产模式"。在东亚各经济体进出口的前十种产品中,中间产品贸易的集中度非常明显,比例最高的部门是机械电子设备。在东亚生产网络中,往往是东盟国家的企业从事简单加工并出口到中国大陆(香港地区在其中主要从事转口贸易),台湾地区的企业负责中高等技能的劳动密集型出口,中国大陆的企业主要负责简单组装后出口最终制成品(笔者注:可以设想最终进口国为日本)。[3] 与东亚相关的另一种价值链表现是东亚与美欧之间的所谓"三角贸易关系"。东亚较发达经济体如日本、韩国等向中国和东盟国家出口电子产品的高技术零部件,中国和东盟国家的企业从事简单组装类的加工贸易,而最终产品出口则高度依赖美欧市场。[4] 苹果手机的部分生产过程能够反映这种三角贸易关系。在美洲,墨西哥与美国之间也存在着类似的价值链关系。墨西哥企业往往从东亚或其他地区进口电子元器件或零部件,进行代工组装后出口到美国。另外,墨西哥国内高度出口导向型的汽车产业中也存

---

[1] 参见桑瑞聪:《扩大内需背景下国内价值链构建与产业转移》,立信会计出版社2017年版,第2—3页。

[2] 例如,关于美国和加拿大之间区域价值链运作的讨论,参见 P. Kelly Tompkins, et al., The Canada-United States Supply Chain in the Era of Global Economic Competitiveness, *Canada-United States Law Journal*, Vol. 34, Iss. 1, 2008, pp. 7-34。

[3] 参见华晓红、汪霞:《CAFTA、CEPA、ECFA 利用率浅析——以货物贸易为例》,载《国际贸易》2014年第12期,第60页。

[4] 参见林桂军等:《东亚区域生产网络发展与东亚区域经济合作的深化》,载《国际贸易问题》2012年第11期,第15页。

在类似的价值链关系,该产业多由美国、日本、德国等国的汽车品牌商在墨西哥投资设厂,利用当地廉价劳动力生产各环节产品,再利用 NAFTA 关税优惠将汽车成品出口到美国。

(二) 全球价值链理论的经贸政策意义

基于以上原理,全球价值链理论给各国传统的经贸政策带来挑战。但是,对于西方发达国家和广大发展中国家,其挑战性意义是大不相同的。

1. 对西方贸易保护主义正当性的动摇

全球价值链理论极大地动摇了传统的国际贸易观念,也动摇了传统的贸易保护主义政策工具的内在正当性。过去,人们总是习惯于从民族主义立场出发,讨论单一的国家利益问题。例如,从 20 世纪 70 年代开始,日本大量向美国出口汽车,导致美国的贸易逆差和国内汽车产业受到损害。因此,美国向日本施压,要求日本减少出口或增加来自美国的进口,从而催生了各种"灰色区域措施"。[1] 这是典型的传统贸易思维,特点是将国家利益看成单一的抽象之物,将国际贸易仅视为单一去向的最终产品贸易,而忽略了现实中大量来来回回的中间产品贸易。在全球价值链格局下,一国出口中包含进口成分,进口中包含出口成分;服务贸易与货物贸易也不再泾渭分明,而是水乳交融。产品内分工格局下出口与进口相互包含、货物与服务相互融合的状态,决定了各国经贸利益的空前相容性、经济周期更强的全球传导性和同步性。国际贸易不再是民族国家之间的零和游戏。

于是,传统的贸易保护主义政策日益暴露出其荒谬性:一是立意错误,它片面执着于"中国货""日本货""美国货"等最终产品概念,叫嚷"扭转不公平贸易",夸大贸易逆差,无视发展中国家在价值链上的真实获利状况;二是后果荒唐,它通过提高关税、设置配额、反倾销反补贴、实施保障措施等手段打压外来进口(往往是价格低廉的中间品进口),人为干扰甚至切断了价值链的正常运

---

[1] See Ernst-Ulrich Petersmann, Grey Area Policy and the Rule of Law, *Journal of World Trade*, Vol. 22, Iss. 2, 1988, pp. 23-26.

转,而对进口中间品征税恰恰等于对本国的出口征税,给本国企业带来不利结果。[1] 所谓的"制造业回流"口号虽有一定合理性,但更多地无视了跨国企业的全球资源配置决策。一概通过粗暴的贸易投资保护主义,强行引导制造业回流本国,极可能导致经济低效率,即本国企业的利润流失和国民的福利下降。因此,贸易救济措施应在不危及低成本中间品贸易的前提下慎重采用。[2] 可以说,在全球价值链贸易格局下,保护主义就意味着破坏主义。[3] 因此,各国仍应致力于透明、包容、开放、公平的全球贸易体制的发展。

### 2. 发展中国家面临的机遇和挑战

全球价值链理论对发展中国家的经贸政策也有影响和冲击。在这方面,巴德温的观点最具代表性。他认为,全球价值链贸易格局意味着,发展中国家不再需要建立完整的产业体系以全方位参与国际竞争,而只需要从事自己具有优势的那些生产环节,并以此融入全球价值链,获得快速的工业化机会,这便是机遇。同时,要融入全球价值链,适应跨国企业配置生产环节的要求,发展中国家就必须实行有效的产权保护政策(包括有形产权和无形产权)以及其他有利于发展价值链贸易的政策(如基础设施建设和贸易投资便利化等),以此吸引外来的订单和投资。于是,对于WTO中无论发达成员还是发展中成员,国际经贸规则的要求将日益趋同,传统的发展中成员特殊与差别待遇原则将被淡化,这便是挑战。[4] 由此,巴德温进一步认为,现行的WTO规则体系已经过时,需要升级为"WTO 2.0版本",才能适应全球价值链时代的国际经贸活动形态。[5]

---

[1] See Aydin B. Yildirim, Firms' Integration into Value Chains and Compliance with Adverse WTO Panel Rulings, *World Trade Review*, Vol. 17, Iss. 1, 2018, pp. 30-31.

[2] 例如,有评论指出,美国特朗普政府实行的限制国外廉价钢材进口的保护性政策,反而可能造成美国国内使用钢材作为原材料的企业的成本上涨,从而被迫迁出美国。参见〔英〕肖恩·唐南:《当特朗普的贸易政策撞上现实》,http://www.ftchinese.com/story/001073832?full=y,2019年5月20日访问。

[3] See Richard Baldwin, WTO 2.0: Global Governance of Supply-Chain Trade, CEPR Policy Insight No. 64, 2012, pp. 18-19.

[4] 参见〔美〕理查德·巴德温:《WTO 2.0:思考全球贸易治理》,杨盼盼编译,载《国际经济评论》2013年第2期,第157—158页。

[5] See Richard Baldwin, WTO 2.0: Global Governance of Supply-Chain Trade, CEPR Policy Insight No. 64, 2012, pp. 271-280.

他也承认自己的以上观点可能极具争议性。[1]

巴德温还指出,发达经济体主导的 TPP 等巨型 FTA 缔约活动没有包含中国、印度等,使其面临在全球价值链格局中被排斥的可能。但是,他也指出,中国、印度这样的发展中大国拥有巨大的市场规模,因此足以继续以市场吸引投资,不一定要采取与发达经济体趋同的经贸规则和政策。[2] 这种观点有其道理。中国的国内市场规模的确是一个巨大优势,在应对外部压力方面,使中国拥有更多的政策工具和回旋余地,能够更从容地应对 TPP(CPTPP)、TTIP、TISA 等外部巨型经贸谈判,并在如何参与、融入甚至主导价值链的战略布局上享有更多的自主化决策权。

(三) 全球价值链理论与国际经济法规则重构

1. 边境措施的重构

在全球价值链理论下,传统的边境措施如关税削减、贸易便利化、货物监管、原产地规则等,将会有全新变化。

(1) 全球价值链对专门的中间品关税削减提出了新要求

在价值链分工格局下,中间货物需要在不同国家间来回往复地跨境流转多次。即便相关国家的关税壁垒较低,多次跨境交易也会大大抬高中间货物的流转成本,进而严重影响最终制成品的价格和销路。各国如能通过贸易谈判有针对性地对中间货物进行深入的关税削减,则将极大地便利中间货物的流转,节约价值链运作成本。这意味着,各国不能再毫无目的地进行泛泛的关税谈判,而要结合价值链运作的实际,对相关中间品进行重点的关税削减,缩减敏感产品范围,消除关税高峰现象。事实上,在美国主导下达成的 ITA 就包含这方面的考虑,该协定下的零关税适用范围覆盖了许多电子产品、互联网产品的中间投入品,从而服务于美国在高技术信息产品领域的价值链中的核心地位。此外,中间货物多次跨境流转客观上也要求其运输成本不能太高,因此一定地理区域内(如北美、东亚等)更容易形成价值链分工。这意味着一国应高度重视与其地理距离较近的周边国家缔结 FTA,以培育区域价值链。

---

[1] 参见〔美〕理查德·巴德温:《WTO 2.0:思考全球贸易治理》,杨盼盼编译,载《国际经济评论》2013 年第 2 期,第 158 页。

[2] 同上,第 157—158 页。

### (2) 全球价值链对高效率的贸易便利化提出了新要求

关税壁垒只是边境措施的一个方面。即便一国关税较低,但如果其港口基础设施差、进出口程序烦琐、海关工作低效,也会严重影响中间货物的正常流转,极大地增加贸易成本。因此,贸易便利化工作在全球价值链时代具有特别重大的意义,这也能有效解释中国当下为何对 WTO《贸易便利化协定》如此大力支持,为何在国内自贸试验区中也高度强调贸易便利化建设。过去,人们囿于 GATT 时期的思维惯性,往往认为关税削减才是国际贸易谈判的重心所在,而对贸易便利化的认识则停留在"次要议题"的层面上。全球价值链理论改变了这一切,因为高效的通关环境将有利于价值链更加平稳顺利运行,帮助参与全球价值链分工的各国企业节约贸易成本,减少对库存的依赖,加快资金回收和商业节奏。

### (3) 全球价值链对监管一致性提出了新要求

监管一致性(regulatory coherence),是指各国在进出口货物的质量、包装、安全、环保、卫生甚至文化伦理等一系列指标上监管标准的趋同、等效或一致化,在 WTO 法律体系中对应于 TBT、SPS 等协定以及 GATT 1994 第 20 条"一般例外"等内容,属于非关税壁垒的范畴。[1] 在全球价值链分工格局下,即便各国的中间品关税较低,贸易便利化程度也很高,但如果它们对于进出口货物的各项监管标准与价值链上其他国家存在严重的差异甚至冲突,那么中间货物每到一国,都要重新适应监管标准,都需被迫再接受检验、测试、认证等监管,甚至可能因不能满足标准而被退回,如此势必耗费时间和成本,阻碍价值链的高效运转。因此,对于发达经济体,监管差异已经取代关税成为最突出的贸易壁垒,[2]而监管合作被认为是它们在贸易协定中的主要收获来源。[3] 这就能有

---

[1] See Robert Howse, Regulatory Cooperation, Regional Trade Agreements, and World Trade Law: Conflict or Complementarity? *Law and Contemporary Problems*, Vol. 78, Iss. 4, 2015, pp. 137-141.

[2] See Alberto Alemanno, The Regulatory Cooperation Chapter of the Transatlantic Trade and Investment Partnership: Institutional Structures and Democratic Consequences, *Journal of International Economic Law*, Vol. 18, Iss. 3, 2015, p. 625.

[3] See Richard W. Parker, Four Challenges for TTIP Regulatory Cooperation, *Columbia Journal of European Law*, Vol. 22, Iss. 1, 2015, p. 2.

效解释当代全球价值链的主导经济体如美国、欧盟等,为何如此高度重视在"新一代贸易协定"中处理监管一致性问题。[1]

(4) 全球价值链对优惠性原产地规则的设计提出了新要求

假设甲国企业从乙国进口中间货物,进行加工组装后再返销乙国,如果两国间 FTA 的原产地规则设计合理、操作简便、灵活性强、容易满足,就会大大有利于两国企业间价值链的成形和运转,而烦琐、刚性、成本高昂的原产地规则只会起反作用。可见,如果一国有意专门培育相关区域价值链,那么原产地规则能发挥引导价值链形成的作用,NAFTA 的汽车产业就是一个典型例子。[2] 我们仍假设甲国企业过去一直从乙国进口中间货物以从事加工组装,且这条价值链已经成形。但是,此时甲国又与丙国签订了 FTA,由于两国之间存在零关税优惠,甲国企业就有可能改从丙国进口原本成本较高的中间品,先前甲乙之间已经成熟的价值链就会受到冲击。这样,FTA 反而导致了事实上的不经济后果。因此,如何平衡各方利益,以及如何有效设计原产地规则,取决于一国的价值链战略。必要时,FTA 缔约方可运用原产地规则中的累积条款,对来自不同伙伴的价值成分进行累积计算,以达到促进区域价值链的目标。

2. 边境后措施的重构

全球价值链理论能够有效解释边境后措施在当代国际经济法规则重构进程中的地位为何如此重要,以及为何发达国家对边境后措施改革如此大力倡导,也有助于澄清这些改革在发达国家和发展中国家之间究竟"有利于谁"的传统困惑。

(1) 服务贸易与投资的准入自由化趋势

随着服务外包的发展,全球商业环境和经济业态发生了显著变化,GATS 中的四种跨境服务模式的传统分类也面临过时的危机。例如,以电子形式跨境

---

[1] See Debra P. Steger, Institutions for Regulatory Cooperation in "New Generation" Economic and Trade Agreements, *Legal Issues of Economic Integration*, Vol. 39, Iss. 1, 2012, pp. 109-110.

[2] 通过 NAFTA 在汽车产业具有严格限制性的原产地规则,美国与墨西哥之间形成了汽车生产价值链,并迫使日本、欧洲的汽车生产商在墨西哥境内投资设厂。参见〔意〕斯特凡诺·伊那马:《国际贸易中的原产地规则》,海关总署关税征管司译,中国海关出版社 2012 年版,第 257—259 页。

交付服务成果究竟属 GATS 项下的模式 1（跨境提供）还是模式 2（境外消费）？由于各国在模式 1 和模式 2 下的具体承诺大不一样，[1]因此对以电子形式交付的服务的模式认定成了影响市场准入的重大问题。另外，在接包过程中，接包企业为了与外包企业进行方便、及时、充分的沟通，往往需要在外包企业所在国设立分支机构，或派遣商务人员到外包企业所在国，这样就会涉及 GATS 项下的模式 3（商业存在）和模式 4（自然人移动）的问题。归根到底，现行 GATS 规则奉行的是正面清单开放方式，将各个服务模式人为割裂，假定服务总是在孤立的各个部门中以孤立的模式存在，从而要求各成员分门别类作出市场开放承诺。这种假定未能将有关服务业态作为整体对待，很大程度上已经不符合现代服务业的发展现实，使得服务接包企业无法获得可预见的稳定市场环境。[2]这就能有效解释发达经济体为何强烈主张服务准入的负面清单开放方式，因为该方式开放度高、限制性小，能促进自由贸易和减少管理的复杂性，也能增强外包企业与接包企业的双向可预见性，从而保障全球价值链的顺利运转。

投资准入的道理与之相似。传统国际投资规则以 BIT 为代表，以投资保护为主要宗旨，目的在于让外国投资者在东道国的财产权免于受侵害甚至被剥夺。其中，最惠国待遇、国民待遇等核心规则过去在许多发展中国家（包括中国）的缔约实践中往往具有一个共同特征——只针对准入后阶段，[3]而在准入前阶段给予这些待遇则常常饱受各国争议和抵制。[4] 这样，一国仅限于对本国愿意开放的投资行业给予相关待遇，而哪些行业开放、哪些行业不开放、是否对各国同等开放等，则完全取决于东道国的自主意愿，存在极大限制。[5]

---

〔1〕 一般而言，各国对模式 1 下的具体承诺比较谨慎，因为服务提供者来自境外的情形难以监管，而对模式 2 下的具体承诺就宽松得多。参见石静霞：《WTO 服务贸易法专论》，法律出版社 2006 年版，第 115 页。

〔2〕 See Karen Lapid, Outsourcing and Offshoring Under the General Agreement on Trade in Services, *Journal of World Trade*, Vol. 40, Iss. 2, 2006, pp. 356-359.

〔3〕 对最惠国待遇和国民待遇的准入后模式的阐述，参见单文华、〔英〕娜拉-伽拉赫：《中外投资条约研究》，魏艳茹、李庆灵译，法律出版社 2015 年版，第 151、164 页。

〔4〕 参见〔美〕肯尼斯·J. 范德威尔德：《美国国际投资协定》，蔡从燕、朱明新等译，法律出版社 2017 年版，第 255 页。

〔5〕 参见单文华：《欧盟对华投资的法律框架——解构与建构》，蔡从燕译，北京大学出版社 2007 年版，第 108 页。

全球价值链理论迫切要求改变这种规则限制。如前所述,跨国企业在全球范围内配置生产环节有两种方式:一是外包,二是直接投资。如果外包可能导致跨国企业的知识产权利益得不到保障,或外包企业对接包企业在供货质量、供货速度等方面的控制能力存在疑问,或存在其他原因,跨国企业就会倾向于在他国进行直接投资。然而,传统的准入后投资保护规则无法适应全球价值链的这种运作要求,因为外资能否进入这一大前提尚未解决。这就能有效解释发达经济体为何强烈要求与服务准入一样,投资准入也应当实行准入前国民待遇加负面清单模式,即实行投资自由化。唯有如此,才能实现跨国企业在全球有效配置生产环节的目标,从而保证集团利益最大化。

(2)营商环境的空前重要性

跨国企业在全球范围内寻求生产环节的配置,无论是在他国直接投资设厂,还是将生产环节外包给他国企业,它们都非常关心自己的有形和无形财产权在他国能否得到法律保护,以及他国的营商环境能否满足企业开展价值链分工活动的需要。以知识产权为例,由于核心技术优势已成为跨国企业控制价值链的根本保障,如果他国的知识产权保护状况十分糟糕,那么跨国企业显然无法放心地将生产环节外包给他国企业。[1] 退一步讲,即便他国已经存在成体系的知识产权法律,但保护标准尚达不到跨国企业母国的水平,那么价值链上各个环节的协调就会成本不菲,跨国企业就会慎重考虑业务外包或直接投资的决策。这就能解释为何美国和欧盟竭力要求在FTA中纳入种种"超TRIPS"条款。[2] 因为在它们眼中,《TRIPS协定》只代表了最低保护水平,与其国内保护水平仍然相去甚远。再以竞争中立为例,如果跨国企业在他国的直接投资企业相对于东道国的国有企业或其他本土企业,遭到法律和政策的区别对待,或其经营、决策和用人自主权处处受到掣肘,或被迫接受东道国的各种履行要求等,则跨国企业的全球价值链战略必然要付出高昂的成本。这就能解释发达经济

---

[1] See Michael J. Meurer, Allocating Patent Litigation Risk Across the Supply Chain, *Texas Intellectual Property Law Journal*, Vol. 25, Iss. 2, 2018, p. 254.

[2] See Christine Haight Farley, Trips-Plus Trade and Investment Agreements: Why More May Be Less for Economic Development, *University of Pennsylvania Journal of International Law*, Vol. 35, Iss. 4, 2014, pp. 1061-1072.

体为何在国际经贸谈判中重视竞争中立议题、国企垄断问题以及各种履行要求的取消。[1] 我们从知识产权和竞争政策这两类典型的边境后措施可以看出东道国营商环境对于跨国企业价值链战略的极端重要性。

按照世界银行相关营商环境报告的界定,在更广的意义上,营商环境建设包含的边境后措施还包括交通和电信基础设施、金融服务、政府监管、人员流动自由度、融资便利度和资本流动自由度、人力资源培育、透明度和反腐败、中小企业能力建设等各个方面。[2] 以人力资源培育为例,即便一国关税壁垒极低,贸易便利化程度高,监管标准国际化,具备良好的知识产权保护和竞争中立政策,但如果国内劳动力素质低下、观念落后,则显然无法胜任跨国企业的外包要求。这样的国家及其企业很难顺利融入全球价值链。再以中小企业能力建设为例,众多中小企业规模虽小,但承担着接包生产和配套服务的重要职能,它们往往围绕着国内外大型企业参与国内价值链、区域价值链乃至全球价值链,同时又经常受制于资金、技术和人力。帮助中小企业加强能力建设有助于它们更好地融入价值链,同时也能带动东道国经济与社会的发展。同理,其他边境后措施的意义也与此相似。

概言之,各国企业需要融入全球价值链,而在价值链分工格局下,货物、服务、人力、知识和技术等要素需要在各国间实现双向的流动自由和使用自由,这就对各国营商环境提出了更高要求:硬件方面包括交通、电信、金融等基础设施,软件方面包括产权保护法律、投资准入法律、司法体系、行政能力、人力资源等诸多领域。这就能有效解释为何美国主导的 TPP 包含"电信服务""金融服务""合作与能力建设""中小企业""竞争力与商务便利化、透明度与反腐败"等专章,也能解释为何中国近年来在"一带一路"倡议下高度重视互联互通合作,更能解释中国虽然国内各种要素成本不断攀升,但相比其他发展中国家在国际贸易中仍拥有巨大优势的原因——基础设施状况良好、政局稳定、法律法规和

---

[1] 参见韩立余:《国际经贸投资规则对履行要求的规制》,载《法学家》2017 年第 6 期,第 120—123 页。

[2] See World Bank Group, Doing Business 2018: Reforming to Create Jobs, available at https://openknowledge.worldbank.org/handle/10986/28608, last visited on Nov. 8, 2019, pp. 2, 13.

配套服务健全。[1]

3. 国际经济法各领域规则的相互融合

(1) 货物与服务的规则相融

过去早就有学者指出,即便在常规性的国际货物买卖活动中,货物贸易也常常与服务贸易交织在一起。[2] 当前,情况又发生了进一步变化。在全球价值链、服务外包和电子传输服务的大背景下,ICT产品与ICT驱动服务(ICT-enabled services)之间的捆绑日益紧密,两者共同构成的整体交易成为全球价值链下的交易常态。因此,美国与欧盟在WTO中共同提案,主张建立一套贸易法原则,如提倡规则透明度、促进网络开放性和可用性、反对跨境信息流动限制、开展非歧视的互联互通等,以支持ICT网络和服务的扩展以及电子商务的发展。美国指出,移动应用和云计算技术的发展显著影响了市场状况,当代贸易规则应迎合之。[3]

在这方面,WTO的ITA和GPA虽为货物贸易协定,但客观上对外包时代的服务贸易发展做出了贡献。其中,ITA主要是刺激了ICT驱动服务的发展。因此,有学者提出,应制定"国际数字经济协定"以取代ITA,因为数字型服务与相关ICT产品现在常常以各种形式进行捆绑贸易。[4] 在政府采购方面,经济危机形势下,各国在政府采购领域对服务外包的限制加强,GATS多边谈判对政府采购的服务规则又不能达成成果,而GPA在确立货物采购纪律的同时,还在客观上促进了与货物采购捆绑的服务采购。不过,GPA目前仍是诸边协定,尚不包括印度、墨西哥、菲律宾等重要的服务接包成员,这些成员似可考虑加入GPA。[5] 当然,这对于志在大力发展服务接包产业的中国寻求加入GPA亦有重要的启示意义。同时,有一点可以断言,未来无论是WTO还是FTA,关于政府采购的服务规则都已经无法孤立于货物规则而存在,因为实践中政府采购并

---

[1] 参见商务部:《中国对外贸易形势报告(2017年春季)》,第三部分,第7—8页。

[2] 参见李巍:《联合国国际货物销售合同公约评释(第二版)》,法律出版社2009年版,第17—18页。

[3] See Gabriel Gary, GATS and Offshoring: Is the Regulatory Framework Ready for the Trade Revolution? *Journal of World Trade*, Vol. 46, Iss. 6, 2012, p. 1394.

[4] Ibid., p. 1395.

[5] Ibid., p. 1389.

不限于单纯的服务或单纯的货物,而是以两者的捆绑交易为常态。

(2) 服务与投资的规则相融

服务与投资在法律上的联系并不新鲜,因为"商业存在"模式下的服务提供就是一种国际直接投资。但是,在全球价值链中,跨国企业的直接投资旨在实现服务环节的跨国分配。在外包情形下,服务接包企业也有可能需要在外包企业所在国设立分支机构、代表机构以与外包企业进行直接沟通。也就是说,服务活动与投资行为已经空前相融,但这种相融性可能带来法律规则的冲突。例如,GATS 第 11 条"支付与转移"、第 14 条"一般例外"和第 14 条之二"安全例外"等条款,是否同样适用于投资行为? 在服务外包和电子传输相结合的现在,尤其值得注意的是 GATS 第 14 条"一般例外"的(c)项规定——成员有权采取"为使与本协定的规定不相抵触的法律法规得到遵守所必需的措施",其中第二种情形是"保护与个人信息处理和传播有关的个人隐私及保护个人记录和账户的机密性"。这个条款表明,WTO 成员有权出于隐私权保护、信息安全等公共政策需要,对境内外资企业的跨境数据流动(如服务成果的跨境交付)实施限制,而这将对跨国企业的价值链战略造成较大的法律不确定性。但是,当今各国 BIT 对此类问题还涉足甚少,规则有待整合。

值得一提的是,欧盟已经注意到服务、投资和跨境电子传输之间的密切关系,在若干 FTA 中将服务、投资和电子商务合为一章,并在该章中设置若干统一适用的条款。[1] 这是相当有前瞻性的做法,但也会造成文本内容的庞杂混乱。如何处理该章范围内数量庞大的各种条文,使之更具系统性和条理性,尚有待实践的进一步发展。

(3) 投资与知识产权的规则相融

在通过直接投资实现生产环节的全球配置时,跨国企业必然关心他国对其知识产权的保护。这样,就不难理解发达经济体为何强烈主张将知识产权视为私人投资权益的一部分。在美国实践的影响下,当今各国的 BIT 以及 FTA 投

---

[1] 参见 2011 年欧盟—韩国 FTA 第七章、2014 年欧盟—乌克兰 FTA 第六章、2018 年欧盟—越南 FTA 第八章。欧盟在与美国的 TTIP 谈判中也给出了"服务贸易、投资与电子商务"章的草案建议,See European Commission, The EU's Proposal for a Text on Trade in Services, Investment and E-Commerce, July 2015.

资章多将知识产权纳入"投资"的定义。[1] 中国的实践也是如此。[2] 由此,私人知识产权在 FTA 中除了享受统一争端解决机制的保护之外,还受到投资章中 ISDS 机制的额外保护。这种可能性在澳大利亚烟草控制措施引发的商标权仲裁纠纷中得到了证实。[3] 还有学者指出,美式 BIT 将知识产权纳入"投资"的定义,使其受到 BIT 中最惠国待遇、国民待遇、最低标准待遇、限制间接征收等条款的多重保护,等于在 WTO 法律框架外变相加大了对知识产权的保护力度。[4] 这个分析同样适用于 FTA 投资章。由此,就产生了进一步的问题:FTA 投资章的"投资"定义条款中所列举的知识产权类型与 FTA 知识产权章中所列举的权利类型有必要保持一致,但实际情况并非总是如此。[5] 总之,投资与知识产权的相融性将促使各国谈判者重视两类规则的相融性。

(4)服务与税收规则的相融

服务外包会产生相应的税收法律问题,如双重征税、竞争扭曲等问题。[6] 双重征税问题的典型表现是:服务接包方接受来自发包方的服务报酬,此类报酬是否应在发包方居住国被征收预提税。如果是,则将导致双重征税。竞争扭曲问题的典型表现是,服务接包方所在国与发包方所在国的税率存在显著差

---

〔1〕 See Lukas Vanhonnaeker, *Intellectual Property Rights as Foreign Direct Investments: From Collision to Collaboration*, Edward Elgar Publishing, 2015, pp. 9-19.

〔2〕 以 2008 年中国—新西兰 FTA 的"投资"章(第十一章)为例,第 135 条规定:"……投资是指一方投资者在另一方境内直接或间接投入的各种资产,包括但不限于:……(四)知识产权,特别是版权、专利权和工业设计、商标、商名、工艺流程、贸易和商业秘密、专有技术及商誉……"

〔3〕 See Philip Morris Asia Limited *v.* The Commonwealth of Australia, PCA Case No. 2012-12.

〔4〕 参见何艳:《美国投资协定中的知识产权保护问题研究》,载《知识产权》2013 年第 9 期,第 88—98 页。

〔5〕 例如,中国—韩国 FTA"投资"章第 12.1 条对"投资"的定义包含第 6 项"知识产权",并明确其包括商号和产地标志。但是,该 FTA"知识产权"章所列举的知识产权保护类型并无商号和产地标志。

〔6〕 See Gabriel Gary, GATS and Offshoring: Is the Regulatory Framework Ready for the Trade Revolution? *Journal of World Trade*, Vol. 46, Iss. 6, 2012, p. 1391.

异,如接包方所在国的税率大大低于发包方所在国的税率,则发包方显然更倾向于选择离岸外包而非在岸外包。于是,发包方本国境内的服务企业将承受不利的竞争条件。这种不利并非基于当事方服务提供能力的优劣,而是基于人为设定的税率的差异,因而是一种竞争扭曲现象。另外,经济合作与发展组织(OECD)2013年发布了《应对税基侵蚀和利润转移的行动计划》,其第一类主题便是应对数字经济对国际税法的挑战,浓墨重彩地阐述了全球价值链下服务型数字经济给国际税法造成的新问题,如不断减少的实体经营机构和网络高频互动效应带来的税收管辖权的判断难度,数据从产生到流动的全链条上确定价值分配的判断难度,服务新业态下各种支付行为在税法上定性的判断难度等。[1] 此类问题日益突出,亟待国际税收协定及时处理。

综上所述,国际经济法各个领域的规则原本就存在客观联系,在晚近全球价值链分工格局下,这种规则相融的趋势大大加速,表现得更加明显。在国际投资法领域富有影响力的《世界投资报告》,其2013年版以全球价值链为专题,鲜明指出:贸易与投资在全球价值链中密不可分,但过去相关国际法都是在各自领域中孤立发展,现在立法者需要推进制度协同,否则将削弱全球价值链的效果。[2] 但是,这一点对于WTO等多边组织而言,可能意味着经贸规则的制定变得极为复杂。多边主义途径可能对传统贸易形态(最终产品贸易)的规则制定仍然有效,但在价值链下的中间品贸易领域,大国主导的区域合作途径可能将处于越来越突出的位置。这在客观上要求各国在缔结FTA时,不能孤立地设计FTA文本的各个章节,而应将各个章节视为一个有机整体,重视彼此间

---

[1] See OECD, Addressing the Tax Challenges of the Digital Economy, Action 1—2015 Final Report, OECD/G20 Base Erosion and Profit Shifting Project, OECD Publishing, 2015, p. 99.

[2] See UNCTAD, World Investment Report 2013: Global Value Chains: Investment and Trade for Development, available at https://unctad.org/en/pages/PublicationWebflyer.aspx? publicationid=588, last visited on Aug. 16, 2019, pp. 190-193.

的规则挂钩,防范章节之间"系统性裂隙"的出现。[1] 同时,FTA 各个章节之间的紧密联系会使原先各自分立的例外条款变得不合时宜,[2]在 FTA 文本中设置统一的例外章的必要性日益彰显,这已被晚近美国、欧盟、中国等成员的 FTA 文本所证明。[3]

4. 互联网和电子商务等新技术、新业态的作用

当前,互联网技术在全球价值链中发挥着重要作用,与互联网直接相关的电子商务在经济活动的业态创新上更是贡献卓著,直接推动了绿色经济、共享经济、个性定制化经济等新业态的壮大。这方面内容丰富,难以尽述,如前文已论及的当代服务外包大量运用 ICT,通过电子形式进行服务成果跨境交付等。除此之外,即便是通过跨境电商进行的传统货物交易,对于中国加强在全球价值链中的地位也具有另一层特别的意义。前文提到一种三角贸易关系:中国从东亚其他国家进口零部件或原材料进行加工或组装,然后销往美欧。在美欧垄断最终市场的格局下,存在中国企业存在被锁定于价值链低端的危险。跨境电商对于中国的重要意义在于,有助于在全球范围内扩大客户搜索范围,极大地增加成交可能性,从而打破美欧对最终产品市场的垄断,有助于中国企业实现向价值链高端的升级,也使中国减少对美欧等传统出口市场的依赖。同时,电子商务还能够迎合国内消费者偏好的多元化和高端化,极大地

---

[1] 例如,东道国基于公共健康授予的专利强制许可是否构成国际投资法上的间接征收行为?这个问题同时涉及 FTA 知识产权章和投资章。近年来,各国 FTA 已对此作了若干处理,如美国—韩国 FTA"投资"章第 11.6 条第 5 款、第 11.8 条。美国—新加坡 FTA 也有几乎相同的条款。

[2] 例如,过去很多 FTA 在货物贸易章列出类似 GATT 1994 第 20、21 条(一般例外、安全例外)的例外条款,在服务贸易章列出类似 GATS 第 14 条、第 14 条之二(一般例外、安全例外)的例外条款,在投资章中纳入 BIT 的相关例外条款(如税收条款),在知识产权章中纳入《TRIPS 协定》的相关例外条款(如第 13 条的"限制与例外")。由于这些例外条款只孤立适用于 FTA 各该部分,因此当国际经济活动将货物、服务、投资、知识产权融为一体时,各个例外条款的适用范围不一和内容彼此冲突的问题就会产生。

[3] 详例参见中国—格鲁吉亚 FTA 第十六章"一般条款和例外"、中国—澳大利亚 FTA 第十六章"一般条款与例外"、中国—韩国 FTA 第二十一章"例外"等。美国、欧盟的若干 FTA 也是如此。

刺激和释放国内需求。在全球保护主义盛行的后金融危机时代,电子商务可使中国经济减少对出口和投资的依赖,完全契合当下供给侧结构性改革的指导思想和宏观目标。

因此,跨境电商的独特作用使其成为中国的又一标志性"利益进攻点"。中国对外经贸谈判没有理由无视这一合作议题。当前,中国国内已经正式制定了《电子商务法》;在国际上,美国、欧盟、日本、韩国、东盟等在其FTA中纷纷设置了专门的电子商务规则,力求体现其利益主张。因此,无论是从落实国内立法精神,还是从适应国际压力的角度,中国都应加快电子商务国际规则制定的步伐。[1] 但是,与电子商务相伴随的数据流动自由化又会对中国公共政策权力构成挑战,在中国与西方之间产生重大分歧。[2] 中国不可能盲从西方,而需要在数字贸易自由化与公共监管权力之间寻求适当的平衡。

5. 小结

至此,可以看出,全球价值链理论对国际经济法规则重构的影响兼具先进性、争议性和复杂性。其先进性在于,该理论较之传统贸易理论更加符合当代经济发展趋势,能为许多"21世纪新议题"的存在意义提供融贯性解释,对于立场保守的发展中国家也有一定启发意义。其争议性在于,该理论对经贸规则重构的种种影响,实际上大多体现了发达国家的跨国企业在全球范围内配置生产环节的需要,而发展中国家更多是被裹挟其中,能否全盘接受上述要求尚存疑问。其复杂性在于,在该理论下,各种经贸行为彼此紧密互动,趋于高度一体化;而许多法律问题则更富于动态特征,其技术性十分复杂,规则设计难度空前加大。虽然传统的静态规则已有过时的嫌疑,但如何设计新规则,一时尚无明确答案。

为明了起见,笔者对新旧理论范式及其对国际经济法规则重构的影响以下表进行比较:

---

〔1〕 中国的缔约实践并不稳定。例如,2018年中国—新加坡FTA升级议定书中新增了"电子商务"章,而在2017年中国—格鲁吉亚FTA中并没有独立的"电子商务"章。

〔2〕 See Henry Gao, Digital or Trade? The Contrasting Approaches of China and US to Digital Trade, *Journal of International Economic Law*, Vol. 21, Iss. 2, 2018, p. 297.

表 4-1 新旧两种理论及其规则影响

| 理论范式 | 传统贸易理论 | 全球价值链理论 |
| --- | --- | --- |
| 利益立场 | 民族国家利益 | 跨国企业利益 |
| 分工格局 | 产业间分工 | 产品内分工 |
| 竞争格局 | 全面参与世界贸易竞争 | 着重参与全球价值链上的生产和服务环节 |
| 贸易政策工具 | 进口替代政策、鼓励出口政策、本地化或当地含量要求、贸易救济措施、单边保护措施 | 准入前国民待遇加负面清单开放模式、区域内基础设施投融资、贸易投资便利化、能力建设等 |
| 交易对象 | 最终品（货物与服务）为主 | 以中间品（货物与服务）为主 |
| 引资方式 | 主要以市场和要素优势吸引投资 | 主要以高效率、法治化的营商环境吸引投资 |
| 贸易协定的缔结目标 | 更多赚取出口外汇收入，同时获得外国廉价商品 | 使本国企业融入全球价值链，获得产业升级机会，或主导全球价值链的形成 |
| 规则要求 | 发展中成员全方位享有特殊与差别待遇，排斥投资自由化与汇兑自由化，不重视无形产权保护 | 对发展中成员的规则要求与发达成员全方位趋同 |
| 规则特征 | 货物、服务、投资、金融、税收、知识产权等议题各自分离，不重视便利化与透明度议题，侧重于边境措施，没有"电子商务"和"数据流动"的概念 | 货物、服务、投资、金融、税收、知识产权、便利化与透明度等议题有机融合、整体处理，强调边境后措施改革，高度重视电子商务和数据流动 |
| 代表性规则 | GATT/WTO | TPP(CPTPP)、TISA |
| 规则的内在理念 | "你的市场也是我的市场" | "若你保障我的产权和自由，我将外包我的业务"[1] |

注：本表格为笔者自制。

（四）对全球价值链理论的法学评价

作为当代显学，全球价值链理论的确对国际经济法规则重构提出了全新要求，将对国际经济法的未来产生深远的影响，非常值得从法学角度作一番认真的

---

[1] 表格该行的这两种说法源自巴德温的启示。参见〔美〕理查德·巴德温：《WTO 2.0：思考全球贸易治理》，杨盼盼编译，载《国际经济评论》2013年第2期，第157—158页。

研究和审视。在"法学透镜"之下,全球价值链理论具有价值与局限并存的特征。

1. 全球价值链理论的法学价值

全球价值链理论有助于明确当代国际经贸规则中各种新议题存在的必然性。我们可以回顾西方学者对"21世纪贸易协定"系列特征的论述:(1)在货物贸易领域,更多考虑中间产品的贸易。关税固然需要削减,但已不是唯一的因素。商业界更关注的是如何移除烦琐低效的海关手续、简化各种办事程序、改善基础设施等事项。优惠性原产地标准也需要多元化、灵活化。(2)在服务贸易领域,不必受WTO现有规则的束缚,至少要做到以负面清单为基础进行市场开放承诺。(3)跨境投资必须成为贸易协定整体规则的组成部分。(4)在与WTO重合的领域,FTA中"超WTO"规则(如知识产权、电信或贸易救济等)应尽可能广泛。(5)一系列新议题应被纳入FTA中,正如TPP所做的那样,如协调和简化那些相互冲突的监管标准和法规,帮助中小企业更多利用贸易优惠以获得好处等。[1]

据此,全球价值链理论的价值应得到肯定。该理论真正揭示了"21世纪贸易协定"内在的融贯性机理,而不是过去所理解的只是一连串新潮议题的不断简单叠加。传统理解的根源来自关贸总协定的历次多边回合谈判,在最初的关税削减议题之外,不断增加各种新议题。尤其是乌拉圭回合时期,服务贸易、知识产权、投资这三个全新议题在美国推动下被引入。WTO成立之后,欧盟又提出了竞争政策、贸易便利化、投资自由化、政府采购等"新加坡议题"。这使人产生一种印象:所谓的"新议题"不过是发达经济体逐一提出、不断叠加的事物,所谓的"21世纪贸易协定"不过是迎合发达经济体利益、不断提出新议题、不断提高规则标准、单边主义色彩强烈的文本现象。[2] 而全球价值链理论则将众多

---

[1] See C. L. Lim, Deborah K. Elms and Patrick Low (eds.), *The Trans-Pacific Partnership: A Quest for a Twenty-first Century Trade Agreement*, Cambridge University Press, 2012, pp. 8-9.

[2] 典型例证是,欧盟1996年提出的贸易投资便利化被归为"新加坡议题",在坎昆部长级会议上遭到发展中成员阵营的强烈反对而被束之高阁,原因在于这一议题在当时被认为仅仅有利于发达成员。See Jurgen Kurtz, Developing Countries and Their Engagement in the World Trade Organization: An Assessment of the Cancun Ministerial, *Melbourne Journal of International Law*, Vol. 5, Iss. 1, 2004, pp. 282-289. 然而,中国目前正大力倡导贸易投资便利化,现实值得我们深思。

议题串联起来，构成贯穿于其中的一条主线，揭示了一系列"21世纪新议题"背后所蕴含的经济规律，从而证成其内在合理性，指明其成为当今世界潮流、大国潮流的根本原因，在一定程度上有助于我们走出"新议题究竟有利于发达国家还是发展中国家"的学术纠结，正确对待客观经济规律，并让这些规律体现在国际经贸立法中。

因此，全球价值链理论可为国际经济法中的全球合作原则贡献新内容、新养分、新气息。这种贡献体现在法律主体、权利义务两个方面。实际上，法学理论关注的是法律关系，而法律主体、权利义务则内含于法律关系中，因此传统国际经济法理论中的全球合作原则在这两方面均可获得新的补充。

第一，就法律主体而言，全球价值链理论意味着以跨国企业为中心的各国企业在全球合作中将处于突出的位置。全球合作，究竟是哪些主体之间的合作？欧洲国际经济法经典著作虽未系统阐述全球合作原则，但指出各个独立的主权国家能够互相联系靠的是一个协调制度，在这个制度中蕴含国际经济交往的主导原则。[1] 这显然是传统的国家间视角。中国老一辈国际经济法学者在其著作中正式将全球合作确立为国际经济法的基本原则，不过有关论述也是从南南合作、南北合作的国家间视角入手的。[2] 但是，当代全球价值链理论使得全球合作不再局限于传统的国家间合作层面，更纳入企业间跨国合作的新视角。事实上，这与老一辈学者所倡导的国际经济法"广义说"恰恰相通。因为按照"广义说"，私人（企业）是国际经济活动中最活跃的主体，正是这一主体的引入使国际经济法学科从"狭义说"发展到"广义说"。[3] 可见，全球价值链理论下的全球合作使得当代国际经济法迈向进一步的广义化，私人（企业）的法律主体地位得到进一步提升。

第二，就权利义务而言，由于全球价值链理论下国家间经贸规则的设计难

---

[1] 参见〔德〕马迪亚斯·赫德根：《国际经济法（第6版）》，江清云等译，上海人民出版社2007年版，第46页。

[2] 例如，在南南合作上以七十七国集团为例，在南北合作上以《科托努协定》、普惠制等为例，这些显然属于传统的国家间合作视角。参见陈安主编：《国际经济法学（第六版）》，北京大学出版社2013年版，第100—133页。

[3] 同上书，第17—19页。

度显著增大,因此国际立法权力将进一步分流,私人(企业)层面的现代"商人法"[1]将更为勃兴。一个典型例证是,尽管目前国际监管合作的呼声日高,但现实操作仍面临不少困难。[2] 如果国家间暂时缺乏监管合作,价值链上的企业之间(常常通过主导企业牵头)就会通过契约或倡议形式自发实现监管一致性,以弥补主权国家监管之力所不逮,从而使非政府的"治理"概念更趋突出。[3] 从主权国家的角度来讲,在这个全新时代,各国需要意识到制定国际经贸规则的目的,在很大程度上将是服务于价值链上企业间的全球合作,须将"服务型行政"理念注入规则制定中。例如,主权国家应在海关制度、投资程序等环节上更加努力推动贸易投资便利化;应积极考虑在 FTA 中纳入中小企业议题,帮助中小企业从 FTA 中获得实惠,以更好地融入全球价值链;应更加悦纳公众参与,尤其是在原产地规则、监管标准、环保影响等技术性较强的问题上,更需要广泛听取企业意见;等等。

《2013 年世界投资报告》将全球合作原则阐述得更加多元,认为全球价值链下的经济发展需要建立"区域产业发展契约",包含政府间合作(贸易投资协定整合)、政府与国际组织间合作(技术援助与能力建设)、贸易投资促进机构间合作(经贸活动的联合推广)、公共部门与私营部门间合作(基础设施投融资)等四个维度。[4] 这些都将进一步促进国际经济法律关系中各类主体权利义务的深度扩展。

---

[1] 对"商人法",有学者将其定义为"由商人们自己创造的用以调整他们彼此之间的商事关系的习惯和惯例的总称",指出它产生于中世纪欧洲,并逐渐被各国吸收为正式立法。参见郑远民:《现代商人法理论的提出及其对我国的影响》,载《法学评论》2002 年第 3 期,第 42 页。

[2] See Reeve T. Bull, et al., New Approaches to International Regulatory Cooperation: The Challenge of TTIP, TPP, and Mega-Regional Trade Agreements, *Law and Contemporary Problems*, Vol. 78, Iss. 4, 2015, p. 6.

[3] See Fabrizio Cafaggi and Paola Iamiceli, Contracting in Global Supply Chains and Cooperative Remedies, *Uniform Law Review*, Vol. 20, Iss. 2, 2015, p. 136.

[4] See UNCTAD, World Investment Report 2013: Global Value Chains: Investment and Trade for Development, available at https://unctad.org/en/pages/PublicationWebflyer.aspx? publicationid=588, last visited on Aug. 16, 2019, pp. 195-196.

## 2. 全球价值链理论的法学反思

同时，我们仍然必须看到，全球价值链理论毕竟是一种经济学理论，服从于效率最大化假定，而这与法学内在的学科精神存在显著差异。在法学的诸项原则中，尽管也包含促进经济效率的考虑，但毕竟只是其中之一。美国法理学家博登海默认为，法学服务于两个最基本目标：秩序与正义。[1] 大陆法系学者关于法学方法论的经典著作也指出，法律是良序和公正的艺术。[2] 耶林就高度强调法律人"对正义的义务感"。[3] 在国内，法理学者也无不肯定正义是法学最重要的目的价值之一。[4] 在国际法学界，正义更是自格劳秀斯以降的学科基石。[5] 总之，法学归根结底是公平正义之学，不是单纯的经济效率最大化之学。因此，对于全球价值链理论，我们仍然需要从法学角度作一番认真反思。笔者认为，全球价值链理论对当代国际经济法规则重构固然具有重大的启示价值，但同时也存在若干局限性，应予反思甚至批判。

（1）全球价值链理论不能全面反映国际经济活动的现实

全球价值链理论的一大现实依据便是各国企业间的产品内分工格局，在此基础上进行大量的中间品货物和服务的交易，从而"某国制造"变成"世界制造"，"民族国家""民族利益"等概念被淡化。但是，也要看到，现实中各国之间的贸易形态并非都是依托于价值链的中间品贸易，最终产品贸易仍然大量存在，典型者如农产品、纺织品与服装、儿童玩具、生活日用品等。尽管经济学者一再声称中间产品交易在全球各区域的贸易量中所占比例日益上升，但上升毕竟不能等同于全部。[6] 在服务贸易中，的确有许多服务部门属于围绕制造业

---

[1] 参见〔美〕E.博登海默：《法理学：法律哲学与法律方法》，邓正来译，中国政法大学出版社 2004 年版，第 330—368 页。

[2] 参见〔德〕齐佩利乌斯：《法学方法论》，金振豹译，法律出版社 2009 年版，第 13 页。

[3] 参见〔德〕鲁道夫·冯·耶林：《法学是一门科学吗？》，〔德〕奥科·贝伦茨编注，李君韬译，法律出版社 2010 年版，第 87 页。

[4] 参见张文显主编：《法理学》，高等教育出版社、北京大学出版社 1999 年版，第 212 页。

[5] 参见〔荷〕雨果·格劳秀斯：《战争与和平法》，何勤华等译，上海人民出版社 2013 年版，戴维·希尔英文版导论，第 9—10 页。

[6] 《2013 年世界投资报告》指出，中间品贸易大约占据全球贸易总额的 60%。See UNCTAD, World Investment Report 2013: Global Value Chains: Investment and Trade for Development, available at https://unctad.org/en/pages/PublicationWebflyer.aspx?publicationid=588, last visited on Aug. 16, 2019, p. 122.

展开的生产性服务业,提供的是中间品服务,但依然有很多服务部门提供的是最终服务,典型者便是大量的生活性服务业,如旅游、餐饮、视听娱乐、博彩、家政服务等。

很显然,在最终产品、服务领域,传统的贸易理论仍然具有很强的解释力,WTO所代表的传统经贸规则仍然完全适用。因此,有关学者主张的"WTO+TPP"经贸规则就具有合理性:WTO规则仍然适用于传统的国家间最终产品贸易,而TPP新规则适用于价值链贸易。[1] 全盘否定传统经贸规则,一味渲染"WTO过时论""20世纪贸易协定过时论",并不可取。在传统贸易领域,民族国家利益必然是非常重要的考量因素。例如,在货物贸易中,中国在入世谈判时十分注重研究外国农产品对国内农业可能造成的影响,而西方国家和部分发展中国家一直相当在意中国纺织品与服装对本国就业的冲击;在服务贸易中,视听出版物进口、博彩服务等仍然受到各国公共政策的监管,家政服务等自然人移动类服务仍然受到各国移民政策的限制。在世界政治经济大格局中,国家从未走开。由此,就引出下一质疑。

(2) 全球价值链理论不能全面维护发展中国家的利益

作为一种经济学理论,全球价值链理论是基于跨国企业在全球配置生产环节以达到利益最大化的需要,其本质是一种基于私人利益的自由主义经济学理论,而不是一种基于国家利益的法学理论。然而,跨国企业的利益显然不能简单等同于国家利益。对于发达经济体,以跨国企业为代表的私人利益与民族国家利益的确在相当大的程度上具有重合性;而对于众多发展中国家,它们国内企业的实力较弱,能够主导全球价值链的企业很少,因此国家利益角度的考察仍然不可或缺。全球价值链理论事实上要求发展中国家的经贸政策应全部服从发达国家跨国企业的利益,而跨国企业仍然占据着价值链的高利润环节。过去的国际贸易格局是产业间分工,发展中国家的企业出口原材料和初级产品,发达国家的企业则出口工业制成品,形成一种依附格局。在全球价值链理论下,国际贸易格局是产品内分工,发展中国家的企业处于加工、组装等低附加值生产环节,发达国家的企业则控制着研发、设计、营销和售后等高附加值环节,

---

[1] 参见杨国华:《论世界贸易与投资组织的构建》,载《武大国际法评论》2018年第1期,第139—153页。

又形成一种新的依附格局。

在这种新的依附格局下,发展中国家固然由于能够参与价值链而获得了工业化发展的机会,但却存在被锁定于价值链低端的危险,此即"低端嵌入"导致的"低端锁定"。[1] 发达国家的跨国企业千方百计维护其技术优势、研发优势,实行核心技术的严格保密,并要求享有高度的知识产权保护。而中小发展中国家的企业能获得的技术和知识的外溢效应十分有限,价值链升级和工业化进程面临严重阻碍,依附格局得以固化。[2] 有巴西国际法学者持类似观点,认为新兴市场国家不能把全球价值链作为万能妙药。[3] 国内也有学者从马克思主义政治经济学的观点出发,指出全球价值链具有霸权性质,服务于发达国家用较少劳动换取发展中国家较多劳动的目标,本质就是剥削。[4] 巴德温主张,发展中国家的经贸规则应与发达国家全方位趋同,特殊与差别待遇原则不再有存在的必要。如前所述,这也忽略了最终产品交易仍然大量存在以及传统经贸规则仍然适用于农产品、纺织品等最终产品交易的现实,而众多发展中国家仍然极为关注这些产品的出口利益。归根到底,全球价值链理论是一种西方的理论,对于非西方话语体系中的发展正义关注甚少,这是该理论的一大局限。

(3) 全球价值链理论仍不能解释经贸谈判中社会议题的根本意义

对于一系列"21世纪新议题",如知识产权、竞争政策、投资自由化、监管合作、原产地规则改革、贸易与投资便利化、互联互通、透明度、能力建设等,全球价值链理论的确具有高度融贯性的解释力。在很大程度上,这种解释力来自对高效流畅的跨境经济交往的追求。但是,也要看到,还有一部分"新议题"并不

---

[1] See UNCTAD, World Investment Report 2013: Global Value Chains: Investment and Trade for Development, available at https://unctad.org/en/pages/PublicationWebflyer.aspx? publicationid=588, last visited on Aug. 16, 2019, p. 196.

[2] See Gary Gereffi, Global Value Chains and International Competition, *The Antitrust Bulletin*, Vol. 56, Iss. 1, 2011, p. 56.

[3] See Gary Gereffi, A Global Value Chain Perspective on Industrial Policy and Development in Emerging Markets, *Duke Journal of Comparative & International Law*, Vol. 24, Iss. 3, 2014, pp. 454-455.

[4] 参见丁涛:《全球价值链的霸权性质——基于马克思劳动价值论的研究视角》,载《马克思主义研究》2014年第3期,第78—85页。

能与这种解释连接起来,比较典型的是环境保护、劳工标准、文化多样性、社区与原住民权利等,它们被称为"社会议题"。当前,西方发达经济体在缔结贸易协定时都要求必须纳入环境保护和劳工标准等规则。显然,这些议题与跨国企业跨境配置生产环节的需要并没有直接的正相关关系。[1] 相反,发展中国家如果提高本国环保和劳工标准,强调企业社会责任,只会增加价值链上生产环节的成本,对于跨国企业外包业务并没有直接的经济好处。目前,全球价值链上的跨国企业的社会责任问题日益突出,它们与价值链底层的劳工、工会、供应商以及当地社区、非政府组织的矛盾和冲突此起彼伏。[2] 因此,全球价值链理论无法有效解释"21世纪贸易协定"中大多数社会议题的存在意义,这一任务将被交给另一重要的法律原则——可持续发展。[3] 例如,环保议题已经在中国晚近FTA中得到体现,这与国内生态文明建设导向直接相关。WTO"中国出版物和视听产品案"等相关实践也表明保持"文化例外"等社会价值的高度必要性。[4] 但是,这些并不能通过全球价值链理论得到证成,而是出于社会可持续发展的需要。"文化例外"甚至被既拥有发达成员身份又拥有悠久历史文化的欧盟也同样奉为对外经贸谈判事实上的金科玉律。[5] 可见,此类社会价值与全球价值链理论并无直接关联。

---

[1] 国外有学者分析了全球价值链上的劳工标准问题,认为只有改变利益相关者(包括商业界、政府、消费者)的激励才能促使其关注劳工权利的改进,其中的一个重要手段是社会力量压力下形成的企业声誉机制。可见,全球价值链本身并不能自动提升劳工标准。See Daniel Berliner, et al., Governing Global Supply Chains: What We Know (and Don't) About Improving Labor Rights and Working Conditions, Annual Review of Law and Social Science, Vol. 11, Iss. 1, 2015, p. 200.

[2] See Kishanthi Parella, The Stewardship of Trust in the Global Value Chain, Virginia Journal of International Law, Vol. 56, Iss. 3, 2016, pp. 588-589.

[3] 联合国国际法院薛捍勤法官明确将可持续发展称为国际法的"法律原则"。参见〔荷兰〕尼科·斯赫雷弗:《可持续发展在国际法中的演进:起源、涵义及地位》,汪习根、黄海滨译,社会科学文献出版社2010年版,薛捍勤序,第2页。

[4] 关于此案和中国保持"文化例外"必要性的分析,参见石静霞:《"同类产品"判定中的文化因素考量与中国文化贸易发展》,载《中国法学》2012年第3期,第50—62页。

[5] See European Commission, The EU's Position in the Negotiations—TTIP and Culture, 15 July 2014.

### (4) 全球价值链理论与东道国公共监管需要有潜在的冲突

进一步从可持续发展的视角深挖,可发现全球价值链理论与东道国基于公共政策需要的监管之间存在一定的张力。从理论层面看,一国国民经济中的一些重要部门,往往是由于其特殊的社会敏感性,即便国内生产成本高,也需要进行贸易保护,或出于国家安全等考虑而需要设置投资壁垒。这些情形下的保护主义是基于经济部门的社会化特性,不能只考虑经济效率,而要综合一国政治、社会、文化、安全甚至民心理等多个方面进行慎重权衡。对发展中国家的这种正当的保护需要,西方发达国家不应持有过多异议,其实它们自身也存在这种需要。从实践层面看,跨国企业天生就有逃避高监管、寻求低监管的特性。例如,当代投资自由化、便利化趋势客观上令外资自由度与东道国公共监管权之间产生了日趋明显的张力,使 ISDS 机制的改革甚至存废问题的讨论在全球范围内日益激烈,成为当代国际经济法的热点之一,这便是一种反面例证。[1] 有学者进一步指出,由于全球价值链上存在企业责任的审慎性(due diligence)缺失问题,企业母国需要发挥更大的监管作用。[2] 归根到底,全球价值链理论终究只是一种经济理论,对于经济层面以外的其他社会价值关注甚少,这是该理论的又一大局限。

### (五) 结 论

较之传统的国家间贸易理论,全球价值链理论作为新兴理论的确在总体上更贴近当代国际分工的现实,从而对多个领域的国际经济法规则的重构提出了新要求,为一系列"21世纪经贸议题"的内在正当性提供了融贯性解释和有力证成。一方面,全球价值链理论在理论层面上有助于丰富国际经济法学科的全球合作原则,在实践层面上对包括中国在内的发展中国家的对外经贸谈判具有参考价值。另一方面,全球价值链理论的局限性也十分明显。它终究是一种西方

---

[1] See Katia Gómez and Catharine Titi, International Investment Law and ISDS: Mapping Contemporary Latin America, *Journal of World Investment & Trade*: Special Issue, Vol. 17, Iss. 4, 2016, pp.515-535.

[2] See Galit A. Sarfaty, Shining Light on Global Supply Chains, *Harvard International Law Journal*, Vol. 56, Iss. 2, 2015, pp.460-461.

的经济学理论,没有全方位反映国际经济活动仍然存在大量最终产品(和服务)交易的现实,又致力于为西方跨国企业的主导地位服务,对非西方话语体系中的国家利益和发展正义关注甚少,对经济层面以外的其他社会价值更是几无涉足。因此,从法学角度而论,既要看到全球价值链理论对于制度构建机理的启发价值,又要看到它在法律正义维度上存在的"赤字"。

对于中国,全球价值链理论是一把"双刃剑"。从有利的一面来讲,中国既可从中找到反对西方大国贸易保护主义、单边主义、霸凌主义的正当论据,继续维护贸易自由化和多边主义,又可在相当程度上化解对"21世纪议题"的"南北纠结",提升自贸区战略的质量,优化国内营商环境,将改革开放进一步推向纵深,同时推动"一带一路"沿线的价值链合作。[1] 从不利的一面来讲,西方学者认为,在全球价值链格局下,发展中国家无须全面参与世界经济竞争,只要从事自己最具有比较优势的生产环节以实现工业化即可。此种观点对于中小发展中国家可能有一定合理性,但对于中国这样的发展中大国,从政治、安全、文化、社会全面进步、国际地位提升等各方面而言,仍然需要以全方位的工业体系参与世界经济竞争,并积极谋求产业结构转型升级,而不能满足于仅仅依附于西方跨国企业,被锁定于价值链的低端环节。

当前,西方国家要求"WTO改革"的呼声甚嚣尘上,它们鼓吹"WTO规则过时论"的真实意图在于"规则制华"。它们的典型主张包括:"超TRIPS知识产权保护""国企竞争中立""取消产业政策""外资准入充分自由化""取消对外资的履行要求""数据流动自由化"等。这些规则主张事实上都是基于全球价值链理论下的西方利益,同时掩盖西方国家的贸易政策历史,并淡化特殊与差别待遇原则,要求非西方国家承担与它们近乎一致的义务,却未考虑广大发展中国家当前的发展阶段和发展水平。对于中国这样的发展中大国,对内,鼓励技术转让、采取各种产业政策、以市场吸引投资、实行政府有效监管等各种传统的

---

[1] 有学者指出,中国主导建立的亚投行不同于以往多边发展融资机构的根本点就在于,以全球价值链合作为出发点,着力于发展基础设施落后国家的下游高附加值产业,突破单一项目的视野,向统合上下游产业的一揽子投资模式发展。See Xu Qiyuan, The AIIB's Concept for Development and Financing: Putting Global Value Chains to the Fore, *China International Studies*, Vol. 54, 2015, pp. 61-66.

经贸政策工具仍然具有重大的现实价值;对外,随着"一带一路"倡议和"走出去"战略的实施,甚至还要逐步建立自己企业主导的全球价值链。因此,中国不可能全面接受西方国家的以上规则主张。在当前形势下,继续坚持特殊与差别待遇原则,坚持维护WTO多边主义与推进FTA区域合作相结合的"两条腿走路"[1],反对在经贸规则上向西方发达经济体盲目趋同,仍将是中国立足自身国情的正当主张。

### 二、可持续发展原则的兴起对国际经贸规则的新要求

如前所述,全球价值链理论无法有效解释"21世纪贸易协定"中大多数社会议题的存在意义。当代FTA对社会价值的关注任务交给了另一重要的法律原则——可持续发展。晚近以来,可持续发展理念在全球日益深入人心,对于中国近年来的发展政策和经贸制度也产生了非常明显的影响。2019年《新时代的中国与世界》白皮书指出,中国积极落实联合国2030年可持续发展议程,坚定不移走绿色发展之路。[2] 国际经济法学界倾向于认为,可持续发展已构成一项基本法律原则,是国际经济法的终极追求之一,理应成为众多国际经贸规则内在蕴含的理念。该原则能够充分阐释当代国际经贸谈判中各种社会议题的存在意义,必将对中国FTA实践产生深远的影响。

(一)可持续发展概论

1."可持续发展"提法的兴起历程

"可持续发展"的提法,起初源于人类对工业文明造成的严重的环境危害的深刻反思。然而,此概念的后续演变已超越了单纯的环保范畴,迈向更为宏大的综合性范畴。据荷兰国际法学者斯赫雷弗介绍,"可持续发展"概念由联合国世界环境与发展委员会(也被称为"布伦特兰委员会")于1987年正式提出并提交联合国大会。其实,人们很早以前已经认识到环境与发展的关系,"可持续发

---

[1] See Bernard Hoekman, *Supply Chains, Mega-Regionals and Multilateralism: A Road Map for the WTO*, CEPR Press, 2014, p.61.

[2] 参见中华人民共和国国务院新闻办公室:《新时代的中国与世界》,人民出版社2019年版,第55页。

展"概念在被明确纳入国际政治和国际法之前具有各种来源。[1] 在斯赫雷弗看来,可持续发展在国际法中的发展和演进有一系列标志性事件。具体来说,二战后,人们极为关注自然资源的可获得性,若干海洋渔业领域的公约中率先出现了可持续发展的观念,紧接着出现了越来越多的有关环境与发展关系的国际声明,这是初步关注阶段;20世纪70年代后,斯德哥尔摩联合国人类环境会议、国际经济新秩序运动的兴起、第三次联合国海洋法会议,标志着"可持续发展"概念的初步形成;20世纪90年代后,1992年里约热内卢联合国环境与发展会议(以下简称"里约会议")、1993年维也纳世界人权大会、WTO多哈回合议程、联合国千年发展目标、2002年约翰内斯堡可持续发展世界首脑会议和2005年世界首脑会议等事件,标志着可持续发展概念走向成形阶段。[2] 著名国际环境法专家帕特莎·波尼和埃伦·波义尔也指出,"可持续发展"概念及其地位在1992年里约会议上获得了近乎普遍的认可。[3]

2. "可持续发展"概念的内涵

斯赫雷弗进一步指出,仅仅将可持续发展的含义理解为环境保护是狭隘的,经历了二战后的上述一系列演变,"可持续发展"概念的内涵由环保、发展和人权(又称"社会")三个方面要素组成。早期关于可持续发展的国际文件,如布伦特兰委员会所提议的许多内容,都是从国际环境法的角度拟定的,未能过多关注发展要素和社会要素。[4] 事实上,当环保呼声在国际社会兴起时,众多发展中国家都担忧环保倡议会导致更多的贸易限制、能源使用限制、开发限制,从而制约它们发展经济的规划,甚至直到今天这样的担忧依然存在。这就足以表明,可持续发展不能仅仅局限于提倡环保,还需要其他维度予以补充和完善。斯赫雷弗认为,环保、发展和人权这三个方面要相互协调,并应采取全面综合的措施,这集中体现在二战后各种条约法、国际判例法以及各国国内宪法的发展

---

[1] 参见〔荷兰〕尼科·斯赫雷弗:《可持续发展在国际法中的演进:起源、涵义及地位》,汪习根、黄海滨译,社会科学文献出版社2010年版,第11、13页。

[2] 同上书,第二章、第三章。

[3] 参见〔英〕帕特莎·波尼、埃伦·波义尔:《国际法与环境(第二版)》,那力等译,高等教育出版社2007年版,第81页。

[4] 参见〔荷兰〕尼科·斯赫雷弗:《可持续发展在国际法中的演进:起源、涵义及地位》,汪习根、黄海滨译,社会科学文献出版社2010年版,第41—43页。

中。就国际法而言,他指出,涉及可持续发展的国际法有三个分支:国际环境法、关于发展的国际法、国际人权法,[1]正好对应上面所说的三个方面。

同时,斯赫雷弗、波尼、波义尔等权威学者都指出,可持续发展的具体含义依然是模糊的或不明确的。波尼、波义尔认为,可持续发展的性质还存在根本的不确定性,这直接关系到可持续发展在何种意义上以及能否成为一项法律原则的问题,即使能够确认该概念的主体要素,也难以弄清这些要素的具体规范内涵。[2]斯赫雷弗也指出,可持续发展在国际法中继续发展和适用的重大挑战之一便是其概念界定还一直处于模糊状态。[3]不过,这并不影响可持续发展理念在实践中被各国政府和国际社会广泛认同和接受。本书采纳斯赫雷弗的观点,在阐述可持续发展时,将其内涵视为包括环保、发展和人权三个方面,"可持续发展"概念应指向这三个方面的动态平衡。

(二)可持续发展作为法律原则的地位和内容

1. 可持续发展作为法律原则的地位辨析

近些年,关于可持续发展是否应成为国际经济法(甚至更广意义上的国际法)的一项新法律原则的讨论,在学界日益兴盛。所谓法律原则,一般被理解为贯穿于整个法律体系,对法律体系内具体的法律规范具有根本指导意义的理念或信条。原则与规范之间的关系是:原则指导规范,规范体现原则。[4]那么,可持续发展在国际法中是否具有这样的地位?

薛捍勤明确将可持续发展称为"法律原则",她指出:尽管发达国家与发展中国家面临着不同的发展任务和挑战,但各国政府都认识到可持续发展的重要性和紧迫性,这种政治上的共识使可持续发展的理念从环境法领域逐渐向发展

---

[1] 参见〔荷兰〕尼科·斯赫雷弗:《可持续发展在国际法中的演进:起源、涵义及地位》,汪习根、黄海滨译,社会科学文献出版社2010年版,第140页。

[2] 参见〔英〕帕特莎·波尼、埃伦·波义尔:《国际法与环境(第二版)》,那力等译,高等教育出版社2007年版,第82页。

[3] 参见〔荷兰〕尼科·斯赫雷弗:《可持续发展在国际法中的演进:起源、涵义及地位》,汪习根、黄海滨译,社会科学文献出版社2010年版,第198—199页。

[4] 参见张文显主编:《法理学(第三版)》,法律出版社2007年版,第74—75页。

法、经贸法和人权法等领域延伸,正在成为一项具有实质性指导意义的法律原则。[1] 波尼、波义尔也将可持续发展称为"原则",但同时认为,在国际法体系中,可持续发展原则并不比其他原则具有更加优先的地位。[2] 尽管很少有国家再对可持续发展原则持有异议,但在个案情况下如何赋予其具体的效力,则缺乏类似的共识。除非能就具体的国际行动达成协议,否则各国对该原则的解释和实施仍然保留着实质上的自由裁量权。在界定什么是可持续发展时,往往涉及社会、政治、经济、环保等价值判断,而这些价值又常常相互冲突,从而需要权衡。[3] 斯赫雷弗未谈及这个问题。

在国内,近年来,有若干学者也肯定了可持续发展的法律原则地位。例如,何志鹏主张在国际经济立法中确认可持续发展的基本原则地位,并根据可持续发展的要求制定和修改国际经济领域的具体规则。[4] 胡晓红明确指出,可持续发展应成为国际经济法体系的一项新的基本原则。她以亚投行实施的贷款项目的可持续发展评价标准为例,认为现有的国际经济法基本原则(包括经济主权、公平互利、全球合作、有约必守等)不能完全涵盖可持续发展的意蕴,可持续发展已经完全具备作为独立的国际经济法基本原则的要件。[5] 应当说,以上观点确有合理性。不过,鉴于可持续发展在具体操作层面仍有大量模糊之处,这一问题仍然存在探讨空间,尚未形成定论。笔者认为,从趋势性角度讲,可以将可持续发展表述为一项正在形成中的国际法或国际经济法的法律原则,因为至少在观念层面上,国际社会已经广泛接受之。

2. 可持续发展原则的主要内容

如前所述,波尼、波义尔将可持续发展视为法律原则,并阐述了这一原则所

---

[1] 参见〔荷兰〕尼科·斯赫雷弗:《可持续发展在国际法中的演进:起源、涵义及地位》,汪习根、黄海滨译,社会科学文献出版社2010年版,薛捍勤序,第2页。

[2] 参见〔英〕帕特莎·波尼、埃伦·波义尔:《国际法与环境(第二版)》,那力等译,高等教育出版社2007年版,第82页。

[3] 同上书,第90—91页。

[4] 参见何志鹏:《国际经济法治:全球变革与中国立场》,高等教育出版社2015年版,第147—150页。

[5] 参见胡晓红:《可持续发展原则:国际经济法基本原则的定位》,载《2017年中国国际经济法学会年会论文集》,第66—81页。

包含的要素。他们认为,可持续发展原则包括实体上和程序上的要素,体现在1992年里约会议通过的《里约宣言》阐述的一系列原则中。归纳起来,实体要素主要包括:(1)环境保护和经济发展的整合,体现了环保应内化于发展过程的一体化思想;(2)发展权,表明了发展中国家的关注,即环保不应凌驾于发展中国家的经济发展需要之上;(3)自然资源的可持续利用和养护,这方面涉及环境效果预测的不确定性和风险预防原则;(4)代际公平,要求当代人在开发和利用自然资源和环境时不损害后代人对资源和环境质量的选择权;(5)代内公平,这涉及现存国际经济体制中的不公平,旨在纠正发达世界与发展中世界之间财富的不均衡以及优先考虑穷国的需求;(6)污染者付费,这是关于环境损害责任界定的一种常见做法。程序要素主要包括:(1)环境影响评估;(2)公众参与决策。[1] 从以上内容来看,很明显,波尼、波义尔关于可持续发展原则要素的阐述主要是围绕环境维度展开的,这与他们主要关注国际环境法的研究视角有关。客观地讲,相对于本书所认同的斯赫雷弗主张的可持续发展所包括的三个方面,以上内容还不够全面。

相比之下,斯赫雷弗虽然没有论及可持续发展作为独立原则的法律地位,但他系统阐述了追求可持续发展目标中所涉及的国际法原则,认为这些原则共同构成"可持续发展国际法"的框架。[2] 他区分了两类原则:一类是一般原则,构成可持续发展国际法的重要支柱;另一类是著名学术团体国际法协会于2002年发布的《与可持续发展有关的国际法原则的新德里宣言》(以下简称《新德里宣言》)中的七项具体原则。具体来说,一般原则包括:(1)国际经济关系中的法治原则,涉及国际经济法在各个领域的加强和发展中国家的更多参与;(2)国际合作原则,这意味着可持续发展不只是各国内部事务,还需要通过国际合作实现,且不但包括国家间合作,还涉及国际社会诸如国际组织、私人部门和社会组

---

[1] 参见〔英〕帕特莎·波尼、埃伦·波义尔:《国际法与环境(第二版)》,那力等译,高等教育出版社2007年版,第82—90页。
[2] 斯赫雷弗也指出,这些原则并不是穷尽性列举,且法律地位各不相同,有的被普遍接受并属于现行实在法,有的则属于新兴原则或最多只能算是应然法。参见〔荷兰〕尼科·斯赫雷弗:《可持续发展在国际法中的演进:起源、涵义及地位》,汪习根、黄海滨译,社会科学文献出版社2010年版,第140页。

织等主体的合作;(3)尊重人权原则,这涉及三代人权观——公民权利与政治权利、经济社会和文化权利、集体权利。《新德里宣言》的七项具体原则包括:确保自然资源的可持续利用、公平及消除贫困、共同但有区别的责任、风险预防及环境影响评估、公众参与、善治、一体化与相互联系性(指可持续发展三个方面与各种原则的一体化与相互联系性)。[1]

斯赫雷弗所列举的这些原则,无论是基本原则还是具体原则,不少都超越了单纯的环保范畴,延伸到发展和人权(社会)范畴。例如,国际经济关系中的法治、国际合作、尊重人权,还有公平及消除贫困、共同但有区别的责任、公众参与、善治以及一体化与相互联系性等。虽然斯赫雷弗称他并不打算对涉及可持续发展的国际法原则作穷尽性列举,但以上列举的原则的覆盖面显然已相当广。

### (三)可持续发展原则在国际经济法规则重构中的价值

虽然可持续发展国际法的框架涉及国际环境法、关于发展的国际法、国际人权法等诸方面,但本书关注的主题是国际经济法规则重构背景下的中国FTA法律范式,这决定了本书的研究是以国际经济法(可以理解为关于发展的国际法)为中心的。因此,无论可持续发展具有多么丰富的内涵和外延,本书只探讨它在国际经济法规则重构过程中的价值所在。

1. 可持续发展原则在国际经济法规则重构中的良好融贯性

可持续发展原则在国际经济法规则重构中的价值之一便是它的良好融贯性,即能够很好地融贯解释一系列非经济(社会)议题甚至部分经济议题的存在意义,能够将这些看似纷繁复杂、众说纷纭的议题都纳入可持续发展这个宏大的统一框架下。这表现在两方面议题上:第一,众多非经济(社会)议题,如环境、人权(含劳工问题)、企业社会责任、反腐败、人力资源培育、土著居民和性别权利、文化多样性等,得以获得正当性根据;第二,部分经济议题,本身也兼有可持续发展的考量色彩,如农业贸易保护、企业能力建设、法律法规透明度、争端

---

[1] 关于以上各项原则的阐述,参见〔荷〕尼科·斯赫雷弗:《可持续发展在国际法中的演进》,汪习根、黄海滨译,社会科学文献出版社2010年版,第141—184页。

解决程序、公众参与、监管合作（TBT 和 SPS 措施）、知识产权中的民间文艺、遗传资源与传统知识等。

同时，上述两方面议题存在一定的交叉，具体表现为：第一，有的议题兼有经济议题和社会议题的双重性。例如，农业贸易当然属于经济议题，但农业本身强烈的社会性决定了农业贸易的敏感性和高保护性，可持续发展原则可使一国合理的农业限制措施获得正当性。又如，知识产权中的民间文艺、遗传资源和传统知识，既是经济议题，同时也牵涉到传统社区、土著居民的利益，因此也带有一定的社会性。再如，就公众参与本身而言，并不好孤立地断定其属于经济议题还是社会议题，但它在环境保护、监管措施、争端解决等不同领域都有不同程度的体现。第二，有的议题兼有全球价值链和可持续发展的双重考量。例如，人力资源培育既有利于一国在外包时代适应并融入全球价值链的需要，又关乎该国的教育大业。如前文所述，TBT 和 SPS 措施的监管合作既有加速价值链运转效率的功能，又有保障环境、人类和动植物健康、社会公共道德等涉及可持续发展的功能。反腐败、透明度等原本属于一国内政，但它们一方面能够促使本国营商环境更好地适应全球价值链的需要，另一方面体现了"良法善治"的思想，显然也有利于经济社会的可持续发展。

正如斯赫雷弗所阐述的，可持续发展国际法框架中的"一体化与相互联系性"这一具体原则揭示出，环境、人权等因素也渗透在国际经贸规则中，彼此存在密切的联系，是不可分割的整体。因此，各国应当致力于追求各种因素之间的微妙平衡。可持续发展的一体化要求能够解释经济议题与社会议题的内在融贯性，而不是过去所理解的仅仅是发达国家在经贸谈判中逐一提出、强加硬塞的结果。当代对国际经贸规则建构的讨论，既不能脱离部分经贸议题自带的社会性，也不能脱离环境、人权等纯社会议题，这已经构成国际经济法的一个显著特征。

2. 可持续发展原则在国际经济法规则重构中的更好接受性

可持续发展原则在国际经济法规则重构中的另一价值在于它在当今国际社会中的更好接受性。无论是发达国家还是发展中国家，对可持续发展原则都持有广泛的认同态度。

以往，发达国家和发展中国家之间存在着两个层面的巨大分歧：一是在宏观层面关于国际经济新秩序的立场,二是在微观层面关于种种社会议题的立场。发展中国家积极倡导建立国际经济新秩序,希望发达国家扩大发展中国家出口产品的市场准入,使后者在世界贸易中能够切实获益,同时反对发达国家在经贸谈判中借环境、劳工等社会议题压制或削弱发展中国家的出口优势。这些经典立场在以往中国的国际经济法文献中体现得十分明显。长期以来,关于各种社会议题究竟"有利于谁"的学术争论,与前文所述的若干经济议题(如投资自由化、"超 TRIPS"知识产权条款、竞争政策等)的争论类似,在两类国家之间呈现出"非此即彼""黑白分明"的显著分歧。而可持续发展原则以其独有的灵活、务实性特征,对两类国家在两个层面的分歧可以起到有效的弥合作用,从而更易被广泛接受。

(1) 两类国家在宏观层面关于国际经济新秩序的分歧

笔者注意到,国内蔡从燕、何志鹏两位学者不约而同地提出了以可持续发展理念代替国际经济新秩序理念的观点。蔡从燕指出:第一,可持续发展战略与国际经济新秩序运动存在一定的通约性,国际经济新秩序运动的权威文件如《各国经济权利和义务宪章》初步表达了对可持续发展的关注,而涉及可持续发展战略的《里约宣言》也将发展权纳入其中;第二,国际经济新秩序运动存在一定的历史局限性,如仅致力于纠正国家间的经济不平衡问题,而忽略了发展中国家在发展经济过程中的环境污染、资源枯竭等影响可持续发展潜力的长远问题;第三,在发达国家仍然主导国际经济秩序的现状下,发达国家对可持续发展的欢迎态度会使其更具有现实可行性。[1] 何志鹏则指出:从国际经济新秩序迈向可持续发展,是国际经济法治价值体系的拓展与升华。可持续发展既与国际经济新秩序主张具有明显的共性,同时又对后者有明显的发展,具体体现为:可持续发展已从国家中心进入人本主义,更强调全球、全人类的整体共进,内涵更为广阔,立意更为高远。[2] 两位学者尽管具体论述不同,但实质上都点出了

---

[1] 参见蔡从燕:《从国际经济新秩序运动到可持续发展战略——南北问题解决范式的可能转换及其对发展中国家的深远影响》,载陈安主编:《国际经济法学刊(第15卷第3期)》,北京大学出版社2008年版,第208—209页。

[2] 参见何志鹏:《国际经济法治:全球变革与中国立场》,高等教育出版社2015年版,第137—140页。

两个论据：第一，相对于传统的"国际经济新秩序"的提法，可持续发展具有广延性，能够兼顾经济发展与各种社会价值的协调；第二，可持续发展具有现实性，更容易被国际社会广泛接受。

对此，笔者认为，中国迄今在各种场合从未放弃过对"国际经济新秩序"的提倡，表明这一提法绝不过时。问题在于，对于国际经济新秩序的理解应当与时俱进。国际经济新秩序的内涵之精髓在于"公正合理"，其外在的实现方式和手段则因时而异，并非永远停留在20世纪六七十年代发展中国家对发达国家主导的国际经济秩序持对抗立场、要求予以推翻的形态上。20世纪六七十年代，众多发展中国家在取得政治独立后，致力于进一步获得经济独立，从而真正打破殖民枷锁，因此它们提出的国际经济新秩序将重点放在优先纠正国家间的经济不平衡上，是毫不奇怪的。但是，当今的时代特征是和平与发展成为世界潮流和时代主题，同时贫穷现象、温饱问题依然广泛存在，且贫富差距、环境污染、重大传染性疾病、气候变化等非传统安全威胁持续蔓延，全人类面临着许多共同挑战，"全球治理"成为时代流行语，因此国际经济新秩序的实现方式和手段宜因时而变。可持续发展由于注重协调环境、发展和人权（社会）等诸多方面，已成为国际经济新秩序在当代一种新的实现方式和手段。因此，对于发展中国家而言，"可持续发展"和"国际经济新秩序"仍然是并行不悖的两种提法，彼此服务，相利相长，无须以一种提法代替另一种提法。不过，"国际经济新秩序"的提法确实会给发达国家带来一种权力威胁感，而"可持续发展"的表述则更为中性，更具有被广泛接受的基础，这一点是应当认同的。[1]

（2）两类国家在微观层面关于种种社会议题的分歧

笔者认为，可持续发展原则能够打破以往在两类国家之间关于社会议题的僵化争执局面。由于可持续发展原则内涵丰富，因此在实施内容上具有高度灵活性，能够有效适应复杂的"身份定位"问题。对此，我们可从相关分析中获得启示。

蔡从燕指出，就中短期而言，可持续发展理念对于发展中国家缩小南北差

---

[1] 例如，在2016年《二十国集团领导人杭州峰会公报》中，"可持续"一词出现了37次，"可持续发展"一词出现了13次。二十国集团同时包括发达国家和发展中国家，故可持续发展的高度接受性可得到印证。

距的努力的确造成了压力。这表现为,发达国家明显更重可持续发展战略而轻国际经济新秩序运动,如环境等议题都是在发达国家主导下被纳入国际经贸谈判范围的。在 WTO 谈判中,一些发达成员曾主张,如果相关农业保护与支持措施服务于环境保护、食品安全、农村地区维护等非贸易关注(non-trade concerns),则可以继续维持。但是,农业是许多发展中国家的重要经济部门乃至支柱产业,获得更自由的他国市场准入是这些发展中国家实现自身发展的重要途径。发达国家以非贸易关注为由提出的主张,显然损害了发展中国家的农产品市场准入利益,阻碍了发展中国家旨在缩小南北差距的努力。[1]

同时,蔡从燕指出,可持续发展对于发展中国家的影响是复杂的,不宜简单地认为利大于弊或弊大于利,更不宜认为对于发展中国家有百弊而无一利。在可持续发展的语境中,发达国家固然可能推卸原先在国际经济新秩序运动下的义务,转而强调发展中国家自身在解决南北问题方面的义务,如要求发展中国家改善经济政策甚至国家治理模式等。然而,尽管发展中国家比较关注发达国家借"可持续发展"之名阻挠其缩小南北差距的努力,但发展中国家的某些传统发展实践,如高耗能高污染模式,在缩小南北差距的同时又造成了新的南北差距,这并不符合发展中国家的长远利益。发展中国家应该意识到,南北差距不仅体现为发展中国家与发达国家当下发展水平的差距,也体现为未来发展潜力的差距。[2]

在另一篇文章中,蔡从燕又指出,21 世纪的国际经济新秩序虽然仍应关注经济问题,但也要主动关注可持续发展问题,从传统的关注经济正义和国家间正义扩展到关注社会正义和代际正义,展示其应有的普遍主义价值。21 世纪,国际经济新秩序的实现方式也发生了变化,发展中国家应摆脱以往诉诸联合国相关文件的做法,通过具有明确法律约束力的国际条约,建立国际经济新

---

[1] 参见蔡从燕:《从国际经济新秩序运动到可持续发展战略——南北问题解决范式的可能转换及其对发展中国家的深远影响》,载陈安主编:《国际经济法学刊(第 15 卷第 3 期)》,北京大学出版社 2008 年版,第 209、211—212 页。

[2] 同上书,第 209—211 页。

秩序。[1]

在笔者看来,以上论述实质上揭示了国际社会中各类国家在国际经贸谈判中的复杂立场。事实上,具有这种复杂性的不仅仅是农业议题、环境议题,还有许多议题(无论经济的还是非经济的)也是这样。例如,在经济类的知识产权议题上,在关贸总协定乌拉圭回合谈判后期,韩国和东南亚国家从发展中成员阵营中分化出来,参与促成了《TRIPS 协定》的出台。[2] 美国作为发达成员对地理标志制度不感兴趣,而欧盟却与发展中国家中国一样重视地理标志保护。在非经济类的公共健康问题上,澳大利亚近年来关于烟草包装的监管措施不但在 WTO 中涉诉,而且在国际投资争端解决中心(ICSID)中也涉诉。澳大利亚甚至提出反对在国际投资协定中纳入 ISDS 机制的主张,理由是这一机制威胁东道国的公共政策自主权。从传统观念出发,限制投资者权利扩张、捍卫国家主权以往似乎应是发展中国家的一贯主张。然而,我们应透过捍卫国家主权的表象看到事物的本质——公共健康是每个国家都必然高度关注的问题。

(3) 可持续发展原则对两类国家两种分歧的弥合作用

就此,我们可以归纳出两点:第一,两类国家的两分法总体上符合国际社会的现状,也大体能够反映出两类国家之间在各种议题上的偏好和倾向,但这种偏好和倾向不能绝对化。国家身份的两分法代表了一种过渡性质的谱系,关于"发达"抑或"发展中"的判断说到底是个程度判断的问题。同时,即便在两分法视野之下,因发展水平、发展阶段、特别国情、国际地位的不同以及其他复杂因素,同类国家有可能拥有不同的议题偏好,不同类国家也可能拥有相似或相同的议题偏好。[3] 运用两分法对经贸议题偏好作出的判断,在宏观上的确具有较好的整体性解释力,而落实到具体国家,则要具体问题具体分析,否则可能背

---

[1] 参见蔡从燕:《国际经济新秩序与中国的选择:变与不变》,载陈安主编:《国际经济法学刊(第 16 卷第 3 期)》,北京大学出版社 2009 年版,第 143—145 页。

[2] 参见张向晨:《发展中国家与 WTO 的政治经济关系》,法律出版社 2000 年版,第 85 页。

[3] 这里所说的"议题偏好"包括两方面:对议题本身的偏好和对议题处理方式的偏好。对议题本身拥有相似偏好,不代表在具体的议题处理方式上也拥有相似偏好。

离唯物辩证法的认识论。[1] 第二,国家身份的两分法固然总体上是正确的,但国家无论"发达"还是"发展中",都拥有若干共性的利益,典型者即公共政策自主权。诸如澳大利亚采取公共健康监管措施这样的例子,任何国家都是可以充分理解的。除了公共健康,公序良俗、农业保护、社会稳定等也都属于此类共性的利益。

因此,南北矛盾的分析视角的确是正确的,今天也没有过时。但是,这只是一个宏观层面的整体性分析视角,若在对议题偏好等的具体判断上处处生搬硬套这个视角,则会形成一种形而上学的认识论——用静止、孤立的眼光看问题,而不是辩证法的认识论——用发展、联系的眼光看问题。对于具体国家而言,在国际经贸谈判中对议题偏好等的具体判断说到底是一个微观层面的问题。诚然,南北矛盾的宏观视角需要有效的微观视角予以补充,即哲学上普遍性与特殊性的结合。那么,这个微观视角是什么?在笔者看来,便是可持续发展原则(或者说理念、战略等)。

如前所述,可持续发展原则内涵丰富,包括环境、发展、人权(社会)三个方面的要素。每个国家都有权结合本国的具体国情,对各种要素进行权衡、取舍,作出具体的议题偏好判断,采用具体的发展方略。只要有利于本国经济社会的综合发展,这些偏好和取舍就是符合可持续发展原则的。因此,我们不能简单地仅根据某国是否偏好于某个特定议题,就武断地得出该国是否秉承可持续发展原则的结论。例如,一国在遍地饿殍、百废待兴之时,可持续发展就意味着要首先发展生产,解决温饱问题,此时环保问题就只能被放在次要位置;而在该国已经跨越温饱阶段,甚至正走向更高阶段时,可持续发展可能就意味着需要将保护生态环境、促进人民健康放在重要位置。也就是说,我们不能仅仅根据一国在国际经贸谈判中赞成或反对环境议题就对该国的政策合理性作出武断的判断。可持续发展也意味着一种实事求是、灵活多样、具体问题具体分析的工

---

[1] 池漫郊以中国 BIT 谈判为例,分析了中国在各个谈判中所采用的两分法,但两分法正面临着国家类型界限模糊化的挑战。See Manjiao Chi, The "Greenization" of Chinese Bits: An Empirical Study of the Environmental Provisions in Chinese Bits and Its Implications for China's Future Bit-Making, *Journal of International Economic Law*, Vol. 18, Iss. 3, 2015, pp. 536-537.

具理性,这就超越了以往在南北两类国家之间围绕社会议题"标签式""脸谱化"的僵化对立。可持续发展原则正由于其内涵丰富,才能够在实施内容上具有灵活性,才能够有效适应国际社会的多样化、多元化现状,有助于化解复杂的"身份定位"问题。

接下来的逻辑追问是:如果可持续发展原则要求每个国家都根据自身状况形成相应的议题偏好和发展方略,是否又陷入"有用即真理"的个体实用主义泥潭? 这就涉及在国际层面、全球层面上进行协调的问题。但是,在多大程度上应进行协调,如何协调,哪些群体参与协调,根据谁的利益、理念进行协调等,取决于国家间的积极互动。对此,哈贝马斯式的沟通对话理论可提供证成力量。当前的全球体系不是一个得到了治理的体系,而是充满了危机和混乱。[1] 在共识崩溃、理性分化的当代,人们似乎越来越难以形成真正的共识,国家间在许多重大的国际议题上达成共识的难度也越来越大。在这种现状下,确立沟通交流、对话协商的程序性机制极为重要。尽管沟通与协商未必能达成约束性的共识,但在正当程序下的真诚沟通与协商过程中,各主体为本方立场提供正当化理由,在理性论据基础上进行论辩互动,彼此能够逐渐充分理解对方的立场,从而最终趋向于(而不一定是达成)真理性认识。[2] 在国际社会中,尽管各国基于本国国情形成的议题偏好和发展方略不同,但各国如能将可持续发展理念从其国内放大、延展到国际社会,秉承可持续发展的实体理性,在沟通协商的程序理性下进行积极互动,则非常(尽管不是必然)有助于全球性问题的解决。这是一种以程序理性推进实体理性的设想,关键在于保证沟通协商程序的正当性,让参与沟通协商的主体都拥有充分表达自己主张及其依据的机会。由此,在FTA等各种国际经贸谈判中,提供对话、磋商与合作机会的软性条款就有了极重要的用武之地。这依然得益于可持续发展原则(理念),对于中国FTA各种软性条款的建构可谓意义深远。

---

[1] 参见庞中英:《重建世界秩序:关于全球治理的理论与实践》,中国经济出版社2015年版,第150页。

[2] 以上关于哈贝马斯"商谈"思想在国际议题中应用的论述,可参见刘彬:《WTO审议区域贸易协定的目标重构——对哈贝马斯协商民主思想的借鉴》,载《东方法学》2011年第3期,第103—109页。

对于身份定位复杂、发展不均衡的当今中国,可持续发展原则所具有的高度灵活的工具理性的价值更为宝贵。具体来说,改革开放初期,中国经济与社会发展水平比较落后,因此"发展才是硬道理"就成为最适合当时中国的指导思想,在实践层面表现为对国内生产总值、外贸总量、引资数量这三个指标的高速增长的追求;中国基本上处于资本输入国的地位,需大力引进外资发展加工贸易,因此当时的政策导向必然是重经济发展而轻环境保护,并在引进外资的同时处处强调维护国家主权。入世后初期,在 WTO 以及其他经贸对话场所,中国依然延续了重视市场利益的惯性,对环保、劳工等社会议题敬而远之。因为在中国看来,这些社会议题必然会削弱发展中国家的出口优势,从而损害其市场利益。

但时过境迁,在中国迈向决胜全面建成小康社会,即将完成第一个"一百年"奋斗目标之际,"五位一体"总体布局全面确立,生态文明理念深入人心。同时,中国对外逐渐成为资本输出大国,国际社会对中国企业海外投资的环境责任之呼声日高。因此,中国必然会逐渐改变原先对环境议题的立场。但是,眼下中国的出口仍然面临着欧盟等发达经济体"环境壁垒"的阻碍,这决定了中国对环境议题的态度转变必然是一个复杂而又渐进的过程。另外,与资本输出相关的一个议题是 ISDS 机制。过去,中国担忧外资对自身主权权益的冲击,因此倾向于限制外国投资者将投资争端提交国际仲裁的权利。[1] 但如今,中国也面临本方投资者海外权益保护的课题,又需要在经贸谈判中完善 ISDS 机制。类似的例子还有农业,中国在入世谈判之际注重研究入世对本国农业可能带来的冲击,而在多哈回合中积极支持全面取消农业出口补贴,但同时也注意到取消农业出口补贴可能影响本国某些农产品的出口。

对于中国而言,类似的例子还有很多。这些能够说明,尽管中国目前还是发展中国家的身份,但这只是一个宏观的总体性判断。由于中国国情的复杂性、发展的不均衡性以及不断发展强大的必然趋势,因此我们不能在微观层面直接采用"一刀切"方式,永远基于习惯性的"南方立场"对各种议题之于中国的

---

〔1〕 关于这种担忧的典型表现,参见陈安:《中外双边投资协定中的四大"安全阀"不宜贸然拆除——美、加型 BITS 谈判范本关键性"争端解决"条款剖析》,载陈安主编:《国际经济法学刊(第 13 卷第 1 期)》,北京大学出版社 2006 年版,第 3—36 页。

利弊得失作简单的判断。于是,可持续发展原则就必然成为中国在国际经贸谈判中最有效的工具和理念。

总之,相对于宏观的国际经济新秩序运动,可持续发展原则在微观层面更具有灵活性、包容性,强调具体问题具体分析,免于陷入各种议题究竟"有利于南还是有利于北"的僵化争论。[1] 可持续发展原则是一种人本主义、整体共进的新型法律原则,对于发展中国家来说,既有助于纠正资本输入国与资本输出国、东道国与外国投资者之间的权益失衡问题(同样有助于实现国际经济新秩序的目标),也有助于纠正过去发展计划和国际经济新秩序运动的历史局限性。对于中国这样身份定位复杂的新兴大国,可持续发展原则尤其富于工具理性:既能捍卫国家主权利益,又能开拓海外经贸利益;既能合理表达自身诉求,又能适度考虑伙伴呼声;既能促进经济价值,又能兼顾社会价值。

对于中国 FTA,秉持可持续发展原则意味着,一是议题偏好将发生变化,二是议题处理方式将发生变化。相关内容将在第五章中进行详细的阐述和分析。

(四)中国 FTA 关于可持续发展原则的制度方略

在中国,国际经济法学界关注可持续发展早已不是新鲜现象。[2] 当下的问题是,中国如何在 FTA 这一经贸规则重构平台上具体设计可持续发展原则的实施方略? 笔者认为,可持续发展原则在中国 FTA 中应指向若干特定制度领域,[3] 可考虑从以下几个方面着手:

1. 可持续发展原则的落实层面

新时代中国 FTA 应将可持续发展原则中的"良法善治"理念贯彻落实于国际合作和国内实施这两个层面。国际合作自然就是 FTA 磋商、谈判和文本的

---

[1] "国际经济新秩序"的提法并没有过时,但对于中国等发展中国家而言,这个提法眼下的诉求重点更多是反对国际经济法律关系中的非公平性、非正义性。

[2] 关于早期典型文献,参见何志鹏:《国际经济法与可持续发展》,载《法商研究》2004年第 4 期,第 17—26 页。

[3] 何志鹏也指出,如果可持续发展被泛化,什么都要可持续发展,则这个概念将不复存在。参见何志鹏:《国际经济法治:全球变革与中国立场》,高等教育出版社 2015 年版,第 152 页。

达成。但是,新时代中国自贸区战略不能仅将 FTA 条款的国际约定视为唯一层面,还要在国内实施层面加以积极配合。国内实施包括监管、知识产权、环境、企业责任等各个领域的立法和执法工作。此外,笔者试提出两个过去学界可能有所忽略的领域——国内贸易调整援助制度、FTA 的直接效力问题。同时,为真正落实可持续发展原则,国际和国内两个层面都需要引入利益相关者治理模式,以恰当方式悦纳并扩大公众参与度和透明度,以确立治理的正当程序。[1]

2. 可持续发展原则的规则范围

新时代中国 FTA 需要对可持续发展原则进行规则范围的界定。详言之,可采取序言结合各个议题、硬性规则结合软性规则、实体规则结合程序规则的"三结合"框架。该框架具体包括序言宣示性条款[2]、农业保护条款、贸易救济措施条款、服务补贴合法性条款、监管合作条款、知识产权条款、政府公共政策例外(包括但不限于公共道德、"文化例外"等)条款、争端解决条款[3]、环境例外条款、不减损标准条款[4]、劳工合作条款、透明度条款、公众参与条款、企业责任条款、能力建设条款、中小企业条款、人力资源培育条款等。

以上诸多规则似乎有些杂乱无章,但按照斯赫雷弗所述的可持续发展的三个维度,自有规律可循:(1) 序言宣示性条款是总纲,自成一类;(2) 环境例外条款、不减损标准条款等服务于环境保护,属于可持续发展中的环境维度;(3) 贸易救济措施条款、服务补贴合法性条款等服务于国内产业的发展、安全和稳定,监管合作条款着眼于确保货物与服务的技术标准、质量标准、安全标准等,属于

---

[1] 关于国内层面确立治理的正当程序的论述,参见孙南翔:《WTO 体制下国内治理的"正当程序"规则研究》,载陈安主编:《国际经济法学刊(第 21 卷第 1 期)》,北京大学出版社 2014 年版。

[2] See Manjiao Chi, The "Greenization" of Chinese Bits: An Empirical Study of the Environmental Provisions in Chinese Bits and Its Implications for China's Future Bit-Making, *Journal of International Economic Law*, Vol.18, Iss. 3, 2015, pp.515-516.

[3] 王鹏在关于 ISDS 机制(属于 FTA 争端解决机制的一部分)的研究中,主张重视东道国监管主权,体现了鲜明的可持续发展思想。参见王鹏:《国际投资法的社会化趋势探析》,载《西安交通大学学报(社会科学版)》2016 年第 4 期,第 93 页。

[4] "不减损标准条款"是指缔约方不得以减损环保标准为手段促进贸易和投资的增长。目前,这种条款在各国 FTA 环境章中十分常见,中国 FTA 也是如此。

可持续发展中的发展维度;(4) 劳工合作条款出于人权考量,属于可持续发展中的人权(社会)维度;(5) 更多领域的条款,如农业保护、知识产权、企业责任、能力建设、中小企业、人力资源培育、公众参与、透明度、争端解决、政府公共政策例外等条款,大多兼有可持续发展三个维度的色彩。

同时,按照以上"三结合"框架,也可对这些规则进行另一种角度的分类:首先,除了序言宣示性条款外,其他的显然都属于各领域议题的规则。其次,硬性规则多见于农业保护、贸易救济、知识产权、政府公共政策例外、环境例外、透明度、争端解决等条款,而软性规则多见于不减损标准、劳工合作、公众参与、企业责任、能力建设、中小企业、人力资源培育等条款。最后,实体规则散见于以上各个领域,而程序规则以透明度、公众参与、争端解决条款为典型代表。同时,这些条款彼此之间不免会有一些交叉,如环境保护可能在 FTA 序言中有宣示性条款,也可能渗透在其他相关条款中;知识产权条款可能兼为硬性规则和软性规则;政府公共政策例外条款可能兼为实体规则和程序规则。

3. 可持续发展原则的实施方式

中国 FTA 关于可持续发展原则的实施方式,正如"三结合"框架所揭示的,存在硬性约束与软性合作两种方式。事实上,这也是任何理念、战略体现在国际协定中的两种共通方式。在这里,对于可持续发展原则具有特殊重要性的是软性合作方式。正如斯赫雷弗、波义尔等学者所揭示的,可持续发展原则发展演进至今,尚存在内涵较模糊、外延较广泛的特征。正因为可持续发展的概念不完全明确,涉及的事务范围又极广,所以对其实施方式必然需要特殊处理。硬性约束方式的优点是约束性、可预见性、确定性强。但是,可持续发展涉及的许多事务,如环保、监管等,恰恰是难以清晰预见其规律和行动后果的,很多问题在科技和法律上尚无定论,[1]更遑论各国充满变动性、偶然性的种种公共政策考量,对各国国内社会治理的种种"溢出性后果"更加难以确定和预料。因

---

[1] 一个典型例子便是"风险预防"做法的地位问题。欧盟强烈主张风险预防应成为监管领域的一项原则,但这一点并未得到美国等其他国家的完全赞成。

此,在 FTA 中以硬性约束方式践行可持续发展原则的空间十分有限。[1] 可持续发展的具体含义和法律义务不甚明确,固然在实践中造成了一定的迷茫和失败,[2] 但却有利于促进 FTA 中软性条款的发展。

综上,中国 FTA 比较务实可行的方式应是将可持续发展作为指导原则之一,加强透明度、公众参与、争端解决、磋商沟通等过程性建设,大力促进程序公正与协商政治;在知识产权、环境保护、监管措施、公共政策等诸多复杂领域,保持缔约国实质上的自由裁量权。对处于转型期、充满不确定性的发展中大国而言,这是比较务实稳妥的选择。因此,在中国 FTA 中,软性条款应被赋予特别的存在价值和意义。

### 三、小结

至此,笔者认为,当代世界经济活动的若干新特征在客观趋势层面对新时代中国 FTA 参与国际经济法规则重构提出了两种维度的新要求:一是全球价值链理论所代表的经济自由化之维,二是可持续发展原则所代表的社会价值之维。对于国际经济法规则重构,全球价值链理论提供了旧经济议题与新经济议题的融贯性解释,可持续发展原则提供了经济议题与非经济议题(社会议题)的融贯性解释。两种类型融贯性解释的结合,成为新时代中国 FTA 范式构建所立足的客观现实基础。

这两种维度及其融贯性解释并无孰先孰后之分,而是相辅相成的。一方面,全球价值链理论主要着眼于经济自由化层面,FTA 作为国际经济机制之一,其初衷就是立足于经济自由化。中国"一带一路"倡议的目标之一便是,做好国内产业转移,着眼于全球产业价值链重组,在更大区域范围内配置生产资

---

[1] 广泛运用硬性约束方式来落实可持续发展原则的做法,最多只适用于美国、欧盟等顶尖发达经济体,因为它们的各种经贸政策和主张均已定型化。尽管如此,鉴于可持续发展涉及事务范围的广泛性和环保、监管等事务的技术复杂性,这种方式的实际效果对于美欧等也依然存疑待定。

[2] 参见李传轩:《从妥协到融合:对可持续发展原则的批判与发展》,载《清华大学学报(哲学社会科学版)》2017 年第 5 期,第 151—163 页。

源,优化产业供应链。[1] 既然中国"一带一路"倡议和自贸区战略的顶层指导文件都提及彼此,那么新时代中国FTA自应积极贯彻经济自由化这一维度。[2] 但是,当代全球价值链下的经济自由化只是手段和形式,无法自我证成其正当性,归根结底,必须服务于可持续发展的根本目标,以可持续发展作为最终评价标准。另一方面,可持续发展原则固然主要着眼于社会价值层面,但其主干词依然是"发展"。正如斯赫雷弗所言,经济发展是可持续发展原则的三大支柱之一。党的十八大以来,习近平总书记多次强调,发展"是解决我国一切问题的基础和关键"。"一切问题"当然包括可持续发展的另两大要素——环境问题、人权(社会)问题。因此,经济自由化下的发展为可持续发展提供了根本动力。

还要进一步看到,这两种维度及其融贯性解释只是提供了宏观指导,具有普遍性,对于其他国家参与国际经济法规则重构同样适用。无论是践行全球价值链理论下的经济自由化,还是践行可持续发展原则下的社会价值,中国FTA都必须立足于自身国情的特殊性,在具体的议题设置和规则研判中对这两种维度及其融贯性解释作出灵活、务实的理解和选择。因此,仅仅把握客观趋势是不够的,我们还需要对中国的主观立场作一深入考察。

## 第二节 主观立场:重新认识"少边主义"与发展中大国利益

对中国FTA范式构建的研究和展望,不能就FTA论FTA,也不能仅停留在文本法条层面。FTA看似只是中国对外协定之一种,但在当今中国志在推进全球治理变革、构建世界新秩序的大背景下,它承载着若干特殊功能和意义。

---

[1] 参见中国现代国际关系研究院:《"一带一路"读本》,时事出版社2015年版,第45—46页。

[2] 在中国参与的FTA谈判中,已有一些谈判指导文件将促进价值链建设作为重要的谈判目标,典型者便是2012年《RCEP谈判指导原则和目标》指出"要便利谈判国参与全球与区域性供应链"。See Junji Nakagawa, Global Supply Chains and FTAs in East Asia and the Pacific, *Asian Journal of WTO & International Health Law and Policy*, Vol. 8, Iss. 2, 2013, p.458.

当前,在把握新时代中国内外全新政策导向的基础上研究中国国际经济法理论范式下的中国 FTA 实践,其意义事实上已经超越了单纯的 FTA,上升到中国在整个国际政治经济新秩序构建过程中的战略认识的高度。因为在多边谈判效率低下、难以突破的背景下,FTA 必将成为中国参与重构国际经贸规则、把握规则话语权、伸张发展中大国利益的最重要机制工具之一。鉴于中国实力增长带来的国家利益和身份定位的进一步变迁,我们需要对中国 FTA 范式构建的主观立场作出新时代的解释。

### 一、背景:新时代中国推进全球治理变革、构建世界新秩序的全球思维

2017 年,张文显发表了一篇重要文章(以下简称"张文"),系统阐述了近年来以习近平同志为总书记的党中央在推进全球治理变革、构建世界新秩序方面的一系列重要论述和部署。张文是中国法学界积极面向全球治理和世界秩序、集中归纳国家领导人治国理政全球思维的重要文献,就推进全球治理变革和构建世界新秩序、中国的相关立场和举措等重大问题进行了学理探讨。这些内容非常重要,构成中国 FTA 范式构建的主观立场探讨的大背景。

张文指出,推进全球治理变革、构建世界新秩序,是新时期党和国家战略决策的基本面向,也是理论研究的重大课题。为此,张文分以下四个部分进行了系统阐述:第一部分阐述了为什么要推进全球治理变革、构建世界新秩序;第二部分阐述了新型国际关系和世界新秩序的基本定位和方案;第三部分阐述了中国在构建世界新秩序过程中的立场和举措;第四部分阐述了法治是构建世界新秩序的根本保证,提出了中国在构建世界新秩序过程中奉行法治的几个实践方面。[1]

综上所述,张文系统梳理了新形势下党中央关于推进全球治理变革、构建世界新秩序的全球思维,阐述并论证了中国的相关形势判断、基本立场、基本观念和主要举措,立意高远,条理清晰。张文的主题是综合性的全球治理和世界秩序,其内容有许多方面涉及国际经济秩序走向和中国的国际经济法实践,无

---

[1] 参见张文显:《推进全球治理变革,构建世界新秩序——习近平治国理政的全球思维》,载《环球法律评论》2017 年第 4 期,第 5—20 页。

疑为国际经济法学者从事国际经济秩序、国际经贸规则和中国话语权的研究提供了极具价值的宏观参考和思路启发。笔者也从中获益颇多,并将其作为论述中国 FTA 范式构建应持的主观立场的背景资料。

## 二、工具:对"少边主义"治理意义的重新挖掘

在以上宏观精神指导下,中国需要梳理和盘点手中能够运用的治理手段、治理工具。中国认为法治是构建世界新秩序的根本保证,诸如"国际立法""国际法治""法律外交"等关键词实质上都在强调国际法律机制,而且极为推重多边主义国际法律机制,反对大国单边主义。但是,中国也明显意识到目前自己力量的局限,意识到西方国家仍然主导着主要的国际法律机制及相应的国际秩序。这就势必产生理念与现实的矛盾:中国如何在软实力和硬实力尚不占优的现状下,实现自己制度话语权的提升?在西方国家拒不让步的情况下,中国的现实实施途径为何?

### (一) 关于"少边主义"

在中国主流舆论、话语中,"多边主义"一直带有鲜明的褒义,而"单边主义"则带有强烈的贬义。按照国外学者的介绍,"多边主义"作为一种治理理念,在二战之后的国际社会中逐渐大量出现;[1]而"单边主义"这个词,总是与西方大国的某些霸权主义和强权政治作风联系在一起。但是,考察现实的国际经济秩序便可发现,如前所述,中国既反对西方大国主导多边主义且拒不让步的僵硬立场,又反对西方大国的单边主义行径;中国目前尚不能以自己的力量主导多边主义,[2]但又不愿也不能选择单边主义。那么,值得思考的是,在多边主义与单边主义之间,是否还存在其他可行的治理形态和治理手段?笔者就此提出一个有待探讨的答案:现阶段,中国可以在坚定维护多边主义的同时,尝试在相对较小的伙伴范围内,逐步寻求扩大自己的经贸主张和治理方案的影响力,即少边主义。

---

[1] 详见〔美〕约翰·鲁杰主编:《多边主义》,苏长和等译,浙江人民出版社 2003 年版。
[2] 中国在各种文件、发言中使用的措辞都是"维护多边主义"。参见王建刚:《中国代表呼吁坚定维护多边主义》,载《人民日报》2018 年 10 月 11 日第 3 版。

"少边主义"一词系译自英文单词minilateralism,该词在西方国际关系文献中已被较多使用,指特定的少数国家在专门议题上进行小范围合作和协调的一种理念和方式。须注意的是,"少边"是一个相对的概念。例如,相对于联合国和WTO,二十国集团(G20)或七国集团(G7)无疑属于少边;而相对于NAFTA谈判,G20又属于多边或至少是小多边。一对一的双边合作属于最典型的少边,与之相比,NAFTA谈判、中日韩三方FTA谈判便是小多边。minilateralism在中文翻译上似乎稍稍令人为难,将其译为"少边主义"为国际关系学者苏长和所倡。[1]该译法虽不太符合中文表达习惯,但在表意上相当到位。minilateralism及相应的minilateral在西方国际关系文献中的使用由来已久。其中,代表性文献要数米尔斯·卡勒在1992年发表的《小数目和大数目中的多边主义》一文,该文在西方国际关系学界被广泛引用。在该文中,卡勒指出国家间尤其是大国间的少边合作因其固有优势一直没有退出现实舞台,但他的主旨在于强调二战后一系列国际合作进程表明多边合作具有广阔的前景。[2]不过,我们注意到,21世纪以来,尤其是2010年以后,西方学界关于minilateralism的文献数量明显增多了。[3]这很可能是由于近些年来多边主义在贸易、环境等一系列重大国际议题上进展不佳甚至陷于停滞的现实,促使人们重新关注各种范围相对小的少边谈判方式的积极一面。

在中国的话语环境中,"多边主义"一词因其道德美感而一贯受到肯定。单边主义则受到强烈抨击,此为常理,自不待言。至于少边主义,因其出现频率很低,在国内的讨论不多,但依中国文化传统来看,还是不免带有"搞小圈子""党同伐异""机会主义"的自私色彩。在国际经贸领域中,少边主义的代表如RTA、FTA等在国内学术界历来被归为质疑、担忧甚至批判的对象,被认为有"歧视集团外成员""导致集团对抗化""冲击多边主义稳定性""动摇WTO中心

---

〔1〕 参见〔美〕米尔斯·卡勒:《小数目和大数目中的多边主义》,载〔美〕约翰·鲁杰主编:《多边主义》,苏长和等译,浙江人民出版社2003年版,第337—373页。

〔2〕 See Miles Kahler, Multilateralism with Small and Large Numbers, *International Organization*, Vol. 46, Iss. 3, 1992, pp. 681-708.

〔3〕 在Heinonline、LexisNexis、Westlaw、Google Scholar等主流英文数据库所作搜索的结果均支持这一结论。

地位"之嫌。人们通常主张 WTO 要强化关于 RTA 的纪律,以对大量泛滥的 RTA 进行有效约束。[1] 卡勒也指出,少边主义(诸如双边和歧视性的国际安排)遭受批评的主要原因在于,它扩大了大国对弱势国家的影响,加剧了国际冲突,不利于弱小国家的参与权和国际关系民主化。[2]

在当前的全球大背景下,我们有必要在一定程度上反思对于少边主义的这种习惯性偏见。在主权平等的国际社会,无论多边主义还是少边主义,本质上都不过是国家间合作的政策工具,并无先天的道德标签相伴随。一个明显的例子是,即便在 20 世纪 60 年代中期,也就是公认的美国影响力最大、多边主义最兴盛的那段时期,国际事务中的歧视(discrimination,可以换个色彩较为中性的译法,如"差别"或"区分")方式照样被普遍运用,并且在多数"政策决定圈"里被认为是完全有效的工具。[3] 事实上,"少边主义""少边合作"不是贬义词,而是中性词,在当前国际经贸规则重构的大背景下更是如此,值得当代中国在工具意义上对之进行重新审视。

(二) FTA 作为少边主义治理工具的现实需要——中国角度

从现实主义角度讲,以 FTA 为代表形式的少边主义、少边合作对于发展中国家同样具有非常重要的工具意义,同样能够促进发展中国家对于国际经济新秩序的民主参与权。笔者的观点是:在继续尊重多边贸易体制,将其作为应然的主渠道,在多边贸易谈判中表达应有的立场的同时,发展中国家需要重新思考争取自身利益的实现途径,不宜拘泥于西方大国所框定的机制束缚,思路应灵活化,手段应多样化。这对处于上升期、渴求规则话语权、转型期身份多元化

---

[1] 关于国内早期对 RTA 表示质疑和担忧的代表性文献,参见曾令良:《区域贸易协定的最新趋势及其对多哈发展议程的负面影响》,载《法学研究》2004 年第 5 期,第 117—128 页。

[2] 参见〔美〕米尔斯·卡勒:《小数目和大数目中的多边主义》,载〔美〕约翰·鲁杰主编:《多边主义》,苏长和等译,浙江人民出版社 2003 年版,第 337 页。

[3] See Gardner Patterson, *Discrimination in International Trade: The Policy Issues, 1945-1965*, Princeton University Press, 1966, p. 388.

的发展中大国中国来说,更是如此。

1. 西方大国对中国经贸利益的一再压制

多边贸易体制的确是二战后驱动全球自由贸易的中心机制,其重要作用举世公认。为了参与并融入这一全球性体制,中国付出了艰辛的努力。然而,多边贸易体制也是西方大国主导国际秩序、垄断经贸利益的工具。西方大国同意让中国加入多边贸易体制,终究不过是为了自身利益考虑。实践表明,西方大国在这一多边机制下依然对中国经济利益一再压制。

首先,在入世谈判中,中国被施加了极重的特别义务。对此,秦娅在中国入世之初就对《入世议定书》中的超常规义务作了系统性归纳和评析,并指出这在整个 WTO 条约体系中是独一无二的。[1] 这些超常规义务对中国的影响是长期的,突出表现在晚近 WTO "中国原材料案""中国稀土案""中国电子支付案"等一系列重大案件中。

其次,出现了"中国搭便车论"。在中国加入 WTO 后,西方国家始终担心中国作为一个转型国家而不是一个完全的市场经济国家,会搭自由主义国际经济法律机制的"便车",会从中"不当得利"。[2] 西方学者还认为,中国是以规则治理为基础的开放自由的国际经济秩序的最大受益者。[3] 由此,又出现了"中国责任论",即中国应当在后金融危机时期承担起全球领导者的特殊责任,否则仍不免是一个"搭便车者"。[4]

再次,入世之后,中国成为西方国家贸易救济措施的持续受害者。据 WTO 统计,2017 年,中国是贸易保护主义的最大受害国,已连续 21 年成为遭受反倾

---

[1] See Julia Ya Qin, "WTO-Plus" Obligations and Their Implications for the World Trade Organization Legal System—An Appraisal of the China Accession Protocol, *Journal of World Trade*, Vol. 37, Iss. 3, 2003, pp. 489-509.

[2] 参见徐崇利:《自由主义国际经济法律秩序下"中国搭便车论"辨析》,载《法学》2010 年第 4 期,第 87 页。

[3] 参见〔美〕Jeffery L. Dunoff:《中国在演进的全球秩序中的角色:入世 10 周年反思》,蒋围译,载陈安主编:《国际经济法学刊(第 18 卷第 3 期)》,北京大学出版社 2011 年版,第 7 页。

[4] 参见徐崇利:《自由主义国际经济法律秩序下"中国搭便车论"辨析》,载《法学》2010 年第 4 期,第 90—93 页。

销调查最多的国家,连续10年成为遭受反补贴调查最多的国家,全球约有1/3的贸易救济调查针对中国。[1] 其中,美国等西方大国对华产品的"双反"调查更是在其中推波助澜,已成为近年来对华贸易摩擦的焦点所在。

又次,入世之后,中国的自主产业政策持续受到西方的挑战。据观察,近些年来,中国在WTO中被美欧等发达成员起诉的案件中,国内产业政策(如集成电路增值税、汽车产业政策、国内财政刺激、农业国内支持、铝生产商补贴以及服务贸易等诸种政策)被诉的比例极高。[2] 尽管美欧有的起诉有其一定的法律依据,但中国产业政策自主权在入世后受到极大制约也是很明显的事实,与《入世议定书》的有关特别规定关系极大。[3]

最后,在后金融危机时期,美欧又在多边贸易体制若干重大问题上挑战机制的权威,公然奉行贸易保护主义。最突出的表现是,美欧无视《入世议定书》第15条的规定,继续顽固坚持在对华反倾销调查中采用"替代国价格"的做法。同时,为应对《入世议定书》第15条规定的"非市场经济地位"到期,美国不断利用反补贴税措施,延续对中国产品实施实质性歧视措施;欧盟也鼓励今后更多地适用反补贴税的方法。[4] 2017年12月,欧洲议会通过了欧盟反倾销调查新方法修正案,引入"市场严重扭曲"的概念,同时考虑"环境和社会倾销"的影响,其实质是变相延续过去的做法。此外,特朗普上台执政以来,美国对中国出口产品的贸易救济措施明显增多,连沉寂多时的"301条款"都被拿了出来。2018年1月,美国贸易代表办公室(USTR)向国会提交《2017年中国WTO合规报告》,通篇指责中国未能奉行非歧视、市场准入、互惠、公平和透明的国际贸易原则,声称过去支持中国加入WTO可能是个"错误",需要严格要求中国履行WTO义务,强化WTO争端解决机制的运用,严格执行美国国内贸易救济法律,根据修订的1974年《贸易法》第301条采取一切必要措施遏制中国,

---

[1] 参见商务部:《中国对外贸易形势报告(2017年春季)》,第三部分,第6页。
[2] 参见刘彬:《中国与东盟国家WTO争端解决共性策略研究》,载《上海对外经贸大学学报》2018年第1期,第23页。
[3] 典型者是WTO"中国电子支付案""中国出版物和视听产品案"等。
[4] 参见李威:《论WTO新能源贸易争端及我国的对策》,载《上海对外经贸大学学报》2018年第1期,第15—16页。

等等。[1]

2. 中国善意运用FTA少边工具的合理性

西方国家的以上表现,充分表明了国际秩序构建、变动过程中现实主义外交理念的重要性,也表明了现实主义国际关系理论强大的解释力。中国需要认真考虑的是,如何在自身硬实力不断增长的情况下,寻求对西方大国垄断国际事务的逐步化解之道,同时又不给现行国际秩序带来大幅动荡,不给自己招致过多风险,避免落入"修昔底德陷阱"。徐崇利认为,中国不谋求从根本上改变目前国际经济法律关系的游戏规则,不主张彻底打破现行国际经济法律秩序,但是这并不意味着中国自甘扮演一个消极的角色。作为一个发展中大国,中国应积极推动、参与乃至主导在公正的基础上逐步构建国际经济法律秩序。[2]他还指出,中国可以善意地使用手中的权力,积极参与国际经济法律制度的创建,此举必将有利于人类和平与发展之大计。[3] 对以上观点,笔者的理解是:这意味着中国参与主导国际经济秩序的时代将逐渐到来,但主导的具体形式仍然受制于自身实力和国际形势。

(1) 以FTA为代表的少边工具具有机制合法性。中国在开放的、以规则治理为基础的国际经济秩序中是最大受益者,那么在贸易伙伴之间维持以规则为基础的贸易关系对于中国而言就利益攸关。[4] 这是我们认识上的前提。西方国家构建的自由主义国际经济法律秩序,客观上使包括中国在内的其他非西方国家也可从中获益。[5] 然而,应当注意到,在自由主义国际经济法律秩序中,合法的机制工具并非只有WTO多边机制这一种。这里涉及国际法的基本特性,国际法并非一个自上而下的纵向管制体系,而是一个平权化的横向并立

---

[1] See USTR 2017 Report to Congress on China's WTO Compliance, Jan. 2018.

[2] 参见徐崇利:《国际经济法律秩序与中国的"和平崛起"战略——以国际关系理论分析的视角》,载《比较法研究》2005年第6期,第94页。

[3] 同上,第92页。

[4] 参见〔美〕Jeffery L. Dunoff:《中国在演进的全球秩序中的角色:入世10周年反思》,蒋围译,载陈安主编:《国际经济法学刊(第18卷第3期)》,北京大学出版社2011年版,第14页。

[5] 参见徐崇利:《自由主义国际经济法律秩序下"中国搭便车论"辨析》,载《法学》2010年第4期,第86—87页。

体系,"碎片化"(fragmentation)现象十分普遍。[1] 过去,国际法的碎片化往往表现为体制的对抗。但是,现在国际法的碎片化往往发生于现有体制内,老牌大国和新兴大国对此均有关涉。[2] 这意味着,大国在国际法体系中拥有规则再造能力。

在笔者看来,一个典型例证便是,美国、欧盟(欧共体)等在WTO体制之外又广泛进行FTA的谈判、缔约活动,由此刺激了其他许多国家也投身于此种少边主义大潮中。FTA这一少边工具的合法性是得到WTO多边纪律明确承认的。既然美欧意识到FTA这种一对一谈判方式更有利于发挥自身实力优势,能在WTO多边谈判陷于停滞的情况下转向推动FTA少边合作进程,那么为什么处于实力上升期的中国不能积极地利用?既然中国的实力迅速上升,但尚不足以主导国际经济秩序,那么为何不能在力所能及的范围内善意、合理地运用自身实力?这个"力所能及的范围"是什么?答案便是有选择性的少边合作。

(2) 以FTA为代表的少边工具具有目标正当性。如前所述,少边主义在中国传统语言环境中带有"搞小圈子"的不良色彩。然而,当代中国推动有选择性的少边合作,并非为少边而少边,并非将少边主义作为最终的价值依归。准确地说,少边只是形式,最终服务于多边。申言之,中国现阶段合理运用现实主义外交理念,通过FTA这样有选择性的少边合作形式,宣扬、传播、注入自己在WTO多边机制中的经贸规则主张,从而达到扩大中国影响力和话语权的最终目标。实际上,美国、欧盟等在工具层面上就是这么做的。它们通过转向FTA谈判、缔约,将其在WTO多边场合无法推动的规则主张转而落实到FTA中,意图实现多管齐下的"竞争性自由化",以少边推动多边。从目标角度看,西方大国这样做只是出于一己之私的功利;而中国这样做,不但为了自身发展中大国的利益,更是进一步服务于发展中国家和新兴国家推动公正合理的国际经济新秩序的构建。用马克斯·韦伯关于工具理性和价值理性的概念来表述:少边

---

[1] See Martti Koskenniemi, Fragmentation of International Law: Difficulties Arising from the Diversification and Expansion of International Law, Report of the Study Group of the International Law Commission, A/CN. 4/L. 682, 2006.

[2] See Congyan Cai, New Great Powers and International Law in the 21st Century, *European Journal of International Law*, Vol. 24, Iss. 3, 2013, pp. 771-772.

合作是一种工具理性,而公正合理的多边秩序才是价值理性所在。

(3) 以FTA为代表的少边工具具有实施灵活性。当今中国处于转型期,虽然在一些重大经贸问题上一贯立场明确,[1]但在许多具体议题上依然面临进取还是防御的双重处境甚至两难处境,因此不宜像美国那样一概推行统一的僵化立场。例如,农业是开放还是保护?全面取消农业出口补贴对中国利弊如何?投资规则是突出对投资者权益的保护,还是坚持维护东道国主权的传统立场?知识产权规则是接受更激进的"超TRIPS"规则以促进中国企业海外利益,还是继续坚持传统的发展中国家的保守立场?税收规则究竟是更多维护居住国的税收管辖权,还是来源地国的税收管辖权?如何设计规则才能既保护中国对于"走出去"企业的海外利润的课税权,又避免本国企业在海外失去竞争力?这些都是困扰当前中国国际经济法实践的重要问题。FTA(或其他少边协定)这种小范围的谈判、缔约,往往表现为国家间一对一的专门契约方式,恰恰为中国对外经贸谈判提供了强大的灵活性支撑,[2]从而有助于转型期发展中大国的经贸主张的统一性和灵活性的有机结合。

(4) 以FTA为代表的少边工具具有实力便利性。对于大国,如果FTA既不能体现本方的重大经贸法律主张反而在规则上受制于人,又不能发挥本方制度的扩散效应反而令其受限,那么必然是一种不成功的缔约实践。更广义地说,这是一种不成功的权力运用实践。[3]中国作为转型期发展中大国,尽管与顶级发达经济体仍有明显差距,但目前客观上确实具备一定规模的硬实力,可

---

〔1〕 典型者是中国关于贸易救济规则的种种主张,突出体现在近些年中国与美欧之间的各种贸易救济诉争中。

〔2〕 陈安早就持类似的观点。在中国BIT谈判中,关于争端解决机制问题,他指出应区分两类国家进行不同的灵活处理。参见陈安:《区分两类国家,实行差别互惠:再论ICSID体制赋予中国的四大"安全阀"不宜贸然全面拆除》,载陈安主编:《国际经济法学刊(第14卷第3期)》,北京大学出版社2007年版,第56—97页。

〔3〕 正如芬尼莫尔所指出的:"我要向现实主义者提的问题是,国家用它们手中的权力追求的目标是什么?不理解国家如何知其所需,以及它们用权力将做什么,现实主义就对我们没有什么帮助。"参见〔美〕玛莎·芬尼莫尔:《国际社会中的国家利益》,袁正清译,上海人民出版社2012年版,序言。

以在能力范围内有所作为,这是现实主义政治观下一种有分寸的国家权力评估。[1] 就目前而论,中国 FTA 在规则建构方面可做的工作还很多,并没有充分发挥中国至少在某些方面的实力优势。当前,"一带一路"沿线众多中小国家大多不是美欧主导的 TPP 或 TTIP 的成员,这为中国进行有别于美欧风格的另一种经贸制度供给提供了历史机遇,也降低了难度。[2] 在与"一带一路"沿线中小国家的谈判过程中,中国更易于实现自己的规则主张和利益诉求。实际上,早在十多年前,澳大利亚学者就曾针对中国—澳大利亚 FTA 谈判指出,澳大利亚感受到作为一个相对的小经济体在与大经济体谈判中所受的压力,这样的谈判不可避免地对大经济体有利。比如,澳大利亚的农业竞争力固然很强,但也畏惧中国纺织品和制造业的实力。[3] 以上评论可从侧面佐证现实主义外交理念对于新时代中国 FTA 实践的价值。巴德温也指出,权力非对称是区域贸易协定必然存在的基本特征之一。[4] 新时代中国显然应正视并善用这一点。只要谈判始终立足于自愿与互惠,对现实主义外交理念的适度运用就绝不是强权政治。

简单地说,FTA 这一机制对于中国参与全球经济治理、强化规则制定话语权至少具有三大好处:一是从多边到少边的平台转换有利于发挥自身相对的硬实力优势;二是务实的跨议题利益交换有利于实现己方的利益要求;三是可以在具体谈判中根据不同对手的经济竞争力决定如何设置议题和具体规则,更易明确己方的利益定位。新时代中国实行平台转换策略,在 FTA 中强化自己的

---

[1] 现实主义政治观关于国家权力评估的经典论述,参见〔美〕汉斯·摩根索:《国家间政治:权力斗争与和平(第七版)》,徐昕等译,北京大学出版社 2006 年版,第 189—192 页。

[2] 美欧风格首先是"华盛顿共识"下新自由主义理念的渗透,参见 James Thuo Gathii, The Neoliberal Turn in Regional Trade Agreements, *Washington Law Review*, Vol. 86, Iss. 3, 2011, pp. 460-468;其次是干涉他国经济、政治、司法等内政,例见 2000 年欧盟与非加太地区国家签订的《科托努协定》第 9 条。

[3] See Andrew Clarke and Xiang Gao, Bilateral Free Trade Agreements: A Comparative Analysis of the Australia-United States FTA and the Forthcoming Australia-China FTA, *UNSW Law Journal*, Vol. 30, Iss. 3, 2007, p. 852.

[4] See Richard Baldwin, 21st Century Regionalism: Filling the Gap Between 21st Century Trade and 20th Century Trade Rules, WTO Staff Working Paper ERSD-2011-08, 2011, p. 33.

规则诉求和利益表达，表面上似乎是"另起炉灶"，但我们应正确理解这种"另起炉灶"。国际关系学者庞中英曾针对国际金融治理体系指出，西方拒绝放弃主导权的现状为中国"另起炉灶"的必要性提供了最主要的理由，但"另起炉灶"也可以是具有妥协性、建设性的，并没有真正对西方的主导性构成挑战。[1] 这个论述也完全适用于新时代中国FTA。

### 三、目标：中国自由贸易协定作为少边治理工具的功能探讨

明确了中国FTA作为少边治理工具的价值，接下来应探讨中国FTA的功能，即运用这一少边治理工具意图达到何种效果。中国FTA过去对市场准入的偏爱，在一定程度上反映了中国改革开放早期"发展才是硬道理"的指导思想和入世追求贸易红利的观念惯性。但是，随着中国外交战略从韬光养晦逐渐转向奋发有为，中国对国际经贸规则话语权的需求也日益强烈。因此，未来中国FTA的改革思路应在此大背景下进行探索。

#### （一）重心转移：从市场准入转向经贸制度创新和营商环境建设

党的十九大报告以及近年来国内一系列顶层设计文件都表明，新时代全方位推进改革开放的核心是制度创新，旨在实现国家治理体系与治理能力现代化，实现可持续发展。由此，中国FTA也应考虑将工作重心从单纯的市场准入转向经贸制度创新和营商环境建设。关于中国FTA的经贸制度创新，将在本书第六、七章中作详细探讨。

关于营商环境建设，世界银行（以下简称"世行"）营商环境系列报告被公认为该领域的权威出版物，着眼于衡量一国商业法规与政策对企业设立、经营的影响。报告将营商环境概括为5个环节以及下属11个指标，依次为企业开办（包括设业批准程序、劳工市场法规2个指标）、场所获取（包括建造许可、电力开通、财产登记3个指标）、金融机会（包括信用获取1个指标）、日常经营（包括小股东保护、跨境贸易、税收缴纳3个指标）、法制环境（包括契约强制执行、破

---

[1] 参见庞中英：《重建世界秩序：关于全球治理的理论与实践》，中国经济出版社2015年版，第25页。

产案件解决 2 个指标)。[1] 这些环节和指标涉及直接投资、跨境贸易、金融交易、税收征管、争端解决等多个方面,而且大部分都属于边境后措施。同时,世行也坦承,出于研究便利,这些环节和指标并没有完美覆盖一切相关因素,如宏观经济稳定性、金融系统发展、劳动力素质、贿赂与腐败发生率、市场规模、社会安全感等。[2] 由此可见,广义的营商环境的牵涉面极广。正是基于上述原因,TPP 率先设置了电子商务、电信、金融、反腐败、合作与能力建设、竞争力与商务便利化、发展、中小企业、监管一致性等不同以往的专章规则,其中绝大部分都被 CPTPP 继承下来,从而给中国提出了严峻的新课题。

世行《2018 年营商环境报告》指出,各国都在加快边境后的营商环境改革,其中改进设业批准程序为出现频率最高的改革措施。[3] 关于中国,该报告认为,2016—2017 年,中国的改革措施体现在设业批准程序和税收缴纳 2 个指标上。但是,在该报告统计的 190 个经济体的营商环境总排名中,中国仅排在第 78 位。[4] 在世行《2019 年营商环境报告》中,中国的总排名攀升至第 46 名,其中建造许可、电力开通、跨境贸易 3 个指标的得分大幅提升,设业批准程序、财产登记、小股东保护、税收缴纳 4 个指标的得分小幅增加。[5] 在世行《2020 年营商环境报告》中,中国的总排名再次上升,达到第 31 名。[6] 但是,也要看到,这个排名仍然落后于众多发达国家和新兴经济体,且世行的指标计算只来自其考察的北京、上海两个中心城市,而中国各地的营商环境水平是不平衡的。可

---

[1] See World Bank Group, Doing Business 2018: Reforming to Create Jobs, available at https://openknowledge.worldbank.org/handle/10986/28608, last visited on Nov. 8, 2019, p. 2.

[2] Ibid., p. 13.

[3] See World Bank Group, Doing Business 2018: Reforming to Create Jobs, available at https://openknowledge.worldbank.org/handle/10986/28608, last visited on Nov. 8, 2019, p. 22.

[4] Ibid., p. 153.

[5] See World Bank Group, Doing Business 2019: Training for Reform, available at https://openknowledge.worldbank.org/handle/10986/30438, last visited on Nov. 8, 2019, pp. 5, 136-137.

[6] See World Bank Group, Doing Business 2020: Comparing Business Regulation in 190 Economies, available at https://openknowledge.worldbank.org/handle/10986/32436, last visited on Nov. 8, 2019, p. 4.

见,中国在这方面仍应有时代紧迫感。

新时代中国 FTA 对营商环境能够有所强化的领域包括贸易便利化、投资便利化、投资自由化、商务人员流动便利化、贸易监管措施、透明度等。其中,贸易便利化、商务人员流动便利化、贸易监管措施、透明度在以往中国 FTA 中已有专章规则;贸易监管措施是否需要升级为监管一致性合作,尚待研究;投资自由化未来将随着负面清单谈判模式的引入而逐步现实化;投资便利化在中国现有 FTA 投资章、合作章中已有所涉及,但还缺少明确规则。此外,在知识产权、竞争政策、人力资源等领域,至少可以开展对话或合作。如此,中国 FTA 方可服务于将改革开放推向纵深、构建开放型经济新体制的目标需要。

### (二) 制度扩散:强化国内制度外溢效应与对外制度供给效应

关于经贸制度创新和营商环境建设,国内自贸试验区同样在做。但是,与国内自贸试验区不同的是,对外 FTA 规则不仅服务于中国自身改革,还能对众多经贸伙伴产生巨大影响,从而服务于"一带一路"倡议。此即"制度扩散",能够强化中国在国际经贸活动中的制度话语权。FTA 制度扩散与中国的大国地位有直接关联,属于大国需要考虑的特有课题,具体可分为两个方面:国内层面的制度外溢效应、对外层面的制度供给效应。

#### 1. 国内层面的制度外溢效应

2019 年《新时代的中国与世界》白皮书指出:"中国将进一步加强与各国宏观政策协调联动和发展战略规划对接,优势互补,相互借力,放大正面外溢效应,减少负面外部影响。"[1]在国内层面,中国在 FTA 中加强对新一代经贸规则和营商环境的关注,不但使 FTA 伙伴直接受益,而且将进一步产生对非 FTA 伙伴的制度外溢效应,从而扩大 FTA 的经贸受益面。这种制度外溢效应体现为,一国很难对不同国家维持不同的服务与投资监管、知识产权、生态环保、竞争政策、文化管理、透明度等制度。[2] 这些属于普适性制度,无法想象一

---

[1] 中华人民共和国国务院新闻办公室:《新时代的中国与世界》,人民出版社 2019 年版,第 56 页。

[2] See Joost Pauwelyn, Multilateralizing Regionalism: What About An MFN Clause in Preferential Trade Agreements? *American Society of International Law Proceedings*, 2009, p.122.

国会因为各个 FTA 的条款不一而进行差别化实施，勉力维持"碎片化"格局势必会带来巨大的管理成本。[1] 出于维护国内法权威的考虑，大国通常审慎对待条约是否影响国内法的问题，并做好两者的协调。美国国务院根据"175 号通告程序"对国际协定谈判进行评估即为适例。[2] 相反，一些中小国家，如智利在分别与美国、欧盟订立的 FTA 中被迫接受了两套不同的数字产品规则，可见小国被动地位之害。[3] 随着自身经济实力的增强和经济体制的日益开放，转型期中国逐步对外呈现统一化的开放格局，使各国（无论是否为 FTA 伙伴）均能从中受益。[4] 相应地，FTA 规则也要在部分议题领域中基于国内法，走向一定程度的范本化。

这里以知识产权领域为例。中国近年在若干 FTA 的知识产权章中一改过去简单重申《TRIPS 协定》精神的做法，开始接受若干"超 TRIPS"条款。然而，细细探究可以发现，这些条款并未大规模超越中国国内法，而是与国内法保持同步。对此，本书将在第六章中予以详述。可以预见，在经济社会转型期，随着中国知识产权国内制度的进一步完善和发展，中国对外 FTA 的知识产权条款也会随之作出相应调整。这些都出于中国处理私权利益与社会公共利益的平衡、推动创新驱动发展战略的需要，其法律体系的自主完善度及其对非 FTA 伙伴的外溢效应将愈发明显。

2. 对外层面的制度供给效应

在对外层面，中国在 FTA 中加强对新一代经贸规则和营商环境的关注，将以国家间协商达成契约成果，以契约成果达到对伙伴的制度同化，从而实现制

---

[1] 霍克曼指出，服务监管法律法规在实践中很难歧视性实施。See Bernard Hoekman, *Supply Chains, Mega-Regionals and Multilateralism: A Road Map for the WTO*, CEPR Press, 2014, p.32.

[2] See Curtis A. Bradley, *International Law in the U. S. Legal System*, Oxford University Press, 2015, p.77.

[3] 参见何其生：《美国自由贸易协定中数字产品贸易的规制研究》，载《河南财经政法大学学报》2012 年第 5 期，第 148 页。

[4] 近年来，全国市场准入负面清单得到统一推行。在 2020 年 1 月《外商投资法》正式施行后，全国（各个自贸试验区除外）实行统一的外商投资负面清单，即为佐证。

度供给效应。国际法学界已有学者提出了类似观点。[1] 问题在于,究竟供给什么? 笔者试提出:过去中国主要输出劳动密集型商品,现在要侧重于供给效率提升型制度。所谓效率提升型制度,主要体现在贸易投资便利化、商务人员流动便利化、原产地规则灵活化、互联互通合作、能力建设合作、跨境电商合作等领域。此种取向并不是基于具体议题,而是基于制度的特定性质。FTA各类议题中凡带有效率提升性质的制度内容,皆可被视为这类供给。相比过去低附加值的劳动密集型商品的输出,效率提升型制度的供给对于中国回报率丰厚得多,辐射面广阔得多。

对"效率"一词,《现代汉语词典》(第7版)的解释为"单位时间内完成的工作量"[2];《辞海》的解释为"消耗的劳动量与所获得的劳动效果的比率"[3]。这两种权威解释与本书语境均具有关联意义。在国际经贸的营商环境意义上,效率提升意味着程序的简化、时间的节约和成本的下降。笔者主张中国FTA进行效率提升型制度供给的主要理由在于:

第一,这些制度能够促使国际经贸活动加速运转,有利于中国作为后发国家建立起内外一体化的物流体系和自由无障碍的要素流动环境,深度参与全球价值链的流通环节,从而逐步化解西方发达国家对全球价值链的控制状况。有学者立足于马克思主义政治经济学,以世界历史上英国、美国先后崛起的经验为例证,深入阐述了流通环节掌控和交通运输条件对于后发国家生产力增长的巨大影响和极端重要性,并指出这对于意图突破"低端锁定"的当代中国在全球价值链格局中的应对策略具有重大启示意义。[4]

第二,在现阶段的世界权力格局下,这种制度供给比较符合中国的现实力量状况和外交指导思想。约瑟夫·奈曾有经典论断:21世纪发生着权力从居于

---

[1] 参见王燕:《自由贸易协定下的话语权与法律输出研究》,载《政治与法律》2017年第1期,第115—116页。

[2] 中国社会科学院语言研究所词典编辑室编:《现代汉语词典(第7版)》,商务印书馆2016年版,第1447页。

[3] 夏征农、陈至立主编:《辞海(第六版·第4册)》,上海辞书出版社2009年版,第2525页。

[4] 参见丁涛:《全球价值链的霸权性质——基于马克思劳动价值论的研究视角》,载《马克思主义研究》2014年第3期,第82—84页。

支配地位的国家向其他国家的转移。[1] 阎学通则指出,过去中国坚持以韬光养晦为主,存在目标定位低于自身实力的保守倾向;而在从韬光养晦转向奋发有为的初期,又要警惕目标定位高于自身实力的冒进倾向。[2] 目前,中国的总体实力仍明显弱于顶级发达经济体。近年来,中美贸易摩擦以及美、欧、日贸易部长联合声明都在一定程度上表明,韬光养晦对于中国尚未过时。因此,中国在选择对外制度供给的内容时需保持低调务实,着眼于合作共赢,而效率提升型经贸制度供给正好符合这样的外交指导思想。

第三,这种制度供给在国际社会的接受度较高。首先,与政治、军事、意识形态等领域的输出相比,经贸制度供给的阻力显然较小。其次,即便在经贸制度领域内,各国对于FTA各种实体法律问题也是见仁见智,仍较难达成有效共识(典型者如知识产权实体制度)。中国现阶段并无把握像美国那样强势推行单方模板。最后,唯有效率提升型经贸制度能够迎合金融危机后各国经济复苏的需要,因而广受欢迎,实属互利共赢之举。也就是说,这种制度供给能够兼顾中国的国家利益与国际社会的公共利益,有助于人类命运共同体的建构。[3]

第四,"一带一路"沿线中小国家便于中国进行有别于美欧风格的另一种经贸制度供给,难度也较低。世行报告指出,营商环境有两个要素,一是效率,二是质量。[4] 美欧的经贸制度供给看重制度质量,如知识产权高标准保护、投资准入高度自由化等(尽管这种"高质量"未必适合发展中国家)。中国在保持适合发展中国家的制度质量的基础上,完全可以侧重于效率方面的供给,这是一

---

[1] 参见〔美〕约瑟夫·奈:《权力大未来》,王吉美译,中信出版社2012年版,第157页。

[2] 参见阎学通:《外交转型、利益排序与大国崛起》,载《战略决策研究》2017年第3期,第6—7页。

[3] 当代新兴大国受到的批评之一是,它们往往只关注自己的国家利益而忽视国际社会的公共利益。这种批评不但来自传统大国,也来自不少发展中国家。参见蔡从燕:《国际法上的大国问题》,载《法学研究》2012年第6期,第192页。

[4] See World Bank Group, Doing Business 2018: Reforming to Create Jobs, available at https://openknowledge.worldbank.org/handle/10986/28608, last visited on Nov. 8, 2019, Forward.

种适合中国的风格,即在南南合作中既促进效率又保持彼此充足的政策空间。[1] 这也佐证了新兴大国从根本上讲仍是发展中国家,通常奉行较为平衡的国际法实践。同时,中国与"一带一路"沿线国家的特殊合作关系需要FTA这一机制加以维系,否则一些政策优惠有可能由于最惠国待遇原则而被稀释。[2] 因此,中国需要在效率提升型制度上加强对"一带一路"沿线国家的能力建设援助,以促进价值链的深度培育,而能力建设援助正是实现"区域主义多边化"的重要途径之一。[3]

综上,中国与"一带一路"沿线中小国家缔结FTA,其目标应超越单纯的贸易自由化而走向规则话语权的强化,重点是超越商品输出而走向制度供给。除了效率提升型制度本身的吸引力,中国提供的关税削减承诺有望使更多的外国商品输入庞大的中国市场,使他国能够分享中国高速发展的红利,从而更乐于接受中国的效率提升型制度供给。因此,中国需要评估并确定易于合作的伙伴。尽管与美国的理念大相径庭,但在合作伙伴评估上,中国完全可以借鉴美国的一些成熟经验。[4]

### (三)议题盘点:全面梳理中国在规则谈判中的利益诉求

在致力于效率提升型制度供给的同时,中国仍需对FTA谈判中各项规则的利益诉求作一番全面梳理。其一,尽管各种实体问题经常陷于分歧状态,但中国依然有必要对自己的利益诉求做到心中有数,如此才能在谈判中有的放

---

[1] See Rachel Denae Thrasher and Kevin P. Gallagher, 21st Century Trade Agreements: Implications for Development Sovereignty, *Denver Journal of International Law and Policy*, Vol. 38, Iss. 2, 2010, p. 313.

[2] 参见王燕:《区域经贸法治的"规则治理"与"政策治理"模式探析》,载《法商研究》2016年第2期,第168页。

[3] See Masahiro Kawai and Ganeshan Wignaraja, Multilateralizing Regional Trade Arrangements in Asia, in Richard Baldwin and Patrick Low (eds.), *Multilateralizing Regionalism: Challenges for the Global Trading System*, Cambridge University Press, 2009, p. 537.

[4] See United States General Accounting Office, International Trade: Intensifying Free Trade Negotiating Agenda Calls for Better Allocation of Staff and Resources, GAO-04-233, 2004, pp. 9-10.

矢。其二,以往的中国 FTA 在结构安排、规则条款上呈现出一定程度的简单追随倾向,中国需要改变过去消极效仿他国规则、被动应对他国诉求的做法,在谈判中更加积极地表达自己的立场,主动进行规则创新。2015 年年底,国务院印发《国务院关于加快实施自由贸易区战略的若干意见》,系统阐述了中国 FTA 所涉各项议题的指导思想。但是,作为国家顶层设计文件,其表述偏宏观。从微观角度看,对中国 FTA 利益诉求的梳理是一种实证研究,需要结合以往文本、中国目前的经贸活动特征以及中国近年来在国际经贸法律角逐中的得失进行具体衡量。本书将在第五章中对此作集中归纳,探讨中国 FTA 在各个具体议题上的利益诉求格局。

### 四、总结:重新认识"少边主义"与发展中大国利益

改革开放已跨越四十多年,中国的国家实力已得到空前增长。当前,无论中国愿意与否,韬光养晦的时代已经基本结束。西方国家认为中国崛起对它们不利,一再挑战和触碰中国核心利益。在这种情况下,中国必须转向积极有为。[1] 具体到经贸领域,入世固然为中国带来了巨大贸易红利,然而入世近二十年后,中国能够享受的多边贸易体制收益已呈放缓趋势。在后金融危机时期,美、欧、日等传统市场需求疲软、贸易保护主义高涨的态势也使得中国的此种收益呈边际递减。

当下,WTO 多边合作进程持续停滞,FTA 已悄然崛起为全球范围内国际经贸规则制定的最活跃舞台之一。过去通行的说法是 FTA 可以成为 WTO 议题的"试验田",[2] 这是一种"WTO 中心论"。近些年来,事实上,FTA 几乎已崛起为国际经贸立法的中心舞台,而不再是单纯的"试验田"了。例如,TTIP 谈判首要的着眼点就是塑造规则、引领规则。在这种局面下,中国必须利用自己

---

[1] 参见张文显:《推进全球治理变革,构建世界新秩序——习近平治国理政的全球思维》,载《环球法律评论》2017 年第 4 期,第 14 页。

[2] 参见刘光溪:《互补性竞争论——区域集团与多边贸易体制》,经济日报出版社 2006 年版。

的实力去参与规则制定,而不能指望其他国家制定规则时考虑中国的情况。[1]中国领导人已明确指出:"加快实施自由贸易区战略,是我国积极参与国际经贸规则制定、争取全球经济治理制度性权力的重要平台,我们不能当旁观者、跟随者,而是要做参与者、引领者,善于通过自由贸易区建设增强我国国际竞争力,在国际规则制定中发出更多中国声音、注入更多中国元素,维护和拓展我国发展利益。"[2]我们在操作层面上如何具体落实此种精神,值得深入研究。

当下,中国不宜再将FTA视为单纯的促进贸易额增长的工具,而要将其作为进行有效制度构建,从而强化规则话语权的工具,作为既促进经贸合作利益又保障发展中大国公共政策空间的工具。为此目标,中国FTA谈判者应抓住历史时机,将FTA工作重心从单纯的市场准入转向经贸制度创新和营商环境建设;通过国内制度外溢与对外制度供给这两种效应实现经贸制度扩散,尤其是效率提升型制度的扩散;盘点在WTO争端解决和国际投资仲裁中的经验教训,结合国内宏观政策导向,全面梳理中国在规则谈判中的利益诉求,力争进行规则再造。

中国应当合理、善意地运用FTA少边治理工具,做到工具理性与价值理性、统一性与灵活性的有机结合。对于中国,FTA一对一或小范围谈判方式的优势是,可绕开发达国家在多边场合中的强权影响。中国以发展中大国的硬实力、巨大的市场规模和资本吸引力足以应对FTA谈判压力,并且能够根据不同伙伴的具体状况灵活调整自己的具体议题立场。对于世界,中国FTA能够在效率提升型制度这一领域提供中国治理方案和国际公共产品,并且落到实处,促进国际经济新秩序的构建和形成。何为对现实主义外交理念的合理运用、善意运用? 选择自己能够发挥实力主导作用的谈判伙伴,是为合理运用;改变现行国际经济秩序中不合理、不公正的成分,伸张自己正当的规则主张和话语权需求,是为善意运用。

---

[1] 参见赵龙跃编著:《制度性权力:国际规则重构与中国策略》,人民出版社2016年版,第349页。

[2] 《习近平:加快实施自由贸易区战略 加快构建开放型经济新体制》,http://fta.mofcom.gov.cn/article/zhengwugk/201412/19394_1.html,2018年9月6日访问。

# 第五章
# 国际社会相关借鉴与新时代中国自由贸易协定法律范式归纳

这些年来,学术界、国际组织和主要 WTO 成员对于区域贸易协定提出了不少理论建议和实践主张,成为中国 FTA 范式构建的重要外部参考。早期国际学术界和国际组织的相关研究主要是围绕如何完善多边贸易体制、加强 WTO 对 RTA 的法律约束展开的,体现了鲜明的"WTO 中心论"之思想烙印。近些年来,由于多边贸易体制谈判陷于困境,巨型 FTA 谈判蓬勃兴起,大有成为国际经贸立法最活跃舞台之势,故传统的"WTO 中心论"有所退却,顶级发达经济体针对巨型 FTA 谈判提出了各种规则主张,发展中经济体和新兴经济体也在 TPP、RCEP 等谈判中提出了自己的规则主张。这再次印证:当代 FTA 的发展重心已经从过去关注是否符合 WTO 纪律转向关注经贸规则的全新塑造。在对国际社会实践进行总结和借鉴的基础上,新时代中国 FTA 法律范式之构建思路也便水到渠成。

## 第一节 以往学术界与国际组织的成果

### 一、"区域主义多边化"会议的改革建议

随着 RTA 大量涌现导致的"意大利面条碗"(spaghetti bowl)现象日益严

重,2007年9月10—12日,以"区域主义多边化"(multilateralizing regionalism)为主题,WTO官方在日内瓦召集了一次重要的学术会议,众多经济学、法学精英参会,提交了十余篇极有价值的论文,从技术性层面集中展示了各种应对"意大利面条碗"现象的典型方案。会后,巴德温与劳主编的《区域主义多边化:全球贸易体系面临的挑战》一书汇集了会议主要论文,而巴德温与桑顿主编的《区域主义多边化:关于区域主义的WTO行动计划的理念》则对学者们建议的众多技术方案作了提炼和总结。

《区域主义多边化:关于区域主义的WTO行动计划的理念》对"区域主义多边化"的现有实例作了归纳,大致有以下几种:

第一,自1997年以来,欧盟通过"泛欧累积系统"的原产地规则,致力于贸易转移效应的降低以及贸易优惠的多边化,有效化解了欧洲的"意大利面条碗"现象,并对欧盟其他FTA伙伴产生积极影响。

第二,1997年在WTO项下签署的ITA对信息技术产品实行最惠国待遇基础上的零关税,世界上绝大部分信息产品都处在零关税交易状态中,使得RTA在该领域失去意义。

第三,APEC关于RTA的行为守则成为RTA缔结活动的有效示范性文件。

第四,发展中国家在对RTA伙伴实行优惠关税的同时,实施了相应的最惠国关税的单边削减行动。[1]

而后,《区域主义多边化:关于区域主义的WTO行动计划的理念》总结了应对"区域主义多边化"的若干典型技术方案:

第一,WTO引领的短期构想(WTO-led ideas for the immediate term):(1)进一步强化RTA透明度机制;(2)为发展中成员特别是小国提供各种帮助,包括建立RTA经验交流论坛、提供RTA谈判方面的人员培训和咨询建议等;(3)建立WTO关于RTA的软法规范,即类似于APEC那样的最佳实践指南,并且针对北北、南北、南南三种RTA设定序列关系(hierarchy),建立一套介

---

[1] See Richard Baldwin and Phil Thornton (eds.), *Multilateralizing Regionalism: Ideas for a WTO Action Plan on Regionalism*, CEPR Press, 2008, pp. 31-35.

于 GATT 1994 第 24 条和东京回合"授权条款"之间的 RTA 纪律规范,供成员自己选择。

第二,RTA 引领的短期构想(RTA-led ideas for the immediate term):(1) RTA 成员应促进优惠性原产地规则的和谐一致,并尽量采用累积性规则,扩大累积区域范围,其中发达成员应尽量大幅简化其对发展中成员进口产品的过于复杂的原产地规则;(2) 在 RTA 文本中扩大"反意大利面碗"条款的运用范围,这在目前主要体现为 RTA 在服务和政府采购方面的"第三方最惠国待遇条款",即任何成员以后给予第三方的优惠都会自动给予 RTA 的其他成员。

第三,单边短期构想(unilateral ideas for the immediate term):(1) 各国应主动进行单边的最惠国关税削减;(2) 各国应尽量在 RTA 中将"超 GATS 义务"的服务贸易自由化承诺自动扩展到第三方,以鼓励服务提供方面的竞争。

第四,WTO 引领的中期构想(WTO-led ideas for the medium term):(1) 考虑制定关于优惠性原产地规则的 WTO 多边规范;(2) 在新的产品领域签署类似于 ITA 那样的协定。

第五,RTA 引领的中期构想(RTA-led ideas for the medium term):(1) 鼓励在 RTA 中设置开放性加入条款;(2) 鼓励采用"价值增值"(value-added)原产地规则,尽可能实现"完全累积"(full cumulation);(3) 鼓励国家(特别是发展中国家)在不同的 RTA 中不要采用多种类型的原产地规则,而尽可能只采用一种类型的原产地规则。

第六,单边中期构想(unilateral ideas for the medium term):鼓励各国在组建新的 RTA 时使用 RTA 范本,以促进 RTA 文本结构的一致,便利未来 RTA 的多边化。[1]

以上种种建议方案在理论上都十分有力,但实际效果仍有待观察。同时,也有与会者持相对悲观的态度。例如,新国家想加入 RTA 必然受制于实际的互惠式讨价还价(reciprocal bargaining),开放性加入条款很可能是一纸空文;RTAs 之间实行累积含量的原产地规则有可能不符合各国国内有关集团的利

---

[1] See Richard Baldwin and Phil Thornton (eds.), *Multilateralizing Regionalism: Ideas for a WTO Action Plan on Regionalism*, CEPR Press, 2008, pp. 37-49.

益,它们会积极游说、鼓动政府采用限制性的原产地规则。[1] 此外,有的建议方案在今天看来是有待商榷甚至值得推敲的,例如,鼓励采用"价值增值"原产地规则,鼓励只采用一种类型的原产地规则等。但瑕不掩瑜,上述种种建议方案,尤其是在原产地累积制度、"第三方最惠国待遇条款"、争端解决机制等方面,仍为包括中国在内的世界各国的 FTA 范式研究提供了宝贵参考。

## 二、亚太经济合作组织的代表性文件

APEC 一直致力于亚太地区 RTA/FTA 的相关研究,建立了专门的 FTA 主题网站,出台了一系列重要的研究报告和建议性、示范性文件。其中,比较有代表性的文件是 2004 年《亚太经合组织 RTA/FTA 最佳实践》和 2014 年《亚太经合组织推动实现亚太自贸区北京路线图》。

### (一)《亚太经合组织 RTA/FTA 最佳实践》

2004 年《亚太经合组织 RTA/FTA 最佳实践》是在 APEC 第 16 届部长级会议上提出的,其性质属于建议性文件,提出了亚太地区 RTA/FTA 的一系列示范性做法。尽管该文件的出台时间较早,但其内容直到今天仍然极具指导价值,其要点包括:[2]

(1) 与 APEC 原则一致。亚太地区 RTA/FTA 应覆盖 1995 年《大阪行动议程》自由化和便利化的有关领域,通过实施透明、开放、非歧视的监管框架和决策程序,促进成员内部的结构性改革。

(2) 与 WTO 纪律规范一致。亚太地区 RTA/FTA 应符合 WTO 项下 GATT 1994 第 24 条、GATS 第 5 条的规定。即使发展中成员根据东京回合"授权条款"组建 RTA/FTA,也应尽可能符合以上纪律规范。

(3) 超越 WTO 义务承诺。亚太地区 RTA/FTA 在 WTO 已覆盖的领域应

---

[1] See Gary Hufbauer and Jeffrey Schott, Fitting Asia-Pacific Agreements into the WTO System, in Richard Baldwin and Patrick Low (eds.), *Multilateralizing Regionalism: Challenges for the Global Trading System*, Cambridge University Press, 2009, p. 623.

[2] See APEC, Best Practice For RTAs/FTAs in APEC, 2004/AMM/003, 17-18th Nov. 2004.

基于 WTO 义务,在 WTO 尚未覆盖或仅部分覆盖的领域应积极探索相关纪律,以求在未来的 WTO 相关谈判中使 APEC 成员获得领导力。

(4) 全面性。为了带来最大化的经济收益,亚太地区 RTA/FTA 应在范围上保持全面性,力求在所有领域实现自由化,消除缔约方间的贸易与投资壁垒(包括关税与非关税壁垒、服务贸易壁垒等)。敏感领域的关税、配额过渡期应最短化,同时兼顾到成员不同的发展水平。亚太地区 RTA/FTA 的上述全面自由化应成为其后的多边自由化的第一步。

(5) 透明度。亚太地区 RTA/FTA 一经签署,即应通过各种官方网站予以公开,并根据 WTO 相关义务和程序向 WTO 进行通报。

(6) 贸易便利化。成员应认识到监管和行政要求可能对贸易构成严重壁垒。因此,亚太地区 RTA/FTA 应根据 WTO 纪律和 APEC 原则规定贸易便利化措施,为商界削减交易成本。

(7) 磋商与争端解决机制。RTA/FTA 实施中产生的争端常常代价沉重,且给商界带来不确定性。亚太地区 RTA/FTA 应包括高效预防和解决争端的适当机制,同时尽可能避免与 WTO 争端解决机制相重叠。

(8) 简单的原产地规则。亚太地区 RTA/FTA 的原产地规则应易于被商界了解和遵守。单个经济体的所有 RTA/FTA 的原产地规则都应尽可能保持一致。鉴于生产的日益全球化,应采用使"贸易创造"最大化而使"贸易转移"最小化的原产地规则。

(9) 合作事项。亚太地区 RTA/FTA 应处理 1995 年《大阪行动议程》第二部分所列举的经济和技术合作事项,为缔约方之间交换观点、发展共识提供互动机会,从而有助于 RTA/FTA 效用和收益的最大化。

(10) 可持续发展。考虑到可持续发展三大支柱(经济发展、社会发展与环境保护)的相互依赖和彼此支持,贸易在其中扮演着必不可少的作用,亚太地区 RTA/FTA 应强化可持续发展的目标。

(11) 第三方加入条款。为秉承 APEC "开放的区域主义"精神,使区域内拥有进一步自由化的动力,亚太地区 RTA/FTA 应使第三方在议定的条件下有机会加入。

(12) 定期审议。亚太地区 RTA/FTA 应允许定期审议,以确保协定条款得到充分实施并能够适应经济状况的不断变动。同时,定期审议有助于保持缔约方内部改革的动力,还有助于在缔约方经济更加一体化之后继续发展新的合作领域。

即便在十几年后的今天,以上十二点建议对于当代各国的 RTA/FTA 实践依然极具参考价值,有助于克服各国 RTA/FTA 文本的随意性。这十二点建议既涵盖了自由化又涉及便利化,既立足于经济收益又看重可持续发展,既注重加深缔约方之间的经济一体化又强调协定的开放性,既突出国际合作义务又指出国内结构性改革的重要性,既关注当下的静态实施效果又兼顾长远的动态合作事务。可以毫不夸张地说,新时代中国 FTA 范式构建将这十二点建议作为普适性基础并无不当。但在此基础上,中国还需要进一步考虑自身的个性特征。

(二)《亚太经合组织推动实现亚太自贸区北京路线图》

《亚太经合组织推动实现亚太自贸区北京路线图》是在 2014 年 11 月 APEC 第二十二次领导人非正式会议上被作为会议宣言的附件出台的,直接面向实现亚太自由贸易区(FTAAP)的宏伟目标。各成员承诺将按照循序渐进、协商一致的原则推进 FTAAP 建设。尽管 FTAAP 的目标现在看还有些遥不可及,而且也不是只与中国一个成员的 FTA 实践有关,但该文件提出的若干重要共识和举措可能象征着未来亚太地区各成员 FTA 的共同趋势,对于中国 FTA 实践也具有一定的启发意义。

该文件首先阐述了各成员关于 FTAAP 的若干共识:[1]

(1) 建设 FTAAP 是为了继续支持以规则为基础的多边贸易体制。

(2) FTAAP 不是过去的狭义自由化,而是全面且高质量的协定,涵盖"下一代"(new generation)贸易投资议题。

(3) 2020 年实现贸易投资自由化的"茂物目标"仍是 APEC 的核心目标。FTAAP 不会取代"茂物目标",相反,它将成为实现这一目标的重要驱动力。

---

[1] See APEC, Annex A—The Beijing Roadmap for APEC's Contribution to the Realization of the FTAAP, available at https://www.apec.org/Meeting-Papers/Leaders-Declarations/2014/2014_aelm/2014_aelm_annexa.aspx, last visited on Sep. 16, 2018.

(4) APEC 仍然保持非约束性和自愿原则，鼓励更多的单边贸易投资自由化和经济改革，继续发挥对 FTAAP 的"孵化器"作用。

(5) FTAAP 应使区域和双边贸易安排带来的负面影响最小化，并建立在已有和正在谈判的区域安排基础之上，如 TPP 和 RCEP 等。

(6) APEC 应在结构性改革、人力资源、中小企业发展、一体化等方面继续开展有效的经济技术合作，帮助发展中经济体进行能力建设。

在以上共识基础上，各成员同意在尽快完成 TPP 和 RCEP 等区域性谈判的同时，采取若干行动。兹择要叙述如下：[1]

(1) 消除"意大利面条碗"效应。在已有工作基础上，启动实现 FTAAP 有关问题的联合战略研究。该研究将盘点区域内已生效的 FTA，分析实现 FTAAP 的各种路径，评估"意大利面条碗"效应的影响。

(2) 透明度。通过推进 APEC 的自贸区信息交流机制，提高区域内现有 FTA 的透明度。鼓励各经济体在该机制下开展政策对话和信息交流，争取各种利益相关者的支持，最终实现一个真正让各方受益的 FTAAP。该机制将作为 WTO 的 RTA 透明度机制的补充。

(3) 能力建设。在第二期"FTAAP 能力建设行动计划"框架下继续开展能力建设活动，鼓励更多经济体牵头设计和实施具体部门的能力建设项目，以提高区域内各个经济体参与现有区域贸易安排和最终实现 FTAAP 的能力。

(4) 下一代经贸议题。加快"边界上"的贸易自由化和便利化努力，改善"边界后"的商业环境，促进"跨边界"的互联互通。这包括推进在投资、服务、电子商务、原产地规则、全球价值链、海关合作、环境产品和服务、良好监管以及 FTAAP 应涵盖的下一代贸易投资议题等领域的合作。

(5) 公众参与。通过 APEC 工商咨询理事会和其他渠道加强工商界参与，加强公私部门在促进区域经济增长、一体化和改善营商环境方面的对话。

以上每个方面的关键词都值得新时代中国 FTA 认真参考。但是，参考不是简单盲从，还需要审慎鉴别。例如，下一代经贸议题、公众参与和透明度这些

---

[1] See APEC, Annex A—The Beijing Roadmap for APEC's Contribution to the Realization of the FTAAP, available at https://www.apec.org/Meeting-Papers/Leaders-Declarations/2014/2014_aelm/2014_aelm_annexa.aspx, last visited on Sep. 16, 2018.

共性化要求在大方向上是对的,但如何设计适合中国的操作方式,仍然需要进行个性化的深入考量。

### 三、世界贸易组织的寥寥成果

作为普遍性国际组织,WTO 拥有约束其成员 RTA 的法条纪律(GATT 1994 第 24 条及其谅解书、GATS 第 5 条、东京回合"授权条款"等),以及对其成员 RTA 进行监督评议的法律职权(通过区域贸易协定委员会)。从理论上讲,WTO 应该能够对世界范围内 RTA 的规范化与改革产出较多的工作成果,而且多哈回合的谈判授权也包括这一方面。令人失望的是,迄今 WTO 在规则改革谈判上基本没有重大突破,在 RTA 纪律方面表现得更为软弱,可谓成果寥寥。有限的代表性工作成果仍然是 2006 年 12 月正式出台的《RTA 透明度机制》(文件编号为 WT/L/671)。

2006 年《RTA 透明度机制》的主体内容方式包括早期宣布、通知、促进透明度的程序、后续通知和报告、实施机构、对发展中成员的技术支持等。其中,"促进透明度的程序"部分包括通报时间要求、通报信息要求、秘书处的事实报告等具体环节,此外还有一个附录,就通报内容中的数据范围提出具体要求。WTO 进行评议的主要方式包括事实陈述、集体评议、书面评论与答复等。总体来看,该机制的确明显加强了 RTA 透明度纪律,突出体现为时间要求的明确化以及对各种 RTA 的统一适用。该机制还有一些照顾发展中成员的条款,也值得肯定。但是,该机制仍然带有妥协痕迹和保守风格,如对后续通知和报告义务的要求较松。该机制声明"不影响成员在其通报所依据的 WTO 协议条款下的权利和义务",从而与 RTA 实体纪律的讨论划清界限。以上表明,区域贸易协定委员会对 RTA 的审查是一种集体评议性质的软机制。[1]

这些年来,随着世界范围内各国 RTA 实践的蓬勃发展,2006 年《RTA 透明度机制》越来越暴露出它的局限性。其最大问题并不在于通报程序,而在于通报内容不够全面。从该机制附件所列的通报内容来看,它主要关注货物贸易

---

[1] 参见刘彬:《论 WTO 对 RTAs 的"适度规制"》,载陈安主编:《国际经济法学刊(第 14 卷第 1 期)》,北京大学出版社 2007 年版,第 177 页。

的关税和其他边境措施(包括关税配额与特殊保障措施、原产地规则等);对于服务贸易,只要求提供一般性经济统计数据,不包括 RTA 成员间的服务监管措施;对于投资,只要求提供与服务贸易有关的统计数据。相对于当今各国 RTA 蓬勃发展的各种议题,以上内容的范围实在过于狭窄。这从本章接下来对国际上若干重要 FTA 谈判动态的分析中可窥见一斑。目前区域贸易协定委员会中也有一些关于如何改进 RTA 透明度的讨论,但尚未产出标志性成果。

## 第二节 欧盟 TTIP 谈判立场文件的借鉴

TTIP 谈判发生在欧盟、美国这两个世界顶级发达经济体之间,堪称当代最令人瞩目的巨型 FTA 谈判,集中体现了发达经济体对国际经贸规则的重构主张,对于未来经贸规则的走向客观上具有非常重大的影响力。美国自特朗普执政以来,其逆全球化倾向导致 TTIP 谈判暂时陷入停顿。其实,即便在此之前,美国也更偏好相对保密的谈判方式,其贸易代表办公室网站的透明度并不高。相反,欧盟方面一直坚持信息公开的谈判方式,在欧盟委员会网站设立 TTIP 谈判专题,先后发布了一系列立场文件,并就各个议题系统阐述了其基本立场和主要关注点。

观察这些立场文件可以发现,虽同为顶级发达经济体,欧盟与美国拥有许多相似的主张(最典型者即"新一代经贸规则"),但在谈判风格上,与美国一意推行单边模板的强势风格存在较大区别。这种区别比较典型地表现在以下几个方面:一是欧盟更注重发展导向,因此更重视可持续发展和长远合作事项,尤其是在与若干弱小经济体的贸易协定中比较突出能力建设、经济技术援助、特殊与差别待遇;[1]二是欧盟基于其悠久的历史文化,在议题谈判中更重视"文化例外"和传统维系;三是欧盟的规则主张总体而言,其强硬的单边色彩要比美国淡薄一些,这在各个具体议题上均有体现;四是欧盟特别强调自身公共政策

---

〔1〕 SACU—欧盟 FTA 就对博茨瓦纳、莱索托、纳米比亚、斯威士兰规定了特殊与差别待遇,允许四国对进口临时征税以保护幼稚产业,以及为了农村发展、食品安全和减贫而临时限制货物进出口。参见〔美〕西蒙·莱斯特、〔澳〕布赖恩·默丘里奥编著:《双边和区域贸易协定:案例研究》,王晨曦译,上海人民出版社 2016 年版,第 89 页。

空间和相应的监管自主权。笔者认为,欧盟的以上谈判风格对同样拥有悠久历史文化且是转型期新兴大国的中国具有较强的借鉴和启发意义。[1] 因此,本部分将挑选值得注意的特色要点,对欧盟 TTIP 谈判立场文件作一番比较全面的介绍。出于谈判需要,中国固然不必机械效仿欧盟,将自己的规则主张公布于众,但细化研究似乎不可缺少。

欧盟设想的 TTIP 内容分为 24 章,在宏观结构上分为市场准入、监管合作、经贸规则、机制安排四大部分,总体上体现了经贸自由化和规则建构两个维度。本书从方便叙述的角度出发,按照货物贸易、服务贸易与投资及电子商务[2]、经贸规则、专门导向与特殊问题、争端解决的顺序依次介绍。

一、货物贸易

(一) 一般货物

一般货物的贸易纪律是指国民待遇和市场准入条款。根据欧盟的设想,TTIP 一旦生效就会消除绝大多数关税,少数敏感商品将通过限制性较弱的关税配额方式设置更长的过渡期;缔约方除非对国内同类产品也课征相同税费,否则原则上不对商品征收出口税;维修货物(repaired goods)也在关税优惠范围内,如来自美国的货物被送到欧盟境内进行维修,即便维修使用的零部件不能满足 TTIP 原产地标准,返销到美国也可以享受关税优惠;进出口许可证程序应避免模糊、不透明。[3] 欧盟特别强调"一般例外"的重要性:只要不对贸易构成武断或不合理的歧视,缔约方出于公共政策目标而实施限制性措施的权利就

---

[1] 例如,欧盟对待服务贸易开放的态度是,既希望本方企业的海外市场利益得到保障,又希望本方内部公共服务的监管主权得到维护,这一立场就值得中国重视。See György Csáki, Is the WTO over? Mega-Regional/Plurilateral Free Trade Negotiations: Perspectives of Multilateralism in Trade, *Studia Mundi-Economica*, Vol. 2, Iss. 2, 2015, p. 27.

[2] 在欧盟已缔结的若干 FTA 中,服务贸易、投资、电子商务这三个领域常被合为一章。笔者认为,这很鲜明地反映出欧盟的规则倾向性。在全球价值链下,服务贸易、投资、电子商务已然存在极为紧密的联系,欧盟很可能基于这一点在 FTA 篇章结构中主张合三为一。

[3] See European Commission, National Treatment and Market Access for Goods in TTIP: An Explanatory Note, 22 March 2016, pp. 2-3.

应得到尊重。值得注意的是,在种种公共政策目标中,欧盟专门强调"保护稀缺的自然资源"。[1]

对于中国 FTA,欧盟以上立场中具有启发意义的是:在关税与非关税壁垒的消除上,强调高度的自由化水平;对货物维修等高附加值服务业,采取鼓励政策。[2] 同时,特别值得中国注意的是,欧盟主张将"保护稀缺的自然资源"纳入货物贸易规则的"一般例外"中,而这正是中国在 WTO "中国原材料案""中国稀土案"中极力主张但最终未果的诉求(直接原因是 WTO 专家组和上诉机构拘泥于《入世议定书》的字面条款)。因此,中国似可考虑将自然资源出口的限制措施列入 FTA 的约定中,以弥补当初《入世议定书》的无心之失。

(二)特定产品

在货物贸易中,欧盟对若干特定产品予以专门关注和说明,主要包括农产品、纺织品与服装、能源与原材料三类,突出体现了欧盟的利益诉求。

第一,对于农产品,欧盟主张:TTIP 需要设立单独的"农业"章,但该章并不包含农产品关税削减,关税削减仍然放在一般的"货物贸易"章中;"农业"章的内容主要包括农业合作、多边与其他论坛的合作、出口竞争问题、农业委员会的建立以及为国内支持问题留下谈判空间。欧盟希望在尊重彼此农业模式的分歧、各自保持独立政策权力的同时,推动双方在各种国际论坛上的合作。[3]

在农业合作与对话中,应积极审议食品安全和气候变化等重大问题,以促进农业技术研究与革新。在出口竞争方面,欧盟呼吁取消出口补贴并对其他具有类似效果的措施进行约束。这些行动不但应在美欧之间开展,而且在与第三方的贸易中也应开展,前提是有关第三方与美欧都有 FTA 关系并实现了农产

---

[1] See European Commission, National Treatment and Market Access for Goods in TTIP: An Explanatory Note, 22 March 2016, p. 3.

[2] 这一政策正在中国上海等地的自贸试验区中推行,但似乎尚未体现在中国 FTA 中。

[3] See European Commission, Agriculture and Geographical Indications (GIs) in TTIP: A Guide to the EU's Proposal, 21 March 2016, p. 4.

品贸易的充分自由化。[1] 具有贸易扭曲效应的国内支持问题应当在 TTIP 谈判中占有一席之地。这虽不是欧盟以往 FTA 谈判的通例，但欧盟特别关注美国国内此种措施对欧盟市场的消极影响。欧盟专门强调酒类产品（wine and spirit drinks）的特殊性，主要涉及欧盟酒类产品名称在美国的保护问题。在非关税壁垒方面，欧盟列出了六个与农业有关的非关税壁垒问题，但不包括 SPS 措施等属于其他章节的内容。在地理标志方面，欧盟表达了对美国商标制度不能很好保护地理标志的强烈关注，同时承认尽管这属于农业问题，但将更多地放在"知识产权"章中处理。[2]

第二，对于纺织品与服装，欧盟主要强调监管与技术标准问题，认为 TTIP 可以加强以下两个方面的合作：一是纺织品与服装、鞋类产品的标签要求；二是产品安全与消费者保护措施的差异可能在产品生产阶段和生产后阶段（比如是否遵守标准的测试）都导致不必要的成本，相关问题亟待解决，包括：纺织品的易燃性；纺织品中禁止使用的化学物质清单的协调；某些特定产品的技术要求的协调或同化。[3]

第三，对于能源与原材料，欧盟浓墨重彩地突出强调其重要性。有学者认为，这在很大程度上是基于 2014 年乌克兰危机以来，欧盟在天然气进口上暴露出的相对于俄罗斯的脆弱地位。[4] 欧盟指出，过去几十年以来，能源与原材料及其跨境贸易并未被国际贸易与投资规则充分覆盖，而该领域对于产业供应链来说又极为重要，业界对促进其可持续发展的监管政策的需求与日俱增。在欧盟看来，WTO 现有规则并未充分覆盖能源与原材料生产与贸易问题，它主要关注的是进口壁垒，在出口壁垒方面的规则较弱，而迄今该领域更突出的问题恰

---

[1] 须注意的是，全面取消农业出口补贴在 WTO 多哈回合谈判中已经达成了有效成果，尚待执行。

[2] See European Commission, Agriculture and Geographical Indications (GIs) in TTIP: A Guide to the EU's Proposal, 21 March 2016, pp. 4-10.

[3] See European Commission, The Transatlantic Trade and Investment Partnership (TTIP) Regulatory Issues, EU Position on Textiles and Clothing, May 2014, pp. 1-3.

[4] See Rafael Leal-Arcas, Costantino Grasso and Juan Alemany Rios, Multilateral, Regional and Bilateral Energy Trade Governance, *Renewable Energy Law and Policy Review*, Vol. 6, Iss. 1, 2015, p. 78.

恰在出口限制方面。此外,其他规则问题包括:GATS 中缺乏能源服务的概念;对管道运输的能源产品(如天然气)的国际转运缺乏有效规则;有的国家国内生产并未垄断化,但对对外贸易和分销体制实行垄断化;在第三国运行大型项目的外国公司常被施加生产设备的当地含量要求;东道国政府授予能源业务许可证的监管过程缺乏透明度;等等。[1]

在该领域规则的处理方式上,欧盟认为:一方面,未来 TTIP 中关于货物、服务、投资的一般性规则也要适用于能源与原材料;另一方面,能源与原材料的特别问题需要特别规则加以调整,此类特别规则应超越 WTO 现有规则,尤其应超越 GATT 1994 和 GATS 的相关规则。[2]

在该领域规则的具体设计上,欧盟主要有如下主张:

(1)在透明度方面,TTIP 应鼓励增加贸易与投资许可证的授予和分配过程的透明度。此外,还应考虑将美欧内部的"采掘业透明度倡议"引入 TTIP 中。

(2)在市场准入与非歧视方面,应消除出口限制,包括出口税或具有类似效果的措施等。欧盟与美国应考虑制定经由天然气管道或电力网络运送的能源产品的规则,这在管道、网络垄断化的国家境内尤为重要,运送和转运活动都应得到规制。如果在这些国家境内私人建设此类基础设施被禁止或经济上不可行,则应确保"第三方进入机会"。转运规则的设计应基于现有的各种条约制度,并应能预防或缓解能源流动的中断。

(3)在竞争力培育方面,至少应考虑两个领域的规则:一是对政府在国内市场、出口市场上的能源定价干预行为加以限制,禁止国内市场与出口市场的双重定价,可考虑将某些成员入世承诺义务的先例或 NAFTA 的有关条款[如第605(b)条]作为 TTIP 的选择方案。二是对于国有企业和专门受权企业,可讨论关于能源与原材料的特别规则。

(4)在可再生能源贸易方面,欧盟建议在 APEC"环境产品清单"的基础上强化对非关税壁垒的规制,禁止对货物、服务与投资的当地含量要求和强制性

---

[1] See European Commission, EU-US Transatlantic Trade and Investment Partnership: Raw Materials and Energy, Initial EU Position Paper, July 2013, p. 1.

[2] Ibid., p. 2.

技术转让要求，引入与当地含量要求相关的补贴义务承诺。能源效率和可再生能源是美欧内部能源政策的重要组成部分，对此 TTIP 应确保美欧双方各自对技术标准与法规的自主权，同时尽可能促进美欧内部相关标准的趋同化，并尽可能使用国际标准。

（5）在能源供应安全方面，应考虑设置条款，以专门处理现在和未来的能源供应以及可能影响能源贸易的基础设施瓶颈，同时建立应对能源供应危机、供应中断的机制，并考虑与促进该领域的多边机制。[1]

综上所述，对于欧盟以上种种立场，中国可借鉴之处如下：一是在农产品方面，欧盟高度重视自身农业安全（包括食品安全），主张取消农业出口补贴，关注农业非关税壁垒，同时突出酒类产品、地理标志等自身"利益进攻点"，这和中国可谓同气相求。二是在纺织品与服装方面，欧盟关注的重点并不是贸易摩擦问题，而是技术标准、产品安全和消费者保护等监管问题。对于中国而言，纺织品与服装出口的贸易摩擦仍然是一个关注重点，但今后完全可以将其与技术监管问题并举，强化对技术标准、安全标准的重视，以提升纺织品与服装的出口档次和附加值。三是在能源与原材料方面，欧盟的立场值得中国高度警惕。因为欧盟文件实际上表明，当前关于能源与原材料限制出口的国际法规则其实并未成形，而中国早在《入世议定书》中就作出了取消一切出口税、赋予充分贸易权的承诺，构成中国在 WTO"中国稀土案""中国原材料案"中败诉的直接原因之一。[2] 此外，欧盟提出的反对政府干预定价、反对当地含量要求、反对强制性技术转让要求等主张，多多少少与中国相关产业政策存在冲突可能性。但是，在可再生能源领域，欧盟又不顾中国立场，坚持自己的产业政策自主权，推出当地含量要求，在 WTO 中一度引发中欧争端。[3] 以上表明，西方发达经济体在

---

〔1〕 See European Commission, EU-US Transatlantic Trade and Investment Partnership: Raw Materials and Energy, Initial EU Position Paper, July 2013, pp. 2-3.

〔2〕 参见杨国华：《WTO 的理念》，厦门大学出版社 2012 年版，第 193—196 页。

〔3〕 中国指责欧盟在可再生能源产业投资政策上实行歧视性的当地含量要求，违反了 GATT 1994 国民待遇条款、《补贴与反补贴协定》和《与贸易有关的投资措施协定》的相关条款。See WTO, European Union and Certain Member States—Certain Measures Affecting the Renewable Energy Generation Sector, Request for Consultations by China, WT/DS452/1, 7 November 2012.

争夺经贸规则话语权、维护自身利益上的双重标准现象并不鲜见。针对这些动态,中国似可考虑在自己的FTA中就能源与原材料的贸易限制措施进行专门约定,以弥补当年《入世议定书》之失;同时,在产业政策领域,提出有针对性的谈判诉求,以争夺能源与原材料专门规则制定的话语权。

(三) 海关合作与贸易便利化

海关合作与贸易便利化是当下比较时兴的分议题。欧盟TTIP谈判立场文件提出,该章将确立美欧海关之间关键性程序的一体化与协调化的工作计划,应确定该章的目标,成立专门委员会以监督该章的实施,促进"受信任贸易商计划"(trusted trader programme)的发展以便利守法企业尤其是中小企业。

欧盟认为,该章主要应包括以下几个方面的工作:(1)美欧海关所搜集数据的协调化;(2)关于贸易"单一窗口"的合作;(3)授权经营者(authorized operator)体制或"受信任贸易商计划"的启动;(4)彼此在货物归类和原产地问题上海关预裁定(advance rulings)的相互承认;(5)在若干国际标准上的协作。欧盟还特别指出,该章的一整套目标构成以上各种具体义务的背景,以供双方合理解释这些义务。[1]

不难看出,欧盟在该领域的上述种种主张,其实在中国晚近FTA的对应章节中已有充分体现,并无遗漏。[2] 结合近年来中国对WTO《贸易便利化协定》的大力赞成态度和国内自贸试验区的建设内容可判断出,中国在海关合作与贸易便利化领域的规则主张已经达到了世界先进水平,如能落实得当,贸易便利化这种典型的效率提升型制度必将成为中国在新时代的制度优势点。

(四) 原产地规则

欧盟对于货物原产地规则的TTIP谈判立场文件较为简单,突出的诉求点

---

[1] See European Commission, Customs and Trade Facilitation in TTIP: An Introduction to the EU's New Articles Proposed in Round 12, 21 March 2016, p. 2.

[2] 详例可参见晚近中国—瑞士FTA、中国—韩国FTA、中国—澳大利亚FTA、中国—格鲁吉亚FTA的海关程序与贸易便利化章。

不多。

## 二、服务贸易、投资与电子商务

将服务贸易、投资与电子商务合并讨论是欧盟重要的经贸谈判特征,这在以往的若干欧盟 FTA 中已有所体现,通常会形成一个庞大的章节结构。[1] 显然,欧盟认为服务贸易和投资在相当程度上具有同一性("商业存在"模式的跨境服务贸易就是一种国际直接投资)。在新技术时代,电子商务与这两者具有极其紧密的联系,是其全球价值链运转的"加速器"。欧盟同样希望在 TTIP 中建立独立的"服务贸易、投资与电子商务"章,并提出了相当具体的谈判意向。

### (一)该章的总体取向

总体上,对于培育欧盟竞争力和经济增长至关重要的服务部门,欧盟愿意作出有意义的实质性承诺。这些部门包括:构成关键的经济"助推器"并支持数字经济的部门,如计算机与电信服务;能够加速全球价值链一体化进程的部门,如国际海运服务、空运服务、快递服务、专业与商业服务;其他重要部门,如建造服务、分销服务、能源或环境服务等。[2] 这些部门不涉及金融服务,因为欧盟打算视金融危机后双方金融监管合作的讨论进程,决定自己随后在该领域的出价。[3]

对于若干敏感部门,欧盟采取了不同的处理方式。这与过去二十多年来它在贸易协定中的政策导向相一致,特别体现在以下两个方面:一是视听服务部门被排除在市场开放承诺之外,这在法律上与欧盟成员国的授权范围直接相关,体现了欧洲国家所主张的"文化例外";二是公共服务受到市场保护,这又被称为"公用事业保留",包括公共健康、公共教育、社会服务,以及水资源的管理、

---

[1] 详例可参见 2011 年欧盟—韩国 FTA 第七章、2014 年欧盟—乌克兰 FTA 第六章、2018 年欧盟—越南 FTA 第八章。

[2] See European Commission, Reading Guide: Publication of the EU Proposal on Services, Investment and E-Commerce for the Transatlantic Trade and Investment Partnership, 31 July 2015, p. 1.

[3] Ibid.

收集、净化或分销服务等。[1]

(二) 该章的文本草案

在文本草案上,欧盟提倡的结构是主文加若干附件。[2]

1. 主文

主文包括主要定义、原则和义务,具体内容如下:

第一部分包括了适用于整章的一般条款,表达了实现服务贸易、投资与电子商务渐进与互惠的自由化所需的更好环境的决心;同时,再次确认了双方拥有为追求正当政策目标所需的监管权,如公众健康和消费者保护等。

第二部分是"投资"。欧盟提议的重心并不在传统的投资保护上(这方面的制度已经非常定型化),而在投资自由化上。欧盟列出其所有 FTA 相应章节所共有且为 GATS 所包含的三大原则:市场准入、国民待遇、最惠国待遇。但是,这些原则并不适用于视听服务部门,也不适用于政府采购服务(TTIP 另有"政府采购"专章)。同时,欧盟对这些原则列出了诸多保留,这些保留将在后面的附件中作出规定。

第三部分是"跨境服务贸易"。与第二部分的结构极为相似,该部分也列出了市场准入、国民待遇、最惠国待遇三大原则,这些原则同样不适用于视听服务部门和政府采购服务。欧盟也对这些原则列出了诸多保留,同样规定在后面的附件中。第三部分与第二部分的高度相似性表明了欧盟在服务和投资自由化问题上认识的趋同化。

第四部分是"服务提供者的临时存在",即 GATS 中的服务模式 4"自然人流动"。该部分还包括商务人员和企业高管人员进出便利化的内容。该部分赋予缔约方在自然人进出方面(如签证、工作许可等)充分的监管自主权,只要有关措施以不损害市场承诺利益的方式适用。

第五部分是"服务与投资的监管框架",包括授权许可与资质要求、透明度、

---

[1] See European Commission, Reading Guide: Publication of the EU Proposal on Services, Investment and E-Commerce for the Transatlantic Trade and Investment Partnership, 31 July 2015, p. 2.

[2] Ibid., pp. 2-4.

资质认可的相互承认以及调整特定部门（如计算机服务、邮政与快递服务、电信服务、金融服务、国际海运服务、空运服务、电子商务等部门）的有关纪律。但是，该章并不妨碍缔约方以非歧视方式对服务进行监管，如在健康、教育等领域规定质量标准或普遍性义务要求。

第六部分是"电子商务"，规定了促进电子商务的若干重要原则，同时允许缔约方追求正当的政策目标，如保护消费者权益。在总体取向上，欧盟并未对电子商务提出专门的规则主张和立场。该部分的主要内容包括电子传输免收关税、电子传输的技术中立地位、电子合同法律问题、消费者隐私保护、电子商务监管合作等。[1] 以上这些也是目前世界范围内各国 FTA 和国内法中电子商务规则的代表性内容，似无独特之处。

第七部分是"例外"。由于该章的目标是为服务和投资创造有利的发展条件，因此缔约方在某些情况下有权采取适当措施，如为了保护消费者权益、人类健康、私人数据隐私、环境保护等目的。该部分以明示方式规定了若干例外条款，以服务于公共政策目标。

2. 附件

该部分列出了欧盟现在和未来在各类部门中将开放或不开放的内容，其中对视听服务部门不作任何开放承诺。欧盟使用了混合清单的方式：对于市场准入之外的其他义务（包括最惠国待遇、国民待遇、业绩要求、高管人员管理等），附件一、附件二使用负面清单列出有关承诺和保留；对于市场准入义务，附件三使用正面清单列出有关承诺和保留。

在保留措施的列举上，尽管附件一与附件二同属负面清单模式，但内容又有所不同。附件一列出了已经存在并服从"棘轮机制"的保留措施，意味着这类保留措施只会逐步削弱而不会加强，欧盟是出于透明度目的列出这类措施；附件二则列出了已经存在但不服从"棘轮机制"的保留措施，意味着这类保留措施在未来仍有可能继续强化。附件二特别关注公共服务，包括健康服务、教育服务、社会服务和水资源服务等，反映了欧盟过去二十多年关于公共服务的一贯

---

[1] See European Commission, EU's Proposal for a Text on Trade in Services, Investment and E-Commerce, July 2015, pp. 47-50.

政策。此外，尤其值得注意的是，欧盟专门为随着技术发展日后可能出现的"新服务"预留了政策自主空间。

对于"正面清单""负面清单""混合清单"等不同承诺模式的使用，欧盟特别阐述了其灵活处理的态度。欧盟指出，现有的各种贸易协定采用的承诺模式各不相同，如 GATS 采用正面清单模式，欧盟—加拿大 CETA 采用负面清单模式，TISA 采用混合清单模式。对于特定部门来说，无论采用哪种模式，其实都可以达到同样的承诺效果，[1] 而且并不影响缔约方维持或日后制定非歧视性监管措施的权力。[2] 欧盟还指出，现实中，其他国家也采取了类似的灵活态度。例如，韩国在 2007 年与美国的 FTA 中采用了负面清单模式，而在 2010 年与欧盟的 FTA 中又采用了正面清单模式。中国在与美国、欧盟的 BIT 谈判中采用了负面清单模式；而在 2015 年中国—澳大利亚 FTA 中，澳大利亚采用负面清单模式，中国则采用正面清单模式，并承诺以后考虑引入负面清单的谈判。以上实践证明了两种模式是可以并存的。[3]

（三）该章中的投资保护问题

鉴于上面的内容并不涉及传统的投资保护，欧盟又专门针对投资保护提出了单独的 TTIP 谈判立场文件。[4] 欧盟指出，投资保护部分旨在为欧盟企业在美国投资提供新机遇，同时鼓励更多美国企业对欧盟的投资，确保欧盟商业界在美国享有公平的"游戏场地"，建立一个新的常设性投资法院体系（ICS），以代替目前的 ISDS 机制。

欧盟愿与美国彼此保证：不会歧视对方的投资者，遵循投资保护的若干基本原则。具体而言，欧盟愿与美国共同向投资者作出四项基本保证：一是不因国籍歧视对方投资者；二是不通过无补偿的国有化等行为控制或剥夺投资者的

---

[1] See European Commission, Services and Investment in EU Trade Deals: Using "Positive" and "Negative" Lists, April 2016, p. 6.

[2] Ibid., p. 4.

[3] Ibid., p. 5.

[4] 以下关于投资保护立场的内容参见 European Commission, Factsheet on Investment: Creating More Investment Opportunities in the EU and the US, January 2015。

资产;三是允许投资者享有资金的汇出、汇入自由;四是保护投资者免受拒绝司法、歧视等不公平待遇。应该说,以上都是传统的投资保护领域的通行原则。

同时,欧盟特别指出,TTIP 的投资保护规则还将涉及两点:一是要关注目前 ISDS 机制缺乏正当性、透明度问题;二是确保缔约方出于公共利益制定监管立法的权力。关于第一点,欧盟的主张已为学界所熟知,即建立 ICS 以替代过去的 ISDS 机制。欧盟指出,新的 ICS 将拥有以下革新点:一是新的调解机制,促进争端友好解决并避免进入司法阶段;二是严格的时间限制,包括上诉程序在内,争端必须在两年内审结;三是特别条款的设置,以便于中小企业利用该机制,如败诉场合有关诉讼费用封顶,将争端只提交一名法官审理,以促使案件快速有效解决等。关于第二点,欧盟阐明:缔约方应完整保持基于公共政策的监管权,投资保护条款不应被解释为政府承诺不在未来改变其立法,即便可能影响到投资者对其利润的期待。

最后,欧盟指出,它在 TTIP 中关于投资保护的若干改革性建议已经体现在其与加拿大、新加坡的贸易协定中。这些举措包括:清晰界定投资保护标准,以防止 ICS 被滥用;在争端解决程序中保持充分的透明度,实现所有文件上网和所有庭审活动公开;禁止"场所挑选"(forum shopping);允许缔约方解释协定条款;在诉求明显不合理的场合,允许法官早期驳回起诉;实行"败者付费"原则,以制约投资者提起不合理诉请。

(四) 对于中国的启示

可以看到,欧盟关于服务贸易、投资与电子商务章的主张非常丰富,对于中国具有相当重要的启示价值,包括正面和反面的启示。

1. 正面启示

第一,大力鼓励和促进新技术条件下新兴部门的发展,尤其是构成经济"助推器"并支持数字经济的服务部门和能够加速全球价值链一体化进程的服务部门,这些部门可谓未来各国竞争力和经济增长的根本源泉。

第二,特别强调缔约方公共政策目标的正当性和相应监管权力的必要性,这体现在该章各个部分对"文化例外""公用服务例外"的凸显,还有部门开放承诺中对保留措施两种机制的分门别类,以及对缔约方各种公共政策目标的强调等。

第三，鉴于电子条件下新技术、新业态层出不穷，欧盟既主张保留本方自主监管权力的空间，又强调缔约方之间持续的监管合作责任。

第四，对正面清单、负面清单、混合清单等不同承诺模式的灵活态度，彰显出欧盟FTA不同于美国FTA的务实一面。作为世界顶级发达经济体之一的欧盟尚且如此灵活，中国FTA更不必拘泥于一种模式。[1]

第五，对传统ISDS机制的各种改革措施的建议和实践，切中了当前国际投资争端解决机制的弊端所在。尽管中国未必需要照搬建立ICS的主张，但其中若干改革措施的确是可以借鉴的。[2]

2. 反面启示

笔者认为，将服务贸易、投资、电子商务三个超级大议题合并为一章，内容实在过于庞杂，明显欠缺清晰度和直观性，不符合中国FTA的立法传统，在新时代中国FTA范式构建中不宜提倡。[3]可以看到，该章文本草案的主文包括一般条款、投资、跨境服务贸易、服务提供者的临时存在（自然人移动）、服务与投资的监管框架、电子商务、例外，共七个部分。在服务与投资的监管框架中，又包含计算机服务、邮政与快递服务、电信服务、金融服务、国际海运服务、空运服务等分支领域的特别制度。该章的篇幅长达52页，还不包括投资保护的内容。[4]

如前所述，欧盟设计的投资与跨境服务贸易的主要规则结构几乎相同。然而，服务贸易与投资的法律规则存在显著区别。首先，尽管以"商业存在"形式进行的跨境服务贸易的确可被视为国际直接投资，但跨境服务贸易中毕竟还存

---

[1] 尽管中国《外商投资法》已经确立外资负面清单制度，但对外FTA的投资章迄今尚未确立负面清单制度。两者分属国内法与国际法，在性质上不应混淆。

[2] See Lifeng Tao and Wei Shen, The Gap Between the EU and China on the ISDS Mechanisms in the Context of the EU—China BIT Negotiations: Evolving Status and Underlying Logic, *Hong Kong Law Journal*, Vol. 48, 2018, pp. 1203-1211.

[3] 然而，2010年中国—哥斯达黎加FTA就采取了类似欧盟FTA的做法，单独设置了"投资、服务贸易和商务人员临时入境"一章。这是一个典型的反例，笔者认为值得重新考虑。

[4] 欧盟在该章文本草案中只为投资保护问题留下了位置，并无具体的建议性条文。

在其他三种服务提供形式,显然应另外予以专门规定。其次,服务与投资的监管框架也存在重大区别。在当下的国际法体系中,服务的监管框架主要体现在 GATS 中,诸如服务紧急保障措施、服务资格要求与技术标准、资格与标准的相互承认等规则,显然不同于投资规则;投资的监管框架则主要体现在各国的 BIT 中,而且涉及各种履行要求,这些履行要求虽然有的也涉及服务市场准入,[1] 但总体来说范围要广得多。[2] 再次,该章第四部分并非只涉及服务提供模式 4(自然人移动)的内容,还涉及商务人员进出便利化的内容,与中国 FTA 自然人移动章的内容是相同的。但是,商务人员进出便利化与服务提供模式 4 有明显区别,严格来说不属于服务贸易的范畴,而属于贸易投资便利化的范畴。因此,中国 FTA 的通常做法是单独设置自然人移动章。[3] 欧盟将其置于服务贸易、投资与电子商务章中似乎于法理逻辑不合。最后,该章中投资与跨境服务贸易规则的主要结构几乎相同的原因在于,欧盟提案的重心是投资自由化而不是投资保护。然而,投资保护仍然是投资规则的重要组成部分,其中 ICS 等问题所占的篇幅断然不会小。对此,欧盟又应当如何处理文本结构的平衡性问题?

就电子商务来说,尽管其中不少内容的确与服务贸易、投资存在紧密联系,但诸如电子合同法律问题等具有明显的独立性,不一定与服务贸易、投资存在必然联系(如一个电子化的国际货物贸易合同)。同时,电子商务实质上已覆盖了国际经济活动的各种传统形态(如贸易、投资、金融、税收等),在 FTA 中理应单独设章。

将服务贸易、投资与电子商务合并为一章,并设置统一的例外条款,优点是:这种做法看到了网络技术条件和全球价值链整合背景下三者之间日益紧密的一体化联系,具有鲜明的前瞻性意识,也有利于缔约方监管权力的统一行使

---

〔1〕 这主要是指 GATS 第 16 条第 2 款对东道国六种措施(主要是数量限制性质)的禁止。

〔2〕 国际投资协定中常见的履行要求还有技术转让要求、当地就业与培训要求、地区总部要求、当地研发要求等。参见韩立余:《国际经贸投资规则对履行要求的规制》,载《法学家》2017 年第 6 期,第 117 页。

〔3〕 例如,2015 年中国—韩国 FTA 第十一章"自然人移动"、2015 年中国—澳大利亚 FTA 第十章"自然人移动"。

和公共政策目标的整体实现;缺点是:该章结构臃肿、内容庞杂,且在法理上存在诸多逻辑不能自洽之处。

最后应看到的是,在自然人移动这一服务提供形式的立场上,作为发展中经济体的中国与欧盟存在显著区别。一般来说,发达经济体对自然人移动这一服务模式的开放承诺极为保守,而拥有丰富劳动力资源的发展中经济体的态度则十分积极。[1] 因此,欧盟在该部分相应的文本提案对中国而言未必具有照搬的价值。

### 三、经贸规则

经贸规则领域与以上两个领域不同,仅仅涉及规则建构,而不涉及经贸自由化。欧盟列举了若干个典型方面,包括可持续发展、能源与原材料问题、海关合作与贸易便利化、中小企业、投资、竞争政策、知识产权(特别含地理标志)、争端解决。[2] 下文将重点介绍知识产权、竞争政策、中小企业三个典型方面。

(一)知识产权

欧盟提出了一份专门的知识产权 TTIP 谈判立场文件。[3] 在肯定了知识产权制度的重大意义后,欧盟指出,就内部制度而言,美欧双方都早已拥有良好的知识产权"基础设施"(infrastructure),因此建议 TTIP"知识产权"章不必覆盖所有的知识产权经典问题,而是专注于若干有待解决的特定问题和长远合作事项。欧盟提议,TTIP"知识产权"章可包含四部分内容:第一部分列出双方加入的知识产权国际公约;第二部分包含突出知识产权重要性的若干一般原则,以及在关键问题上的若干高标准原则;第三部分规定在若干重要知识产权问题上的约束性义务;第四部分是双方在共同感兴趣领域的合作事项。

---

[1] 参见李先波:《自然人流动规制的晚近发展及其对中国的启示》,载《法学研究》2010年第1期,第182页。

[2] See European Commission, EU Negotiating Texts in TTIP, http://trade.ec.europa.eu/doclib/press/index.cfm?id=1230#rules, last visited on Sep. 26, 2019.

[3] 以下内容参见 European Commission, The Transatlantic Trade and Investment Partnership (TTIP): Intellectual Property EU Position Paper, 20 March 2015, pp. 1-3.

第一部分，欧盟列出双方须遵守的知识产权国际公约，在《TRIPS 协定》《巴黎公约》《伯尔尼公约》《罗马公约》等一系列传统公约之外，还有几个值得特别注意的公约：一是《视听表演北京条约》。这一条约涉及民间文学艺术保护，将"表演者"概念扩展至民间文学艺术的表演者。[1] 此举恐为欧盟所热衷，而美国未必感兴趣。二是 2006 年《商标法新加坡条约》。这一条约是 1994 年《商标法条约》的发展版本，集中体现了发达经济体的利益，中国未加入。三是 1991 年《国际植物新品种保护公约》。这一公约是 1978 年同名公约的发展版本，保护要求更高，中国也未加入。

第二部分，具体包括：一是一般序言性条款。欧盟希望人们意识到知识产权对于促进智慧型、可持续的经济增长的重要贡献，知识产权本身并不是目标，而是服务于创新、增长和就业。此类序言性条款旨在描述知识产权在创新型经济中的角色和作用，具体内容可包括鼓励对研发活动的投资、促进创意与品牌的诞生、新产品与新服务投放市场、通过知识产权登记与平衡性执法保护发明和创意、便利资助与授权使用等。二是关键性问题的若干高标准原则。对此，欧盟列出了一个非穷尽性清单，包括反恶意注册商标、海关执法以及对既有实践的回顾总结。其中，既有实践包括专利手续与专利标准（包括"二次使用""渐进式创新"问题）、监管机构的介入、专利申请的临时保护等。

第三部分，具体包括：一是欧盟高度关注的地理标志保护问题。美国主要使用商标规则处理此类问题，除了在葡萄酒和烈性酒上存在特别标签制度外，并不采用地理标志制度。对此，欧盟专门要求：（1）保证对欧盟地理标志合理保护水平的规则；（2）针对欧盟地理标志误用行为的行政执法；（3）包含美欧双方地理标志的清单；（4）对于某些特定地理标志的特定安排；（5）对 2006 年美欧葡萄酒贸易协定附件二中 17 种欧盟葡萄酒名称的专门保护；（6）对新增的欧盟烈性酒名称的保护。但是，美国对于地理标志制度并不感兴趣，欧盟能否实现其要求，尚待观察。二是涉及版权与相关权利（即邻接权）的若干问题。对此，欧盟列出其希望得到处理的三个专门问题：（1）表演者与录音制品制作者对广播和公开表演的获得报酬权；（2）作者在酒吧、餐馆和商店的完整的公开表演权

---

[1] 参见 2012 年《视听表演北京条约》第 2 条。

利;(3) 艺术品原件创作者的追续权。欧盟法层面的相关立法已经对以上三个问题确立了保护规则,因此欧盟希望美国也实行互惠的保护制度。

第四部分,欧盟阐述的典型合作事项有:跨大西洋知识产权工作组的网站建设、对第三国技术援助的协作、双方知识产权主管当局的协作、双方海关合作等。其中,对第三国技术援助的协作引人注目,体现出美欧作为发达经济体对全球知识产权格局居高临下的态势。该部分还涉及贸易秘密和机密商业信息,是美欧的利益相关者都比较关心的问题。但是,欧盟指出,目前美国联邦层面和欧盟法层面的相关立法都有待完善,因此应在内部立法层面作出优先处理。

可以看出,一方面,欧盟基于其悠久的历史文化传统,在民间文艺和地理标志等问题上拥有特殊利益。这是欧盟与中国在知识产权领域最明显的共性所在。在地理标志上,中国的利益范围远不止欧盟最关心的酒类产品,还涉及农村发展等,这也是不少发展中国家的共同特点。[1] 目前,发展中国家关心的民间文艺、遗传资源、传统知识、地理标志等客体保护工作,由于发达国家尤其是美国的阻挠,在WTO、WIPO等多边组织中进展缓慢。事实证明,这些利益冲突领域的保护规则,只有在成员较少、存在共识的区域性范围内才可能成为现实。[2] 即便是欧盟,也不能确保在FTA谈判中可以迫使美国接受。中国作为发展中国家,存在这方面的现实需要,且目前FTA谈判伙伴多为"一带一路"沿线发展中经济体,因此可考虑在FTA谈判中要求:(1) 正式确立对民间文艺、遗传资源和传统知识等的保护规则,如要求缔约国加入《视听表演北京条约》,以确立民间文艺的保护地位,以及加强对传统医药的专利保护等;(2) 将地理标志的互认体系纳入FTA义务范围,有助于中国传统土特产、民族工艺品的出口利益。

值得注意的是,2013年中国—瑞士FTA"知识产权保护"章在上述问题上

---

〔1〕 See Friederike Frantz, Twenty Years of TRIPS, Twenty Years of Debate: The Extension of High Level Protection of Geographical Indications—Arguments, State of Negotiations and Prospects, *Annual Survey of International & Comparative Law*, Vol. 21, Iss. 1, 2016, pp. 100-101.

〔2〕 典型例子是非洲知识产权组织通过的《班吉协定》及其修订版,对传统知识的保护有较多规定。

颇有建树。双方约定:"如果发明是新颖的、有创造性并且可以进行产业应用,缔约国应对包括生物技术和草药在内的所有技术领域的发明予以充分和有效的专利保护。"[1]瑞士长于生物技术研发,中国长于中草药研究和应用,这是一个明显互利的条款。该章还规定:"每一缔约方应尽所有合理努力批准或加入《视听表演北京条约》。"[2]不过,瑞士仅仅签署而尚未批准该条约,中国已经批准。[3]中国—瑞士FTA的该条款显然体现了中国作为发展中国家的利益诉求。此外,中国—瑞士FTA还特别规定了地理标志的双边互认合作,这也是对双方都有利的领域。[4]可以认为,中国—瑞士FTA的上述条款是中国与欧洲国家间在知识产权领域的互惠典范。但是,此类条款基本上并未出现在中国其他FTA中。[5]新时代中国FTA应设法使此类有利于己的条款稳定化。

另一方面,欧盟作为顶级发达经济体,在一般知识产权制度上仍然表现出高保护性的鲜明特征。例如,对2006年《商标法新加坡条约》和1991年《国际植物新品种保护公约》的特别提及、对版权保护与海关执法等领域的高要求、对第三国知识产权状况的关心等。对这些内容,中国必须谨慎对待。如果未来有新的经济较发达的谈判伙伴坚持知识产权的高标准保护,那么中国完全可以主张在《视听表演北京条约》、中草药专利保护、地理标志双边互认等问题上的硬性约束,主张自己的进攻性利益,不宜一味"消极防御"。

(二) 竞争政策

竞争政策是欧盟和美国都极为关注的经贸议题。欧盟早在1996年WTO新加坡部长级会议上即试图要求将竞争政策纳入多边谈判,一时被称为"新加坡议题"之一。在TTIP谈判中,欧盟相关立场文件扼要说明了对该议题的主

---

[1] 参见2013年中国—瑞士FTA第十一章第11.8条第1款。
[2] 参见2013年中国—瑞士FTA第十一章第11.3条第2款。
[3] See Contracting Parties of Beijing Treaty on Audiovisual Performances, https://www.wipo.int/treaties/en/ShowResults.jsp?lang=en&treaty_id=841, last visited on Apr. 26, 2019.
[4] 参见2013年中国—瑞士FTA第十一章第11.13条。
[5] 唯一例外的是中国—智利FTA,在地理标志双边互认上作出规定并互列清单。参见中国—智利FTA第三章第10条。

要期待。[1]

在该议题上,欧盟直言希望达成阻止企业共谋操纵价格或滥用市场支配权的规则,保证私人企业能够与国有企业在平等条件下竞争,确保缔约方授予企业补贴的透明度。关于就该议题谈判的理由,欧盟指出,自由公平的竞争可为欧盟、美国的企业提供"平整的游戏场地"。但是,情况并非总是如此,有一些全球性问题会扭曲竞争,且各国主管机关无力独自解决,主要是:(1)国有企业——政府拥有或有效控制的国有企业享受私人竞争者享受不到的优势;(2)补贴——欧盟声称它已经拥有一套透明体制,用以监控政府给予企业的补贴,这套体制让欧盟的所有贸易伙伴受益,因此希望其他国家也重视这一问题。

可以说,TTIP为欧盟与美国提供了机遇,用以强调双方在制定和执行竞争法方面的共享价值,确认其现有的高标准。同时,TTIP中强有力的"竞争"章还能成为其他国家效仿的典范。在这一点上,欧盟展示了与美国一样作为顶级发达经济体的一种进攻性。欧盟认为它的目标是:(1)进一步强化美欧之间执行竞争法的合作协定;(2)继续发展关于竞争与合作的规则,包括与其他国家之间的此类规则;(3)确保拥有垄断或其他特权的国有企业不歧视私人企业;(4)对销售货物、服务的企业所享受的补贴,要达成透明度规则。

值得注意的是,欧盟的公共服务行业对于竞争政策可能有一定的敏感性。对此,欧盟表示它在TTIP"竞争"章的立场完全基于其现有的法律框架,因此能够充分保障在竞争、补贴和国有企业等欧盟规则下公共服务部门享有"专门待遇",TTIP削弱欧盟公共服务部门的风险并不存在。可见,欧盟在强调竞争中立的同时,其实非常重视其公共政策目标,其竞争中立理念并不彻底。

对于中国,竞争政策已经进入晚近若干FTA的规则范围,但多为软性措辞,且不适用争端解决机制。2015年《国务院关于加快实施自由贸易区战略的若干意见》要求:"竞争政策方面,发挥市场在资源配置中的决定性作用,通过自由贸易区建设进一步促进完善我国竞争政策法律环境,构建法治化、国际化的营商环境。"但事实上,基于转型期各种产业政策的自主性,以及国有企业在国

---

[1] See European Commission, Factsheet on Competition: Competition Policy in TTIP, January 2015.

民经济和对外贸易投资中的重要地位,中国对美欧式强约束性的竞争政策还有相当程度的抵触。[1]然而,欧盟强调公共服务部门的政策自主权,这完全可以作为中国的参考性论据,用以证成中国立场对于中国问题的正当性。

(三) 中小企业

中小企业是 TTIP、TPP 共有的内容。欧盟在其 TTIP 谈判立场文件中表述得十分透彻:[2]大量中小企业构成了欧盟经济的支柱,但其应对贸易投资壁垒的人力和资金相对短缺。因此,须确保中小企业拥有获得信息的途径、出口或境外投资的帮助、TTIP 实施过程中的发言权等。欧盟提出了 TTIP"中小企业"章的三个目标:(1) 要求美国建立免费的在线服务平台,让中小企业能够找到对美贸易或投资所需的所有信息,包括关税、税费、贸易法规与海关手续、市场机遇等各个方面。欧盟声称它已建立此类在线服务平台。(2) 在帮助中小企业海外贸易与投资方面,积极交流最佳实践信息。(3) 给予中小企业在 TTIP 实施过程中的发言权,成立专门委员会与中小企业保持联系,并向美欧主管机关传达中小企业的优先事项和关注点。

另外,从欧盟提交的 TTIP"中小企业"章的建议性文本来看,其主要内容放在商业信息交流上,从关税壁垒到非关税壁垒,从边境上到边境后,从贸易到投资,无不强调要让中小企业充分、免费地获得所需的重要商业信息。[3]该文本的上述建议与 TPP"中小企业"章的内容十分相似,但 TPP"中小企业"章有个条款是该文本所没有的:专门委员会应促进中小企业参与并有效融入全球供应链(价值链)的工作项目。[4]

对于中国而言,TTIP 与 TPP 关于中小企业的内容基本没有区别,两者都强调中小企业在经济增长和促进就业方面的巨大贡献,指出中小企业面对贸易

---

[1] 参见刘雪红:《国有企业的商业化塑造——由欧美新区域贸易协定竞争中立规则引发的思考》,载《法商研究》2019 年第 2 期,第 172—174 页。

[2] See European Commission, Factsheet on SMEs in TTIP: Small and Medium-Sized Enterprises (SMEs) in TTIP, January 2015.

[3] See European Commission, EU Textual Proposal for Small and Medium-Sized Enterprises in TTIP, January 2015.

[4] 参见 TPP 第二十四章"中小企业"第 24.2 条第 2 款(g)项。

与投资壁垒时在人力、资金等方面的特殊困难,认为要使贸易协定真正发挥作用,就必须让中小企业真正受惠。这些内容对于 FTA 利用率不高的当下中国来说无疑应有共鸣。同时,两者在该章中列出的举措在性质上大多是软性合作的,基本没有硬性条款,在内容上主要着眼于商业信息的充分交流和提供。这些对于在 FTA 软性合作上具有更强偏好的中国来说,同样富有借鉴价值。另外,笔者还认为,中国当下正面临着产业升级和全球价值链地位攀升的严峻任务,因此在这方面宜效仿 TPP,加入促进中小企业参与并融入全球价值链的内容。

### 四、监管合作

监管合作是全球价值链格局下贸易规则的新兴领域,是贸易便利化的重要组成部分。如果将 FTA 的宏观结构划分为经贸自由化与规则建构两大块,那么监管合作属于规则建构的范畴。但是,欧盟委员会官方网站在关于 TTIP 谈判立场的网页上将监管合作单独列出来,作为 TTIP 的一大领域,其重视程度可见一斑。[1]

2015 年,欧盟委员会初次提出在 TTIP 中单设"监管合作"章的文本建议草案。在与消费者、商业界以及其他利益相关者进行讨论,并与欧洲议会以及所有欧盟成员国进行持续对话之后,欧盟委员会在 2016 年 TTIP 谈判中提出了修订后的文本建议案。该建议案的设想目标主要是:双方监管机构就若干基本规则达成共识,在合作过程中应设定优先领域,建立定期审议机制,并研究新领域的合作可能性。

在 TTIP 谈判中,欧盟试图进行以下工作:(1) 通过监管合作,提高或至少维持相关领域的保护水平,从而使市民、监管机构、商业界(尤其是中小企业)得以受益。(2) 对初始建议案中的适用范围、领域和概念进行澄清和简化。(3) 把双方监管机构作为合作的发起者,任何新的合作倡议都必须建立在双方监管机构共同感兴趣的基础上。(4) 强化透明度和公众参与。(5) 设计 TTIP

---

[1] See European Commission, Regulatory Cooperation in TTIP: An Introduction to the EU's Revised Proposal, 21 March 2016.

中合作委员会的基本要素。但是,此种合作委员会不具备决策权力,完全尊重双方各自的监管要求。[1]

具体来说,欧盟建议:(1)维护公共政策目标。监管合作应有助于对公共政策的强力维护(包括公共健康、公共安全和环境保护等),同时便利贸易与投资。欧盟强调维护公共政策,尊重监管权力以及诸如预警原则(precautionary principle)[2]等重要原则的实施。(2)简化该章的法律概念与适用范围。欧盟建议对有关合作措施、类型进行更清晰的定义。该章条文将适用于货物与服务诸领域,如汽车、专业服务或医药等领域,同时保持未来在其他领域合作的可能性。此外,欧盟还提到在非中央层面监管和立法动态方面的合作。双方非中央层面的监管机构合作也是可以考虑的,但应完全尊重有关监管机构的意愿。双方应保证,相互让对方及时知晓己方(指欧盟委员会和美国国会)的立法动态,从而理解有关立法行动对美欧监管一致性可能的影响,并允许相互表达观点。(3)确保监管机构拥有自主权,同时尊重一些基本原则,包括彼此提供合作与信息交流的早期机会,将双方各自监管方式的优点纳入考量范围等。(4)赋予利益相关者和公众更大的话语权。(5)设置标准并建立一个有效的合作委员会,以监督 TTIP 中双方的承诺,并成为未来进一步合作的"发动机"。这些标准是:政治问责性(accountability)、技术专家的有效引导、对透明度的充分保证。但是,合作委员会不会拥有作出约束性法律决策的权力,也不会替代双方各自的内部监管程序。(6)"监管合作"章将不适用 TTIP 争端解决机制。

另外,在修订后的建议案中,欧盟指出,为达到更好的监管相容性,双方监管机构可运用的合作手段和方式应特别包括:(1)共同的原则、指南或行为守则;(2)对监管措施的等效性(equivalence)或协调化(harmonization)的相互承认;(3)相互承认或依赖彼此的实施手段,如测试(testing)、鉴定(certification)、

---

[1] 欧盟修订后的建议案明确规定,该章条文不得强迫缔约方达到任何特定的监管结果。See European Commission, Revised EU Textual Proposal on Chapter: Regulatory Cooperation, March 2016, Art. xl (4), p. 2.

[2] 预警原则对风险预防的证据要求较低。欧盟在监管领域大力倡导预警原则,并将其奉为基本原则,与美国存在一定分歧。参见肖冰:《新型 FTA 之 SPS 规范的特色与问题——以美欧中 FTA 的对比为线索》,载孙琬钟、孔庆江主编:《WTO 法与中国论坛年刊(2015)》,知识产权出版社 2015 年版,第 69 页。

资格认证(qualifications)、审核(audits)或检验(inspections)等,以避免不必要的监管重叠现象。[1]

对于中国而言,监管合作是个值得思考的议题。中国在自己的 FTA 中还没有专门设置监管合作章,仅设置了 SPS、TBT 章,而且从内容和框架来看仍然基本沿袭了 WTO 相关协定,并无明显的突破。[2] 实际上,监管一致性直接关系到全球价值链的运转效率。[3] 国内有学者认为,监管一致性已经成为中国参与全球价值链不能回避的问题。[4] 2015 年《国务院关于加快实施自由贸易区战略的若干意见》要求:"推进规制合作。加强与自由贸易伙伴就各自监管体系的信息交换,加快推进在技术性贸易壁垒、卫生与植物卫生措施、具体行业部门监管标准和资格等方面的互认,促进在监管体系、程序、方法和标准方面适度融合,降低贸易成本,提高贸易效率。"据此,中国目前对 FTA 监管合作议题的总体态度是:既不反对,也非大力倡导,可以视领域、视部门适度予以推进。但是,在具体处理原则和方式上,该意见没有作出明确说明。

笔者认为,监管合作对于中国的重要性的确会日趋上升,但这一问题可以采用多种方式处理,既可以放在中国 FTA 的 SPS、TBT 章的软性合作条款中,也可以放在中国 FTA 的综合性合作部分,或者在中国 FTA 中单独设置监管合作章也未尝不可。在这方面,欧盟有若干基本精神值得借鉴:一是强调监管合作的非强制性和缔约方监管自主权的保有;二是侧重于彼此的信息交流和对话机制;三是强化公众参与和利益相关者治理模式;四是选择缔约方共同感兴趣的若干典型货物或服务部门作先行尝试。

---

[1] See European Commission, Revised EU Textual Proposal on Chapter: Regulatory Cooperation, March 2016, Art. x5 (1), p. 6.

[2] 对 SPS 领域此种状况的描述,参见肖冰:《新型 FTA 之 SPS 规范的特色与问题——以美欧中 FTA 的对比为线索》,载孙琬钟、孔庆江主编:《WTO 法与中国论坛年刊(2015)》,知识产权出版社 2015 年版,第 72—74 页。

[3] See Bernard Hoekman, Fostering Transatlantic Regulatory Cooperation and Gradual Multilateralization, *Journal of International Economic Law*, Vol. 18, Iss. 3, 2015, pp. 616-618.

[4] 参见王丹:《全球自贸协定中的"监管一致性原则"与中国的因应》,载《河北法学》2017 年第 5 期,第 78、83 页。

就最后一点而言,欧盟建议与美国先尝试汽车、专业服务或医药等领域的合作,同时保持未来在其他领域合作的可能性。事实上,中国 FTA 已有少量先行实践,典型者是 2008 年中国—新西兰 FTA 附件中关于电子产品、电器方面的监管合作协定;2013 年中国—瑞士 FTA 的 SPS 章专门提到缔约双方为实施本章专门达成了若干附带协议,并可在今后继续签订此类附带协议。[1] 这是适合中国的现实方式,可以继续推广。同时,基于该领域的高度技术性,在达成协定过程中,应当尽可能多征求和倾听技术专家、企业界的意见,强化公众参与。欧盟在监管领域拥有重视与利益相关者(企业界)磋商的传统,[2] 中国可以有条件地适度借鉴。所谓"有条件",是指合理限定参与主体的产量代表性、利益相关性和参与持续性等要素。

### 五、专门导向与特殊问题

欧盟特别提出了若干专门导向与特殊问题,表达其利益诉求。其中,比较有代表性、值得专门阐述的是可持续发展、"文化例外"这两大问题。

#### (一)可持续发展

与美国的实践有所不同的是,欧盟提议在 TTIP 中设立"贸易与可持续发展"章,将环境、劳工等问题囊括在内。[3] 欧盟指出,可持续发展已经是国际社会总体指导性的政策目标。欧盟已经发展出将贸易与可持续发展章纳入其 FTA 的一套连贯性实践,目标在于确保贸易的日益增长与环境保护、社会发展相互支持,而不是以环境或劳工权利为代价。为此,欧盟将考虑以下领域的相关事项:

---

[1] 参见 2008 年中国—新西兰 FTA 附件 14《中华人民共和国政府与新西兰政府关于电子、电器产品及其部件合格评定的合作协定》,2013 年中国—瑞士 FTA 第七章第 7.11 条。

[2] See Reeve T. Bull, Public Participation and the Transatlantic Trade and Investment Partnership, *George Washington Law Review*, Vol. 83, Iss. 4, 2015, pp. 1270-1272.

[3] 以下关于贸易与可持续发展的内容,参见 European Commission, EU-US Transatlantic Trade and Investment Partnership: Trade and Sustainable Development, Initial EU Position Paper, July 2013.

1. 国际公认的可持续发展的目标和义务

在劳工领域,讨论的起点应是缔约方现有义务,包括国际劳工组织(ILO) 1998年《关于工作中基本原则和权利宣言》及其后续成果、2008年ILO《关于争取公平全球化的社会正义宣言》。在环境领域,讨论的起点应是承认应对普遍性环境挑战的全球环境治理的重要性,多边环境协定(MEAs)在其中发挥着关键作用。

欧盟认为,ILO核心劳工标准在其若干核心公约中已得到体现,并被国际社会承认为基本劳工权利,因此应成为贸易协定中必不可少的组成部分,而且还有可能被其他ILO标准、公约(如ILO《体面工作议程》)进一步补充。在环境领域,也应采取类似方式,即坚守若干核心MEAs和其他环境文件,它们在应对全球环境挑战(包括气候变化)方面的地位已得到国际社会的承认。同时,考虑到有关MEAs的主题及其与贸易的交叉联系,欧盟专门列出了它认为在贸易谈判中具有特殊重要性的七项MEAs。此外,欧盟还指出,双方对以上标准、协定在国内实施层面的共同承诺,也是一个值得强调的要素。

2. 劳工与环境保护的水平

欧盟认为,将劳工与环境问题纳入TTIP中,并不妨碍缔约方对其可持续发展优先事项的监管权力。这意味着承认缔约方在与国际公认的标准、协定相一致的前提下,有权界定其认为必要的劳工与环境保护的水平,并与时俱进地修订其相关立法与政策。因此,"贸易与可持续发展"章的指导性目标应是:一方面,确保贸易与经济活动能够在不妨碍社会与环境政策追求的前提下得到扩张;另一方面,国内劳工与环境标准既不应成为伪装的贸易保护主义的一种形式,也不应被降低以作为贸易或投资竞争的一种手段。

3. 支持可持续发展的贸易与投资

TTIP的"贸易与可持续发展"章应促进环境产品与服务、"气候友好"产品与技术等领域的贸易与投资活动、可持续性规划项目和企业社会责任的实践。该章应突出强调缔约方的若干承诺,诸如关于生物多样性和生态系统的养护与可持续管理、自然资源的可持续利用与管理,以及贸易在这方面能够发挥的作用。因此,促进合法获取的可持续发展产品的贸易应成为有待处理的一个关键领域。

#### 4. 良好的行政管理实践

欧盟将促进可持续发展的良好管理实践概括为以下三方面：一是科技信息。应将关于科技信息的使用以及风险管理的国际性指南与原则纳入考量范围。二是透明度。为了让利益相关者尤其是非国家行为者能够知情，并就劳工、环境有关措施的发展、制定及实施提供观点和做出贡献，透明度格外具有重要性，因此"贸易与可持续发展"章应发展与公众互动的适当渠道。三是审议与评估。一旦 TTIP 生效，缔约双方应积极审议和评估协定对可持续发展目标的影响。

#### 5. 共同合作

双方应积极合作，为促进可持续发展的贸易确定优先领域，例如：(1) 在国际场所中的合作；(2) 促进贸易活动对绿色经济贡献的战略和政策，包括生态创新；(3) ILO《体面工作议程》的贸易影响；(4) 劳工、环境保护对贸易的影响，以及贸易对劳工、环境保护的影响；(5) 自然资源贸易与生物多样性的保护与利用；(6) 气候变化战略的贸易相关面，包括如何让贸易有助于达到气候变化目标，并确保可再生能源的产量增长。[1]

#### 6. 实施、监督与执行

为确保"贸易与可持续发展"章的恰当实施，欧盟认为，关键在于建立一个强有力的监督与后续事务机制。此种机制应基于缔约方之间的透明度、定期对话与密切合作，并能够提供沟通的有效渠道。因此，欧盟认为，市民社会的作用十分必要，无论是在缔约方内部还是在双边层面上，应确保民间种种可持续发展呼声能够引起缔约方的注意，并可就"贸易与可持续发展"章的实施提供建议。此外，还应确保存在相关渠道，如政府间磋商、独立公正的第三方评估机制，让缔约方有效应对该章之下可能出现的分歧。

综上所述，欧盟的立场特征可概括为以下几点：(1) 将劳工、环境等社会议题全部放在"贸易与可持续发展"这个"大伞"之下；(2) 该章不限于劳工、环境，还增加了人权、社会综合发展等内容，这与欧洲学者对"可持续发展"概念的理

---

[1] 值得注意的是，欧盟针对"贸易与可持续发展"章中的气候变化问题专门给出了一个文本草案。See European Commission, EU Textual Proposal on Trade Favouring Low-Emission and Climate-Resilient Development, July 2016.

解相一致,即可持续发展包括环保、经济、人权(社会)三大支柱;(3)强调将ILO核心劳工标准、其他劳工标准和MEAs直接纳入FTA;(4)指出贸易、经济活动应在不妨碍社会与环境政策追求的前提下扩张,劳工与环境标准既不应成为伪装的贸易保护主义的一种形式,也不应被降低以作为贸易或投资竞争的一种手段;(5)强调缔约方各自的立法、监管主权;(6)重视市民社会、公众参与;(7)重视对话、沟通、磋商、第三方评估等程序性机制的建设。

相比之下,中国一直赞成可持续发展的理念,但对于将劳工、环境问题纳入经贸谈判始终持谨慎态度。值得一提的是,环境问题在中国晚近FTA中已经独立成章,[1]但劳工问题一直没有被纳入,仅在软性合作章中有所提及,[2]或在相关合作备忘录中涉及。[3] 笔者认为,欧盟立场中对中国具有启发意义的思路有:

首先,中国不妨考虑以可持续发展原则代替环境和劳工议题,改现有的环境章、潜在的劳工章为独立的贸易与可持续发展章。正如国外学者指出的,"可持续发展"可构成不同当事方之间的"最大公约数"。[4]

其次,中国出于贸易利益的考虑,现阶段尚不宜接受在FTA中直接纳入ILO核心劳工标准、其他劳工标准和MEAs,但应秉持对劳工、环境问题的对话与合作立场,并将人力资源、能力建设、技术援助、环境产品、绿色经济等事关社会综合发展的一些软性合作内容纳入贸易与可持续发展章中。对于劳工标准,有国外学者指出,事实上,欧盟对于FTA劳工条款的实际执行状况关注甚少,导致这些条款实效有限、言辞与现实有所脱节。[5] 如此则更可佐证,中国在劳

---

[1] 2013年中国—瑞士FTA中首次出现独立的环境章("环境问题")。而后,2015年中国—韩国FTA、2017年中国—格鲁吉亚FTA也设置了环境章("环境与贸易")。

[2] 例见2008年中国—新西兰FTA第十四章第177条。

[3] 目前仅有中国—智利FTA一例。

[4] See Ferdi De Ville, Jan Orbie and Lore Van den Putte, Sustainable Development in TTIP: A Highest Common Denominator Compromise? *European Journal of Risk Regulation*, Vol. 7, Iss. 2, 2016, pp. 292-294.

[5] See Billy Melo Araujo, Labour provisions in EU and US Mega-Regional Trade Agreements: Rhetoric and Reality, *International & Comparative Law Quarterly*, Vol. 67, Iss. 1, 2018, p. 253.

工等问题上不必盲从西方。实际上,在西方阵营中,相比美国将劳工等议题纳入FTA争端解决机制的做法,欧盟更倾向于鼓励性措辞,且所涉事项更为广泛。[1]这一风格更适合中国FTA未来可能设置的贸易与可持续发展章,因其一方面软化了义务,另一方面兼顾了"可持续发展"概念的广泛性。

再次,贸易、经济活动应在不妨碍社会与环境政策的前提下扩张。这一条款可予借鉴,完全符合新时代中国公共政策导向,有利于中国推进生态文明与环境治理。

复次,国内环境标准既不应成为伪装的贸易保护主义的一种形式,也不应被降低以作为贸易或投资竞争的一种手段。类似宣示性条款在中国晚近FTA环境章中已经存在,[2]显然应继续保留。同时,有一点需特别指出,WTO的EGA受到中国的大力欢迎并得到推进,[3]但迄今未能在中国FTA环境章中得到体现,未来可考虑像欧盟那样专门提出,要求FTA伙伴加入这一协定或扩大在该协定中的承诺。

又次,在可持续发展方面强化公众参与是世界性趋势,中国在FTA中如何具体设计相关机制,如何限定参与主体、参与范围和参与效力,尚有待探讨。

最后,欧盟在可持续发展上提出的广泛合作事项值得参考。中国的合理思路应是,在实体问题上与FTA伙伴求同存异,转向大力加强程序性机制建设,如缔约方之间的对话、沟通、磋商,以及对FTA是否促进可持续发展的审议和评估等。其中,专业机构的第三方评估这一新颖机制值得特别关注。2015年《国务院关于加快实施自由贸易区战略的若干意见》提出:"完善自由贸易区谈判第三方评估制度。参照我国此前自由贸易区谈判经验,借鉴其他国家开展自由贸易区谈判评估的有益做法,进一步完善第三方评估制度,通过第三方机构对自由贸易区谈判进行利弊分析和风险评估。"但是,中国迄今似乎尚未建立此类机制。该意见就环境问题提出的要求是:"通过自由贸易区建设进一步加强

---

[1] See Joo-Cheong Tham and K. D. Ewing, Labour Clauses in the TPP and TTIP: A Comparison Without a Difference? *Melbourne Journal of International Law*, Vol. 17, Iss. 2, 2016, pp. 384-385.

[2] 例见2013年中国—瑞士FTA第十二章第12.2条第2款。

[3] 中国是2014年WTO《环境产品协定》即EGA的17个谈判发起方之一。

环境保护立法和执法工作,借鉴国际经验探讨建立有关环境影响评价机制的可行性,促进贸易、投资与环境和谐发展。"但是,从当代大国实践的潮流来看,FTA 的可持续发展影响评估工作已经大大超越了单纯的环境影响评估,本书第六章对此将有所涉及。

(二)"文化例外"

"文化例外"(cultural exception)常被概括为欧盟对外贸易协定谈判的典型特征之一。[1] 欧盟在 TTIP 谈判中专门提出了"贸易与文化"立场文件,系统阐述了在该领域的种种代表性主张。[2]

欧盟指出,美国在 TTIP 谈判中对于视听服务极感兴趣,极力要求扩大市场准入。但是,欧盟认为此类服务在社会文化中发挥着特殊作用,因此应有别于其他服务。在贸易谈判中,处理文化事务涉及以下三个环节:(1)从贸易角度看,什么是"文化部门"?(2)如何处理所谓的"文化例外"?(3)若干具体法律问题如何解决?欧盟的立场文件便围绕着这三个环节展开。

一方面,由于欧洲悠久的历史和丰富多彩的传统,文化多样性是欧盟的一个鲜明特征。另一方面,现实中,欧盟拥有强大的文化与创意产业,构成了其最有活力的经济部门,提供了大量高质量的工作岗位。这些产业包括表演艺术、音乐、新媒体、视觉艺术、图书出版、建筑、文化遗产、新闻出版、广告、影视与广播、视频游戏、平面与时装设计等。目前,这些产业不但产值可观,而且增长率高于其他经济部门,潜力巨大。文化对于社会与经济的重要性,决定了欧盟的关键目标之一便是"维护与促进文化多样性"。2007 年《欧洲联盟运行条约》第 167 条第 4 款对此有明确规定。为尊重和促进文化多样性,欧盟应在条约规定的有关行动中将文化因素纳入考量范围。对外贸易谈判正属于该条约规定的"有关行动"。另外,由于签署了联合国教科文组织 2005 年《保护和促进文化表现形式多样性公约》,欧盟据此也有义务促进文化多样性。

为了"维护与促进文化多样性",欧盟在贸易谈判中采取了以下做法:第一,

---

[1] 参见何其生:《美国自由贸易协定中数字产品贸易的规制研究》,载《河南财经政法大学学报》2012 年第 5 期,第 143 页。

[2] 以下内容参见 European Commission, TTIP and Culture, 16 July 2014。

无论在多边还是双边贸易谈判中,欧盟的传统做法是将视听服务部门排除在市场开放承诺的范围之外。由此,几乎没有哪个欧盟缔结的 FTA 允许非欧盟企业进入欧盟的视听服务市场或被授予与欧盟企业相同的待遇。歧视措施在视听服务领域被完全自由适用,典型者即配额制度。第二,在 WTO 中,欧盟一直是文化多样性的重要捍卫者。欧盟坚持每个加入 WTO 的新成员应保证不限制欧盟制定法律法规以支持视听服务部门的权力,为此甚至不惜陷于孤立。第三,只有在个别特例中(如欧盟—韩国 FTA、欧盟—加勒比国家 FTA),欧盟才允许非欧盟企业在特定情形下提供视听服务,并且是通过文化合作特别议定书的形式进行的,仅允许非欧盟企业在非常有限的情形下得到与欧盟企业相同的待遇。

TTIP 也不例外,谈判授权决定了欧盟委员会明确将视听服务部门排除在对美国企业开放的范围之外。欧盟要求,TTIP 序言应强调美欧伙伴关系是建立在与欧盟外交政策相符的价值观基础上的,缔约方有权依照联合国教科文组织 2005 年《保护和促进文化表现形式多样性公约》采取必要措施,以达到促进文化多样性这一正当的公共政策目标。

同时,欧盟指出,对于所谓的"文化部门"(cultural sector)要作具体分析。事实上,"文化"并没有一个普遍的概念。在 WTO 项下,GATS 将"娱乐、文化、体育服务"归为一个部门,其下又划分若干个分部门,包括娱乐服务、新闻与出版代理服务、图书馆、档案馆、博物馆及其他文化活动服务、体育与其他娱乐服务。所有这些分部门都带有相当强的文化色彩,而且显然并未穷尽"文化服务"的含义。不过,并非任何与文化相关的服务都必然被认为属于"文化部门",从而被欧盟千篇一律地排除在市场准入谈判之外。例如,印刷与出版被归入商业服务部门,并未被归入文化服务部门;同样,录像制品的批发与零售被认为属于分销服务部门,也不是文化服务部门。在 GATS 项下,一项服务活动的部门归类直接关系到欧盟将承担何种义务,对此究竟是否开放、作何承诺,欧盟视自身利益而定。例如,许多欧盟成员国允许非欧盟的戏剧公司在其境内自由设立并与欧盟同行公司进行平等竞争。新闻与出版代理服务在 GATS 项下被归入文化服务部门,欧盟却无惧作出充分的开放承诺,这是因为欧盟自己的新闻出版业竞争力强大,且具有很强的对外市场开拓性。在每个双边性质的服务贸易谈判中,欧盟都要考虑到它在 GATS 项下所作的承诺。在 TTIP 谈判中,对于一些带有强烈文化色彩的部门,如果欧盟在 GATS 项下的承诺很少或根本无承诺,则欧盟就会像在其他 FTA 谈判中一样将其排除在外。其实,所谓的"文化例外"在欧盟法中并无直接的法律根据,欧盟法指向的是"促进文化多样性"这一概念。

除了市场准入问题之外,欧盟还提到了对文化产业的国内支持问题。欧盟在贸易协定中的通常做法是不对授予公共补贴(尤其是服务补贴)的情形进行谈判。TTIP 也不例外,该协定不会影响欧盟或其成员国对文化产业提供财政支持。很显然,在这一问题上,欧盟依然坚持其公共政策自主权。

最后,欧盟特别提及文化产业的知识产权问题。与先前知识产权议题的立场文件相呼应,欧盟再次重申了对两个版权问题的关注:一是音乐作品的作词者、作曲者以及歌手、音乐家当其作品在美国的餐馆、酒吧等公开场合或通过美国无线广播播放时的获得报酬权;二是画家、雕塑家在其作品原件升值后被人再次公开售卖时的追续权。

对于中国,文化产品问题在贸易谈判中是有重要意义的。最现实的问题是,WTO"中国出版物和视听产品案"表明文化特殊性与自由贸易之间存在张力,中国的文化管理体制因此受到冲击。该案抗辩失利值得中国反思。[1] 同时,中国与欧盟同样拥有悠久的人文历史和丰富的文化多样性资源,在抵御外来文化冲击方面存在类似的公共政策需求。但是,WTO 法律体系明显没有认真考虑文化因素在产品待遇中的特殊性。正如有学者所言,从立法层面看,WTO 并不存在如何对文化货物、文化服务进行分类或定性的规则,也不存在"文化例外"条款,因而各成员不能以文化为理由采取或维持贸易限制措施;[2] 从司法层面看,"中国出版物和视听产品案"的裁决实际上否定了文化产品在 WTO 中具有特殊性和"文化例外",中国抗辩失利凸显了产品的文化属性在 WTO 现有规则中并未引起重视,采取文化政策措施的成员在被诉时处于弱势地位。[3]

---

[1] 参见石静霞:《"同类产品"判定中的文化因素考量与中国文化贸易发展》,载《中国法学》2012 年第 3 期,第 60—61 页。

[2] 参见陈卫东、石静霞:《WTO 体制下文化政策措施的困境与出路——基于"中美出版物和视听产品案"的思考》,载《法商研究》2010 年第 4 期,第 59 页。

[3] 同上。

由此,在 FTA 谈判中强化文化产品的特殊诉求构成中国的一个新利益点。一方面,这是基于"中国出版物和视听产品案"的上述经验教训;另一方面,文化具有重要的社会价值,强调文化价值、文化多样性有助于中国抗衡发达经济体在劳工、环境等方面施加的压力,可构成中国在可持续发展领域的自我主张。也就是说,在未来中国 FTA 可考虑设置的贸易与可持续发展章中,中国将不再是在劳工、环境等议题上处处"消极防御",而是纳入"文化例外"条款作为中国的专门诉求,从而实现"攻守平衡"。正如有欧洲学者所言,"可持续发展"所涉范围广泛,其概念性质在国际法上还存在不确定性。[1] 要求将"文化例外"纳入未来中国 FTA 的贸易与可持续发展章中,恰恰是欧盟实践给中国带来的一个有参考价值的思路。

有学者指出,在 FTA 文化贸易上存在欧盟的"文化例外"模式和美国的"负面清单"模式。欧盟模式坚决主张"文化例外",同时又以文化合作特别议定书的形式开展一定程度的有限合作,允许一定程度的有限市场准入;美国模式则未将文化产业排除在一般贸易规则之外,有关规定散见于其 FTA 的跨境服务贸易、投资、电子商务、电信等章中,在跨境服务贸易章、投资章中一律采用自由化程度较高的"负面清单"模式,文化产业的例外监管措施仅被规定在有关附件(即负面清单)中,但对于缔约方的财政型支持措施(如文化产业的补贴)持相对宽松态度。[2] 相比之下,欧盟的"文化例外"模式似乎更适合中国。在 WTO 服务贸易谈判中,只有很少的成员对视听服务部门作出了不同程度的承诺。[3] 中国自然也没有作出过多承诺。[4] 欧盟的"文化例外"模式本质上是根据自身

---

〔1〕 参见〔英〕帕特莎·波尼、埃伦·波义尔:《国际法与环境(第二版)》,那力等译,高等教育出版社 2007 年版,第 82 页。

〔2〕 参见孙南翔:《文化与 FTAs:文化贸易规则的制度实践》,载《国际商务(对外经济贸易大学学报)》2015 年第 4 期,第 91—100 页。

〔3〕 参见陈卫东、石静霞:《WTO 体制下文化政策措施的困境与出路——基于"中美出版物和视听产品案"的思考》,载《法商研究》2010 年第 4 期,第 55 页。

〔4〕 有学者曾就中国自贸试验区外商投资负面清单的演变历程指出,与几乎所有其他行业不同,文化产业的管理措施呈现不减反增的态势。参见管金平:《中国市场准入法律制度的演进趋势与改革走向——基于自贸区负面清单制度的研究》,载《法商研究》2017 年第 6 期,第 53—54 页。虽然国内自贸试验区外商投资负面清单与 FTA 外商投资负面清单不应混淆,但在反映中国自主开放度的掌控上,道理无疑是相通的。

在 GATS 项下的承诺状况决定在 FTA 中的承诺水平,这对于在文化领域同样具有显著公共政策需求的中国显然更为适宜。至于欧盟采用的文化合作特别议定书的形式,在中国 FTA 中也可找到同类实践,如中国—韩国 FTA 中关于电影合作拍摄与电视剧、纪录片、动画片共同制作的两个附件。[1] 同时,中国 FTA 需要注意,在这些特别议定书中最好加上不适用最惠国待遇的规定,以免引起不必要的纠葛。

在借鉴欧盟"文化例外"模式的具体做法上,如果纳入贸易与可持续发展章的要求不能实现,中国可要求在 FTA 的例外章或相关的具体章节中直接引入"文化例外"条款。[2] 同时,中国还可在 FTA 谈判中将欧盟强调的 2005 年《保护和促进文化表现形式多样性公约》直接引入经贸规则中,使该公约成为 FTA 约束性文本的组成部分。由于 WTO 现行法律体系和判例精神中几乎没有体现文化产品的特殊待遇,因此中国在 FTA 中这样做显得尤为必要。

不过,"文化例外"模式只是解决了市场保护问题,尚未完全解决文化服务补贴等公共政策扶持措施的合规性问题。进一步讲,这本质上是产业政策的合规性问题。近些年来,中国在 WTO 中屡因产业政策被诉,当下又正值改革进入深水区,不少产业政策的合规性问题十分复杂。因此,中国需要保留政策自主权,在 FTA 中对服务补贴应继续维持"有待讨论"的搁置立场。正如我们观察到的,欧盟在 TTIP 谈判中对文化产业的财政支持措施也是持这种自主立场。

## 六、争端解决

欧盟 TTIP 谈判立场文件的争端解决部分相对简单,但仍有若干值得注意的地方。其一,欧盟希望在"争端解决"章中确立一个解决双方政府间分歧的有效途径,立足于 WTO 现有的争端解决机制,确保 TTIP 争端解决机制的充分透明度。其二,欧盟设想未来 TTIP 争端解决机制在 WTO 争端解决机制的基础

---

[1] 参见 2015 年中国—韩国 FTA 附件 8-B、附件 8-C。
[2] FTA 设置统一的例外章的做法已相当常见,如中国—格鲁吉亚 FTA 第十六章"一般条款和例外"、中国—澳大利亚 FTA 第十六章"一般条款与例外"、中国—韩国 FTA 第二十一章"例外"等。

上有所创新:(1)为增进对仲裁员及其裁决的信任,双方事先决定哪些仲裁员有资格成为专家小组成员,而不是逐案挑选。这实质上是主张专家小组的常设化,与欧盟推动建立 ICS 的主张如出一辙。(2) TTIP 争端解决程序将比 WTO 的程序更具透明度。例如,庭审公开举行,利益相关方如非政府组织可书面提供意见,所有提交给专家小组的意见都予以公布等。[1]

对于中国,欧盟这些主张未必具有很高的参考价值。原因有二:第一,中国 FTA 迄今几乎没有发生实际争端,而旨在保证裁决一致性和权威性的常设性专家小组只有在实际案例较多的情况下才有存在的必要。第二,强化公众参与和透明度的确是争端解决的国际性趋势,但公众参与也存在本位主义等弊端和自身责任问题,其正当性绝非不证自明、理所当然,其参与标准和参与程度尚待研究。对处于转型期、公共政策需求复杂的当前中国,把握争端解决的主导权和控制权更为重要,同时要适度听取公众和利益相关方意见,这才是更适合中国的方式。

## 七、小结

欧盟 TTIP 谈判立场系列文件已经出台数年之久,而相关谈判精神和规则导向至今似乎并未引起中国自贸区战略执行者、谈判者的充分注意。相比欧盟 FTA 实践,中国 FTA 在扩大货物与服务的市场开放之外,依然延续着规则建构上的消极传统,基本照搬 WTO 现有规则,缺乏中国自身的规则主张。事实证明,大国要想有效发挥 FTA 的作用,维护并扩张己方的规则话语权,就要将规则谈判与己方利益点密切结合起来。美欧等顶级发达经济体不但在其 FTA 谈判中这样做,甚至志在以此影响和改变 WTO 多边规则。截至 2019 年 5 月,美、欧、日已经发表了六次三方贸易部长级别的联合声明。在当前西方大国表面上鼓吹"WTO 改革"、事实上奉行"规则制华"的大背景下,中国 FTA 应积极表达中国自身的利益诉求和规则主张,改变过去一味看重市场开放的扩大而在规则建构上无所作为的消极做法。

---

[1] See European Commission, Government-to-Government Dispute Settlement (GGDS) in TTIP, January 2015.

中国有"己所不欲，勿施于人"的文化传统以及互利共赢、和谐相处的外交风格，一直奉行较为平衡的国际法实践。更为重要的是，中国作为发展中大国和新兴经济体，其发展水平还在不断提升，与发达经济体的差距正在不断缩小。中国与欧盟目前有若干共同点：都属于世界大型经济体，都反对贸易保护主义，都拥有悠久的历史文化，都面临较强的内部公共政策需求，都高度重视绿色经济、数字经济等新产业、新业态，既维护自身经贸利益点又保持相对温和的谈判风格。因此，中国自贸区战略执行者、谈判者宜深入研究欧盟在 TTIP 谈判中提出的各种规则主张。这种研究对于不断发展的中国具有一定的借鉴价值，在一定程度上也有助于破解西方在经贸立场上对中国的"战略包围"。

## 第三节  世界范围内其他重要自由贸易协定的谈判状况

当今世界还有若干重要的 FTA 谈判，它们有的已经正式生效，如 CPTPP；有的已经取得明显进展并接近成功，如 RCEP；还有的颇具争议但也宣告完成，如美国总统特朗普执政后的 NAFTA"重新谈判"（又称"NAFTA'现代化'谈判"），导致了新协定的诞生。这些重要的 FTA 的谈判状况，对于中国 FTA 范式研究也具有参考价值。

### 一、CPTPP 的问世及其对 TPP 的修改

特朗普执政后，美国即决定不再推动批准 TPP。但是，TPP 剩余 11 个成员国继续努力，在 2017 年 11 月的部长级会议上宣布致力于继续推动这一协定，并将其名称改为《全面与进步跨太平洋伙伴关系协定》（CPTPP），同时暂时冻结原先的若干法律条款。2018 年 1 月，CPTPP 谈判完成；2 月，其法律文本发布；3 月 9 日，11 个成员国正式签署 CPTPP。2018 年 12 月 30 日，CPTPP 正式生效。CPTPP 基本保留了原先 TPP 的基本规则框架和绝大部分条款，但暂时中止其中一小部分条款的效力。一个非常合理的猜测是，这些被冻结的条款很可能是当初美国极力坚持而其他成员只是勉强接受的。

非常值得注意的是，CPTPP 的序言中有一段文字，即各方"再次确认促进企业社会责任、文化认同与多样性、环境保护与养护、性别平等、原住民权利、劳

工权利、包容性贸易、可持续发展和传统知识的重要性,以及保留缔约方基于公共利益的监管权力的重要性"。这一段文字是原先 TPP 序言所没有的,尽管 TPP 序言涉及上述部分事项,但多为分散于各处的零碎表述。应该说,这一段文字集中强调了缔约方的公共政策需求,从文化多样性、原住民权利、性别平等、传统知识、公共监管权力等一系列事项来看,极有可能体现了加拿大方面的谈判主张,因为加拿大在与欧盟达成的 CETA 文本中也显示出类似的风格。

CPTPP 宣布暂时冻结的 TPP 条款已在 2017 年 11 月的部长级声明中以附件形式列出,主要集中在"投资""知识产权"两章,还有一些散布在跨境服务贸易、金融服务、电信服务、政府采购、环境等部分。[1] 除以上被直接冻结的条款之外,尚有马来西亚、文莱、越南、加拿大四国分别保留的条款若干,涉及国有企业、负面清单、争端解决、"文化例外"等事项,留待协定签署之日由全体缔约方最终合意确定。

根据以上被冻结条款的具体内容,再结合前述 CPTPP 序言的相关文字,似可得出以下结论:CPTPP 缔约方在原先 TPP 的高标准经贸规则的基础上,对成员国的公共政策需求和合法监管权力明显有所强化,更照顾各国经济社会的实际发展阶段,是对 TPP 的美式高度自由化经贸主张的一种再平衡。其中,服务贸易、投资、环境等部分突出了东道国诸多监管权力和保留事项,知识产权部分则大幅削低保护标准和保护力度。可见,CPTPP 一方面继续奉行 21 世纪高标准的经贸规则,另一方面又高度重视成员国的公共政策需求和监管需要。作为同时包含发达经济体与发展中经济体、众多成员国发展水平参差不齐的一个重要协定,CPTPP 的这一双重性特征无疑代表了当代巨型 FTA 的一大典型趋势。

## 二、NAFTA 的重新谈判以及 USMCA 的问世

特朗普上台执政后,强调所谓的"美国优先"理念,在经贸谈判领域废弃多边途径,热衷于推动一对一的双边或最多是小范围谈判方式,要求大幅度修改

---

[1] See Trans-Pacific Partnership Ministerial Statement, 11 November 2017, available at https://www.mti.gov.sg/Improving-Trade/Free-Trade-Agreements/CPTPP, last visited on Oct. 26, 2019.

原先各个协定的议定条件,他强推的 NAFTA"重新谈判"便是这一主张的集中体现。然而,这种片面强调"美国优先"的谈判立场能否得到谈判伙伴发自内心的响应和配合,存在相当大的疑问。

2017 年 5 月,美国贸易代表莱特希泽通知国会,特朗普总统打算与加拿大、墨西哥(以下简称"加、墨")就 NAFTA 展开重新谈判。通过该谈判,美国试图改善其与加、墨的贸易机遇,从而增加其境内更高回报的工作机会,促进美国经济增长。[1] 该谈判完全是美国单方发起的。在加、墨两国的要求下,NAFTA"重新谈判"被改名为"NAFTA'现代化谈判'"。不同于欧盟一贯主张经贸谈判公开化的是,美国贸易代表办公室在其网站上声明,三方达成保密协议,同意对 NAFTA"现代化谈判"的相关信息不公开。[2] 其间,美国贸易代表办公室发布了一份通知,就谈判所涉及的议题向公众征求评论意见。除了 NAFTA 过去涉及的议题之外,该谈判新增了两个议题:数字贸易、中小企业。[3] 这在一定程度上表明了谈判顺应时代发展的意图。

然而,美国对 NAFTA"现代化谈判"所持的立场并不只是适应时代发展,而是更多强调"美国优先"目标。美国贸易代表办公室于 2017 年 7 月 17 日发布了《NAFTA 重新谈判的目标概要》(以下简称《概要》),系统阐述了美国在 NAFTA 重新谈判的各个议题上的具体期望。首先,《概要》指出,重新谈判后的新 NAFTA 必须继续消除针对美国出口的壁垒,包括消除"不公平补贴、国有企业的市场扭曲行为以及对知识产权的沉重限制"。其次,新 NAFTA 将体现 21 世纪的标准,体现更加"公平"的特征,纠正美国在北美地区持续的"贸易不平

---

[1] See North American Free Trade Agreement(NAFTA), available at https://ustr.gov/trade-agreements/free-trade-agreements/north-american-free-trade-agreement-nafta, last visited on Mar. 18, 2018.

[2] See NAFTA Confidentiality Agreement, available at https://ustr.gov/sites/default/files/files/agreements/nafta/NAFTA%20Confidentiality%20Agreement.pdf, last visited on Mar. 18, 2018.

[3] See NAFTA Modernization: Key Dates Prior to Commencement of Negotiations, available at https://ustr.gov/sites/default/files/files/agreements/FTA/nafta/NAFTA.pdf, last visited on Mar. 18, 2018.

衡",这将确保美国获得更加"开放、公平、确定、互惠"的市场准入机会。[1] 最后,《概要》分门别类说明了在各个议题上的具体目标。以下择要述之:[2]

在货物贸易议题上,《概要》旨在改善美国的贸易平衡状况,缩小与加、墨之间的贸易逆差额。这是美国第一次将"缩小贸易逆差"作为贸易协定的谈判目标。对于工业制成品,要解决限制美国出口的非关税壁垒,既要进一步扩大美国纺织品与服装出口机会,同时又要照顾美国国内相应的敏感领域;对于农产品,同样要解决限制美国出口的非关税壁垒,如关税配额、交叉补贴、价格歧视、价格压低等做法;对于原产地规则,美国要求新的规则应确保 NAFTA 的优惠利益归属于那些真正在美国以及北美地区制造出来的产品,刺激对本国、本区域原产产品的需求。

在服务贸易议题上,《概要》要求加、墨提供公平和开放的条件,禁止对美国服务提供商的歧视性措施和数量限制,强化监管程序的透明度和可预测性。在电信、金融两个特定部门以及数字贸易和跨境数据流动方面,《概要》提出了和 TPP 文本极为相似的要求。

在投资议题上,《概要》希望削减加、墨各个行业针对美国投资的壁垒,确保美国投资者在加、墨享有与美国法律相一致的权利,同时加、墨投资者在美国境内不得享有比本土投资者更多的权利。

在知识产权议题上,《概要》给予较多的关注,但主要诉求与 TPP 文本几无差别。例如,强化 TRIPS 义务的执行环节,要求加、墨知识产权实体保护标准达到美国国内法水平,建立适应数字技术发展的保护制度,为美国知识产权权利人提供公平公正和非歧视的市场准入机会,反对地理标志制度的滥用等,还提到了《TRIPS 协定与公共健康宣言》的基本精神。尤其值得注意的是,《概要》专门提出要消灭"政府参与的侵权行为",如网络窃取和盗版等。

在透明度议题上,《概要》除了重申 TPP 的透明度规则和理念外,特别强调 NAFTA 透明度规则应达到与美国国内法相当的水平。此外,《概要》还提到了建立公正、透明、非歧视性的政府监管补偿制度(在监管行为产生法律责任的情

---

[1] See USTR, Summary of Objectives for the NAFTA Renegotiation, July 17, 2017, p. 3.

[2] Ibid., pp. 4-17.

况下），保证美国产品有充分的市场准入机会。

在国有企业议题上，《概要》提出，要对国有企业的概念进行明确界定；在 WTO《补贴与反补贴协定》之外，针对国有企业补贴另行制定强有力的纪律；确保缔约方不因国有企业补贴而对他方造成损害；主张国内法院对他方国有企业的商业行为享有管辖权；建立事实调查体系，以应对涉及国有企业诉讼中的证据问题。

在劳工与环境议题上，《概要》主张，要让这两个议题的规则比过去更具执行力，从原先的 NAFTA 两个附属协定形式（软性合作机制）上升为正式条文（从而服从争端解决机制）。在劳工领域，《概要》要求缔约方在其法律法规中落实 ILO 宣言中的"国际公认的核心劳工标准"。在环境领域，《概要》重申了 TPP 关于渔业活动、海洋资源、野生动植物的规则和要求。此外，《概要》在这两个领域都多次重申 TPP 中公众参与、利益相关方参与的要求。

在贸易救济议题上，《概要》显示了非常强势的谈判诉求，宣称：要保持美国强力实施其国内贸易救济法律法规的能力；消除 NAFTA 项下全球性保障措施将 NAFTA 伙伴排除在外的规定；废除原先 NAFTA 第十九章的争端解决机制（该机制下，缔约方国内的反倾销、反补贴裁定须服从一个两国专家组的审查）；在反倾销、反补贴程序中，就蔬果等易腐烂、季节性的产品设置独立的国内产业规定，以保护美国国内生产者；将国有企业排除在反倾销、反补贴程序中的"国内产业"范围之外，以阻滞他方的贸易救济措施；进一步便利"第三国倾销"情形下反倾销措施的实施；[1]促进缔约方主管当局之间的合作，尤其是监测、处理违法行动时的信息分享；强化对反倾销税、反补贴税规避行为的处理程序（如实地核查程序）；在敏感产品上，对来自非 NAFTA 成员国的进口设立一个预警监测体系；等等。

在政府采购议题上，《概要》更是将"美国优先"理念展示得一览无余，直接表示：要增加美国企业向 NAFTA 伙伴销售货物与服务的机会；在 NAFTA 成

---

[1] "第三国倾销"制度在 WTO 和 NAFTA 中均有规定。例如，一个非 NAFTA 成员国的产品出口到墨西哥，再经由墨西哥转出口到美国，对美国国内同类产业造成损害或其他不利后果的，美国可要求墨西哥对这个非 NAFTA 成员国的产品实施反倾销措施，是否启动调查并实施措施则由墨西哥当局决定。

员国范围内建立起公正、透明、可预测、非歧视的政府采购规则,规则要体现美国国内现有的政府采购法律实践;将联邦以下层面(如州级、地方政府)的交易排除在谈判范围之外,同时要保留美国国内面向本土企业的优惠采购项目,诸如联邦政府在支持州级和地方政府项目、交通服务、农场援助等方面的"购买美货"(Buy America)要求,以及面向小企业、落后地区的优惠采购项目等;基于国家安全、公共秩序、人类与动植物生命健康、知识产权等考量,在"政府采购"章要维持广泛的例外条款;在政府采购合同订立环节,要引入劳工、环境及其他标准。

在争端解决议题上,《概要》要求专家组裁决应基于协定条款本身和当事方提交的文件,并以合理的、经得起推敲的方式作出。这反映了美国对近些年WTO所作对美不利裁决的不满,企图强化对国际裁决的控制。此外,《概要》对争端解决规则的透明度、公众参与要求力图达到TPP规则的同等水平。

此外,《概要》还有一些引人注目的特色目标。例如,《概要》提出要引入一般性例外条款,允许为保护正当的美国国内目标如公共健康和国家安全等而采取措施。这就为日后美国以"国家安全"为由启动争议性极大的"232调查"作了铺垫。《概要》还首次提出要针对"货币汇率操纵"建立机制,避免NAFTA成员国操纵外汇汇率,以妨碍有效的国际收支平衡调整或在国际贸易中获取不公平的竞争优势。在能源领域,《概要》强调要支持北美能源安全和自主,同时继续推进能源市场开放改革,加强投资、市场准入和国有企业的一系列纪律。除此而外,《概要》在SPS和TBT措施、监管合作、海关与贸易便利化、竞争政策、反腐败、中小企业等方面,基本上重弹TPP的"老调",并无特别新鲜的内容。

综合以上内容可以看出,美国贸易代表办公室提出的NAFTA重新谈判的各种具体目标,大体上可划分为两类:一类是将原来TPP文本中已经达成的经贸规则照搬过来,要求加、墨接受(这两国也是TPP谈判成员);另一类则是重商主义风格非常浓厚、异常强势的单边要求,期望单方面扩大自己的经贸利益而限制另两方的经贸利益。在笔者看来,后一类目标才是美国在NAFTA重新谈判中真正刻意强调的,只不过采用两类目标一起提出的方式,在一定程度上可以掩盖后一类目标的强势、单边特征。然而,美国基于零和思维的这些目标对谈判必然产生阻力。

维拉里尔和弗格森在向美国国会提供的立法咨询报告中,集中归纳了美国给谈判带来阻力的争议性提案,更为清晰明了,其中有一些细节是前述《概要》未提及的,包括:[1]

(1) 修改汽车行业的原产地规则,将区域性价值含量要求从原来的62.5%提高到85%,并在其中新增50%的美国含量要求。

(2) 设立针对整个协定的"日落条款"。如果5年后全体缔约方未能就协定达成更新意向,则整个协定自动终止。

(3) 通过对等的门槛金额(monetary caps),限制彼此的政府采购机会。

(4) 废除原先NAFTA第十九章对缔约方反倾销、反补贴裁定的双边专家组审查机制,将第二十章的国家间争端解决机制改为任择性的,第十一章(投资)中的ISDS机制则由缔约方自愿选择是否适用或干脆废除。

(5) 在农业方面,建立针对季节性产品的反倾销救济机制,废除加拿大对奶制品、禽类与蛋类产品的供应管理体系。

显然,美国以上独特诉求很难得到加、墨两国的认同。因受制于以上争议点,前几轮谈判进展甚微,以致各方不得不同意将谈判延至2018年春季。[2] 维拉里尔和弗格森特别指出,经济学家们一般都认为贸易协定并不是解决贸易逆差问题的恰当工具,因为贸易不平衡是由一系列宏观经济因素决定的。[3] 他们认为谈判前景未卜:一方面,随着时代发展和技术更新,NAFTA需要与时俱进,三方完全可以考虑将TPP中那些反映时代特征的相应规则移植到NAFTA中来;另一方面,谈判依然存在重大的分歧。此外,谈判的未来方向和最终结果都将产生重要的政策意义。[4] 这种评论表面上四平八稳,实际上表达了谨慎的不乐观态度。

在另一篇研究报告中,加拿大学者莱布隆德和法比安也分析了NAFTA重新谈判面临的种种难题。他们指出:一方面,时过境迁,的确需要对已有20多

---

[1] See M. Angeles Villarreal and Ian F. Fergusson, NAFTA Renegotiation and Modernization, Congressional Research Service, 7-5700, Feb. 27, 2018, p. 14.

[2] Ibid., p. 2.

[3] Ibid., p. 14.

[4] Ibid., p. 43.

年历史的 NAFTA 的内容进行更新,才能适应 21 世纪北美经济一体化(making things together)的现实。在这方面,TPP 和 CETA 的现有文本可以提供非常有价值的参考。另一方面,不管来自美国当局的论调如何,加拿大只会以一个真正好的协定作为谈判出发点。因此,各方不妨耐心等待"特朗普风暴"过去,直到美国有更加稳健、温和的领导人出现,并愿意以真正体现北美经济一体化现实的方式更新 NAFTA,才能符合各方利益。[1] 这种观点显然表达了对美国特朗普政府的批评和不满。

美国莱斯大学研究墨西哥公共政策的学者帕延也指出,墨西哥和加拿大在被迫启动谈判时所持的立场十分相似,即从根本上反对特朗普政府给出的保护主义气息浓厚的谈判议程。[2] 事实上,大多数研究者认为达成"双赢"或"三赢"结果的希望十分渺茫。[3] 也就是说,在特朗普政府的主导下,若欲达成协定,则必定有当事方(加、墨双方或至少其中一方)受损。不过,帕延又从现实主义的政治角度出发,认为国内政治因素也不可忽略。最有可能出现的结果是,加、墨出于现实考虑而对美国作出一定让步,然后三方在协定"措辞艺术"上花一番心思,使得各方都可以宣布自己在政治上取得了成功。[4]

最终,重新谈判后的 NAFTA 以新的《美墨加协定》(USMCA)的形式于 2018 年 11 月 30 日由三国签署。国内有学者指出,相比其前身,USMCA 的主要变化是采取更加严格的汽车业原产地规则、适度放宽的乳制品和农产品市场准入、大幅限缩的 ISDS 机制以及新增的"日落条款"。USMCA 充分体现了特朗普政府的"美国优先"立场和单边主义倾向:协定相关条款反映出美国在"美国优先"的基本国策下,重振美国制造业和强化美国规制权的总体态势;协定架

---

〔1〕 See Patrick Leblond and Judit Fabian, Modernizing NAFTA: A New Deal for the North American Economy in the Twenty-First Century, CIGI Papers, No. 123, March 2017, p. 22.

〔2〕 See Tony Payan, NAFTA Renegotiations: Constraints and Likely Outcome, Issue Brief of 11. 29. 17, Rice University's Baker Institute for Public Policy, p. 1.

〔3〕 Ibid., p. 4.

〔4〕 Ibid., pp. 4-5.

构特点体现出美国以双边取代多边、以"互惠"取代"最惠"的贸易谈判新思维。[1] USMCA 最为臭名昭著的"创新"是,增加了被普遍认为事实上针对中国的"非市场经济体条款",企图阻止加、墨未来与中国缔结 FTA,并阻止中国企业利用 USMCA 的投资争端解决机制。[2] USMCA 谈成后,美国国内民主党仍不满意,在它的推动之下,2019 年 12 月 10 日,三国又签署了修订后的新版 USMCA,对协定执行机制、环境与劳工议题进行强化,并对药品知识产权条款作出一定的调整。总体来看,USMCA 是加、墨两国出于大局考虑,对美国单边强权贸易政策作出的一种有限让步。

对于 NAFTA 的重新谈判及其产物 USMCA,笔者认为:

(1) 美国特朗普政府对国际贸易政策的理解是错误的,与当下的全球价值链理论相悖,完全无视全球和北美的经济现实。如本书以及学界许多文献所述,由于全球价值链、区域价值链的存在,传统的"贸易逆差"概念已有过时之嫌,而特朗普政府出于国内政治需要翻炒"贸易逆差"的"冷饭",显得十分荒谬。加拿大学者指出的"making things together"是一种全方位的一体化理念,实际上正反映了全球价值链的整合思想。

(2) 大国在 FTA 谈判中占据主导地位,借此推行己方青睐的经贸自由化方式和规则体系,固然属于世之常情,但仍应遵循互利共赢的基本理念,才能减小谈判阻力,顺利推行己方战略。而一味倚仗自身实力地位,完全从一己私利出发,无视各方合作大局和客观经济规律,以零和思维将己方利益与各方利益割裂开来,实不可取,也势难长久。

(3) 将那些体现新技术发展的议题和规则纳入谈判议程,如数字贸易、电子商务、互联网知识产权规则、中小企业与价值链等,在当代已成普遍共识,确实反映了国际经贸规则在全球范围内的客观发展趋势,这在 USMCA、CPTPP、CETA 中均有体现。同时,注重缔约方对公共政策空间和必要监管权力的保有,也是 USMCA、CPTPP、CETA 的共性特征。这些都值得新时代中国 FTA 从客观趋势和主观立场两个层面加以借鉴。

---

[1] 参见廖凡:《从〈美墨加协定〉看美式单边主义及其应对》,载《拉丁美洲研究》2019 年第 1 期,第 43 页。

[2] See USMCA,2018,Chapter 14,Annex D;Chapter 32,Art. 10.

### 三、RCEP 谈判进展

RCEP 谈判国包括东盟 10 国、中国、日本、韩国、印度、澳大利亚、新西兰共 16 个国家,其范围实质上就是以东盟 10 国为核心,加上与东盟 10 国存在"10＋1"FTA 关系的其他 6 个国家,旨在实现众多 FTA 的大规模整合,达成一个现代化、综合性、高质量且互惠互利的经济伙伴协定。2012 年 11 月 20 日,在柬埔寨金边举行的东亚领导人系列会议期间,以上 16 国领导人共同发布启动 RCEP 谈判的联合声明,宣布该谈判将于 2013 年年初开始,预计于 2015 年年底结束。[1] 谈判于 2019 年取得重要进展并临近尾声,但由于若干原因,在本书截稿之时,谈判尚未完全结束。

根据 2012 年《RCEP 谈判指导原则和目标》,RCEP 谈判将承认东盟 10 国的中心地位和东盟 FTA 伙伴的利益,存在以下一系列指导原则:[2]

(1) RCEP 将与 WTO 关于区域经济一体化的规则相符;

(2) RCEP 将在现有的众多"10＋1"FTA 的基础上,显著强化一体化的广度和深度,同时承认各个谈判国多样化的具体情况;

(3) RCEP 将包含贸易投资便利化的条款,提高谈判国之间贸易投资关系的透明度,同时便利谈判国参与全球与区域性供应链;

(4) 基于谈判各国的发展水平差异,RCEP 将具备灵活性特征,包含特殊与差别待遇条款;

(5) 现有的各个"10＋1"FTA 以及谈判国之间的双边或诸边 FTA 将继续存在,且 RCEP 中将没有任何条款偏离以上各个 FTA 的条款与条件;[3]

---

[1] 参见《区域全面经济伙伴关系协定谈判进程正式启动》,http://fta.mofcom.gov.cn/article/ftanews/201211/11207_1.html,2018 年 6 月 18 日访问。

[2] 以下内容参见 Guiding Principles and Objectives for Negotiating the Regional Comprehensive Economic Partnership, available at http://dfat.gov.au/trade/agreements/negotiations/rcep/Pages/regional-comprehensive-economic-partnership.aspx, last visited on Mar. 20, 2018, p. 1.

[3] 从法律角度讲,这一点略有些令人费解。现有的东盟"10＋1"FTA 以及谈判国之间的双边或诸边 FTA,其法律条款、经贸规则显然不可能完全一样,甚至互有参差。笔者以为,这事实上体现了 RCEP 在规则建构方面的保守性。

（6）RCEP将奉行"开放的区域主义"精神，允许东盟其他未参与RCEP谈判的FTA伙伴以及任何其他外部经济伙伴在事后参与到加入RCEP的谈判中来；

（7）RCEP将在现有的各个"10＋1"FTA的基础上，增加针对发展中和最不发达谈判国的技术援助与能力建设的条款，使它们能从协定中充分获益；

（8）为确保谈判结果的全面性与平衡性，货物贸易、服务贸易、投资及其他领域的各个谈判将同时进行，即一揽子谈判模式。

2012年《RCEP谈判指导原则和目标》同时指明了各个领域的谈判方针。[1] 在货物贸易议题上，RCEP将在"实质上所有贸易"（GATT 1994第24条的要求）中实现渐进的关税与非关税壁垒的削减。其中，关税削减在关税税目、贸易价值两个方面都要实现高比例覆盖。东盟最不发达国家所关注的产品的早期关税削减将得到优先关注。在服务贸易议题上，RCEP的服务贸易规则将与GATS保持一致，其自由化承诺将基于各谈判国在GATS项下和各个"10＋1"FTA中的承诺，所有的服务部门和服务提供方式都在谈判的范围之内，不对任何服务部门和服务提供方式作预先的排除。在投资议题上，RCEP旨在创造一个自由、便利、有竞争力的投资环境，谈判将包含投资议题的四大支柱——投资促进、投资保护、投资便利化、投资自由化。在经济技术合作议题上，RCEP着眼于缩小发展差距和实现彼此利益最大化，有关条款将基于东盟及其FTA伙伴之间的现有经济合作安排，合作事项将包括电子商务以及谈判国共同感兴趣的其他领域。在知识产权议题上，RCEP的目标是削减贸易与投资的知识产权壁垒。在竞争政策议题上，谈判国之间的合作旨在促进竞争、经济效率和消费者福利，减少反竞争行为，同时承认谈判国之间在竞争政策中执行能力和国家体制的显著差异。在争端解决议题上，RCEP致力于实现争端解决机制的高效和透明。最后，RCEP谈判还将考虑经谈判各国确认并同意的其他议题，包括反映商业现实的新兴事项。

---

[1] 以下内容参见 Guiding Principles and Objectives for Negotiating the Regional Comprehensive Economic Partnership, available at http://dfat.gov.au/trade/agreements/negotiations/rcep/Pages/regional-comprehensive-economic-partnership.aspx, last visited on Mar. 21, 2018, pp. 2-3.

2017年11月,鉴于谈判尚未结束,而全球范围内贸易保护主义和"逆全球化"态势有所抬头,16国领导人在菲律宾马尼拉发表了《关于RCEP谈判的领导人联合声明》(以下简称《声明》),表明将谈判继续推进下去的决心。[1]《声明》认为,尽管存在贸易保护主义和"逆全球化"态势,但RCEP谈判的16个经济体仍保持着强大活力,增长速度快于世界其他地区。各国领导人认识到贸易开放和区域经济一体化对这种保持活力和高速增长的经济做出了重要贡献。《声明》重申:通过在市场准入、经贸规则、经贸合作这三大支柱上产出谈判结果,并且在维持谈判国正当公共政策权力方面引入相关条款,16国致力于达成一个旨在实现《RCEP谈判指导原则和目标》精神和目标的协定。然后,《声明》继续强调了若干考量因素。例如,RCEP要考虑谈判国的不同发展水平,尤其是东盟最不发达成员的利益,包含设立特殊和差别待遇条款在内的适当形式的灵活性;为达成一个现代、全面、高质量和互惠的协定,应坚持一揽子谈判模式;为了确保RCEP的包容性,应欢迎商界、非政府组织和其他利益相关方广泛参与;等等。

然后,《声明》给出了未来RCEP的协定框架,一共包含16章:货物贸易、原产地规则、海关手续与贸易便利化、卫生与植物卫生措施、标准/技术法规/合格评定程序、贸易救济、服务贸易(含金融服务、电信服务两个附件)、自然人移动、投资、竞争、知识产权、电子商务、中小企业、经济和技术合作、政府采购、争端解决。从各章的具体说明来看,很多内容都重申了《RCEP谈判指导原则和目标》的前述精神,归纳起来主要存在以下若干考量:有的仍专注于强化传统的市场准入工作,如"货物贸易""服务贸易""投资"等章;有的涉及中小企业融入全球价值链(供应链)的问题,如"海关手续与贸易便利化""电子商务""中小企业"等章;有的强调谈判国的公共政策权力,如"卫生与植物卫生措施""标准/技术法规/合格评定程序""贸易救济""服务贸易(含金融服务、电信服务)""自然人移动""竞争""知识产权"等章;有的突出透明度要求,如"原产地规则""海关手续与贸易便利化""服务贸易(含金融服务与电信服务)""政府采购""争端解决"

---

〔1〕 以下内容参见Joint Leaders' Statement on the Negotiations for the RCEP, 14 November 2017, available at http://dfat.gov.au/trade/agreements/negotiations/rcep/Pages/regional-comprehensive-economic-partnership.aspx, last visited on Mar. 21, 2018。

等章。

　　经过两年的谈判,2019 年 11 月,在泰国曼谷召开的第三次 RCEP 领导人会议发表联合声明称:15 个 RCEP 成员国已经结束全部 20 个章节的文本谈判以及实质上所有的市场准入问题的谈判。与会领导人指示各国启动法律文本审核工作,以便在 2020 年签署协定。印度有重要问题尚未得到解决。所有 RCEP 成员国将共同努力以彼此满意的方式解决这些未决问题。印度的最终决定将取决于这些问题的圆满解决。[1] 以上声明内容表明,RCEP 谈判已经接近成功。这将是全球范围内巨型 FTA 谈判的重大成就,将构成南南合作与南北合作的典范。

　　对于中国而言,尽管 RCEP 不是双边性质的 FTA 谈判,且东盟才是谈判的主导方,但既然中国是谈判当事国之一,那么 RCEP 未来的文本结构和风格特征无疑是中国 FTA 范式研究所不能忽略的。同时,16 国经济发展水平参差不齐,从日本这样的顶级发达经济体、韩国等高收入经济体、中国和印度等新兴经济体,到东盟众多发展中国家乃至最不发达国家,如此广阔多元的对象谱系恰恰是在以后相当长时间内中国双边 FTA 谈判所要面对的。如何在复杂的利益折冲中掌握分寸和取得妥协,同样是中国双边 FTA 谈判的中心任务。

　　笔者认为,《声明》给出的 RCEP 协定框架表明:(1) 该协定将继续推进市场准入工作,以现实经贸利益为头号关注点。(2) 该协定在议题覆盖和章节设置上已经相当广泛,呈现出向 TPP(CPTPP)文本的靠拢趋势。(3) 该协定的议题面虽广,但仍呈现出规则"弱创新"的特征。例如,在海关手续与贸易便利化、卫生与植物卫生措施、标准/技术法规/合格评定程序、服务贸易、知识产权等方面,仍基本沿袭 WTO 现有规则,监管合作之类的议题并没有出现;与 TPP(CPTPP)文本和欧盟 TTIP 谈判立场文件相比,看不出有明显的规则创新倾向。(4) 该协定非常重视缔约方的公共政策权力以及弱国的特殊与差别待遇,强调条款的灵活性。(5) 该协定纳入全球价值链和公众参与等重要考量因素,体现了经济和社会两个层面的全球新趋势。以上这些特征,每个方面对于新时

---

[1] 参见《〈区域全面经济伙伴关系协定〉(RCEP)第三次领导人会议联合声明》,http://fta.mofcom.gov.cn/article/zhengwugk/201911/41744_1.html,2019 年 11 月 16 日访问。

代中国 FTA 范式研究都极具参考价值。同时,也要看到,中国的情况与东盟国家仍然存在显著差异。因此,中国 FTA 范式构建既要从 RCEP 文本中借鉴发展中国家的共性,又要注意中国自身的个性。

当今世界还有一些重要的新生 FTA,其经济效应和规则影响力也不可小视,如欧盟—加拿大 CETA、欧盟—日本 EPA 等。不过,考虑到欧盟作为顶级发达经济体,其经贸规则主张相比 TTIP 谈判不会有大的变动,本书不再赘述。总体来看,对 TTIP、CPTPP、RCEP、USMCA 等典型 FTA 的动态跟踪和研究,基本涵盖了欧盟、美国、加拿大、日本、韩国、中国、东盟 10 国、印度、澳大利亚、新西兰等各个类型、不同跨度的代表性经济体,能够比较全面地反映当今世界 FTA 的经贸自由化和规则变革的潮流。

## 第四节 新时代中国自由贸易协定法律范式构建思路的归纳

前面各章依次分析了以往中国 FTA 的法律特征、实际效用以及新时代中国 FTA 面对的政策与形势、范式构建面对的客观趋势与应持的主观立场。在此基础上,本章对国际学术界、国际组织的各种改革建议与各国 FTA 实践动态进行了评析。至此,本书的研究对象——新时代中国 FTA 法律范式的构建思路已逐渐清晰化和条理化。本节拟对国际社会的改革建议与实践动态进行总结,而后结合对中国 FTA 现有法律实践的反思与对策,对新时代中国 FTA 法律范式构建的基本思路进行集中归纳。

### 一、对国际社会改革建议与实践动态的总结

(一)对国际学术界、国际组织改革建议的总结

国际学术界对 RTA 内容设计的建议主要着眼于"区域主义多边化",即 RTA 与 WTO 的相关纪律规范之间的兼容共生性,避免 RTA 对 WTO 多边主义秩序造成过多消极影响。这些学术建议看起来纷繁复杂,但总结起来主要有以下三条:

(1) RTA 要充分尊重 WTO 关于 RTA 的纪律要求,尽量追求比较充分的贸易自由化。同时,成员应尽可能实行普适性的单边贸易自由化。

（2）RTA的优惠受益面要尽可能宽广。一国应尽可能使自己的各个RTA伙伴处于相同的受惠地位或至少"利益均沾"。这可以通过"第三方最惠国待遇条款"、原产地规则累积制度等手段达到。

（3）在涉及贸易争端时，RTA在实体性的贸易救济规则和程序性的争端解决机制这两个方面，都要更具包容性，与WTO之间更加兼容互利。

应当说，这三条建议在性质上是具有普适性的，对包括中国在内的所有WTO成员的RTA实践都适用。作为多边主义贸易秩序的坚定支持者，中国自应充分考虑以上"区域主义多边化"建议。

从国际组织的改革建议来看，最有价值者显然当属APEC的两个重要文件——2004年《亚太经合组织RTA/FTA最佳实践》与2014年《亚太经合组织推动实现亚太自贸区北京路线图》的基本精神，从中可归纳出以下几方面的建议：

（1）RTA应与WTO的相关纪律规范保持一致，同时又要超越WTO的义务承诺和规则范围，力求协定的高质量和全面度；积极处理各种"21世纪议题"，充分发挥经贸自由化和规则改革的"试验场"作用。

（2）RTA应努力削减经贸活动的成本，提高经贸活动的效率。诸如贸易投资便利化、原产地规则改革、港口能力建设、电子商务促进、争端解决便利化等工作，都属于此范畴。

（3）RTA应尽量扩大优惠受益面。"开放加入条款""第三方最惠国待遇条款"、原产地规则累积制度等机制，均有助于此种目的。

（4）RTA应重视"利益相关者治理模式"，强化透明度和民主性两个方面。这主要表现在改善协定中的透明度条款，以及设置、扩大公众参与机制等举措上。

（5）RTA应保持动态特征，以适应不断发展的现实状况。这有赖于软性合作、定期审议等长效机制。

（6）RTA不能仅就经贸论经贸，而应当着眼于整个社会的可持续发展大计，综合考虑贸易、投资等活动的社会影响，考虑公共利益与经贸自由化的合理平衡。

（7）RTA的经贸自由化步伐和规则建构应当与缔约方的国内结构性改革

结合起来,实现"内外兼修"。

综上可以看出,APEC 这些建议的精神与国际学术界关于"区域主义多边化"的各种主张具有相当大程度的重合性。正如前文所述,这些建议既涵盖了自由化又涉及便利化,既立足于经济收益又看重可持续发展,既注重加深缔约方之间的经济一体化又强调协定的开放性,既突出国际合作义务又指出国内结构性改革的重要性,既关注当下的静态实施效果又兼顾长远的动态合作事务。这些精神足以为各国所共同效法,为新时代中国 FTA 范式构建提供普适性基础。

(二)对当代各国 FTA 实践动态的总结

从欧盟关于 TTIP 谈判的立场主张、CPTPP 缔约方对 TPP 的修改、NAFTA 重新谈判、RCEP 的谈判进展以及其他若干 FTA 的谈判过程或文本特征,可得出以下结论:

(1)各国固然仍继续追求传统的经贸自由化,但经贸规则创新和营商环境构建正在成为它们争夺的"新高地"。全球价值链与"下一代经贸议题"的紧密关联基本得到了普遍认同。相应地,全球价值链对于贸易投资便利化、服务与投资市场准入、知识产权、竞争政策、商务人员移动便利化等方面的高要求,越来越多地体现在各国 FTA 中。

(2)可持续发展原则得到普遍接受,经济议题和社会议题的联结成为常态。同时,除了传统的社会议题如环境、劳工等之外,还出现了一些新兴的社会议题,如文化多样性、人力资源、性别平等、少数者权利、反腐败等。但是,这些新兴的社会议题并非在当代所有 FTA 中都能找到,主要是发达经济体如美、欧、加等比较感兴趣,发展中国家对此态度并不非常积极。

(3)新技术发展给经贸规则带来的挑战得到普遍重视,突出体现在数字贸易、电子商务、互联网知识产权规则、中小企业和价值链等领域。

(4)多种利益的平衡得到更明显的体现。例如,公共监管权力与经贸自由化的平衡使得 FTA 中的各种例外条款与争端解决机制进一步灵活化,政府治理与利益相关者治理的平衡促成了 FTA 中的各种透明度条款、公众参与机制,强国与弱国权利与义务的平衡促成了 FTA 中的各种过渡期安排、特殊与差别待遇条款,短期利益与中长期利益的平衡促成了 FTA 中的软性合作、定期审议等长效机制。其中,最突出的莫过于,经过金融危机和经济衰退的洗礼,各国现在更加重视公共政策空间和必要监管权力的保有,即保持公共监管权力与经贸自由化的平衡性。

(5) 各国分外重视议题研究,力图突出对自身有利的议题和主张,回避或淡化于己不利的议题和主张。这在欧盟关于 TTIP 谈判的立场文件中表现得尤为明显。但是,从中国 2015 年《国务院关于加快实施自由贸易区战略的若干意见》来看,其中关于各个议题的宣示性精神较多,只是笼统宣称要达成高质量、高标准的协定,而对于这些议题的具体利弊分析略显不足,至少远没有达到欧盟的深入分析程度。

(6) 发展中国家的实践导向与发达国家在一定程度上趋同的同时,依然有所差异。其中,趋同态势表现为对"21 世纪新议题"或"下一代经贸议题"的较广泛接受(至少在 FTA 章节结构的设置上接受),在透明度和公众参与度上的认同比过去更高;差异态势体现为,发展中国家虽然同意在协定中纳入这些新议题,但在议题的实质内容上更多表现出对规则创新的谨慎态度。与此同时,发展中国家依然强调自身敏感部门、监管权力以及特殊与差别待遇。

## (三) 展望

对于国际经贸规则的宏观发展趋势,有国外学者总结认为,过去若干年,WTO 不成功的主要原因在于其未能有效处理"21 世纪新议题",特别是产业价值链问题,2007—2009 年全球金融危机之后兴起的保护主义当然也难辞其咎。[1] 对于顶级发达经济体,如美欧,它们之间的平均关税壁垒已经很低,因此 TTIP 谈判重在塑造各个领域的规则,借此影响 WTO 的规则制定,传统的贸易投资自由化倒反而在其次了。[2] 但是,旧的贸易问题在当代依然存在,不可忽视。比如,出口农产品的农民依然要面对外国的贸易壁垒和受补贴的竞争对

---

[1] See György Csáki, Is the WTO Over? Mega-Regional/Plurilateral Free Trade Negotiations: Perspectives of Multilateralism in Trade, *Studia Mundi-Economica*, Vol. 2, Iss. 2, 2015, pp. 21-22.

[2] Ibid., p. 25.

手,大量制造企业的出口依然受制于外国的关税高峰以及一系列复杂的监管法规与程序。因此,过分强调"21世纪"与"20世纪"经贸议题的差别,也可能是一种误导。[1] 显然,以上观点对于中国 FTA 有启示意义。对于中国这样的发展中大国,基于自身所处的经贸发展阶段,一方面固然要开始触及新问题,另一方面仍然要注重解决旧问题,并在新旧之间取得平衡。

遵循上述思路,归纳起来,我们发现 RCEP 的若干谈判指导原则可以被纳入新时代中国 FTA 需要达到的几个主要目标:(1) 与 WTO 纪律相符,尤其是与 GATT 1994 第 24 条和 GATS 第 5 条相符;(2) 作出更广泛、更深入的自由化承诺,同时要考虑不同缔约方的不同情况(特殊与差别待遇);(3) 促进贸易投资便利化,增进透明度,进一步便利缔约方对价值链的参与。[2] 不过,以上只是共性层面的。在此基础上,我们还需要思考新时代中国 FTA 的个性问题以及所要达到的个性目标。下文将进一步展开分析。

## 二、对中国自由贸易协定现有法律实践的反思与对策

中国商务部原部长陈德铭领衔、商务部相关人员集体撰写的《经济危机与规则重构》,曾就中国 FTA 实践的前景指出:[3]

> ……与发达国家和主要发展中国家相比,中国的自贸区建设水平不高、范围不广,发展空间还很大。特别是在涉及国际经贸新规则、新标准的领域,由于中国的相关产业竞争力不强,经营体制和管理水平与国际同业尚有差距,这使中国深入参与相关谈判存在较多政策性、体制性障碍,难以作出较高水平的承诺。然而,如果中国不作出高水平的承诺,又难以在区

---

[1] See György Csáki, Is the WTO Over? Mega-Regional/Plurilateral Free Trade Negotiations: Perspectives of Multilateralism in Trade, *Studia Mundi-Economica*, Vol. 2, Iss. 2, 2015, p. 22.

[2] See Guiding Principles and Objectives for Negotiating the Regional Comprehensive Economic Partnership, available at http://dfat.gov.au/trade/agreements/negotiations/rcep/Pages/regional-comprehensive-economic-partnership.aspx, last visited on Mar. 21, 2018, p. 1.

[3] 以下内容参见陈德铭等:《经济危机与规则重构》,商务印书馆 2014 年版,第 174 页。

域合作中发挥引领作用,一些发达国家甚至以此为由拒绝与中国商谈自贸区。因此,中国在参与高标准自贸协定问题上面临着一个两难的境地。应该说,这也是中国目前徘徊在 TPP 等谈判外的一个重要原因。

长远看,美欧在 TPP 和 TTIP 谈判中力推的许多新标准和新规则一旦为多边接受,将对中国现有的企业制度和管理体制带来挑战,发展成本可能上升,结构转型可能受阻。为了引导国际经贸规则利于中国的发展,中国需要坚定制度自信,深化改革开放,更积极地参与自贸区建设,在区域经贸规则制定进程中扮演更为主动的角色。

以上对中国 FTA 实践这种两难境地的描述和评价,现在看仍有很强的现实意义。诚然,以上观点形成于 2014 年,当时中国与韩国、澳大利亚的两个 FTA 还没有出现。如前所述,2015 年中国—韩国、中国—澳大利亚 FTA 在经贸规则创新上有一定的建树,具体表现为:议题面有所扩大,如中国—韩国 FTA 纳入金融、电信、竞争政策、环境等议题;规则标准有所提高,如都有节制地采纳了若干知识产权"超 TRIPS"规则;开放模式有所变化,如在这两个 FTA 中,中方都承诺未来服务与投资的市场准入谈判将基于负面清单模式,等等。但是,也要看到:第一,中国 FTA 的这种创新实践是有限的,与发达经济体的 TPP、TTIP 实践相去甚远。第二,中国 FTA 的这种创新实践并不稳定。例如,在中国与马尔代夫、格鲁吉亚两个小国的 FTA 中,有关规则(如知识产权章的规定)又出现倒退迹象。总体而言,笔者认为,2014 年出版的《经济危机与规则重构》一书对中国 FTA 文本水平和两难处境的评价至今仍可谓中肯。

(一) 文本水平层面的反思与对策

2015 年《国务院关于加快实施自由贸易区战略的若干意见》作出了高屋建瓴的规划。该意见对加快建设高水平自贸区提出了八个方面的要求和措施:提高货物贸易开放水平、扩大服务业对外开放、放宽投资准入、推进规则谈判、提升贸易便利化水平、推进监管合作、推动自然人移动便利化、加强经济技术合作。其中,在推进规则谈判上,该意见特别指出:"对符合我国社会主义市场经济体制建设和经济社会稳定发展需要的规则议题,在自由贸易区谈判中积极参与。参照国际通行规则及其发展趋势,结合我国发展水平和治理能力,加快推进知识产权保护、环境保护、电子商务、竞争政策、政府采购等新议题谈判。"该意见的种种精神,诸如"扩大开放""放宽投资准入""提升贸易便利化水平"等,都完全切合当前时代发展的大趋势;同时,在规则谈判上强调"符合我国社会主义市场经济体制建设和经济社会稳定发展需要""结合我国发展水平和治理能力",也是立足于国家利益的立场。

在此基础上,笔者认为,似有必要进一步深入探究在实际操作层面上究竟如何"扩大开放""放宽投资准入""提升贸易便利化水平",如何具体实现"符合我国社会主义市场经济体制建设和经济社会稳定发展需要""结合我国发展水平和治理能力"。这就需要开展实证研究,对中国在 FTA 各个议题中的利弊得失进行系统的微观盘点。如本书第四章所述,新时代中国 FTA 实践的主观立场应着眼于"重心转移""制度扩散""议题盘点"三个方面。其中,"议题盘点"即全面梳理中国在 FTA 规则谈判中的利益诉求,下文将对此详加探讨。

1. 中国在经贸规则谈判中利益诉求的三条主线

过去,学界多注重讨论 WTO 规则对 FTA 的法律约束。但是,由于 WTO 多哈回合规则改革谈判事实上已经陷于瘫痪,人们对于 FTA 的规则创新多持默认态度。审时度势,中国在这方面应有迈出更大步伐的胆略。

除了胆略,中国 FTA 的规则创新更要有清晰思路。突出中国自身禀赋优势固然是一个经典思路,但在此基础上,中国还应当特别考虑三点:一是当初《入世议定书》的条款得失(尤其是超出 WTO 常规义务、西方企图永久化的不利条款);二是近些年来在 WTO 争端解决和国际投资仲裁中的成败得失(尤其是那些值得商榷的不利裁决);三是中国在多哈回合规则改革谈判中提出却无法得到采纳的各种主张。以上三点是彰显中国在经贸规则谈判中利益诉求的三条主线,虽然在具体谈判中未必能尽数实现,但完全可以作为谈判的参考方针。

首先,审视《入世议定书》的永久性不利条款。有学者认为,《入世议定书》中诸如出口税约束、服务贸易国内规制的"必要性"限制、衡量补贴的"外部基准"等条款,如果说中国已作出承诺而不能要求修改,那么至少可以要求将这些条款全部写入 WTO 规则中,要求所有成员都平等接受这些条款的约束。[1] 这种主张的立意是好的,但鉴于所牵涉利益的广泛性和 WTO 决策程序的复杂性,实现的可能性显然十分渺茫。相反,中国利用自身不断上升的经贸地位和实力,在和中小伙伴的 FTA 谈判中要求修改这些永久性不利条款,是更为现实可行的。

这将成为大国要求规则再造的一种典型实践,或许会引发与 WTO 最惠国待遇原则、《入世议定书》相冲突的"不合规"担忧。[2] 然而,从理论层面讲,1969 年《维也纳条约法公约》第 41 条早有规定,多边条约两个以上当事国可以仅在彼此间修改条约。[3] 区域贸易协定对 WTO 经贸规则(而非关税待遇)进行修改的行为,与 WTO 最惠国待遇原则之间的关系并不明确。也就是说,该问题尚无定论,WTO 事实上又未予禁止。同时,从《维也纳条约法公约》第 41 条的规定看,中国此种规则再造行动显然既不影响 WTO 其他成员的权利或义务,也不至于与 1994 年《马拉喀什建立 WTO 协定》的目的和宗旨不相合(因为除了中国,其他成员并不承担这些超常规义务),仅需按照透明度要求向 WTO 作出通报,并接受其并无实际约束力的审议。此外,尽管并非所有 WTO 成员均为 1969 年《维也纳条约法公约》的缔约方,但后者的权威地位早就得到了国际社会的普遍承认。从实践层面讲,纵览国际社会,已有众多 WTO 成员在其 FTA 中采取了类似实践。例如,美国、欧盟推行的各种"超 TRIPS"知识产权规则即为典型示范,新加坡、韩国、泰国、澳大利亚、新西兰等国的 FTA 早就对

---

[1] 参见陈雨松:《中国参与多哈发展议程谈判综述》,载曾华群、杨国华主编:《WTO 与中国:法治的发展与互动——中国加入 WTO 十周年纪念文集》,中国商务出版社 2011 年版,第 373 页。

[2] 《入世议定书》第 1.2 条规定,本议定书构成中国所加入的 1994 年《WTO 协定》的不可分割的一部分(an integral part)。

[3] 该公约第 41 条的标题为"仅在若干当事国间修改多边条约之协定",其第 1 款规定:"多边条约两个以上当事国得于下列情形下缔结协定仅在彼此间修改条约:(甲)条约内规定有作此种修改之可能者;或(乙)有关修改非为条约所禁止,且:(一)不影响其他当事国享有条约上之权利或履行其义务者;(二)不关涉任何如予损抑即与有效实行整个条约之目的及宗旨不合之规定者。"其第 2 款规定:"除属第一项(甲)款范围之情形条约另有规定者外,有关当事国应将其缔结协定之意思及协定对条约所规定之修改,通知其他当事国。"

WTO贸易救济规则作了显著修改或自行解释。[1] 事实上，中国FTA（即便在入世15周年届满之前）一直要求对方放弃反倾销"替代国价格"做法，也已经为这种思路提供了先行实践。因此，笔者认为，从国际社会的现实大背景来看，以上思路绝非没有考量价值。

其次，审视WTO争端解决和国际投资仲裁的不利裁决。其他国家运用FTA改善自身处境的先例值得中国借鉴。例如，澳大利亚晚近的烟草商标管理措施招致了一系列法律争端。[2] 为此，澳大利亚在TPP谈判中力争，最终成功获得ISDS机制不适用于烟草控制措施的自由选择权。[3] 在TPP"知识产权"章中，美国基于WTO"中美知识产权案"裁决，对应当给予刑事处罚的"商业规模"侵权行为作了比《TRIPS协定》更详细的进一步界定。[4] 加拿大鉴于其二十多年来在NAFTA项下遭遇投资者各种指控的教训，在与欧盟的CETA第十章中引入一系列广泛的例外条款。[5] 发展中经济体墨西哥鉴于在NAFTA项下与美国的争端教训，在之后与日本的EPA中对"投资"章中的"公平公正待遇"作了更为狭义的相反界定。[6] 这些国家对争端解决实践的反应如此迅速且果决，中国FTA又怎能无所作为、无动于衷？

实际上，对于WTO争端裁决，发达国家的FTA文本虽然"不合则弃"，但也存在"合则用"的情况，即在部分法律条款中引入WTO同类条款的同时，又

---

[1] See APEC, Identifying Convergences and Divergences in APEC RTAs/FTAs, available at https://www.apec.org/Achievements/Group/Others/FTA_RTA-2, last visited on May 10, 2018, pp.45-46.

[2] 澳大利亚烟草商标管理措施不但在WTO中涉诉，在ICSID中也涉诉。详情参见何艳：《投资协定视阈下知识产权与公共健康的冲突与协调——由两起"菲利普·莫里斯案"引发的思考》，载《法商研究》2013年第6期，第42—51页。

[3] 参见TPP"例外与总则"章，第29.5条。

[4] 参见TPP"知识产权"章，第18.77条第1—3款。

[5] See Armand de Mestral, When Does the Exception Become the Rule? Conserving Regulatory Space Under CETA, *Journal of International Economic Law*, Vol. 18, Iss. 3, 2015, p.647.

[6] 参见〔美〕西蒙·莱斯特、〔澳〕布赖恩·默丘里奥编著：《双边和区域贸易协定：案例研究》，王晨曦译，上海人民出版社2016年版，第109页。

强调要重视 WTO 裁决对这些条款的解释。[1] 概言之，发达国家对于 WTO 多边裁决既非全盘接受，也非全盘否定，而是结合自身利益进行具体鉴别，并以快速行动争夺、保障其规则主导权。问题在于，发达国家中意的规则未必适合发展中国家。巴德温有一个值得关注的观点：如果 WTO 不能及时更新升级其经贸规则，那么其争端解决机制的威信也可能逐渐受损。[2] 对此，可理解为：WTO 争端解决机制的威信下降，部分源自其所依赖的规则基础本身存在公平性与正当性问题。这一问题对于中国等发展中国家而言更为突出。对于中国，运用 FTA 规则谈判改变 WTO 不合理的不利裁决，其必要性与可行性已经浮现。

最后，审视中国在多哈回合规则改革谈判中提出的主张。事实已经雄辩地证明：多边贸易体制庞大的成员数量和协商一致的决策程序，再加上发达成员的顽固阻挠，注定了规则谈判成果寥寥。从入世之初，中国便一直积极参与多哈回合规则改革谈判，并且提交了一系列立场鲜明的提案，其公正性也获得了其他发展中成员的支持。[3] 然而，在现实主义权力政治格局下，这些中国提交的方案只能伴随着多哈回合的持续停滞而被束之高阁。这意味着，中国的方案有必要寻求其他可能的实现途径。

2. 中国 FTA 各个议题的利益点梳理

从微观角度看，中国 FTA 各个议题的利益点梳理是一种实证研究，需要具体衡量，难度很大，也不易把握。本书尝试简要归纳如下：

（1）货物贸易。一是海关合作与贸易便利化。如 FTA 原产地规则中的联网核查、企业自我声明等一系列改革措施，中国可考虑进一步推进合作，此为效率提升型制度之本义。二是贸易救济规则。中国作为全球贸易救济措施的最

---

[1] 参见〔美〕西蒙·莱斯特、〔澳〕布赖恩·默丘里奥编著：《双边和区域贸易协定：评论和分析》，林惠玲、陈靓等译，上海人民出版社 2016 年版，第 342 页。

[2] See Richard Baldwin, 21st Century Regionalism: Filling the Gap Between 21st Century Trade and 20th Century Trade Rules, WTO Staff Working Paper ERSD-2011-08, 2011, p.33.

[3] 关于中国在多哈回合中对经贸规则改革的各种经典主张，参见陈雨松：《中国参与多哈发展议程谈判综述》，载曾华群、杨国华主编：《WTO 与中国：法治的发展与互动——中国加入 WTO 十周年纪念文集》，中国商务出版社 2011 年版，第 361—371 页。

大受害国,不宜在 FTA 中一味照抄 WTO 规则,而要全面总结近些年与美国、欧盟等强势成员在反倾销、反补贴案件中的重大技术性分歧,[1]争取将己方相关主张体现在 FTA 中,即借助 FTA 进行规则创新,扩大己方主张的影响力。[2] 三是资源类产品的出口管理措施。基于 WTO"中国原材料案""中国稀土案"等裁决的教训,中国可在 FTA 中就此类管理措施的效力及其可引用的抗辩理由作出明确约定。[3]

(2) 服务贸易。一是自然人移动议题。此乃发展中国家服务出口的一大禀赋优势点,中国应继续保持对伙伴方的建筑工程服务、基础设施建设等劳动密集型服务部门开放的关注。二是服务补贴。中国当下正值改革进入深水区时期,需要保留政策自主权,因此在 FTA 中对服务补贴仍应继续维持"有待讨论"的搁置立场。三是服务外包法律问题。中国近些年大力发展服务外包产业,需要对服务承诺的模式和部门进行重新梳理。[4] 四是电子形式传输的服务问题。这既可能与服务外包有关,也可能涉及 WTO 成员原有服务开放承诺与电子形式的关系,已有争端解决实践值得中国特别注意。[5]

(3) 投资。一是重新梳理 FTA 中投资型服务("商业存在"模式)的具体承

---

[1] 从近些年的相关争端解决实践看,中国与美欧等发达成员的重大分歧远不止"替代国价格"做法,典型者还包括但不限于:"归零法""单独税率"规则、"特殊市场情形"规则滥用、"可获得不利事实"做法滥用、反补贴"外部基准"做法滥用等。此外,《入世议定书》第10条第2款实质上将企业所有制作为判断补贴专向性的特殊标准,并且只针对中国。参见赵龙跃编著:《制度性权力:国际规则重构与中国策略》,人民出版社 2016 年版,第 114—115 页。

[2] 关于在多哈回合的贸易救济规则谈判中,中国业已提出但无法获得采纳的种种主张,参见陈德铭等:《经济危机与规则重构》,商务印书馆 2014 年版,第 269 页。

[3] 同时也要考虑到,中国目前也是资源类产品的进口需求大国,在 FTA 中过多肯定出口国的管制权力未必全然符合中国利益。笔者认为,比较现实的做法是采取附件形式,列出特定范围内的若干具体产品,并就其限制措施作专门约定,覆盖范围取决于双方谈判。

[4] 实践中,复杂的国际服务外包业态已经导致传统的四种类型服务模式产生混同化、一体化,对其适用的服务部门具体承诺也需要作相应的调整。See Karen Lapid, Outsourcing and Offshoring Under the General Agreement on Trade in Services, *Journal of World Trade*, Vol. 40, Iss. 2, 2006, pp.356-359.

[5] WTO"中国出版物和视听产品案""中国电子支付案"都涉及此类问题,中国不应在 FTA 服务谈判中重蹈覆辙。

诺,以配合近年来外资准入负面清单模式的全面推行;同时,结合国内产业政策导向,审慎设计对外资企业的履行要求。[1] 二是在推行负面清单模式的同时,吸取澳大利亚等国公共健康管理措施引发他国政府、投资者指控的教训,在 FTA 投资规则中确认东道国公共监管权力的合法性,合理约定例外措施。三是结合中国海外投资日益壮大的现状和 ISDS 机制面临的变革呼声,区分不同的谈判伙伴,有针对性地完善投资争端解决机制。四是结合与中国企业海外投资存在重大利害关系的投资仲裁案件,如 ICSID 项下"中国平安集团诉比利时政府案""北京城建集团诉也门政府案"等,有针对性地完善 FTA 具体投资规则。[2] 五是反对跨境投资并购审查的随意政治化和身份歧视,为中国企业的跨境运作提供中立的市场环境。

(4) 知识产权。一是继续强化中国传统优势,包括地理标志、民间文艺、遗传资源和传统知识的保护等;二是在创新驱动发展战略和"一带一路"倡议下,考虑谨慎、适度地引入若干适合中国国情的"超 TRIPS"规则;[3] 三是知识产权程序性合作,如权利的跨国互认、申请或注册(包括防止恶意抢注商标)以及判决的承认和执行等事项,[4] 旨在避免正当权利的跨国合法化受到阻碍,事实上也是一种效率提升型制度供给。

---

[1] 韩立余认为,禁止履行要求并不是习惯国际法。中国正面临着产业转型升级和经济创新发展,这方面正确的选择应是承诺与例外相结合、权利与义务相平衡。同时,他也意识到《入世议定书》中的有关苛刻条款严重限制了中国实施履行要求的自由,使中国未来的外资政策充满挑战。参见韩立余:《国际经贸投资规则对履行要求的规制》,载《法学家》2017年第6期,第117—128页。

[2] 这两个案件涉及的法律问题对于中国海外投资活动极具代表性。"中国平安集团诉比利时政府案"涉及新旧 BIT 适用效力的过渡,"北京城建集团诉也门政府案"则涉及中国国有企业是否属于适格投资者、海外承包建筑工程能否构成适格投资。

[3] "超 TRIPS"规则在国内学界历来争议较大,但新时代中国不宜将其一概拒之门外,而应具体情况具体分析,使其服务于中国利益。参见刘彬:《论中国自由贸易协定的"超 TRIPS"义务新实践》,载《厦门大学学报(哲学社会科学版)》2016年第5期,第78页。

[4] 海牙国际私法会议已于2019年通过《承认与执行外国民商事判决公约》。但是,在谈判过程中,各方对公约是否适用于知识产权判决、知识产权判决被承认与执行的范围与条件等分歧明显,公约最终文本也将知识产权事项排除在适用范围之外。中国主张严格符合知识产权地域性要求的判决可得到承认与执行,此种主张既然在该公约中不能实现,似亦可在 FTA 谈判中提出。

(5) 软性合作。FTA 中有的议题不适合采用硬性约束条款,但适合采用软性合作条款:一是某些敏感议题在谈判方之间分歧较大,暂时只适合对话沟通,如环保、劳工、竞争政策、技术转让、数据流动等;二是有关制度尚未成形,仍处于发展阶段,但又意义重大,典型者即跨境电商,这是效率提升型制度供给的极重要环节,中国有能力引领。

(6) 例外条款。该领域的着眼点主要有二:一是大国在环境保护、公共健康、社会文化等事项上保留公共政策空间的一般需要。比如,欧盟—加拿大 CETA 中广泛的例外条款极其引人注目,加拿大学者直言这是双方都极为注重保留公共监管权力的结果,以至于例外条款事实上就代表了通常规则,堪为中国良鉴。[1] 二是由于全球价值链和数字经济下各种经济业态日益紧密一体化,原先分散于货物、服务、投资、知识产权等章节的例外条款可能需要整合起来,如涉及电子商务、数据流动、消费者隐私、网络安全的有关监管措施,FTA 统一例外章的必要性更加凸显。概言之,中国宜着眼于大国的可持续发展目标,根据自身公共政策需要,审慎设计 FTA 统一例外章的内容以及各章节的具体例外条款。

大国 FTA 文本的议题盘点涉及非常宏大的研究框架,存在众多亟须研究的经贸法律问题。以上列举难免挂一漏万,但有一个共性:服务于新兴大国的制度构建和规则创新。大国要求规则再造在国际法上并非罕见现象,而是法律与实力互动下的常态。[2] 但不同于传统西方大国的是,当代中国的课题在于:如何在追求规则再造的过程中,将自身国家利益与国际公共利益结合起来,尽量减少碰撞与冲突的可能?从推进全球治理和国际秩序变革的角度看,中国作为一个发展中国家,即使是最大的发展中国家,目前尚不具备主导国际秩序的综合实力。[3] 中国尚无能力主导多边主义议程,又不宜盲目追随他国的规则

---

[1] See Armand de Mestral, When does the Exception Become the Rule? Conserving Regulatory Space Under CETA, *Journal of International Economic Law*, Vol. 18, Iss. 3, 2015, p.641.

[2] 参见〔澳〕杰里·辛普森:《大国与法外国家:国际法律秩序中不平等的主权》,朱利江译,北京大学出版社 2008 年版,第 190—192 页。

[3] 参见张文显:《推进全球治理变革,构建世界新秩序——习近平治国理政的全球思维》,载《环球法律评论》2017 年第 4 期,第 16 页。

主张,更不愿也不能奉行如美国那样的单边主义。多边场合固然永远不应放弃,可以在其中表达中国话语,但中国目前已不能满足于单纯的表达。要真正切实有效地强化规则话语权,中国恰当的切入点是在多边与单边之间取其中,现实的手段之一是合理利用FTA。这种策略定位与中国当下的实力状况相符合,运用的手段也为西方主导的国际经济法律秩序所允许。作为新兴大国,新时代中国以FTA为载体进行制度构建和规则创新,其要旨在于,既要促进全球化格局下的经贸合作利益,又要保障发展中大国的公共政策自主空间。此举不是为了中国单边经济力量的恣意扩张,而是为了改变现行国际经济秩序中不公正、不合理的成分。总之,是否认真对待FTA,直接关系到中国在国际经贸规则重构中的话语权走向。

此外,中国的不利点或者说应予反对的议题,对照号称议题范围最为广泛的TPP,可大致归纳如下(具体理由将在第六章中阐述):

(1)反对将纺织品与服装议题单独设章;

(2)反对将劳工议题单独设章;

(3)反对将国有企业议题单独设章,或至少反对确立硬性规则;

(4)反对将反腐败议题纳入FTA谈判范围等。

(二)两难处境层面的反思与对策

1. 可持续发展视野下的"规则—契约"谱系

关于两难处境层面,笔者认为,相关评述固然中肯,但对现实的覆盖度似乎也并不完全。"相关产业竞争力不强,经营体制和管理水平与国际同业尚有差距"的确反映了中国当下部分事实,但是并非中国所有产业的竞争力都不强,更并非所有国家都在与中国的FTA谈判中一律要求市场高度开放和规则高标准化。需要明确的事实是,中国目前的FTA谈判伙伴并不都是"要求高"的发达国家。相反,目前正在与中国进行FTA谈判或可行性研究的恰恰多为"一带一路"沿线的发展中国家。[1] 2015年《国务院关于加快实施自由贸易区战略的若

---

〔1〕 参见中国自由贸易区服务网首页"协定专题",http://fta.mofcom.gov.cn/index.shtml,2019年6月19日访问。

干意见》要求："逐步形成全球自由贸易区网络。争取同大部分新兴经济体、发展中大国、主要区域经济集团和部分发达国家建立自由贸易区,构建金砖国家大市场、新兴经济体大市场和发展中国家大市场等。"从这个目标定位就可以看出,中国意向中的 FTA 谈判对象是发展中国家与发达国家并行不悖,但以发展中国家为"基本盘",现实也的确如此。这就决定了中国 FTA 的议题谈判立场不是僵化固定的。

通过全面深入地分析可知,中国目前面临着两方面的复杂多样性,一是当下自身定位状况的复杂多样性,二是潜在的 FTA 伙伴的复杂多样性。因此,中国本来就不必采用"一衣适众体"的单一方式来处理 FTA 文本的两难处境问题。当今中国正处于转型期,在许多具体的议题上面临进取和防御的双重处境,不宜如美国那样一概推行统一的僵化立场。实际上,近些年,中国国际经贸政策导向正在发生积极变化,从过去处处强调防守需要的发展中国家立场,逐渐转向展示主动进取性的态势。但是,中国毕竟还没有全方位迈入发达阶段,目前比较中肯的定位是一个发展尚不平衡的转型期大国。新时代中国的国际经贸实践、身份、利益的双重性开始凸显,主动进取性和被动防御性两种需求并存,对国际经贸议题的相关立场和处理难度更为复杂,这同样表现在 FTA 谈判中。

尽管中国目前还是发展中国家的身份,但这只是一个宏观的总体性判断。鉴于中国国情复杂、发展不均衡以及不断发展强大的趋势,我们不能在微观层面直接采取"一刀切"方式,永远基于习惯性的、固化的"南方立场",对各种经贸议题之于中国的利弊得失作简单的判断。由于可持续发展原则在微观层面更具灵活性、包容性,强调具体问题具体分析,有助于摆脱各种议题究竟"有利于南还是有利于北"的僵化争论,因此必然成为中国在国际经贸谈判中最有效的工具和理念。对于中国这样身份定位复杂的新兴大国,可持续发展原则既能捍卫国家主权利益,又能开拓海外经贸利益;既能合理表达自身诉求,又能适度考虑伙伴呼声;既能促进经济价值,又能兼顾社会价值。这事实上肯定了在中国 FTA 文本中对各种议题采用灵活处理方式的价值。

这种论点似有实用主义之嫌,难免被质疑"双重标准"。有学者就以 ISDS 机制为例,对德国、法国等国家提出了批评,指出它们在与发展中国家签订的 BIT 中大力倡导 ISDS 机制,但在与发达国家如加拿大、美国的 FTA 谈判中又反对ISDS机制,主张回归当地救济路径,是一种"欧洲式伪善"。[1] 但也要看到,即便国际经济法学术前辈陈安,也曾经提倡中国在BIT具体议题上采取"区分两类国家,实行差别互惠"的做法,而这种主张完全是基于维护中国正当利益的善意考虑。[2] 另外,徐崇利在国际经济立法模式上提出了"规则—契约"这一对概念。他借鉴国内社会立法机关制定的普遍性"规则"和私人间订立的个别性"契约",指出国际社会中的"规则"系指那些为各国广泛接受的普遍性国际经济法律规范,而"契约"系指特定国家间约定的个性化国际经济法律规范。特定的国际经济法律规范,其主体范围越开放,标准越一致,内容越稳定,其"规则"性质越强;反之,则"契约"色彩越浓。[3] 他认为,中国从20世纪80年代开始参与构建国际经济法律秩序,早期在各个主要国际经济领域选择的都是倚重契约的形式(如双边投资协定、双边税收协定等)。随着经济实力的增强和国际地位的提高,中国开始对国际经济立法模式进行自主选择,现时和将来系采取一种有限度的规则倾向性且同时不排斥契约之应有效用的国际经济立法模式,实际上就是多边主义规则与"少边主义"契约并行不悖的模式。[4] 他特别指出,中国当下仍然为契约模式存留了相当大空间,表现为:主体开放性之变量上,从未停止在贸易、投资、金融、税收等领域继续作出"少边"安排;标准一致性之变量上,虽然力推制度趋同,但不强求制度统一;内容稳定性之变量上,顺势而为,推动现有国际经济法律规范的升级。[5] 无独有偶,另一位学者王燕也提出,在当代区域经贸法治进程中,"规则治理"之下又可分为"综合治理"与"个别治理",前者指针对不同伙伴实行统一的规则模板,后者指针对特定伙伴实行特

---

[1] 参见叶斌:《欧盟TTIP投资争端解决机制草案:挑战与前景》,载《国际法研究》2016年第6期,第74—75页。

[2] 参见陈安:《区分两类国家,实行差别互惠:再论ICSID体制赋予中国的四大"安全阀"不宜贸然全面拆除》,载陈安主编:《国际经济法学刊(第14卷第3期)》,北京大学出版社2007年版,第56—97页。

[3] 参见徐崇利:《中美权力变迁与国际经济立法模式的走向:"规则—契约"之谱系下的制度选择》,载《2017年中国国际经济法学会年会论文集》,第24—26页。

[4] 同上文,第39—44页。

[5] 同上文,第42—43页。

定的规则约定。[1] 以上这些观点,从应然与实然两个层面为中国以务实灵活的方式处理国际经贸议题提供了证成,表明这种方式不仅是理论上的主张,而且是实践中的事实。那么,将这种务实灵活的方式运用到中国FTA各个议题的具体处理上,自然也是顺理成章之事。

2. 中国FTA各个议题"规则倾向性"与"契约倾向性"之组合

中国在自贸区战略上秉持可持续发展原则意味着:第一,FTA议题偏好将发生变化;第二,FTA议题处理方式将发生变化。这两方面分别对应本节分析的"文本水平层面的反思"和"两难处境层面的反思"。关于议题偏好的变化,本节前面已经作了系统的也是比较初步的议题盘点,并对中国的主要利益点作了梳理。议题处理方式将如何变化?笔者主张,中国应具体议题具体分析,秉持普适性与灵活性相结合的立场,该普适则普适,宜灵活则灵活。也就是说,中国FTA总体上应当是一种"政策治理"模式。这个结论可以得到国内顶层设计文件的佐证。2015年《中共中央 国务院关于构建开放型经济新体制的若干意见》就专门针对自贸区战略指出,"加快实施自由贸易区战略,坚持分类施策、精耕细作"。这实际上是说,具体对象具体分析,具体问题深入分析。

进一步探讨,具体议题的处理情形有四种组合:我方普适与对方普适、我方普适与对方灵活、我方灵活与对方普适、我方灵活与对方灵活。或者运用"规则—契约"这一对范畴,换一种表述:我方规则倾向性与对方规则倾向性、我方规则倾向性与对方契约倾向性、我方契约倾向性与对方规则倾向性、我方契约倾向性与对方契约倾向性。结合这个框架,下文尝试对中国FTA近年来面对的各种议题进行归类。在归类过程中,笔者将与上文对中国利益点梳理的建议结合起来讨论。

如果对方是实力较弱的发展中国家,那么归入"我方规则倾向性与对方规则倾向性"的议题大致有:货物贸易一般规则、SPS措施与TBT措施、贸易救济、服务贸易一般规则、知识产权、竞争政策、环境、透明度、争端解决、例外条款等;归入"我方规则倾向性与对方契约倾向性"的议题大致有:海关合作与贸易

---

[1] 参见王燕:《区域经贸法治的"规则治理"与"政策治理"模式探析》,载《法商研究》2016年第2期,第164—165页。

便利化、自然人(商务人员)移动等;归入"我方契约倾向性与对方规则倾向性"的议题大致有:投资保护等;归入"我方契约倾向性与对方契约倾向性"的议题大致有:货物关税削减承诺、货物原产地规则、农产品特殊救济、货物监管一致性合作、服务自由化承诺、金融服务、电信服务、投资自由化承诺、政府采购、电子商务(数字贸易)、软性合作事项等。

如果对方是发达国家或实力较强的新兴经济体,那么归入"我方规则倾向性与对方规则倾向性"的议题大致有:货物贸易一般规则、SPS措施与TBT措施、贸易救济、海关合作与贸易便利化、服务贸易一般规则、环境、透明度、例外条款、争端解决等;归入"我方规则倾向性与对方契约倾向性"的议题大致有:自然人(商务人员)移动等;归入"我方契约倾向性与对方规则倾向性"的议题大致有:金融服务、电信服务、政府采购、投资保护、知识产权、竞争政策、电子商务等;归入"我方契约倾向性与对方契约倾向性"的议题大致有:货物关税削减承诺、货物原产地规则、农产品特殊救济、货物监管一致性合作、服务自由化承诺、投资自由化承诺、软性合作事项等。

以上议题归类仍较为初步和粗糙,尚有赖于政府部门和学术界进一步的探讨。总而言之,当代FTA的议题面如此纷繁庞杂,而潜在的谈判伙伴类型又各不相同,加上中国自身多元化的身份、利益定位,因此要在所有议题的处理方式上确立一种普适性的宏大立场既不合理,也不可能,更不现实。这也是笔者主张中国FTA的"范式论"而反对"范本论"的根本原因。中国作为大国,新时代FTA法律文本的确要走向"深度一体化",以契合时代趋势,即如顶层指导文件所言要"形成面向全球的高标准自由贸易区网络"。但是,深度一体化的侧重点应根据缔约方经贸关系的具体特征加以确定。[1]

### 三、新时代中国自由贸易协定法律范式构建思路的归纳

分析至此,化散为整。笔者综合前面各部分已论述的大量内容,对新时代中国FTA法律范式构建思路作出归纳。

---

[1] 参见东艳等:《深度一体化:中国自由贸易区战略的新趋势》,载《当代亚太》2009年第4期,第136页。

### (一) 对"导论"中若干问题的系统性回答

本书"导论"就中国 FTA 实践面临的挑战提出了若干问题并作了初步回答，在此予以重温并作出一套完整回答，以求完成库恩范式理论视野下"常规科学"的"解谜"，从而有助于新时代中国 FTA 在理论和实践两个层面的范式归纳。

1. 以往中国致力于推进 WTO 多边谈判的立场得到广泛赞誉，而 FTA 的大量涌现对 WTO 多边秩序的冲击一贯为学界所担忧。那么，中国在新时代大力推进 FTA 战略布局是否存在"随大流""机会主义""抛弃初心"之嫌？

回答：当前西方国家的政治和经济实力总体上仍占优势，它们出于自身利益在国际经贸规则改革上拒绝实质性让步，坚持僵硬立场。这种现实主义大势决定了 WTO 等多边组织的规则改革难有实质性进展。因此，发展中国家需要重新认识 FTA 这一少边工具的作用。FTA 这种自愿性、小范围的磋商机制恰恰为发展中国家提供了获得规则谈判参与权和促进国际关系民主化的契机，是新时期发展中国家进行制度试验的民主工具。同时，中国作为发展中大国，又与一般中小发展中国家有所不同。中国客观上具备较雄厚的硬实力基础，FTA 这种一对一方式恰恰有利于中国合理运用现实主义外交理念，以自身谈判资本获取对国际经贸规则的渐进改造机会。因此，我们需要扭转对 FTA 的传统偏见。

2. 中国的身份定位一直是发展中国家，高度重视南南合作是中国特色国际经济法理论的重要内容。过去，中国 FTA 缔约伙伴多以周边国家、发展中国家、中小国家为主。但是，近年来的中国 FTA 战略指导文件开始强调要重视与发达国家、新兴经济体、金砖国家开展 FTA 谈判。那么，应如何看待新形势下南南合作与南北合作的协调关系？

回答：中国 FTA 实践应奉行南南合作与南北合作并举，并且在新时代需要把南北合作放在更加突出的位置上。[1] 中国过去的FTA伙伴多为周边国家、发展中国家、中小国家,优点是有利于促进睦邻友好关系,有利于保障中国的能源资源供给,有利于中国的资本和劳务输出。但是,中小发展中伙伴的经济体量和市场容量普遍不大,对增进中国经济福利的作用相对有限。因此,中国需要将谈判目光更多地转向日本、欧盟、英国甚至加拿大、美国[2]等最重要的贸易伙伴。中国目前的发展阶段介于发达国家与中小发展中国家之间,故南南合作、南北合作在经济层面上均能使中国获益,只是合作的侧重点不同而已。同时,各国政治与经济发展是不平衡的,发达国家与发展中国家的力量对比始终在不断发生变化。因此,在面对不同的谈判伙伴时,中国需要灵活调整自己的利益诉求,以富有变化的务实方式实现"己所不欲,勿施于人"。

3. 当今中国FTA的议题覆盖面日益扩大,规则标准逐渐提高,许多新议题和新规则过去曾经被学界广泛质疑,如投资自由化、知识产权"超TRIPS"义务、竞争政策、环境保护等,为何今天已经进入中国FTA的实定规则范围?这是否意味着中国放弃了国际经济新秩序的传统主张和发展中国家的应有立场?中国此种新实践对于自身利益是否具有合理性?其合理性可否从"互利共赢"等外交理念中获得证成?

回答:中国在国际交往中从未放弃过对"国际经济新秩序"的提倡,[3]这一提法绝不过时。但是,国际经济新秩序的内涵并非一成不变,其实现方式和手段并非永远停留在20世纪六七十年代发展中国家对发达国家主导的国际经济秩序呈现立场对抗甚至要求猛烈推翻的层面上。中国入世以来的发展历程已

---

[1] 这一观点也得到了《国务院关于加快实施自由贸易区战略的若干意见》这一顶层设计文件精神的验证。老一辈权威学者也曾经强调,南北合作是全球合作原则的中心环节。参见陈安主编:《国际经济法学专论(上编 总论)》,高等教育出版社2002年版,第308—310页。

[2] 虽然中美成为FTA伙伴的难度极大,但未来也并非绝对不可能,如通过区域性途径。比如,中美或可加入CPTPP,美国也或可加入RCEP。

[3] 参见胡锦涛:《对影响我国发展的几个重大国际经济问题的看法》,载中共中央文献编辑委员会:《胡锦涛文选(第三卷)》,人民出版社2016年版,第173页;《习近平首提"两个引导"有深意》,http://politics.people.com.cn/n1/2017/0220/c1001-29094518.html,2018年6月28日访问。

经证明，中国是以规则治理为基础的开放自由的国际经济秩序的最大受益者。[1] 同时，当前的国际权力格局决定了中国对发达国家主导的国际经济秩序仍不宜采取激烈对抗甚至要求推翻的做法，而应在现有秩序框架下融入自由主义国际经济法律机制，[2]利用现有秩序所允许的机制工具，包括 FTA 这一重要工具，争取自身实力的增长，同时适度提出自己的话语主张，从而谋求新时期国际经济新秩序的建立和维护。

"发达国家"并非利己主义的必然代名词。中国特色社会主义建设正是为了国家富强、民族振兴，绝非以贫穷为荣。尽管中国总体上还是一个发展中国家，但随着国力发展到一定阶段，中国无须回避自己在某些方面已经具有接近发达国家的部分特征，[3]对外经贸政策立场必然会发生变化，这是正常现象。近些年来，中国的经济与社会政策出现了不同以往的鲜明导向，大力倡导供给侧结构性改革、产业转型升级、创新驱动发展战略、"互联网＋"、绿色 GDP 和可持续发展等治国理政新理念，对内积极在上海等地建设自贸试验区，对外推行"一带一路"宏伟倡议，并在准入前国民待遇加负面清单模式基础上开展中美、中欧 BIT 谈判。这些政策导向对于中国 FTA 谈判必将产生重要影响。

相应地，目前中国自贸区战略的内容设计和探讨，已经不能脱离自身经济、社会、外交政策的宏观导向，单纯地就 FTA 论 FTA 了。也就是说，目前中国经济"新常态"下的供给侧结构性改革、创新驱动发展战略、可持续发展战略、"一带一路"倡议等顶层设计，必须成为中国自贸区战略内在蕴含的指导思想，并在FTA 具体规则中得到外在体现。同时，中国正在大力推动的自贸试验区建设、

---

[1] 参见〔美〕Jeffery L. Dunoff：《中国在演进的全球秩序中的角色：入世 10 周年反思》，蒋围译，载陈安主编：《国际经济法学刊（第 18 卷第 3 期）》，北京大学出版社 2011 年版，第 7 页。

[2] 徐崇利多次表达这一观点。参见徐崇利：《国际经济法律秩序与中国的"和平崛起"战略——以国际关系理论分析的视角》，载《比较法研究》2005 年第 6 期，第 90—94 页；徐崇利：《中国的国家定位与应对 WTO 的基本战略——国际关系理论与国际法学科交叉之分析》，载《现代法学》2006 年第 6 期，第 3—13 页；徐崇利：《新兴国家崛起与构建国际经济新秩序——以中国的路径选择为视角》，载《中国社会科学》2012 年第 10 期，第 192—193 页。

[3] 蔡从燕亦持几乎相同的观点。参见蔡从燕：《国际经济新秩序与中国的选择：变与不变》，载陈安主编：《国际经济法学刊（第 16 卷第 3 期）》，北京大学出版社 2009 年版，第 153 页。

服务外包基地建设、跨境电子商务示范基地建设、产业结构转型升级、"互联网+"及"双创"工程等具体举措,需要得到中国FTA的外部配合与呼应。研究中国自贸区战略的改进(在本书语境下即研究FTA文本的范式建构),本质上就是关注中国国内改革与全球化的关系、中国国内改革与外部经贸战略的关系。[1] 因此,新时代中国FTA需要改变过去循规蹈矩、平平淡淡效仿他国模板的做法,应在文本中鲜明体现自己的利益进攻点和规则主张。

虽然希望通过FTA这一工具实现对国际经贸规则的渐进改造,但中国推动建立并维护的国际经济新秩序仍然以公平公正理念为核心特征,只不过辅之以全球价值链这一新理论和可持续发展这一普世价值。中国在FTA谈判中将继续奉行"互利共赢"的理念。进一步来说,通过FTA实现对国际经贸规则的渐进改造,并非仅仅服务于国际经济秩序。实际上,中国应通过经济促进政治的途径,有效发挥FTA在融洽国家关系、释放外交信号、提升软实力、增进公共交往与互信等方面的"非传统收益"。因此,中国在FTA谈判中将继续奉行"和谐世界"的理念,并大力倡导"人类命运共同体"的理念。

4. 中国的国家利益定位正在发生显著的变迁,国家身份也呈现出复杂多元、难以简单定位的特征,因而在贸易开放与贸易保护、投资母国与投资东道国、知识产权保护与知识产权限制等一系列重大的二元关系问题上出现了规则的两难抉择。那么,中国FTA在规则设定上应如何处理此种身份与利益的变迁张力?

回答:对于中国,在FTA战略上秉持可持续发展原则意味着:第一,FTA议题偏好将发生变化;第二,FTA议题处理方式将发生变化。前者意味着需要开展实证研究,对中国在FTA各个议题中的利弊得失进行系统的微观盘点,并结合以往的文本、目前的经贸活动特征以及中国近些年来在WTO和国际投资仲裁等国际经贸法律角逐中的得失进行具体衡量。后者意味着中国不必采用"一衣适众体"的单一方式。由于自身是一个国情复杂且发展不平衡的转型期发展中大国,面对的FTA谈判伙伴类型多种多样,且彼此状况处于不断的变动

---

[1] See Yongjin Zhang, China Transformed: FTA, Socialisation and Globalisation, *Yearbook of New Zealand Jurisprudence*, Vol. 11/12, 2008-2009, pp. 15-17.

中,因此中国在具体议题上应秉持普适性与灵活性相结合的务实立场。

5. 中国迄今已经缔结了十余个FTA,其实际效用如何？是否有效促进了中国经贸利益？中国企业是否充分利用了FTA所提供的关税优惠和市场准入机会？如果中国FTA有名无实,未能切实产生明显的经济福利效果,那么未来的中国FTA缔约战略是否需要及时调整？如何调整？

回答：通过对贸易量变化和协定利用率这两个因素进行实证考察,可直观判断传统中国FTA虽有一定的经贸效用,但不宜夸大。现有的大量乐观型资料专注于FTA利用率的相对增长,掩盖了其绝对利用率处于低位的现实,或是侧重于强调与FTA伙伴的贸易量增长,回避了FTA在其中作用大小的问题。由于原产地规则、全球外贸大环境等一系列微观、宏观原因,传统中国FTA在商界的利用率状况总体上尚不理想,且重心偏向于货物关税削减,服务和投资的市场开放度远远不够,在经贸规则方面少有建树,也没有积极改善营商环境,因此其实际效用有待提升。

基于战略层面的韬光养晦和战术层面的主动有为,中国不宜再将FTA视为单纯的促进贸易额增长的工具,而应在基于自身实力判断的基础上,将FTA视为进行有效制度构建、强化规则话语权的工具,视为既促进经贸合作利益又保障发展中大国公共政策空间的工具。为此目标,建议中国FTA抓住历史时机：一是将工作重心从单纯的市场准入转向经贸制度创新与营商环境建设；二是通过国内制度外溢与对外制度供给实现经贸制度扩散效应,尤其是效率提升型制度的扩散；三是跳出就FTA谈FTA的狭窄视野,盘点中国当初《入世议定书》的条款得失、多哈回合的规则改革主张以及十余年来在WTO争端解决与国际投资仲裁中的经验教训,并结合当前国内宏观政策导向,全面梳理中国在国际经贸规则中的利益诉求,在FTA平台上力争规则再造。

6. 美国等推动的TPP、TTIP等高标准经贸规则之于中国FTA谈判,究竟是应予抗拒抵制的对立性挑战,还是值得参考借鉴的外部改革推手？

回答：当前的内部政策导向与外部环境形势,要求中国在国际经贸政策法律的观念上作出一定的调整和改变。全球价值链理论要求中国摆脱"南北对立"的僵化思维,重新认识各种边境后议题和相应规则的意义所在。可持续发展原则要求中国正视经济议题与社会议题的辩证关系,将以经贸促进可持续发展作为最终目标，同时重视本国公共政策监管权力，采取适度方式处理 FTA 中的社会议题。此外，国际社会的各种理论主张和实践动态为中国 FTA 提供了范式构建的新启示。在符合 WTO 纪律方面，中国 FTA 早已没有什么问题，现在需要做的是在新一代经贸议题、友好型营商环境、公共监管权力保留、能力建设、公众参与、利益平衡等各个方面作出新的努力。

因此，发达经济体推行的高标准经贸规则对于中国而言究竟应全盘参考借鉴还是应予抗拒抵制，实际上是一个浮于表面的思维误区。关键在于，如何有效认识全球价值链和可持续发展这些客观趋势，正确把握中国在国际经贸规则重构浪潮中保持和强化话语权的主观立场，对中国 FTA 文本进行务实灵活的恰当设计，同时借力推动国内结构性改革，实现"双自联动""内外兼修"。

（二）新时代中国 FTA 法律范式构建思路的最终归纳

1. 新时代中国 FTA 法律范式的基本含义界定

本书"导论"中已对全书的主题——新时代中国 FTA 法律范式的基本含义作出界定：此处"范式"一词的用法与科学哲学史上经典的"库恩含义"具有一定的逻辑联系，但并不等同于"库恩含义"。该主题包含理论与实践两个层面：

（1）在应然的理论层面，立足于中国国际经济法学科的若干元要义，研究中国 FTA 缔约活动如何应对中国特色社会主义新时代和全球后金融危机时期的理论新挑战，澄清和归纳新时代中国 FTA 谈判应有的指导思想；

（2）在实然的实践层面，分析以往中国 FTA 文本的特征及其得失，研究中国 FTA 在中国特色社会主义新时代和全球后金融危机时期如何有效体现国内政策需求、回应国际形势挑战，以及未来的文本应呈现出何种风格特征。

2. 新时代中国 FTA 法律范式的构建思路归纳

在上述基本含义界定的基础上，新时代中国 FTA 法律范式的构建思路如下：

（1）应然的理论层面

在中国国际经济法学科主张建立公平公正的国际经济新秩序的元要义下，运用唯物主义辩证法的内外因观点、发展观点、整体观点，结合新时代中国自身条件和国际大环境的变化，中国 FTA 应配合国内改革开放的顶层设计，因应国际形势的晚近动态,及时作出战略性调整。即在全球合作、可持续发展、国家主权这三大国际经济法基本原则的指导下,以全球价值链合作、可持续发展这两个维度为经贸规则的基本方略,以国家主权这一维度为公共政策的托底保证,进行议题和规则的重新布局,以适应新时代中国复杂的发展中大国身份下"变与不变"的利益需求。

(2) 实然的实践层面

中国应确立FTA"政策治理"模式导向,深入分析各个议题的利弊得失,合理调整过去对"21世纪新议题"的成见,秉承具体问题具体分析的实践论,深入研究各种议题是否应接受、是否能接受以及如何接受,在议题设置和标准设定上呈现出"变与不变"。务实灵活的"变与不变",是中国FTA未来文本风格的要义所在,也是新时代中国内部动因与外部动因两个层面综合作用的必然结果。

具体而言,"变者"大体包括:① 议题项目之变;② 利益要点之变;③ 开放模式之变;④ 优惠授予面之变。"不变者"大体包括:① 市场准入力度加深之不变;② 公共监管权力保持之不变;③ 特殊与差别待遇坚持之不变;④ 协定条款软硬并行之不变。

本书最后两章将对实践层面这一系列"变与不变"进行有选择的具体分析。

# 第六章
# 新时代中国自由贸易协定法律规则之变

在实践层面,中国FTA法律范式研究应秉承具体问题具体分析的实践论,深入研究各种议题是否应接受、是否能接受以及如何接受,在议题设置和标准设定上呈现出"变与不变"。本章将依次分析新时代中国FTA法律规则之若干"变者",分别是议题项目之变、利益要点之变、开放模式之变、优惠授予面之变。鉴于当代FTA的议题面极广,结构极庞大,相应的规则与条款十分复杂,故此种分析仅选择若干重点问题加以研究和阐述。

## 第一节 议题项目之变

关于中国FTA的议题项目需要及时变化的动因以及变化的基本取向,前文已经作了多种角度的阐述,即由于全球价值链和可持续发展的客观要求,基于中国当前的内部政策导向与外部形势压力,中国FTA议题项目的变化将是一种时代趋势,必然呈现出向"21世纪贸易协定"靠拢的表征。然而,这种表征并不等于中国在议题项目的处理上要一概向西方靠拢。典型的"21世纪新议题"主要是知识产权("超 TRIPS"标准)、服务与投资的自由化、贸易投资便利化、监管一致性、竞争政策、环保、劳工等议题以及金融、电信等具体领域。从中国角度看,议题项目之变可以从两个"压力"层面理解:一是这些新议题要不要引入的压力,二是这些新议题下法律规则渐趋"硬化"的压力。对此,笔者认为:第一,基于全球价值链和可持续发展的要求,这些新议题大部分应当引入,但绝非全部引入;第二,即便引入,在具体处理方式上也未必要采取美式的高度"硬化"规则,而应当软硬并行、软硬有度。

### 一、各种议题项目的性质归类

发达国家所热衷的 FTA 议题项目,可以说在 TPP/CPTPP 中作了充分的清单式展示(一共 30 章)。在是否引入的问题上,中国 FTA 需要对这些"21 世纪新议题"按性质进行归类:有不少是适合中国 FTA 引入的议题,有的是需要进一步研究的议题,有的则是应反对引入的议题。此外,还有少量可以考虑增加的议题。

#### (一)适合中国 FTA 引入的议题

一方面,基于全球价值链合作的需求,一些新的经济议题,如贸易投资便利化、竞争政策、电子商务、中小企业等,完全可以引入而为中国 FTA 所用;另一方面,基于可持续发展的要求,某些社会议题,如环境保护、人力资源、能力建设、发展合作等,也可以引入。在具体引入方式上,这些议题不一定都要单独设章,如人力资源、能力建设、发展合作等完全可以一并纳入中国 FTA 软性的经济合作章。所有这些适合引入的议题将构成中国 FTA 议题项目之变的主要表征。

尽管竞争政策、环境保护已经被引入中国部分 FTA(如中国—韩国 FTA),但是在诸如中国—澳大利亚 FTA 中,竞争政策、环境保护并没有被作为单独章而设立。"电子商务"章尽管在中国—韩国 FTA、中国—澳大利亚 FTA 中都有,但在中国—瑞士 FTA、中国—格鲁吉亚 FTA 中并没有。这些现象表明,在这些适合引入的议题上,中国的相关实践并不稳定。但是,从范式构建目标出发,应将其稳定化。

"电子商务"常常与"数字贸易"相提并论,很多时候被视为同义词,但从当代国际经贸规则重构的动态来看,实际情况并非如此。笔者认为,新时代中国 FTA 宜设立单独的电子商务章,而不是单独的数字贸易章。原因主要在于:目前,电子商务章的主要内容已经初步成形。正如中国—韩国 FTA、中国—澳大利亚 FTA 的该章文本以及欧盟提出的 TTIP 谈判草案"服务、投资与电子商务"章所呈现的那样,主要内容大体包括电子传输免收关税、电子传输的技术中立地位、电子合同法律问题(如电子签名的效力等)、消费者隐私保护、电子商务监管合作等。以上这些也是目前世界范围内各国 FTA 和国内法中电子商务规则的代表性内容,中国《电子商务法》的相关规定也大体如此。数字贸易议题的覆盖面更大,涉及更加复杂的数据存储本地化、数据流动自由、数据安全等敏感事项,美国、欧盟、中国等主要经济体在这些事项上存在着尖锐的分歧,规则重构前景尚不明朗。[1] 因此,为慎重起见,中国 FTA 宜设置单独的电子商务章,并将该章内容稳定在前述主要法律问题上,对于数字贸易章及其可能导致的风险则要尽量规避。

同时,电子商务章的确直接涉及数字贸易,进而涉及与货物、服务、投资等关系的调整。对此,何其生专门研究指出,美国基于其强大的视听服务、文化服务等产业实力,在 WTO 多边谈判中强烈主张"技术中立"原则,主张以电子化的书籍、软件、游戏、音乐、影视产品为交易对象的数字贸易仍应适用传统的 GATT 规则,并免征关税,实现充分的自由化。但是,以上主张遭到欧盟等成员的强烈反对。欧盟主张将数字贸易纳入服务贸易规则框架予以调整,并坚持视听服务部门基本不开放的"文化例外"。[2] 于是,美国转而在其一系列 FTA 中确立了一套做法:(1) 在货物贸易、服务贸易章之外单独设立电子商务章,但回避数字贸易属于货物贸易还是服务贸易的定性问题;(2) 重申数字贸易不征关税的规定;(3) 规定数字贸易,包括视听服务部门在内,应实现充分的自由化,并同样适用广泛的国民待遇和最惠国待遇原则;(4) 在服务贸易章中实行负面清单模式;(5) 数字贸易的国民待遇、最惠国待遇原则以及市场准入义务须受制于缔约方在服务贸易负面清单中列出的不符措施。[3]

---

〔1〕 See Henry Gao, Digital or Trade? The Contrasting Approaches of China and US to Digital Trade, *Journal of International Economic Law*, Vol. 21, Iss. 2, 2018, pp.297-321.

〔2〕 参见何其生:《美国自由贸易协定中数字产品贸易的规制研究》,载《河南财经政法大学学报》2012 年第 5 期,第 142—143 页。

〔3〕 同上文,第 144—148 页。

对此,何其生认为,一方面,美国FTA回避对数字贸易进行定性,但在电子商务章中又规定服务贸易的相关规则依然适用于数字贸易,使得其电子商务章模棱两可,独立存在价值存疑。另一方面,通过单独设立电子商务章,美国FTA显然也贯彻了其关于数字贸易不征关税、视听服务部门市场准入、避免数字贸易被直接定性为服务贸易等重要主张。因此,从这个意义上讲,美国成功实现了在国际规则中体现本国国内政策的意图,这对于长期以来习惯于"与国际接轨"的中国具有重要的启发意义。[1]

在笔者看来,美国FTA之所以如此为之,是因为:(1)如果像欧盟那样将数字贸易归入服务贸易,势必会受到市场准入承诺的更多限制,因此美国将其归入货物贸易(原则上禁止数量限制)并实行零关税,这样才更有利于美国坚持的关于数字产品自由化的立场;(2)鉴于视听产品、文化产业的特殊性,包括欧盟在内的不少WTO成员更希望将数字贸易纳入FTA的服务贸易章,使其受到市场准入承诺和不符措施等的限制,并允许政府补贴等各种支持(服务补贴的合规性在WTO框架下并不明确)。因此,美国才认为有必要在FTA服务贸易章之外再设立一个电子商务章。

迄今,国内许多文献都主张对数字贸易适用服务贸易规则,是基于GATS相比GATT,在国民待遇和市场准入上的限制更多,更有利于掌控国家主权。这是学界的一般性看法,无疑是正确的。但是,中国FTA以后如采用负面清单模式,则对数字贸易(尤其是文化产品)的限制将通过负面清单中的不符措施进行,这事实上又是接近于美国FTA的做法。显然,中国应坚持文化服务领域的特殊利益,这在一定程度上接近于欧盟的"文化例外"主张。何其生认为美国FTA中单独的电子商务章的存在意义存疑,是基于其电子商务章须服从服务贸易章中的不符措施而言的。但是,中国FTA完全可以与国内《电子商务法》的相关内容相对应,在电子商务章中专注于电子传输免收关税、电子传输的技术中立地位、电子合同法律问题、消费者隐私保护、电子商务监管合作等有关内容。在这一点上,何其生认为中国应学习美国,基于国内法状况而决定国际谈

---

[1] 参见何其生:《美国自由贸易协定中数字产品贸易的规制研究》,载《河南财经政法大学学报》2012年第5期,第149—152页。

判立场,又是正确的。将自身国内政策立场加以国际化,而不是一味"与国际接轨",对于中国自贸区战略具有非常重要的启发意义,有助于中国在新时代合理运用现实主义外交理念,提出自身正当的经贸诉求。关于数字贸易其他方面的法律问题,如国民待遇、最惠国待遇、市场准入限制、政府补贴与支持措施等,中国可采纳与欧盟接近的立场,仍将其纳入 FTA 服务贸易章(或投资章以及金融、电信等关联章),并积极主张文化服务部门的公共政策需求和政府支持措施的合理性。实际上,即便是美国 FTA 中的电子商务章,也要受制于跨境服务贸易章的相关规定,后者的不符措施、例外规定、补贴规则等具有优先效力。这也佐证了中国 FTA 在立法技术上将数字贸易归入服务贸易、适用 GATS 模式的合理性。总之,中国 FTA 的电子商务章应侧重于因电子商务的技术特性所产生的种种法律问题,而在一般规则和具体市场承诺上,数字贸易仍应被纳入服务贸易模式。

在服务贸易领域,金融、电信、快递、海运等典型部门稍有特殊性。在晚近若干 FTA 中,视伙伴情况,对金融服务、电信服务等,中国不反对单独设章(如中国—韩国 FTA)。金融领域的特殊性决定了其拥有特殊的"审慎措施例外",将其独立设置于一般的服务贸易章之外是合理的,电信领域亦同理。对快递服务、海运服务等中国的利益关注点,可以在服务贸易章下使用专门附件的形式。

(二)中国 FTA 应反对引入的议题

有一些议题(或独立章节)是中国 FTA 应明确反对引入的,本书第五章中有所提及,但未阐述理由。兹详细说明如下:

1. 应反对将纺织品与服装单独设章

纺织品与服装历来是包括中国在内的众多发展中国家的优势出口产品,而发达国家往往对此甚为忌惮。在二战后的多边贸易体制发展历史上,纺织品与服装一直被发达国家排除在多边货物贸易纪律之外,被专门予以特殊的制度安排,致使发展中国家的这一优势部门长期受到限制。这种局面一直持续到 1995 年 WTO 成立之后,直到 2005 年随着《纺织品与服装协定》的失效才正式宣告结束,纺织品与服装从此得以回归一般性多边货物贸易纪律。

但对于中国来说,问题依然不这么简单。《入世议定书》和《中国入世工作组报告》对该部门贸易设置了专门针对中国产品的"特保措施"机制。尽管这一机制有时间限制,但在期限临近乃至期限已过时,美欧与中国之间仍发生了若干次引人注目的纺织品贸易摩擦。只是随着时间的进一步流逝,近些年来,西方国家才渐渐在对华纺织品"特保措施"上偃旗息鼓。但是,中国纺织品出口依然面对着西方反倾销、反补贴等贸易救济措施的滥用威胁。

值得注意的是,TPP/CPTPP 专门将"纺织品与服装"单独设为第四章。该章的内容主要有:一是纺织品与服装原产地规则的若干特殊规定,事实上是限制纺织品与服装被视为缔约方原产货物;二是纺织品与服装的紧急保障措施机制,实际上是故伎重演,再次规定对纺织品与服装实施条件不同于 TPP/CPTPP 下一般保障措施机制的紧急保障措施机制;三是监督、核查等机制,其重点在于监督、核查那些不能享有协定优惠待遇的纺织品与服装。[1] 可见,该章实质上是美国等发达缔约方对越南等发展中缔约方纺织品与服装出口优势的一种特别防范,是再次对这一部门进行特别对待。

基于以上分析,在 FTA 中将纺织品与服装单独设章,相对于已确立的多边贸易纪律是一种倒退。中国自应旗帜鲜明地予以反对。中国 2015 年《国务院关于加快实施自由贸易区战略的若干意见》这一顶层设计文件已经作出了与部分发达国家、所有新兴经济体进行 FTA 谈判的长远规划。未来中国在面对这些谈判伙伴时,应坚决抵制、明确反对如 TPP 那样将纺织品与服装单独设章,坚持对其适用一般货物贸易规则的立场。同时,从中国现有各个 FTA 文本来看,这也是中国的一贯做法,理应继续保持。

2. 应反对直接引进劳工议题

劳工标准属于发达国家十分关注的社会议题,1994 年 1 月 NAFTA 生效时便将其列入,催生了《北美劳工合作协议》。美国国会关于对外贸易协定谈判的相关法律更是将劳工议题列为选择谈判伙伴的必备标准之一。在 TPP/CPTPP 中,劳工议题不但被设为单独一章,而且适用约束性的统一争端解决机制。近年来,美国在与危地马拉发生了 FTA 项下的劳工问题纠纷后,甚至将对

---

[1] 参见 TPP 第四章"纺织品与服装"。

方诉诸 FTA 争端解决机制。[1] 由此可见,西方大国对这一议题高度热衷。

如本书第一章中所述,西方强行"推销"的各种社会价值大多立足于后工业社会的基础,与中国的发展水平、发展阶段存在严重脱节。事实上,中国国内劳工在劳动耐受程度、待遇水平等各个方面的观念和习惯与美欧劳工有很大不同。西方以一己标准要求发展中国家显然过于武断,而且存在打压发展中国家出口利益的动机,自然难以被发展中国家接受。

国内学者李春林对贸易与劳工标准联接问题作了非常深入的研究,他的观点可系统归纳为以下四个方面:

第一,应正确认识发展中国家的劳动力成本优势及其对国际经济秩序做出的贡献。劳动力相对丰富的发展中国家在劳动密集型产业有一定的成本比较优势,这正是贸易的基础。[2] 发展中国家劳工标准较低并不是人为的,而是社会发展水平的自然反映。但是,要改进和提高发展中国家的劳工标准,则需要"人为"——既需要发展中国家在国内作出大量努力,发展社会经济,又需要发达国家给予发展中国家自由贸易的机会和市场。[3] 强化劳工标准只会压缩劳动力的世界供给。随着工资的上涨,发展中国家出口的劳动密集型产品价格也会随之上涨,只会牺牲发达国家的利益。[4]

第二,以贸易制裁手段强制执行劳工标准的做法值得怀疑。尽管从美国—秘鲁 FTA 开始,原先 NAFTA 中各自执行本方劳工法的模式被升级为严格适用争端解决机制的硬法模式,但美国的贸易伙伴仍然未能执行其劳工法或创建有效的管理体制,其根本原因远比只是缺乏意愿要复杂和深刻得多。[5] 贸易制裁是一个问题极多的制度工具,可能导致诸如削弱 WTO 原则、鼓励歧视、忽

---

[1] See USTR, In the Matter of Guatemala-Issues Relating to the Obligations Under Article 16.2.1(a) of the CAFTA-DR, available at https://ustr.gov/issue-areas/labor/bilateral-and-regional-trade-agreements/guatemala-submission-under-cafta-dr, last visited on Nov. 23, 2018.

[2] 参见李春林:《贸易与劳工标准联接的国际政治经济与法律分析》,法律出版社 2014 年版,第 167—168 页。

[3] 同上书,第 328—329 页。

[4] 同上书,第 163—164 页。

[5] 同上书,第 287—288 页。

视人权、损害制裁国的经济、滋生贸易保护主义和有利于大国等问题,而且往往会被政治性或经济性地滥用,因而其真正目标不在保护人权和劳工权上。[1]

第三,西方国家大力鼓吹贸易与劳工标准联接另有其深层次目的。晚近以来,西方发达国家常常产生错觉和战略性危机感:自由贸易及其多边机制似乎越来越不能给自身带来比发展中国家获得的更多的利益。一些发展中国家借助 WTO 提供的制度性保障,大力发展对外贸易并吸引外资,由此实现了经济社会的快速发展和国家崛起,而己方却失去制约能力,只能默默承受发展中国家带来的经济贸易冲击。[2] 发达国家认为,中国经济社会发展成就是建立在压制国内人权和劳工权基础上的。中国越是借助国际机制实现快速发展,发达国家就越希望修正国际机制以"例外"地对待中国,其目的是制约中国的崛起并保护国内产业,由此就出现了贸易与劳工标准联接中的"中国例外"现象。[3]

第四,贸易与劳工标准联接的做法会制约中国经济社会发展。首先,贸易与劳工标准联接会严重削弱甚至剥夺中国的劳动力比较优势。其次,贸易与劳工标准联接直接冲击了中国的外贸发展模式(加工贸易和劳动密集型产品出口)。最后,贸易与劳工标准联接正在挑战中国和平发展的国家战略。这一点可能稍难理解。李春林解释,贸易与劳工标准联接表明国内劳工问题被贸易化、国际化和政治化,将使中国遭遇越来越多的贸易和政治摩擦,而且将向战略性摩擦方向发展。[4]

笔者认为,以上观点至为精辟,尽管提出于 2014 年,但在当前美国特朗普政府表面上鼓吹"公平贸易"而实质上肆行贸易单边主义和保护主义的背景下,更凸显其预见性。虽然这些观点原本是用于分析多边贸易体制是否应纳入贸易与劳工标准联接做法的,但实际上同样适用于中国 FTA 对劳工议题的处理。很明显,中国在 FTA 谈判中可能面临的劳工议题压力只会来自西方发达国家,如果将劳工议题纳入中国 FTA 并适用争端解决机制,李春林的以上四点意见

---

[1] 参见李春林:《贸易与劳工标准联接的国际政治经济与法律分析》,法律出版社 2014 年版,第 348—355 页。

[2] 同上书,第 295—296 页。

[3] 同上书,第 363 页。

[4] 同上书,第 379—385 页。

仍然具有极强的说服力。

另有一个可能产生的疑问是：环境、劳工保护历来被认为是西方发达国家极力主张与贸易相联接的两大经典社会议题。但是，如今在中国 FTA 中，为何环境议题可以单独设章，而劳工议题则不宜？中国 FTA 难道不能效仿现有的环境章的做法，以软法形式、宣示形式将劳工议题单独设章，并规定其不适用争端解决机制？对此，笔者认为，关键在于明确将这些社会议题纳入 FTA 是否有必要，以及是否有利于中国。其一，环境议题符合中国当下国内政策目标和长远战略性利益，而劳工议题则不符合，这是根本原因。其二，中国并不一定非要在 FTA 中处理劳工问题，除了 FTA，尚有其他对外合作机制。[1]

3. 反对将国有企业议题单独设章或确立硬性规则

在西方大国的主导下，国有企业议题在当代国际经贸谈判中越来越成为受瞩目的热点，也使中国面对的压力越来越大。例如，在中美、中欧 BIT 谈判中，国有企业问题事实上已经成为谈判的最关键问题之一。晚近全球金融危机后，随着中国经济社会的快速发展和"走出去"步伐的加快，西方关于中国经济模式的种种指责甚嚣尘上，大有上升为战略性摩擦之势。中国关于加快实施自贸区战略的顶层设计文件要求未来同所有新兴经济体和部分发达国家商谈 FTA，所以来自西方的国有企业议题的压力极有可能难以避免。

多边贸易体制已有若干涉及国有企业的法律规则，这主要体现于 GATT 1994 的"国营贸易企业"条款和 GATS 的"垄断和专营服务提供者"条款。其中，GATT 1994 第 17 条"国营贸易企业"的基本精神是：缔约方的国营贸易企业应在非歧视和商业化的基础上运作，同时缔约方应对此类企业履行一定的透明度义务，但不得要求缔约方披露会阻碍执法、违背公共利益或损害特定企业合法商业利益的机密信息。[2] 此外，GATT 1994 附件 I 规定，在第 11 条、第 12 条、第 13 条、第 14 条和第 18 条中，"进口限制"或"出口限制"包括通过国营贸易经营实施的限制。尽管 GATT 1994 第 17 条为未来国有企业纪律的谈判留下了空间，但迄今 WTO 尚未达成任何关于国有企业的进一步纪律。GATS 第

---

[1] 例如，中国与新加坡之间就存在双边劳务合作的谅解备忘录。
[2] 参见 GATT 1994 第 17 条第 1、2、4 款。

8条针对的"垄断和专营服务提供者",有可能但不必然是国有企业,成员应保证在其领土内的此类服务提供者提供垄断服务时,不违背最惠国待遇的非歧视义务和该成员的具体承诺义务。如此类服务提供者在其垄断权范围之外且受该成员具体承诺约束的服务领域也参与竞争,则该成员应保证该服务提供者不滥用其垄断地位。如其他成员有理由认为一成员的此类服务提供者以与上述要求不一致的方式行事,则在该成员请求下,服务贸易理事会可要求有关成员提供有关经营的具体信息。[1]

在《入世议定书》中,基于中国的经济体制,国有企业是被重点关注的问题。有关内容主要可分为两个方面:非歧视待遇和补贴认定。在非歧视待遇方面,尽管相关条款十分丰富详细,但中国应承担的义务与WTO一般义务并无本质区别。但是,在补贴认定方面,《入世议定书》有一个引人注目的不利条款:如果国有企业是补贴的主要接受者,或国有企业接受此类补贴的数量异常之大,那么向国有企业提供的补贴将被视为专向性补贴。[2] 该条款事实上是以企业的所有制性质判定补贴的专向性,从而打破了多边贸易体制在国有企业问题上原本的"所有制中立"立场。该条款是一个专门针对中国的不利条款,而且显然具有永久化性质。但是,西方国家认为以上种种条款仍不足以有效约束中国国有企业,因此近年来又在区域性经贸谈判中大力强化此类纪律。实际上,西方国家早期提出"竞争中立"并不是针对中国,因为它们国内也有相当数量的国有企业,而当时中国国有企业尚未大规模"走出去"参与国际竞争。但是,随着中国国有企业对外投资日益增多,在国际经贸规则重构中对"竞争中立"的强调专门针对中国的意味明显强化。[3]

美国主导的TPP设置了专门的国有企业和指定垄断章,其规则要点大体可概括为:

第一,明确约束对象和约束范围。该章对国有企业作出了相当严格的定义,对成员的主权财富基金、独立养老基金等也作出了规定,将成员的中央银行、货币当局、金融监管机构等主体和政府采购行为排除在外。

---

[1] 参见GATS第8条第1、2、3款。
[2] 参见《入世议定书》第10.2条。
[3] 参见陈德铭等:《经济危机与规则重构》,商务印书馆2014年版,第496页。

第二,非歧视性和商业化运作。该章在基本精神上与 WTO 有关条款保持一致,但规定更加详尽。

第三,法院管辖权和行政机构的监管。这是意图克服国家主权豁免的障碍,在国有企业问题上确立相对豁免原则,同时确保成员行政机构监管行为的公正性。

第四,非商业支持的约束。成员不得直接或间接向本方国有企业提供非商业支持,对其他成员的利益造成不利影响或损害其他成员的国内产业。其中,"不利影响"和"损害"得到相当详细的说明。

第五,极高的透明度要求。这包括成员境内的国有企业名单,国有企业的股权结构、治理结构、财务报告与审计报告,政府非商业支持的具体形式和内容等各个方面的信息。可以说,几乎所有关于国有企业重大方面的信息都要高度公开。

第六,豁免和例外。这主要是出于谈判妥协需要,对部分成员的部分国有企业或公共机构的豁免和例外。

第七,进一步谈判的规划。有关条款意图将该章所规定纪律的约束力进一步延伸到成员下辖所有国有企业(主要指中央政府之下的次级政府所拥有或控制的国有企业)。

第八,争端解决机制。国有企业和指定垄断的信息形成过程若涉及成员在"非歧视性和商业化运作""非商业支持"条款下的义务,则应适用 TPP 第二十八章的争端解决机制。

综上所述,从西方国家的角度看,TPP 这一章所确立的规则代表了国有企业硬性法律约束的典型和标杆。在这种形势下,中国如何应对西方国家的国有企业议题压力?对此,国内学界有三份典型文献作出了分析。

第一,原商务部部长陈德铭等的著作指出,"竞争中立"理念与中国经济体制改革的大方向一致,在大力强调市场公平竞争的背景下,中国应积极主动地参与相关国际对话,以建设性心态开展国际合作。在参与立场上,一是不应回避讨论国有企业问题,而且也回避不了;二是将国内"竞争中立"和国际上"所有制中立"作为理想目标,力争国有企业问题的去政治化,避免国外市场审查行为的滥用。[1]

第二，中国社会科学院国际贸易研究团队在解读 TPP 文本的著作中认为，TPP 的该章提供了清晰的改革路径，从长远来看，与中国国有企业改革提高市场的资源配置效率的大方向是一致的。这虽然对中国国有企业发展形成严峻的外部压力，但也会对中国政府、国有企业和市场化改革形成倒逼机制。现阶段，中国一方面应积极参与国有企业相关国际规则的双边、区域性谈判，另一方面要深化国内国有企业治理的改革。[2]

第三，国内学者黄志瑾认为，"竞争中立"理念的核心在于公平竞争，与中国国有资本、国有企业改革的理念相一致。面对西方国家的国有企业议题压力，中国一是要尽早成为规则制定者而非接受者，通过各种方式加入国际谈判，避免像当年入世谈判那样只能被动接受现有规则体制；二是要清醒意识到，随着国际经济活动的深入，国有企业及其对外投资监管体制进一步深化改革是不可避免的。[3]

以上三种意见似乎都倾向于认为，强化国有企业竞争中立是大势所趋，中国应尽快接受和参与关于国有企业约束规则的国际谈判，同时在国内深化相关改革。然而，笔者认为，问题远没有这么简单。让市场在资源配置中发挥决定性作用，对内深化国有企业竞争中立的相关改革，对外参与国有企业问题的国际对话，都没有错。但是，这些并不等于一定要在中国 FTA 中直接设置国有企业章，更不等于一定要在中国 FTA 中像 TPP 那样确立硬性规则。原因在于，国有企业关系到中国国民经济的命脉，对于国家经济发展、国民收入分配和社会稳定举足轻重，关涉重大；国有企业改革是中国改革的深水区，利益牵连广，社会影响大，许多问题千头万绪，十分复杂；中国需要牢固把握改革的自主掌控权，循序渐进，谨慎从事，而不宜将此种全面、重大的内政事项贸然向国际法层面让渡主权。

---

[1] 参见陈德铭等：《经济危机与规则重构》，商务印书馆2014年版，第497—504页。
[2] 参见中国社会科学院世界经济与政治研究所国际贸易研究室：《〈跨太平洋伙伴关系协定〉文本解读》，中国社会科学出版社2016年版，第268—270页。
[3] 参见黄志瑾：《中国国有投资者参与国际投资的规则研究》，人民出版社2014年版，第192—193页。

事实上，上述三份典型文献也提及实践中的许多复杂因素，对此需要全面解读，不可断章取义。例如，第一份文献指出，分析国有企业公平竞争问题，需要首先明确相关国有企业是在提供公共产品和服务还是在商业化经营。答案似乎很简单，但现实情况又很复杂。以国务院国有资产监督管理委员会管理的多家中央企业为例，其性质和定位各有不同，难以一概而论。虽然党的十八届三中全会有关决议强调要准确界定不同国有企业的功能定位，但一方面，国有企业的"历史包袱"尚未完全解除，执行宏观调控政策时发生的经营损失未得到完全补偿；另一方面，垄断经营、不透明的支持政策和利润分配引发不少非议，需要逐步增强战略性调整的全局眼光，深入思考国有企业改革的深层次问题。此外，许多国有企业提供公共产品和服务与参与商业竞争的混合身份已经在实践中导致有关改革措施引发大量争论。[1]

第二份文献指出，中国还没有建立起一套非常清晰的区分国有企业实施商业性活动与非商业性活动的规则体系，对国有企业承担公共服务的补偿往往过度。同时，根据TPP纪律，需要识别国有企业非商业行为的特定成本，而这种识别依赖于该非商业行为的企业化水平。因此，国有企业履行公共服务职责的成本核算应当透明化，以确保既不会过度补偿也不会补偿不足。但是，中国一些大型国有企业内部财务管理制度不健全，资金运营的内部监督失效或不到位。[2]

黄志瑾则指出，就具体应对策略而言，由于"竞争中立"规则对中国国有企业具有很大的负面影响，因此短期内为了维护中国国有企业的境外利益，在谈判中应坚持对"竞争中立"的限缩解释，如对"商业性""存在竞争者"概念的要求，以及对成本—利润分析方式公平性的质疑等。[3] 国有企业改革是中国改革进程中最核心的一环，但迄今所有关于国有企业改革的理论都未能形成完

---

[1] 参见陈德铭等：《经济危机与规则重构》，商务印书馆2014年版，第499—502页。
[2] 参见中国社会科学院世界经济与政治研究所国际贸易研究室：《〈跨太平洋伙伴关系协定〉文本解读》，中国社会科学出版社2016年版，第269—270页。
[3] 参见黄志瑾：《中国国有投资者参与国际投资的规则研究》，人民出版社2014年版，第186页。

整、科学的理论体系,国有企业改革远远没有到位。[1]

　　事实上,对以上文献中的观点需要辩证分析。从法理学的角度讲,法律的特点是权利与义务的确定性,以此稳定行为预期和锁定利益分配,因此,对于一些利益牵连面广、不确定性大的事项,往往难以制定明确的法律规则,或只能勉强制定灵活性较大的法律规则。由于国有企业问题的极端重大性、高度复杂性和短期内的不利影响性,因此中国FTA在可预见期间内没有必要急于确立国有企业的硬性法律规则,甚至没有必要专门设置独立的国有企业章。

　　从国内层面看,2015年9月,《中共中央、国务院关于深化国有企业改革的指导意见》正式发布,对深化国有企业改革的指导思想、基本原则、主要目标、重点任务进行了部署。目前,国内关于国有企业改革的顶层设计已经基本完成,将以企业的功能定位为前提,推进混合所有制改革和员工持股计划等各种具体改革措施。但是,由于改革涉及的企业和部门众多,利益博弈仍然十分复杂,如何进行利益协调以形成共识是重点和难点所在。[2] 从国际层面看,中国除了FTA之外,尚有为数不少的其他国际对话机制可以讨论国有企业竞争中立问题,如中美战略经济对话、中日经济高层对话、中欧经贸高层对话、中澳战略经济对话、中印战略经济对话等。此类软性对话机制可收徐图进取之效,同时又不失解决问题的主动权。再从以往中国FTA实践来看,澳大利亚是最早提出明确的竞争中立主张的发达国家,但中国—澳大利亚FTA文本中并无任何国有企业规则,可见中国并未接受澳大利亚的诉求。这个事实足以佐证笔者的观点。当前,国际上对国有企业议题最为关注的首先是美国,其次是欧盟,其他国家似乎并不是非常热衷。考虑到中国未来可预见期间内的FTA谈判伙伴多为"一带一路"沿线中小国家或新兴经济体,可以断言国有企业议题对于中国FTA绝非当务之急。

---

〔1〕 参见黄志瑾:《中国国有投资者参与国际投资的规则研究》,人民出版社2014年版,第194—195页。

〔2〕 参见白天亮:《国企改革顶层设计基本完成》,载《人民日报》2017年9月29日第2版;马常艳:《国企改革"顶层设计"方案23个亮点逐一看》,http://www.gov.cn/zhengce/2015-09/14/content_2931110.htm,2018年9月26日访问。

4. 排除将反腐败议题纳入 FTA 谈判范围

TPP 将透明度与反腐败置于同一章中,这在区域贸易协定中是个创举,是 TPP 深度介入边境后措施的表征。该章 C 节包括反腐败的范围、打击腐败的措施、促进公职人员廉政的措施、反腐败法律的适用与实施,甚至还包括反腐败问题上的私营部门和社会参与。每一部分的内容都规定得相当详尽具体,而且规定该章适用 TPP 争端解决机制,大有为缔约国进行上位立法之势。

本书第四章在论述全球价值链与当代各种经贸议题的关系时指出,政府公职人员的廉洁程度在客观上也会对全球价值链的运转效率产生影响。这也是 TPP 热衷于将这一边境后议题纳入的重要原因,不能说全无依据。但是,笔者依然认为,未来不论形势如何发展,中国 FTA 仍应排除将反腐败议题纳入谈判范围,理由与劳工议题的相关分析异曲同工——尽管反腐败完全符合中国执政党的治国理政方针,但这一事项波及面广,社会影响大,更涉及一国的伦理、文化等深层观念以及政治法律传统,具有高度的内政特征,因此在如何反腐败的问题上中国没有必要在国际法层面过多让渡主权。同时,中国已有其他机制可用于反腐败的国际合作,最典型者便是在 2005 年批准的《联合国反腐败公约》。该公约是唯一一份具有法律约束力的国际性反腐败法律文件,集中于反腐败的程序性国际合作,其中有专门的"资产的追回"章。该公约对于成员国的国内反腐败问题并不多加干预,这也正是它在全球被普遍接受的原因。尽管 TPP 的该章规定,C 节反腐败条款的范围仅限于消除与 TPP 涵盖事项相关的贪污腐败措施,但对于成员内政的干涉程度也是相当严重的。未来中国 FTA 完全没有必要考虑这一议题。

(三)中国 FTA 需要进一步研究的议题

有些议题既符合全球价值链和可持续发展的客观趋势,也与中国国内推行结构性改革、扩大对外开放等主观立场不相冲突,可以考虑将其引入未来中国 FTA。但是,这些议题在具体操作上尚存若干有待考量和权衡之处,利弊究竟如何也需要进一步研究,因此宜相时而动,力求适度。这些议题大致有监管一致性合作、政府采购、服务与投资的负面清单开放模式、知识产权硬性规则等。在此,笔者以监管一致性合作为例作重点论述。

监管一致性合作是美国、欧盟都感兴趣的议题,在 TPP 文本和 TTIP 谈判议程中均有明显体现,被认为是全球价值链加速运转之必需事项。但是,这一合作具体操作起来并非易事,涉及大量的技术性分歧甚至根本的监管体系性差异。例如,欧盟高度强调预警原则,对风险预防的证据要求较低;而美国则倾向于认为风险预防应建立在充分的科学证据上,不宜捕风捉影。美欧坦承,双方过去几十年一直意图在该领域有所作为,但迄今尚未产生有效成果。西方学者对于 TPP、TTIP、CETA 中的监管一致性合作也提出了若干方案。总体而言,这一问题还处于探讨和发展过程中。[1]

在中国,同样有学者认为,监管一致性合作已经成为中国有效参与全球价值链无法回避的议题。[2] 对于贸易监管,肖冰作了深入的研究,虽然她主要关注 SPS 问题,但其论述对整个监管议题也基本适用。肖冰指出,从美国主导的 TPP 监管规则来看,美国不但志在超越 WTO 的《SPS 协定》,而且要超越本国以往 FTA 的相关规则。以 TPP 的 SPS 章为例,该章的重点在于约束以下 SPS 措施或做法:不以科学为基础且产生不必要贸易限制的 SPS 措施;以科学为基础且与国际标准不一致的 SPS 措施;制定新措施,但不给利害当事方评议机会;实施新措施,但不给利害当事方足够的遵从时间;不愿实施贸易便利化政策。总体上,除了细化原来的 WTO 规则和美国当时的 FTA 规则之外,该章内容的新进展反映为:一是按上述重点建立新机制,增加新内容;二是特别强调新规则

---

[1] See Alberto Alemanno, The Regulatory Cooperation Chapter of the Transatlantic Trade and Investment Partnership: Institutional Structures and Democratic Consequences, *Journal of International Economic Law*, Vol. 18, Iss. 3, 2015, p.625; Richard W. Parker, Four Challenges for TTIP Regulatory Cooperation, *Columbia Journal of European Law*, Vol. 22, Iss. 1, 2015, p.2; Debra P. Steger, Institutions for Regulatory Cooperation in "New Generation" Economic and Trade Agreements, *Legal Issues of Economic Integration*, Vol. 39, Iss. 1, 2012, pp.109-110; Reeve T. Bull, *et al.*, New Approaches to International Regulatory Cooperation: The Challenge of TTIP, TPP, and Mega-Regional Trade Agreements, *Law and Contemporary Problems*, Vol. 78, Iss. 4, 2015, p.6.

[2] 参见王丹:《全球自贸协定中的"监管一致性原则"与中国的因应》,载《河北法学》2017 年第 5 期,第 78、83 页。

的可执行性,意图将其纳入争端解决机制的约束范畴。[1] 从这些介绍来看,该章主要着力于缔约方 SPS 措施和做法的完善,而非监管一致性问题。但是,TPP 确有专门的"监管一致性"章,除了定义、总则、范围等说明性条款外,就监管一致性作出的规定主要集中于该章第 25.4 条"协调和审议的程序与机制"、第 25.5 条"核心良好监管实践";前者规定缔约方之间应建立关于监管措施制定的国家级机构间协调或审议机制,以促进监管一致性;后者规定了"良好监管实践"的若干核心要素,包括监管措施影响评估、语言清晰度、措施透明度、措施的动态更新、互惠考虑等。此外,在该章与 TPP 其他章规定不一致的场合,其他章优先适用。同时,该章不适用 TPP 争端解决机制。[2] 综合以上内容来看,TPP 的 SPS 章在监管一致性合作上的力度尚属有限,最明显的是并未提及等效性、互认、一致化等重要手段的实施,而且缔约方也认识到各自在制度、社会、文化、法律和发展上的差别对监管模式的影响。[3]

肖冰继续指出,美国在 TTIP 谈判中对监管一致性问题的立场又进了一步。美欧之间长期存在一系列的 SPS 争端和问题,如牛肉、转基因技术、农药等,这些问题主要源于美欧不同的产品标准和监管体制。因此,美国意图通过推进 TTIP 谈判中美欧"就业与增长高级别工作组"的一份报告,寻求达成一个富有雄心的 SPS-plus 章,体现对 TPP 的再超越:一是从务实角度,解决美欧间长期存在的 SPS 分歧;二是从战略角度,实现美欧间 SPS 监管体制的兼容,真正深度推进双方监管一致性合作。[4] 但是,美欧合作仍然存在一些明显的障碍,如预警原则的地位。欧盟致力于通过预警原则宣传自己的"产品价值"和"全球标准制定者"形象,并认为美欧贸易对于监管一致性(特别是 SPS 措施)的"协调"如果通过硬性争端解决机制加以执行,可能导致健康和环境标准的整体

---

[1] 参见肖冰:《新型 FTA 之 SPS 规范的特色与问题——以美欧中 FTA 的对比为线索》,载孙琬钟、孔庆江主编:《WTO 法与中国论坛年刊(2015)》,知识产权出版社 2015 年版,第 68—69 页。

[2] 参见 TPP 第二十五章第 25.10、25.11 条。

[3] 参见 TPP 第二十五章第 25.5 条第 2 款。

[4] 参见肖冰:《新型 FTA 之 SPS 规范的特色与问题——以美欧中 FTA 的对比为线索》,载孙琬钟、孔庆江主编:《WTO 法与中国论坛年刊(2015)》,知识产权出版社 2015 年版,第 69—70 页。

下降。[1]肖冰认为,欧式FTA的SPS规范动向的最典型代表当属欧盟—韩国FTA,除了重申WTO的《SPS协定》之精神外,还增加了"动物福利"考量、更加细化的"适应地区条件"以及其他一些程序性要求,对人类、动植物生命健康的保护更进一步强化。总体上,美国FTA更看重对SPS措施之贸易壁垒作用的消解,即表现出更强的贸易自由化倾向;而欧盟则力图兼顾贸易自由化和公共健康的双重目标,甚或是在两者之间摇摆,表现出更多的SPS措施的保护性倾向。[2]

在系统归纳了以往中国各个FTA的SPS规范后,肖冰认为,与美式、欧式FTA相比,中国FTA的SPS规范的个性特色并不明显,主要是重申WTO的《SPS协定》的权利与义务、建立专门委员会、建立快速或技术性磋商与合作机制等,这些内容并不构成与美国、欧盟等其他成员FTA的实质差异,也谈不上对WTO的SPS规范体制的实质性超越,尤其是无法看出真正体现中国特有的SPS问题或需求的内容。[3]最后,她总结道:尽管美欧的推进路径存在差异,但路径只是博弈策略的考虑,两者坚持自身利益诉求的本质是一致的。就中国实践而言,因相关文本缺乏明显的个性特色,文本形成过程的信息披露也很有限,所以无法明晰中国在SPS领域的核心利益和基本诉求,也就无法对现有FTA的SPS规范的价值与实效进行评估,更无法为未来此类谈判的立场提供有益建议。[4]

以上结论的确建立在深入分析的基础上,自有其事实和逻辑依据,但总体上还是偏于悲观。关于中国FTA在监管一致性(包括SPS措施)上的处理方式,笔者试提出以下几方面的主张:

(1)新时代中国FTA不应继续消极回避监管一致性(监管合作)问题。其理由在于:第一,这是新时代全球价值链合作的需要。这在本书第四章关于全

---

[1] 参见肖冰:《新型FTA之SPS规范的特色与问题——以美欧中FTA的对比为线索》,载孙琬钟、孔庆江主编:《WTO法与中国论坛年刊(2015)》,知识产权出版社2015年版,第69页。

[2] 同上书,第71—72页。

[3] 同上书,第72—74页。

[4] 同上书,第75页。

球价值链理论的阐述中已有体现。第二,在 FTA 中作出监管合作的承诺还有另一层面的好处:监管属于非关税壁垒的范畴,作出非关税监管措施的承诺涉及许多发展中国家的自我平衡考量——在 WTO 等多边场合贸然作出承诺,存在其他成员"搭便车"的问题,却未必能换来其他成员的相应互惠。而在 FTA 中作出非关税监管措施的承诺,就可以换取对手(尤其是发达国家)的市场准入扩大的对价好处;[1]同时,还可以实现国内普适性制度的"外溢"效应,从而收到"区域主义多边化"的实效。

(2) 中国 FTA 宜在监管一致性问题上采用软性方式。正如肖冰指出的,监管问题具有两大特征,一是技术不确定性,二是社会价值广延性。具体来说:其一,SPS 措施具有双重价值,即保护人类和动植物生命健康的功能以及阻碍贸易自由的壁垒性作用,故需要在两者之间寻求平衡。然而,平衡只是一个理想状态,现实中总是相对的,而且科学本身的不确定性必然限制 SPS 规范的明确和具体程度。其二,由 SPS 领域本身特有的广泛性和复杂性所决定,SPS 措施承载着政治、经济、文化甚至道德等社会价值层面的各种因素,而法律规范能够体现的价值却十分有限,如何以有限的法律规范规制无边的社会价值必然成为难题。[2] 基于此,对于这种性质的社会关系的法律调整——不能放弃调整,但又不好调整,软法形态恰恰体现出强大的生命力。在全球价值链格局下,中国 FTA 的确需要认真考虑监管一致性问题,不能一概拒之门外。鉴于该领域的技术不确定性和社会价值广延性,在重申 WTO 的《SPS 协定》及其他协定精神的基础上采用专门委员会、磋商机制等软性方式,表面上似乎是特色不够鲜明,其实恰恰是既适合该领域事务特征也适合中国 FTA 的处理方式。在监管合作上,相比美国喜好的"深层侵入"式合作,中国更适合采用浅层次、程序性的软性合作。

---

〔1〕 See Richard Baldwin, *et al.*, Beyond Tariffs: Multilateralizing Non-Tariff RTA Commitments, in Richard Baldwin and Patrick Low (eds.), *Multilateralizing Regionalism: Challenges for the Global Trading System*, Cambridge University Press, 2009, pp. 140-141.

〔2〕 参见肖冰:《新型 FTA 之 SPS 规范的特色与问题——以美欧中 FTA 的对比为线索》,载孙琬钟、孔庆江主编:《WTO 法与中国论坛年刊(2015)》,知识产权出版社 2015 年版,第 74—75 页。

(3) 中国 FTA 应注重自身监管职权的保有。监管事务的技术不确定性和社会价值广延性对于美欧而言也是一样的,那么为何它们能在监管一致性问题上提出实质化的个性主张,甚至有往硬法方向发展的趋势?这里有必要提及当代发达国家间的贸易状况:发达国家间的关税水平已经很低。根据 WTO 统计,目前发达经济体之间的工业品平均关税已经低于 1%,这与 1947 年的 40% 的平均水平已经有了明显不同;同时,发达经济体已经取消大部分配额。因此,这些国家间的合作必然越来越向监管层面转移。[1] 但是,发展中国家的对外贸易远远没有发展到这个阶段。现阶段,包括中国在内的发展中国家仍然要重视监管主权的保有,在此基础上,再以软法形式循序渐进成为必然的选择。值得注意的是,肖冰也指出,中国 FTA 的 SPS 规范中唯一体现中国个性的内容似乎只有中国—新加坡 FTA 中第 57 条"管理职权的保留",该条的主要内容包括:任何一方保留在其法律下解释和执行其技术法规和 SPS 措施的所有权力;本章不应阻止一方采取或者维持技术法规和 SPS 措施,以适应本国特殊国情;本章不应阻止一方采取技术法规和 SPS 措施,以确保其进出口产品质量,或保护人类、动植物生命健康,保护环境,防止欺诈行为或其他合法目标;本章不应限制一方当认为某产品不符合其技术法规和 SPS 措施时采取所有适当措施的权力;本章不应迫使一方等效认可另一方的标准、技术法规或 SPS 措施。[2] 在笔者看来,该条实际上表明了中国当前所处的外贸发展阶段,中国不是没有个性利益,其个性利益恰恰是强调监管主权。因此,应将监管合作作为一种对国外同行的引智之举,增进交流,而不是自身职权的淡化。

(4) 中国 FTA 可以在一些产品部门上先行先试监管合作。事物总是处在持续变化之中的,中国外贸所处的发展阶段和个性利益也不是一成不变的,中国监管实践中特有的问题或需求仍然值得重视和深入研究。同时,监管一致性确实有助于化解外国贸易壁垒,助力中国产品出口。为此,中国 FTA 可以在特

---

[1] 参见中国社会科学院世界经济与政治研究所国际贸易研究室:《〈跨太平洋伙伴关系协定〉文本解读》,中国社会科学出版社 2016 年版,第 243—244 页。

[2] 参见肖冰:《新型 FTA 之 SPS 规范的特色与问题——以美欧中 FTA 的对比为线索》,载孙琬钟、孔庆江主编:《WTO 法与中国论坛年刊(2015)》,知识产权出版社 2015 年版,第 74 页。

定产品部门上逐步尝试监管合作。事实上，这种做法已经为其他重要 WTO 成员所奉行。如前所述，美国在 TTIP 谈判中的短期目标就是先解决美欧间长期存在的 SPS 问题，如牛肉、农药、转基因技术应用等。本书第五章在分析欧盟 TTIP 谈判立场时，也提到欧盟建议对有关合作措施与合作类型进行更清晰定义，适用于诸如汽车、专业服务或医药等领域，同时保持未来在其他领域合作的可能性。至于中国，事实上也有先行实践，典型者是中国—新西兰 FTA 已经有电子产品、电器方面的监管合作附件；[1] 中国—瑞士 FTA 的 SPS 章专门提到缔约双方为实施本章，专门达成了若干附带协定，并可在今后继续制订此类附带协定；[2] 中国—韩国 FTA 提及双方在药品、医疗器械、化妆品等领域的合作。[3] 此类先行先试是适合中国的务实手段。今后，中国可尝试继续推进监管合作的领域似可包括：一是在全球价值链建构中具有重要地位的中间产品部门，如电器等；二是对于中国具有重要出口利益的部门，如纺织品、制造业等；三是在供给侧结构性改革背景下国内有所短缺的国外特色产品，如食品、药品、化妆品等。

（5）中国 FTA 在监管合作方式上应有所考量。基于该领域的高度技术性，在实施过程中，应当尽可能邀请成熟产业部门和典型企业加入，多征求和倾听技术专家的意见，强化公众参与。与国内改革相配套，中国对 SPS 措施要强化后期市场监管，改变过去重事前审批、轻事后监管的状况；与国际格局相适应，中国目前可考虑与诸如澳大利亚等较发达的 CPTPP 成员且与中国存在 FTA 关系的伙伴进行监管合作。在合作方向上，基于对监管主权的重视，中国目前可考虑将措施的"等效性"作为重点，并将其界定为非强制性合作。在这方面，中国—韩国 FTA 的相关规定可以成为今后的文本典范。[4] 在出口货物时常遭遇进口国监管壁垒的现状下，"等效性"合作是中国的利益点所在。

（6）必要时，监管合作可让位于其他政府职能机构。目前，中国在经贸与社

---

[1] 参见中国—新西兰 FTA 附件 14《中华人民共和国政府与新西兰政府关于电子、电器产品及其部件合格评定的合作协定》。

[2] 参见中国—瑞士 FTA 第七章第 7.11 条。

[3] 参见中国—韩国 FTA 第十七章第 17.24 条。

[4] 参见中国—韩国 FTA 第六章第 6.5 条"技术法规"。

会议题上的对外合作机制绝不是只有 FTA,还有其他各种合作平台甚至更为专业的途径。一个非常典型的例子是,2015 年 11 月 6 日,国家标准化管理委员会与哈萨克斯坦、蒙古、新加坡、塔吉克斯坦、亚美尼亚等"一带一路"沿线国家标准化机构在西安签署标准化合作协议。据此协议,各方将在共同关注的领域,相互采用对方标准,共同推动产品标准的协调一致,减少和消除贸易壁垒。[1] 这足以说明中国 FTA 不需要包罗万象,为高效利用有限的人力资源,完全可在必要时在专业化问题上让位于其他政府职能机构,这取决于对具体情形的判断。

关于中国在监管一致性合作上的立场,此处重申第五章中对欧盟 TTIP 谈判立场的借鉴性分析:监管合作既有风险也有收益,对于中国的重要性的确会日趋上升。但是,这一问题可以采用多种方式加以处理,既可以放在中国 FTA 的 SPS、TBT 章的软性合作条款中,也可以放在中国 FTA 的综合性合作部分,甚至在中国 FTA 中单独设置监管合作章也未尝不可。在这方面,欧盟有若干基本精神值得借鉴:一是强调监管合作的非强制性和缔约方监管自主权的保有;二是侧重于彼此的信息交流和对话机制;三是强化公众参与和利益相关者治理模式;四是选择缔约方共同感兴趣的若干典型部门先行尝试。

最后须指出,监管合作并不局限于货物领域,在服务领域也存在监管标准的采用与协调问题。这方面的内容相当复杂,国外已有专家对此作出了较多探讨,尤其是对服务监管措施的必要性测试、国际标准、等效性承认等多有论述。[2] 限于篇幅,这里不再深入涉及。

除了监管一致性合作,还有其他一些议题,如政府采购、服务与投资的负面清单开放模式、知识产权硬性规则、透明度规则等,也需要慎重研究。其中,政府采购章是西方大国 FTA 的必备部分,但中国对此的态度还不明确。中国几乎所有 FTA 在提及政府采购议题时都规定,等中国成功加入 WTO 的《政府采

---

[1] 参见李文娟:《国家标准委与"一带一路"沿线有关国家标准化机构签署合作协议》,载《工程建设标准化》2015 年第 11 期,第 29 页。

[2] 参见〔美〕西蒙·莱斯特、〔澳〕布赖恩·默丘里奥编著:《双边和区域贸易协定:评论和分析》,林惠玲、陈靓等译,上海人民出版社 2016 年版,第 175、190—193 页。

购协定》后,缔约双方在此基础上再展开进一步谈判。[1] 显然,WTO的《政府采购协定》奉行最惠国待遇和国民待遇,中国尚未加入该协定势必严重牵制其在FTA中应对该议题的态度。但是,FTA也具有先行先试的功能。中国若先在某个FTA中对某些伙伴作出承诺,从法律上讲并无不可。据商务部权威信息,截至2018年9月,RCEP已经结束4个章节的谈判,其中就包括政府采购章。[2] 至于中国对此究竟采取何种处理方式,我们拭目以待。服务与投资的负面清单开放模式、知识产权硬性规则、透明度规则进一步强化等同样需要慎重研究,但严格来讲不属于新议题项目的引入,而是旧议题下的规则变化问题。对此,本章其他部分将进行有选择的论述。

(四)中国FTA可以考虑增加的议题或独立章

对上述种种议题的引入或拒斥,都在西方"21世纪贸易协定"给定的框架下徘徊。自NAFTA问世以来,一系列"新议题"都是在西方大国的主导下设定的。那么,中国能否淬炼自己的议题设置能力,谱写自己的未来FTA篇章?这无疑是个挑战性较大的问题。笔者试提出,中国FTA可以考虑增加若干有益无害的议题或独立章。实际上,先前中国FTA坚持"自然人移动"的独立设章就是一个成功例子。尽管严格来讲这也不算中国FTA的独有做法,但确确实实契合中国作为发展中国家的利益点,也符合全球价值链高效运转的客观需要。那么,还有哪些可以考虑增加的议题或独立章,以供未来中国FTA有所作为?在这方面,具有可行性的有二:可持续发展、"文化例外"。

在分析欧盟TTIP谈判立场时,笔者特别列出的欧盟关心的专门导向和特殊问题正是可持续发展和"文化例外"。尽管中国与欧盟的情况有所不同,但欧盟的经贸谈判风格对同样拥有悠久历史文化又是转型期新兴大国的中国具有较强的借鉴和启发意义。鉴于第五章已经对相关借鉴意义作了分析,此处不再赘述。

---

[1] 例见2015年中国—澳大利亚FTA第十六章第8条,中国其他FTA几乎都有类似的规定。

[2] 参见《商务部:到目前为止RCEP已经结束4个章节的谈判》,http://fta.mofcom.gov.cn/article/fzdongtai/201809/38762_1.html,2018年10月19日访问。

## 二、众多议题和章节间法律关系的整合

如前所述,新时代中国应结合国内顶层设计的政策导向和外部国际环境的动态发展,重新认识和评估各种议题的可采性。不过,在对各种议题项目进行性质归类之后,并非就此万事大吉。在容纳如此繁多的议题之后,FTA的篇幅结构将发展到极其庞大的程度,贸易、投资、知识产权以及其他众多议题和章节间的法律关系会出现若干新问题,因此绝不能简单地罗列拼凑,而必须注意议题和章节间可能发生的关联或冲突,并作出相应的处理。兹举两例:

一是知识产权章与投资章的关系。一方面,中国FTA知识产权章中的"知识产权"定义,大体沿袭《TRIPS协定》七大权利对象的规定;另一方面,因受美式BIT影响,近年来,中国FTA投资章的"投资"定义大多已将知识产权列入其中。那么,二者之间是何关系?彼此是否需要协调?[1]同时,还有学者指出,美式BIT将知识产权纳入投资范畴,使其接受BIT中最惠国待遇、国民待遇、最低标准待遇、限制间接征收等条款的多重保护,变相加大了对知识产权的保护力度。[2]中国FTA既然已将投资章和知识产权章同时纳入,那么这两章的相关规则之间是什么关系就亟待明确。例如,若一缔约方根据知识产权章提及的《TRIPS协定与公共健康宣言》实施专利强制许可,是否会触发投资章中的限制间接征收的规则?中国FTA对此尚未形成稳定立场。[3]

二是知识产权章与争端解决章的关系。中国FTA基本都设置了单独成章的双边争端解决机制。在货物贸易、服务贸易、投资、知识产权、环境保护、竞争

---

[1] 对此,近年美国FTA的做法是,在知识产权章中对知识产权保护类型不作专门定义,而是以该章各部分的具体条款自然体现其涵盖的权利类型;在投资章中对投资涉及的知识产权之权利类型也不作专门列举,从而避免两章之间在知识产权定义上的冲突。可参见美国—韩国、美国—新加坡两个典型FTA。

[2] 参见何艳:《美国投资协定中的知识产权保护问题研究》,载《知识产权》2013年第9期,第88—98页。

[3] 有趣的是,虽然中国—新西兰FTA"知识产权"章较为笼统,但至少在"投资"章中明确规定,缔约方基于公共健康目标的专利强制许可不适用征收规则。中国—瑞士、中国—韩国、中国—澳大利亚三大FTA知识产权章虽然相当发达,但它们的知识产权章和投资章均无这方面的规定。

政策等众多议题齐集于同一份 FTA 中的情况下,对争端解决机制的适用范围就不能不作一番明确限定。知识产权、环境保护和竞争政策这几个议题被公认为包括中国在内的发展中国家的守势议题。中国—瑞士 FTA、中国—韩国 FTA 均在"环境保护""竞争政策"章规定不适用 FTA 争端解决机制,有关争议仅可求助于双边委员会进行协商,体现了中国的谨慎态度。然而,这两个 FTA 的知识产权章并无此种规定,其争端解决章也没有专门排除对知识产权事项的管辖。那么,中国是否已做好双边知识产权争议全盘接受 FTA 争端解决机制管辖的准备?即便 FTA 争端解决机制在多数情况下仅仅是备而不用,这种可能性在法律上依然存在。[1] 另外,由于投资章将知识产权纳入投资范畴,因此涉及知识产权的纠纷也可能要受投资章的 ISDS 机制的管辖,对此问题亦需加以考虑。

以上两例仅为说明问题,事实上,章节之间的潜在冲突远不止此。有西方学者认为,需要在 FTA 中纳入"冲突规范"处理此类问题,它包括两层含义:一是某个 FTA 与其他国际条约、协定相互冲突时的优先适用规则;二是某个 FTA 内部的各个章节相互冲突时的优先适用规则。[2] 显然,本书在这里讨论的是后一种含义。有中国学者指出,中国某些 FTA 在纳入众多议题的同时,并没有重视对章节之间潜在冲突的处理。[3] 中国未来应对此类问题给予更多的重视和投入。

### 三、小结

本节旨在探讨新时代中国 FTA 在实践层面的议题项目之变,区分了应引入、应排除、需研究、可考虑共四种类型的议题。但是,结合本书第五章关于"规则—契约"谱系的论述,这四种类型的划分并不是绝对的,需要结合具体面对的

---

〔1〕 中国—冰岛 FTA、中国—新西兰 FTA 的"知识产权"章规定,只有双方不能通过磋商达成解决方案时,才可以诉诸 FTA 争端解决机制。而中国—瑞士、中国—韩国、中国—澳大利亚三大 FTA 对前置磋商要求并未提及。

〔2〕 参见〔美〕西蒙·莱斯特、〔澳〕布赖恩·默丘里奥编著:《双边和区域贸易协定:评论和分析》,林惠玲、陈靓等译,上海人民出版社 2016 年版,第 343—344 页。

〔3〕 See Heng Wang, The Challenges of China's Recent FTA: An Anatomy of the China-Korea FTA, *Journal of World Trade*, Vol. 50, Iss. 3, 2016, pp. 444-445.

FTA 谈判伙伴确定应对策略,这将有助于形成新时代中国 FTA 在实践层面务实灵活的范式风格。

关于新议题的引入,其根源在于中国国内经济社会政策。在供给侧结构性改革的背景下,中国的经济发展要更加符合三大规律,即发展必须是遵循经济规律的科学发展、必须是遵循自然规律的可持续发展、必须是遵循社会规律的包容性发展。[1] 这三大规律能够证成新时代中国 FTA 引入新议题的正当性。此外,本书第五章的欧盟 TTIP 谈判立场部分对中国在各个领域具体可采立场已作了较多分析,亦可资参考。

议题项目之变必将构成未来中国 FTA 范式构建的最关键要素之一,因此需要多着笔墨进行深入探讨。事实上,变中含有不变,变与不变相辅相成,不能僵化理解。例如,对中国应排除引入的议题或独立章的分析,实际上就是强调中国对经济社会事务的监管主权的不变;对各种议题适合采用硬法还是软法形式的分析,实际上就是强调中国 FTA 软硬条款并行的不变。

新时代中国应根据发展中大国的现实国情,自主决定在 FTA 中议题安排的立场,既要以我为主,又要务实灵活。事实上,即便是一些发展中国家,如墨西哥在与日本的 FTA 中,以及 SACU 在与 EFTA 的 FTA 中,都成功抵制了对方的若干议题要求。[2] 这更从侧面证明,中国并不是没有可能抵制新议题。相反,中国应当根据己方利益的变迁,自主决定是否接受、如何接受有关新议题。

此外,对于涉及中国国内经济体制的若干重要议题,如金融、电信、知识产权、监管标准等,建议在普适性基础上对相关体制进行必要的改革,最终文本尽量与中国在 WTO 等多边场合中的规则谈判立场相一致,而不是在与个别伙伴的协定中进行只针对个别伙伴的改革。由于政府一般不会频繁对来自不同国家的经贸从业者实施不同的管理体制,因此体现在 FTA 中的这种国内管理体

---

[1] 参见国家行政学院经济学教研部编著:《中国供给侧结构性改革》,人民出版社 2016 年版,第 10 页。

[2] 参见〔美〕西蒙·莱斯特、〔澳〕布赖恩·默丘里奥编著:《双边和区域贸易协定:案例研究》,王晨曦译,上海人民出版社 2016 年版,第 77、88 页。

制改革将有助于实现普适性的"结构性效益"。[1]

## 第二节 利益要点之变

与议题项目之变相伴的是利益要点之变。有的议题在中国FTA中早就不是新议题了,因此不属于"议题项目之变"的范畴,但作为传统议题,却存在中国利益点变迁从而导致规则变迁的问题。中国经济社会的发展和实力地位的转变使得若干利益点的性质发生变化,在新时代FTA中成为现实需求,并具备实现的可能。本节着重围绕知识产权"超TRIPS"规则等问题展开论述。

### 一、重新认识知识产权"超TRIPS"规则与中国利益

对于美欧引领的"超TRIPS"规则的造法态势,中国学者大多持质疑或批判态度,认为这是发达国家以一己私利强加的产物,对于发展中国家的经贸利益、人权事业、文化多样性等方面均会产生明显消极的影响,发展中国家必须慎重对待这一挑战,不应盲从。国内这方面的法学文献极其丰富,毋庸详举。在中东的约旦、阿曼等已与美国缔结FTA的中小国家,当地学者也多有异议。[2] 美欧内部甚至也有人持类似观点。[3] 在国际关系理论界,也有学者指出,发展中国家要求国际经济秩序不对其国内目标造成过度的负面影响,希望在利用开

---

〔1〕 参见〔美〕西蒙·莱斯特、〔澳〕布赖恩·默丘里奥编著:《双边和区域贸易协定:评论和分析》,林惠玲、陈靓等译,上海人民出版社2016年版,第194页。

〔2〕 See Ferris K. Nesheiwat, The Adoption of Intellectual Property Standards Beyond TRIPS—Is It a Misguided Legal and Economic Obsession by Developing Countries, *Loyola of Los Angeles International and Comparative Law Review*, Vol. 32, Iss. 3, 2010, pp. 361-394; Mohammed El Said, Surpassing Checks, Overriding Balances and Diminishing Flexibilities: FTA-IPRs Plus Bilateral Trade Agreements: From Jordan to Oman, *Journal of World Investment & Trade*, Vol. 8, Iss. 2, 2007, pp. 243-268.

〔3〕 See Christine Haight Farley, Trips-Plus Trade and Investment Agreements: Why More May Be Less for Economic Development, *University of Pennsylvania Journal of International Law*, Vol. 35, Iss. 4, 2014, pp. 1061-1072; Anselm Kamperman Sanders, Intellectual Property, Free Trade Agreements and Economic Development, *Georgia State University Law Review*, Vol. 23, Iss. 4, 2007, pp. 893-912.

放自由的国际经济体系的同时,维持国内经济社会的稳定和良性发展。[1] 诚然,传统学术批判从道义角度看都很中肯,且都包含着一个重要立论基础:中国及其他发展中国家目前还比较落后,因此应选择与自身发展阶段相适应的知识产权保护水准。以上立论基础十分正确。然而,近年的若干动态表明,随着中国实力的逐步增强及其国际经贸活动的实际需要,对"超 TRIPS"义务与中国利益的关系有必要摆脱观念桎梏,重新作一番审视。

(一)中国 FTA 接纳"超 TRIPS"义务的条款分析

我们应注意到,近些年来,国内外形势变化较快,中国的经济社会正在发生巨大变化。从中国近几年的缔约实践来看,对知识产权保护的认识也已经不同往昔,对"超 TRIPS"义务的态度同样有所变化,这集中体现在中国 FTA 的知识产权条款中。

1. 知识产权议题在中国 FTA 中的地位提升

2013 年之前,中国 FTA 谈判对象以发展中国家或经济总量不大的中小国家为主。其中,中国与智利、新西兰、秘鲁、哥斯达黎加、冰岛缔结的 FTA 中包含知识产权条款,但内容多为泛泛的软性条款、宣示性声明或重申双方在《TRIPS 协定》等公约下的权利和义务,没有任何超越《TRIPS 协定》的实质内容。很显然,知识产权条款仅处于象征性层面。

2013 年中国—瑞士 FTA 是一大转折标志,不但设置了"知识产权保护"专章,且该章体系极为完整,覆盖了目标与原则、与现有国际公约的关系、权利用尽问题,以及知识产权各领域实体制度、执行措施、机构设置等各个方面。在内容上,该章新增了大量明确具体的保护条款,其中很多都是具有强制约束力的硬性条款。虽然有些条款与《TRIPS 协定》的规定基本吻合,但同时也出现了数量颇多的超越《TRIPS 协定》保护水平或其内容为《TRIPS 协定》所没有的专门

---

[1] 参见孙伊然:《发展中国家对抗内嵌的自由主义?——以联合国发展议程为例》,载《外交评论(外交学院学报)》2012 年第 5 期,第 102 页。

约定,即"超 TRIPS"条款。[1] 2015 年,中国又先后与韩国、澳大利亚达成 FTA,对知识产权议题的处理呈现出与上述中国—瑞士 FTA 相同的特征。显然,这三个谈判对象都是对知识产权保护要求很高的发达国家或至少是新兴工业化国家。这表明,中国对外 FTA 谈判已逐渐接触处于高水平发展阶段的对象,相应地,磋商过程不可避免要涉及高水平的知识产权保护,仅停留在《TRIPS 协定》保护水平上的保护标准已不能适应形势发展的需要。这是非常引人注目的重大变化。

2. 中国三大 FTA 中"超 TRIPS"义务的归类分析

对中国—瑞士、中国—澳大利亚、中国—韩国 FTA 知识产权章确立的"超 TRIPS"义务进行系统分析,有助于深化对中国目前处理这一挑战的认识。其中,不少条款在传统学术立场上是被批判的,不能不引起高度关注。考察三大 FTA 的知识产权章,"超 TRIPS"条款主要可归纳为以下几方面:

(1) 超出《TRIPS 协定》范围的知识产权国际公约被纳入。三大 FTA 纳入的知识产权国际公约大体包括:《TRIPS 协定》《保护工业产权巴黎公约》《保护文学艺术作品伯尔尼公约》《专利合作条约》《国际承认用于专利程序的微生物保存布达佩斯公约》《商标注册用商品和服务国际分类尼斯协定》《商标国际注册马德里协定有关议定书》《保护录音制品制作者防止未经许可复制其录音制品公约》《国际植物新品种保护公约》《建立世界知识产权组织公约》《世界知识产权组织表演和录音制品条约》(WPPT)和《世界知识产权组织版权条约》(WCT)等。此外,中国—瑞士 FTA 还专门提到双方"应尽所有合理努力批准加入《视听表演北京条约》"。其中,WPPT、WCT 是典型的数字时代产物,内容明显超越《TRIPS 协定》;《国际植物新品种保护公约》虽然出台时间早于《TRIPS 协定》,但《TRIPS 协定》并没有对植物新品种的具体保护形式作强制要求;《视听表演北京条约》纳入视听制品载体、信息网络传播权和民间文艺权利等内容,更是体现了新时期数字条件和发展中国家利益的晚近立法成果,同

---

[1] 严格来讲,"超 TRIPS"与"TRIPS 外"的含义存在区别:前者指与《TRIPS 协定》保护事项相重叠,但保护水平比《TRIPS 协定》更高;后者则指保护事项超出《TRIPS 协定》范围,其内容为《TRIPS 协定》所没有。当然,从广义角度讲,两者都可以被称为"超 TRIPS"。本书从方便叙述的角度出发,将两者统称为"超 TRIPS",这仅仅是一种视角,并不妨碍读者持有其他视角。

样为《TRIPS 协定》所不及。

(2) 知识产权保护类型有一定扩大。中国—韩国 FTA 将实用新型纳入保护的权利类型,这与《TRIPS 协定》明显不同。《TRIPS 协定》保护的权利类型中只有专利和工业品外观设计,没有实用新型,这是由于世界上许多国家并没有专门的实用新型保护制度。[1] 但是,中国《专利法》确立的专利权保护对象囊括了发明、外观设计和实用新型。中国—韩国 FTA 之所以这样规定,是由于两国国内法均建立了有效的实用新型保护制度。中国—瑞士 FTA 第 11.2 条基本继承了《TRIPS 协定》关于知识产权保护类型的界定,但其脚注 18 规定"瑞士的原产地名称可被当作地理标志在中国进行保护",脚注 19 确认瑞士认为货源标志也属于这里的知识产权定义范围。而中国一般认为,原产地名称、货源标志并不等同于"地理标志"的概念。这里的规定反映出地理标志资源丰富的欧洲国家的利益关切。

(3) 邻接权保护水准有所提高。这一点突出体现在中国—瑞士 FTA 中,其第 11.3 条第 2 款规定双方应努力批准或加入《视听表演北京条约》。该条约于 2012 年在北京签署,中国在 2014 年批准。即便瑞士尚未批准,中国—瑞士 FTA 第 11.6 条已明确将表演者的权利扩大到"视听表演",即录音制品和录像制品所固定的表演。《TRIPS 协定》《罗马公约》、WPPT 虽然也对表演者权利提供保护,但其保护仅针对录音制品,而不涉及录像制品。[2] 同时,《视听表演北京条约》中的"表演者"概念并不局限于普通作品的表演者,更扩大至民间文学艺术的表演者。[3] 这显然体现了中国的利益诉求。此外,在广播组织邻接权的保护上,中国—韩国、中国—瑞士 FTA 规定了广播节目 50 年的保护期,这大大超越了《TRIPS 协定》规定的 20 年保护期。

(4) 电子技术、数字技术的发展得到明显体现。这一点是《TRIPS 协定》的缺憾,中国 FTA 作了有效的弥补。例如,中国—韩国 FTA 第 15.8 条旨在制止故意规避技术措施的行为。技术措施是指为禁止或限制未经国内法上版权和

---

[1] 参见郑成思:《WTO 知识产权协议逐条讲解》,中国方正出版社 2001 年版,第 98 页。
[2] 参见王迁:《〈视听表演北京条约〉争议问题及对我国国际义务的影响》,载《法学》2012 年第 10 期,第 45—50 页。
[3] 参见《视听表演北京条约》第 2 条。

邻接权权利人授权的行为而设计的技术、设备或零件,包括阻止或限制访问互联网上的作品的访问控制措施。第 15.9 条旨在保护版权和邻接权的电子权利管理信息。"权利管理信息是指权利人提供的任何识别作品、表演或录音制品、作者或任何其他权利人的信息,或有关作品、表演或录音制品使用条件的信息,以及代表此种信息的任何数字或代码。"第 15.14 条"商标的注册和申请"规定了一系列网上电子程序,缔约方应提供商标的电子申请、处理、驳回、注册及维持机制,以及向公众公开的有关电子数据库。这一精神在中国—澳大利亚 FTA"知识产权"章第 6、9 条中也有体现,且范围不限于商标权事项,而是扩大到协定保护的各种知识产权。此外,中国—韩国 FTA 第 15.28 条专门提及反网络版权重复侵权的措施,第 15.29 条规定网络服务提供商有义务向版权人及相关机构迅速提供其所掌握的识别被控侵权人的信息。中国—澳大利亚 FTA"知识产权"章第 20 条规定,网络服务提供商在已经采取措施防止用户访问侵权资料的前提下,在其用户仍因使用其服务或设施而发生版权侵权时,其侵权责任可以得到限制。上述关于电子和数字技术应用的规定已是大势所趋。

(5) 执行措施较《TRIPS 协定》有所细化。执行措施(enforcement)是《TRIPS 协定》的一个重要部分,规定了知识产权保护的程序性条款。中国 FTA 知识产权章在这方面作了不少细化规定。仅就边境措施而言,中国—韩国 FTA 第 15.26 条第 1、2 款在《TRIPS 协定》与普通关境有关规定的基础上,增加了在自由贸易园区(FTZ)进口、出口、转运、存放以及在保税仓库存放侵权货物也可适用边境措施规定的新内容。同时,该条脚注专门界定了"侵权"的范围,指出这里的侵权货物不仅包括假冒商标货物和盗版货物,根据缔约方海关措施适用的法律法规,还可包括"侵犯专利、植物多样性、已注册的外观设计或地理标志权利的货物"。[1] 相比之下,《TRIPS 协定》第 51 条只规定了对盗版或假冒商标的进口货物的强制性义务。对于侵犯其他知识产权的货物以及意

---

[1] 须特别明确的是,这里介绍的扩大边境措施的适用范围至出口行为和 FTZ 仓储阶段、扩大边境措施所保护的权利范围,与美欧近年来有关立场十分相似。有国内学者明确提出批评,认为这些都是值得质疑的"超 TRIPS"现象。参见杨鸿:《贸易区域化中知识产权边境执法措施新问题及其应对》,载《环球法律评论》2016 年第 1 期,第 172—184 页。但是,既然中国 FTA 已作了这样的规定,那么中国为何接受这种与传统批判立场相反的实践就不能不引起我们的思考。

图从本国出口的货物,该条只规定了选择性义务。中国—瑞士FTA"知识产权"章涉及边境措施的第11.16条第1款与中国—韩国FTA类似,也规定了强制性义务要求,并同样适用于出口行为。但这些对中国并无不利影响,因为中国知识产权边境措施制度原本就对货物进出口实行双向保护。[1] 中国—澳大利亚FTA关于边境措施的第22条第4款也有类似的强制性要求。此外,中国—瑞士FTA"知识产权"章第11.16条第2款规定,当主管部门有正当理由怀疑进出口货物侵权时,缔约方应当允许主管部门依职权主动采取中止放行措施。[2] 这对应于《TRIPS协定》第58条,但该协定没有规定强制性义务。中国—瑞士FTA则明确此为强制性义务。

上述FTA尚有一些其他"超TRIPS"条款,如三大FTA均根据《国际植物新品种保护公约》增加了植物新品种保护的专门规定。中国—瑞士FTA关于版权的第11.6条第5、6、7款规定了作者的精神权利——署名权与保护作品完整权,这与《TRIPS协定》的相关规定明显不同。[3] 关于未披露信息,中国—瑞士FTA第11.11条规定了申请人为获取药品和农药上市审批而向主管部门提交的未披露实验数据的排他权保护模式。[4] 中国—韩国FTA对工业品外观

---

[1] 参见毛金生等:《国际知识产权执法新动态研究》,知识产权出版社2013年版,第55页。

[2] 这也是体现欧盟近年来关于知识产权边境措施立场的典型规定。有国内学者认为,这种规定赋予海关当局仅凭"怀疑"即可主动采取措施的权力,容易导致海关当局随意的主观裁量权,对中国的国际贸易利益非常不利。参见杨鸿:《贸易区域化中知识产权边境执法措施新问题及其应对》,载《环球法律评论》2016年第1期,第175—180页。

[3] 美国国内版权法并不重视作者的精神权利,因此《TRIPS协定》在纳入《伯尔尼公约》的同时把作者精神权利条款排除在外,欧陆国家的立场则不然。中国国内法的相关规定显然更接近于欧陆国家。

[4] 《TRIPS协定》将这些数据划入未披露信息的范围加以保护,但未规定排他权保护模式,也未设定最低保护期限,因为包括中国在内的许多国家对未披露信息是通过反不正当竞争法或合同法等进行保护的,而美国、欧盟的FTA都将其纳入专利保护领域。这一领域也常常是传统学术立场所指责的"超TRIPS"现象之一。See Beatrice Lindstrom, Scaling Back Trips-Plus: An Analysis of Intellectual Property Provisions in Trade Agreements and Implications for Asia and the Pacific, *New York University Journal of International Law and Politics*, Vol. 42, Iss. 3, 2010, pp. 950-951. 如上所述,现在中国已接受的事实值得学术界重新探讨。

设计的权利人提供了阻止第三人未经授权而"许诺销售"的额外权利。中国—瑞士、中国—韩国 FTA 还迎合世界潮流,明确承认了"声音商标"的法律地位。[1] 此外,中国—韩国 FTA 还规定缔约方可以允许当事方采用替代性争议解决程序(ADR)解决纠纷,这完全符合中国企业解决涉外知识产权纠纷的现实需要。[2]

可以看出,以 FTA 知识产权规则为典型代表,中国晚近已经表现出对"超 TRIPS"义务的大量接受。其特征可初步归纳如下:(1) 在接受方式上,已经超越发展中国家过去所热衷的"TRIPS 与某问题"(如 TRIPS 与公共健康、TRIPS 与人权维护等)的单一模式,转向在知识产权具体保护标准上接受"超 TRIPS"标准,逐渐与发达国家趋同;(2) 在接受条款上,相当多的条款属于《TRIPS 协定》原本并不反对的选择性义务;(3) 在接受程度上,并未大规模超越中国国内法,而是基本与国内法保持同步。这种客观态势的出现,意味着过去对"超 TRIPS"规则的批判立场需要作相应调整,个中动因更是值得认真思考。

(二) 中国 FTA 对"超 TRIPS"义务态度的嬗变动因

笔者认为,在后 TRIPS 乃至当下的后金融危机时代,中国的立场之所以发生上述重要变化,是因为以下外部、内部两方面的动因。

1. 外部动因

其一,《TRIPS 协定》存在的固有缺陷。《TRIPS 协定》从一开始就具有片面倒向权利人利益、忽略社会公共利益的倾向,并因此催生了《TRIPS 协定与公共健康宣言》。此外,由于时代局限,《TRIPS 协定》缺乏对数字技术应用急剧增加背景下的相关制度安排,更因其标榜"与贸易有关"而回避了发展中国家普遍关注的遗传资源、民间文艺和传统知识的保护。中国是发展中大国,却自始未

---

[1] 《TRIPS 协定》第 15 条规定,成员可以要求注册商标在视觉上是可以感知的,这是非强制性要求。2013 年 8 月底,全国人大常委会通过了第三次修改的《商标法》,对纯声音商标予以承认。这也佐证了"超 TRIPS"条款对于中国并非一定都是"洪水猛兽"。

[2] 参见刘晓红、李晓玲主编:《知识产权国际纠纷的非诉讼解决研究》,法律出版社 2010 年版,第 223 页。

能参与《TRIPS协定》的制定,相比其他发展中国家,自然更具有改进其规则的动力。然而,WTO全体一致立法模式有明显局限,且发达成员立场僵硬,在WTO多边框架下对《TRIPS协定》作重大修改的难度极高,因此FTA等其他形式的国际知识产权造法活动必然兴起。此外,《TRIPS协定》第1条并不反对成员采取比《TRIPS协定》更高水平的保护标准,为"超TRIPS"立法提供了法律依据。

其二,谈判对象的外来压力。早期中国FTA在缔约对象上具有明显的重视周边国家和发展中国家的倾向,这些伙伴的发展水平相对于中国并不占优,知识产权保护要求不高。这些国家的市场容量不大,为扩大全球市场利益,中国必须寻找更多更具潜力的伙伴。中国自贸区战略的指导文件也表明,有必要将发达国家、新兴经济体等纳入谈判伙伴范围。这就意味着,中国FTA谈判对手的实力和诉求相比过去将会发生显著变化,如澳大利亚等国,其知识产权保护水平在全球名列前茅。还有一些国家,由于已经与美国、欧盟等缔结了知识产权保护水平高的FTA,在与中国的FTA谈判中势必也会提出相应的要求,韩国就是典型例子。

其三,知识产权议题利益分野的复杂性。与纺织品、农产品、信息技术产品等议题有所不同,知识产权议题虽然也存在南北利益分野,但并没有那么泾渭分明。例如,在乌拉圭回合谈判后期,韩国和东南亚国家就从发展中成员阵营中分化出来,参与促成了《TRIPS协定》的出台。[1] 印度虽是发展中成员,但作为电影生产大国,对版权保护极为关注。美国作为发达成员,对地理标志制度不感兴趣。欧盟却与中国一样重视地理标志保护。新西兰虽是发达成员,但由于当地的土著文化,同样强调遗传资源、民间文艺和传统知识的保护。中国目前虽仍是发展中成员,但其工业制成品、农产品和民间手工艺品正在大量出口,同时海外投资规模迅猛增长,这也必然促使中国日渐关注海外知识产权利益的保护。

---

[1] 参见张向晨:《发展中国家与WTO的政治经济关系》,法律出版社2000年版,第85页。

## 2. 内部动因

其一,中国经济社会的迅速发展推动自身知识产权保护水平的不断提高。经济增长的量变必然引起质变,产业结构升级与核心竞争力培育乃势所必然。2006年"建设创新型国家战略"目标的提出,标志着中国进入主动性决策阶段。[1] 继2008年《国家知识产权战略纲要》出台之后,2012年创新驱动发展战略又提出,要营造激励创新的公平竞争环境,让严格的知识产权制度成为激励创新的基本保障。2013年,中国专利申请提交量达82万多件,已经居全球第一位,占全球总量的32.1%。同时,从商标注册申请量看,中国以188万件商标注册申请量也位居全球第一。WIPO总干事认为,这是由于中国已经开始从"中国制造"向"中国创造"转型,从制造业向知识密集型产业过渡。[2] WIPO《2015世界知识产权指数》报告还显示,2014年,中国在专利、商标、外观设计三个方面的海内外申请量均已居世界首位。[3] 目前,在发展中国家中,只有中国支持正在谈判中的《实体专利法条约》草案与《保护工业产权巴黎公约》的融合,而《实体专利法条约》草案对于发展中国家是"超TRIPS"标准。[4] 近年来,中国国内相关立法、修法动态更清晰描绘出知识产权保护水平不断提高的趋势。在这种背景下,有些"超TRIPS"义务对于中国早已不再是难题,[5] 有些则是中国日渐需要的。

---

〔1〕 参见吴汉东:《知识产权基本问题研究(总论)(第二版)》,中国人民大学出版社2009年版,第141—143页。

〔2〕 参见柳鹏:《中国年专利申请量已占全球总量的32.1%》,http://www.gov.cn/xinwen/2014-12/19/content_2793965.htm,2018年3月6日访问。

〔3〕 See WIPO, World Intellectual Property Indicators 2015, available at http://www.wipo.int/edocs/pubdocs/en/wipo_pub_941_2015.pdf, last visited on Apr. 10, 2018, p.7.

〔4〕 参见张娜:《TRIPS-plus造法问题研究》,中国政法大学出版社2015年版,第46页。

〔5〕 例如,《TRIPS协定》关于刑事救济实施条件的规定只是一个国际最低标准,包括中国在内的许多国家的刑法中关于知识产权罪名的规定都超出《TRIPS协定》的要求。参见吴汉东:《知识产权基本问题研究(总论)(第二版)》,中国人民大学出版社2009年版,第65页。此外,有学者认为《视听表演北京条约》并没有给中国带来太大的修法压力。参见王迁:《〈视听表演北京条约〉视野下著作权法的修订》,载《法商研究》2012年第6期,第26—34页。

其二,发展中大国的国际地位提升和"一带一路"倡议的推行。据 WTO 发布的《2014 世界贸易报告》统计,中国进出口货物贸易总量在 2013 年已经跃居世界第一位。[1] 近些年来,随着中国的产业升级,机械、电子、化工乃至高技术产品出口比重日益加大。作为最大的发展中国家,中国的国际经贸战略早已变成既要高质量"引进来",也要大规模"走出去"。中国既是传统的资本输入大国,同时也已成长为资本输出大国:2014 年,对外直接投资与国内实际使用外商直接投资并驾齐驱。[2] 据联合国贸易和发展会议的《世界投资报告》,2013 年,中国海外投资总额已经居世界第三位。[3] 自新时代"一带一路"倡议提出以来,中国主导建立了亚投行与丝路基金,还将与沿线国家加强在新一代信息技术、生物、新能源、新材料等新兴产业领域的深入合作,以及共建国际技术转移中心、合作开展重大科技攻关、共同提升科技创新能力等。在这种新形势下,中国必然要高度重视知识产权保护,以维护其海外贸易、投资利益。

其三,中国对国际经贸规则制度性话语权的需求日益增强。近些年来,在 WTO 中,中国正式接受《贸易便利化协定》,参与促成《信息技术协定》产品扩围,推进加入《政府采购协定》进程。在诸边层面,中国积极寻求加入 TISA 谈判,推动 EGA 谈判的完成。随着中美、中欧 BIT 谈判和上海等地自贸试验区建设的开展,中国已表明要逐步接受准入前国民待遇加负面清单的开放模式。由于 WTO 多哈回合持续停滞,FTA 已悄然崛起为国际经贸规则制定的主要舞台。中国各个顶层设计文件都强调要加快实施自贸区战略。"加快实施自由贸易区战略,是我国积极参与国际经贸规则制定、争取全球经济治理制度性权力的重要平台,我们不能当旁观者、跟随者,而是要做参与者、引领者,善于通过自由贸易区建设增强我国国际竞争力,在国际规则制定中发出更多中国声音、注入更多中国元素,维护和拓展我国发展利益。"[4] 中国不仅要通过自贸区建设,

---

[1] See WTO, World Trade Report 2014, available at https://www.wto.org/english/res_e/booksp_e/world_trade_report14_e.pdf, last visited on Apr. 16, 2018, p.24.

[2] 参见《2015 年政府工作报告》。

[3] See UNCTAD, World Investment Report 2015, available at http://unctad.org/en/PublicationsLibrary/wir2015_en.pdf, last visited on Apr. 16, 2018, p.8.

[4] 参见《习近平:加快实施自由贸易区战略 加快构建开放型经济新体制》,http://fta.mofcom.gov.cn/article/zhengwugk/201412/19394_1.html,2018 年 4 月 18 日访问。

为企业"走出去"营造更加公平的知识产权保护环境,提升企业在知识产权领域的适应和应对能力,还需注重扩大服务业对外开放,加快推进环境保护、电子商务、竞争政策、政府采购等新议题谈判。[1] 显然,如果不能更好实施知识产权保护工作,这些新议题的有效推进是不可想象的。

综上所述,中国对"超 TRIPS"义务发生态度嬗变的外部动因的确很重要,但终究不是根本原因。其根源在于内部动因,即中国自身发展变化引起身份和利益需求的逐渐转型。这也符合唯物辩证法关于内外因的关系原理:内因是事物变化发展的根源,外因是事物变化发展的条件,外因通过内因起作用。

(三) 中国 FTA 应对"超 TRIPS"义务的策略展望

知识产权保护的巨大辐射力和高度敏感性决定了该问题的辩证性。在"超 TRIPS"问题上,中美依然存在本质区别:美国是"物极必反",需要反思;而中国则是"龙跃于渊",应走出保守心态。即使中国未来更加发达,美国式的单方面要求"一衣适众体"的做法也为中国所不取。中国现阶段对"超 TRIPS"义务的接受不可能是无限度的,必须适合自己的国情,因此有必要调整对"超 TRIPS"义务的应对策略。

1. 接受"超 TRIPS"义务须是意志自由、有认知的

有约旦学者指出,约旦接受了美国施加的"超 TRIPS"义务,但对于如此高的保护标准究竟实效如何并没有清楚的认识,处于一种盲目状态。[2] 发展中国家接受"超 TRIPS"义务或许是为了换取美国市场的准入利益,但在谈判时应谨慎评估其前景。例如,在 TPP 谈判中,由于其他成员方(如墨西哥、澳大利亚、智利、新加坡、越南等国)之前已多与美国存在贸易优惠关系,美国能进一步提供的市场准入好处有限,因此强推固定的美式知识产权章模板十分困难,TPP"知识产权"章最终文本证明了这一点。又如,美国与泰国的 FTA 谈判在

---

[1] 参见《国务院印发〈关于加快实施自由贸易区战略的若干意见〉》,http://fta.mofcom.gov.cn/article/zhengwugk/201512/29896_1.html,2018 年 3 月 6 日访问。

[2] See Mohammed El Said, The Morning after TRIPS-Plus, FTAs, and Wikileaks—Fresh Insights on the Implementation and Enforcement of IP Protection in Developing Countries, *American University International Law Review*, Vol. 28, Iss. 1, 2012, pp.92-93.

相当程度上由于泰国对"超 TRIPS"条款的抵制而失败。[1] 正如有学者所言，当初乌拉圭回合谈判《TRIPS 协定》的时候，多数发展中成员处于受迫和无知的状态，而现在对双边"超 TRIPS"义务则应是有认知的。可见，对弱国与强国的知识产权谈判不应抱绝对悲观的态度，关键是弱国一方是否保持意志自由和掌握信息的状态。[2] 同样，中国在与其他较发达经济体进行 FTA 谈判时，对"超 TRIPS"义务的后果应保持意志自由的有认知状态，而非不假思索地欣然接受。例如，前述中国—瑞士 FTA 中关于边境措施的若干制度承诺，中方究竟是经过深入研究认为可以接受，还是未经深思熟虑即轻率同意，值得格外关注。[3]

2. 接受"超 TRIPS"义务不宜完全脱离《TRIPS 协定》的目标与宗旨

尽管《TRIPS 协定》第 1 条前半句规定成员可以采取比《TRIPS 协定》更高水平的保护标准，但是该条还有后半句，即"只要此种保护不违反本协定的规定"。有德国学者指出，这个限定事实上为"超 TRIPS"义务设置了上限，WTO 成员接受的"超 TRIPS"义务理应是在《TRIPS 协定》允许的范围内，不应违背《TRIPS 协定》的基本目标与宗旨，不应与《TRIPS 协定》的实体保护标准根本相左。[4] 有中国学者也持类似观点，指出《TRIPS 协定》虽然规定最低限度的保护标准只是起点，但并不等同于可以推行"不受限制的强保护"，《TRIPS 协

---

[1] See Beatrice Lindstrom, Scaling Back Trips-Plus: An Analysis of Intellectual Property Provisions in Trade Agreements and Implications for Asia and the Pacific, *New York University Journal of International Law and Politics*, Vol. 42, Iss. 3, 2010, pp. 974-977.

[2] See Matthew Turk, Bargaining and Intellectual Property Treaties: The Case for a Pro-Development Interpretation of Trips but Not Trips Plus, *New York University Journal of International Law and Politics*, Vol. 42, Iss. 3, 2010, pp. 1028-1029.

[3] 应注意的是，在 2010 年 TRIPS 理事会会议上，中国表示了对《反假冒贸易协定》草案关于执行措施要求的反对。See WTO, Council for Trips, Minutes of Meeting, IP/C/M/63, Oct. 4, 2010, pp. 250, 264.

[4] See Henning Grosse Ruse-Khan, Time for a Paradigm Shift? Exploring Maximum Standards in International Intellectual Property Protection, *Trade, Law and Development*, Vol. 1, Iss. 1, 2009, pp. 56-102.

定》的目标和宗旨仍应得到尊重。[1] 当下,中国可以考虑在《TRIPS 协定》强调权利保护与社会公共政策相平衡原则的基础上,将接受"超 TRIPS"义务的重心放在《TRIPS 协定》不反对的选择性义务以及地理标志等进攻性利益点上,对明显与《TRIPS 协定》实体保护标准和立法宗旨相左的义务(如美欧对过境货物的执行措施的严苛要求[2]),应慎重对待。

3. 接受"超 TRIPS"义务应与国内立法动态保持同步

国内立法事关国家主权,基于本国当下的自主需要。现阶段,中国提高知识产权保护水平首先是立足于自身的创新驱动发展战略,而不是屈从于外来压力或诱惑的结果。实证研究表明,以为不假思索地接受外来知识产权保护的高标准就能促进本国经济发展的想法过于简单,撒哈拉以南非洲地区的国家就提供了反面例证。[3] 发展中国家要促进创新和投资,关键在于良好的制度治理和市场环境,而不能单纯地寄望于直接从外部嫁接知识产权强保护。也有学者指出,美欧急于在 TTIP 谈判中加入"知识产权"章会产生锁定作用,反过来阻碍美欧内部呼声很高的知识产权制度改革。[4] 中国目前正处在经济和社会改革转型的关键时期,须认真对待知识产权私人利益与社会公共利益关系的平衡,在知识产权保护这样的重大问题上理应立足于自身需要,而不宜一味强调

---

[1] Guihong Zhang, Jiani Jiang and Can Wang, International Standards for Intellectual Property Rights Protection: A Reflection on Climate-Friendly Technology Transfer, *Brazilian Journal of International Law*, Vol. 11, Iss. 2, 2014, pp. 112-114.

[2] 这一点在国内学者的有关论述中被重点批判。参见杨鸿:《贸易区域化中知识产权边界执法措施新问题及其应对》,载《环球法律评论》2016 年第 1 期,第 172—184 页。笔者赞成这一观点,因为过境货物与过境国的客观联系不强,有关货物依据实际进口国法律可能并不侵权。美欧这种要求破坏了知识产权的地域性原则,且为合法的国际贸易设置了不必要的壁垒。

[3] See Christine Haight Farley, Trips-Plus Trade and Investment Agreements: Why More May Be Less for Economic Development, *University of Pennsylvania Journal of International Law*, Vol. 35, Iss. 4, 2014, pp. 1061-1062.

[4] See Stefan Martinić and Mihael Maljak, Certain Controversial Issues of EU-US Trade Negotiations Leading to the Signing of the Transatlantic Trade and Investment Partnership (TTIP), *Croatian Yearbook of European Law and Policy*, Vol. 10, Iss. 1, 2014, pp. 367-368.

外部"倒逼"。

4. 接受"超 TRIPS"义务可在稳定的国内法基础上实行最惠国多边化

在这个问题上,《TRIPS 协定》本身并无关于最惠国待遇的 FTA 例外规定,成员在 FTA 知识产权章中的相互待遇承诺似应同样给予 WTO 其他成员。[1] WTO 关于区域一体化纪律的 GATT 1994 第 24 条、GATS 第 5 条等条文,在此问题上也没有明确规定。可以说,这方面的纪律是十分不清楚的。有学者指出,从乌拉圭回合谈判史角度看,当时绝大多数谈判代表主张,任何 WTO 成员在以后 RTA 中作出的"超 TRIPS"承诺,均应按照最惠国待遇同样赋予其他成员。[2] 有西方学者也持这一观点。[3] 然而,以上论断似乎与现实形势并不吻合。例如,中国—瑞士 FTA 效仿《视听表演北京条约》作出了关于邻接权的新规定,很难就此认为中国将自动赋予非该条约缔约方的那些 WTO 成员以相同利益,因为这将使得其他成员是否加入该条约失去意义,也不符合国际法上公认的对等原则。又如,中国—韩国 FTA 明确规定缔约方不得拒绝声音商标的注册,而中国—澳大利亚 FTA 规定双方仅同意就声音商标的保护方式"开展合作"。[4] 如果《TRIPS 协定》的最惠国待遇必须适用,那么中国—澳大利亚 FTA 这一规定还有何意义?因此,上述学者的观点可能在过去确有历史根据,但当前在全球范围内,《TRIPS 协定》的最惠国待遇原则已经基本上被各国 FTA 碎片化的知识产权规则侵蚀。[5]

对于中国,问题却又不是如此简单。诚然,中国目前仍属处于转型上升期

---

[1] See Joost Pauwelyn, Multilateralizing Regionalism: What About an MFN Clause in Preferential Trade Agrements? *American Society of International Law Proceedings*, Iss. 103, 2009, p. 122.

[2] 参见李晓玲、陈雨松:《国际知识产权贸易谈判的新方略》,载《环球法律评论》2011 年第 1 期,第 151—152 页。

[3] 参见〔美〕西蒙·莱斯特、〔澳〕布赖恩·默丘里奥编著:《双边和区域贸易协定:评论和分析》,林惠玲、陈靓等译,上海人民出版社 2016 年版,第 281 页。

[4] 参见中国—澳大利亚 FTA 第十一章第 12 条。

[5] 美国 FTA 知识产权章也能佐证这一点。例如,美国 FTA 中一般都纳入 1994 年《商标法条约》及其后续成果 2006 年《商标法新加坡条约》,而中国虽然签署了前者,但迄今并未批准,难以想象美国会将此条约待遇按照《TRIPS 协定》的最惠国待遇原则自动赋予中国。

的发展中国家,面对的 FTA 谈判伙伴也是有强有弱,每个谈判伙伴的实力地位、利益攻守点可能都是不一样的。因此,中国各个 FTA 的知识产权规则可能出现若干差异。但是,如果这种差异程度过大甚至出现冲突,那么国内法律制度将无所适从,海关、司法等部门也可能因文本不一致而产生困惑。因此,建议中国一方面立足于国内法设置 FTA 知识产权义务,另一方面通过最惠国待遇条款实现承诺的多边化与一致性,前者是后者的前提。实践中,中国—韩国FTA、中国—澳大利亚 FTA 的"知识产权"章只规定国民待遇而未提及最惠国待遇,中国—瑞士 FTA"知识产权"章则同时提及两者,表明中国的缔约实践尚不稳定。笔者认为,中国 FTA 知识产权章不应遗漏最惠国待遇条款,因为它的缺失可能导致中国丧失享受对方给予其他成员的利益的机会,而中国自己给予FTA 伙伴的"超 TRIPS"待遇完全是基于国内法,故没有必要规避最惠国待遇。

(四)小结

随着技术的发展和中国国力的上升,认为发展中大国只能固守《TRIPS 协定》标准的观念过于僵化。《TRIPS 协定》本身已提供了成员执行规则的灵活性,对于"超 TRIPS"规则不宜一概而论,需要仔细研究条款内容,结合本国国家利益作具体的判断与取舍。中国—韩国、中国—瑞士、中国—澳大利亚 FTA 包含的很多"超 TRIPS"条款就体现了中国的谈判意愿,或至少在中国可接受的范围内。从全球大环境来看,大国逐渐向"超 TRIPS"义务靠拢可以说是一种趋势,且并非不能为发展中大国利益服务。

在后金融危机时期,中国对内强调经济"新常态"下的创新驱动发展战略,从低端的加工制造向品牌运营、研发设计等中高端环节升级,对外推行"一带一路"倡议,海外投资与电子商务规模庞大。在这一进程中,中国力图提升自己在全球价值链中的层级,对知识产权国际规则的话语权需求必然逐渐增强,在"超 TRIPS"问题上也拥有一些重要的"利益进攻点",如《实体专利法条约》草案、《视听表演北京条约》、地理标志、"互联网+"与跨境电商、公共健康、遗传资源、传统知识和民间文艺等。当然,中国应选择与自身经济社会发展阶段相适应的知识产权保护水平,这一论断并未过时。当下,中国对"超 TRIPS"义务应具体鉴别、为我所用,以加强国际经贸规则的中国话语权,推动有利于自身的知识产权国际规则的形成。

从"一带一路"倡议背景下效率提升型制度供给的角度看,未来中国FTA知识产权章不必局限于《TRIPS协定》的内容框架,可以考虑新增知识产权的程序性合作内容,如权利的跨国互认、申请或注册(包括防止商标恶意抢注)以及判决的承认和执行等事项。这些合作着眼于保障或加快知识产权的跨国合法化,也属于效率提升型制度供给的范畴。以往,这些内容更多体现在中国与他国的知识产权合作文件中,如2009年中国与东盟知识产权合作谅解备忘录等。但是,此种合作形式松散、进程缓慢。中国如不满足于这种合作现状,同时考虑到"一带一路"背景下中国企业"走出去"的战略需要,可以视情况在FTA知识产权章中添加此类内容并使其适度硬法化。这实际上也是"利益要点之变"的题中应有之义,即中国国家身份和利益的变迁将引起其规则主张的变迁。此外,中国还需要考虑FTA与其他对外合作机制之间分工的合理与平衡。

### 二、重新研判其他议题

除知识产权外,还有其他一些体现中国FTA"利益要点之变"的传统议题。例如,我们从服务贸易、投资等议题中可以发现中国国家身份和利益变迁的影子。投资议题自不待言,中国资本输入国与资本输出国的双重身份已经在一系列法律问题上引发了投资规则重构的困惑,究竟是采取一种包容、平衡的立场,还是针对不同国家设置不同的规则,讨论还在进行中。由于投资规则领域极为宏大,足以进行单独的深入研究,因此本书不予讨论。

在服务贸易领域,考虑到中国服务部门竞争力的变化以及服务贸易发展与货物贸易发展之间的联动关系,中国在FTA服务贸易议题上的利益要点也处在持续的动态变化中。鉴于这些都属于经济学的优势领域,[1]本书也不过多涉及,但仍须强调:虽然服务贸易属于FTA的传统议题,但新时代中国利益要点的变化必将导致规则主张的变化,进而影响具体规则的走向。这个道理与知识产权议题是相同的,对于投资等传统议题也同样适用。这一切都是基于中国

---

[1] 经济学者周念利对中国FTA服务贸易议题的利益点及其变迁有深入研究。参见周念利:《区域服务贸易自由化分析与评估》,对外经济贸易大学出版社2013年版,第132—134、190—194页。

作为转型期发展中大国在新时代快速发展的现实需要。

## 第三节　开放模式之变

仅仅从各个独立议题入手分析中国FTA范式的实践层面是不够的,因为有的规则渗透于FTA各个章节中,并不成其为独立议题,而在内部需求和外部压力的新形势下却有重新设计的必要,典型者即体现未来中国FTA开放模式之变的若干规则,如准入前国民待遇加负面清单模式、公众参与机制等。在新时代中国改革开放推向纵深、打造更高水平开放型经济新体制的全新政策导向下,未来中国FTA将呈现出更趋积极的开放模式的进一步变化。这将构成未来中国FTA引人注目的变化,值得深入探讨。

### 一、负面清单开放模式的引入

准入前国民待遇加负面清单模式[1]的逐步推行将给中国FTA篇章结构、具体规则带来变化,FTA例外章及各种例外条款重新设置的必要性也随之而来。例如,中国—澳大利亚FTA"服务贸易"章、"投资"章规定,澳大利亚采取负面清单承诺模式;而中国继续采取正面清单承诺模式,将在未来合适时机与澳大利亚开启基于负面清单模式的新谈判。但是,在之后的中国—格鲁吉亚FTA、中国—马尔代夫FTA中并没有再次出现此种规定,中国依然采用纯粹的正面清单承诺模式。此种动态表明,中国目前还没有做好以负面清单模式全面承担FTA开放义务的充分准备。因此,对中国FTA这方面的分析不能脱离中国国内层面尤其是自贸试验区的负面清单实践。这种内外联动、"双自联动"的态势,决定了在分析对外FTA负面清单的法律问题之前,有必要先分析国内负面清单的法律问题。

（一）2019年《外商投资法》与中国负面清单制度

2019年3月15日,第十三届全国人大第二次会议通过了《外商投资法》。

---

[1] 这里的"负面清单模式",系针对服务贸易与投资而言。事实上,在货物贸易领域也存在负面清单模式,本书第七章将会提及。

该法自2020年1月1日起施行,原先的"外资三法"(《中外合资经营企业法》《外资企业法》《中外合作经营企业法》)同时废止。这是中国外资法体系重构的里程碑。该法作为全国人大制定并通过的基本法律,在第4条正式确立了准入前国民待遇加负面清单的外资准入管理制度。第4条规定:"国家对外商投资实行准入前国民待遇加负面清单管理制度。前款所称准入前国民待遇,是指在投资准入阶段给予外国投资者及其投资不低于本国投资者及其投资的待遇;所称负面清单,是指国家规定在特定领域对外商投资实施的准入特别管理措施。国家对负面清单之外的外商投资,给予国民待遇。负面清单由国务院发布或者批准发布。中华人民共和国缔结或者参加的国际条约、协定对外国投资者准入待遇有更优惠规定的,可以按照相关规定执行。"

事实上,在《外商投资法》正式通过之前,"负面清单"概念早就随着上海等地自贸试验区的建设而在中国流行开来。"负面清单"作为将改革开放推向纵深的一项重大措施,对于中国外资准入管理制度具有突破性意义,体现了中国经济开放度的提升以及与国际先进规则接轨的态势。这些已经为业内人士所熟知。

然而,"负面清单"在中国的高流行度也在一定程度上影响了这一概念的清晰界定,导致了学理上的混淆和实践中的误用。例如,有学者指出,美国BIT通常规定负面清单不得保留履行要求,而发展中国家的负面清单仍普遍保留履行要求。[1] 也有学者认为,自贸试验区负面清单制度的文本特征体现出中国市场准入法律制度的基本演进趋势。[2] 更有学者认为,上海自贸试验区在先行先试过程中形成的服务业市场准入负面清单一旦可复制可推广,势必形成中方在中美BIT谈判中的出价。[3] 乍看之下,这些论断十分正常。但是,实际上,

---

[1] 参见王中美:《"负面清单"转型经验的国际比较及对中国的借鉴意义》,载《国际经贸探索》2014年第9期,第79页。这种说法的问题在于,未区分国内层面负面清单与国际层面负面清单,理由参见下文。

[2] 参见管金平:《中国市场准入法律制度的演进趋势与改革走向——基于自贸区负面清单制度的研究》,载《法商研究》2017年第6期,第50页。这种说法的问题在于,未区分外商投资负面清单与全国市场准入负面清单,理由参见下文。

[3] 参见黄鹏、梅盛军:《上海自贸试验区负面清单制定与中美BIT谈判联动性研究》,载《国际商务研究》2014年第3期,第34页。这种说法的问题在于,未区分外商投资负面清单与跨境服务贸易负面清单,理由参见下文。

它们或同时涵盖了国内层面与国际层面两类不同的负面清单,或忽略了不同的负面清单所适用的地理区域差异,或混淆了外商投资与跨境服务贸易这两种不同的国际经济活动类型,至少在表述层面上未能区分清楚。

从国内外法律动向来看,在可预见的未来,中国将拥有国内与国际"两个层面、七种清单"。两个层面,即国内层面与国际层面;七种清单,则是在上述两个层面根据地理区域、经济活动的区分,具体存在七种负面清单。其中,国内层面负面清单需要在地理区域、经济活动的意义上加以概念辨析,并明确彼此关系;国际层面负面清单则需要明确其有别于国内层面负面清单的性质,在《外商投资法》正式出台之后,其应用前景已不一定有必然性,或者说,今后应配合一定条件加以应用。通过对这些问题的分析,可得出中国未来对负面清单制度的掌控规律。

(二)国内层面负面清单:概念与关系

近年来,负面清单准入模式逐步在全国范围内统一推行,但这个通俗的说法极易引起误解和混淆,因此有必要专门加以澄清。

1. 国内层面负面清单的概念划分

准确地说,在投资准入上,目前存在三种负面清单:全国市场准入负面清单、全国外商投资负面清单、自贸试验区外商投资负面清单。三者之间存在着交叉关系,既有一定的联系,又有重要的区别。

从现实版本来看,全国市场准入负面清单于2018年12月由国家发改委、商务部联合发布,最新版本是2019年版。

全国外商投资负面清单则要复杂一些,它于2017年首次问世,最初形式是国家发改委、商务部联合发布的《外商投资产业指导目录(2017年修订)》中的外商投资准入特别管理措施。2018年,国家发改委、商务部发布了单独的《外商投资准入特别管理措施(负面清单)(2018年版)》,但《外商投资产业指导目录(2017年修订)》中的鼓励类目录继续执行。2019年,国家发改委、商务部又发布了《外商投资准入特别管理措施(负面清单)(2019年版)》,《外商投资产业指导目录(2017年修订)》则与另一文件《中西部地区外商投资优势产业目录(2017年修订)》合并,形成了《鼓励外商投资产业目录(2019年版)》,从而最终形成全国外商投资负面清单与《鼓励外商投资产业目录(2019年版)》并列的格局。目前,全国外商投资负面清单的最新版本为2020年版。

自贸试验区外商投资负面清单经历了多个版本的更迭,从一开始由上海市人民政府制定的只适用于上海自贸试验区的2013年、2014年版本,到2015年、2017年由国务院制定的统一适用于上海、天津、福建、广东四大自贸试验区的版本,到由国家发改委、商务部发布的《自由贸易试验区外商投资准入特别管理措施(负面清单)(2018年版)》(以下简称《自贸试验区负面清单(2018年版)》),再到《自由贸易试验区外商投资准入特别管理措施(负面清单)(2019年版)》。值得一提的是,2018年,全国外商投资负面清单、自贸试验区外商投资负面清单的发布时间前后仅隔两天,限制措施均较老版本大幅削减。2019年,这两个外商投资负面清单则与《鼓励外商投资产业目录(2019年版)》于同一天发布。以上彰显了中国政府在新时代统一推进、纵深推进改革开放的决心。目前,自贸试验区外商投资负面清单的最新版本为2020年版。

同时,国内层面的分类并没有到此为止,因为以上三种负面清单都只是投资准入类的。2018年10月,上海市人民政府发布了《中国(上海)自由贸易试验区跨境服务贸易特别管理措施(负面清单)》(以下简称《上海服贸清单》)和《中国(上海)自由贸易试验区跨境服务贸易负面清单管理模式实施办法》(以下简称《上海服贸清单实施办法》),这标志着国内层面第一份跨境服务贸易负面清单的正式出台。

综上可知,"负面清单"的概念实际并不简单。仅在中国国内层面,根据地理区域和经济活动的不同,事实上已经存在四种、两类负面清单:全国市场准入负面清单、全国外商投资负面清单、自贸试验区外商投资负面清单、上海自贸试验区跨境服务贸易负面清单。其中,前三种属于投资准入类,最后一种则属于跨境(或称"国际")服务贸易类。未来,跨境服务贸易类可能还会衍生出统一适用于所有自贸试验区的跨境服务贸易负面清单,并可能扩展为全国性跨境服务贸易负面清单。上海自贸试验区跨境服务贸易负面清单扩展适用到所有自贸试验区的可能性较大。如果未来又出台了全国性跨境服务贸易负面清单,且所有自贸试验区的跨境服务贸易负面清单与全国性跨境服务贸易负面清单在一段时间内共存,则在数量上就会多出一种。果如此,国内层面负面清单就会超过现有的四种。

2. 国内层面负面清单的关系辨析

对国内层面的上述四种负面清单,须作一番关系辨析,方有利于进一步讨论。

(1) 三种投资准入类负面清单的关系

如前所述,三种投资准入类负面清单包括全国市场准入负面清单、全国外商投资负面清单、自贸试验区外商投资负面清单。其中,第一种负面清单是针对包括内资、外资在内的所有市场主体的,与《产业结构调整指导目录》[1]和《政府核准的投资项目目录》直接衔接,其出台依据是2015年《国务院关于实行市场准入负面清单制度的意见》。后两种负面清单则是专门针对外商投资的,原先与国家发改委、商务部联合发布的《外商投资产业指导目录》等规章文件有衔接关系。在这两种外商投资负面清单于2019年更新后,《外商投资产业指导目录(2017年修订)》与另一文件《中西部地区外商投资优势产业目录(2017年修订)》合并,形成了《鼓励外商投资产业目录(2019年版)》。这两种外商投资负面清单改与《鼓励外商投资产业目录(2019年版)》相衔接。

自贸试验区外商投资负面清单与前两种负面清单又有区别,其效力范围仅限于自贸试验区内。前两种负面清单的效力范围则及于全国一般地区,具体又要区分两种情况:全国市场准入负面清单适用于包括自贸试验区在内的全国一般地区,而全国外商投资负面清单则适用于自贸试验区之外的全国一般地区。

对于外商投资而言,如在自贸试验区之外的一般地区,则首先要服从全国外商投资负面清单(只针对外资),通过之后还要再服从全国市场准入负面清单(内外资要求一致);如在自贸试验区以内,则首先要服从自贸试验区外商投资负面清单(只针对外资),通过之后还要再服从全国市场准入负面清单(内外资要求一致)。从规则的自由度来看,自贸试验区外商投资负面清单高于全国外商投资负面清单,它们都属于同一个层面的概念范畴,自可比较宽严程度;而全国市场准入负面清单则属于下一层面的范畴,因此与前两者不存在宽严程度比

---

[1] 由国家发改委发布,旨在指导产业结构调整,将产业部门分为鼓励类、限制类、淘汰类。参见《关于就〈产业结构调整指导目录(2019年本,征求意见稿)〉公开征求意见的公告》,http://www.ndrc.gov.cn/yjzx/yjzx_add_fgs.jsp?SiteId=318,2019年7月3日访问。

较的问题。

关于这三种投资准入类负面清单的关系,从理论上讲,全国市场准入负面清单应当制定在前,先让国内民营企业在各产业领域充分竞争,然后再将这些领域对外资开放,从而实现渐进开放。[1]但是,中国的特殊性在于把外商投资负面清单的制定放在了全国市场准入负面清单的前面(提前一年),构成一大超前现象。现下,三者已全部出台,外国投资者将首先查看外商投资负面清单,确定其是否能够进入中国市场,再查看其是否落入全国市场准入负面清单,明确是否需要符合特定程序与要求。[2]何谓"特定程序与要求"?全国市场准入负面清单已明确说明,"对许可准入事项,包括有关资格的要求和程序、技术标准和许可要求等,由市场主体提出申请,行政机关依法依规作出是否予以准入的决定"[3]。

《外商投资法》第30条规定:"外国投资者在依法需要取得许可的行业、领域进行投资的,应当依法办理相关许可手续。有关主管部门应当按照与内资一致的条件和程序,审核外国投资者的许可申请,法律、行政法规另有规定的除外。"这里所说的许可手续"与内资一致",正是全国市场准入负面清单框架下的"特定程序与要求"。问题在于,"法律、行政法规另有规定的除外",这里的"规定"究竟又是哪些规定?既然全国市场准入负面清单已经说明"对市场准入负面清单以外的行业、领域、业务等,各类市场主体皆可依法平等进入"[4],那么《外商投资法》在这里依然保留"法律、行政法规另有规定的除外",似乎留下了一点疑问,可能影响全国市场准入负面清单本来应有的清晰性、确定性、可预见性的功能定位。

(2)外商投资负面清单与跨境服务贸易负面清单的关系

外商投资负面清单与跨境服务贸易负面清单的关系辨析,本质在于理清外

---

[1] 参见江清云:《中欧双边投资协定谈判的现状、问题与应对》,载《德国研究》2014年第4期,第92页。

[2] 参见郑蕴:《外商投资法与改革开放:国际规则与国内制度的平衡》,载《人民法治》2019年第7期,第12页。

[3] 参见《市场准入负面清单(2019年版)》"说明"第1条。

[4] 同上。

商投资与跨境服务贸易这两种经济活动之间的法律关系。按照 2018 年 10 月发布的《上海服贸清单》《上海服贸清单实施办法》以及上海市人民政府的相关说明,此份跨境服务贸易负面清单具有以下特征:

① 在适用对象上,《上海服贸清单》所称的"跨境服务贸易",是指与上海自贸试验区有关的"跨境交付""境外消费""自然人流动"。[1] 这正好对应着 GATS 所确立的四种跨境服务贸易模式的其中之三,而"商业存在"这种模式就是跨境直接投资,已经被前文所述三种投资准入类负面清单覆盖。这意味着,国内层面对于跨境服务和跨境投资这两种不同的经济活动采用两类负面清单并行的模式,这对于以后中国 FTA 的服务贸易章和投资章的相应规则设置必将产生直接影响。服务贸易清单与外商投资清单的本质区别在于,前者的调整对象是"服务活动",后者的调整对象是"投资行为"。例如,对于卫生部门,《上海服贸清单》规定,"外国医师来华短期行医须注册并取得短期行医许可证"。这便是针对服务活动,而不是针对投资行为。

②《上海服贸清单》对境外服务和服务提供者采取特别管理措施,包括与国民待遇不一致、市场准入限制、当地存在要求等措施。国民待遇和市场准入在 GATS 中原本就是成员承担的具体承诺,而不是一般性义务,[2]《上海服贸清单》对其采取限制措施自属正常。"当地存在要求"这种说法则为 GATS 所没有,从《上海服贸清单》的大量内容来看,事实上依然涉及跨境直接投资。例如,对于金融业,《上海服贸清单》规定,"在中国境内从事证券市场资信评级业务,须为中国法人"。这实际上回到了 GATS 中的"商业存在"模式。这也表明,《上海服贸清单》与外商投资负面清单虽然理论上调整对象有别,但实际上并非泾渭分明。这可从下面关于金融业的分析中看出。

目前,外商投资负面清单(无论全国版还是自贸试验区版)关于金融业的特别管理措施很简明,只有三条:(1) 证券公司的外资股比不超过 51%,证券投资基金管理公司的外资股比不超过 51%(2021 年取消外资股比限制);(2) 期货

---

〔1〕 参见《中国(上海)自由贸易试验区跨境服务贸易特别管理措施(负面清单)(2018 年)》,http://www.shanghai.gov.cn/nw2/nw2314/nw2319/nw12344/u26aw57055.html,2019 年 6 月 20 日访问。

〔2〕 参见 GATS 第 16、17 条。

公司的外资股比不超过51%(2021年取消外资股比限制);(3)寿险公司的外资股比不超过51%(2021年取消外资股比限制)。

表面上看,2021年之后,中国金融业对外资就不存在任何特别管理措施了。但是,《自贸试验区负面清单(2019年版)》的"说明"中有一句:"《自贸试验区负面清单》中未列出的文化、金融等领域与行政审批、资质条件、国家安全等相关措施,按照现行规定执行。"《自贸试验区负面清单(2020年版)》继续保留了这句话。那么,金融业中涉及行政审批、资质条件、国家安全的,又有哪些"现行规定"? 实际上,金融业各项具体业务的许多特别管理措施正是《上海服贸清单》的内容。以资本市场服务为例,该清单第60项规定:"境外基金管理机构、保险公司、证券公司以及其他资产管理机构投资中国境内证券,须经证券管理部门批准并取得外汇管理部门额度批准,并须委托符合法定条件的中国商业银行托管资产,委托境内证券公司办理境内证券交易活动。"这便是针对金融业具体业务施加的相当繁复的限制性管理措施。上海自贸试验区尚且如此,全国性的金融业特别管理措施(多存在于相关部门规章中)恐怕只多不少。以上分析表明,中国的外商投资负面清单虽看似越来越短,但实际上政府对文化、金融等重要部门仍然保留了显著的公共政策要求,并未在外部"倒逼"的压力下一味退让。

有学者建议,中国自贸试验区外商投资负面清单的部门分类可以细化到具体业务,特别是服务业的新业务、新业态更应如此。[1] 这一建议从操作性角度讲确有道理,但忽略了外商投资负面清单与跨境服务贸易负面清单的差异,导致了学理上的混淆。跨境投资与跨境服务贸易在概念范畴上确有交叉,但绝非前者完全包含后者。简言之,中国现在的思路是:投资行为本身固然适用外商投资负面清单,而投资行为中发生的各种具体服务活动则适用跨境服务贸易负面清单。

澄清以上四种国内层面负面清单的不同概念和相互关系非常重要,构成进一步讨论国际层面负面清单有关法律问题的基础。

---

[1] 参见李墨丝、沈玉良:《从中美BIT谈判看自由贸易试验区负面清单管理制度的完善》,载《国际贸易问题》2015年第11期,第81页。

### (三) 国际层面负面清单:性质定位

对于中国而言,国际层面负面清单始自与美国、欧盟之间开展的 BIT 谈判。在这两个谈判中,中国首次同意接受负面清单模式作为谈判基础。这意味着中国对外 BIT 谈判突破了以往局限于传统投资保护事项的藩篱,迈向投资自由化事项。但是,在中美 BIT 谈判中,由于美方对中方负面清单的报价并不满意,再加上近年来中美经贸关系的复杂形势,谈判至今未达成有效成果。中欧 BIT 谈判也暂时未有结果。

国际层面负面清单在 2015 年中国—澳大利亚 FTA 中得到了进一步体现。该 FTA 在"服务贸易"章、"投资"章分别规定,澳大利亚采取负面清单承诺模式;而中国继续采取正面清单承诺模式,将在未来合适时机与澳大利亚开启基于负面清单模式的新谈判。同年的中国—韩国 FTA 也有相同的规定。但是,在 2017 年中国—格鲁吉亚 FTA、中国—马尔代夫 FTA 中并没有再次出现此种规定,中国依然采用纯粹的正面清单承诺模式,并无未来开展负面清单谈判的意向承诺。对照这些动态可推测出,中国目前还没有做好在国际条约中以负面清单模式全面承担 FTA 开放义务的充分准备,有关的意向性承诺更多是外部压力所致。

至此,新时代中国可能拥有的负面清单将是两层、七种,参见下表:

表 6-1 中国可能拥有的负面清单

| 规则层面 | 适用区域 | 经济活动类型 | 负面清单的具体种类 |
| --- | --- | --- | --- |
| 国内层面 | 全国一般地区 | 投资(不论内资与外资) | 全国市场准入负面清单 |
| | | 外商投资 | 全国外商投资负面清单 |
| | | 跨境服务贸易 | 全国跨境服务贸易负面清单(可能) |
| | 自贸试验区 | 投资(不论内资与外资) | 全国市场准入负面清单 |
| | | 外商投资 | 自贸试验区外商投资负面清单 |
| | | 跨境服务贸易 | 自贸试验区跨境服务贸易负面清单 |
| 国际层面 | (适用区域待约定) | 外商投资 | FTA 投资章负面清单(或 BIT 负面清单) |
| | | 跨境服务贸易 | FTA 跨境服务贸易章负面清单 |

注:本表格为笔者自制。

综上所述,在中国国内尚无负面清单之时,中国与美国、欧盟之间开展的

BIT谈判指向的负面清单,在性质上的确是涉及中国全领域开放度的负面清单。但是,在中国国内各种负面清单出台之后,尤其2019年《外商投资法》正式确立国内层面的外商投资负面清单制度之后,很显然,在对外FTA或BIT中将国内层面负面清单再机械重复一遍,既无意义也无必要。目前,无论是2019年《外商投资法》,还是国内层面的外商投资、服务贸易各个负面清单,都规定:中国缔结或者参加的国际条约、协定相比国内层面负面清单有更优惠规定的,按照前者执行。因此,未来国际层面负面清单将不可能是对国内层面负面清单的简单重复,而是在国内层面负面清单基础上更进一步的额外开放承诺,是对特定缔约伙伴作出的关于特别管理措施进一步减少或放宽的额外承诺。这就使得我们要分析的法律问题的性质发生了根本变化。

过去有些文献将中国国内层面负面清单等同于中国在中美、中欧BIT谈判中将要达成的负面清单,其背景是上海自贸试验区刚起步不久,正在进行国内层面负面清单的设计,旨在发挥先行先试的作用。正如有学者所言,中国将在上海等自贸试验区内对负面清单的效果进行评估,再将经过实践检验的方案并入中美BIT谈判中。[1]但是,在中国国内层面负面清单出台超前于国际层面负面清单的状况下,这种"并入"论显得过时了。放眼国际社会,大多数发展中经济体是在受到发达经济体的外来压力之下,先在国际条约中接受负面清单,然后才在国内相应地制定负面清单配套立法,其路径是"先外后内"。发达经济体一般没有国内法意义上的外商投资负面清单,属"有外无内"。例如,美国尽管在对外经贸谈判中大力倡导负面清单,但国内并无外商投资负面清单,有关的禁止性和限制性规定散见于国内各法律法规中,如《外国投资和国家安全法》《反托拉斯法》等。[2]中国则与上述两者均不同,尽管也受到美欧的外来压力,现实的路径却是"先内后外",即先有国内层面负面清单,再有国际层面负面清单,由此就产生了中国问题的特殊性。

对中国国际层面负面清单的这种性质予以明确后,接下来需重点讨论其应

---

[1] 参见黄鹏、梅盛军:《上海自贸试验区负面清单制定与中美BIT谈判联动性研究》,载《国际商务研究》2014年第3期,第36页。

[2] 参见陈云东、宋瑞琛:《中国版"负面清单"解读与建议——以中国(上海)自由贸易试验区负面清单为例》,载《贵州社会科学》2015年第8期,第100页。

用前景。或者更直白地说，在国内层面负面清单已经全面确立的状况下，旨在作出额外开放承诺的国际层面负面清单在可预见的短期内有无实施的必要？如果有必要，又应当如何实施？

（四）国际层面负面清单的取向：为何不宜"为负而负"？

鉴于中美、中欧 BIT 谈判理论上还在进行，加上中国—韩国、中国—澳大利亚 FTA 的特别规定与中国目前改革开放的全新态势，以及国内层面的外商投资、服务贸易各个负面清单对中国对外承诺优先效力的说明，固然可以预见未来中国 FTA 和 BIT 将有望采用负面清单模式，而此种开放模式之变的根源正是中国国内政策和法律的自主变化。同时，也要看到中国 FTA 和 BIT 在这方面的实践迟迟没有迈出第一步。这说明问题存在一定的复杂性，不能简单推定"有内之后必有外"。笔者认为，中国今后在国际层面负面清单的实践中应保持务实灵活的态度，不宜"为负而负"或"一负了事"，下面集中围绕 FTA 作分析。

未来中国 FTA 中投资与服务的开放如采取负面清单模式，承诺水平将会高于国内负面清单，且承诺状况将视缔约伙伴的不同而不同。目前，国内层面的外商投资负面清单与服务贸易负面清单的实践还不是十分稳定，政府在一些重要领域事实上还大量保留着必要的监管措施。未来中国 FTA 如进一步扩大开放，也不可不存有风险防范意识。但是，中国 FTA 不必拘泥于"非正即负""未来必负"的思维定式，而应根据与谈判伙伴彼此对比的具体状况作出灵活选择，如可采取"可正可负""有正有负"或"正负结合"等做法。

首先，负面清单除了透明度高、可预见性强之外，并不必然具有其他优越性，中国在国际条约中完全可以视情况将不同模式灵活结合使用。在这一点上，欧盟的态度可资佐证。有学者认为，欧盟近些年来在国际经贸谈判中已经倾向于负面清单模式。[1] 然而，事实并非如此简单。晚近欧盟在 TTIP 谈判立场文件中指出，不同开放模式各有特点，理论上可以达到同样的开放效果。对"正面清单""负面清单""混合清单"等不同模式的使用，欧盟特别阐述了其灵活

---

[1] 参见梁咏：《中欧 BIT 的"负面清单"研究：由来、变迁与展望》，载陈安主编：《国际经济法学刊（第 22 卷第 1 期）》，北京大学出版社 2015 年版，第 96—97 页。

处理的态度：现有的各种贸易协定采取的承诺模式各不相同，如采用正面清单的 GATS、采用负面清单的欧盟—加拿大 CETA 以及采用混合清单的 TISA；[1] 对于特定部门，无论正面清单还是负面清单，或者是混合清单，其实都可以达到同样的承诺效果，而且并不影响缔约方维持或日后制定非歧视性监管措施的权力。[2] 欧盟还指出，现实中，其他国家也采取了类似的灵活态度。例如，韩国在 2007 年与美国的 FTA 中采取了负面清单模式，而在 2010 年与欧盟的 FTA 中又采取了正面清单模式。这证明了两种模式是可以并存的。[3] 实际上，TISA 谈判采用的就是混合模式：在市场准入上仍采用保守的正面清单，而在国民待遇上采用负面清单。这种"有正有负"或"正负结合"正是欧盟力争的结果。[4]

其次，作为经济非常成熟的发达经济体，日本在与墨西哥的 EPA 谈判中主张在服务贸易领域采用正面清单模式，就像日本—新加坡 EPA 那样。[5] 发达经济体澳大利亚尽管在与美国的 FTA 中接受了负面清单模式，但其内部是有明显反对声音的。在该 FTA 缔结之前，澳大利亚参议院外交事务、国防与贸易咨询委员会在相关报告中建议在双边 FTA 中不采用负面清单模式，其理由是："预留的一个小的措辞错误，或者无法预期的技术发展，或者一个具有重大意义的完全新型的服务的发明，都容易导致一国被剥夺根据本国利益对该服务制定政策及进行规制的权利以及未来政府的责任。"[6] 这个观点非常重要，体现了对技术发展、业态变化与政府监管主权之间关系的远见，也表达了担忧。

最后，考察新兴经济体可以发现，同样有国家在条约中采取了"有正有负"或"正负结合"模式，不过是用另一种方法，即在有限范围内实行负面清单模式，而在更大范围内实行正面清单模式。典型者是印度—新加坡《全面经济合作协

---

[1] See European Commission, Services and Investment in EU Trade Deals: Using "Positive" and "Negative" Lists, April 2016, p. 6.

[2] Ibid., p. 4.

[3] Ibid., p. 5.

[4] 参见陈德铭等：《经济危机与规则重构》，商务印书馆 2014 年版，第 337—338 页。

[5] 参见〔美〕西蒙·莱斯特、〔澳〕布赖恩·默丘里奥编著：《双边和区域贸易协定：案例研究》，王晨曦译，上海人民出版社 2016 年版，第 106 页。

[6] 同上书，第 14—15 页。

定》"投资"章,将国民待遇分为两块:一块专门适用于投资的设立、取得或扩大,即准入前阶段(但仅限于"投资"章两个附件所列的部门);另一块则普遍适用于投资的管理、运行、经营、清算、销售与转让,即准入后阶段。[1]

由此可见,在国际经贸谈判中,不遗余力倡导负面清单模式的就是美国。既然发达经济体欧盟、日本、澳大利亚等尚且在国际条约中对清单模式持如此自由的态度,新兴经济体印度、新加坡也提供了类似实践,转型期的中国就更不必有所顾虑。实践中的反例是,有的亚洲国家早就采取了负面清单模式,但投资开放度和透明度依然饱受批评。例如,菲律宾的外商投资负面清单过长,并没有改变对外资的严格限制,对提高外资准入透明度和吸引外资的作用有限。因此,负面清单除了提供更高的透明度和确定性之外,很难说相对于正面清单有何独特优势。[2] 蔡从燕曾指出,中美 BIT 谈判存在若干显著分歧,可能导致谈判失败,美方需要展示其灵活性。事实上,这一谈判对于中方并不是非常重要。[3] 也有国外学者指出,由于各种原因,美国以负面清单为特色的 BIT 范本对于经济实力较弱的发展中国家不一定理想。[4] 这些观点也可佐证国际层面负面清单对于中国的非必然性。

当然,国际层面负面清单也不必然产生高风险,因为 FTA 中有很多独特机制可以掌控风险。例如,美国 FTA 中有很多尽管不被称为"负面清单"但实质上体现"负面作用"的条款,主要是各种"例外""保留""定义"等条款,通过例外情形的设置、重要权力的保留、法律定义的限定,使缔约方保有监管权力。[5] 龚柏华指出,在对外经贸谈判中,中国可对一些部门的定义加上注释、限制或扩

---

[1] See Comprehensive Economic Cooperation Agreement Between the Republic of India and the Republic of Singapore, Chapter 6, Art. 6.

[2] 参见申海平:《菲律宾外国投资"负面清单"发展之启示》,载《法学》2014 年第 9 期,第 39—40 页。

[3] See Cai Congyan, China-US BIT Negotiations and the Future of Investment Treaty Regime: A Grand Bilateral Bargain with Multilateral Implications, *Journal of International Economic Law*, Vol. 12, Iss. 2, 2009, p. 506.

[4] See Jeongho Nam, Model BIT: An Ideal Prototype or a Tool for Efficient Breach? *Georgetown Journal of International Law*, Vol. 48, 2017, pp. 1299-1303.

[5] 参见林珏主编:《区域自由贸易协定中"负面清单"的国际比较研究》,北京大学出版社 2016 年版,第 23—32 页。

大的内容,这实际上也可以起到负面清单"例外"的作用。[1] 同时,国际经贸规则中的"一般例外""国家安全例外""税收条款例外""金融审慎例外"等著名例外条款,也往往被移植到各国 FTA 中,中国 FTA 的既有文本也不例外。此外,国际层面负面清单赖以为基的国内层面负面清单,其本身已有一些风险防控机制。各国国内层面负面清单的实践各不相同,篇幅或短或长,在管理措施上,有的依然保留履行要求,有的只有持股比例限制;在准入环节上,有的要求备案,有的推定为自动许可,还有的大面积保留事前审批;等等。[2] 除此之外,各国国内还有对外资的国家安全审查、反垄断审查等机制。中国国内层面负面清单显然也有类似防控机制。

由此可见,有了国内层面负面清单的风险防控基础,加上对外 FTA 的各种"安全阀"机制,缔约方只要谨慎谈判,合理确定文本,还是可以掌控风险的。既然中国将在国内层面负面清单基础上对 FTA 伙伴进一步作出额外的开放承诺,那么 FTA 种种独特的"安全阀"机制也将主要针对这些额外承诺予以使用。同时,在 FTA 负面清单的报价和确定上,不能一味屈从于外来压力或"为负而负",而要以对等开放为基本原则,额外承诺应当彼此公平。事实上,最热衷于倡导负面清单模式的美国,其 FTA 恰恰强调对等开放。

综上,未来中国 FTA 在服务与投资的开放模式上应持一种高度辩证的态度:一方面,鉴于负面清单的透明度和确定性优势,的确要向负面清单方向努力。只要运用各种机制合理掌控风险,就不必畏惧风险。另一方面,作为转型期发展中大国的复杂国情和谈判实力,中国可以在面对不同缔约伙伴时,视不同情况灵活、综合采用各种开放模式,不必拘于定规。[3] 此外,大多数发展中国家都是在国际经贸谈判中受到外来压力才接受负面清单谈判模式,随后在国内进行负面清单立法的。中国虽然也部分受到外来压力,但作为发展中大国,

---

〔1〕 参见龚柏华:《中美双边投资协定谈判中的金融服务条款》,载《法学》2013 年第 10 期,第 75 页。

〔2〕 参见王中美:《"负面清单"转型经验的国际比较及对中国的借鉴意义》,载《国际经贸探索》2014 年第 9 期,第 73—74 页。

〔3〕 在亚洲,新加坡是较早在 FTA 中推行负面清单的国家,但在 2008 年中国—新加坡 FTA 中,中国并没有接受负面清单模式。这正是源于中国作为大国的谈判实力。

必须坚守自身公共政策和公共监管需求，且更多是基于自主开放立场，因此在 FTA 中（包括在 BIT 中）不能简单地"为负而负"或认为"未来必负"。

（五）国际层面负面清单的设计：为何不宜"一负了事"？

即便中国 FTA 未来迈出负面清单的第一步，也不能"一负了事"。既然国内层面已经确立负面清单，那么国际层面负面清单作为额外承诺，就应当寻求新的着眼点，达到新的目标。笔者认为，中国可以在国际层面负面清单中纳入以下考量因素：一是对鼓励类产业附加履行要求；二是对特殊产业设置措施回退机制；三是引入"国内法优先条款"。

1. 对鼓励类产业附加履行要求

当前存在一个严峻的法律事实：中国对外资施加履行要求（又译为"业绩要求"）的权力几乎被剥夺了。

第一，《入世议定书》中有两个严苛的条款。

第 3 条"非歧视"规定："除本议定书另有规定外，在下列方面给予外国个人、企业和外商投资企业的待遇不得低于给予其他个人和企业的待遇：(a)生产所需投入物、货物和服务的采购，及其货物据以在国内市场或供出口而生产、营销或销售的条件；及(b)国家和地方各级主管机关以及公有或国有企业在包括运输、能源、基础电信、其他生产设施和要素等领域所供应的货物和服务的价格和可用性。"

第 7 条"非关税措施"第 3 款规定："自加入时起，中国应遵守《TRIMs 协定》[1]，但不适用《TRIMs 协定》第 5 条的规定。中国应取消并停止执行通过法律、法规或其他措施实施的贸易平衡要求和外汇平衡要求、当地含量要求和出口实绩要求。此外，中国将不执行设置此类要求的合同条款。在不损害本议定书有关规定的情况下，中国应保证国家和地方各级主管机关对进口许可证、配额、关税配额的分配或对进口、进口权或投资权的任何其他批准方式，不以下列内容为条件：此类产品是否存在与之竞争的国内供应者；任何类型的实绩要求，例如当地含量、补偿、技术转让、出口实绩或在中国进行研究与开发等。"

---

[1] 中文全称为《与贸易有关的投资措施协定》。

其中，第 3 条中的"生产所需投入物、货物和服务的采购，及其货物据以在国内市场或供出口而生产、营销或销售的条件"和"所供应的货物和服务的价格和可用性"表明，中国无权在外资企业的经营阶段（准入后阶段）施加履行要求。第 7 条则规定，中国不得以"任何类型的实绩要求"作为外商投资审批（准入前阶段）的条件。这一规定绝对且无例外，因为字面上没有规定中国有权引用诸如 GATT 1994 第 20 条"一般例外"的权利。[1] 以上表明，在外资准入前和准入后两个阶段，《入世议定书》都要求中国放弃对外资企业施加任何履行要求。事实上，WTO《TRIMs 协定》只禁止当地含量、贸易平衡、外汇平衡等少数几种履行要求。相比之下，《入世议定书》禁止一切形式履行要求的规定使中国承担了明显重于其他成员的超常规义务。

第二，近些年中国"技术转让要求"的纷争也可资证明这一点。

中国政府早在 2012 年就表态不会将技术转让作为市场准入的前提条件。[2] 在最新的国内层面外商投资负面清单所列举的特别管理措施中，也找不到任何技术转让要求的影子。[3] 这些都表明，外资准入前阶段的技术转让履行要求已被抛弃了。至于准入后阶段，美国于 2018 年在 WTO 对中国提起诉讼，指责中国当时的《中外合资经营企业法实施条例》《技术进出口管理条例》在四个方面事实上存在"强制技术转让"。[4] 这些都是在合资企业经营过程中（准入后阶段），中外双方在技术转让与使用上产生的法律问题。中国于 2019 年出台了《外商投资法》，废止了《中外合资经营企业法实施条例》，并增加规定："国家鼓励在外商投资过程中基于自愿原则和商业规则开展技术合作。技术合作的条件由投资各方遵循公平原则平等协商确定。行政机关及其工作人员不

---

［1］ 参见韩立余：《国际经贸投资规则对履行要求的规制》，载《法学家》2017 年第 6 期，第 127 页。

［2］ 参见雷敏：《陈德铭：中国不会将技术转让作为市场准入的前提条件》，http://finance.people.com.cn/GB/70846/17072215.html，2019 年 7 月 10 日访问。

［3］ 依照外商投资负面清单（无论全国版还是自贸试验区版）的说明，特别管理措施只有股权要求、高管要求两种。从清单中具体的特别管理措施来看，的确找不到任何技术转让要求。

［4］ 参见彭德雷：《中美技术转让争端的国际法解决路径》，载《环球法律评论》2018 年第 6 期，第 175—176 页。

得利用行政手段强制转让技术。"[1]几乎在《外商投资法》出台的同时,国务院对《技术进出口管理条例》也作了修改,删除了相关条款。[2] 这些动态意味着,外资准入后阶段的技术转让履行要求也没有任何存在空间了。

实际上,以上状况对于新时代中国推进产业升级、保持公共政策空间是十分不利的。然而,对外资实施履行要求本是东道国的主权权力。虽然晚近西方主导的各种国际经贸条约倾向于限制或取消履行要求,但有学者指出,废除履行要求并不是习惯国际法。[3] 联合国贸易和发展会议在权威报告中也指出了这一点,认为履行要求是各国达到各种发展目标的重要政策工具,本无定规。[4] 该报告所列举的履行要求名目繁多,包括合营要求、股权要求、高管要求、关键专家雇佣要求、培训要求、总部要求、研发要求、数据流通限制、技术标准限制、采购限制、外汇限制等,远远超出《TRIMs 协定》的范围。这些履行要求至今还在被各国广泛使用。例如,亚洲国家的国内负面清单仍普遍保留履行要求。[5] 既然中国过去被施加了超常规的特殊限制,如何设法推进规则再造就成了应予探索的重要课题。

对此,笔者认为,中国可考虑未来在 FTA 投资负面清单中,考虑就国内鼓励类产业附加履行要求。所谓国内鼓励类产业,也就是前文提及的与国内层面外商投资负面清单相配套的《鼓励外商投资产业目录(2019 年版)》中中央和地方所列出的大量行业、部门,与《中国制造 2025》存在较强关联度。未来中国 FTA 在负面清单额外开放承诺中,是否存在对鼓励类产业政策优惠与履行要求并行的可能性,似可研究。事实上,美国国内就存在对外资政策优惠与履行

---

[1] 参见《外商投资法》第 22 条第 2 款。

[2] 参见《国务院关于修改部分行政法规的决定》,国务院令第 709 号,2019 年 3 月发布。

[3] 参见韩立余:《国际经贸投资规则对履行要求的规制》,载《法学家》2017 年第 6 期,第 117—120 页。

[4] See UNCTAD, Foreign Direct Investment and Performance Requirements: New Evidence from Selected Countries, UNCTAD/ITE/IIA/2003/7, p. 32.

[5] 参见王中美:《"负面清单"转型经验的国际比较及对中国的借鉴意义》,载《国际经贸探索》2014 年第 9 期,第 79 页。

要求并行的情况。[1] 美国—智利FTA尽管在履行要求上作出了超越《TRIMs协定》所规定措施类型的额外限制,但同时规定这些限制不适用于"投资"章所列履行要求以外的其他履行要求。[2] 换句话说,缔约方仍有权实施该FTA限制范围之外的其他履行要求。加拿大—智利FTA也规定,缔约方有权以一定的利益为条件,要求来自对方的投资者在本方境内生产、提供服务、培训与雇用工人、建设或扩建特定设施、进行研发活动等。[3] 西方国家的双重标准于此可见一斑。

中国国内层面的外商投资负面清单的现状可概括如下:(1) 准入前阶段只保留股权要求、高管要求这两类企业结构形式上的履行要求,准入后阶段在经营活动上的履行要求几乎没有了;(2) 对外资企业具体产品与业务的限制实际上被纳入跨境服务贸易负面清单,尤其是金融行业,表面上看各种准入限制措施即将消失,但事实上仍需服从行业许可、资质许可、国家安全等相关规定;(3) 外资企业在外汇流动、数据流动等方面仍须服从普适性现行法律法规的限制;(4) 鼓励类产业的"鼓励"主要体现在财政、税收、金融、用地等方面的优惠待遇上。[4] 以上表明,中国作为发展中大国,其公共监管需求和产业政策需求依然十分突出。

这种现状与联合国贸易和发展会议的结论相符:晚近各国对履行措施的使用呈下降趋势,还在继续使用的履行措施多为自愿性而非强制性的,即外国投资者为获得东道国某些优惠而自愿服从履行要求。[5] 既然未来FTA负面清单是在国内层面负面清单统一的基础上对FTA伙伴作出的进一步开放承诺,

---

〔1〕 为推动制造业回流,福耀玻璃美国工厂所在的俄亥俄州的州政府及其下辖的代顿市莫瑞恩区政府都承诺,只要福耀玻璃雇用的美国员工超过1500人,政府就每年发给福耀玻璃几十万美元的补贴,雇得越多,发得越多;企业在当地的工厂用地也会被免去一部分产权税。参见侯润芳等:《独家专访曹德旺:美国的工会制度已经不适合制造业发展》,http://www.bjnews.com.cn/finance/2019/09/15/626205.html,2019年9月23日访问。

〔2〕 See U.S.-Chile Free Trade Agreement, Chapter 10, Art. 10.5.4.

〔3〕 See Free Trade Agreement Between Canada and Chile, Part Three, Chapter G, Art. 6.4.

〔4〕 关于这些优惠形式的规定,参见《外商投资法实施条例》第12条第1款。

〔5〕 See UNCTAD, Foreign Direct Investment and Performance Requirements: New Evidence from Selected Countries, UNCTAD/ITE/IIA/2003/7, pp. 33, 35.

那么中国立足于国内产业政策需求,在鼓励类产业部门中对FTA伙伴的投资者施加适度的履行要求,合情合理。相对于《入世议定书》对政府外资管理行为的严厉限制,FTA能够发挥规则再造的功能;相对于公开宣传本国产业政策受到的外部阻力,FTA可以起到"暗度陈仓"的作用。

未来中国FTA负面清单对于鼓励类产业,在通过各地财税、金融、土地政策给予优惠的同时,不妨根据产业政策的具体需要,多设计一些种类的限制措施,如高管要求、总部要求、数据流通要求、技术标准要求、研发要求、关键专家雇佣要求等。《入世议定书》的许多条款当初是在仓促中议就,永久执行下去对中国的长远发展相当不利。随着自身实力的逐步增长,中国理应思考规则再造的可能性。中国当前在多边场合中要求修改《入世议定书》几乎不可能,而在自己的FTA中悄然推进制度变迁则是一种降低敏感性的技巧。在FTA这种一对一谈判中,中国面对的谈判伙伴多为"一带一路"沿线中小国家,暂时无须面对美欧等强势对手。WTO多边纪律并不明确禁止FTA缔约方就经贸规则进行新约定。因此,只要是基于双方自由意志,FTA就可以成为中国争取国际经贸规则话语权、设计适合自身发展道路的合法、有效的机制工具。退一步,即使这种努力不能成功,中国FTA至少应坚持将"商业存在"模式的具体准入承诺放在服务贸易章而不是投资章中。因为对于服务贸易领域各种业务的具体履行要求,除了GATS之外,尚无明确约束。[1] 对中国来说,这一做法较为可取。[2]

2. 对特殊产业设置措施回退机制

现行国内层面负面清单的另一问题在于,显然没有触及特殊产业措施回退的可能性,即东道国监管权的自由掌控问题。从全国以及自贸试验区的外商投资负面清单历年来的版本演变来看,负面清单似乎越来越短,特别管理措施越

---

[1] 在这方面,GATS仅限于对数量限制、股权限制的禁止,且允许成员在减让表中另有约定。参见GATS第16.2条。

[2] 现实中确有众多反例,如美国—新加坡FTA、美国—澳大利亚FTA、韩国—新加坡FTA等关于"商业存在"模式的准入承诺就没有放在服务贸易章中,于是投资章中关于履行要求的众多限制自然就适用于"商业存在"模式。这种做法对中国是不利的。

来越少，[1]似乎这才标志着新时代中国开放度的日益提升。如果说过去在受到外部压力的情况下，为了彰显负面清单开放模式的高度创新意义，这种理解是正确的，那么在当下国内层面负面清单模式已经确立的既成事实下，对于未来国际层面负面清单的额外承诺，就需要认真考量对特殊产业是否有必要恢复或增加监管措施的问题。现行国内层面外商投资负面清单对此只字未提，如按照"法不禁止即可为"的原则理解，则外资可对关系到国家经济增长根本动力、涉及重要数据流动或敏感社会政策调整的重要部门、新兴部门"长驱直入"，从长远看可能危及中国经济主权。已有学者指出，负面清单模式可能妨碍东道国对未来新出现的投资部门行使必要的监管权，这对于金砖国家等新兴经济体尤其不利。[2]

在这个问题上，就凸显出负面清单在国内与国际两个层面区分的重要性，这源于两个层面负面清单结构的截然不同。目前，美国、欧盟的国际条约实践都倾向于将投资与服务的"不符措施"（即负面清单中的特别管理措施）分为不同类别。以欧盟为例，如本书第五章所述，欧盟在 TTIP 谈判立场文件中主张将不符措施分为附件一与附件二。其中，附件一列出已经存在并服从"棘轮机制"的不符措施，意味着这类措施只会逐步削弱而不会加强，欧盟仅出于透明度目的列出这类措施；附件二则列出已经存在但并不服从"棘轮机制"的不符措施，意味着这类措施在未来仍有可能继续引入和强化。附件二特别关注公共服务，包括健康服务、教育服务、社会服务和水资源服务等，反映了欧盟过去二十多年关于公共服务的一贯政策。此外，尤其值得注意的是，欧盟还专门为随着技术发展日后可能出现的"新服务"预留了政策自主空间。美国 BIT 实践也是如此，其负面清单更加精细，通常将不符措施分为三个附件：附件一、附件二的

---

[1] See Jie Huang, Challenges and Solutions for the China-US BIT Negotiations: Insights from the Recent Developments of FTZs in China, *Journal of International Economic Law*, Vol. 18, Iss. 2, 2015, p. 317.

[2] See Wenhua Shan and Sheng Zhang, Market Access Provisions in the Potential EU Model BIT: Towards a "Global BIT 2.0"? *Journal of World Investment & Trade*, Vol. 15, Iss. 3, 2014, pp. 445-446.

内容均与欧盟的主张相同,附件三专门针对金融行业。[1] 如前所述,这些顶级发达经济体通常没有国内层面负面清单。而在中国国内层面负面清单中,目前显然找不到类似上述附件二的回退安排。因此,我们有必要思考:在中国未来的国际层面负面清单中是否需要作出这种安排,以资补救?

具体而言,未来中国 FTA 负面清单的措施回退机制应覆盖哪些"特殊产业"?有学者作了列举:一是与其他国家有对等交换条件的承诺、未来新法的实施或旧法的修订、对贫困落后地区或少数民族采取的措施;二是涉及公共秩序保留、转移国有企业股份的外国投资、与 WTO 贸易义务不一致但为保护文化遗产而可能采取的措施;三是国家重点行业与有发展潜力的行业,如新能源、生物、3D 打印等。这也是韩国、印度在其国际层面负面清单中的实践。[2] 以上意见十分中肯,但条理稍欠清晰。在此基础上,笔者认为,"特殊产业"似可归纳为两大类:(1)全面建设小康社会的新时代背景下的若干社会敏感部门;(2)大数据、云计算、人工智能等新技术背景下的战略性新兴产业。其中,根据国家统计局 2018 年年底发布的《战略性新兴产业分类(2018)》,后者包括新一代信息技术产业、高端装备制造产业、新材料产业、生物产业、新能源汽车产业、新能源产业、节能环保产业、数字创意产业、相关服务业等九大产业领域。果如此,即便《中国制造 2025》遭遇外来压力下的暂时挫折,新时代中国的产业政策利益点依然十分明显。

总之,中国未来的国际层面负面清单应仿效欧盟相关谈判立场、美国 BIT 负面清单附件二、韩国等部分新兴经济体的缔约实践,在特殊产业中合理设置措施回退空间,不宜简单地在负面清单之外就此弃权。有学者主张对中美、中欧 BIT 负面清单实行定期审议机制,这实际上也是主张中方应保留措施回退的可能。[3] 鉴于目前中国与美欧之间的复杂政治状况,上述设想实现的可能性

---

[1] 参见李墨丝、沈玉良:《从中美 BIT 谈判看自由贸易试验区负面清单管理制度的完善》,载《国际贸易问题》2015 年第 11 期,第 74 页。

[2] 参见郝洁:《中美 BIT 负面清单谈判的核心问题、美方关注及对策》,载《国际贸易》2015 年第 7 期,第 51 页。

[3] 参见梁咏:《中欧 BIT 的"负面清单"研究:由来、变迁与展望》,载陈安主编:《国际经济法学刊(第 22 卷第 1 期)》,北京大学出版社 2015 年版,第 99—100 页。

不大。但中国短期内可预见的 FTA 谈判伙伴尚不包括美欧,中国在与其他国家的 FTA 谈判中先行试验这种策略是可行的。

同时,中国最终仍有必要在国内层面负面清单中增加措施回退的补救性规定。中国目前在金融、文化等领域"按照现行规定办理"的做法仅仅是维持现状,显然不能等同于措施回退,且覆盖领域不周延。由此,引出下一个问题:国际层面负面清单引入"国内法优先条款"的必要性。

3. 引入"国内法优先条款"

此话题来源于美国若干 FTA 中含有"国内法优先条款",类似于 GATT 时期的"祖父条款"。[1] 典型例子是,原 NAFTA 第三章附件中规定了美国国内《1975 年能源政策与保护法》和《企业平均燃料节约法》关于企业节约燃料的条款对墨西哥和加拿大的售美汽车的适用,这不得被视为违反 NAFTA 第 1103 条规定的投资最惠国待遇。[2] 另一个引人注目的"国内法优先条款"是,NAFTA 中还规定了美国国内"301 调查"条款的例外。[3]

美国的经贸单边主义历来臭名昭著,中国不会学样;"301 调查"这种霸道的国内机制,中国更不会学样。但是,在 FTA 中,尤其是在涉及产业监管重权的负面清单中,突出本国一些体现产业政策思路的国内法的优先地位,似乎属于一种中性的法律技术工具,并无先天的褒贬色彩。目前,西方大国对中国自主产业政策的质疑甚或挑战倾向在多边场合甚嚣尘上。中国合理运用 FTA,在与中小伙伴的谈判中体现自己的产业政策主张,是确立自身规则话语权的一条有效途径。事实上,美欧在其 FTA 中就是这么做的。尤其需要考虑,中国 FTA 的负面清单是要在国内层面负面清单基础上作进一步的承诺,因此"国内法优先条款"完全可以成为一种有效的风险掌控工具,以使 FTA 负面清单承诺在必要时回归其国内法基础。改革开放以来,中国的习惯性思维是"与国际接轨",强调国内法要适应国际义务。然而,我们可能忽略了,让国际义务在一定条件

---

[1] 关于 GATT 时期"祖父条款"的经典论述,参见 John H. Jackson, *The World Trading System: Law and Policy of International Economic Relations* (Second Edition), The MIT Press, 1997, pp. 40-41。

[2] See NAFTA, Chapter Three, Annex 300-A, Appendix 300-A.3, para. 5.

[3] See NAFTA, Chapter Three, Annex 301.3.

下服从国内法的优先地位,方有利于国家利益的更好维护,而且这样做并不为国际法所禁止。

一个典型的法律问题便是外国投资者待遇的公共政策例外。"S. D. Myers 公司诉加拿大案"仲裁庭认为:为保护公共利益而对本国投资者和外国投资者区别对待的政府规章是正当的。[1] "Pope & Talbot 公司诉加拿大案"仲裁庭认为:当东道国对外国投资者背离国民待遇的行为与东道国正当的、非歧视的公共政策之间具有"合理联系"时,前者具有合法性。[2] 以上判例尊重了东道国公共政策、公共利益的应有地位。目前,中国缔结的 FTA 对投资领域中缔约国公共利益的处理,或者是体现于投资章的"一般例外"条款中,[3] 或者是体现于 FTA 的例外章中,[4] 或者是没有明确提及。[5] 这就意味着:对于那些在投资章和例外章中作出处理的 FTA 而言,中国对公共利益的界定就只能局限于其明确列举的"公共道德""人类或动植物生命健康""保护可用竭的自然资源"等情形,不会再包括未来可能的其它内容(如人工智能、大数据、云计算、区块链、基因编辑等新技术领域的必要监管措施);而对于那些没有明确提及缔约方投资领域公共利益的 FTA(如中国—韩国 FTA)而言,由于缺乏明确规定,中国甚至不能以公共利益为由对外资采取必要限制措施。

反观中国国内法,2019 年《外商投资法》第 6 条规定:"在中国境内进行投资活动的外国投资者、外商投资企业,应当遵守中国法律法规,不得危害中国国家安全、损害社会公共利益。"该条显然旨在为国家对外资的规制权保留空间,虽然它并未解释"社会公共利益"的具体含义,但中国通过配套立法、立法解释、司法解释等各种手段,仍可在国内法层面上把握何为"社会公共利益",从而将主动权掌控在自己手中。主权国家在自己国内法上存在自主裁量空间。因此,在

---

[1] 参见单文华、〔英〕娜拉-伽拉赫著:《中外投资条约研究》,魏艳茹、李庆灵译,法律出版社 2015 年版,第 169 页。
[2] 同上书,第 169—170 页。
[3] 参见中国—澳大利亚 FTA"投资"章、中国—东盟 FTA 的投资协议的"一般例外"条款。
[4] 参见中国—新西兰 FTA"例外"章中的"一般例外"条款。
[5] 典型者是中国—韩国 FTA,既未在"投资"章中规定"一般例外",也未在"例外"章中规定"一般例外"条款适用于投资领域。

可能涉及社会公共利益之处，中国可考虑在未来FTA负面清单中添加"国内法优先条款"，如此就有望堵上法律漏洞。

以上分析表明，国际经贸条约中的"祖父条款"并非都不好，它对于缔约国以国内法掌控主导权具有不可忽略的意义。对于中国而言，这里的"国内法"不一定只是一部《外商投资法》，还可以包括一切与《外商投资法》之解释相关的国内法律渊源。考虑到当前《外商投资法》总体上是一部粗线条的立法，中国FTA投资章（或BIT）也有许多不稳定、不一致、不清晰的条文，在FTA负面清单中确立"国内法优先条款"有助于中国掌控进一步开放带来的风险；考虑到中国作为发展中大国的产业政策需求和公共监管需求，在FTA负面清单中确立"国内法优先条款"更能体现中国的自主开放。

（六）结论与展望

负面清单开放模式的法律问题异常复杂，值得仔细梳理。当今中国事实上已经出现两个"超前"：一是外资准入负面清单出台时间超前于全国市场准入负面清单，二是国内层面负面清单出台时间超前于国际层面负面清单。这两个"超前"表明了中国问题的特殊性：的确受到外来压力，但也出于自主安排。尤其是后一个"超前"的法律学术意义更为突出。2019年《外商投资法》出台后，再不从学理上区分国内与国际层面负面清单，就无法正确认识和处理一些重要法律问题。目前，国内层面负面清单可以起到"托底"的作用，在此基础上，需要认真思考国际层面负面清单能够获得何种额外效用。因此，中国未来在国际层面不宜简单地"为负而负"或"一负了事"。

中国作为发展中大国，推行负面清单开放模式应当"以我为主"，而不是屈服于外来压力。西方发达经济体主导和鼓吹的一套国际经贸规则，未必适合中国的自主发展需求。当前，虽然表面上中国外商投资负面清单已大大缩短，但实际上许多重要行业的具体业务的监管要求被转移到了跨境服务贸易负面清单中。这表明，中国对公共监管权力仍然非常重视，短期内不可能完全迎合美欧的那套要求。同时，这也意味着，未来在国际层面负面清单的谈判中，中国仍有较大的让步空间和谈判筹码。如何合理利用国际层面负面清单，附加适当条件，从而达到主张中国自主需求的目标，并在一定程度上破解西方的"规则制华",将成为下一步探讨的重点。在短期内,中国的 FTA 谈判伙伴尚不包括美欧,因此中国在与其他国家的 FTA 谈判中先行试验以上策略是可行的,也有助于暂时回避与美欧的正面碰撞,从外围逐步确立对自己有利的条约实践。

改革永远在路上。负面清单模式本身只具有形式上的意义,能在多大程度上真正推动中国的经济与社会发展,实际上取决于中国进一步自主扩大开放的步伐。同时,负面清单模式的实施还需要综合配套措施的及时跟上,如政府职能的转变、社会信用体系和市场监管体制的完善等。中国 FTA 负面清单开放模式,其本质是未来中国经济开放模式在对外经贸条约中的体现,国际法与国内法的比较研究将彰显其价值。

## 二、公众参与问题的新对待

未来中国 FTA 的开放模式之变,不仅仅是负面清单的引入,还在于其内在理念和运作方式的重要转向,即在可持续发展原则下对公众参与(public participation)的适度接纳。

公众参与意味着私人主体对国际法律过程发挥影响力。这里的"私人主体",包括企业及其行业协会、非政府组织、技术专家、居民社区乃至特定个人等。该论题流行于西方学术界,对公众参与的讨论动机源自对国际经济规则制定过程的民主性、国际经济组织决策的问责性、国际争端解决机构裁决的正当性的关注,这三个方面可概括为国际经济法的规则制定、行政决策、司法裁决。这种学术关注大致始于 20 世纪 90 年代。例如,著名国际经济法专家约翰·H. 杰克逊在论述多边贸易体制从"权力导向"到"规则导向"的转向过程中,曾提及新的"规则导向"模式下公众参与全球经济决策过程的必要性。[1] 在 1999 年 WTO 西雅图部长级会议后,西方关于公众参与的学术讨论达到高潮,一直持续至今,并催生了一系列"与贸易有关"的新议题,促进了经济议题和社会议题的挂钩。

在中国,公众参与并不是主流学术话题。虽有一些学者曾就国际经济法的

---

[1] See John H. Jackson, *The World Trading System* (*Second Edition*), The MIT Press, 1997, p. 111.

正当性危机、私人在WTO争端解决过程中所起作用进行过探讨，[1]但这些内容并非与中国直接相关。同样，公众参与在中国对外缔约实践中也体现得不多。就中国FTA而言，以往各个文本在规则制定层面几乎不涉及公众参与。近年来，中国FTA虽然纳入环境章，但没有明确的公众参与条款。[2] 中国FTA中明确的公众参与规定仅限于投资争端解决部分，即允许在私人投资者与东道国间的投资仲裁过程中，由争端当事方以外的其他实体在争端事项范围内向仲裁庭提交书面的"法庭之友"陈述。[3] 如前所述，中国现行的FTA投资章事实上就是对BIT的移植，而BIT实为直接赋予私人权利的少数条约领域。可见，公众参与仍然游离于中国主流缔约实践之外，形成这种态势的根源在于中国长期以来所持的国际法认识论：国际法本质上是处理国家之间关系的原则、规则和制度，而私人并不是国际法的主体。[4]

笔者认为，新时代中国FTA需要适时调整对公众参与的认识态度和处理方式，适度扩大经贸活动中的公众参与，以达到规则效应的良性最大化。对此，我们首先分析相关理论依据，再从操作层面探讨具体的实施途径。

(一) 新时代中国FTA扩大公众参与的理论依据

1. 当代中国的和平发展理念决定了中国需认真处理"公—公"和"公—私"的双重关系

对此，蔡从燕已有独到的思考和深刻的研究。他将传统的国家与国家之间的关系概括为"公—公"关系，将国家与私人之间的关系概括为"公—私"关系，

---

[1] 参见王彦志：《非政府组织的兴起与国际经济法的合法性危机》，载《法制与社会发展》2002年第2期，第112—121页；蔡从燕：《私人结构性参与多边贸易体制》，北京大学出版社2007年版。

[2] See Heng Wang, The Features of China's Recent FTA and Their Implications: An Anatomy of the China-Korea FTA, *Asian Journal of WTO & International Health Law and Policy*, Vol. 11, Iss. 1, 2016, pp. 133-134.

[3] 参见中国—澳大利亚FTA"投资"章第16条第3、4款。

[4] 参见王铁崖主编：《国际法》，法律出版社1995年版，"导论"关于国际法概念和主体的部分。

并具体论述:[1]

> 从社会结构看,当代中国的和平发展与以往大国崛起之间有一个显然未获人们重视的重大差别,即中国追求和平发展的时代是一个私人广泛参与、深刻影响国际关系,国际关系从以往作为国际公共实体间互动过程扩大到国际公共实体与私人间互动过程的时代。这意味着中国不仅要像传统大国崛起那样处理与其他国家,尤其与守成大国之间的公—公关系,还要处理与规模庞大的私人之间复杂的公—私关系。……由于特殊的文化传统、国家实践及其当代转型,处理这一问题对于中国而言尤其重要。

他进一步指出,中国过去的国际法实践固守传统的"公—公"关系认识论。改革开放尤其是进入21世纪以来,中国发生的深刻变化使得有可能也有必要确立"公—私"关系认识论,并据此评估、指导国际法实践。在当前推进国家治理体系和治理能力现代化的进程中,这一变革理应成为建立新的国家治理体系的应有之义。[2] 固守"公—公"关系认识论而忽视"公—私"关系认识论,不利于发挥国际法对中国和平发展的积极作用,减少消极作用,主要原因是:第一,中国毕竟是一个大国,其行动容易使小国感受到压力;第二,可能导致由于未能认识到国家间关系蕴含着国家与私人间关系而把复杂事务简单化,也可能把私人与国家间关系上升为国家间关系而把简单事务复杂化;第三,由于私人参与国际交往日益广泛和深入,中国不得不大幅增加外交资源投入,而这种投入很难与私人参与国际交往的规模保持同步。相反,"公—私"关系认识论有助于中国在国际法实践中趋利避害,原因是:第一,有助于促使人们认识到和平发展既是国家的发展,更是人的发展;第二,可以发挥私人的积极作用,缓解国家必然面临的公共资源供需矛盾。[3]

以上论述至为精辟,从规范性和实证性两个维度把握住了时代脉搏,完全适合新时代中国FTA实践。就规范性维度论,当代国际法已逐步将可持续发

---

[1] 蔡从燕:《公私关系的认识论重建与国际法发展》,载《中国法学》2015年第1期,第202页。
[2] 同上,第203页。
[3] 蔡从燕:《公私关系的认识论重建与国际法发展》,载《中国法学》2015年第1期,第203—204页。

展奉为指导性法律原则,以人为本的色彩日益增强,有助于实现国家利益与公众利益的辩证统一,因此有必要促使FTA等国际制度更好地为人服务。就实证性维度论,由于当代FTA的议题范围越来越广,调整力度越来越强,包括企业、非政府组织、技术专家等在内的公众参与的确大大有助于弥补政府外交资源和人才储备的不足,有助于落实和强化FTA的实效,并推动可持续发展目标的实现。

2."一带一路"倡议为新时代中国FTA指明了推行包容式发展和法治普惠机制的方向

中国目前正在大力推行"一带一路"倡议,并将其作为国家顶层设计之一。2015年3月28日,国家发展改革委、外交部、商务部联合发布的《推动共建丝绸之路经济带和21世纪海上丝绸之路的愿景与行动》是国家关于"一带一路"倡议的顶层设计文件,确立了"一带一路"倡议的总纲领。根据该文件,"一带一路"倡议内在蕴含的基本原则是"三共"——共商、共建、共享。按照相关学者的阐释,"共商、共建、共享"是中国推进全球治理的核心要义。共商,就是由全球所有参与治理的国家和国际行为体共同商议全球治理的规则、机制、领域、议题等;共建,就是所有参与方充分发挥各自优势和潜能,共同推进全球问题的治理;共享,就是让全球治理的成果更多更公平地惠及所有参与方。三者相互促进,缺一不可。[1] "一带一路"建设中,经济、政治、文化、社会等诸个合作维度都需要法律合作。法律合作的内涵和本质是,中国通过与"一带一路"沿线国家及其他主体的共商,实现"一带一路"建设中国际法律制度的共建,最终达到各类主体对制度收益的共享。

"三共"原则表明,"一带一路"建设中的法律合作所涉及的国际机制,不仅有硬法形式,还有软法形式,如宣言、声明、示范性文件、指南性纲领、定期会议、联合工作机制等。具体而言,需要研究以下几个方面的问题:第一,如何遵守和完善有关国际规则体系,推进贸易、投资、金融、税收、知识产权、环境保护等各领域的制度协调与合作?第二,如何积极预防和妥善解决贸易、投资、金融、税收、知识产权、环境保护等领域的争端?第三,如何让稳定、公正、透明、非歧视

---

[1] 参见张新平主编:《中国特色的大国外交战略》,人民出版社2017年版,第243页。

的制度框架贯穿于"一带一路"建设的各个经贸领域？第四，如何在法律合作的制度框架中体现和落实"共同但有区别的责任"，使沿线处于不同发展水平和发展阶段的各国都能"各得其所"？第五，如何深化"一带一路"法治交流，推进法律制度和文化、法律教育和服务等领域的信息沟通和人才交流？

实际上，要实现"一带一路"建设中法律合作成果的共享，固然要关注事前共商和事中共建过程中各国的权利平等、机会平等、规则平等，但更要清醒认识到经济全球化的"双刃剑"效应。张文显指出，由于经济全球化把竞争从国内带向国际、从区域带向全球，这就必然引起世界范围内发展失衡、治理困境、数字鸿沟、公平赤字等问题，增长和分配、资本和劳动、效率和公平的矛盾就会更加突出。[1] 在笔者看来，这就需要关注以下问题：第一，如何在"一带一路"建设中使区域经济合作进程更有活力，同时又能更加包容、更可持续？第二，如何在经济自由化、便利化的同时推进适度管理，保留各国的公共政策自主空间，实现经济全球化进程再平衡？第三，如何在法律合作机制中促进不同国家、不同阶层、不同人群共享经济全球化的好处？以上这些关注点，都呼唤着公众参与机制的设置和革新。

总之，在"一带一路"建设中，需要建立共商的法律合作机制、共建的制度供给机制、共享的法治互惠机制。中国推动的"一带一路"法律合作将以务实灵活为特征，有别于西方大国的僵化模式，即以平等为前提，以互动为手段，以共识为目标，从而实现各国之间的战略对接与法律合作，使全体法治队伍与社会公众共同发挥作用，法律合作的成果为各国所分享和共有，并得到各国的相互认同、尊重与遵循。同时，需要认识到，中国的"一带一路"倡议和自贸区战略是相互包含、相互服务的，两者的顶层设计文件彼此都提及、重视和强调对方。从这个意义上讲，"三共"原则无疑为新时代中国 FTA 指明了推行包容式发展和法治普惠机制的方向，也表明新时代中国 FTA 需要重新认识并恰当处理公众参与问题。

---

[1] 参见张文显：《推进全球治理变革，构建世界新秩序——习近平治国理政的全球思维》，载《环球法律评论》2017年第4期，第12页。

### 3. 中国FTA部分议题存在吸收和扩大公众参与的功能性需要

对于FTA文本中需要吸收公众参与的规则领域，西方学界的关注点主要集中在环境保护、劳工保护、公共政策、争端解决上，因为这几个方面在制度功能上显然与社会公共利益的关系最直接、最明显。对此，西方学界的相关研究文献可谓层出不穷，有关讨论也长盛不衰。

笔者试图从另一个角度指出新时代中国FTA存在吸收和扩大公众参与的功能性需要，即在准入前国民待遇加负面清单的准入模式下，有必要扩大社会力量参与市场监督。如前所述，中国已经对内资和外资全面实行负面清单准入制度，未来中国FTA也要向这个制度过渡。相应地，在负面清单准入制度下，政府职能将从过去的以事前行政审批为主转向以事中事后监管为主。事实上，这一点在指导中国FTA实践的顶层设计文件——2015年《国务院关于加快实施自由贸易区战略的若干意见》的第四部分"健全保障体系"中已经提及："（十七）完善事中事后监管的基础性制度。按照全面依法治国的要求，以转变政府职能为核心，在简政放权的同时，加强事中事后监管，通过推进建立社会信用体系、信息共享和综合执法制度、企业年度报告公示和经营异常名录制度、社会力量参与市场监督制度、外商投资信息报告制度、外商投资信息公示平台、境外追偿保障机制等，加强对市场主体'宽进'以后的过程监督和后续管理。"

其中，"社会力量参与市场监督制度"引人注目，这必然涉及吸收和扩大公众参与问题。异曲同工的是，在中国自贸试验区建设中也存在类似的讨论。对此，有学者作出了精要的阐述：重点是通过扶持引导、购买服务、制定标准等制度安排，发挥行业协会和专业服务机构在行业准入、认证鉴定、评审评估、标准制定、竞争秩序维护等方面的作用。为此，《中国（上海）自由贸易试验区促进社会力量参与市场监督的指导意见（征求意见稿）》提出若干主要任务，包括：鼓励各类社会力量参与，建立多元监督机制；发挥行业组织作用，行使自律监督职能；发挥专业服务机构作用，扩大市场监督参与领域等。[1] 由于自贸试验区的目标之一是发挥先行先试作用，为中国对外经贸谈判提供经验得失和示范参

---

〔1〕 参见李善民主编：《中国自由贸易试验区发展蓝皮书（2015—2016）》，中山大学出版社2016年版，第25—26页。

考,因此以上关于行业协会、专业服务机构及其他各类社会力量的具体制度安排,必然对未来中国 FTA 负面清单准入制度的实施与监管具有高度同质化的借鉴价值,足以证成公众参与对于未来中国 FTA 的功能性意义。

4. 推行 FTA 可持续发展影响评估已成为当代大国潮流

可持续发展原则的兴起对国际经贸规则提出了新要求,该原则能够充分阐释当代国际经贸谈判中各种社会议题的存在意义,必将对中国 FTA 实践也产生深远的影响。中国 FTA 纳入环境保护议题,就体现了这一时代趋势。问题在于,可持续发展的含义十分广泛,按照欧洲相关学者的理解,包括经济、环境、人权(社会)三个支柱,体现在 FTA 中,绝不是一个环境章就可以充分涵盖的。

对此,著名研究机构国际可持续发展法律中心(CISDL)的官员雷诺指出,欧盟在其 FTA 谈判中实施的可持续发展影响评估(SIA)卓有成效,值得其他国家效仿。他首先介绍了美国和加拿大在其 FTA 谈判中推行的环境影响评估(EIA)工作,两国在这方面的实践始于 NAFTA 框架下北美环境合作委员会的相关工作,初期集中于环境关切,后来逐渐扩展到其他社会性关切,并提供公众参与途径,如信息公开和商谈过程,让非政府组织及其他团体表达关注并参与分析等。然后,他指出,欧盟的 SIA 工作更加全面地覆盖了经济、环境、社会三个方面,形成了一套指标体系,并且由独立咨询方开展,因此更加有效。[1]

雷诺继续介绍,在 SIA 工作中,CISDL 将 FTA 等贸易协定对可持续发展的有关影响分为三类:监管性影响(regulatory impacts)、实质性影响(material impacts)、连带性影响(integration impacts)。其中,监管性影响是指贸易纪律对正当的国内环境社会法律的限制;实质性影响是指新的贸易协定对既存的国内经济、社会或环境问题的加剧;连带性影响是指贸易协定对不可持续产业的助长。[2]

具体来说,在 FTA 等贸易协定中,这三类影响各自所涉的特征性条款大致

---

[1] See Patrick Reynaud, Sustainable Development and Regional Trade Agreements: Toward Better Practices in Impact Assessments, *McGill International Journal of Sustainable Development Law & Policy*, Vol. 8, Iss. 2, 2013, pp. 212-213.

[2] Ibid., pp. 213-214.

包括:[1]

(1) 监管性影响范畴

一般例外条款,用于贸易规则可能影响缔约方制定关于自然资源保护、人类与动植物健康或劳工标准的法律与政策的场合;

解释性声明,指引缔约方处理贸易协定义务与多边环境协定中的特定贸易义务之间的冲突;

确认性条款,重申缔约方在贸易自由化背景下对一系列多边环境协定义务的承诺;

保证性条款,确保不会降低环境或劳工标准以刺激直接投资。

(2) 实质性影响范畴

适应脆弱部门的关税减让计划,以及保障敏感性环境或社会问题的非关税壁垒;

平行协定或 FTA 专章,以促进缔约方环境事务合作;

在 FTA 架构内确立的专门委员会或理事会机制,用于处理与贸易协定直接相关的环境或可持续发展事务;

平行协定或 FTA 专章,以促进脆弱部门调节的能力建设与技术转让;

包含公众参与在内的执行与指控机制,确保缔约方尊重贸易协定下的环境、社会承诺;

打击林业、渔业产品非法贸易的措施。

(3) 连带性影响范畴

关税减让计划,确保环境产品与服务的自由化,并确保所采用方式将加速绿色技术的发展与扩散,使用正面清单明确界定哪些属于环境产品与服务、哪些不属于;

知识产权条款,促进绿色技术的革新与转让;

投资与金融服务条款,确保全球化背景下对金融部门的强力监督并促进绿色投资;

---

[1] See Patrick Reynaud, Sustainable Development and Regional Trade Agreements: Toward Better Practices in Impact Assessments, *McGill International Journal of Sustainable Development Law & Policy*, Vol. 8, Iss. 2, 2013, pp. 242-243.

促进药品技术转让和高质量健康护理的条款;

促进绿色政府采购、抑制对不可持续经济部门的补贴行为的措施;

鼓励技术转让合作、促进可再生能源使用与逐步淘汰化石燃料的措施。

最后,雷诺总结:无论是 EIA 还是 SIA,都是为了引导 FTA 等贸易协定的谈判过程,有助于产生有利于可持续发展的谈判结果。欧盟的 SIA 在这方面明显更加有效,是当下值得其他国家效仿的最佳实践。[1]

以上各项分类指标都是建立在西方经贸谈判立场基础上的,未必全然适合中国 FTA 的实践需要。但是,鉴于可持续发展是世界各国共同面对的普遍性课题,这些指标对于中国也不无借鉴价值。可以看出,这些指标涉及的许多条款的实施都有赖于一定的公众参与。从本质上而言,FTA 所涉及的贸易、投资、环保等各项事务最终都要让利益落实到私人。这正是蔡从燕所强调的,中国外交和国际法实践需要认真对待"公—私"关系。

(二)新时代中国 FTA 扩大公众参与的对策考量

1. 公众参与相对滞后的制度现状

从现有文献来看,西方学者对国际贸易投资规则中的扩大公众参与、增强民主性和问责性基本上是一片叫好,变成了一种"政治正确"。这种倾向在十多年前有关 WTO 如何强化公众参与的学术讨论中就表现得十分明显。[2] 但是,从研究进展来看,公众参与的各项具体制度远未成形,还处在拭目以待的阶段。尽管西方学者也提出了一些操作性建议,但这些学理性建议尚未充分落实到实践层面。

例如,就 FTA 谈判过程而论,李尔-阿卡斯从 TTIP 谈判入手,认为该谈判不够透明,没有提供让人满意的公众评论机会。他提出的建议性措施是:在每

---

[1] See Patrick Reynaud, Sustainable Development and Regional Trade Agreements: Toward Better Practices in Impact Assessments, *McGill International Journal of Sustainable Development Law & Policy*, Vol. 8, Iss. 2, 2013, p. 243.

[2] See Robert Howse, From Politics to Technocracy—and Back Again: The Fate of the Multilateral Trading Regime, *American Journal of International Law*, Vol. 96, Iss. 1, 2002, pp. 94-117; Jeffrey L. Dunoff, Public Participation in the Trade Regime: Of Litigation, Frustration, Agitation and Legitimation, *Rutgers Law Review*, Vol. 56, Iss. 4, 2004, pp. 961-970.

轮谈判之前公布谈判目标,美国方面建立公共利益咨询委员会以提供专家投入,欧盟方面设置公众评论窗口期。同时,他也意识到,这样做需要资金和资源,而可持续发展等与公众相关的重要方面迄今还没有成为 TTIP 的主要谈判目标,TTIP 的可持续发展条款需要从简单宣示性质上升到可执行层面。[1] 利门塔认为,贸易谈判中的公众参与、透明度、良好治理、民主与公共利益联系在一起。[2] 但是,他也认为贸易谈判公开化与秘密化各有其优势和弊端,因此给出的建议方案并不是将贸易谈判公开化,而是在关门谈判过程中强化公众参与,同时建议公众参与的主体不限于产业界和商业界机构。[3] 就 FTA 执行过程中的管理决策而论,卡瓦鲁认为,公众参与和透明度、合理决策等概念一样来自行政法领域,用于国际法领域是为了促进 FTA 贸易委员会等国际行政机构的责任性,但国际行政机构做得过少或过多都有一定的弊端或风险。[4] 就 FTA 争端解决过程而论,利维希兹认为,"法庭之友"制度仅仅是提交信息供仲裁庭考虑,而事实证明这远远不够,还需要为利害关系方提供有限的"介入权",以克服"代理制度"带来的弊端。此种介入权包括有权向仲裁庭反映自身情况、提出主张和论辩思路、传唤和盘诘证人、庭前辩论等,其实质是为案外利害关系方提供部分诉权。[5] 然而,迄今为止,还没有 FTA 争端解决机制正式接纳此种激进主张。

由此可见,尽管公众参与表面上十分富有吸引力,很少有国家明确提出反

---

[1] See Rafael Leal-Arcas, Mega-Regionals and Sustainable Development: The Transatlantic Trade and Investment Partnership and the Trans-Pacific Partnership, *Renewable Energy Law & Policy Review*, Vol. 6, Iss. 4, 2015, pp. 263-264.

[2] See Michelle Limenta, Open Trade Negotiations as Opposed to Secret Trade Negotiations: From Transparency to Public Participation, *New Zealand Yearbook of International Law*, Vol. 10, 2012, p. 74.

[3] Ibid., p. 95.

[4] See Amokura Kawharu, Punctuated Equilibrium: The Potential Role of FTA Trade Commissions in the Evolution of International Investment Law, *Journal of International Economic Law*, Vol. 20, Iss. 1, 2017, p. 107.

[5] See David Livshiz, Public Participation in Disputes Under Regional Trade Agreements: How Much Is Too Much—The Case for a Limited Right of Intervention, *New York University Annual Survey of American Law*, Vol. 61, Iss. 3, 2005, pp. 540-544.

对，但在操作性层面上加以落实并非易事。究其原因，很可能在于公众参与本身也存在正当性、合法性、问责性等问题，优点和缺点兼而有之，且容易与国家的重大利益发生冲突。因此，如何合理引导并妥善设计参与机制，颇费斟酌。这就有必要对其潜在的优点和缺点作一番考察。

2. 公众参与的优点和缺点

有西方学者专门针对国际投资仲裁中的公众参与进行了分析，并就扩大公众参与的优点和缺点作了概括。[1] 他们指出，投资仲裁属于国际经济争端解决的一部分，相关制度有其个性特征。但是，在相当程度上，投资仲裁中的公众参与和贸易谈判、协定执行、国家间争端解决中的公众参与具有许多共性特征，也都在当代 FTA 的规则覆盖范围之内，足资借鉴。

他们认为，在国际投资仲裁中扩大公众参与的优点主要有：(1) 促进更高质量的决策；(2) 促进民主和人权价值；(3) 维护社会公众相关群体的利益；(4) 提高投资仲裁裁决的一致性；(5) 强化投资仲裁体制的正当性；(6) 增强投资仲裁体制的问责性；(7) 便利仲裁裁决的实施；(8) 从透明度层面推进投资仲裁的体制性改革；(9) 树立对国内法律体制的法治示范作用。[2] 而缺点主要有：(1) 争端解决的成本增加；(2) 争端解决的时间延迟；(3) 仲裁的保密性被削弱，可能导致商业秘密或国家机密泄露；(4) 仲裁的程序公正受到损害和不当干涉；(5) 对于部分非政府组织来说，递交"法庭之友"文书的机会不平等；(6) 潜在的利益冲突，如仲裁员与递交"法庭之友"文书的人有利益联系。[3]

他们进而给出了克服缺点的若干建议：(1) 限制"法庭之友"文书的篇幅和主题；(2) 使用互联网及其他电子途径，以减少成本和时间；(3) 严格设定"法庭之友"文书的递交时间，并及时披露提交给仲裁庭的所有文书以及仲裁庭的最终裁决；(4) 要求若干第三方只能联合递交一份单独的"法庭之友"文书；(5) 要求提供第三参与方的信息，以确认是否存在利益冲突关系；(6) 在涉及商业秘密

---

[1] See Daniel B. Magraw Jr. and Niranjali M. Amerasinghe, Transparency and Public Participation in Investor-State Arbitration, *ILSA Journal of International & Comparative Law*, Vol. 15, Iss. 2, 2009, pp. 337-360.

[2] Ibid., pp. 345-352.

[3] Ibid., pp. 352-356.

和国家机密的情况下,提供特别保护措施。[1]

以上分析十分精到,相当全面地概括了投资仲裁中公众参与的正反两面,可以说对贸易谈判、协定执行、国家间争端解决中的公众参与也基本适用。接下来,我们需要结合公众参与的以上优缺点,立足于中国国情,对新时代中国FTA如何处理公众参与作对策性分析。

3. 中国FTA处理公众参与的功能性考量和具体路径

在这方面,中国领导人的有关讲话精神具有重要的指导意义。习近平总书记2016年在省部级主要领导干部学习贯彻党的十八届五中全会精神专题研讨班上的讲话中,特别分析了党的十八届五中全会提出的共享发展理念:[2]"共享是共建共享。这是就共享的实现途径而言的。共建才能共享,共建的过程也是共享的过程。要充分发扬民主,广泛汇聚民智,最大激发民力,形成人人参与、人人尽力、人人都有成就感的生动局面。""共享是渐进共享。这是就共享发展的推进进程而言的。一口吃不成胖子,共享发展必将有一个从低级到高级、从不均衡到均衡的过程,即使达到了很高的水平也会有差别。"

以上讲话精神指明:共享发展理念要通过共建途径实现,通过渐进方式推进。这对于新时代中国FTA处理公众参与具有鲜明的指导意义。结合以上的分析,可以认为:新时代中国FTA对公众参与需要持辩证态度,要充分意识到其效应的正反两面——的确是潮流所趋,但也并非"完美天使"。因此,新时代中国FTA仍然需要结合中国国情,对公众参与既要接纳又要适度接纳,并认真思考如何接纳。

对此,笔者试提出三条思路:

(1) 突出具体议题的功能性需要。目前,FTA中有一些议题的深入推进亟须公众参与,典型代表便是监管一致性合作。本章前文已述及,新时代中国

---

[1] See Daniel B. Magraw Jr. and Niranjali M. Amerasinghe, Transparency and Public Participation in Investor-State Arbitration, *ILSA Journal of International & Comparative Law*, Vol. 15, Iss. 2, 2009, pp. 356-360.

[2] 参见《习近平在省部级主要领导干部学习贯彻党的十八届五中全会精神专题研讨班上的讲话》,http://www.xinhuanet.com//politics/2016-05/10/c_128972667_2.htm,2018年9月25日访问。

FTA可以在保有监管主权的前提下灵活接纳这个议题。目前,国家间监管合作还面临不少困难。鉴于该领域的高度技术性,在推进过程中应当尽可能多地征求、倾听技术专家和企业界的意见,强化公众参与。在这些存在功能性需要的场合,西方学者的分析值得一看。例如,鲍威林认为,过去国家间制定的GATT/WTO规则尽管为国际贸易法治做出了重要贡献,但它们只重视规则的普适性、可预测性,仅保证了规则的"输出正当性"和"基于规则的贸易1.0版本"(rule-based trade 1.0);而现在企业、商会等产业界制定的非正式规则日益兴起,在国际贸易治理中发挥重要作用,有助于保证规则的"输入正当性"和"基于规则的贸易2.0版本"(rule-based trade 2.0),同时在规则的普适性、可预测性等方面并不逊色于前者。[1] 帕克认为,监管合作必须有公众参与才有新的推动力。[2] 监管合作不同于传统的国家间针锋相对、有赢有输的秘密贸易谈判,它是一个囊括谈判国内部众多利益攸关方且数据通常掌握在产业界手中的长期合作过程,因此需要保持透明。[3] 霍克曼认为,监管合作由于其技术特性,不能用硬性机制来规定,而只能是一个动态、软性、包容、不断建立信任关系的持续过程。[4] 以上观点极有见地,道出了FTA监管合作议题中引入公众参与的功能性需要。此外,帕克还指出,监管合作需要大量资金,可考虑通过公众参与建立特别资助机制或产业捐助机制。[5] 这一建议具有合理性,尽管可能暂时存在困难,但随着中国企业在全球价值链上地位的提升,未来在中国并非没有实施的可行性。此外,环保等涉及可持续发展的议题无疑也是在功能上非

---

[1] See Joost Pauwelyn, Rule-Based Trade 2.0? The Rise of Informal Rules and International Standards and How They May Outcompete WTO Treaties, *Journal of International Economic Law*, Vol. 17, Iss. 4, 2014, pp. 739-740.

[2] See Richard W. Parker, Four Challenges for TTIP Regulatory Cooperation, *Columbia Journal of European Law*, Vol. 22, Iss. 1, 2015, p. 9.

[3] Ibid., p. 14.

[4] See Bernard Hoekman, Trade Agreements and International Regulatory Cooperation in a Supply Chain World, EUI Working Paper RSCAS 2015/04, European University Institute, Robert Schuman Centre for Advanced Studies, Global Governance Programme-154, 2015, pp. 5-6.

[5] See Richard W. Parker, Four Challenges for TTIP Regulatory Cooperation, *Columbia Journal of European Law*, Vol. 22, Iss. 1, 2015, p. 12.

常需要公众参与的。

尤其要注意的是,2015年《国务院关于加快实施自由贸易区战略的若干意见》在第五部分"完善支持机制"中专门指出:一是完善自贸区谈判第三方评估制度。"参照我国此前自由贸易区谈判经验,借鉴其他国家开展自由贸易区谈判评估的有益做法,进一步完善第三方评估制度,通过第三方机构对自由贸易区谈判进行利弊分析和风险评估。"二是加强已生效自贸协定实施工作。"加强地方和产业对自由贸易协定实施工作的参与,打造协定实施的示范地区和行业。特别要加强西部地区和有关产业的参与,使自由贸易区建设更好地服务西部地区经济社会建设,促进我国区域协调发展。"三是加强对自贸区建设的人才支持。"积极发挥相关领域专家的作用,吸收各类专业人士参与相关谈判的预案研究和政策咨询。"从这些指导意见可以看出,中国FTA既要在文本中体现可持续发展原则,又要进行事前、事后的可持续发展影响评估工作,这些是新时代的必然需要。因此,在文本过程的这两个维度上接纳和扩大公众参与,势所必然。

(2)保持中国经贸决策自主权。目前,即便在监管合作、环境保护等功能性议题上,中国也要积极保留决策权力。因为这些议题对于转型期发展中大国来说,后果与风险尚不可控。同时,发展中大国还需要统筹兼顾各方利益,不能任由部分群体以其狭隘利益"劫持"FTA的经贸谈判、协定执行或争端解决等任何环节。

新时代中国FTA对于公众参与,应当引进,但又要保持适当形式。为此,可考虑:第一,以软性而不是硬性方式为主,即公众参与不能干预缔约方或争端解决机构的决策权;第二,将重点放在协定执行环节,如在缔约方自由贸易委员会各个机构的商议性工作或协定效果评估工作中扩大引入,[1]而不是侧重于在FTA争端解决机制中引入。当然,FTA争端解决机制也可以有节制地引入公众参与,但需要结合前文中相关学者的建议,对"法庭之友"文书的提交主体、提交时间、提交程序、提交内容、法律后果和利益冲突关系等进行必要限定。此

---

[1] 如前文提及的,在实行准入前国民待遇加负面清单的准入模式下,可结合国内自贸试验区实践,利用社会力量参与对市场主体的事中事后监督。

外,为确保缔约方的缔约意图得到尊重,中国 FTA 的争端解决规则不宜像美式 FTA 那样深度倡导公众参与。

实践中,应充分发挥缔约方自由贸易联合委员会在引导公众参与方面的作用。商务部发布的《中国对外贸易形势报告(2017 年春季)》有一个重要精神指示:双边经贸联委会、混委会以及区域次区域合作平台可以积极推动政策沟通和战略对接。这些沟通和对接包括但不限于 FTA 的那些内容,如"一带一路"倡议与欧盟"容克投资计划"、柬埔寨"四角战略"的对接等。此外,商务部研究院相关专家认为,中国以后的升级版 FTA 应更多纳入地方合作的内容。例如,中国与澳大利亚之间有友好城市等各类合作机制,如果能通过 FTA 归纳、整合这些机制,则可以有效降低合作机制碎片化带来的"意大利面碗效应",降低企业的成本。又如,中国—韩国 FTA 将中国威海和韩国仁川自由经济区作为地方经济合作示范区,此种经验表明地方合作可以被纳入 FTA 之中。[1] 显然,以上这些对接内容的覆盖面相当广泛,在实施过程中也不能脱离公众参与。新时代中国 FTA 的缔约方自由贸易联合委员会应在其中扮演中心舞台的角色,既连接、引导各方,又确保缔约方政府最终把控决策权力。

(3) 在参与主体上有所鉴别。公众参与中的"公众"是一个泛化的概念,只要是非政府性质的,如企业、非政府组织、技术专家、社区群体甚至个人等,都属于这一范畴。然而,中国作为发展中国家,其 FTA 显然不能任由各类私人主体毫无约束地参与进来,必须有所甄别并确立一定的规则。例如,曾有 ICSID 仲裁庭指出,在决定是否采纳"法庭之友"意见时,仲裁庭将考虑案件是否涉及重大公共利益,并且只接受那些能够证明自己具有相关专长和经历并具有独立性的非政府组织递交的"法庭之友"意见。[2] 这提供了一种可资参考的鉴别方法。

综上,笔者建议,中国应具体问题具体分析:在监管合作议题上,应高度重视企业界和技术专家的作用;在环境保护等议题上,技术专家的意见固然重要,同时也要重视社区群体的舆情反馈;在协定效果评估上,应突出专业第三方的

---

[1] 参见《中澳筹划自贸区升级谈判 聚焦服务贸易与投资便利化》,http://fta.mofcom.gov.cn/article/fzdongtai/201706/35257_1.html,2019 年 6 月 19 日访问。

[2] 参见〔美〕西蒙·莱斯特、〔澳〕布赖恩·默丘里奥编著:《双边和区域贸易协定:评论和分析》,林惠玲、陈靓等译,上海人民出版社 2016 年版,第 245 页。

作用;在争端解决上,应侧重于非政府组织的"法庭之友"实践。当然,在实际运作中,不可能区分得如此泾渭分明,必然会产生各种交叉。但是,很显然,新时代中国 FTA 中的公众参与应是渐进、合理、有度、有序的参与。

## 第四节 优惠授予面之变

为顺应全球价值链的运作需要,新时代中国 FTA 还需要调整和扩大贸易投资的优惠授予面。严格地讲,这也属于"开放模式之变",但鉴于相关内容非常丰富,本书予以独立分析。在中国纵深推进改革开放的新时代,出于深度构造和参与全球价值链的需要,本节选取中国 FTA 中"非成员最惠国待遇条款"的适用、原产地规则的未来趋向这两个典型问题作宏观探讨。

### 一、"非成员最惠国待遇条款"的适用

最惠国待遇条款被誉为现代国际经贸条约的重要基石,也是多边贸易体制的基本原则。区域贸易协定以往为人所担忧和诟病之处,恰恰在于打破了多边贸易体制的这一基本原则。然而,近些年来,区域贸易协定有关动态发生了一大转向,即所谓的"开放的区域主义"(open regionalism)。这个主张最初是由 APEC 于 20 世纪 90 年代提出的,原本属于软性倡导。[1] 后来,各国 FTA(如美国—新加坡 FTA、美国—韩国 FTA 等)开始设置"开放加入条款",规定非协定当事方未来可以通过谈判加入协定。理论上,"开放的区域主义"是自相矛盾的命题,因为区域贸易协定的"原罪"就在于它是封闭的,内部优惠不会给予外部非成员。换句话讲,区域的就不是开放的,开放的就不是区域的。但是,实践中,随着 APEC 对该命题的倡导,WTO 随后提出了"区域主义多边化"的构想。这就使得以 FTA 为主要形式的当代区域贸易协定日益突出优惠授予面的扩展化取向。

对于转型期中国而言,"开放的区域主义"和"区域主义多边化"是十分适切

---

[1] See C. Fred Bergsten, Open Regionalism, *The World Economy*, Vol. 20, Iss. 5, 1997, pp. 551-557.

的命题。首先,中国在全球治理与国际秩序中历来坚定支持多边主义和多边贸易体制,反对"小圈子""一言堂"乃至集团对抗等做法。当下中国大力推动自贸区战略,仍然是希望通过区域合作,最终为推动多边合作提供动力。其次,中国当下"一带一路"倡议的精髓就在于开放。因为《推动共建丝绸之路经济带和 21 世纪海上丝绸之路的愿景与行动》已经指明,"一带一路"倡议继承的是"和平合作、开放包容、互学互鉴、互利共赢"的丝绸之路精神,以"共商、共建、共享"为基本原则。其中,"共享"意味着,共同打造开放、包容、均衡、普惠的区域经济合作架构,让共建成果惠及更广泛的区域,让沿线各国人民共享"一带一路"共建成果。最后,当下中国改革开放正进入纵深阶段。2015 年《中共中央 国务院关于构建开放型经济新体制的若干意见》指出,要"形成全方位开放新格局,实现开放型经济治理体系和治理能力现代化";"推动我国与世界各国共同发展,构建互利共赢、多元平衡、安全高效的开放型经济新体制"。2017 年《国务院关于扩大对外开放积极利用外资若干措施的通知》也指出:"利用外资是我国对外开放基本国策和开放型经济体制的重要组成部分,……当前,全球跨国投资和产业转移呈现新趋势,我国经济深度融入世界经济,经济发展进入新常态,利用外资面临新形势新任务。""进一步积极利用外资,营造优良营商环境,继续深化简政放权、放管结合、优化服务改革,降低制度性交易成本,实现互利共赢……""以开放发展理念为指导,推动新一轮高水平对外开放。"2019 年,党的十九届四中全会又提出要"建设更高水平开放型经济新体制",表明中国志在持续推进更高水平的对外开放。

综上,通过 FTA 的"少边"合作顺势推动区域性乃至多边合作,在 FTA 中设置相关机制使优惠授予面扩大化,正逢其时。事实上,扩大 FTA 的优惠授予面绝不是中国单方面给予他国额外好处,同时也可以使他国扩大给予中国的好处,这可从下面的分析中得到印证。

欧洲著名国际法学者鲍威林提出,在 FTA 中加入一项特别的最惠国待遇条款,是有效实现"区域主义多边化"的途径之一。[1] 在 2009 年美国国际法年

---

[1] See Joost Pauwelyn, Legal Avenues to "Multilateralizing Regionalism": Beyond Article XXIV, in Richard Baldwin and Patrick Low (eds.), *Multilateralizing Regionalism: Challenges for the Global Trading System*, Cambridge University Press, 2009, p. 397.

会的会议发言上,他进一步阐述了这种最惠国待遇条款的构想。乍一看,在 FTA 中加入最惠国待遇条款令人感觉古怪,因为 FTA 本来就旨在提供排他性利益。然而,鲍威林指出,可以设想在 FTA 中纳入两类最惠国待遇条款:[1]一是将 FTA 中的承诺利益延伸至非缔约方。这的确很奇怪,但实践中已有很多这样的例子,主要是在服务监管、知识产权、透明度等普适性制度上,一国往往根据国内立法状况对外作出 FTA 承诺,同时惠及非缔约方。这实际上就是本书第四章提到的"国内制度外溢效应"。二是规定 FTA 缔约方将过去和未来在其他 FTA 中所作的承诺也适用于当下的 FTA 伙伴,这被称为"非成员最惠国待遇条款"(non-party MFN clause)。此种条款的典型实例是日本—菲律宾 EPA 中的"超 GATS"(GATS-plus)承诺。另外,在欧盟的坚持下,欧盟与非加太国家/地区的 EPA 规定:非加太国家/地区若未来与其他大型经济体缔结类似协定,需要将相关承诺也延伸适用于欧盟。

国内经济学者周念利也注意到服务贸易领域中"非成员最惠国待遇条款"这一文本现象。她指出,日本—墨西哥 EPA 的"服务贸易"章也有这个条款。另外,对此种条款可以作条件限定,如软性地规定:当 FTA 伙伴提出请求时,FTA 成员须将给予非成员的优惠待遇扩展适用于该伙伴。[2] 鲍威林也指出,欧盟与加勒比国家/地区之间的 EPA 的"非成员最惠国待遇条款"也有种种限定:一是只适用于未来的 FTA;二是只适用于 FTA,而不适用于关税同盟;三是只适用于货物关税、投资、跨境服务贸易,而不适用于其他领域;四是对于加勒比国家/地区而言,仅仅在与其他大型经济体缔结 FTA 时才存在这一义务。[3]

周念利还指出,目前"非成员最惠国待遇条款"在大多数"北北型""南北型"

---

[1] See Joost Pauwelyn, Multilateralizing Regionalism: What About an MFN Clause in Preferential Trade Agreements? *American Society of International Law Proceedings*, Iss.103, 2009, p.122.

[2] 参见周念利:《区域服务贸易自由化分析与评估》,对外经济贸易大学出版社 2013 年版,第 29 页。

[3] See Joost Pauwelyn, Multilateralizing Regionalism: What About an MFN Clause in Preferential Trade Agreements? *American Society of International Law Proceedings*, Iss.103, 2009, p.123.

区域服务贸易安排中都已存在,但鲜见于"南南型"区域服务贸易安排。[1] 当前中国仍是发展中国家,对外 FTA 缔约实践也仍以发展中国家为"基本盘"。那么,为何"南南型"FTA 服务贸易章通常不含"非成员最惠国待遇条款"? 这实际上是个表象,本质在于发展中国家不喜欢该条款,而发达国家不介意该条款存在。鲍威林就认为,该条款会造成对未来 FTA 谈判伙伴的"寒栗效应",导致相关缔约方在未来谈判中处于不利地位。例如,非加太国家/地区若打算与其他国家谈判 FTA,对方就会顾虑非加太国家/地区给予自己的利益也会同样给予欧盟。[2] 而从发达的欧盟一方来看,对未来己方谈判地位的弱化风险并不会过于在意。周念利指出,发展中经济体的限制性经贸政策往往较多,从而不愿接受"非成员最惠国待遇条款";而实行自由经贸政策的发达经济体则通常不存在这种顾虑。[3] 显然,周念利所述才是更为本质的原因。比如,一个发展中国家在与某一伙伴的 FTA 中作出某些开放承诺已经十分勉强,如果以后还要把给予其他伙伴的优惠也给予该伙伴,可能更加难以接受。

此外,鲍威林还从法律层面指出了"非成员最惠国待遇条款"的另一风险。WTO 多边贸易体制中关于货物贸易一体化的东京回合"授权条款"、关于服务贸易一体化的 GATS 第 5 条设置了发展中成员的特殊与差别待遇。据此,"南南型"FTA 可以基于发展中成员的国情,适度背离 GATT 1994 第 24 条"实质上所有贸易"和 GATS 第 5 条"众多服务部门"的要求,进行相对灵活的选择。[4] 但是,鲍威林认为,如果"南南型"FTA 的其中一方在其他"南北型"FTA 中已经接受了"非成员最惠国待遇条款",那么就会超出"授权条款"、GATS 第 5 条的上述授权范围,将"南南型"FTA 中的特殊优惠扩大适用于"南北型"FTA;而"南北型"FTA 的另一方原本不能享受上述特殊与差别待遇,因此原则上只能执行

---

[1] 参见周念利:《区域服务贸易自由化分析与评估》,对外经济贸易大学出版社 2013 年版,第 29 页。

[2] See Joost Pauwelyn, Multilateralizing Regionalism: What About an MFN Clause in Preferential Trade Agreements? *American Society of International Law Proceedings*, Iss. 103, 2009, p. 123.

[3] 参见周念利:《区域服务贸易自由化分析与评估》,对外经济贸易大学出版社 2013 年版,第 29 页。

[4] 参见 GATT 东京回合"授权条款"第 2 段(c)项、GATS 第 5 条第 3 款。鲍威林的原文仅针对货物贸易及"授权条款",但这个道理也完全适用于服务贸易、GATS 第 5 条。

"实质上所有贸易"和"众多服务部门"的一般要求。这样虽然实现了"区域主义多边化",但多边化的是不合法的区域主义。[1]

但是,笔者认为,鲍威林这个分析是有问题的。"授权条款"、GATS 第 5 条的特别条款允许"南南型"FTA 推行不充分的部门自由化覆盖度(即"选择性自由化"),但 GATT 1994 第 24 条、GATS 第 5 条的一般条款只允许"南北型"FTA 推行充分的部门自由化覆盖度(以下简称"部门覆盖度")。既然"南北型"FTA 的部门覆盖度已经较为充分,那么即便按照非成员最惠国待遇条款,"南南型"FTA 相对随意、不太充分的部门覆盖度也无法影响到"南北型"FTA。换句话说,在非成员最惠国待遇条款下,通常而言,不充分的部门覆盖度无法影响到充分的部门覆盖度,只有充分的部门覆盖度才能影响到不充分的部门覆盖度。除非一个 FTA 不充分的部门覆盖度与另一 FTA 充分的部门覆盖度之间,存在两者均未涉及的空白部门,在这种情形下,部门覆盖度不充分的一个 FTA 进一步自由化,才能影响到部门覆盖度充分的另一 FTA。但是,这种情形对于后者来说也是锦上添花,显然不能说后者就违反了 GATT 1994 第 24 条"实质上所有贸易"或 GATS 第 5 条"众多服务部门"的一般纪律。

不过,鲍威林的顾虑也并非毫无意义,他点出了发展中国家在"南北型"FTA 中接受"非成员最惠国待遇条款"的风险。假设两个发展中国家 A 和 B 因南南合作的需要而缔结 FTA,A 同意向 B 开放某个部门;而出于经济安全、产业稳定性等考虑,A 未必愿意向发达国家 C 开放这个部门。但是,如果先前 A 和 C 缔结的 FTA 中包含"非成员最惠国待遇条款",那么就会出现违背 A 意愿的结果。简单地说,"非成员最惠国待遇条款"给发展中国家带来的潜在风险,就是可能被迫开放本来并不愿意向某个特定伙伴开放的部门,造成事后的掣肘。同时,如鲍威林所指出的,这也对未来谈判伙伴造成"寒栗效应",可能弱化相关缔约方未来的谈判地位。

经文本考察可以发现,中国现有若干 FTA 的服务贸易章中已经含有"非成员最惠国待遇条款",此种条款同时有其他一些特征,可归纳为:(1)附条件。

---

[1] See Joost Pauwelyn, Multilateralizing Regionalism: What About an MFN Clause in Preferential Trade Agreements? *American Society of International Law Proceedings*, Iss. 103, 2009, pp. 123-124.

应 FTA 另一方请求,一方应向另一方提供充分的谈判机会,努力给予另一方不低于前者在其他协定中给予第三方的待遇。[1] (2) 不包括港澳台特惠。中国给予本国香港、澳门、台湾三个地区的特别优惠条款不在前项谈判范围之内。[2]

具体到各个中国 FTA 文本,其规定又不一样:

首先,以 2013 年中国—瑞士 FTA 为分界,之前的中国 FTA 服务贸易章没有此种条款。

其次,在 2013 年中国—瑞士 FTA 之后,也不是每个中国 FTA 服务贸易章必定都有此种条款,如中国—韩国 FTA 就没有。

再次,即便设置了"非成员最惠国待遇条款",中国—瑞士 FTA 也没有专门排除港澳台特别优惠。

最后,中国—澳大利亚 FTA 的"非成员最惠国待遇条款"相对较为特殊:一是明确规定"非成员最惠国待遇条款"只适用于本 FTA 生效后缔约方与第三方之间的新协定,不适用于本 FTA 生效前缔约方与第三方之间的老协定。[3] 二是对于"服务贸易"章附件一所列出的若干特定部门,缔约方原则上彼此承诺给予另一方最惠国待遇,但排除港澳台特别优惠,[4]也排除在现行有效的或者本 FTA 生效前签署的其他协定中给予第三方的待遇。[5] 换言之,在中国—澳大

---

[1] 例如,中国—格鲁吉亚 FTA 第八章第 6 条第 3 款、中国—澳大利亚 FTA 第八章第 7 条第 4 款、中国—瑞士 FTA 第八章第 8.3 条第 3 款。

[2] 例如,中国—格鲁吉亚 FTA 第八章第 6 条第 1 款脚注 5、中国—澳大利亚 FTA 第八章第 7 条第 1 款脚注 5。

[3] 参见中国—澳大利亚 FTA 第八章第 7 条第 4 款。相比之下,中国—格鲁吉亚 FTA 第八章第 6 条、中国—瑞士 FTA 第八章第 8.3 条就有些含糊,它们都规定缔约方无义务将现有的或将来的与 FTA 非成员的其他协定中的待遇给予另一方,但如果缔约方签署或修订与 FTA 非成员的其他协定,则应另一缔约方的请求,应承担软性的"非成员最惠国待遇条款"义务,努力提供充分的谈判机会。在这里,"现有的"(existing)显然包括了本 FTA 生效之前的老协定,问题就在于"如果缔约方签署或修订与 FTA 非成员的其他协定",这里的"签署或修订"行为是仅指本 FTA 生效之后还是也包括了本 FTA 生效之前? 从中国—格鲁吉亚 FTA、中国—瑞士 FTA 的英文本来看,"签署或修订"是"concludes or amends",动词时态表明是指向本 FTA 生效之后。不过,这个解释过程稍稍复杂,显然不如中国—澳大利亚 FTA 第八章第 7 条第 4 款来得清晰明确。

[4] 参见中国—澳大利亚 FTA 第八章第 7 条第 1 款脚注 5。

[5] 参见中国—澳大利亚 FTA 第八章第 7 条第 2 款。

利亚 FTA 这些特定部门中,缔约方与第三方之间的老协定即便另有约定,也不受本 FTA 最惠国待遇义务的约束。不过,对于缔约方在本 FTA 生效后才签署的与第三方之间的新协定是否受本 FTA 最惠国待遇义务的约束,并没有相关说明。对此,究竟是依照"服务贸易"章第 7 条第 1 款直接服从最惠国待遇,还是依照第 7 条第 4 款仅服从"非成员最惠国待遇条款"下的软性谈判义务,似乎并不明确。

另外,就给予 FTA 非成员的服务贸易优惠而言,须注意中国 FTA 还有两个特殊机制:一是列出最惠国待遇例外的特殊清单。这种做法脱胎于 GATS 项下的最惠国待遇例外清单,在 FTA 中专门列出来,意味着中国给予 FTA 非成员在此清单所列部门中的特别优惠将不会给予 FTA 伙伴。此种安排仅有中国—格鲁吉亚 FTA 一例。[1] 二是排除毗连边境地区的服务优惠,即中国给予地理邻国的毗连边境地区的服务优惠不会同样给予 FTA 伙伴。[2] 前者表明,中国在服务贸易领域对待不同国家仍有一定的实施差别化待遇的需求;后者则是脱胎于 GATS 第 2 条第 3 款的原有纪律,并无特别创新。

通过以上分析,笔者试归纳中国在此问题上应持的立场:

(1) 诚如鲍威林所言,FTA 中的普适性义务适合采用"非成员最惠国待遇条款"。服务贸易开放承诺中所包含的国内监管措施在很大程度上就属于普适性义务,适于发挥国内制度外溢效应。即通过部分 FTA 的率先承诺推动国内改革,再经由国内统一改革推动在其他 FTA 中作出承诺。这表明,中国随着改革开放进程的推进,存在对"非成员最惠国待遇条款"的自发需求。

(2) 对于中国,服务自由化承诺中的"非成员最惠国待遇条款"是一把"双刃剑",有好处,也有风险。一方面,该条款有利于中国国内制度外溢效应,是一大好处。同时,该条款的适用也是相互的,中国的 FTA 伙伴也会把其他协定中的更优待遇同样给予中国,使中国有机会获得额外收益。另一方面,中国目前仍属于经贸政策限制较多的发展中经济体,前述鲍威林和周念利所分析的该条款的若干弊端,如对 FTA 谈判伙伴造成的"寒栗效应"、对己方谈判地位的弱化

---

〔1〕 参见中国—格鲁吉亚 FTA 第八章第 6 条第 1 款。
〔2〕 参见中国—格鲁吉亚 FTA 第八章第 6 条第 4 款、中国—澳大利亚 FTA 第八章第 7 条第 5 款、中国—瑞士 FTA 第八章第 8.3 条第 4 款等。

等,对于中国同样存在。此外,该条款导致的"自动开放效应"对于中国无疑也是一种潜在风险,可能不好把握。

(3) 附条件的"非成员最惠国待遇条款"是适合中国的规则。中国现有若干 FTA 所持的这个基本立场是对的,即承担软性义务,将这种可能性交给务实灵活的具体谈判。这与本书关于中国 FTA 范式特征的基本观点是相通的。

(4) 相关中国 FTA 服务贸易章现有的"非成员最惠国待遇条款"尚未定型化,还需要加以完善。首先,建议以中国—格鲁吉亚 FTA 第八章第 6 条为基本模板(包含承担软性谈判义务和排除港澳台特惠两个重要元素),再吸收中国—澳大利亚 FTA 第八章第 7 条第 4 款明确排除老协定的做法。其次,为避免贸易转移造成的边缘化,中国可以尝试列举一些限定条件。如效仿欧盟的做法,将缔约伙伴未来与某些大型经济体缔结的 FTA 纳入该条款的强制适用范围,这样可避免某些中小伙伴参加 CPTPP、TTIP、TISA 等巨型谈判造成中国边缘化的忧虑,也有助于化解西方大国对中国的孤立意图。最后,软性谈判义务固然适合中国,但需要适时付诸实践,而不是束之高阁,使之沦为空文。中国可在 FTA 中与伙伴约定此类谈判的发起方式,如通过双边自由贸易委员会的联合决定等。

(5) 货物贸易、投资等其他领域也存在非成员优惠待遇扩展适用的可能性。过去关于"区域主义多边化"的一些倡议中就包含这种构想。中国已多次主动宣布在若干重要产品部门单边降低关税。但是,单边降税行动不能自动引发他国提供对价优惠。因此,中国可在 FTA 中将单边降低关税纳入双边关税削减谈判之中。换句话说,即要求谈判伙伴考虑到中国作出的单边降税行动,也做出类似行动,将给予第三方的关税优惠也(至少适度地)给予中国。此外,中国还可考虑以己方在 EGA、ITA 中的降税承诺为对价,敦促 FTA 伙伴加入这些协定,[1]或要求它们在 FTA 中承诺将给予别国的贸易优惠同样给予中国。同时,在投资领域也存在"非成员最惠国待遇条款"。例如,EFTA 与 SACU 之间的 FTA 规定:该协定生效后,若一方给予第三方更优惠的投资待遇,则在另一

---

[1] 美国在其与摩洛哥的 FTA 中即要求摩洛哥加入 ITA。参见〔美〕西蒙·莱斯特、〔澳〕布赖恩·默丘里奥编著:《双边和区域贸易协定:案例研究》,王晨曦译,上海人民出版社 2016 年版,第 137 页。

方的请求下,该方应在互利基础上向另一方提供达成与此相当的待遇的充分谈判机会。[1] 在FTA投资章中纳入此类条款,将更有利于中国企业进入伙伴国市场。

此外,有西方学者认为,从WTO上诉机构在"美国虾案"中对GATT 1994第20条"一般例外"的解释、《TBT协定》《SPS协定》以及GATS相关条款来看,在监管合作等GATT 1994第24条所没有提到的领域,相关FTA成员有义务将合作承诺多边化或至少向其他成员提供程序性参与机会。[2] 换句话说,尽管FTA关税优惠可以打破最惠国待遇原则,但监管合作等非关税壁垒事项依然要服从最惠国待遇原则。这一观点也得到了其他西方学者的赞同。[3] 这对于中国来说也有一定启发意义,即避免监管合作的碎片化,实际上也就是本书第四章提及的新时代中国FTA在经贸制度上对于非FTA伙伴的制度外溢效应,有利于新时代中国打造统一化的经贸开放格局。

总而言之,在中国全面打造开放型经济新体制的形势下,"非成员最惠国待遇条款"的意义得以凸显。这个问题的合理性证成,一方面是随着中国自身经济开放度的上升,推行服务与投资负面清单模式、单边自主降低关税等国内举措提供了统一的开放基础;另一方面是基于当前"一带一路"倡议背景下企业"走出去"的需求空前强烈,中国也迫切需要他国提供更多的开放机会,而"非成员最惠国待遇条款"就是一个相当有效的机制工具。不过,该机制也是机遇与风险并存,中国务必合理设计、尺度适中、把握得当。

### 二、原产地规则的未来趋向

在FTA中讨论最惠国待遇问题,体现了当代"开放的区域主义"或"区域主

---

[1] See Free Trade Agreement Between EFTA and SACU, Chapter IV, Art. 28.4.

[2] See Robert Howse, Regulatory Cooperation, Regional Trade Agreements, and World Trade Law: Conflict or Complementarity? *Law and Contemporary Problems*, Vol. 78, Iss. 4, 2015, pp. 137-138.

[3] See Reeve T. Bull, *et al.*, New Approaches to International Regulatory Cooperation: The Challenge of TTIP, TPP, and Mega-Regional Trade Agreements, *Law and Contemporary Problems*, Vol. 78, Iss. 4, 2015, pp. 18-19.

义多边化"的大趋向。还有一个典型问题,虽然不能等同于最惠国待遇,但也涉及 FTA 缔约方如何对待非缔约方的贸易待遇,此即 FTA 原产地规则的设计。

FTA 原产地规则属于优惠性原产地规则的一种,由于涉及贸易优惠,相比非优惠性原产地规则而言,其制定具有更强的敏感性。FTA 原产地规则的初衷在于避免所谓的"贸易偏转"(trade deflection)——如果 A 国与 B 国之间 FTA 的原产地规则不存在、不明确或过于宽松,C 国就会将产品出口到 B 国,然后再转出口到 A 国,变相享受 A 国与 B 国之间 FTA 的关税优惠待遇。同时,原产地规则的高度技术化也带来了相应的问题:一是在实践中,它可以被人为设计成产业政策引导工具和贸易保护主义工具;二是它设定的烦琐标准反而会成为企业享受关税优惠的障碍。

在当前的时代背景下,国际趋势是"开放的区域主义"或"区域主义多边化",国内趋势是"建设更高水平开放型经济新体制"。相应地,新时代中国 FTA 的原产地规则就不能过于封闭化,而要在一定程度上向非缔约方敞开经济合作的大门。

(一)新时代中国 FTA 原产地规则的价值取向新探讨

新时代中国大力推动自贸区战略,绝非搞"小圈子""小集团",而是通过 FTA 这一合法机制工具,由双边合作推动区域合作,由区域合作推动多边合作。因此,新时代中国 FTA 原产地规则在价值取向上必须立足"少边",服务多边。目前,中国 FTA 原产地规则的设计与改革可能面临着以下两个"两难":

1. 企业便利与产业政策之间的两难

如前所述,原产地规则设定的烦琐标准带给企业的负担是世界范围内 FTA 优惠利用率低下的重要原因之一。因此,致力于原产地规则的简化,调动企业的积极性,从而提高 FTA 优惠利用率,就成为当代原产地规则改革的方向之一。当然,原产地规则也不是越简单就越便利企业。例如,过去东盟自贸区的原产地规则被认为是最简单的——40%的价值含量标准。然而,随着时间的推移,人们逐渐发现单一的价值含量标准并不便利企业遵守,因为企业必须对投入成本进行衡量、披露和核实,而且对于某些产品如纺织品与服装,40%的价值含量标准事实上很难满足。因此,东盟自贸区又逐渐引进了其他标准,如税目改变标准,并在一定范围内采取产品特定清单代替单一的价值含量标准。[1]不过,总体而言,FTA原产地规则走向简化的确是业界公认的大趋势。

与此同时,原产地规则的确能够成为执行产业政策、引导企业行为的有力武器。较典型的例子是NAFTA的原产地规则,一向以烦琐复杂著称;特朗普上台后推动达成的USMCA,其原产地规则又对若干行业强化了限制性。但是,也要看到,通过NAFTA模式的原产地规则的确立,美国成功地在汽车等重要行业实现了北美区域价值链的构建,并迫使欧洲和日本的汽车企业在墨西哥投资设厂,使墨西哥也在这一价值链的运作中受益。另一典型例子是欧盟的集成电路原产地规则,其原产地的确定以"扩散"工艺为依据,而不是以"组装""检测"工序为依据。该规则导致外国在欧盟集成电路行业的投资飞涨,许多美国集成电路生产商将在美国本土进行的"扩散"工艺转移到了欧盟。这就表明,对特定产品采用高标准的技术要求或加工工序要求,可以达到吸引高新技术、实现产业保护和产业升级的目标。[2]以上典型例子都体现了FTA原产地规则事实上的产业政策功能。

对于当下中国而言,一方面要促进原产地规则的便利化,另一方面又要慎重考虑原产地规则与产业政策的结合。申言之,中国现有FTA存在企业利用率不足的问题,其中一个重要原因便是原产地规则——企业对原产地规则不熟悉或原产地规则存在利用上的不方便。因此,顺应世界趋势,对FTA原产地规则进行适度的简化,使其更加便利企业尤其是中小企业,必然是中国FTA原产地规则的未来取向之一。中国目前正处于国内产业结构转型升级的关键阶段,《中国制造2025》《国务院关于加快发展生产性服务业促进产业结构调整升级的指导意见》等都是近些年来标志性的产业政策文件。在这方面,韩立余指出,中国产业政策的特征之一是,既促进中国境内的产业合理布局,同时又将国内外市场紧密联系起来。从全国一盘棋出发,优化产业组织结构和调整区域产业布

---

[1] See Margaret Liang, TPP Negotiations: Rules of Origin, in C. L. Lim, Deborah K. Elms and Patrick Low (eds.), *The Trans-Pacific Partnership: A Quest for a Twenty-first Century Trade Agreement*, Cambridge University Press, 2012, pp. 125-126.

[2] 参见孟国碧:《论优惠性货物原产地规则的双刃剑效应——兼及中国的实践》,载《河北法学》2009年第4期,第105页。

局,成为中国产业政策的重要内容。同时,结合国际市场情况,通过产品出口和对外投资,带动国内产业的发展;通过引进外资和技术,承接现代产业转移,进一步促进和扩大国内产业的发展程度和水平。[1] 如此,中国在某些产业需要构造国内价值链,实现产业升级转型;而在某些产业又需要促进和便利区域价值链乃至全球价值链,推动对外经济合作。韩立余还指出,产业政策需要贸易政策的配合,中央文件明确要求"强化贸易政策和产业政策协调"。中国产业政策的密集出台、实施,实质上是与中国改革开放政策的深入实施联系在一起的。[2] 当前,中国新一轮改革开放的目标是打造高水平开放型经济新体制。以上种种因素决定了,中国FTA原产地规则作为重要的贸易政策工具,需要发挥产业政策的引导作用。这就需要进行一定程度的专门设计,而要在设计过程中始终保持其与便利企业目标之间的平衡,实属不易。

2. 封闭与开放的两难

既然中国需要在产业政策下根据产业状况分门别类、有针对性地构建国内价值链、区域价值链和全球价值链,那么中国FTA原产地规则的设计就会面临封闭性抑或开放性的导向选择。其中,构建国内价值链属于封闭性导向,构建全球价值链属于开放性导向,构建区域价值链则介于封闭性导向与开放性导向之间。

首先,在国内价值链的构建导向上,中国的选项是可以有意识地通过FTA原产地规则保护国内中间品行业。孟国碧早就指出,严格的优惠性原产地规则能迫使最终产品的生产者从当地获取配件,尽管其价格比从国外进口要高。比如,可以通过规定较高的当地价值含量比例,对原材料生产者或中间产品生产者给予保护和鼓励,从而实现保护现有生产者免受地区竞争的影响。[3] 事实上,当一国需要构建国内价值链时,保护国内产业特别是中间产品的制造业就成为自然的选择。

其次,在区域价值链的构建导向上,中国的选项可以是通过FTA在原产地

---

[1] 参见韩立余:《世贸规则与产业保护》,北京大学出版社2014年版,第335页。
[2] 同上书,第337—338页。
[3] 参见孟国碧:《优惠性原产地规则中的累积规则研究》,载《法学家》2008年第3期,第105页。

规则上实行区域累积制度。如此,不但能促进区域价值链,而且能带动国内价值链。但是,这样做可能导致的后果是,在关税优惠作用下,FTA区域内更贵的中间产品将取代区域外更便宜的中间产品,从而导致中间产品的贸易偏移。在区域累积制度下,区域内价值含量要求越高,这种贸易偏移越大。[1] 这种做法有利于培育国内或区域价值链,而对于FTA区域外国家来说则是一种损害。NAFTA原产地规则的模式就是典型的例子。总之,当一国需要构建某些产品部门的国内或区域价值链时,就会倾向于保护国内或区域内的中间产品生产者,而FTA原产地规则可能成为这把"双刃剑"。

最后,在全球价值链的构建导向上,中国的选项可以是在更大范围内扩大FTA原产地规则累积制度的适用。在全球范围内,欧盟主导的泛欧原产地规则是这方面比较典型的例子。正是通过泛欧累积,欧盟成功地以自身为中心,将累积范围扩大到EFTA国家,再到地中海沿岸北非国家、非加太众多国家和地区,并进一步延伸到其他FTA伙伴,从而构造了宏大的"同心圆"计划,在相当大程度上实现或至少促进了围绕自身形成全球价值链的目标。

回到中国的具体情况,中国目前在FTA原产地规则与产业价值链之间关系的走向上,面临着封闭与开放的两难。申言之,中国既要通过FTA促进与缔约伙伴间的优惠贸易,同时又不能因为FTA而排斥其他重要的经贸合作伙伴。事实上,一方面,中国已有的FTA伙伴多为中小发展中国家,如哥斯达黎加、秘鲁、智利、马尔代夫、毛里求斯等,正在谈判的伙伴和正在研究的潜在伙伴中大部分是诸如斯里兰卡、摩尔多瓦、斐济、巴布亚新几内亚等小国;另一方面,中国迄今最主要的经贸合作伙伴仍然是美国、欧盟、日本、韩国、东盟等,与体量较大的经贸伙伴缔结FTA的目前仅有与韩国、澳大利亚、东盟等少数几例。上述现状意味着,中国FTA原产地规则不能像北美的NAFTA/USMCA那样设计得过于封闭化,必须在促进区域内优惠贸易的同时,考虑到与主要的经贸伙伴之间的价值链联系。这就构成了新时代中国FTA原产地规则设计的又一"两难"。

---

[1] 参见孟国碧:《优惠性原产地规则中的累积规则研究》,载《法学家》2008年第3期,第106—107页。

综上,处理好这两个"两难",是新时代中国FTA原产地规则设计应有的价值取向。

(二)货物原产地规则的改革

基于上述两个"两难",从统筹兼顾、综合平衡的角度出发,笔者建议,新时代中国FTA的货物原产地规则在宏观层面应重点考虑以下两个问题:

1. 模式与标准

模式与标准问题主要与第一个"两难"——企业便利与产业政策之间的两难相关,既要促进原产地规则的便利化,又要慎重考虑原产地规则与产业政策的结合。

这里所说的模式问题,是指中国FTA应以对所有产品普遍适用的普遍性原产地规则模式为主,辅之以少量的产品特定原产地规则,还是以产品特定原产地规则模式为主,辅之以一定的普遍性原产地规则。此外,普遍性原产地规则模式还存在进一步的问题,即采用单一原产地标准还是多种选择性原产地标准。这里所说的标准问题,是指在税目改变、区域价值含量、技术工序这三种公认的基本标准中,究竟以哪一种为主,或者说如何将三者恰当组合起来。

笔者在这里总结一下中国FTA原产地规则的现状。据国内相关学者研究,中国FTA原产地规则的发展趋势,一是产品特定原产地规则由部分税号产品向全税则产品转变,二是主导标准由区域价值含量标准向税目改变标准转变。[1] 具体地讲,较早的中国—东盟、中国—巴基斯坦、中国—智利、中国—新加坡FTA主要以区域价值含量为判定标准,只针对少部分商品单列产品特定原产地标准清单;后来的中国—新西兰、中国—秘鲁、中国—哥斯达黎加FTA则采用全税则产品列表的方式,按照《商品名称及编码协调制度》(以下简称"HS制度")逐一列明产品应采用的原产地标准,此即产品特定原产地规则。就累积制度而言,中国已经签署的FTA中,中国—东盟FTA采用的是完全累积,

---

[1] 参见厉力:《自由贸易区的原产地规则问题研究》,复旦大学出版社2013年版,第250页。

其他FTA均为双边累积。[1] 明确以上现状后,我们接下来将进一步探讨中国FTA原产地规则的模式和标准的改进问题。

(1) 模式问题

从现有文献看,多数学者倾向于采用以产品特定原产地规则为主的模式,而非普遍性原产地规则模式。在国内,厉力认为,中国FTA原产地标准的制定缺乏产业针对性,不宜不分产品类型,一概适用区域价值含量标准。例如,中国—东盟FTA、中国—智利FTA的产品特定原产地规则涉及的产品种类有限,而且对不同种类的产品拟定的标准区别不大。这种单一模式难以有效引导高科技等重点行业的发展。[2] 意大利著名原产地规则专家伊那马也认为,尽管许多研究者仍然建议采用普遍性原产地规则,但全世界的发展趋势是向产品特定原产地规则转变,逐步抛弃普遍性原产地规则模式。但是,与此同时,产品特定原产地规则的发展也是导致原产地规则越来越复杂和严格的原因之一。因此,他认为还需要具体问题具体分析。普遍性原产地规则会给人简单便利的印象,但缺乏准确性,因为数以千计的不同产品均适用同一标准,有可能得出武断的结果。产品特定原产地规则可微调、可预测,但常常为贸易保护利益集团提供了游说空间。为了找到最佳标准,他建议:对缔约方在每个税目上的贸易流进行分析,基于此种分析并考虑到不同的参数,如贸易量、优惠幅度、进口敏感性、出口相关性、产品属性等,才有可能确定究竟采用产品特定原产地规则还是普遍性原产地规则,才能更好地为缔约方的利益服务。[3]

不过,学界也有不同意见。玛格丽特·梁认为,在TPP谈判中,美国之外的其他成员支持更为自由的原产地规则,它们并不喜欢产品特定原产地规则,

---

[1] 参见徐进亮、丁长影:《中国所涉自贸区原产地规则与相关问题研究》,对外经济贸易大学出版社2013年版,第207页。

[2] 参见厉力:《自由贸易区的原产地规则问题研究》,复旦大学出版社2013年版,第295页。

[3] 参见[意]斯特凡诺·伊那马:《国际贸易中的原产地规则》,海关总署关税征管司译,中国海关出版社2012年版,第405—406页。

而是推动以累积规则为基础的泛区域原产地规则。[1] 她还断言,要建立面向21世纪的高质量的FTA原产地规则,产品特定原产地规则并不是高质量的,建立在低门槛基础上的泛区域累积才是高质量的。[2]

关于在普遍性原产地规则模式中是否采用多种选择性原产地标准的问题,有学者建议中国各个FTA均采用选择性原产地标准:判定某一产品是否为一成员的原产产品时,任一成员都应当允许出口商在以下三种原产地标准中任选一种:一是产品区域价值成分不低于某一比例,如40%;二是依据HS制度,产品生产过程中使用的非原产材料发生了四位税目归类改变;三是符合产品特定原产地规则。生产企业和出口商可根据产品实际情况,自行选择所适用的原产地标准。[3]

伊那马的分析更加全面,他对多种选择性原产地标准和产品特定原产地规则作了对比。对同一产品设定多种选择性原产地标准是没有问题的,但这些选择方案在其限制程度上应相当。如果做不到这一点,就等于对同一产品设定宽严不一的多种选择性原产地标准。其主要弊端是,依据所采用的多种选择性标准对同一产品会得出不同的原产地结果,因此这些规则的技术稳定性指数等于零。这已为南部非洲发展共同体、东南非共同市场在原产地规则管理上的经验所证明。这些集团最初采用了这种模式,但渐渐被迫转而采用产品特定原产地规则。但是,也要看到,制定产品特定原产地规则是一项非常复杂的技术性工作,而且更为重要的是,为贸易保护主义者和利益集团的介入提供了余地。此外,制定产品特定原产地规则还需要综合考虑优惠协定中产品的贸易流量、优惠幅度以及特定部门的进出口敏感性等多种因素。[4]

综合以上分析,笔者试提出:在宏观层面上,中国FTA还是适宜采用全税

---

[1] See Margaret Liang, TPP Negotiations: Rules of Origin, in C. L. Lim, Deborah K. Elms and Patrick Low (eds.), *The Trans-Pacific Partnership: A Quest for a Twenty-first-Century Trade Agreement*, Cambridge University Press, 2012, p. 130.

[2] Ibid., p. 131.

[3] 参见徐进亮、丁长影:《中国所涉自贸区原产地规则与相关问题研究》,对外经济贸易出版社2013年版,第180页。

[4] 参见〔意〕斯特凡诺·伊那马:《国际贸易中的原产地规则》,海关总署关税征管司译,中国海关出版社2012年版,第400页。

则的产品特定原产地规则。新时代中国人力资源、谈判队伍的不断壮大可为采用这种模式提供越来越好的支撑。基于中国的国情,西方国家盛行的利益集团游说问题在中国并不严重,但伊那马强调的产品贸易流评估的确需要大力强化。这是一个复杂的系统工程,需要整合法学、经济学、管理学等多学科的人才队伍,并需要企业的积极参与。同时,普遍性原产地规则在未来中国 FTA 中也并非毫无用武之地,一方面是受限于发展中大国现阶段的国情,考虑到人力资源尚未充分齐备;另一方面也是基于原产地规则灵活化和便利企业的需要,在以全税则的产品特定原产地规则为主的同时,可辅之以一定的普遍性原产地规则,并提供多种选择性原产地标准作为一种平衡。

(2) 标准问题

从现有文献看,多数学者倾向于以税目改变标准为主,而非以区域价值含量标准为主。厉力分析了区域价值含量标准的优缺点。该标准的优点是简单明确,有其合理性。但是,它也有较明显的缺点,主要在于:一是公式计算的主观性较强,在证书签发过程中容易受到人为因素的干扰。二是要求企业有完善的账册存档和管理机制,对企业的守法程度和自律性要求很高。三是发展中国家通常是国际贸易中的弱者,受原材料价格、制成品价格水平波动的影响较大,同时汇率的波动更是放大了这些波动,因此对同样的产品在不同时期可能得出不同的原产地认定结果。这无疑会降低企业贸易决策的可预见性,也催生了企业利用原产地规则的投机性。[1] 基于发展中国家的特点,厉力建议:中国以后与发展中国家商谈 FTA 时,应抛弃"一刀切"的区域价值含量标准,转而采用客观性强、简单易行的税目改变标准作为原产地判定的主标准,辅之以少量的区域价值含量标准。[2]

孟国碧也认为税目改变标准的透明度较高,可预见性强,便于企业和海关实施。[3] 她指出,有国外学者通过对拉丁美洲南部地区几个贸易优惠协定的

---

[1] 参见厉力:《自由贸易区的原产地规则问题研究》,复旦大学出版社 2013 年版,第 295—298 页。

[2] 同上书,第 298 页。

[3] 参见孟国碧:《优惠性货物原产地规则中的 CTC、VC 及 TP 标准比较研究》,载《广东商学院学报》2008 年第 5 期,第 104 页。

原产地规则的分析得出结论：在这些原产地标准中，税目改变标准是限制性最少的，其次是区域价值含量为60%的标准，再次是要求同时具备前两种标准，最后是限制性最强的技术工序要求。[1] 在另一篇论文中，她指出，在满足标准所需成本的排序上，税目改变标准最低，区域价值含量标准居中，技术工序标准最高。[2]

在一片叫好声中，伊那马冷静分析了税目改变标准的一些弊端。他首先指出，HS制度的本意是为商品分类提供标准，便于海关进行商品分类和统计，并不是专门为原产地规则制定的，因此以单纯的HS税目改变界定产品的"实质性改变"不一定准确。这就是放弃以税目改变标准为普遍适用模式，转而采用全税则的产品特定原产地规则的理由。[3] 税目改变标准的缺点是，将其作为一种全面适用的标准，在某些情形下会得出不同的原产地结果。他举了一些常见的例子来证明：根据HS制度，采用税目改变标准会导致极其复杂的组装加工有可能不被赋予原产资格，而简单的零件组装加工则可能被赋予原产资格。[4] 归根结底，HS制度并不是专门为了原产地规则而制定，税目改变标准将其直接套用到原产地认定上可能导致不合理的结果。

玛格丽特·梁则分析了区域价值含量标准的弊端。随着时间的推移，东盟自贸区原产地规则中的区域价值含量标准被证明，企业遵守难度较大。同时，在纺织品与服装行业中，有的产品很难达到40%的东盟含量标准。因此，东盟后来又逐渐引进税目改变标准，作为区域价值含量标准的补充和替换标准，并将其运用到中国—东盟、韩国—东盟、日本—东盟等FTA中。[5] 她还指出，区

---

[1] 参见孟国碧：《论优惠性货物原产地规则的双刃剑效应——兼及中国的实践》，载《河北法学》2009年第4期，第105页。

[2] 参见孟国碧：《优惠性原产地规则的现实困境及其改革》，载《法学》2008年第7期，第114页。

[3] 参见〔意〕斯特凡诺·伊那马：《国际贸易中的原产地规则》，海关总署关税征管司译，中国海关出版社2012年版，第349页。

[4] 同上书，第401—404页。

[5] See Margaret Liang, TPP Negotiations: Rules of Origin, in C. L. Lim, Deborah K. Elms and Patrick Low (eds.), *The Trans-Pacific Partnership: A Quest for a Twenty-first-Century Trade Agreement*, Cambridge University Press, 2012, p. 125.

域价值含量标准对于低工资、资本稀缺的国家存在内在歧视。[1] 这个说法的理由显而易见：低工资、资本稀缺的国家的企业从事的常常是劳动密集型、低附加值的加工组装环节，在区域价值含量标准下，其产品不易获得原产地资格。不过，她又分析了税目改变标准的一个潜在缺陷：FTA 伙伴及其企业需要对产业状况有深入的了解，即要了解成千上万种产品税目的特定信息。如果不具备这种程度的了解，那么税目改变就是一个模糊的标准。[2]

综合以上各种分析，笔者试提出：在具体标准上，中国 FTA 原产地规则总体上适宜以税目改变标准为主，以区域价值含量等其他标准为辅。但是，这只是一个总体取向，在具体产品部门上并不绝对。一方面，需要采取适当措施纠正税目改变标准的一些缺点，如在伊那马所列举的 HS 制度与原产地规则需求不完全吻合的产品上，就不能一味株守税目改变标准，而是需要结合其他标准以实现纠偏；同时，加强对企业原产地规则和产业链关系的知识宣传，使企业能更好地运用税目改变标准。另一方面，同样重要的是，有必要区分不同产品部门：(1) 在较不敏感或不注重价值链考量的产品上，应当更多考虑规则灵活化以便利企业的需要。具体而言，可以采取普遍性原产地规则，以税目改变和区域价值含量为主要标准，辅之以产品特定原产地规则，将三者交由企业选择，也不必特别在意三者的限制程度同等化问题。(2) 在较敏感或存在价值链考量的产品上，问题要复杂得多，需要视情况而定。

2. 累积制度的改进

将累积制度的改进作为问题提出，是基于新时代中国 FTA 面临的第二个"两难"——封闭与开放的两难，即在促进 FTA 区域内优惠贸易的同时，也要考虑到与主要经贸伙伴之间的价值链联系。

(1) 对角累积制度的扩展适用

伊那马举了与中国直接相关的一个价值链贸易的例子：中国从美国、日本进口压缩机零件，组装后将压缩机成品出口到东盟。他从技术上设计了该产品

---

[1] See Margaret Liang, TPP Negotiations: Rules of Origin, in C. L. Lim, Deborah K. Elms and Patrick Low (eds.), *The Trans-Pacific Partnership: A Quest for a Twenty-first-Century Trade Agreement*, Cambridge University Press, 2012, p. 128.

[2] Ibid., pp. 128-129.

的一个原产地规则方案,指出这样就可以让这种使用第三国零件的压缩机成品不符合中国—东盟 FTA 的原产地要求,从而达到严格界定。[1] 笔者的思考则反其道而行之:既然这种基于经济合理性的价值链贸易已经相当成熟,我们又为何要对原产地从严要求?为何不设计一种让该成品最终符合要求的原产地规则,使中国—东盟 FTA 的贸易优惠能够有效发挥作用?在该例中,不妨假设美国、日本都是中国的 FTA 伙伴,这样原产地累积制度对于中国的重要性就展现出来了。

原产地规则累积制度有多种类型:从地域范围论,可分为双边累积、完全累积和对角累积等;从累积程度论,可分为全部累积和部分累积。这些都属于优惠性原产地规则的基本知识,鉴于大量资料已经作了全面介绍,本书不予赘述。在各国 FTA 实践中,若论累积制度的集大成者,莫过于欧盟主导的泛欧体系的优惠性原产地规则,其累积的地域范围囊括了双边累积、完全累积和对角累积。其中,尤以对角累积制度最具特色,欧盟将这种累积制度大量运用到其各个 FTA 中,以至于该制度又被称为"泛欧累积"。[2]

所谓对角累积,大体是指:甲国与乙国缔结了 FTA,若乙国向甲国出口的产品 A 中含有来自第三国丙国的成分,则这些成分可以被累积计入产品 A 的区域价值含量中,以此衡量产品 A 最终是否满足甲国与乙国间 FTA 的原产地要求。但是,对角累积要满足一系列条件:一是甲、乙、丙三国并不在同一个 FTA 中;二是甲国与乙国、甲国与丙国、乙国与丙国都分别缔结了 FTA,形成事实上以甲国为中心的一种 FTA 网络;三是甲国与乙国间 FTA、甲国与丙国间 FTA、乙国与丙国间 FTA 在产品 A 上必须采用相同的原产地规则;四是来自丙国的成分必须按照乙国与丙国间 FTA 原产地规则判断系原产于丙国,否则就不能被累积计入产品 A 的区域价值含量中。

在上述四个条件中,第三点为传统原产地文献所突出强调,也最令人费解。国内文献对其原因多语焉不详。但是,有国外学者对此作过精到的分析。假设

---

[1] 参见[意]斯特凡诺·伊那马:《国际贸易中的原产地规则》,海关总署关税征管司译,中国海关出版社 2012 年版,第 414—415 页。

[2] 参见孟国碧:《优惠性原产地规则中的累积规则研究》,载《法学家》2008 年第 3 期,第 105 页。

在单独关税区意义上,欧盟就是上面例子中的甲国,与乙国、丙国分别缔结了FTA,而乙国与丙国也缔结了FTA,并且这三个FTA都实行相同的原产地规则。现在,乙国要向欧盟出口T恤,需要使用来自丙国的布料。假设三个FTA共同的原产地规则都要求,布料要获得一国的原产地资格,就必须使用该国的纱线。乙国从丙国进口的布料由于使用了丙国的纱线,自然可以判断其原产自丙国,这种布料的价值就可以被累积计入乙国出口到欧盟的T恤成品中,依然可以享受欧盟赋予的零关税待遇,这就是对角累积。

问题在于,为何要求三个FTA都实行相同的原产地规则?现在假设乙国与丙国间FTA实行的是较之欧盟与乙国、欧盟与丙国间FTA不同的原产地规则,丙国生产的布料中使用了来自其他国家的纱线。按照欧盟与丙国间FTA的原产地规则,这种布料原本不能获得丙国原产地资格,自然也就不能免税出口到欧盟。但是,假设丙国将这种布料出口到乙国,根据乙国与丙国间FTA的原产地规则,乙国承认这种布料原产自丙国。然后,乙国使用这种布料加工成T恤成品,出口到欧盟。根据欧盟与乙国间FTA的原产地规则,该成品依然能够享受欧盟赋予的零关税待遇。这样,就造成了贸易偏转——丙国的布料直接出口到欧盟不能免关税,但通过先出口到乙国,再间接出口到欧盟,也能享受到欧盟的贸易优惠。[1]

综上所述,为了具有可行性,对角累积要求所有参与国之间都两两缔结FTA,而且这些FTA都拥有相同的原产地规则。如此,对角累积制度就鼓励优惠区域内所有参与国使用和处理相关材料,同时对非优惠参与方的中间品投入保持一套共同的标准。就本质而论,FTA原产地规则原本限制了一国从非FTA缔约国进口中间品的数量,但对角累积制度使得从区域外进口中间品更加便利,且仍然满足FTA原产地规则的要求。[2]

实际上,冷静地从价值链角度反思,如果从世界上其他国家到丙国,从丙国

---

[1] See Michael Gasiorek, *et al.*, Multilateralizing Regionalism: Lessons from the EU Experience in Relaxing Rules of Origin, in Richard Baldwin and Patrick Low (eds.), *Multilateralizing Regionalism: Challenges for the Global Trading System*, Cambridge University Press, 2009, pp. 158-159.

[2] Ibid., p. 156.

到乙国,再从乙国到甲国,已经形成了一条成熟的全球价值链,那么为何不鼓励这样的贸易模式运作?如果对角累积仅仅是为了避免丙国先向乙国出口,从而间接向甲国出口,就设置上述种种严格的条件,岂不是挫伤了乙国从丙国、丙国从世界上其他国家进口廉价中间投入品的积极性?由此,产生了一种大胆的设想:在不满足上述种种条件的情况下,是否也可以实行对角累积?中外学界都有人提出过这个设想,其中加西奥雷克等人对这种设想的阐述极为详尽。

加西奥雷克等人指出,对角累积的种种条件在现实中并不能很好地满足。诚然,欧盟与一些中小国家间可以达成这些条件的一致。但是,在面对美国等大国时,就很难要求一概满足这些条件,尤其是各个 FTA 原产地规则必须一致的条件。他们进而提出了"优惠伙伴原则"(preferential partner principle)的设想。在该设想下,不需要所有国家间的 FTA 原产地规则都相同,甚至不需要这些国家间两两缔结 FTA。例如,假设欧盟与摩洛哥、埃及两国都有 FTA。但是,摩洛哥、埃及之间没有 FTA,欧盟—摩洛哥、欧盟—埃及两个 FTA 的原产地规则甚至也不相同。埃及将被允许从摩洛哥进口中间投入品,只要来自摩洛哥的成分按照欧盟—摩洛哥 FTA 的原产地规则可以被认定为摩洛哥原产,这些成分就可以被累积计入埃及出口到欧盟的最终成品中。当然,摩洛哥与埃及之间也可以缔结 FTA,此 FTA 的原产地规则可以与欧盟—摩洛哥、欧盟—埃及两个 FTA 的原产地规则相同,也可以不同,这些都不是必须条件。"优惠伙伴原则"意味着,一国可以在自己指定的若干 FTA 伙伴范围内实行累积,使得这些 FTA 伙伴都能够享受价值链模式的好处,即使该国与这些伙伴之间的原产地规则各不相同(这是现实中的常态)。[1]

进一步,加西奥雷克等人甚至还提出了"优惠伙伴原则"下的"类最惠国待遇"做法。在上面这个例子中,埃及从摩洛哥进口中间投入品时,对来自摩洛哥的成分是否可认定为摩洛哥原产的问题,既可以按照欧盟—摩洛哥 FTA 的原产地规则认定,也可以按照欧盟—埃及 FTA 的原产地规则认定。即埃及拥有

---

[1] See Michael Gasiorek, *et al.*, Multilateralizing Regionalism: Lessons from the EU Experience in Relaxing Rules of Origin, in Richard Baldwin and Patrick Low (eds.), *Multilateralizing Regionalism: Challenges for the Global Trading System*, Cambridge University Press, 2009, pp. 172-174.

适用哪个FTA原产地规则的选择权,它认为哪个规则更加便利认定、更少限制性就可以选择哪个。对于摩洛哥来说,其待遇地位与埃及一样。[1]

以上设想相当大胆,但又富有学术价值,其价值就在于为化解不同FTA的不同原产地规则造成的"意大利面条碗"格局提供了灵活方案。目前,中国FTA中,仅中国—东盟FTA中实行完全累积,其他FTA实行的都是双边累积。中国现在既开发内需潜力,又鼓励企业"走出去"寻找海外市场,在培育国内价值链、区域价值链、全球价值链上三者并举,从而不得不面对FTA原产地规则的封闭与开放的两难,加西奥雷克等人扩展对角累积范围的上述思路便有了不可忽略的重要意义。无独有偶,国内学者徐进亮、丁长影也提出,原产地对角累积规则能够进一步促进受惠区域内的经贸联系,在一定程度上维护区域安全与稳定。为加强内地(大陆)与港澳台地区以及中国与亚太地区的经济联系,他们建议率先在中国现有的涉及亚太地区的贸易协定之间进行原产地对角累积,从而促进中国与亚太地区的区域融合,实现共同发展和经济互补。例如,为加强与东南亚、南亚国家的经济联系,可以率先在中国—东盟FTA、中国—巴基斯坦FTA和《亚太贸易协定》成员国之间进行原产地对角累积。[2] 以上主张表明,在扩大对角累积范围、放松对角累积条件、促进大区域经贸整合发展的思考上,中外学者所见略同。

以上设想甚至已有实例可以印证。孟国碧举了原产地规则惠及第三方的一个例子:2003年,美国与新加坡缔结了FTA,规定附件3B所列的产品从另一缔约方领土进口到一缔约方领土时,将被视为另一缔约方原产的产品,从而可以享受FTA贸易优惠。这一规定实质上是将对某些特定产品的优惠扩大到赋予所有第三方,只要这些产品是通过新加坡运往美国的。印度尼西亚事实上被

---

[1] See Michael Gasiorek, *et al.*, Multilateralizing Regionalism: Lessons from the EU Experience in Relaxing Rules of Origin, in Richard Baldwin and Patrick Low (eds.), *Multilateralizing Regionalism: Challenges for the Global Trading System*, Cambridge University Press, 2009, p.174.

[2] 参见徐进亮、丁长影:《中国所涉自贸区原产地规则与相关问题研究》,对外经济贸易大学出版社2013年版,第169页。

美国、新加坡视为该规定的主要受益者。[1] 在笔者看来，这可能与新加坡繁荣的自由港地位和发达的转口贸易也有直接关系。如此，我们可以思考这种范例对于中国的借鉴意义。

中国目前有几个比较明显的价值链贸易模式，其中极具代表性的一个便是经济学家所说的"东亚生产模式"。在机械电子设备的东亚生产网络中，往往是东盟国家的企业从事简单加工并出口到中国大陆，作为自由港的香港地区在其中主要负责转口贸易，台湾地区的企业负责中高等技能的劳动密集型出口，中国大陆的企业主要负责简单组装后出口最终制成品。[2] 最终进口国可以设想为日本或韩国，也可以是美国或欧盟。在此种格局下，中国可以基于现有的中国—东盟FTA、内地与香港CEPA、大陆与台湾ECFA、中国—韩国FTA，推行对角累积的扩展适用，从而进一步推动此种区域价值链模式的顺利运转，同时也能有效带动内地（大陆）与港澳台地区的协同发展。此外，对于伊那马所举的例子，即中国从日本进口压缩机零部件，加工组装后将压缩机成品出口到东盟，假设未来中日韩FTA谈判成功，则可以在中日韩FTA、中国—东盟FTA之间实行对角累积的扩展适用，从而便利压缩机产业的价值链贸易。这些类似的做法甚至可以为未来RCEP范围内（东盟10国＋中日韩＋澳新印）实行完全累积打下基础。

（2）累积制度的价值链考量

上文关于对角累积扩展适用的讨论，主要立足于对全球价值链构建的考量。但是，事实上，中国目前的产业政策所面对的价值链考量是复杂多元的，在不同产业部门可能分别蕴含着构建国内价值链、区域价值链、全球价值链的不同目标。因此，未来中国FTA原产地规则的累积制度需要基于这三个不同的方面分别讨论。

首先，以累积制度构建国内价值链。伊那马举了一个例子，南亚区域合作联盟国家曾经与欧盟就欧盟普惠制项下的原产地规则中准予区域累积问题进

---

[1] 参见孟国碧：《欧盟、美国优惠性原产地规则运用的实践及启示——非经济功能的视角》，载《河北法学》2006年第8期，第44页。

[2] 参见华晓红、汪霞：《CAFTA、CEPA、ECFA利用率浅析——以货物贸易为例》，载《国际贸易》2014年第12期，第60页。

行磋商。在与欧盟的讨论中,由于经济严重依赖服装出口,为了排除来自印度的中间成分的竞争,孟加拉国国内织物生产商反对在服装产业实行区域累积,从而保护其利益。[1] 孟国碧也指出,严格的原产地规则能迫使最终产品的生产者从当地获取配件等中间产品,引导生产者使用当地原材料,尽管其价格可能比从国外进口要高。因此,欲对原材料或中间产品的生产者给予保护和鼓励,从而保护其免受地区竞争的影响,可以规定较高的当地价值含量比例。[2] 在需要构建国内价值链时,这些理念可以对保护区域内产业尤其是中间产品制造业起到特殊作用。比如,可以考虑在这些产业实行国内比例成分为主、技术工序为辅,以加强国内中间产品的替代效应。

贸易形态是另一个要考虑的问题,即加工贸易还是一般贸易。如前所述,玛格丽特·梁指出,区域价值含量标准对于低工资、资本稀缺国家存在内在的歧视。一方面,此类国家大多从事劳动密集型的简单加工贸易,而加工贸易的国内增加值很低,如果采用区域价值含量标准,则其出口产品往往不能获得原产地资格。另一方面,加工贸易又几乎必然导致税目归类发生改变,而如果采用税目改变标准,这些国家的出口产品显然更容易获得原产地资格。中国尽管目前致力于产业转型升级,但中西部地区仍然存在发展加工贸易的较大空间。因此,有经济学者主张,中国应当区分贸易形态,对加工贸易和一般贸易适用不同的原产地规则。[3]

这又涉及区分优惠性贸易和非优惠性贸易。在以美欧等为最终出口市场的非优惠性贸易中,中国在加工贸易形态上更适合采用区域价值含量标准,因为反正享受不到关税优惠,采用税目改变标准势必导致低附加值的加工贸易出口产品更易享有中国原产地资格,加剧美欧等对所谓"贸易逆差"问题的纠缠。但是,就本书所关注的FTA框架下优惠性贸易而言,中国FTA原产地规则更

---

[1] 参见〔意〕斯特凡诺·伊那马:《国际贸易中的原产地规则》,海关总署关税征管司译,中国海关出版社2012年版,第395页。

[2] 参见孟国碧:《论优惠性货物原产地规则的双刃剑效应——兼及中国的实践》,载《河北法学》2009年第4期,第105页。

[3] 参见张胜满等:《我国原产地规则的应用研究——基于投入产出的分析》,载《天津大学学报(社会科学版)》2015年第3期,第215—219页。

适合采用税目改变标准而不是区域价值含量标准,如此方能使出口产品更易享有原产地资格,从而获得 FTA 关税优惠,进一步促进加工贸易价值链的顺利运转。此外,徐进亮、丁长影有一个值得注意的提议:中国 FTA 的累积制度应从仅适用于区域价值含量标准扩大到适用于税目改变、技术工序等其他标准。[1] 这个说法略让人费解,其实质就是强调即使价值含量的累积达不到原产地要求,但如果经历了税目改变,也可以被包括在累积计算过程中。这实际上就是把选择性原产地标准扩大运用到累积制度中,使累积更易成立。

其次,以累积制度构建区域价值链。这方面,美国、墨西哥等北美国家无疑提供了非常典型的实践。墨西哥在关键行业尤其是汽车等重要部门取消中间产品关税,对于吸引外国直接投资起到了巨大作用,[2]值得中国在培育区域价值链时效仿。NAFTA 对汽车产业的高限制性原产地规则,有效推动了欧盟等在墨西哥境内投资生产。这种运用高限制性原产地规则达到区域价值链培育目标的实践,固然由于其封闭性而招致批评,但中国若有相关需求,也可在亟待推动的关键产业适度效仿。[3] 目前,在中国内地(大陆)与港澳台地区、中国—东盟 FTA 甚至在"10+3"(东盟 10 国+中日韩)的东亚范围内,中国可以扩大累积制度的运用,以促进东亚区域价值链的形成。国外也有学者指出,考虑到价值链形成与业务分拆外包的现实,如果关税已经降到一定程度,为价值链培育考虑,下一步就需要在诸如东亚这样的区域实施各种累积制度了。[4] 还有一个思路是,在"一带一路"倡议下,以自我为中心,面向中亚、南亚、西亚等地区打造亚洲内陆的区域价值链,累积制度可以在其中发挥作用。当然,这有赖于中国与这些地区的国家先缔结 FTA。

---

[1] 参见徐进亮、丁长影:《中国所涉自贸区原产地规则与相关问题研究》,对外经济贸易大学出版社 2013 年版,第 166 页。

[2] 参见〔美〕西蒙·莱斯特、〔澳〕布赖恩·默丘里奥编著:《双边和区域贸易协定:案例研究》,王晨曦译,上海人民出版社 2016 年版,第 77 页。

[3] 同上书,第 73 页。

[4] See Richard Baldwin, et al., Beyond Tariffs: Multilateralizing Non-Tariff RTA Commitments, in Richard Baldwin and Patrick Low (eds.), *Multilateralizing Regionalism: Challenges for the Global Trading System*, Cambridge University Press, 2009, pp. 134-135.

最后,以累积制度构建全球价值链。所谓全球价值链,其实就是更大范围的区域价值链。如需有效利用全球或区域价值链,则应在 FTA 原产地规则中加强对角累积,这是许多国外学者的共识。[1] 玛格丽特·梁也强调,TPP 大多数成员希望推动更加自由的、以累积规则为基础的泛区域原产地规则。TPP 的目标,一是促进亚太地区更深层的一体化,二是达到国内监管一致性,三是为现存众多贸易协定的整合提供一个范例,从而走出"意大利面条碗"困境。[2]

如前所述,孟国碧提出,在几种主要的原产地标准中,税目改变标准是限制性最少的,其次是区域价值含量为 60% 的标准,再次是要求同时具备前两种标准,最后是限制性最强的技术工序要求。相应地,满足标准所需成本的排序也一样:税目改变标准最低,区域价值含量标准居中,技术工序标准最高。这个事实表明,在需要推进区域甚至全球价值链、降低原产地规则限制性的场合,适合大量运用税目改变标准,同时还需要加强运用"吸收规则"和"微小含量规则",以配合累积制度的扩大实施。此外,相关学者的共识之一是,FTA 原产地规则需要建立动态的日常评估机制,重点在评估使用第三方投入物方面,以便于在更大范围的区域内加强累积。[3]

总之,中国必须针对不同的产业部门,立足于国内、区域、全球三个层面的价值链考量,分别采取不同的 FTA 原产地累积策略及相关制度设计。同为发展中国家的墨西哥,在面对美国、欧盟两大巨头时,就是基于自身国情,在 FTA 原产地规则上采取了不同策略。对美国,墨西哥追随北美原产地模式,紧盯区域价值链。对欧盟,墨西哥则要求在自身利益最大的产品部门进行灵活安排,

---

[1] 关于国外学者的观点,参见张胜满等:《我国原产地规则的应用研究——基于投入产出的分析》,载《天津大学学报(社会科学版)》2015 年第 3 期,第 216 页。

[2] See Margaret Liang, TPP Negotiations: Rules of Origin, in C. L. Lim, Deborah K. Elms and Patrick Low (eds.), *The Trans-Pacific Partnership: A Quest for a Twenty-first-Century Trade Agreement*, Cambridge University Press, 2012, p. 130.

[3] See Antoni Estevadeordal, *et al.*, Harmonizing Preferential Rules of Origin Regimes Around the World, in Richard Baldwin and Patrick Low (eds.), *Multilateralizing Regionalism: Challenges for the Global Trading System*, Cambridge University Press, 2009, p. 326.

并没有被迫接受泛欧模式。[1] 虽然墨西哥与中国的国情不同,但这种具体问题具体分析、因时因地因对象的策略值得中国借鉴。

(三) 服务原产地规则的改革

服务原产地规则是国际贸易法体系中最为棘手的法律问题之一,存在诸多技术层面上的困难,这在许多研究文献中都有体现。对这个问题的讨论,需要先从 WTO 项下 GATS 服务原产地规则开始,其内容略为复杂。

1. WTO 项下 GATS 服务原产地规则的基本内容

总体上,GATS 服务原产地规则包括三个重要法条——GATS 第 28、27、5 条,此排序先后不宜颠倒。

GATS 第 28 条的标题为"定义",界定了与服务贸易相关的一系列概念,构成了 WTO 服务原产地规则的主体部分。根据该条,"另一成员的服务"指:(1) 自(from)或在(in)该另一成员领土内提供的服务(对海运服务的规定较特殊,从略);或(2) 对于通过商业存在或自然人存在所提供的服务,指由该另一成员服务提供者所提供的服务。

"服务提供者"指提供一服务的任何人。同时,GATS 的脚注 12 补充规定:"如该服务不是由法人直接提供,而是通过如分支机构或代表处等其他形式的商业存在提供,则该服务提供者(即该法人)仍应通过该商业存在被给予在本协定项下规定给予服务提供者的待遇。此类待遇应扩大至提供该服务的存在方式,但不需扩大至该服务提供者位于提供服务的领土以外的任何其他部分。"

"另一成员的自然人"指居住在该另一成员或任何其他成员领土内的自然人,且根据该另一成员的法律:(1) 属该另一成员的国民;或(2) 在该另一成员中有永久居留权,如该另一成员:① 没有国民;或② 按其在接受或加入《WTO 协定》时所作通知,在影响服务贸易的措施方面,给予其永久居民的待遇与给予其国民的待遇实质相同。

"另一成员的法人"指:(1) 根据该另一成员的法律组建或组织的并在该另

---

[1] 参见〔美〕西蒙·莱斯特、〔澳〕布赖恩·默丘里奥编著:《双边和区域贸易协定:案例研究》,王晨曦译,上海人民出版社 2016 年版,第 77 页。

一成员或任何其他成员领土内从事实质性业务活动的法人;或(2)对于通过商业存在提供服务的情况:①由该成员的自然人拥有或控制的法人,或②由(1)项确认的该另一成员的法人拥有或控制的法人。

"拥有"和"控制"指:法人系由一成员的个人所"拥有",如该成员的个人实际拥有的股本超过50%;法人系由一成员的个人所"控制",如此类人拥有任命其大多数董事或以其他方式合法指导其活动的权力。

GATS第27条的标题为"利益的拒绝给予"。一成员可对下列情况拒绝给予本协定项下的利益:(1)对于一项服务的提供,如确定该服务是自(from)或在(in)一非成员或与该拒绝给予利益的成员不适用《WTO协定》的成员领土内提供的;(2)对于海运服务的规定(较特殊,从略);(3)对于具有法人资格的服务提供者,如确定其不是另一成员的服务提供者,或是对该拒绝给予利益的成员不适用《WTO协定》的成员的服务提供者。

GATS第5条的标题为"经济一体化",是关于WTO成员间缔结区域服务贸易自由化协定的直接法律依据。该条中与服务原产地规则相关的规则是第3、6款。其中,第6款规定,任何其他成员的服务提供者,如属根据服务贸易自由化协定参加方的法律所设立的法人,则有权享受该协定项下给予的待遇,只要该服务提供者在该协定的参加方领土内从事实质性商业经营。第3款第2项规定,尽管有第6款的规定,但是在服务贸易自由化协定只涉及发展中国家的情况下,对此类协定参加方的自然人所拥有或控制的法人仍可给予更优惠的待遇。

据此,WTO服务原产地规则体系大体可概括为:一是在跨境提供和境外消费这两种服务模式上实行服务提供行为的属地法原则,而在商业存在和自然人流动这两种服务模式上实行服务提供者的属人法原则。二是如服务提供者为自然人,其属人法有国籍和永久居留地两个标准;如服务提供者为法人,其属人法有准据法(辅之以实质性业务活动)标准和资本控制标准(商业存在的情形下),其中资本控制标准又分为"拥有""控制"两种形态。三是从反面对不符合以上规定的服务提供者予以排除。四是非服务贸易自由化协定的其他WTO成员也可以通过在区内设立法人的途径,享受此类协定的特惠利益。但是,南南协定中的发展中参加方的自然人所拥有或控制的法人,相比区域外成员在区域内设立的法人而言,仍可享受更优惠待遇。在以上四点中,前三点为非优惠性服务原产地规则,第四点为优惠性服务原产地规则。

2. 服务原产地规则的困难点

问题是,上述 WTO 服务原产地规则体系被认为在实践操作中存在诸多不明确之处,要进一步精确界定又存在一些困难。

首先,服务贸易本身的特性决定了服务原产地规则的制定难度比货物贸易更大。徐进亮、丁长影综合各方观点,比较集中地论述了这方面的困难点,主要有:(1) 很难获取和核实大多数服务生产结构的信息。(2) 大多数服务贸易都要实质性改变所投入的服务要素,而很多服务又具有即时性——在出售之前根本不存在,出售往往又与消费同步进行,因此服务原产地规则很难借用货物原产地规则中的"实质性改变"概念,只能基于服务提供者的国籍或者价值增值标准,但价值增值标准在实践中很难操作。(3) 剩下的选择只有国籍标准,但判断服务提供者的国籍并非易事,一是服务提供者的名义所在地与实际控制地可能并不在同一个关税区;二是法律意义上的服务提供者与经济意义上的服务提供者也不等同,需要鉴别中间服务投入的来源。[1] 其中,第三点也是当代全球价值链格局下服务外包中广泛存在的经济现实。[2]

在上述种种"先天局限"下勉力制定出来的 WTO 服务原产地规则体系,不可避免地会带有模糊性,欲在纪律上进一步精确化又面临种种技术性困难。王衡将这方面的技术困难点集中概括为:(1) "拥有"或"控制"要求标准僵化。现实中,一些服务提供者存在平均持股、分散持股、交叉持股等股权结构,很难有效认定"拥有"或"控制"状况。同时,"实质性业务活动"也很难精确界定。(2) 多个服务提供者共同提供服务时,原产地难以确定。在网络托管、数字出版、建筑设计等诸多服务领域中,由两个或两个以上服务提供者共同提供服务

---

[1] 参见徐进亮、丁长影:《中国所涉自贸区原产地规则与相关问题研究》,对外经济贸易大学出版社 2013 年版,第 218—219 页。

[2] 关于"法律意义上的服务提供者"与"经济意义上的服务提供者"的概念,参见 Aly K. Abu-Akeel, Definition of Trade in Services Under the GATS: Legal Implications, *The George Washington Journal of International Law and Economics*, Vol. 32, Iss. 2, 1999, p.199。

的情形并不少见。当多个不同来源的服务提供者以商业存在方式共同提供服务时,依照 GATS 规则恐难免出现该服务同时具备多重国籍的情形,这将给国际服务监管带来严峻考验。(3)"经济意义上的服务提供者"认定困难。这与前文徐进亮、丁长影所说的第三点相同,涉及离岸外包等复杂情形。GATS 仅仅以法律意义上的服务提供者的国籍作为服务原产地,实质是剥夺各成员通过适当的原产地规则追寻和探究真实的经济意义上的服务提供者的权利;而在 GATT 项下的货物贸易领域,各成员可享有类似权利。[1]

3. 对"实质投入标准"的反思

对于上述技术困难点,王衡认为,这些缺陷很难通过《维也纳条约法公约》中的条约解释规则加以克服,需要对 WTO 服务原产地规则进行文本重构。由此,他提出:"实质投入标准"可能是服务原产地规则重构的唯一出路,是一种可资参考的补充解释方法。

所谓"实质投入标准",是指依据使服务价值产生实质增长的投入的来源地来认定服务的原产地。投入可以多种方式体现,既包括有形投入,也包括无形投入。该标准不但关注价值增长体现于何处,即是否存在投入,而且要回答该价值增长的幅度,即该变化是否构成实质性价值增长。如果一项服务中存在多次实质投入,则在认定服务原产地时以最后的实质投入作为评判标准。在商业存在中"拥有"或"控制"难以精确界定的困境下,不妨考虑将原产地认定重心从服务提供者转移到服务之上,通过直接分析服务中的各项投入来认定服务来源,不失为破解服务原产地认定难题的一种途径,也有利于针对服务的实质内涵寻求服务与服务提供者之间的客观经济联系。他特别强调,实质投入标准可与服务原产地规则中原有的国籍标准相互协调。从 WTO 框架下服务贸易的实践看,实质投入标准宜作为 GATS 服务原产地认定的一项例外;将其作为补充解释方法,仅在股权分散等特殊情形下适用,如此,其稳定性相对较弱的不足也能得到尽可能的抑制。[2]

为了有效实施实质投入标准,王衡进一步提出了"举证责任倒置"的配套设

---

[1] 参见王衡:《服务原产地规则研究》,法律出版社 2010 年版,第 109—124 页。
[2] 同上书,第 223—231 页。

计。对于经济意义上的服务提供者以外的第三人来说，服务的生产结构、生产过程等信息不够充分，特别不易获得包括服务投入在内的服务原产地信息。这种信息获得与认定的难题源于服务自身的无形性、不可储存性等内在特性，会严重困扰服务原产地认定工作。而采用举证责任倒置规则有利于化解这一问题。在运用实质投入标准探究服务来源时，成员需证明其就特定服务进行了硬件、软件等方面的投入，此类投入构成实质投入，且带来服务价值的实质增长，因此该服务应被认定来源于此成员。[1]

以上观点考察全面，论证严谨，具有很强的说服力。但是，在肯定其学术价值的同时，笔者也提出若干反思。实质投入标准事实上属于价值增值标准的范畴，而如前所述，价值增值标准在服务贸易中很难操作，霍克曼等 WTO 专家早在 20 世纪 90 年代就已论述过。[2] 王衡也认识到实质投入标准将要面对的难题和挑战，因此他提出：实质投入标准实施中，需要各当事方证明事实，包括提供统计与记载投入的文件、建立适当的会计制度，但应当避免人为造成实质投入标准过于复杂的情形。同时，实质投入标准的相关程序规则同样可能增大服务提供者的负担，但服务提供者要遵循原产地规则的程序性规定，采取包括提供证明材料等措施。[3] 他还指出，假如同时向各个 FTA 的缔约方与非缔约方出口服务，服务提供者可能面对各类服务原产地规则。为获得优惠待遇，服务提供者可能选择不同的服务投入组合。随之而来的结果是，服务提供者难以选择最经济的服务投入结构统一用于服务生产，难以运用统一的生产模式和程序，无法最大化地享有规模生产的益处，生产成本可能因此增加。[4] 此外，实质投入标准可能对发展中国家不利，因为发展中国家通常在人才、资金、技术等重要的服务投入方面处于劣势，服务提供者难以在这些国家采购到数量充足且最为经济的投入，其提供的服务因此难以被认定为源自此类国家。发展中国家虽然在劳动密集型投入方面具有优势，但在资金和技术密集型方面的投入总体

---

[1] 参见王衡：《服务原产地规则研究》，法律出版社 2010 年版，第 232—233 页。

[2] See Bernard Hoekman, Rules of Origin for Goods and Services: Conceptual Issues and Economic Considerations, *Journal of World Trade*, Vol. 27, Iss. 4, 1993, pp. 86-89.

[3] 参见王衡：《服务原产地规则研究》，法律出版社 2010 年版，第 233—234 页。

[4] 同上书，第 234—235 页。

上落后,而服务业又常常高度依赖资金和技术。跨国公司即使在发展中国家直接投资设立企业,根据实质投入标准,其服务依然未必被视为具有发展中国家的原产地资格并享受优惠待遇。[1]

所有这些顾虑,总结起来就是一个关键词——成本。实质投入标准从法理上讲是好的,但实际运作成本势必巨大,如果再加上举证责任倒置要求,将迫使服务提供者认真考虑是否需要为了享受相关贸易优惠而承担如此沉重的成本。同时,在多个服务提供者联合提供服务或股权分散、股权平均的服务提供者提供服务的情况下,运用实质投入标准判断原产地,各方比重可能依然难分轩轾,仍需进行具体情形下的特定裁量,这势必又要增加成本。

接下来,笔者的反思从另一个角度切入——是否有必要。运用实质投入标准,目的自然是更清晰地界定某项服务的原产地,而界定服务原产地的目的则是进一步界定此项服务能否享受 FTA 的贸易优惠;如果某项服务原产地最终被界定为 FTA 的非缔约方,那么就要被排除在 FTA 的受益范围之外。从这个意义上讲,在优惠性贸易关系内,服务原产地规则与货物原产地规则的目标具有相似性。然而,对于当下志在打造高水平开放型经济新体制的新时代中国来说,是否有必要在服务市场开放上引入实质投入标准,值得深思。中国作为发展中大国,正要将改革开放事业进一步推向纵深,市场开放的大门也要越开越大,其工作重心究竟是只对少数国家专门开放某些部门,还是原则上针对所有国家进行普适性开放并辅之以同等的特定限制?考虑到中国国内负面清单开放模式的出台步伐,这个问题的答案似不难得出。同时,如前所述,中国目前的 FTA 缔约伙伴、谈判伙伴或潜在伙伴基本上都是"一带一路"沿线中小国家,或者说就是小国,如马尔代夫、毛里求斯、巴布亚新几内亚等。在此种情况下,如果说由于商业存在模式下的"拥有"或"控制"标准不清晰,就要引入实质投入标准,将来自美国、欧盟、日本、韩国等重要经贸伙伴的服务企业排除在市场开放利益之外,只让诸如马尔代夫等小国的企业享受利益,对于中国似乎并无明显的必要。

从学理上讲,宽松的服务原产地规则并不见得是坏事。其一,WTO 服务原

---

[1] 参见王衡:《服务原产地规则研究》,法律出版社 2010 年版,第 235 页。

产地规则允许非 FTA 成员的企业通过在 FTA 区域内设立法人,搭上 FTA 的市场开放"便车"。这个规定本身就表明了服务原产地规则的限制性不像货物原产地规则那么强,这是"先天性"特征。

其二,根据一些学者的研究,事实上,世界各国 FTA 的服务原产地规则大多比 WTO 服务原产地规则更加宽松。例如,就法人的国籍认定而言,NAFTA 采用了注册地标准(或称"准据法标准")和利益拒绝条款,但不要求法人为 NAFTA 成员所拥有或控制。欧盟相关条约在法人国籍认定上也采用了注册地标准,并要求法人的法定办公室、管理中心地或是主要营业地之一在欧盟境内,[1]这实质上是注册地标准和实质性业务活动标准的结合。周念利也指出,只有泰国—澳大利亚 FTA、新加坡—日本 EPA 等少数区域协定在界定商业存在模式中的适格法人时引入类似 GATS 的"拥有"或"控制"标准,其他大多数区域服务贸易自由化安排在此问题上往往只着眼于注册地标准和实质性业务活动标准。因此,那些由非 FTA 成员的自然人或法人拥有或控制的企业并不当然被拒绝授予 FTA 贸易优惠,FTA 贸易优惠只是拒绝授予在区域内没有实质性业务活动的此类企业。采取这种相对自由的原产地规则,可使区域外投资者在多数情形下也能享有 FTA 区域内市场准入机会,从而在一定程度上有助于降低 FTA 固有的歧视性。事实上,大量吸引外国直接投资,包括吸引来自区域外的外国直接投资,正是许多 FTA 设定的中心目标。[2] 此外,从国际社会实践来看,有些 FTA 的服务贸易章甚至还对拒绝授予利益的适用设置事前通知与磋商的条件,[3]等于进一步放宽了市场准入机会。

其三,有国外学者分析了宽松的服务原产地规则对于 FTA 中服务进口国的好处,主要有:宽松的服务原产地规则可让非成员的服务提供者享受区域协定下的贸易优惠,有利于增加服务进口国的福利;宽松的服务原产地规则有利于服务进口国吸引世界上效率最高、最先进的服务提供者,从而强化服务进口

---

[1] 参见徐进亮、丁长影:《中国所涉自贸区原产地规则与相关问题研究》,对外经济贸易大学出版社 2013 年版,第 221—222 页。

[2] 参见周念利:《区域服务贸易自由化安排的"GATS+"特征分析》,载《国际贸易问题》2008 年第 5 期,第 72 页。

[3] See Free Trade Agreement Between Canada and Chile, Part Three, Chapter H, Art. 11.2.

国服务提供者之间的竞争,借以取得规模经济的好处;优质外资的进入还可以给东道国带来知识外溢的好处,从而间接提升本国服务提供者的服务质量。[1]

从实践上讲,归根结底,FTA服务原产地规则宽严的"必要性"研究最终是事实层面的实证问题。其一,这个问题取决于中国统一的外商投资负面清单究竟如何制定,即针对外资的特别限制部门和特别管理措施如何制定。这才是关键所在,直接决定了中国FTA以后的服务开放承诺将基于何种标杆。其二,这个问题的实际效果还有待观察,即在相对宽松的服务原产地规则下,允许一些非FTA伙伴的企业搭上中国FTA的"便车",究竟是否会对中国经济造成严重的冲击效应。其三,中国当前的供给侧结构性改革强调要引进高质量外资,优化资本供给,为产业转型升级服务,这种经济动力的需求也促使我们思考是否有必要过于严格地界定FTA项下的服务原产地规则。其四,实质投入标准在现实中的操作难度确实很大,因为对服务的不同部分往往难以强行区分并分别评估,相应地,各个环节的价值增值量也很难精确界定。此外,服务贸易的特性决定了价值增值范畴内的原产地判定在服务贸易合同尚未执行完成时都是暂时的,在合同执行中会不断变动,只有在合同执行完成之后才能最终确定,而服务提供者是否能够享受FTA贸易优惠(如市场准入)却需要事前判定,这样就形成了实际操作中的无解循环。

相反,新时代中国跨境服务贸易的价值链受益面将可能是更为开放的,在数字化等新兴产业可能更为明显。这方面非常值得参考的范例是,美国FTA中享受国民待遇和最惠国待遇的数字产品范围广泛,不限于完全在缔约另一国生产和出口的数字产品。这实际上是允许其他国家也参与受惠的数字产品的生产过程,从而起到了类似货物原产地规则的累积效果。这一做法显然有利于服务领域的全球价值链运作。何其生指出,根据美国—智利FTA的规定,一个在欧洲由中国商人制作的电影或者设计的软件如果被出口至美国,即使该电影或者软件仅仅在智利第一次被存储或者商业化,它也可以在最惠国待遇的基础上享受美国给予智利产品同等的国民待遇。因此,享受FTA中的国民待遇和

---

[1] See Aaditya Mattoo and Carsten Fink, Regional Agreements and Trade in Services: Policy Issues, World Bank Policy Research Working Paper 2852, 2002, pp.2-6.

最惠国待遇的数字产品并不仅仅限于缔约国之间,还包括很多来自非缔约国的数字产品。这一做法非常务实,因为在当前的情况下,很多数字产品的创建、制作、发布、存储、传输、签订合同、委托或者第一次以商业形式提供等行为,往往涉及很多国家,以精确的原产地规则界定数字产品并不现实。[1]

4. 中国 FTA 服务原产地规则之我见

综上所述,笔者并不赞同在未来中国 FTA 服务原产地规则中引入实质投入标准。在当今全球价值链时代,不宜再一味株守 GATS 粗略笼统的服务原产地规则的模板,而应根据服务贸易的四种模式分别作出不同的具体规定:其一,在跨境提供、境外消费两种模式下,由于涉及服务外包和电子交付,因此可以采取较 GATS 服务原产地规则更加宽松的做法,突出注册地标准和实质性业务活动标准,淡化"拥有"或"控制"标准,使区域外服务提供者也能够享受相关优惠,从而促进价值链加速成形和顺利运转。其二,在商业存在模式下,应强化 FTA 服务贸易规则与投资规则的相容性,服从 FTA 投资规则关于适格投资者的相关规定,注意与《外商投资法》中的"外国投资者"定义相接轨,并参考《外商投资法》适度细化"拥有"或"控制"标准。[2] 其三,在自然人流动模式下,应主要根据自然人的属人法,必要时辅之以居民或居住标准,以放松要求。

(四)小结

未来中国 FTA 的原产地规则改革相当复杂,是一项系统工程,只有联合法学、经济学(尤其产业经济学和贸易经济学)、统计学、管理学等多个学科的人才力量才能有效推进。本书从法学角度作了一些探讨,得出若干粗线条的思路以供参考:

(1)未来中国 FTA 的原产地规则在宏观层面的总体取向上,相比过去,应在封闭与开放之间更加倾向于开放,对 FTA 固有的歧视性特征有所矫正。具体做法是,在更广泛的区域内,在货物贸易上强化累积制度,在服务贸易上放宽

---

[1] 参见何其生:《美国自由贸易协定中数字产品贸易的规制研究》,载《河南财经政法大学学报》2012 年第 5 期,第 146 页。

[2]《外商投资法》中并没有明确规定"外国投资者"的定义以及"拥有"或"控制"标准,本书在这里是基于 2015 年商务部《外国投资法(草案征求意见稿)》进行参考性讨论。

要求,以顺应价值链的运作需要。宽严适中应是未来中国FTA的原产地规则应秉持的基本尺度。[1]

(2) 未来中国FTA的原产地规则在微观层面的具体标准上,应立足于发展中大国的基本国情和多元需求,分门别类,具体问题具体分析:

其一,在较不敏感或不注重价值链考量的产品上,应更多考虑规则灵活化以便利企业的需要。具体而言,可以采取普遍性原产地规则,以税目改变和区域价值含量为主要标准,辅之以产品特定原产地规则,将三者交由企业选择,也不必特别在意三者的限制程度同等化问题。

其二,在较敏感或存在价值链重要考量的产品上,采取产品特定原产地规则应成为常态。一方面,为了推进区域甚至全球价值链,扩大累积效应,中国FTA须大量运用税目改变标准,并加强"吸收规则"和"微小含量规则"的运用;另一方面,为了产业政策需要,中国FTA可在有需要的部门适度运用区域价值含量标准和技术工序标准,以保护国内中间产品制造部门或刺激外来高技术投资。此外,加工贸易和一般贸易的形态区分因素也应被纳入中国FTA原产地规则的考量范围。

(3) 未来中国FTA的原产地规则应当顺应全球贸易便利化的趋势,配合效率提升型制度供给的需求,进一步强化辅助性的便利化机制,如企业自我声明、事后稽查、政府间原产地信息联网、原产地预裁定、通关后一年证书补办期、缔约方间原产地规则定期磋商等多种机制,继续推动企业友好型的FTA原产地规则。

借用玛格丽特·梁的话作总结:21世纪FTA原产地规则应当具备以下特征:(1)灵活;(2)简单;(3)考虑价值链的模式变化。由此,高质量的21世纪原产地规则应当包括如下做法:(1)泛区域累积;(2)等效性原产地规则,提供多种标准以供选择;(3)设置最低门槛标准;(4)提供核实、文书处理和协商机制,如自我声明等,并防止被滥用。由此可见,美国NAFTA式的原产地规则绝对

---

[1] 有经济学者指出,宽严适中的原产地规则是最适合中国的,有利于促进GDP和双边贸易额的增长。参见徐进亮、丁长影:《中国所涉自贸区原产地规则与相关问题研究》,对外经济贸易大学出版社2013年版,第208—209页。

不是高质量的 21 世纪原产地规则。[1]

笔者认为,新时代中国 FTA 的原产地规则可适度借鉴泛欧体系的一些重要制度:(1)泛欧体系最大的特点是广泛运用累积规则;(2)泛欧体系广泛使用"吸收条款";(3)在具体产品的规则上,欧盟主要适用税目改变标准,兼采其他标准,工序标准则被用于较敏感产品和生产较分散的产品上。[2]

考虑到新兴发展中大国的国情,中国既要尊重全球价值链下的经济格局,又要打造国内价值链以推动产业转型升级。因此,一方面,中国可考虑在未来与发达国家或新兴经济体的 FTA 原产地规则中设置针对其他发展中国家的对角累积规则,降低原产地规则门槛;另一方面,可对某些特殊商品实行较高的区域内附加值制度,适度抬高原产地规则门槛。这两方面的做法都有利于吸引高质量的外来投资,后一种做法还有利于打造国内或区域价值链。[3] 当然,所有这一切的前提是关税优惠和市场准入优惠能切实发挥吸引力,并切实被企业广泛利用。

---

[1] See Margaret Liang, TPP Negotiations: Rules of Origin, in C. L. Lim, Deborah K. Elms and Patrick Low (eds.), *The Trans-Pacific Partnership: A Quest for a Twenty-first-Century Trade Agreement*, Cambridge University Press, 2012, p. 130.

[2] 参见徐进亮、丁长影:《中国所涉自贸区原产地规则与相关问题研究》,对外经济贸易大学出版社 2013 年版,第 208 页。

[3] 有经济学家举了南非以及欧盟、北美地区等具体范例阐述这种机理。参见罗先云:《论区域自由贸易协定中优惠原产地规则对国际直接投资流向的影响》,载《河南财经政法大学学报》2014 年第 6 期,第 119 页。

# 第七章
# 新时代中国自由贸易协定法律规则之不变

本章将依次分析新时代中国 FTA 法律规则之若干"不变",分别是市场准入力度加深之不变、公共监管权力保持之不变、特殊与差别待遇坚持之不变、协定条款软硬并行之不变。前一章的诸项"变"者,需要新时代中国 FTA 积极地去改变一些做法,较为复杂。而本章的诸项"不变"者,源自中国在相当长时间内依然是发展中国家的基本事实,旨在强调中国 FTA 若干基本精神和宗旨的继续保持,相对而言要简明一些。本章的重点在于阐述这些基本精神和宗旨的内在理据,作为未来中国 FTA 范式构建的参考。

## 第一节 市场准入力度加深之不变

本书前文一再强调:FTA 这一机制工具除了扩大市场准入的传统功能外,还具有经贸规则建构的新兴功能。对于中国而言,当务之急已不再是一味坚持前者,而是要大力推进后者,至少对两者的重要性应同等看待。同时,也要注意,大力推进后者并非要放弃前者,而是在坚持前者不变的基础上强化后者,双翼并举方能行稳致远。

## 一、中国自由贸易协定继续推进市场准入的好处

中国 FTA 的现状是,在扩大市场准入上确有一定成效,但不宜夸大,而在规则建构与规则话语权方面则明显滞后。因此,笔者主张:新时代中国 FTA 文本改革的基本思路应定位于"功能转向",即中国 FTA 应从侧重于扩大市场准入的传统功能转向侧重于规则建构的新兴功能。此种转向是一种制度变迁,但不是制度颠覆性的更替,而是制度"非颠覆性的重大变化"。[1] 制度变迁的主要原因在于,原有制度的相对低效和制度所要解决问题的变化。[2] 一般而言,国际制度变迁的动力是相关国家的实力上升,变迁背景可能是国际环境的改变,变迁内容是机制功能的变化而不是机制的消亡,变迁目标是对相关国家未来制度效益的改善。总之,制度创新就是用一种效益更高的制度来代替低效制度的过程。[3]

需要注意的是,以上主张旨在强调"双管齐下",是一种辩证态度,并不意味着对传统的市场准入工作就不需要再加以重视。在中美贸易摩擦形势严峻、西方贸易投资保护主义盛行的局面下,在 FTA 中继续将市场准入工作进一步推向纵深,对中国显然有益无害,其直接好处至少有三:一是有利于中国出口市场多元化,以摆脱对美欧市场的依赖;[4] 二是有利于推动"一带一路"倡议下中国主导的 FTA 网络的形成;三是如果中国参与的 RCEP 这样的巨型 FTA 谈成,由此获得的市场准入优惠将有利于消减 CPTPP、TTIP、TISA 等其他巨型协定对中国造成的价值链边缘化压力。间接好处是,以扩大市场准入为抓手,推进

---

〔1〕 参见徐崇利:《〈巴黎协定〉制度变迁的性质与中国的推动作用》,载《法制与社会发展》2018 年第 6 期,第 205 页。

〔2〕 关于判断国际制度是否有效的主要变量,参见王明国:《因果关系与国际制度有效性研究》,世界知识出版社 2014 年版,第 147 页。

〔3〕 参见祁怀高:《国际制度变迁与东亚体系和平转型——一种制度主义视角分析》,载《世界经济与政治》2010 年第 4 期,第 67 页。

〔4〕 摆脱对特定出口市场的依赖,追求经济联系多元化,对于新兴经济体具有十分重要的意义。在经济上相当依赖美国的墨西哥在与欧盟、日本的 FTA 谈判中的立场可证明这一点。参见〔美〕西蒙·莱斯特、〔澳〕布赖恩·默丘里奥编著:《双边和区域贸易协定:案例研究》,王晨曦译,上海人民出版社 2016 年版,第 84、123 页。

中国与他国的FTA谈判,有助于建立良好的政治关系或缓解政治紧张关系,并能发挥FTA的"非传统收益"效应。

例如,商务部指出,中日韩FTA谈判是三国利益汇合点,建立自贸区有利于三国的重大经济利益。三国在经济和产业发展方面各有优势,建立中日韩自贸区有助于充分发挥三国间的产业互补性。中国拥有丰富的自然资源和广阔的市场,产业和贸易结构偏重于劳动密集型,但在技术、资本和创新能力方面与日韩尚有差距。日本拥有丰厚的资本和尖端的技术。韩国作为新兴工业化国家,具有成功的产业化和经济结构调整经验。随着贸易投资壁垒的消除或降低,区域内各类资源更趋合理配置,有利于扩大市场规模,提高生产效率,最终实现经济融合和共同繁荣。[1] 显然,中日韩FTA若能建成,也明显有利于东亚政治局势的稳定。这个例子可谓通过FTA推进市场准入的直接好处与间接好处相结合的典范。

根据中国自由贸易区服务网报道,中国与"一带一路"沿线国家的自贸区网络正在加速形成。2018年,中国与"一带一路"沿线国家货物贸易进出口总额达到1.3万亿美元,同比增长16.3%,高于同期中国外贸增速3.7个百分点,占外贸总值的27.4%。中国企业对沿线国家非金融类直接投资达到156.4亿美元,同比增长8.9%,占同期总额的13%。沿线国家对华直接投资60.8亿美元,同比增长11.9%。"一带一路"合作行动计划稳步推进,贸易往来持续深化,双向投资潜力进一步释放,高标准自贸区网络加速形成。[2]

同时,通过FTA扩大市场准入也是一把"双刃剑"。中国固然有更多的商品能够进入他国市场,但也要接受更多的外国商品进入本国市场,可能使国内相关产业遭受一定的冲击。对此,应如何看待?笔者认为,我们要跳出单纯盘算贸易收益的狭窄角度,站在更高的层面上审视。本书第四章主张,新时代中国FTA应致力于效率提升型制度供给。问题是,通过何种驱动机制才能使谈判相对方愿意接受我方这种供给?答案之一便在于中国的关税削减承诺,使更

---

[1] 参见《商务部:FTA是中日韩三国利益契合点》,http://fta.mofcom.gov.cn/article/fzdongtai/201811/39418_1.html,2019年3月18日访问。

[2] 参见《我国与一带一路沿线国家自贸区网络加速形成》,http://fta.mofcom.gov.cn/article/fzdongtai/201901/39737_1.html,2019年3月16日访问。

多的外国商品有望进入庞大的中国市场,从而得以分享中国高速发展的红利。"将欲取之,必先予之。"对于中国这样一个大国,对外商品输出过去主要集中于美、欧、日等传统市场,现在则致力于出口市场多元化。中国并不高度依赖某个特定的中小伙伴的关税优惠,但提供给这些中小伙伴的关税优惠仍因其市场规模巨大而对它们具有相当强的进入谈判的吸引力。这也佐证了中国目前与"一带一路"沿线中小伙伴缔结 FTA,完全可考虑以接受对方的商品输入换取己方的制度供给,同时也顺带促进本方的出口市场多元化。这是一揽子谈判方式下一种合理的利益交换策略。诚然,对方的商品输入会给中国国内产业和从业者带来一定冲击,但中国的市场规模和政策空间足以消化这些冲击。[1] 中国在向"一带一路"沿线 FTA 中小伙伴提供关税优惠的同时,可在国内及时建立起有效的贸易调整援助制度,以缓解外来商品冲击的后果。

最后,从操作角度看,要继续扩大市场准入,促进贸易增长,中国就要努力提高 FTA 的企业利用率。这需要在国内进一步加强宣传推广、促进企业能力建设、简化原产地规则、出台新的便利化措施等,以提升 FTA 的实际效用。

## 二、中国自由贸易协定继续推进市场准入的利益点

### (一)总览:新时代中国 FTA 市场准入利益点

中国在哪些产品和服务上拥有市场准入利益点,基本上属于经济学范畴,本书仅简要述之。从财政部关税司发布的政策看,中国近年来的关税调整导向是:基于创新驱动发展政策和供给侧结构性改革,对国内急需的先进设备、关键零部件和能源原材料降低进口关税,积极推进《信息技术协定》下信息技术产品的分批次降税,执行 APEC 环境产品降税承诺,并继续给予最不发达国家零关

---

[1] 在入世之初,一些人曾一度有"狼来了"的担忧。但是,事实已证明,入世带来的普遍性外国商品输入(包括来自美、欧、日等巨头的大量商品)并未造成多么严重的后果。更何况,今日中国的经济实力远强于入世之初,FTA 中小伙伴的商品输入更不会给中国国内造成严重冲击。中国领导人早就指出:"中国经济体量大、韧性好、潜力足、回旋空间大、政策工具多。"参见《习近平:新常态将给中国带来新的发展机遇》,http://cpc.people.com.cn/xuexi/n1/2016/1117/c385476-28875583.html,2019 年 4 月 18 日访问。

税待遇。[1] 此外，中国还主动下调食品、药品、保健品、化妆品等重要消费品的进口关税，以丰富国内消费者选择或扩大急需消费品的供给。

相应地，中国FTA关税削减工作也应当配合上述导向。在货物贸易领域，对周边重要经贸伙伴，中国应更加注重深入削减中间品关税，降低价值链交易成本，进一步加深价值链融合；不仅要为出口商带来市场机遇，也要为国内进口商降低生产成本。例如，就东亚生产网络而言，若中国对液晶面板、电视显像管及其零部件等取消关税，将不仅扩大这些产品自日韩的进口，也有助于降低中国电视机、电脑、手机等生产企业的成本，提高这些企业在更大范围国际市场上的竞争力。[2] 对地理距离较远的中小伙伴，中国应注重对国内急需的资本品、高科技产品或有利于扩大消费者选择面、满足消费者高端需求的消费品进行关税削减。例如，秉承创新驱动发展战略和供给侧结构性改革的理念，可继续鼓励国内急需的先进设备、关键零部件和能源原材料进口；为丰富国内消费者的购物选择，可降低外国特色食品和文化消费品的进口关税；为回应国民对医疗和健康的关注，可降低生产抗癌药等重要药品所需生物材料或化学原料的进口关税；等等。

此外，霍克曼专门指出，各国对加工产品（processed product）征收的进口关税通常要高于原材料。[3] 这种优待原材料进口的现象显然是为了保护中间品贸易。那么，从进一步便利价值链运作的角度出发，中国在FTA谈判时，可要求对方将降税重点更多放在加工产品上。这将有利于中国的加工产品、最终产品出口市场多元化，从而降低对美、欧、日市场的依赖程度。

基于新时代中国已经比较雄厚的制造业实力和货物贸易总体量，在FTA货物关税削减的法律模式上，本书同意王江雨的观点。也就是在面对多数FTA

---

[1] 参见《2017年1月1日起我国将对进出口关税进行部分调整》，http://www.gov.cn/xinwen/2016-12/23/cotent_5152101.htm，2018年10月30日访问；《2018年1月1日起我国调整部分进出口关税》，http://www.gov.cn/xinwen/2017-12/16/content_5247667.htm，2018年10月30日访问。

[2] 参见《商务部：FTA是中日韩三国利益契合点》，http://fta.mofcom.gov.cn/article/fzdongtai/201811/39418_1.html，2019年3月18日访问。

[3] See Bernard Hoekman, *Supply Chains, Mega-Regionals and Multilateralism: A Road Map for the WTO*, CEPR Press, 2014, p. 21.

谈判对象时,中国应继续坚持在中国—东盟FTA中的做法,即实行负面清单模式;除了缔约方明确列出的敏感税号之外,原则上,所有税号都必须进行关税减让。如此,方有利于实现更广范围的货物贸易自由化。相比之下,亚洲地区其他FTA大多实行货物贸易的正面清单模式,显得较为保守。[1] 在笔者看来,货物贸易的负面清单模式还有利于FTA最终文本,使其更易符合GATT 1994第24条关于"实质上所有贸易"的要求,促使FTA尽量与WTO多边宗旨相一致。当然,中国仍然需要视具体谈判对象的具体实力而定,尤其是农业部门,可能需要更谨慎行事。

当然,扩大市场准入显然不局限于货物贸易,还应将服务贸易考虑在内。一方面,中国应秉承供给侧结构性改革的理念和全球价值链下的"制造业服务化"战略,大力引进高质量的生产性服务业外资,推动先进技术引进和国内产业结构升级;同时,为有效弥补国内生活性服务业的供给短板,在养老、医疗、保险、娱乐休闲等领域扩大外国高质量服务的准入,使其服务于中国全面建成小康社会的需要。另一方面,中国应继续鼓励己方具有相对优势的服务出口,如海运、建筑、旅游等传统部门;同时,立足于全球价值链格局下大力发展服务接包的战略导向,基于云计算、大数据、人工智能等新兴技术,在FTA中有针对性地要求对方扩大对计算机信息服务、金融服务、专门技术服务、专业管理咨询服务、维护维修服务等新兴服务行业的市场准入,促使国内服务接包产业加快向高端化、数字化、标准化等方向创新发展以及向高技术、高附加值、高品质、高效益方向转型升级。

(二)专论:坚持"自然人流动"单独设章对于中国的特别意义

在服务贸易领域,基于中国自身的禀赋优势,特别需要强调的一点是:正如西方大国FTA坚持金融服务、电信服务单独设章那样,中国FTA也应当继续坚持"自然人流动"(又称"自然人移动")单独设章的做法;不但在面对发展中经济体的谈判时应当如此,未来在面对更多的发达国家和新兴经济体的谈判时更

---

[1] 参见〔美〕西蒙·莱斯特、〔澳〕布赖恩·默丘里奥编著:《双边和区域贸易协定:案例研究》,王晨曦译,上海人民出版社2016年版,第172页。

应如此,不应动摇,因为这是中国自身禀赋优势的鲜明体现。同时,西方发达国家的部分 FTA 也采取了类似的做法,典型代表便是 TPP 的"商务人员临时入境"章。当然,这一做法可能是迫于发展中缔约伙伴的压力,也可能部分是基于全球价值链运转的客观需要。

李先波和李琴对自然人流动的法律问题作了非常深入的研究,他们分析了中国在自然人流动领域的利益所在:(1)从宏观形势讲,一是中国传统文化和软实力建设的需要,如中文教学、中医、武术、中餐等特殊专业技能人才的输出;二是中国企业在"走出去"的海外投资过程中对商务人员和专业高级技术人员的需要,如经理、董事等高管以及会计师、律师、金融从业者等配套人员的输出;三是在中国具有传统比较优势的低技术劳动部门的利益需要,如海运、建筑、医护等人员的输出。总之,中国人力资源储备丰富,劳动力结构层次复杂多样,能够满足国际劳务市场不同层次的需求,通过自然人流动,可以发展多样化的贸易伙伴,拓宽就业渠道,缓解国内就业压力;同时,还可以加强同其他国家的友好关系,促进中国优秀文化的传播,提升中国的国际影响力和软实力。[1] (2)从具体服务部门讲,除了上述海运、建筑、医护人员等领域外,中国在农场劳工、计算机人员等领域也具有一定优势。[2]

与此同时,从 WTO 多边谈判的现状来看,包括自然人流动在内的议题谈判处于长期停滞状态。发达国家对于自然人流动议题尤其敏感,一直持僵硬的保守立场。这表现为,该领域的具体承诺大多为水平承诺而不是部门承诺,相关的部门承诺也主要集中于发达国家所关心的高技术人才或者与商业存在服务模式(即跨境直接投资)相关的商务管理人员。劳动力资源丰富的发展中国家在自然人流动方面的谈判需求,大多集中于争取自然人流动的市场开放谈判与商业存在的市场开放谈判相脱钩,同时强化发展中国家具有比较优势的低技术劳工市场开放的谈判,并希望发达国家在"经济需求测试""劳动力市场测试"等审核程序上增加透明度和放松要求。[3]

---

[1] 参见李先波、李琴:《自然人流动法律规制研究》,法律出版社 2013 年版,第 129—130 页。

[2] 同上书,第 188 页。

[3] 同上书,第 27—31、69—74 页。

实际上，中国作为发展中大国，与一般的中小发展中国家存在不同。中国不仅在传统的低技术劳工领域有"走出去"的利益，在商务人员流动上也有同样的利益。在社会主义新时代和中美贸易摩擦背景下，中国更是高度关注优化国内营商环境，吸引高质量外资，便利外方商务人员流动，从而助推刺激内部需求、深挖国内市场的目标。李先波和李琴认为，发展中国家由于对外投资规模小，在自然人流动的谈判上没有多少筹码。[1] 但是，笔者认为，作为发展中大国的中国大不相同。在"一带一路"倡议下，中国海外投资规模巨大，完全可以在FTA等区域性经贸谈判中将其作为筹码，针对具体伙伴提出自然人流动市场开放的合理要求。例如，在中国—巴基斯坦FTA中，巴基斯坦不但在外资股比方面给予中国服务提供者更加优惠的待遇，在人员流动方面也提供了更加宽松和便利的条件。[2]

在对以往中国FTA逐个进行文本分析后，李先波和李琴认为，2008年中国—新西兰FTA对自然人流动的规定最为细致，有很多创新性做法，具有示范性作用。相对于WTO现有规则，他们将中国—新西兰FTA"自然人流动"章的规则创新概括为以下几个方面：实行"GATS+"模式；确定"自然人"的类型，明确相关术语；水平承诺的自由化程度更高，如延长各种商务人员的停留期限；深化了各种部门承诺；增加"临时雇佣"入境承诺；入境手续更加便利，如规定了快速申请程序；新增假期工作机制；等等。[3] 李先波还就中国在此议题上的应有主张提出了若干特色建议，如建立"GATS签证制度"、执行APEC"商务旅行卡计划"等。[4] 这些都对中国FTA自然人流动议题的规则创新具有参考价值。

还有一个需要注意的问题是，2010年中国—哥斯达黎加FTA采取了类似于欧盟FTA的做法，单独设置了"投资、服务贸易和商务人员临时入境"一章。如本书第五章所述，一方面，笔者认为这种将投资、服务贸易、自然人流动糅合

---

〔1〕 参见李先波、李琴：《自然人流动法律规制研究》，法律出版社2013年版，第276页。

〔2〕 同上书，第283页。

〔3〕 同上书，第286—292页。

〔4〕 参见李先波：《自然人流动规制的晚近发展及其对中国的启示》，载《法学研究》2010年第1期，第188、192页。

于一章的做法对于中国不太合适;另一方面,将"商务人员临时入境"等同于"自然人流动"也颇有商榷余地。

此外,自然人流动议题与投资议题是相互联系的。由于"一带一路"倡议下中国海外投资项目多为能源投资和基础设施建设项目,往往集中于政治风险高发的发展中国家,因此应将海外投资政治风险防控与自然人流动的劳动权益保护联系起来考虑。目前中国 FTA 的一个明显问题是,将各种议题简单拼凑成一个文本,忽略了各种议题之间的有机联系,相关条款亦显得不够完备。

在 FTA 中突出自身的禀赋优势是各国的普遍做法,大国更是如此。新时代中国需要也应当积极利用自身条件,在 FTA 自然人流动规则创新上有所作为。

## 第二节 公共监管权力保持之不变

在继续保持市场准入力度加深之不变的同时,新时代中国应密切观察国际国内形势,在 FTA 中注重对公共监管权力的保持,让经贸自由化与社会公共政策并行不悖。这是中国作为转型期发展中大国必须内化于自贸区战略之中的理念,且有必要长期保持不变。

### 一、中国自由贸易协定保持公共监管权力的理论依据

(一)新时代中国国内公共政策的特征及其对 FTA 的潜在影响

要理解新时代中国 FTA 保持公共监管权力的必要性,就要首先了解作为宏观大背景的中国公共政策的发展演变和需求现状。对此,国内社会学等学科已有非常深入的研究。如果任由社会自发地发展,就会出现各种问题,因此就需要对社会进行理性调节。这就是公共政策的存在意义。公共政策是现代政府用以管理和规范政府、市场和社会行为,体现价值目标,提供公共服务和产品,维护和弘扬公共利益以及对社会资源进行分配和再分配的重要管理手段,是对政府组织、社会组织和公民个体有约束、影响力和资源支持的行为准则和

规范性指导。[1] 根据社会学等其他学科的典型文献,新时代中国国内公共政策具有以下显著特征:

1. 公共政策内涵从单一经济理性走向全面综合理性

"中国已经进入全新的、依靠综合理性进行全景式公共政策制定的新时代。过去几十年靠单一经济理性思维推动 GDP 增长,并作为国家发展唯一标识的时代已经不适应我们现在的发展需求了。"[2]党的十八大以来,社会主义核心价值观等一套指标体系就是国家的宏观综合理性目标,尤其是共享式发展的理念。[3] "中国改革开放与市场开发有极大的相关性,但政府和规制的不足正是市场失序、社会不公、环境恶化的原因。所以说,真正的发展成功,仅有经济理性是不足的。"[4]

2. 公共政策制定的公共压力空前加大

"任何社会在任何时候都面临着各式各样的挑战,但政府应对挑战的资源是有限的。在制定公共政策时,政府往往不得不对优先处理哪些挑战有所取舍。能否影响决策过程固然是权力的一面,能否影响议事日程的设置则是权力更重要的另一面。"[5]在当代中国,随着专家、传媒、利益相关群体和人民大众发挥的影响力越来越大,公共政策的议程设置已变得日益科学化和民主化。[6]其中,互联网的蓬勃兴起和广泛使用大大增加了社会潜在压力转化为现实压力的可能性,要求公共政策制定者对社会关注热点作出及时回应。[7]

3. 公共政策在实施效果上具有不确定性

当代中国的若干重大公共政策还存在实施效果上的不确定性。在一些重大问题上,如何制定公共政策尚未形成定论。有学者指出,西方民主制度下的

---

[1] 蓝志勇:《全景式综合理性与公共政策制定》,载《中国行政管理》2017年第2期,第17页。

[2] 同上。

[3] 同上文,第19页。

[4] 同上文,第20页。

[5] 参见王绍光:《中国公共政策议程设置的模式》,载《中国社会科学》2006年第5期,第86页。

[6] 同上文,第99页。

[7] 同上文,第97—98页。

政策过程机制在政策议题复杂化和大量爆发面前逐渐显得力不从心，众多政策陷入党派竞争、利益集团游说的缓慢进程之中。即便政策议程开启，方案的论证和通过往往历经数年，从而损失了政策的时效性。[1] 转型期中国公共政策过程则呈现新的特征：政策制定环节被删简，政策执行被作为决策补充而表现为权衡与协商的过程。"决策删简—执行协商"作为灵活的政策过程模式，是在当前中国大量政策议题涌现情形下被塑造出的一种过渡性制度安排，能够有效化解决策中面临的社会压力和多元利益。[2] 但是，中国压力环境下的迅速决策必然导致相关矛盾下移至执行阶段，这是形成中国决策过程特征和执行难题的重要原因。[3] 由此，转型期中国公共政策执行的效果就会呈现出一定程度的不确定性。

以上三个特征是一般性的，新时代中国FTA这一对外机制所涉及的公共政策也大体符合这三个特征。按照政策性质，公共政策总体上可以分为规制性（regulatory）政策、分配性（distributive）政策、再分配性（redistributive）政策。[4] 审视FTA等贸易协定所涉及的公共政策，它们显然不涉及分配性和再分配性政策，而是涉及规制性政策或者说监管性政策。

首先，就"公共政策内涵从单一经济理性走向全面综合理性"而言，中国FTA显然不能再局限于单一的市场准入扩张，而是要秉承可持续发展理念，对知识产权、环境保护、文化管理、数据流动、人力资源、企业社会责任等各个方面均应有所兼顾。其次，就"公共政策制定的公共压力空前加大"而言，当今商业界、市民团体、非政府组织等对于环境与卫生标准、投资项目的社会影响等领域的关注，也在FTA中从管理决策到争端解决的公众参与压力上得到了鲜明体现。最后，就"公共政策在实施效果上具有不确定性"而言，当代FTA涉及的许多问题，大凡以软法形式表现出来的约定（如公众参与、电子商务、次区域开发

---

[1] 参见薛澜、赵静：《转型期公共政策过程的适应性改革及局限》，载《中国社会科学》2017年第9期，第67页。

[2] 同上文，第45页。

[3] 同上文，第66页。

[4] 参见蓝志勇：《全景式综合理性与公共政策制定》，载《中国行政管理》2017年第2期，第20页。

等)、社会议题范畴内的约定(如环境保护、企业社会责任、数据流动等)甚至直接属于经贸议题范畴内的约定(如未来可能的负面清单开放模式、监管一致性合作、数字贸易、知识产权、竞争政策等),它们在 FTA 中的"登台亮相",往往不是因为缔约国本身的自发性意愿,而是基于技术的快速发展、强国的外部压力、公众的普遍呼声等因素。这就印证了当代社会治理中各种议题的大量爆发给 FTA 谈判带来的冲击,中国作为转型期发展中大国更是如此。当代中国 FTA 中的许多议题或章节,除贸易便利化等少数领域外,其他的往往不是中国自发地引领和提倡的,其出台常常带有"决策删简"的特征,如此势必带来"执行协商"的问题。而执行过程中的协商和权衡,必将对中国 FTA 中的双边自由贸易委员会和公众参与不断提出新要求,也无法脱离中国国内的产业、文化、卫生、教育等公共政策的需求。

(二)新时代中国 FTA 的公共政策需求与国际大环境的关系

考察新时代中国 FTA 涉及的公共政策需求,国内因素自然是首要的基础,而国际因素也不能忽略。仅从经贸层面来看,后金融危机时期的逆全球化态势、大国监管政策的纷纷收紧、西方"规则制华"动向的愈演愈烈等,都可佐证新时代中国 FTA 必须强调公共监管权力保持之不变,以适应本国可持续发展的需要。

晚近以来,伴随着一系列"黑天鹅"事件,美欧逆全球化态势明显抬头,毋庸赘述。这种态势的背后有美欧内部深刻的经济、政治与社会背景,表明国家内部的社会不稳定因素会严重影响其对经济全球化的态度以及相应的经贸政策法律立场。在此背景下,约翰·鲁杰著名的"内嵌自由主义"(embedded liberalism)思想值得重温。

鲁杰的这一思想源自他于 1982 年在《国际组织》杂志上发表的一篇著名论文《国际机制、交易与变迁:战后经济秩序中的内嵌自由主义》,此文在学术界反响巨大,被广为援引。其核心观点是:二战以后,以布雷顿森林体系等一系列国际机制为标志的国际经济秩序的本质特征是一种"内嵌自由主义"式的妥协,即国内社会稳定目标和自由主义国际经济机制之间的妥协。于是,这个时代的自由主义国际经济机制,不再是传统放任意义上的自由主义,而是融入国家的社会保护目标。所谓"内嵌"(embedded),即自由主义国际经济机制被外来的社会目标嵌入。从另一个意义上讲,"内嵌"也意味着正当社会目标内嵌于国家权力之中,因为自由主义国际经济机制必须借助于大国的国家权力才能建立起来,而国家权力则必须融入社会目标的考量。不同于以往历史时期的是,二战之后的主要经济大国存在着社会目标的一致性,尽管不完全一致,但基本性质相同——一方面继续接受自由主义经济机制的基本理念,另一方面又通过国家管理维持国内社会的基本稳定。大国这种认知上的一致性,构成了二战后国际经济秩序内在的基本"规范"。鲁杰断言,二战后国际经济秩序的变迁只是"规范管理下的变迁",而不是"规范本身的变迁"。也就是说,主要大国间在上述认知上的一致性一直没有被根本动摇,最多只是国际经济机制的具体形式发生了一些变化,即使 20 世纪 70 年代布雷顿森林体系解体这样的重大变动也不例外。[1]"内嵌自由主义"式的妥协也意味着,各国在国家内部享有自主权,而在国际层面则需要采取协调化的集体行动。简言之,在国内是干预主义,在国际上则是多边主义。

鲁杰的观点得到学术界的高度赞赏,也得到了其他学者的进一步发展。例如,郎认为,"内嵌自由主义"思想突出了主要大国在保持社会目标和自由主义平衡上形成的共识,这种共识反映了国际关系中观念的力量,因此鲁杰的经典论文成为国际关系理论中建构主义文献的开山之作。[2] 埃利希认为,在"内嵌自由主义"思想指导下,二战后早期,在致力于发展对外自由贸易时,国家须对国内受损害群体进行补偿,这是从竞争压力加剧之下工作和收入损失的传统角度而言的。然而,晚近以来,新型的劳工和环境关注逐渐兴起,而且不同于传统的就业和福利关注,传统文献指责这是伪装的贸易保护主义。但是,事实上,这表明了美国等西方国家的社会价值变迁——许多劳工和环境主义者并非赞同

---

[1] 以上系统性观点,参见 John G. Ruggie, International Regimes, Transactions, and Change: Embedded Liberalism in the Postwar Economic Order, *International Organization*, Vol. 36, Iss. 2, 1982, pp. 379-415。

[2] See Andrew T. F. Lang, Reconstructing Embedded Liberalism: John Gerard Ruggie and Constructivist Approaches to the Study of the International Trade Regime, *Journal of International Economic Law*, Vol. 9, Iss. 1, 2006, p. 116.

贸易保护，而是展现出对这些社会价值的真实关心。[1] 沃尔夫和门德尔松也认为，在全球化时代，正当社会目标的含义也从以前单纯地保持国内经济社会的稳定扩展到劳工、环境、教育、食品安全等新的社会价值，由此就会在全球层面上达成国内社会目标与国际机制之间新的"大妥协"(a grand compromise)，加拿大民众在观念上支持这样的妥协。[2]

现实中值得注意的是，自 2008 年全球金融危机以来，各国在经贸监管政策上有明显收紧的趋势，表现为：(1) 贸易保护主义抬头。尤其是美国开始以"扭转贸易逆差""引导制造业回流""提升国内就业率"等为由，在全球范围内意图抬高关税。(2) 投资管制强化。美国、加拿大、澳大利亚甚至一些发展中国家对传统的 ISDS 机制表现出怀疑态度，意图限制甚至废止这一机制的运作。欧盟虽然并不主张废除这一机制，但也提出建立"常设性投资仲裁法庭"的改革方案。这些举措都是为了保证己方作为投资东道国的公共政策权力。(3) 金融监管体制强化。西方国家出台了若干新的金融监管法案，对金融监管体制进行了必要改革，以加强对金融投资者的保护，强化对金融机构的责任性监管。(4) 数据流动保护加强。例如，欧盟关于数据流动的新立法高度重视数据跨境流动中的隐私权保护和消费者权益保护。(5) 国家安全关注强化。例如，西方经济体对外国企业并购本国企业的行为更加敏感，动辄以国家安全审查阻挠外国企业尤其是中国企业的跨境并购行为等。

方塔内利和比安科专门就投资领域进行了分析，他们认为，近年来，在美国与欧盟这两大巨头之间，美国 NAFTA 式的投资条约模板日益占据优势，传统的欧式投资条约将向美式模板日渐靠拢。其原因在于，美式模板对一些事关公共政策监管权力的事项添加了若干条款加以明确界定，从而补救了"不完全契约"(incomplete contract)的一些缺陷，而欧式投资条约在一些关键性条款上还

---

[1] See Sean D. Ehrlich, The Fair Trade Challenge to Embedded Liberalism, *International Studies Quarterly*, Vol. 54, Iss. 4, 2010, p. 1013.

[2] See Robert Wolfe and Matthew Mendelsohn, Embedded Liberalism in the Global Era: Would Citizens Support a New Compromise? *International Journal*, Vol. 59, Iss. 2, 2004, pp. 261-280.

保持着模糊性特征。[1] 但是,欧盟与加拿大的CETA"投资"章列出了若干"一般例外"条款,表明欧盟的缔约实践正在向美式模板靠拢,也在加强公共监管权力,避免过多的投资者讼争之累。[2]

以上现象表明,在后金融危机时期,各国公共政策和监管需求明显强化,国内社会性因素暂时占据强势地位,自由主义国际经济机制受到一定程度的动摇。有国际法学者将这种现象概括为"国家的回归"。[3] 笔者认为,这种现象虽有应予批判的成分(如恶意的保护主义等),但也不宜一概否定或简单指责。从根本上讲,这是各国国内可持续发展的社会需求所致。而从可持续发展的视角看,如本书第四章所述,跨国企业主导的全球价值链与东道国基于公共政策的监管需要之间存在一定的张力。全球价值链理论对于经济层面以外的其他社会价值关注甚少,这构成该理论的一大局限。

晚近以来,学者们针对"内嵌自由主义"思想又提出了不少精辟的洞见。郎指出,"内嵌自由主义"式的妥协指明了贸易自由化的根本性质,即贸易自由化必须始终不脱离社会目标与自由主义之间的妥协这一主线;而现实中人们关于国际贸易机制的讨论却总是过于狭窄地集中在贸易自由化可能达到的最大限度上,这是一种思维上的误区。[4] 沃尔夫和门德尔松特别强调:如果全球化剥夺了国家保持独特性(be different)的相应管理能力,那么允许各国共事的国际机制的正当性也将受到削弱,因为政府再也不能按照"内嵌自由主义"式的"妥协"行事。[5] 有中国学者指出,晚近自由化进程带来了不同程度的经济、社会

---

[1] See F. Fontanelli and G. Bianco, Converging Towards NAFTA: An Analysis of FTA Investment Chapters in the European Union and the United States, *Stanford Journal of International Law*, Vol. 50, Iss. 2, 2014, pp. 211-243.

[2] Ibid., pp. 239-240.

[3] 参见蔡从燕:《国家的"离开""回归"与国际法的未来》,载《国际法研究》2018年第4期,第5—17页。

[4] See Andrew T. F. Lang, Reconstructing Embedded Liberalism: John Gerard Ruggie And Constructivist Approaches to the Study of the International Trade Regime, *Journal of International Economic Law*, Vol. 9, Iss. 1, 2006, p. 116.

[5] See Robert Wolfe and Matthew Mendelsohn, Embedded Liberalism in the Global Era: Would Citizens Support a New Compromise? *International Journal*, Vol. 59, Iss. 2, 2004, p. 280.

和政治问题,尤其是 2008 年美国次贷危机引发了全球经济萧条。事实上,虽然存在保护主义压力,但是并没有出现两次世界大战之间那种保护主义的威胁和破坏。对此,二战以后的多边主义和"内嵌自由主义"发挥了非常重要的作用。当下,双边主义和区域主义的挑战不断增加,但总体趋势是走向高水平、平衡化的国际经济机制,这些新变化与"内嵌自由主义"式的妥协具有一致性。总之,在解释、预测、分析和评价 20 世纪 80 年代以来,尤其是 2008 年以来国际经济秩序的变迁上,鲁杰"内嵌自由主义"的解释框架非但没有过时,反而愈显重要。[1] 该学者认为,一种新的"内嵌自由主义"正在兴起,这种新范式试图融合自由市场与政府干预,干预私人利益与公共利益,协调对外开放与国家自主。[2]

这些衍生观点可以说极为切合当代中国参与国际经贸规则重构的进程。新时代中国极有必要根据转型期发展中大国的基本国情和自身独特的传统文化,选择适合自身发展阶段和发展特色的公共政策,不能一味盲从西方,贸然选择在经贸和社会政策上与西方盲目趋同。相应地,在通过 FTA 重构国际经贸规则的进程中,中国需要有意识地融入或至少注意保持自身公共政策的独特性。对于西方,劳工、环境等固然是它们的社会价值;而对于中国,公共政策虽与此有关联,但显然并不等同,甚至可以说大相径庭。当前,西方"规则制华"动向愈演愈烈,其中有相当一部分主张是指向中国公共政策的,典型者如产业政策、知识产权、数据流动、国有企业、竞争政策等。中国 FTA 在作为经贸机制促进经贸利益的同时,也应在若干重大事项上保持例外并予以清晰界定,从而有助于中国的社会稳定和社会价值实现,促进可持续发展这一终极目标。

## 二、中国自由贸易协定之于公共监管权力的工具意义

本书第四章已经阐明,新时代中国 FTA 范式构建的主观立场是,中国

---

[1] 参见〔美〕约翰·杰拉德·鲁杰:《国际机制、交易与变迁:战后经济秩序中的内嵌自由主义》,李成学编译,王彦志校,载刘志云主编:《国际关系与国际法学刊·第 5 卷(2015)》,厦门大学出版社 2015 年版,第 471 页。

[2] 参见王彦志:《新自由主义国际投资法律机制:兴起、构造和变迁》,法律出版社 2016 年版,第 327 页。

作为发展中大国,应抓住有利时机,争取国际经贸规则话语权,重视少边主义国际机制与现实主义外交理念的合理运用;在 FTA 中推行中国价值和中国理念,运用 FTA 表达自身的经贸利益点,补救《入世议定书》的不利规定,消解 WTO 与国际投资仲裁不合理裁决的影响。当前,在西方对中国公共政策不断攻击和施压的背景下,中国通过 FTA 保持公共监管权力,其工具意义正在于:以中国一定规模的硬实力为后盾,充分发挥 FTA 这一"少边"机制的灵活性和针对性。

这里仍以投资规则为例。方塔内利和比安科在批判欧式投资条约模糊点过多、不利于欧盟保持公共监管权力时,特别提到了中国对外 BIT 缔结的三个阶段及其特征:第一阶段是开始实行改革开放到 1998 年,中国 BIT 没有赋予外国投资者额外的权利,而且将投资仲裁的案件类型限定在征收补偿额争议上;第二阶段是 1998—2007 年,中国 BIT 呈现大幅度开放的特征,取消前述限制,并在投资者保护水平上接近 OECD 国家的 BIT;第三阶段是 2007 年以后,中国 BIT 呈现出 NAFTA 式的鲜明转向,无论是 FTA 投资章还是 BIT 文本,都像美式模板那样增加了不少界定东道国公共监管权力的条款。[1]

方塔内利和比安科认为,这三个阶段事实上是与中国在全球直接投资市场上的地位相对应的。中国在第二阶段对第一阶段的矫正,表明了这一时期中国热衷于招商引资、对外资日益扩大开放的态度。但是,晚近随着中国经济实力的日益壮大,逐渐从单一的资本输入国角色转向资本输入国与资本输出国的双重角色,中国谈判者意识到,吸引外资数量对于中国来说已经不是最优先的事项了,中国需要审慎设计 BIT 中的承诺条款,以避免投资者讼争和保持公共监管权力。这样做不可避免地将造成投资条约对投资者的保护水平有所下降。但是,对于中国规模日益增长的海外投资而言,害处并不是很显著,因为 2005 年之后中国缔结的 FTA 和 BIT 的缔约对象主要是发达国家或新兴经济体,这些伙伴的国内法制水平足以保障投资基本安全。因此,基于 NAFTA 式模板的

---

[1] See F. Fontanelli and G. Bianco, Converging Towards NAFTA: An Analysis of FTA Investment Chapters in the European Union and the United States, *Stanford Journal of International Law*, Vol. 50, Iss. 2, 2014, pp. 238-239.

投资条约水平(完善公共监管权力,但相对削弱投资保护)对于中国已经足够。[1]

以上分析确有其道理,不过也有缺陷:2005 年之后中国缔结的 FTA 和 BIT 的缔约对象未必"主要是发达国家或新兴经济体"。就 FTA 而论,缔约伙伴就有诸如巴基斯坦、智利、秘鲁、哥斯达黎加、马尔代夫、格鲁吉亚等中小发展中国家;就 BIT 而论,缔约伙伴就有孟加拉国、刚果、尼日利亚、马达加斯加、赤道几内亚、突尼斯、埃塞俄比亚、古巴等众多发展中国家,其中属于中国重要投资对象国的非洲国家最多。[2] 显然,对于这些非洲国家,中国基本处在资本输出国的位置上。在这种态势下,中国显然不必担心来自这些国家的投资者会给中国造成过多诉争之累或威胁中国的公共政策监管权力,而是要关心中国投资者在非洲当地能否获得充分的投资保护。笔者认为,方塔内利和比安科很可能只是重点考察了中国 2005 年之后与发达国家或新兴经济体缔结的投资条约,从而得出中国在投资条约中力争"赢回政策空间"(recouping policy space)的结论。

面对这种类似的两难处境,陈安早就给出了建议性方案:区分两类国家,实行差别互惠。当然,他的这个观点是针对中国 BIT 中对 ICSID 仲裁管辖权的规定而言的。在方塔内利和比安科所说的前述第二阶段,陈安认为,中国 BIT 在接受 ICSID 仲裁管辖权方面呈现全面放开之势,这种"不设防"有导致外国投资者与中国大量诉争的危险。他的主张是:在面对发展中国家、发达国家这两类缔约伙伴时,中国需要在 BIT 相关内容上分别坚持不同的规定,这种做法符合公平互利的原则。

关于这种主张的立意,陈安指出:[3]

可见,在可预见的近期内,中国在对外缔结或修订 BITs 的实践中,其

---

[1] See F. Fontanelli and G. Bianco, Converging Towards NAFTA: An Analysis of FTA Investment Chapters in the European Union and the United States, *Stanford Journal of International Law*, Vol. 50, Iss. 2, 2014, p. 239.

[2] 参见中国商务部条法司网站关于中国缔结的双边投资保护协定的概况,http://tfs.mofcom.gov.cn/article/h/,2019 年 9 月 30 日访问。

[3] 陈安:《区分两类国家,实行差别互惠:再论 ICSID 体制赋予中国的四大"安全阀"不宜贸然全面拆除》,载陈安主编:《国际经济法学刊(第 14 卷第 3 期)》,北京大学出版社 2007 年版,第 88 页。

所面临的现实综合国情是:既要"请进来",又要"走出去";既要求发展,又要求稳定;既要趋大利,又要避大害。因此,在可预见的近期内,中国在对外缔结或修订 BITs 时,在投资争端管辖权的向外开放问题上,明智的做法理应是区分南北两类国家,厘订差别互惠标准,正确实行区别对待,从而实现真正的公平、平等与互惠。

还有其他国际投资法学者也持类似的观点。其中,季烨主张"BIT 范本意识下的差别化实践":国际社会应反思 BIT 范本的局限性,在发展阶段不一致、实力不对称的缔约伙伴之间,积极考虑纳入特殊与差别待遇条款,并限制最惠国待遇条款的多边传导效应,锁定 BIT 的外溢效应,从而在差异化的 BIT 实践中实现实质正义的价值追求。[1]

显然,这种合理的差异化实践只有在 FTA、BIT 等"少边"机制中才有可能实现;而差异化实践之所以合理,原因往往在于一国面对不同缔约伙伴时其公共政策需求所发生的变化。对于顶级发达经济体,无论面对何种类型的缔约对象,自身实力基本上都高于对方;对于最不发达国家,无论面对何种类型的缔约对象,自身实力基本上都低于对方。而对于中国这样的转型期发展中大国来说,情况要复杂得多。中国的发展阶段介于发达国家和一般中小发展中国家之间,在面对发达国家时是相对弱者,在面对一般中小发展中国家时又是相对强者;具体到不同的事务领域,强弱分野又会发生变动。中国这种复杂的国家定位,决定了它在面对不同的缔约对象时需要格外关注的公共政策点可能是不同的。FTA 提供了这样适宜的机制,便于中国开展差异化缔约实践。

目前,在利用 FTA 强化公共政策需求、坚持公共监管权力上,有两类目标是中国应特别留意的:一是补救《入世议定书》的不利规定,二是消解 WTO 与国际投资仲裁不合理裁决的影响。这些目标之所以重要,是因为晚近中国的产业政策、经济体制、国家安全等公共监管权力受此制约较大。这些目标之所以有可能达到,根本原因是新时代中国已经拥有了较大规模的硬实力,可以在国际社会中合理运用现实主义外交理念,满足自身的生存利益。为此,就有必要

---

[1] 参见季烨:《双边投资条约的范本意识与差别化实践刍议》,载陈安主编:《国际经济法学刊(第 20 卷第 4 期)》,北京大学出版社 2013 年版,第 7 页。

探讨新时代中国 FTA 保持公共监管权力的具体实施思路。

## 三、中国自由贸易协定保持公共监管权力的实施思路

（一）国家进行经贸监管的工具箱归类

在探讨新时代中国 FTA 保持公共监管权力的实施思路之前，有必要先明确一国行使经贸监管权力的主要手段有哪些。有国外学者对此作了非常系统的归纳，并作了清晰的分类列举，值得一看。[1]

思拉舍和加拉格尔将经贸活动区分为货物贸易、服务贸易、投资、知识产权四个领域并指出，在货物贸易领域，政府主要监管手段包括：关税、数量限制与许可证、税收退还/延期和出口加工区、贸易救济措施与支付平衡、短缺物资调控措施；[2]在服务贸易领域，政府主要监管手段包括：对敏感部门的控制、数量限制、当地存在要求、国内规制、自然人流动政策、公共教育投资（人力资本发展）等；[3]在投资领域，政府主要监管手段包括：当地含量要求、贸易平衡要求、外汇限制、国内销售限制、国内生产商优惠、当地管理要求、技术转让要求、当地雇佣要求、总部/生产区域限制、研发义务、基础设施条款、信贷补贴、行政指导、跨境支付限制等；[4]在知识产权领域，政府主要监管手段包括：对特定产业/国家的专利权限制、动植物品种保护的限制、专利药品早期研发的保护、强制许可、当地生产要求、平行进口、限制专利期限、实用新型保护等。[5]

按照以上分类，他们对 WTO 规则、美国 FTA、欧盟 FTA、发展中国家之间缔结的"南南型"FTA 作了对比实证研究，结论是：WTO 规则虽然对成员的经贸监管权力有不少限制，但毕竟还是留下了不少可用的政策空间；"南南型"FTA 在 WTO 纪律允许范围内，最大限度地保留了成员的政策空间和灵活性，

---

[1] See Rachel Denae Thrasher and Kevin P. Gallagher, 21st Century Trade Agreements: Implications for Development Sovereignty, *Denver Journal of International Law and Policy*, Vol. 38, Iss. 2, 2010, pp. 313-350.

[2] Ibid., p. 327.

[3] Ibid., p. 332.

[4] Ibid., p. 338.

[5] Ibid., p. 343.

旨在保护成员国内产业以及促进区域经济增长；美国 FTA 最大限度地压缩成员的政策空间和灵活性，向发展中缔约伙伴施加高水平的自由化义务和规则承诺义务，严重影响了这些国家的公共政策自主权和监管权力自由；而欧盟 FTA 在上述方面则相对中庸，既有类似于美国 FTA 的一些特点，也为成员公共政策自主权留下了一些空间。[1]

对照以上研究成果，结合中国经贸监管中的公共政策需求，可以说，欧盟与中国 FTA 在公共政策上的立场和处理方式比较接近。本书第五章对欧盟在 TTIP 谈判中的主要立场作了分析，从货物贸易、服务与投资、电子商务、经贸规则、专门导向与特殊问题、争端解决等各个方面均可看出欧盟极其重视公共监管权力的保持。中国自贸区战略执行者、谈判者如能围绕中国的公共政策需求，系统比对欧盟 TTIP 谈判各项立场并化为己用，对于新时代中国 FTA 保持公共监管权力必将有所裨益。

除了欧盟在 TTIP 谈判中的主张外，欧盟—加拿大 CETA 中广泛存在的例外条款也引人注目。本书第五章在对中国 FTA 进行的"议题盘点"中曾专门提及，例外条款所涉领域的着眼点主要有二：一是大国在环境保护、公共健康、社会文化等事项上保持公共政策空间的一般需要，正如欧盟—加拿大 CETA 所展示的那样；二是由于全球价值链和数字经济下各种经济业态日益紧密一体化，需要将涉及电子商务、数据流动、消费者隐私、网络安全等的有关监管措施整合起来，FTA 统一例外章的必要性由此凸显。概言之，中国宜着眼于大国的可持续发展目标，根据自身公共政策需要，审慎设计 FTA 统一例外章的内容以及各章节的具体例外条款。

### （二）新时代中国 FTA 保持公共监管权力的思路归纳

不可否认，在 FTA 中，各国对于公共监管有一些共性需求，如投资章中的间接征收规则、警察权例外条款等，这些也是事关国家监管权力的重要领域。但是，鉴于国际投资法文献对此讨论较多，且该领域属于各国关注的一般性课

---

[1] See Rachel Denae Thrasher and Kevin P. Gallagher, 21st Century Trade Agreements: Implications for Development Sovereignty, *Denver Journal of International Law and Policy*, Vol. 38, Iss. 2, 2010, pp. 348-350.

题,本书在此不作深入讨论。

1. 主要思路:基本面与特色面

综上,新时代中国 FTA 保持公共监管权力的主要思路大致如下:

(1) 基本面——包括货物贸易章、服务贸易章或统一例外章对 WTO 体系下 GATT 1994 第 20 条"一般例外"、第 21 条"安全例外"和 GATS 第 14 条"一般例外"、第 14 条之二"安全例外"等内容的模仿,以及投资章中间接征收规则的重构、知识产权章中对 WTO 体系下《TRIPS 协定》有关例外和限制条款的提及,再加上国际收支保障条款、税收措施条款等典型例外条款等。这些属于各国 FTA 的共性内容,中国 FTA 也会包含这些基本的例外规定。由于全球价值链下各种经济活动的相融性,中国 FTA 应当保持统一的例外章;同时,在服务贸易(以及可能的金融、电信)、投资等章中,又应当结合相关领域的具体需要,设置专门的例外条款,即实行统一例外章与各章专门例外条款并行的做法,并明确各种例外条款的章节适用范围,以避免潜在冲突。[1]

(2) 特色面——这是本书的重点关注所在,应在新时代中国 FTA 文本中融入以下三点考量:一是服务于新时代中国国内的公共政策导向;二是补救《入世议定书》的不利规定,尤其是对中国公共政策空间造成严重妨碍的永久性不利规定;三是消解 WTO 与国际投资仲裁不合理裁决的影响,尤其是那些基于《入世议定书》中的超常规义务对中国公共政策空间造成明显妨碍的裁决。

2. 专门问题:GATT 1994 第 20 条的纳入方式

在上述基本面与特色面之间,有一个问题值得研究:对 WTO 体系下 GATT 1994 第 20 条"一般例外"等经典例外条款的模仿,是仅仅满足于机械照搬即可,还是需要在模仿的基础上注入中国自身的特色需求?

过去一个明显值得商榷的实践是,2006 年中国—巴基斯坦 FTA 中没有任何例外条款,这显然是缺少研究、草率缔约的结果。而后,中国其他 FTA 完善了这个问题,尤其是晚近较新的 FTA,大都纳入 GATT 1994 第 20 条"一般例

---

[1] 在例外条款的体系性上,美国—摩洛哥 FTA 比较清楚,可资借鉴。参见〔美〕西蒙·莱斯特、〔澳〕布赖恩·默丘里奥编著:《双边和区域贸易协定:案例研究》,王晨曦译,上海人民出版社 2016 年版,第 161 页。

外"等条款。[1] 但是,从全球范围来看,不少 FTA 在纳入 GATT 1994 第 20 条"一般例外"的同时,会对其进行一些添加或修改,主要集中于添加环境、文化等方面的例外条款,或者修改第 20 条中"不在情形相同的国家之间构成任意或不合理歧视的手段或构成对国际贸易的变相限制"这一引言条件,使得其事实上的例外效果相比第 20 条的原文更加宽泛。[2] 相比之下,中国那些简单纳入第 20 条原文的 FTA 大多显得过于"老实本分"。[3] 这里潜伏的法律问题是,GATT 1994 第 24 条第 8 款(b)项要求:"自由贸易区应理解为在两个或两个以上的一组关税领土中,对成员领土之间实质上所有有关产自此类领土产品的贸易取消关税和其他限制性贸易法规。"然而,该条款尚包含一个括号说明,"如必要,按照第 11 条、第 12 条、第 13 条、第 14 条、第 15 条和第 20 条允许的关税和其他限制性贸易法规除外"。可见,FTA 缔约方有权动用 GATT 1994 第 20 条"一般例外"为自己的贸易限制措施进行抗辩。问题在于,上述括号中所作的列举是穷尽性的还是非穷尽性的?何况,该款对何为"实质上所有贸易"并未作出明确界定。对此,GATT 成员有不同的理解。这些都是第 24 条中典型的模糊点。[4] 由此,又产生了一个可能的疑问:若在 FTA 中引入比 GATT 1994 第 20 条"一般例外"更加宽泛的例外性规定,那么它在 WTO 体系中的合法性到底如何?

正如本书第五章提及的,笔者主张:中国 FTA 似可考虑将某些重要自然资源出口的限制措施列入"例外",就此类措施的效力及抗辩理由作出明确约定,以弥补当初《入世议定书》的无心之失。这类举措或将引起贸易伙伴的强烈反

---

[1] 例见 2008 年中国—新西兰 FTA 第十七章第 200 条、2013 年中国—冰岛 FTA 第二章第 11 条、2015 年中国—韩国 FTA 第二十一章第 21.1 条、2015 年中国—澳大利亚 FTA 第十六章第 2 条、2017 年中国—格鲁吉亚 FTA 第十六章第 2 条等。

[2] 参见〔美〕西蒙·莱斯特、〔澳〕布赖恩·默丘里奥编著:《双边和区域贸易协定:评论和分析》,林惠玲、陈靓等译,上海人民出版社 2016 年版,第 317—322 页。

[3] 2008 年中国—新西兰 FTA 是为数不多的例外,其第十七章第 200 条在纳入 GATT 1994 第 20 条的同时,又针对环境保护、自然资源保护、艺术支持、文物保护等方面作了一些特别规定。

[4] See James H. Mathis, *Regional Trade Agreements in the GATT/WTO: Article XXIV and the Internal Trade Requirement*, T·M·C·Asser Press, 2002, pp. 125-126.

响,但并非不能考虑。如第五章所述,在能源与原材料方面,欧盟 TTIP 谈判立场需要中国高度警惕。欧盟主张将"保护稀缺的自然资源"纳入货物贸易规则的"一般例外"中,而这正是中国在 WTO"中国原材料案""中国稀土案"中极力主张但最终未果的,直接原因是《入世议定书》中的承诺。[1]

更值得中国反思的是,有国外学者指出,欧盟在 TTIP 谈判中希望美国放开对原油、天然气等自然资源出口的控制,让欧盟国家与美国其他 FTA 伙伴一样享受非歧视待遇。事实上,美国的上述控制措施源自 20 世纪 70 年代的能源危机,后来已对 FTA 伙伴"网开一面"。[2] 2012 年"页岩气革命"后,美国油气生产量猛增,其法律虽不禁止,但依然限制油气出口。这种做法显然违反 GATT 1994 第 11 条禁止数量限制的规定。然而,迄今尚无 WTO 成员挑战美国的这一做法。同时,出口税仅中国(因为《入世议定书》)和美国(因为国内宪法)不能实施,其他国家在法理上均有权实施。因此,相关学者建议 WTO 着手制定诸边协定,对自然资源既禁止出口税,也禁止出口数量限制。[3] 而出口税和出口配额,正是中国在 WTO"原材料案""稀土案"中被西方国家起诉的两大措施。以上分析进一步表明,迄今并无关于资源贸易的成熟国际法规则。

本书第五章已经指出,从国际社会现实来看,FTA 修改 WTO 经贸规则是可行的。更何况,FTA 只是针对特定伙伴作出约定,而且中国"一带一路"倡议下的 FTA 谈判伙伴多为中小国家,[4] 此种行动对国际经贸规则的影响有限,为何不能有所尝试?

唯一的法律障碍可能来自前文提及的 GATT 1994 第 24 条第 8 款(b)项的

---

[1] 俄罗斯在其 2011 年的入世文件中,在原材料出口贸易上就明确将 GATT 1994 第 20 条作为"例外"。See WTO, Report of the Working Party on the Accession of the Russian Federation to the World Trade Organization, WT/ACC/RUS/70, 17 November 2011, para. 668.

[2] See Michael S. Ventocilla, Trade in Energy Under the TTIP: Benefits of Allied Power, *Houston Journal of International Law*, Vol. 40, Iss. 2, 2018, pp. 615-619.

[3] See Gary Clyde Hufbauer and Cathleen Cimino-Isaacs, How Will TPP and TTIP Change the WTO System? *Journal of International Economic Law*, Vol. 18, Iss. 3, 2015, pp. 694-695.

[4] 参见中国自由贸易区服务网"正在谈判的自贸区""正在研究的自贸区"专栏, http://fta.mofcom.gov.cn,2019 年 3 月 18 日访问。

相关要求。但是,在国际社会,早在 1983 年澳大利亚—新西兰《更紧密经济关系协定》中,缔约方就已经摒弃了 GATT 1947 第 20 条(g)项中关于不可再生自然资源的保护措施必须与国内限制相结合的要求。[1] 在 WTO"中国原材料案""中国稀土案"中,中国败诉的重要原因便是"未能证明在限制出口的同时也限制国内的生产与消费"[2]。那么,中国为何不能合理运用自己的谈判实力,要求在 FTA 中加入类似澳大利亚—新西兰《更紧密经济关系协定》中的例外条款?事实上,从国际社会的现实来看,各国 FTA 对 GATT 1994 第 20 条进行种种修改的行为,不但 WTO 法对此没有定论,而且也没有受到其他国家严重的挑战或质疑的情形,处在一种"存在即合理"的状态。更有甚者,在加勒比共同市场—多米尼加 FTA 中,GATT 1994 第 20 条的引言条件完全被省略了。[3] 这些足以佐证中国 FTA 进行制度创新的可能性。

综上,中国 FTA 应列入自然资源出口限制措施,并就 GATT 1994 第 20 条"一般例外"等抗辩理由作出明确约定,甚至可以结合自身特定需求对第 20 条原文进行一定的调整和修改,这在法理上与实践中都完全可行。同时,在西方大国双重标准盛行的现实下,中国这样做也具有必要性和正当性。至此,也就回答了前面提出的问题:为保持发展中大国的公共监管权力和公共政策空间,中国 FTA 对于 GATT 1994 第 20 条等经典例外条款不能仅仅满足于机械照搬,而是要在模仿的基础上注入中国自身特定需求。

一个值得注意的特例是,2010 年中国—哥斯达黎加 FTA 中含有一个重要附件——"国民待遇和进出口限制"。在该附件中,哥方列出了根据其国内法对若干特定货物种类(如原木、朗姆酒、咖啡等)实施的国民待遇和进出口特别限制措施;而中方列出的特别限制措施则是:"(一)根据适用的国内法和本协定第一百五十九条(一般例外)相关规定,与保护环境和自然资源相关的措施;以及

---

[1] See Art. 18 (g) of the 1983 CER Agreement Between Australia and New Zealand. 在此项中,有关条文直接表述为"为养护有限的自然资源",没有其他限制条件。

[2] 杨国华:《WTO 的理念》,厦门大学出版社 2012 年版,第 195 页。

[3] See the 1998 Free Trade Agreement Between the Caribbean Communities and the Government of Dominican Republic, Annex I-Agreement on Trade in Goods, Art. VII-General Exceptions.

(二)世界贸易组织争端解决机构授权的行动。"这两种措施同样为哥方所列出。[1] 事实上,中方列出的第一种情形正是对 GATT 1994 第 20 条(g)项的一种修改,取消了"与限制国内生产或消费一同实施"的条件,正好呼应了笔者提出的主张。遗憾的是,中国—哥斯达黎加 FTA 的此种条款迄今在中国其他 FTA 中并未形成定例。

从可持续发展的角度看,正如有西方学者所指出的,可持续发展包括自然资源主权。[2] 这为中国在 FTA 例外条款中作出特定调整提供了理论证成。从更广阔的视角来看,中国为保持可持续发展,其公共监管权力显然不应限于资源保护事项。本书第五章在介绍欧盟 TTIP 谈判立场时指出,中国可考虑将"文化例外"纳入 FTA 中。至于具体的纳入方式,可以是修改 GATT 1994 第 20 条"一般例外"的条款,也可以是在"贸易与可持续发展"章中添加特别规定。事实上,另一西方大国加拿大同样重视"文化例外",这在 NAFTA 以及加拿大—智利 FTA 中均有体现。[3] 作为历史悠久的发展中大国,中国更有理由这样做。此外,GATS 第 14 条"一般例外"中,成员为保护个人隐私而限制数据流动的情形,涉及价值链下的服务外包规则。新时代中国对此也应予以充分重视,同样可考虑结合自身需要进行适当调整或修改,再将其列入 FTA 例外条款中,以体现数据流动领域中国的规则主张。

总之,对多边贸易纪律中的 GATT 1994 第 20 条、GATS 第 14 条等经典例外条款进行适当修改后再纳入中国 FTA,在法理与实践层面均合理、可行。但是须注意,这种修改应"以我为主",以符合中国的公共政策利益、公平的国际经贸秩序为依归,而不是盲目接受谈判对象的要求。例如,如果发达经济体谈判伙伴以劳工、人权等敏感事项要求对 GATT 1994 第 20 条、GATS 第 14 条作修改,中国理应慎重考虑或予以抵制。

当然,强调新时代中国 FTA 保持公共监管权力之不变,并非否定将改革开

---

[1] 参见 2010 年中国—哥斯达黎加 FTA,附件 1"国民待遇和进出口限制"。
[2] 参见〔荷〕尼科·斯赫雷弗:《可持续发展在国际法中的演进:起源、涵义及地位》,汪习根、黄海滨译,社会科学文献出版社 2010 年版,第 151 页。
[3] 参见〔美〕西蒙·莱斯特、〔澳〕布赖恩·默丘里奥编著:《双边和区域贸易协定:评论和分析》,林惠玲、陈靓等译,上海人民出版社 2016 年版,第 318、320 页。

放继续推向纵深的必要性。重要的是，既要继续改革、继续开放，又要自主改革、自主开放，两者应保持有机统一。池漫郊认为，中国入世后，WTO 争端解决机构的若干裁决意图给中国带来经济、政治、社会等"贸易外效应"（trade-plus effect），期望推动中国的相关体制性改革。但是，实证研究表明，中国在执行不利裁决上拥有一定的裁量空间，这些裁决的不利影响最终被基本消化，对于中国产生的变革助推效应终究有限。[1] 在笔者看来，这种现象事实上表明，中国作为历史悠久、文化独特的大国，一直将经济体制和公共政策的主导权牢牢掌握在自己手中，绝不会轻易为外力所左右。当然，池漫郊这个判断包含两层意思：一是中国有自身体制性特征和相应的公共政策需求；二是中国也确实需要继续将改革推向前进，合理的改革有助于中国更好地融入经济全球化和国际共同体。但是，很显然，深化改革仍需稳步推进。因此，新时代中国 FTA 对公共监管权力的掌控度仍需紧密结合国内自主改革进程。

## 第三节　特殊与差别待遇坚持之不变

发展中国家的特殊与差别待遇是多边贸易体制的重要特征，其基于实质公平和矫正正义的理念，历来为包括中国在内的众多发展中成员所推崇。中国等发展中国家不但在多边贸易体制中高度强调特殊与差别待遇，而且在双边和区域性经贸谈判中同样重视。但是，近些年来，在西方国家的高压及其学术界的鼓吹下，发展中国家的特殊与差别待遇面临相当严峻的挑战。现实情况是，中国将在相当长时期内依然保持发展中国家身份，因此新时代中国 FTA 有必要继续坚持特殊与差别待遇之不变，而且 FTA 必将是奉行特殊与差别待遇的有力工具。

### 一、特殊与差别待遇概论

关于特殊与差别待遇的讨论颇多，在此仅就其若干基本方面进行扼要回顾

---

［1］　See Manjiao Chi, Trade-Plus Effects of WTO Dispute Settlement on China: An Ideal or Illusion? *Journal of World Trade*, Vol. 47, Iss. 6, 2013, pp. 1382-1383.

和总结。

多边贸易体制中一开始并没有特殊与差别待遇的概念,虽然在 GATT 问世之初就包含事实上的发展中成员。为何在二战结束后的多边贸易体制中特殊与差别待遇条款会从无到有地发展起来?其中的根本动因是什么?对此,通常的解释是,形式上的平等导致实质上的不平等,需要采取矫正措施以实现真正的公平互利。这种解释无疑是十分正确的,可以说确立了特殊与差别待遇条款背后的伦理道德基础。不过,从另一个角度看,二战后众多发展中成员关于国家经济发展战略的基本观点的变迁也决定了它们必然在多边贸易体制中大力倡导特殊与差别待遇条款。在 20 世纪 90 年代通过乌拉圭回合一揽子协定时,特殊与差别待遇的概念及相关条款几乎出现在 WTO 所有的单项协定中。[1]

对于特殊与差别待遇的定性,当前仍然存在一定的争论。发达国家及其学术界倾向于将特殊与差别待遇视为多边贸易体制正常框架下的一种例外。也就是说,非歧视原则是多边贸易体制的一般纪律,而特殊与差别待遇不能成为常态,只是帮助发展中国家逐渐融入自由化贸易体制的一种手段,在性质上仅是例外,在时间上仅是过渡性的。例如,美国著名国际经济法学者约翰·H.杰克逊将 GATT 第 18 条和第四部分归入"GATT/WTO 中关于义务的法律例外"。[2] 这是典型的西方观点,也是特殊与差别待遇"毕业论"的直接理论基础。相反,发展中国家及其学术界则倾向于认为特殊与差别待遇并不是发达国家单方面的施舍,而是基于殖民掠夺历史和现实力量对比的一种应有的长期化待遇,是多边贸易体制处理与发展中成员关系的一项基本原则。单就中国学术界来看,将特殊与差别待遇明确称为"原则"的文献就不在少数。当然,以上分野也不绝对。但是,大体而言,发达国家倾向于"例外"论,发展中国家倾向于"原则"论,应无异议。

---

[1] 参见车丕照、杜明:《建立公平的国际贸易秩序:对特殊和差别待遇角色的再考察》,载曾华群、杨国华主编:《WTO 与中国:法治的发展与互动——中国加入 WTO 十周年纪念文集》,中国商务出版社 2011 年版,第 134 页。

[2] 参见〔美〕约翰·H.杰克逊:《世界贸易体制——国际经济关系的法律与政策》,张乃根译,复旦大学出版社 2001 年版,第 60 页。

实际上，多边贸易体制中关于特殊与差别待遇的所有条款，都被公认为仅具有劝诫性质，并不具有强制约束力和执行力。一个明显的事实是，多边贸易体制中发展中成员直接援引这些条款作为诉因的成案极少。例如，在第一次"欧共体限制智利苹果进口案"中，智利的指控的确援引了 GATT 1947 第四部分。但是，专家组认为欧共体在采取限制措施之前与智利进行了双边磋商，因此无法确定欧共体没有尽最大努力避免对智利采取保护性措施，从而不能推断欧共体违反了 GATT 1947 第四部分的义务。[1] 有学者对此作出评述：特殊与差别待遇条款的措辞不确定性导致专家组无法裁定成员对于这些条款的违反，这些条款有内在的弱点。[2] 此案是特殊与差别待遇条款缺乏可执行性的典型标志，此类条款由此被认定为软法。

鉴于特殊与差别待遇条款的模糊性、弱执行性，2001 年《多哈部长宣言》第 44 段对相关谈判作出了授权："……同意应当审查所有的特殊与差别待遇条款，从而加强这些条款，并使得这些条款更加准确、有效和更有操作性。"此种谈判授权实质上就是使该条款从软法走向"硬化"。但是，在多哈回合后来的实际谈判进程中，发达成员与发展中成员的立场出现明显分歧。

中国常驻 WTO 代表团相关人员将两大阵营的主要分歧点归结为：(1) WTO 贸易与发展委员会特别会议是否有权直接修改特殊与差别待遇条款？发展中成员极力赞成；而发达成员则认为各个单项协定中的特殊与差别待遇条款仍应交由各相应谈判机构（或各个委员会）去完成，WTO 贸易与发展委员会特别会议不是谈判机构，无权改变各个单项协定中权利与义务的平衡。(2) 应优先讨论各个单项协定中具体的特殊与差别待遇条款的完善，还是特殊与差别待遇条款的原则与目标等横向问题？发展中成员强烈坚持前者，而发达成员则倾向于后者。(3) 特殊与差别待遇条款的未来监督机制应如何运作？发展中成员认为，只有在对各协定中的特殊与差别待遇具体条款进行完善并"硬化"后，建立监督

---

〔1〕 See GATT, L/5047, Report of the Panel adopted on 10 November 1980, EEC Restrictions on Imports of Apples from Chile, p.14.

〔2〕 参见车丕照、杜明：《建立公平的国际贸易秩序：对特殊和差别待遇角色的再考察》，载曾华群、杨国华主编：《WTO 与中国：法治的发展与互动——中国加入 WTO 十周年纪念文集》，中国商务出版社 2011 年版，第 139 页。

机制才有意义,该机制应主要监督发达成员是否如约履行了给予特殊与差别待遇的义务;而发达成员则认为,该机制应重点审议特殊与差别待遇条款的必要性,监督此类条款是否有助于发展中成员有效融入多边贸易体制的正常纪律。[1]

在发达成员的立场之中,核心关注是发展中成员的"毕业"和重新分类问题,这源自它们的立论之基——特殊与差别待遇不过是帮助发展中成员融入多边贸易体制正常纪律的过渡性手段。GATT 1979 年东京回合"授权条款"第 7 段大致表述如下:欠发达缔约方期望它们做出贡献和谈判减让的能力,或者在总协定框架下做出与发达国家协调一致行动的能力,会随着它们经济不断发展和贸易地位改善而得到增强。因此,它们期待在总协定的权利义务框架下更充分地参与。这段文字构成美欧等发达成员立论的直接依据。因此,它们强烈主张对不同的发展中成员作出不同的处理,其中对经济实力日益增强的部分发展中成员给予的特殊与差别待遇应逐渐淡化,即所谓"毕业"。

**二、西方国家对中国特殊与差别待遇的极力限制**

以上是关于特殊与差别待遇的一般性描述。对于中国这样一个庞大的发展中国家,西方国家表现出强烈的不同于针对一般发展中国家的格外关注。体现在国际经济法规则上,西方国家及其学术界极力主张对中国享受特殊与差别待遇进行限制,甚至反过来要求中国承担超出发展中国家层面的特殊义务和责任,或干脆不让中国享受正常的待遇。这种现象由来已久,可称之为"规则制华"。

(一)西方"规则制华"的实践史

1. "规则制华"的前世

自 20 世纪 80 年代起,中国试图改变过去与国际制度的隔绝状态,尝试接触和逐步融入西方主导的国际制度特别是国际经济制度。[2] 这种尝试在恢复

---

[1] 参见孙振宇主编:《WTO 多哈回合谈判中期回顾》,人民出版社 2005 年版,第 295—296 页。

[2] 参见江河:《国际法的基本范畴与中国的实践传统》,中国政法大学出版社 2014 年版,第 205、329 页。

GATT 缔约方地位的努力中得到最集中的体现。[1] 与此相对应,中国国际法学科也摆脱了完全受苏联国际法理论束缚的局限,更多关注西方发达国家和新兴发展中国家的国际法理论与实践,以适应改革开放和发展国际经贸技术合作的形势需要。[2]

遗憾的是,中国的"复关"努力在少数西方国家的漫天要价下宣告失败。而在最终的入世结果中,中国也被迫付出了不菲代价,承担了众多超常规义务。[3] 其中,贸易救济措施中"替代国价格"的做法对中国造成的困扰最大。入世后,中国遭遇了与超常规义务有关的若干重大争端,而深受西方法治理念浸染的 WTO 争端解决机构又株守措辞层面的"文牍主义",从而导致对中国不利的结果。[4] 中国入世谈判过程冗长而又政治化,是利用加入程序迫使申请方让步的典型例子,[5] 与先前 GATT 时期的宽松实践形成鲜明对比。[6] 这种特殊对待格局的形成,源自西方国家认为中国不是一般的发展中国家,需要在规则上专门加以限制。入世后,随着中国在多边贸易体制中的获益和经济实力的不断壮大,"中国责任论""中国搭便车论"等西方舆论又相继粉墨登场。[7] 入世 10 周年之际,随着中国成为实力最强的新兴经济体,发达国家提出已到了剥夺中国享受优惠待遇资格并进一步提高中国应负的国际责任的时候了。徐

---

[1] 参见李仲周:《亲历世贸谈判》,上海人民出版社 2009 年版,第 2—20 页。

[2] 参见廖益新主编:《共和国六十年法学论争实录·国际法卷》,厦门大学出版社 2011 年版,第 5 页。

[3] See Julia Ya Qin, "WTO-Plus" Obligations and Their Implications for the World Trade Organization Legal System: An Appraisal of the China Accession Protocol, *Journal of World Trade*, Vol. 37, Iss. 3, 2003, p. 491.

[4] See Julia Ya Qin, The Challenge of Interpreting "WTO-PLUS" Provisions, *Journal of World Trade*, Vol. 44, Iss. 1, 2010, p. 127.

[5] 参见〔美〕Jeffery L. Dunoff:《中国在演进的全球秩序中的角色:入世 10 周年反思》,蒋围译,载陈安主编:《国际经济法学刊(第 18 卷第 3 期)》,北京大学出版社 2011 年版,第 10 页。

[6] See Petros C. Mavroidis, *Trade in Goods: The GATT and the Other WTO Agreements Regulating Trade in Goods* (Second Edition), Oxford University Press, 2013, p. 54.

[7] 参见徐崇利:《自由主义国际经济法律秩序下"中国搭便车论"辨析》,载《法学》2010 年第 4 期,第 86 页。

崇利认为，中国在要求特殊与差别待遇的传统路径上，此时已经进入守势阶段。[1]

总体上，西方国家以往在经贸层面"规则制华"的形式可归结为：一是淡化中国的特殊与差别待遇，二是要求中国承担超常规义务，三是以对中国不利的舆论造势为辅助。

2. "规则制华"的今生

在后金融危机时期，西方经济复苏乏力，发达国家的"规则制华"变本加厉，不但继续坚持以往做法，更出现了形式的进一步升级：

一是对中国参与规则制定的直接排斥。这一点突出体现在一系列区域或诸边谈判中。由于 WTO 多边谈判无法推进，区域或诸边谈判事实上已经成为当代国际经贸规则制定的主要舞台。[2] 但是，美国前总统奥巴马公开声称，TPP 谈判的目的就是不让中国掌握规则制定主导权。特朗普执政后，在 USMCA 中添加了被普遍认为事实上针对中国的"非市场经济体条款"，企图阻止加拿大、墨西哥未来与中国缔结 FTA，并阻止中国企业利用 USMCA 的投资争端解决机制。[3] 对于 TISA 谈判，中国曾于 2013 年正式提出加入，但因美国持续反对而未果。[4] 此外，中国在入世文件中承诺将尽快开展加入 GPA 的谈判，但西方国家始终对中国的报价不满，导致中国至今尚未加入。而中国不加入 GPA，就无法在 FTA 中与缔约伙伴开展相关谈判。[5] 此外，即使不是直接针对中国，发达国家主导的 TTIP、美国—韩国 FTA 新协议、USMCA 等在经贸规则主导权的掌控上步步为营、咄咄逼人，如 USMCA 设置了"数字贸易""国有企业""汇率政策"等专章，也依然间接使中国面临规则话语权边缘化的危机。

---

[1] 参见徐崇利：《新兴国家崛起与构建国际经济新秩序——以中国的路径选择为视角》，载《中国社会科学》2012 年第 10 期，第 190—191 页。

[2] See Bernard Hoekman, *Supply Chains, Mega-Regionals and Multilateralism: A Road Map for the WTO*, CEPR Press, 2014, pp. 30-33.

[3] See USMCA, 2018, Chapter 14, Annex D; Chapter 32, Art. 10.

[4] 参见石静霞：《国际贸易投资规则的再构建及中国的因应》，载《中国社会科学》2015 年第 9 期，第 143 页。

[5] 例见 2015 年中国—澳大利亚 FTA 第十六章第 8 条，中国其他 FTA 几乎都有类似的规定。

二是对中国经济发展模式的敌视与攻击。在针对中国企业跨境并购的国家安全审查和反垄断审查上,西方国家以"政府控制""技术渗透"等借口一再阻挠。在针对中国的反倾销"替代国价格"做法上,美欧等无视《入世议定书》第15条的有效期,企图将其永久化。同时,西方学界也从法理层面对此进行各种辩护,其中一种典型论点是中国现状仍与市场经济要求不符。[1] 尤其是2018年以来,主要西方国家借"WTO改革"的口号,对中国经济发展模式的攻击趋于公开化。2018年3月和6月,美国和欧盟先后就中国"强制技术转让"问题在WTO争端解决程序下提出磋商要求。5月和9月,美、欧、日的贸易官员两次发表联合声明,集中指责"第三国非市场主导政策和做法"造成的"产能过剩、产业补贴、国有企业、强制技术转让"等问题。7月,美国在WTO对中国贸易政策审查会议上发表声明,指责中国"国家主导的重商主义"和"非市场导向"的经济模式。[2] 9月,欧盟发布关于"WTO现代化"的概念文件,声称"WTO制度因其过时的灵活性处理方式而陷入困境,它允许超过2/3的成员享受特殊待遇,其中包括世界上最大和最具活力的经济体"[3]。

西方国家热衷于"规则制华"的动因主要有:一是冷战思维的历史延续,二是维护经济霸权地位的现实考虑,三是后金融危机时期逆全球化思潮的抬头。"规则制华"态势的长期化给中国造成现实压力,彰显中国加快规则应对的必要性,而FTA恰恰为中国提供了一个适切的规则再造工具,它可为西方所用,亦可为我所用。

(二)全球价值链理论下巴德温对特殊与差别待遇的新观点

本书第四章提及,西方WTO专家巴德温认为,要融入全球价值链,适应跨国企业配置生产环节的要求,发展中成员就必须实行有效的产权保护政策以及其他有利于发展价值链贸易的政策,以此吸引外来的订单和投资。于是,对于WTO中无论发达成员还是发展中成员,国际经贸规则的要求将日益趋同,传统

---

[1] See Jorge Miranda, Interpreting Paragraph 15 of China's Protocol of Accession, *Global Trade and Customs Journal*, Vol. 9, Iss. 3, 2014, p. 98.

[2] See WTO, Trade Policy Review Body, WT/TPR/W/152, 2018, pp. 23-24.

[3] See European Commission, EU Concept Paper on WTO Reform, 2018, p. 2.

的发展中成员特殊与差别待遇将被淡化。

在此重申本书第四章的观点:对于中国这样的发展中大国,在政治、安全、文化、社会全面进步、国际地位提升等各方面都仍然需要全方位的工业体系,以参与世界竞争并积极谋求产业结构转型升级,而不能满足于依附西方跨国企业,被锁定在价值链的低端环节。当前,西方国家无视广大发展中国家所处的发展水平与发展阶段,鼓吹"WTO规则过时论",其真实意图在于"规则制华",同时掩盖它们自己的贸易政策历史。在当前形势下,对于中国这样的发展中大国,鼓励技术转让、采取各种产业政策、以市场吸引投资、实行政府有效监管等各种传统的经贸政策工具仍然具有重大的现实价值。因此,继续坚持特殊与差别待遇原则,反对经贸规则与西方发达经济体盲目趋同,仍将是中国立足自身国情的正当主张。

(三)"WTO改革"呼声下美国关于发展中成员重新分类的新提案

2019年伊始,美国便在WTO总理事会中提交了一份关于发展中成员重新分类的新提案,标题为"一个无差别的WTO——自指定发展状态导致体制边缘化"。[1] 在这份提案中,美国的矛头直指"发达成员与发展中成员"的传统两分法,突出强调中国等新兴经济体突飞猛进的发展,强烈批评发展中成员"自指定"的现行做法,认为如不对此作出改变,WTO谈判功能将陷于瘫痪,从而导致WTO体制作用的边缘化。

美国指出,WTO的"发达成员与发展中成员"的划分过于简单,当下已经明显过时,不能及时反映经济现实的变迁。这导致WTO谈判总是为少数成员制定更高标准,而大多数成员可享受灵活性和例外。为了佐证自己的观点,美国列举了自1995年以来世界上发生变化的各种指标,包括:(1)联合国开发计划署的人类发展指数;(2)宏观经济指标,包括经济产值、人均收入、农业状况和城市化进程;(3)贸易,包括总贸易量、高科技贸易量、知识产权使用费等各个方面;(4)外商投资,包括吸引外资和对外投资两方面;(5)公司规模,主要指"世界500强"公司总部及其收入额比例。以上属于经贸范畴的指标。接下来,美

---

[1] See WTO, WT/GC/W/757, Jan. 16, 2019.

国甚至不遗余力地列举了超级计算机数量、外层空间技术、军费开支等非经贸指标，意在说明迅速发展的中国已不能匹配"发展中成员"这一身份。此外，美国又援引了国际货币基金组织、联合国开发计划署和世界银行对各国发展水平的分类改革，指出这些权威国际经济组织的相关分类都不再停留在简单的两分法上，而是普遍趋于细化。例如，世界银行根据人均国民总收入标准将国家分为四类，并逐年进行动态调整。其中，2018 年的标准为：低收入国家（995 美元以下）、中低收入国家（996 美元至 3895 美元之间）、中高收入国家（3896 美元至 12055 美元之间）和高收入国家（12056 美元以上）。[1]

同时，美国集中指责成员身份"自指定"导致 WTO 谈判停滞：在非农市场准入谈判上，自称为"发展中成员"的先进经济体缺乏与其贸易量相匹配的雄心，并且使用其自指定身份来化解应作出有意义承诺的压力；在农业谈判上，成员的不同分类和复杂的谈判模式导致谈判失败。在 WTO 贸易与发展委员会对特殊与差别待遇条款的审议中，美国声称大部分成员认为特殊与差别待遇条款不过是一种过渡性手段，意在让发展中成员融入多边贸易体系并从中受益，而一些发展中成员则把此类条款当作一种工具，使自己在 WTO 规则之外保留政策空间。[2]

在最后结论中，美国声称：那些维护现状的 WTO 成员坚称"自指定"做法是 1995 年 WTO 成立之时达成的共识，甚至宣称如果不能自指定为发展中成员，它们当初就不会寻求入世。这种做法阻碍了真实的贸易自由化，无视经济现实的明显变化，违背了 1994 年《WTO 协定》序言的目标。因此，"自指定"做法不但导致 WTO 谈判功能的瘫痪，也使其体制陷入边缘化境地，而其他国际机制却在继续前行。[3]

在笔者看来，美国以上观点虽貌似不乏依据，却忽略了中国等新兴经济体人均经济指标仍不高、高等教育和科技创新能力仍明显落后、社会资源仍高度紧张的事实，也回避了美国自身在 WTO 多哈回合和其他国际性重大谈判中不愿作出与其实力相匹配承诺的现实。不过，美国援引若干权威国际经济组织的

---

〔1〕 See WTO, WT/GC/W/757, Jan. 16, 2019, p. 10.
〔2〕 Ibid., p. 13.
〔3〕 Ibid.

做法,指出细化分类、重新分类是国际社会的大趋势,中国对此不宜完全无视。

### 三、中国自由贸易协定对特殊与差别待遇的坚持方针

（一）当代中国对特殊与差别待遇的认识和应持立场

如笔者对巴德温观点的评价,中国目前的发展阶段决定了传统经贸政策仍然具有重要意义,现阶段仍然不可能在经贸规则上与西方国家全方位趋同。对于中国来说,在相当长时期内,民族国家利益仍将重于融入西方主导的全球价值链的利益。因此,尽管徐崇利等学者认为中国在特殊与差别待遇问题上已经进入守势阶段,但中国仍然不能改变"发展中国家"的总体定位,不能放弃特殊与差别待遇的要求。

在"发展中国家"这一总体定位下,中国在不同的领域、不同的议题上呈现出不同的利益状况。因此,在包括FTA在内的各种经贸谈判中,中国不宜用一种统一不变的标准,使自己的身份定位僵化,而应结合具体领域决定自己是否要求特殊与差别待遇。同时,世界范围内对发展中国家分类的讨论目前还在继续。尽管中国在多边场合中仍反对分类主张,但也要看到,分类是必然趋势。例如,WTO《贸易便利化协定》就允许各成员根据自身状况选择不同的义务标准和执行期限。[1] 该协定的成功事实上表明了成员分类细化积极的一面。

综上,当代中国的正确立场是:一方面,应坚持"发展中国家"的总体定位,坚持特殊与差别待遇的原则性地位;另一方面,也要实事求是,在负责任大国的角色担当下,在具体领域承担起与自身经济实力相匹配的义务和责任,作出符合自身利益的选择。但是,中国的这种担当,绝不是如美国所说的全面承担起一个"经贸超级大国"的责任,而是在充分认识自己人均经济指标落后和社会资源紧张的国情现状的前提下,在具体领域具体处理,量力而行。

---

[1] See Ben Czapnik, The Unique Features of the Trade Facilitation Agreement: A Revolutionary New Approach to Multilateral Negotiations or the Exception Which Proves the Rule? *Journal of International Economic Law*, Vol. 18, Iss. 4, 2015, pp. 773-794.

## (二) 当代中国 FTA 践行特殊与差别待遇的工具性意义

笔者一再主张,当代中国应积极运用 FTA 的规则建构功能,在 FTA 中突出自身独特的利益点,以达到争取或保持国际经贸规则话语权的目标。在特殊与差别待遇这一问题上,既然在多边场合中主要西方国家已经对中国展开"围追堵截",不仅不愿再让中国享受特殊与差别待遇,相反还要求中国承担额外义务,多边场合对于中国而言事实上已经难以实现特殊与差别待遇的主张,那么 FTA 这一"少边"工具对于当代中国实践特殊与差别待遇就具有不可忽略的意义。多边途径理论上固然好,但实际效果未必上佳;"少边"合作似有"小圈子"之嫌,但却有其积极的现实效用。在多边贸易体制中,中国不但没有享受到应有的特殊与差别待遇,相反还被施加了特殊与差别责任(超常规义务),[1]而利用 FTA 可以扭转中国在特殊与差别待遇问题上的不利处境。当初发展中国家大多是为了避免被边缘化的危险而参加乌拉圭回合谈判,[2]而今自贸区战略的主动权掌握在中国自己手中。

在 FTA 这一工具下,中国更便于利用自身实力,力争在多边场合中无法兑现的特殊与差别待遇。同时,多边合作中对有关条款的"硬化"工作需要借助组织力量,且往往受制于众口难调,但"少边"合作中大国的主导作用就足以促使条款走向"硬化"。更重要的是,FTA 这一"少边"工具可以让中国作为"复杂国家",在面对不同谈判伙伴时采取不同的特殊与差别待遇策略,这也正是笔者所主张的中国 FTA 范式的务实灵活性所在。这种思路能够有效规避多边场合中对发展中成员重新分类的压力,在"少边"合作下达到新式的利益均衡。

## (三) 新时代中国 FTA 践行特殊与差别待遇的合理做法

新时代中国 FTA 坚持特殊与差别待遇之不变,应体现于以下两个维度:一是既体现于中国在面对较发达伙伴时要求享有特殊与差别待遇,也体现于中国

---

[1] 参见徐崇利:《建立国际经济新秩序斗争的潮落与中国的立场》,载陈安主编:《国际经济法学刊(第 15 卷第 2 期)》,北京大学出版社 2008 年版,第 52 页。

[2] 参见曾华群:《论"特殊与差别待遇"条款的发展及其法理基础》,载《厦门大学学报(哲学社会科学版)》2003 年第 6 期,第 8—9 页。

在面对较不发达伙伴时让对方享有特殊与差别待遇；二是既体现于市场准入，也体现于经贸规则。

就前一维度而言，中国作为"复杂国家"，应灵活理解特殊与差别待遇。这种"复杂"，源自中国的总体发展程度介于发达国家和一般中小发展中国家之间，具体到产品和服务部门，中国的竞争力强弱又因伙伴而异，不能简单地以总体发展程度一概而论。目前，对发展中国家重新分类的讨论还在继续。有学者认为，尽管中国在多边场合中仍反对分类主张，但同时也要看到，分类已经是理论上和实践中的必然趋势。不过，大多数学者和机构认为，应根据具体经贸领域确定适格主体，而非从一般意义上对发展中成员进行分类。这样，每个领域的具体标准难以扩展至其他领域，"溢出效应"较为有限。[1] 因此，在宏观层面，中国应继续强调"发展中成员"作为一个集体法律概念的存在；而在微观层面，中国应重视分类趋势，加强研究国际机构设定的指标体系，积极参与规则制定，把中国的权益带进规则。[2]

笔者对以上观点较为赞同。在FTA这一经贸机制中，根据不同的伙伴实行不同的特殊与差别待遇，符合中国FTA"政策治理"模式和务实灵活的范式建构需要。同时，中国在FTA中又不必明提分类，而是事实上根据不同的伙伴、部门实行不同的待遇。这样，既能收到特殊与差别待遇的实效，把中国的权益带进规则，达到互利共赢，又能避免对己不利的"分类"口实。

就后一维度而言，既然当代中国FTA应奉行市场准入与经贸规则双翼并举，那么特殊与差别待遇就应同时贯彻于这两翼。在市场准入上，中国—东盟FTA的关税削减就很好地体现了特殊与差别待遇原则，其相关降税安排区分了东盟较先进成员和较落后成员，允许东盟较落后成员作出较温和的降税承诺并享有更长的过渡期，有效兼顾了中国与东盟新老成员等各方利益。对于菲律宾等国提出的个别农业部门的例外要求，中国也予以接受。这种务实灵活的安

---

[1] 参见林灵：《试析多哈回合"特殊与差别待遇"谈判及中国相关立场》，载《武大国际法评论》2007年第2期，第112页。

[2] 同上。

排体现了中国传统文化的特征。[1] 如前所述，在 2015 年中国—澳大利亚 FTA 中，澳方以负面清单模式作出投资与服务的开放承诺，而中方则以正面清单模式作出开放承诺，并规定将在未来合适时候在负面清单模式基础上开展进一步自由化谈判。此外，中国—新西兰 FTA、中国—澳大利亚 FTA 规定了仅供中方使用的农业特殊保障措施机制，便是中国在面对较发达伙伴时要求享有特殊与差别待遇的实例。

在经贸规则上，中国可借鉴 WTO《贸易便利化协定》对成员分类的做法，在 FTA 中承担与自身经贸实力相匹配的义务和责任。具体来说，先建立基于自身国情的普适性制度，再区分缔约伙伴类型采取相应的策略：在面对较强伙伴时不脱离自身国内制度盲目接受超前经贸规则，也不强求较弱伙伴接受高水平经贸规则。另外，西方学者霍克曼曾指出，经贸谈判中有一种可取的做法是，只有在较高收入国家提供实施协定所必需的援助时，贸易便利化等义务才是可执行的。他认为这种做法完全可扩展至其他议题，实际效果比那种一味强调非对等互惠的做法要好。[2] 这个看法对于中国有一定启发价值。新时代中国 FTA 在经贸规则上的特殊与差别待遇，首先可体现于贸易便利化、环境保护、能力建设等事项上的技术援助，这种技术援助可能是双向的，即既可能是他国对中国的援助，也可能是中国对他国的援助；其次可体现于知识产权、竞争政策等条款的灵活化；最后还可体现于服务与投资规则的灵活化等。

还有学者指出，WTO 成立以来，特殊与差别待遇条款的一大动态是，对较弱伙伴的特殊困难的关注从经济与市场领域转移到政府与政治领域，如人权、反腐败等。[3] 这一动向无疑也体现在西方国家与较弱伙伴缔结的 FTA 中。笔者认为，西方国家的这一做法为中国所不足取，新时代中国 FTA 仍应坚持专注于经贸领域而不介入政治领域的传统做法。在特殊与差别待遇问题上，这也

---

[1] See Guiguo Wang, China's FTAs: Legal Characteristics and Implications, *American Journal of International Law*, Vol. 105, Iss. 3, 2011, p. 499.

[2] See Bernard Hoekman, *Supply Chains, Mega-Regionals and Multilateralism: A Road Map for the WTO*, CEPR Press, 2014, pp. 57-58.

[3] 参见曾华群：《论"特殊与差别待遇"条款的发展及其法理基础》，载《厦门大学学报（哲学社会科学版）》2003 年第 6 期，第 7 页。

是一种重要的"不变"。

最后，FTA 这一工具有利于中国将特殊与差别待遇落到实处。特殊与差别待遇条款一直以来被视为软法，由此才会出现"硬化"的呼声。阿伯特、基欧汉等人曾经在他们关于国际机制的论述中提出著名的规则软硬性质界定三要素：义务性、精确性、授权性。[1] 义务性是指规则的约束力，精确性是指规则的细化程度，授权性是指是否存在独立第三方监督规则的执行。这三要素的判定不是非此即彼、泾渭分明的，而是体现了一种程度性、过渡性特征。在新时代中国 FTA 中，特殊与差别待遇条款的这三个方面都有望得到强化。中国尤其需要在 FTA 中强化特殊与差别待遇条款的精确性和授权性，即增进条文规定的细化度，并设立有效的执行监督机制，如双边自由贸易委员会等。此类机制既能评估特殊与差别待遇条款的执行状况，又能保持一定的政策灵活性和手段弹性，无疑将构成新时代中国 FTA 的重要特征之一。

## 第四节　协定条款软硬并行之不变

新时代中国 FTA 有必要继续保持协定条款软硬并行之不变，即既要有硬性条款确定缔约方的权利义务，以便切实履行，又要有软性条款表明某些领域的意向，以便引导缔约方的努力方向或表达进一步合作的可能性。中国 FTA 这种软硬并行的特征，使其明显区别于美国 FTA 的硬性特征，更接近于欧盟 FTA 的风格，但在立意上又有对中国自身国情之考虑。前文事实上已多处提及中国 FTA 软硬条款并行的必然性，本节于此处再作一系统性梳理。

### 一、成因之一：中国自由贸易协定的议题处理需要

这一点在本书第六章第一节"议题项目之变"中已有阐述：面对各种新议题下法律规则渐趋"硬化"的压力，中国即便引进，在具体处理方式上也未必要采

---

[1] See Kenneth W. Abbott, Robert O. Keohane, et al., The Concept of Legalization, *International Organization*, Vol. 54, Iss. 3, 2000, p. 404.

用美式的高度"硬化"规则,而应当软硬并行、软硬有度。[1]

当代经贸谈判中,新议题层出不穷,对中国以 FTA 为载体的治理能力提出了较大挑战,中国需要合理把握议题的纳入限度。如何把握此种纳入限度,笔者试提出两个标准:

一是慎重对待议题的后果不确定性、影响广延性。在这方面,美国法理学家朗·富勒提出的"多中心任务"思想具有较高的启发价值。富勒举了蜘蛛网的例子:拉一根蜘蛛网线将会在整个蜘蛛网上分配张力。增加一倍的拉力可能不是把最初的每根线上的张力增加一倍,而是更可能产生一个充满不同张力的复杂结构,甚至可能使一根或更多的细线突然折断。蜘蛛网是多中心的,网上的每一个交点对于张力分配来说都是一个不同的中心。富勒进而指出,在社会治理中,"多中心任务"不适合通过法律手段解决,因为它会造成法院很难接收到所有受影响主体的论辩,也缺乏可资利用的确定规则。例如,如果是由法院而不是由市场来决定商品价格,那么法院不但很难确切把握经济发展状况,不能顾及各种可能受影响的利益,而且无法预料司法决定可能产生的后果。因为法院不可能为每一个利益受到影响的当事方提供进入法院并进行陈述和论辩的机会,而法院未考虑到的利益可能与案件所涉利益同样重要,不同的判决又会对经济及各种相关利益造成不同的影响。富勒的"多中心任务"思想已成为对法律局限性的经典论述,这一思想虽是立足于司法层面的,但从立法层面讲,以上分析仍具有适用性,关键便在于"很难接收到所有受影响主体的论辩,也缺乏可资利用的确定规则"。

"多中心任务"思想给我们的启示是,中国作为转型期发展中大国,在 FTA 中对利益牵连面广、社会影响后果大但在立法技术上又充满不确定性的议题或规则,如劳工、国企、反腐败、监管一致性、负面清单开放模式等,一定要慎重把握引进的界限和分寸,不能效仿一些中小国家在 TPP 中那样对西方大国盲从。

二是合理把握 FTA 与中国其他对外合作机制的分工关系。在经贸和社会

---

[1] 事实上,有美国学者也认为,美国 FTA 同样需要更加具有弹性、灵活性,更加注重发展导向,少一点"美国独断"色彩,如此方有利于推进美国与主要发达经济体、新兴发展中经济体的 FTA 谈判。See C. O'Neal Taylor, Of Free Trade Agreements and Models, *Indiana International & Comparative Law Review*, Vol. 19, Iss. 3, 2009, p. 608.

议题领域,中国对外合作机制绝不是只有FTA,还有不同领域的各种合作协议、议定书、谅解备忘录,如环境合作协定、劳工合作议定书、文化合作议定书、电子商务合作议定书等。仅以环境保护为例,中国就拥有与美国、加拿大、蒙古、朝鲜、印度、日本、韩国、俄罗斯等国签订的自然保护议定书、环境保护合作谅解备忘录、环境合作协定、保护候鸟及其栖息环境协定等一大批合作机制。[1] 因此,像TPP那样在"环境"章中无所不包地硬性规定各个方面的环境保护事项,对于中国而言,既在内容上不必要,也累及有限的谈判人力资源,更有主权流失之虞。

黄志雄以互联网监管为例,阐述了经贸机制与其他合作机制的关系。他指出,近年来,在若干事件中,西方国家借助WTO规则对中国互联网监管政策发难,其真正意图在于借自由贸易与人权议程的"携手并进",推行西方的意识形态与价值观念。他进而主张,中国应通过WTO以外的其他场所和手段,解决不同国家围绕互联网监管政策的分歧,如通过中美、中欧互联网双边对话机制和联合国、"伦敦进程"等多边机制,推动网络空间治理的国际合作。[2] 这个观点极为中肯,道出了经贸机制与非经贸机制的长处和局限,也说透了西方国家将其他议题与经贸议题挂钩这一惯用手法的内在意图。

中国FTA比较合理的做法是:首先,基于前述议题引进的限度,决定有关议题是否引进;其次,即便是可以引进的议题,也最好将其限定在"与贸易有关"的层面上,如在环境保护议题上强调贸易与经济活动应在不妨碍社会和环境政策追求的前提下扩张,以及国内环境标准既不应成为伪装的贸易保护主义的一

---

[1] 这里有待讨论的一个问题是:有关合作事项是放在FTA还是其他合作机制中好?一个值得注意的例子便是,在TTIP谈判中,欧盟希望将酒类产品纳入TTIP文本,原因之一是TTIP需要美国国会批准,从而能够提高法律位阶,而美欧间已有的两个酒类产品的合作协定仅为行政协定。See European Commission, Agriculture and Geographical Indications (GIs) in TTIP: A Guide to the EU's Proposal, 21 March 2016, p.7. 对于中国,涉及具体职能型合作的事项究竟是纳入FTA还是不纳入?笔者认为,纳入FTA(以专节形式或附件形式)的好处是法律效力位阶高、约束力强,但技术性过强且实践状况变动不居的事项还是交给行政协定去处理比较好。因此,本书的观点是,中国FTA不宜包罗万象。

[2] 参见黄志雄:《互联网监管政策与多边贸易规则法律问题探析》,载《当代法学》2016年第1期,第68页。

种形式,也不应被降低以作为贸易投资竞争的一种手段,而不是泛泛规定所有方面的环境保护事项;最后,即便是可以引进的议题,也最好以软法的简明宣示而不是硬法的烦琐规定形式进行处理,以软化其冲击效应和技术刚性。

通过以上两个标准,可较好地把握新时代中国 FTA 议题纳入的限度及其软硬形式。FTA 中不少经济议题和社会议题涉及中国国内法律与政策的相应变更,而现阶段中国作为发展中大国正处于经济社会转型期,诸如竞争政策、国有企业、数据流动、监管合作这样的经济议题以及劳工政策、环境保护等社会议题,利益牵涉面广,实施不确定性大,风险掌控难,有的规则尚处于发展之中,它们正属于富勒所言的"多中心任务"。对此,中国 FTA 显然不宜采用美式刚性风格的规则(包括实体规则和争端解决机制)加以框定。事实上,西方学者霍克曼也认为,经贸谈判中有些领域,尤其是边境后措施如监管合作等,很可能不适合采用硬性约束方式,而是适宜以增进透明度、分享信息等程序性方式加以推进。[1]

即使强行以硬法形式予以框定,这些规则也会面临在国内的实施困境。在国际法学说流派中,科恩的"跨国法律程序说"对国际法与国内法的互动关系有独到的观点。该学说主要运用建构主义理论,提出国家及各种非国家行为体在复杂的互动过程中——在国际、国内司法活动中以及对立法机关的游说过程中,不断地重复运用国际法。由此,相关的国际法律规则就被内化为国内法律体制中的价值观念,从而使国际法得到各国的普遍遵守。[2] 此观点可以有效解释知识产权、竞争政策、劳工标准、环境保护等规则在西方世界逐渐被接受的成因,而且我们可从中得出启示:国际法在国内法上的内化程度至关重要,这种内化包括价值观念上的接受和执行技术上的成熟等各种因素;如果不能在国内法中得到充分内化,国际法规则的实效就会大打折扣。不同于西方国家的是,目前知识产权、竞争政策、劳工标准、环境保护、国有企业、数据流动、监管一致性合作等议题在中国国内法中的内化进程尚需具体情况具体考察,如果有关议

---

[1] See Bernard Hoekman, *Supply Chains, Mega-Regionals and Multilateralism: A Road Map for the WTO*, CEPR Press, 2014, p. 43.

[2] 参见徐崇利:《国际经济法律秩序与中国的"和平崛起"战略——以国际关系理论分析的视角》,载《比较法研究》2005 年第 6 期,第 89 页。

题及其规则的内化程度不够,而国际层面又存在压力,那么在FTA中就只能采用软法。

同时,除了FTA,中国目前对外尚有各种领域的合作机制。受限于发展中国家的人力资源和FTA自身的功能特征,中国并无必要效仿美国,把各种议题都以详细条款的形式塞进FTA中。从功能主义理论角度看,FTA作为一种国际经贸机制,其核心的功能优势还是围绕着经贸领域。中国如将各种利益牵涉面极广的经济议题和社会议题强行在FTA中予以框定,如前所述,在国内价值观念上尚未普遍接受、执行技术尚未充分成熟的情形下,其实际效果未必好。因此,中国FTA宜以泛泛的软法形式处理这些议题,实行各种经贸议题之间、经贸议题与社会议题之间的"软挂钩"或"有限度挂钩",如此,则风险可控、影响较小、难度较低,也更切合发展中大国的实际。笔者认为,新时代中国FTA宜以软法形式处理的议题主要包括:(1)竞争政策等新经济议题;(2)环境保护等各种社会议题;(3)对于中国利弊兼备、需具体情况具体分析的"双刃剑"议题,如监管一致性合作、知识产权"超TRIPS"规则等。

欧盟FTA在这些领域也带有一定的软性特征,[1]这并非因为相关领域的规则在欧盟内部尚未充分内化,而是基于欧盟对中小伙伴相对宽容的谈判风格。[2]这一风格理应同样拥有悠久历史文化的中国所奉行。综上所述,一方面,相关议题及其规则在中国国内的内化程度不够;另一方面,中国历来奉行和谐共生的文化传统和互利共赢的外交理念,对中小伙伴注重相对宽容,对发达伙伴注重互有所得。因此,保持协定条款之软硬并行,完全适合中国FTA,这一范式特征理应长期保持不变。

---

[1] 典型者如,2016年欧盟—南部非洲发展共同体(SADC)经济伙伴协定将竞争政策规定在第三章"合作领域",该章第18条规定:双方认识到竞争问题的重要性,将适时开展竞争政策协议的谈判;如果谈判启动,欧盟愿意给予特殊与差别待遇。这是非常软性的规定。

[2] 有国外学者指出,欧盟对待社会议题的方式与美国极其不同,更倾向于通过合作,包括必要的经济与技术援助,"更为柔和"地处理社会问题。参见〔美〕西蒙·莱斯特、〔澳〕布赖恩·默丘里奥编著:《双边和区域贸易协定:评论和分析》,林惠玲、陈靓等译,上海人民出版社2016年版,第330页。

## 二、成因之二：中国自由贸易协定的公共政策需要

实际上，议题项目的处理需要只是表象，中国 FTA 必然奉行软硬条款并行的深层根源在于新时代中国国内公共政策需要。上文关于"内化"问题的分析已经涉及这一点，但分析尚不完整。

首先，转型期中国公共政策过程呈现新的特征。"决策删简—执行协商"作为灵活的政策过程模式，是在当前中国大量政策议题涌现情形下塑造出的一种过渡性制度安排，能够有效化解决策中面临的社会压力和多元利益。但是，公共政策决策过程的删简和执行过程的广泛协商，必然意味着结果的不确定性，像 FTA 中的环境保护、劳工政策、可持续发展、国有企业等问题，都在这个范畴之列。这又回到了富勒所言的"多中心任务"的窠臼。因此，中国 FTA 将许多软性合作事项纳入双边自由贸易委员会的对话框架中是非常明智的选择。同时，这些合作事项有相当一部分还涉及企业界，如缔约方政府与企业界的对话、缔约方企业之间的对话、政府面向企业界的宣传推广活动等，也必然涉及广泛的协商和灵活的执行，如监管一致性合作问题便是如此。以往中国 FTA 软性合作条款的典型代表是 2015 年中国—韩国 FTA"经济合作"章，将众多领域的经济技术合作纳入其中，许多内容实际上是不可强制执行的。由此可见，中国 FTA 具有双重角色——既是经贸合作的确定性法律承诺书，又是经贸合作的意向性友好文件。

其次，从更广的世界范围来看，后金融危机时期，主要大国都空前注重国内的公共政策需求。约翰·鲁杰"内嵌的自由主义"思想今天非但没有过时，反而愈显精辟。鲁杰指出，各国进口限制磋商的增加、全球范围内受最惠国待遇原则调整的贸易量的下降、GATT 争端解决机制被各国弃之不用而以双边磋商谈判取而代之，都与"内嵌的自由主义"有关。[1] 以上观点原本是针对 20 世纪 70—80 年代的国际政治经济形势而提出的，但他所描述的种种现象在当今后金融危机时期又一一重现了。归根结底，各国需要在经济自由化和国内社会政策

---

[1] 参见〔美〕约翰·杰拉德·鲁杰：《国际机制、交易与变迁：战后经济秩序中的内嵌自由主义》，李成学编译，王彦志校，载刘志云主编：《国际关系与国际法学刊》·第 5 卷（2015）》，厦门大学出版社 2015 年版，第 466—467 页。

之间保持平衡。经济社会发展成熟的西方发达国家尚且如此，中国作为转型期发展中大国就更不应例外。

最后，石静霞在分析 WTO"中国出版物和视听产品案"时指出，WTO 争端解决机构株守文本主义解释方法，罔顾成员的主观目的和文本的实际效果，在司法实践中给包括中国在内的成员造成了不利影响，妨碍了成员的公共政策自主权。当前，文本主义解释方法与"目的和效果"理论、客观解释与主观解释、贸易价值与非贸易社会价值、伪装的贸易保护主义与缔约方公共政策需求等，构成了 WTO 司法实践中一系列的对立范畴。[1] 一直以来，WTO 司法实践存在一味倚重文本字面规定、轻视成员真实意图和公共政策需求的倾向，故合理运用 FTA 就成为中国的一个可靠工具选项。要保持公共政策自主权，中国就有必要在 FTA 法律文本中对有关贸易和投资规则作适度的"软化"，并重视双边自由贸易委员会的协商对话，发挥争端解决中缔约方联合解释的效力；[2] 确保 FTA 序言所列各项软性目标在条约解释与适用中的基础地位；[3] 等等。如此，软硬条款之并行将成为中国 FTA 保持政策空间灵活性、维护自身监管权力的重要范式特征。

以上大量分析实质上都涉及发展中大国的可持续发展。有西方学者指出，可持续发展国际法在许多方面还处于逐渐发展而不是编纂过程中，以硬法形式的条约记录实质上的软法，便是对可持续发展国际法的逐渐发展。[4] 这个论断也有助于证成新时代中国 FTA 保持协定条款软硬并行之不变的必然性。

---

[1] 参见石静霞：《"同类产品"判定中的文化因素考量与中国文化贸易发展》，载《中国法学》2012 年第 3 期，第 60—61 页。

[2] 美国尽管在 WTO 多边争端解决中对中国施加强大压力，常常片面强调《入世议定书》的字面含义，但在其 FTA 中早有赋予双边联合委员会条约解释权的文本实践，值得中国深思。典型者参见 Free Trade Agreement Between the United States and Morocco, Chapter 19, Art. 19.2.2 (e)。

[3] 在 FTA 中明确规定专家组在解释和适用协定条款时应考虑 FTA 目标的例子不多，但韩国—新加坡 FTA 中有此规定。See Free Trade Agreement Between Korea and Singapore, Chapter 20, Art. 20.2.5。这对于中国尤其有借鉴意义。中国 FTA 应作类似的特别规定，并明确反对那种简单止步于字面通常含义的"文牍主义"做法。

[4] 参见〔荷兰〕尼科·斯赫雷弗：《可持续发展在国际法中的演进：起源、涵义及地位》，汪习根、黄海滨译，社会科学文献出版社 2010 年版，第 208—209 页。

### 三、成因之三：中国自由贸易协定的"非传统收益"需要

中国自贸区战略固然首先立足于经贸层面，但其目标又不限于经贸层面。一个很明显的事实是，迄今中国已有的 FTA 伙伴、正在谈判或进行可行性研究的 FTA 对象，总体上都与中国保持着良好的政治关系。这就形成了中国 FTA 实践的一种独特风格：一方面强调经贸问题非政治化，另一方面又重视与政治关系良好的伙伴优先缔结 FTA。正如孔庆江所指出的，中国 FTA 谈判的启动时机还是依赖逐案的政治考量。[1] 对此，经济学者提出的"非传统收益"理论可以作出有效的解释。

我们不难注意到，与 1994 年《WTO 协定》序言中载明的促进世界经济福利增长和可持续发展的主要宗旨相比，FTA 作为国际条约有其自身特定的优先目标，涉及经济、政治、社会政策乃至国家安全等多个复杂层面。换句话说，WTO 的特点是去政治化，而 FTA 则必然带有地缘政治和区域安全战略等多种属性。传统的国际区域经济一体化理论已经不能很好地解释 FTA 的动因，关于 FTA 的"非传统收益"理论应运而生。[2] 国内有学者指出，人们以前认为 FTA 能给缔约方带来传统的经济收益，然而这不能解释许多国家为何以较不利的条件加入 FTA 的事实，因为在这种情况下这些国家显然得不到传统的经济收益。其原因在于，FTA 在保持政府政策的连贯性、释放外交信号、提供政策保障、增强集团谈判能力、建立协调一致机制等方面能够给缔约方带来新的收益。[3] 另外，据曼斯菲尔德分析，FTA 在减少国家间政治冲突方面也发挥着重要作用。[4]

---

[1] See Kong Qingjiang, China's Uncharted FTA Strategy, *Journal of World Trade*, Vol. 46, Iss. 5, 2012, p. 1205.

[2] See Raquel Fernández and Jonathan Portes, Returns to Regionalism: An Analysis of Non-Traditional Gains from Regional Trade Agreements, *The World Bank Economic Review*, Vol. 8, Iss. 2, 1998, pp. 197-220.

[3] 参见白当伟、陈漓高：《区域贸易协定的非传统收益：理论、评述及其在东亚的应用》，载《世界经济研究》2003 年第 6 期，第 65—67 页。

[4] See Edward D. Mansfield, Preferential Peace: Why Preferential Trading Arrangements Inhibit Interstate Conflict, in Edward D. Mansfield and Brian M. Pollins (eds.), *Economic Interdependence and International Conflict: New Perspectives on an Enduring Debate*, The University of Michigan Press, 2003, pp. 222-236.

对于中国，FTA 在稳定政治关系、促进友好合作上的"非传统收益"是非常明显的，中国—东盟 FTA 就是典型的例子。在"一带一路"倡议的大背景下，这种"非传统收益"更值得倍加珍惜。国际关系学者庞中英指出，地区合作分为两类：一类是具有地区治理目标、意义和效果的，另一类是不具有的。[1] 显然，前一类地区合作更需要软法形式的治理。中国对外 FTA 谈判在面对"一带一路"沿线伙伴时，尤其要注意这一点。突出软法形式的治理，使其与硬法义务并行，实现"政策治理"与"规则治理"各擅胜场，将是适合中国 FTA 的范式特征。

此外，"非传统收益"事实上还能反过来促进经贸层面的"传统收益"，这表现在中国与 FTA 伙伴之间的经贸摩擦数量显著降低上。[2] 可见，FTA 能够增进政治互信，促进文化交流，推进国家软实力建设，从而有效缓解经贸摩擦，塑造争端解决的柔性特征，与"一带一路"倡议的内在精神是完全一致的。[3] 中国入世后出口高速增长引起他国恐慌，加上《入世议定书》中"替代国价格"等不利规定，长期以来，针对中国的贸易摩擦数量居高不下，中国面临的国际贸易环境不容乐观。因此，中国的对外 FTA 谈判不能排除各种复杂的政策性综合考量，注重 FTA"非传统收益"有助于改善中国的国际贸易环境，促进"传统收益"。

从这个意义上讲，新时代中国 FTA 注重协定条款之软硬并行，除了设置大量的软性合作条款、经贸委员会协商条款之外，还应在贸易救济条款和争端解决条款的"柔化"上下功夫。例如，在反倾销、反补贴、保障措施等贸易救济条款上，可相互承诺：保持克制态度、必要时将伙伴方产品排除在外、保持措施透明度、及时通报等；[4] 在争端解决条款上，可充分强调双边经贸委员会（或自由贸

---

[1] 参见庞中英：《重建世界秩序：关于全球治理的理论与实践》，中国经济出版社 2015 年版，第 105 页。

[2] 参见刘彬：《中国与东盟国家 WTO 争端解决共性策略研究》，载《上海对外经贸大学学报》2018 年第 1 期，第 22 页。

[3] 参见中国现代国际关系研究院：《"一带一路"读本》，时事出版社 2015 年版，第 20、22—23 页。

[4] 有西方学者认为，FTA 的贸易救济措施可考虑在联合委员会层面加强通知与磋商纪律，尤其是在分拆、外包盛行的价值链伙伴之间，这一点尤为必要。See Richard Baldwin, et al., Beyond Tariffs: Multilateralizing Non-Tariff RTA Commitments, in Richard Baldwin and Patrick Low (eds.), *Multilateralizing Regionalism: Challenges for the Global Trading System*, Cambridge University Press, 2009, pp.140-141.

易委员会)的对话作用,[1]进一步细化"避免争端"(dispute avoidance)的规定,要求争端解决过程中的某些步骤向双边经贸委员会(或自由贸易委员会)及时通报,[2]适度强化企业界的公众参与,在条约解释上高度突出缔约方联合解释权的优先地位,适度抑制独立仲裁庭的司法权力,[3]乃至建立"裁定异议机制"等。

总之,FTA中的各种软性条款能够促进"非传统收益","非传统收益"又能反推"传统收益",进而促进中国自贸区战略与"一带一路"倡议之间功能上的相互服务和精神上的深度融合。

---

[1] 值得注意的是,作为西方国家,加拿大在2018年8月底提出的WTO改革建议中,认为WTO争端解决机制对某些问题应避免裁决,代之以调解或协商,部分类型的争议应被明确排除在裁决机制之外。西方国家基于国家主权考量尚且有此种立场,中国在贸易投资争端解决机制上更应纳入更多的灵活性考虑。

[2] 西方国家在这方面早有实践。See Agreement Establishing an Association Between the EC and Chile, Title VIII, Chapter III, Art. 188. 5.

[3] 有学者指出,早在美国主导的NAFTA中,其附件A在条约解释规则上就有授权自由贸易委员会发布条约解释性声明的规定。参见何艳:《投资协定视阈下知识产权与公共健康的冲突与协调——由两起"菲利普·莫里斯案"引发的思考》,载《法商研究》2013年第6期,第50页。

# 全书结论

在后金融危机时期,FTA已悄然崛起为全球范围内国际经贸规则制定的最活跃舞台,而且是规则主导权争夺的焦点舞台。基于这一全球背景,中国作为最引人注目的发展中大国,在新时代的FTA实践将与自身经贸利益乃至国际经济新秩序的构建息息相关。为此,新时代中国FTA法律范式研究之必要性得以凸显。党的十九大报告指出:"中国支持多边贸易体制,促进自由贸易区建设,推动建设开放型世界经济。中国将继续发挥负责任大国作用,积极参与全球治理体系改革和建设,不断贡献中国智慧和力量。"FTA是中国参与全球治理体系的重要机制工具。进行FTA法律范式研究,是对中国FTA整体文本风格和基本规律的归纳总结,不是对FTA局部法律问题的单纯研究,也不同于对FTA与WTO之间宏观关系的传统研究,而是结合新时代的国内外形势与政策背景,在总结中国现有FTA文本得失的基础上,以中国FTA文本的系统化、规范化和特色形成为研究指向。

## 一、新时代中国自由贸易协定法律范式构建的基本思路

在科学哲学史上,美国学者库恩对"范式"一词的阐释产生了巨大的学术影响力。本书使用的"范式"一词,与经典的"库恩含义"有一定联系,但也有区别。中国FTA法律范式构建论题包含理论性与实践性两个层面:在应然的理论层

面,立足于中国国际经济法学科的若干元要义,研究中国 FTA 缔约活动如何应对后金融危机时期的理论新挑战,澄清和归纳新时代中国 FTA 谈判应有的指导思想;在实然的实践层面,分析以往中国 FTA 文本的特征及其得失,研究中国 FTA 在中国特色社会主义新时代和后金融危机时期如何有效体现国内政策需求、回应国际形势挑战,以及在未来的文本模板上应呈现出何种风格特征。

在上述含义界定的基础上,本书对中国 FTA 法律范式两个层面的构建思路如下:

1. 应然的理论层面

在中国国际经济法学科主张建立公平公正的国际经济新秩序的元要义下,运用唯物主义辩证法的内外因观点、发展观点、整体观点,结合新时代中国自身条件和国际大环境的变化,中国 FTA 应配合国内改革开放的顶层设计,因应国际形势的晚近动态,及时作出战略性调整,在全球合作、可持续发展、国家主权这三大国际经济法基本原则的指导下,以全球价值链合作、可持续发展这两个维度为经贸规则的基本方略,以国家主权这一维度为公共政策的托底保证,进行议题和规则的重新布局,以适应复杂的发展中大国身份下"变与不变"的利益需求。

新时代中国 FTA 应积极奉行市场准入和规则建构"两翼并举",在继续推进市场准入这一传统功能的同时,大力强化规则建构这一被遗忘的新兴功能:一是将重心转向经贸制度创新和营商环境建设;二是追求国内制度外溢和对外制度供给的扩散效应,并以效率提升型制度为供给特色;三是进行议题盘点,突出自身独特的利益诉求。中国在 FTA 规则谈判中的利益诉求存在三条主线,即改变《入世议定书》的永久性不利条款、消解 WTO 与国际投资仲裁不合理裁决的影响、落实中国在多哈回合规则改革谈判中提出但又无法得到采纳的主张。当前,在多边与单边之间取其中,通过 FTA 进行规则再造,对"一带一路"沿线中小伙伴进行制度供给,符合中国的实力状况,其要旨在于以"平台转换"的策略实现规则再造。中国 FTA 既要促进全球化下的经贸合作利益,又要保障新兴大国对内公共政策空间和对外规则话语权。

2. 实然的实践层面

中国应确立 FTA "政策治理"模式导向,深入分析各个议题的利弊得失,合理调整过去对"21世纪新议题"的成见,秉承具体问题具体分析的实践论,务实灵活地面对不同类型的谈判伙伴,深入研究各种议题是否应接受、是否能接受以及如何接受,在议题设置和标准设定上也应当呈现出"变与不变"。务实灵活的"变与不变",是中国FTA未来文本风格的要义所在,也是新时代中国内部动因与外部动因两个层面综合作用的必然结果。

具体而言,"变者"大体包括:(1)议题项目之变;(2)利益要点之变;(3)开放模式之变;(4)优惠授予面之变。"不变者"大体包括:(1)市场准入力度加深之不变;(2)公共监管权力保持之不变;(3)特殊与差别待遇坚持之不变;(4)协定条款软硬并行之不变。

## 二、新时代中国自由贸易协定法律范式构建的具体阐释

### (一)理论层面

新时代中国FTA法律范式在理论层面的认识应作出以下调整,以服务于中国国际经济法学科的理论元要义:

第一,中国至今在国际交往中从未放弃过对"国际经济新秩序"的提倡,但"国际经济新秩序"的内涵并非一成不变。中国入世以来的发展历程已经证明,中国是以规则治理为基础的开放自由的国际经济秩序的最大受益者。同时,现有的国际权力格局决定了中国对西方国家主导的国际经济法律秩序仍然不宜采取激烈对抗甚至要求推翻的做法,而应在现有秩序框架下融入自由主义国际经济法律机制,利用现有秩序允许的机制工具,包括FTA这一重要工具,争取自身实力的增长,并适度提出自己的利益、话语主张,从而谋求后金融危机时期的国际经济新秩序的建立和维护。

第二,当前西方国家的政治和经济实力总体上仍占优势,它们在国际经贸规则改革上拒绝实质性让步,这种现实主义大势决定了WTO等多边组织的规则改革难有实质性进展。而FTA这种自愿性、一对一的谈判工具恰恰为发展中国家提供了获取规则谈判参与权与促进国际关系民主化的契机。但是,中国作为发展中大国,又与一般中小发展中国家有所不同。中国客观上具备较雄厚的硬实力基础,FTA这种一对一方式恰恰有利于中国合理运用现实主义外交理念,以自身谈判资本获取对国际经贸规则的渐进改造机会,这在西方国家长

期顽固奉行"规则制华"的严峻背景下更凸显其价值。因此，我们要扭转对 FTA 的传统偏见，将其作为发展中大国争取规则话语权和维护自身公共政策空间的有效工具。

第三，尽管总体上还是一个发展中国家，但当国力发展到一定阶段，中国无须回避自己在某些方面已经具有接近发达国家的部分特征，对外经贸政策立场必然会有所变化和调整，在 FTA 各项议题和规则上的态度也必然会有所变化和调整，这是正常现象。中国特色社会主义建设正是为了国家富强、民族振兴，绝非以贫穷为荣。

第四，目前中国自贸区战略的内容设计和探讨，已经不能再单纯地就 FTA 论 FTA，更不能脱离自身经济、社会、外交政策的宏观导向。目前中国经济"新常态"下的供给侧结构性改革、创新驱动发展战略、可持续发展战略、"一带一路"倡议等顶层设计，必须成为中国自贸区战略内在蕴含的指导思想，并在 FTA 具体规则中得到外在体现。同时，中国正在大力推动的自贸试验区建设、服务外包基地建设、跨境电子商务示范基地建设、产业结构转型升级、"互联网＋"及"双创"工程等具体举措，需要得到中国 FTA 的外部配合与呼应。因此，新时代中国 FTA 需要改变过去循规蹈矩、平平淡淡效仿他国模板的做法，应在文本规则中明确体现自己的利益进攻点和立场主张。

第五，中国自贸区战略应奉行南南合作与南北合作并举，并且在新时代需要把南北合作放在更加突出的位置上。中国过去的 FTA 伙伴多为周边国家、中小国家、发展中国家，而发展中伙伴的经济体量和市场容量普遍不大，对于增进中国经济福利的作用相对有限。因此，中国需要将 FTA 谈判目光更多地转向若干最重要的贸易伙伴。中国目前的发展阶段介于发达国家与中小发展中国家之间，故南南合作与南北合作在经济层面上均能使中国获益，只是合作的侧重点不同。同时，各国政治与经济发展不平衡，发达国家与发展中国家的力量对比也在不断发生变化。因此，在面对不同的谈判伙伴时，中国需要灵活调整自己的利益诉求，以富有变化的务实方式实现"己所不欲，勿施于人"。

第六，中国希望通过 FTA 实现对国际经贸规则的渐进改造，但其推动建立并维护的国际经济新秩序仍然以公正理念为核心特征，从而在 FTA 谈判中继续奉行"互利共赢"的理念，但须辅之以可持续发展这一普世价值。不过，"可持续发展"是相当灵活的概念,各国实现可持续发展的具体目标和手段也各不相同。因此,中国在面对不同类型的谈判伙伴时,应秉承务实灵活的方式处理各项议题和规则,以追求彼此的可持续发展,并根据谈判伙伴的特点有针对性地维护自身的公共政策权力。

第七,中国通过FTA实现对国际经贸规则的渐进改造,并非仅仅服务于国际经济秩序。中国应通过经济促进政治的途径,充分获取FTA在融洽国家关系、释放外交信号、提升软实力、增进公共交往与互信等方面的"非传统收益"。因此,新时代中国在FTA谈判中应奉行"和谐世界"与"人类命运共同体"的理念。

(二)实践层面

1. 各项"变者"

(1)议题项目之变

由于全球价值链和可持续发展的两大客观要求,基于中国当前的内部政策导向与外部形势压力,中国FTA议题项目的变化将是一种时代趋势,必然呈现出向"21世纪贸易协定"靠拢的表征。然而,这并不等于要一概向西方国家靠拢。中国所面临的,一是这些新议题要不要引进的压力,二是这些新议题下法律规则渐趋"硬化"的压力。对此,中国应采取的态度是:基于全球价值链和可持续发展的要求,这些新议题大部分应当引进,但绝非全部引进;即使引进,在具体处理方式上也不能一概采取美式的高度"硬化"规则,而应当软硬并行、软硬有度。因此,中国FTA应对各种议题项目进行性质归类:

第一,适合引进的议题。一方面,基于全球价值链合作的需求,相关的经济议题如贸易投资便利化、竞争政策、电子商务、中小企业等,都可以为中国FTA所引入;另一方面,基于可持续发展的要求,相关的社会议题如环境保护、人力资源、能力建设、发展合作等,也可以为中国FTA所引入,但不一定都单独设章,如人力资源、能力建设、发展合作等完全可以一并纳入中国FTA软性的经济合作章。

第二,不宜引进的议题。中国应反对像TPP那样将纺织品与服装单独设章,反对将劳工议题直接引入,反对将国有企业议题单独设章或确立硬性规则,将反腐败议题排除出FTA谈判范围。

第三,需要进一步研究的议题。有些议题既符合全球价值链、可持续发展的客观趋势,也与中国国内推行结构性改革、扩大对外开放等主观立场不相冲突,可以考虑将其引入未来中国FTA。但是,这些议题在具体操作层面尚存若干有待考量和权衡之处,对其利弊还需要进一步研究,宜相时而动,力求适度。这些议题大致有监管一致性合作、政府采购、服务与投资的负面清单开放模式、知识产权硬性规则等。

第四,可以考虑增加的议题或独立章。在这方面,当前具有可行性的有二:可持续发展、"文化例外"。关于可持续发展,中国可考虑以其代替环境与劳工议题,改现有的环境章、潜在的劳工章为独立的贸易与可持续发展章,并将事关社会综合发展的一些软性合作内容纳入其中。关于"文化例外",在FTA谈判中强化文化领域的特殊诉求是中国的一个新利益点,文化价值、文化多样性可构成中国在可持续发展原则上的自我主张。在未来中国FTA可考虑设置的贸易与可持续发展章中,中国将不再是在环境、劳工等议题上处处"消极防御",而是纳入"文化例外"条款作为中国的专门诉求,从而实现"攻守平衡"。

中国FTA应注意众多议题和章节间法律关系的整合一致性。在纳入众多议题之后,新时代中国FTA的篇幅结构将发展到非常庞大的程度,贸易、投资、知识产权等众多议题和章节间的法律关系可能暴露出一些新问题,因此绝不能简单地罗列拼凑,而必须注意议题和章节间可能发生的关联或冲突,并作出相应的处理。这方面的典型问题,一是知识产权章与投资章的关系,二是知识产权章与争端解决章的关系。

(2) 利益要点之变

有的议题在中国FTA中早就不是新议题了,但在新时代存在因中国利益点变迁而导致规则变迁的问题。中国经济社会的发展和实力地位的转变使得相关利益点的性质发生变化,在FTA中日益成为现实需求,而且具备实现的可能。体现中国FTA"利益要点之变"的传统议题包括服务贸易、投资、知识产权等,我们从中可以发现中国国家身份和利益变迁的影子。其中,比较典型的问题是中国FTA如何对待知识产权"超TRIPS"规则。随着技术的发展和中国国力的上升，认为发展中大国只能固守《TRIPS 协定》标准的观念过于僵化，对于"超 TRIPS"规则不宜一概而论。当下，中国对"超 TRIPS"义务应具体鉴别、为我所用，以加强国际经贸规则的中国话语权，推动有利于自身的知识产权国际规则的形成。此外，从"一带一路"倡议背景下"效率提升型"制度供给的角度看，未来中国 FTA 知识产权章不必局限于《TRIPS 协定》的内容框架，可以考虑新增知识产权的程序性合作内容，如权利的跨国互认、申请或注册以及判决的承认和执行等事项。

（3）开放模式之变

有的规则渗透于 FTA 各个章节中，并不成其为独立议题，而在内部需求和外部压力的新形势下却有重新设计的必要，典型者即体现未来中国 FTA 开放模式之变的相关规则和范畴，如准入前国民待遇加负面清单模式、公众参与机制等。在新时代中国改革开放推向纵深的全新政策导向下，未来中国 FTA 将呈现出更趋积极的开放模式的进一步变化。

其一，未来中国 FTA 可能实行投资与服务贸易的负面清单模式。晚近动态表明，中国目前还没有做好以负面清单模式全面承担 FTA 开放义务的充分准备。在可预见的未来，中国将拥有国内与国际"两个层面、七种清单"。其中，国际层面负面清单需要明确其有别于国内层面负面清单的性质；一旦应用，可考虑对鼓励类产业附加履行要求，对特殊产业设置措施回退机制，以及引入"国内法优先条款"。在国内层面负面清单业已确立的现状下，中国在 FTA 中应避免"为负而负""一负了事"等倾向，以自身开放需要为唯一依归，从而保障国家产业政策自主权和国际经贸规则话语权。

其二，未来中国 FTA 的开放模式之变还在于内在理念和运作方式的重要转向，即在可持续发展原则下对公众参与的适度接纳。公众参与有利有弊。新时代中国 FTA 中的公众参与，应当是渐进、合理、有度、有序的参与。本书提出三条基本思路：① 突出具体议题的功能性需要。典型者如监管一致性合作和环境保护等可持续发展议题、FTA 的第三方评估制度、地方和产业界对 FTA 实施工作的参与、各类专业人士对谈判的预案研究和政策咨询的参与等。② 保持中国经贸决策自主权。公众参与可考虑以软性方式为主，将重点放在协定的平时执行环节，而不是侧重于争端解决机制。③ 在参与主体上有所鉴别。在监管一致性合作议题上,应高度重视企业界和技术专家的作用;在环境保护等议题上,在重视技术专家作用的同时,也须重视社区群体的舆情反馈;在协定效果评估上,应突出专业第三方的作用;在争端解决上,可侧重于非政府组织的"法庭之友"实践。

(4)优惠授予面之变

在中国纵深推进改革开放的新时代,出于深度构造和参与全球价值链的需要,中国FTA需要进一步调整和扩大贸易与投资的优惠授予面。在这方面,"非成员最惠国待遇条款"的适用、原产地规则的未来趋向是两个典型问题。

就"非成员最惠国待遇条款"的适用而言,国内深度推进改革开放和全面打造开放型经济新体制、"一带一路"倡议下企业"走出去"等都存在对FTA"非成员最惠国待遇条款"的客观需求。对于中国,服务自由化承诺中的"非成员最惠国待遇条款"是一把"双刃剑",必须合理设计。附条件的"非成员最惠国待遇条款"是适合中国的规则,即承担软性义务,具体实施事宜可交给务实灵活的具体谈判。中国各个FTA服务贸易章现有的"非成员最惠国待遇条款"尚未定型化,还需要加以完善。首先,建议以中国—格鲁吉亚FTA第八章第6条为基本模板,吸收中国—澳大利亚FTA第八章第7条第4款明确排除老协定的做法。其次,中国可以效仿欧盟,尝试列举一些限定条件。最后,软性谈判义务固然适合中国,但需要适时付诸实践。此外,货物贸易、投资等领域也存在非成员优惠待遇扩展适用的可能性,值得重视和利用。

就原产地规则的未来趋向而言,现在的国际趋势是"开放的区域主义"或"区域主义多边化",国内趋势是"打造高水平开放型经济新体制"。相应地,新时代中国FTA的原产地规则就不能过于封闭化,必须在价值取向上立足"少边",服务多边。目前,中国FTA原产地规则面临着两个"两难":一是企业便利与产业政策之间的两难,二是封闭与开放的两难。因此,新时代中国FTA的原产地规则改革相当复杂。本书从法学角度提出如下思路:

第一,在宏观层面的总体取向上,相比过去,应在封闭与开放之间更加倾向于开放,对FTA固有的歧视性特征有所矫正。具体做法便是,在更广泛的区域内,在货物贸易上强化累积制度(尤其要考虑针对其他FTA伙伴的对角累积规则),在服务贸易上放宽要求,以顺应价值链的运作需要。宽严适中应是未来中国 FTA 原产地规则应秉持的基本尺度,同时应进一步强化各种辅助性的便利化机制。

第二,在微观层面的具体标准上,应具体问题具体分析:首先,在较不敏感或不注重价值链考量的产品上,应更多考虑规则灵活化以便利企业的需要。具体而言,可以采取普遍性原产地规则,以税目改变和区域价值含量为主要标准,辅之以产品特定原产地规则,将三者交由企业选择。其次,在较敏感或存在价值链重要考量的产品上,采取产品特定原产地规则应成为常态。一方面,为了推进区域甚至全球价值链,降低原产地规则限制性,从而扩大累积效应,中国 FTA 须大量运用税目改变标准,并加强"吸收规则"和"微小含量规则"的运用;另一方面,为了产业政策需要,中国 FTA 可在有需要的部门合理运用区域价值含量标准和技术工序标准,适度抬高原产地规则门槛。此外,加工贸易和一般贸易的区分也应被纳入中国 FTA 原产地规则的考量范围。

新时代中国 FTA 以上诸项"变者",看似内容庞大、分析浩繁,但运用唯物辩证法加以考察便可发现,"变"中蕴含"不变"。所有这些"变",都是服务于战略大方向上的"不变"——中国改革开放进程推向纵深之不变、中国公共政策空间继续保持之不变、中国国家利益有效维护与促进之不变、中国务实灵活与互利共赢的文化传统之不变等。

2. 各项"不变者"

(1) 市场准入力度加深之不变

中国 FTA 固然需要大力推进规则建构工作,但并非就此简单放弃市场准入的推进。在美欧贸易投资保护主义盛行的局面下,在 FTA 中继续将市场准入工作进一步推向纵深,对中国的直接好处至少有三:一是有利于中国出口市场多元化,以摆脱对美欧市场的依赖;二是有利于推进"一带一路"倡议下中国主导的 FTA 网络的形成;三是如果中国参与的 RCEP 这样的巨型 FTA 谈成,由此获得的市场准入优惠将有利于消减 CPTPP、TTIP、TISA 等巨型协定对中国造成的价值链边缘化压力。间接好处则是,以扩大市场准入为抓手,推进中国与他国的 FTA 谈判,有助于建立良好的政治关系或缓解政治紧张关系,发挥 FTA 的"非传统收益"效应。从操作角度看,要继续扩大市场准入,促进贸易增长,中国就要努力提高 FTA 的优惠利用率。这需要在国内进一步加强宣传推广、促进企业能力建设、简化原产地规则、出台新的便利化措施等,以提升FTA的实际效用。此外,中国FTA谈判者还需要分析中国在哪些产品和服务上拥有市场准入利益点。

(2) 公共监管权力保持之不变

当前,在西方国家对中国公共政策不断攻击和施压的背景下,中国可通过FTA保持新兴大国的公共监管权力。新时代中国FTA对公共监管权力的保持或者说对公共政策空间的保持,其主要思路包括:

第一,基本面,即各国FTA中具有共性的那些典型的例外条款。其中,对于GATT 1994第20条"一般例外",中国在将其纳入FTA时应考虑结合自身利益需求作适度修改或调整。由于全球价值链下各种经济活动的相融性,中国FTA应当实行统一例外章与各章专门例外条款并行的做法,并明确各种例外条款的适用范围,以避免潜在冲突。

第二,特色面,新时代中国FTA文本中应融入以下三点考量:一是服务于新时代中国的国内公共政策导向;二是补救《入世议定书》的不利规定,尤其是对中国公共政策空间造成严重妨碍的永久性不利规定;三是消解WTO与国际投资仲裁不合理裁决的影响,尤其是那些基于《入世议定书》中的超常规义务对中国公共政策空间造成明显妨碍的裁决。

(3) 特殊与差别待遇坚持之不变

对于新时代中国,一方面,应坚持"发展中国家"的总体定位,坚持特殊与差别待遇的原则性地位;另一方面,要实事求是,在负责任大国的角色担当下,在具体领域承担起与自身经济实力相匹配的义务和责任,作出符合自身利益的选择。新时代中国FTA坚持特殊与差别待遇之不变,应体现于以下两个维度:一是既体现于中国在面对较发达伙伴时要求享有特殊与差别待遇,也体现于中国在面对较不发达伙伴时让对方享有特殊与差别待遇;二是既体现于市场准入,也体现于经贸规则。

根据不同的伙伴实行不同的特殊与差别待遇,符合中国FTA"政策治理"模式和务实灵活的范式建构需要。但是,中国在FTA中又不必明提分类,而是事实上根据不同的伙伴、部门实行不同的待遇。这样,既能收到特殊与差别待遇的实效,把中国的权益带进规则,达到互利共赢,同时又能避免对己不利的"分类"口实。中国尤其需要在FTA中强化特殊与差别待遇条款的精确性、授权性，即增进条文规定的细化度，并设立有效的执行监督机制，如双边自由贸易委员会等。此类机制既能评估特殊与差别待遇条款的执行状况，又能保持一定的政策灵活性和手段弹性。

(4) 协定条款软硬并行之不变

中国FTA条款软硬并行的基本特征，使其明显区别于美国FTA的硬性特征，更接近于欧盟FTA的风格，但在立意上又有对中国自身国情之考虑。

成因之一，是新时代中国FTA的议题处理需要。现阶段，中国正处于经济社会转型期，而竞争政策、国有企业、数据流动、监管合作这样的经济议题以及环境保护等社会议题的利益牵涉面广，实施不确定性大，风险掌控难，有的规则尚处于发展之中。对此类议题，中国FTA显然不宜采用美式刚性规则加以框定。如强行这样做，在国内价值观念上尚未普遍接受、执行技术尚未充分成熟的情况下，其实际效果未必良好。中国FTA宜以泛泛的软法形式处理这些议题，如此，则风险可控、影响较小、难度较低，也更切合发展中大国的实际。

成因之二，是新时代中国FTA的公共政策需要。转型期中国公共政策过程呈现新的特征，由此决定了中国FTA既是经贸合作的确定性法律承诺书，又是经贸合作的意向性友好文件。中国要保持公共政策自主权，就有必要适度"软化"FTA文本中的有关贸易和投资规则，大力强调双边经贸委员会（或自由贸易委员会）的对话作用，适度强化企业界的公众参与，并在条约解释上高度突出缔约方联合解释权的优先地位，适度抑制独立仲裁庭的司法权力等。

成因之三，是新时代中国FTA的"非传统收益"需要。新时代中国FTA注重条款之软硬并行，除了大量的软性合作条款、经贸委员会协商条款之外，还应在贸易救济条款、争端解决条款的"柔化"上下功夫。FTA中的各种软性条款能够促进"非传统收益"，"非传统收益"又能反推"传统收益"，进而促进中国自贸区战略与"一带一路"倡议之间功能上的相互服务和精神上的深度融合。

同样，以上各项"不变"中也蕴含"变"：尽管中国FTA的基本宗旨和精神不变，但基于中国经济社会的不断发展、综合国力和国际地位的持续提升，在具体实施手段上需要有所变化。其中，较典型者便是，中国可以合理运用现实主义外交理念，在FTA中补救《入世议定书》的不利规定，消解WTO与国际投资仲裁不合理裁决的影响。总之，变中有不变，不变中有变，这种高度辩证的关系将贯穿于中国FTA法律范式构建的始终。

## 三、新时代中国自由贸易协定法律范式构建的未来展望

中国作为发展中大国和新兴经济体,在社会主义新时代,应"以我为主",将国内经济社会发展的指导思想贯彻到对外 FTA 实践中。因此,关注中国国内改革与全球化的关系、中国国内改革与外部经贸战略的关系,至关重要。中国 2001 年入世就是伴随着国内配套改革。2013 年以来,中国又在重复这个策略。当初的入世行动伴随着第一轮国内改革,现在的"一带一路"倡议和自贸区战略则伴随着第二轮国内改革。不同的是,第一轮改革侧重"与国际接轨",第二轮改革则注重"以我为主"。党的十八届五中全会提出了"创新、协调、绿色、开放、共享"五大发展理念。党的十九大报告再次确认了五大发展理念,并将其整合为指导社会主义新时代实践的新发展理念。新发展理念是破解发展难题、厚植发展优势的理论指南,是今后中国发展思路、发展方向、发展着力点的集中体现。新时代中国 FTA 法律范式构建工作理应贯彻以上五大发展理念,以求深化与中国自贸区战略相适应的对外经贸联系,同时配合国内经济结构调整,逐渐减轻对现有主要贸易伙伴构成的较为单一的外部市场的依赖。[1] 相关思路见下表:

表 8-1 新发展理念与新时代中国 FTA 法律范式构建

| 新发展理念 | 新时代中国 FTA 法律范式构建的相关工作 |
| --- | --- |
| 创新 | 知识产权(适度的"超 TRIPS"规则、程序性合作等);若干"21 世纪议题"(适当纳入、适当处理);负面清单开放模式(服务于供给侧结构性改革;产能过剩部门引导本国资本流出,产能不足部门引导外资流入) |
| 协调 | 各种章节、议题间条款的协调一致;监管合作;贸易救济条款、争端解决条款的"柔化";各种软性合作 |
| 绿色 | 包括环境保护、资源保护在内的可持续发展 |
| 开放 | 扩大的服务与投资准入;扩大的公众参与等 |
| 共享 | 缔约方之间的互利共赢;协定受益面向非缔约方的扩展;灵活便利的原产地规则;扩大的公众参与;各种软性合作等 |

注:本表格为笔者自制。

---

[1] 参见东艳等:《深度一体化:中国自由贸易区战略的新趋势》,载《当代亚太》2009 年第 4 期,第 111 页。

中国作为发展中大国和新兴经济体,在经济社会转型期呈现出身份和利益的复杂多元特征,因此一成不变的"范本论"不适合中国 FTA 实践。中国文化传统历来奉行务实灵活,西方法理学中的后现代法学也反对套用僵化模式,主张因时制宜、因地制宜、因人制宜,这些对于新时代中国 FTA 实践都具有高度启发意义。不同于美国强势、高标准、僵化不变的 FTA 范式,中国 FTA 范式代表了一种务实灵活的战略性风格,有助于维护自身公共政策空间与对外制度话语权,有利于应对西方国家长期奉行的"规则制华",并可体现中国在全球权力转移格局下对于国际经济法律秩序的正当变迁要求。制度性话语权之争包含议程设置和标准提出两个方面。[1] 在议程设置上,新时代中国 FTA 既要持开放理念,又要谨慎务实。在标准提出上,新时代中国 FTA 既要"以我为主",又要因人而施。

中国作为发展中大国和新兴经济体,拥有"己所不欲,勿施于人"的文化传统和互利共赢、和谐相处的外交风格,一直追求较为平衡的国际法实践。欧盟在 TTIP 谈判中的各种立场值得中国高度重视。中国与欧盟目前拥有若干共同点:都属于世界大型经济体,都拥有悠久的历史文化,都面临较强的内部公共政策需求,都高度重视绿色经济、数字经济等新产业、新业态,既维护自身经贸利益点又保持相对温和的谈判风格。中国 FTA 谈判者宜深入研究欧盟在 TTIP 谈判中提出的各种规则主张,其中部分主张对于不断发展的中国具有一定的借鉴价值。同时,借鉴他方经验,终究还是要结合中国特点,为我所用。正如《新时代的中国与世界》白皮书所指出的:"中国积极推动全球治理理念创新发展,及时总结国家治理的成功实践和经验,积极发掘中华文化中积极的处世之道、治理理念同当今时代的共鸣点,努力为完善全球治理贡献中国智慧、中国方案、中国力量。"[2] 新时代中国 FTA 法律范式构建,属于中国参与全球治理实践的重要组成部分。

---

[1] 参见赵龙跃编著:《制度性权力:国际规则重构与中国策略》,人民出版社 2016 年版,第 313 页。

[2] 中华人民共和国国务院新闻办公室:《新时代的中国与世界》,人民出版社 2019 年版,第 67 页。

# 主要参考文献[*]

## 一、中文文献

### (一) 著作类

[1] 周念利:《区域服务贸易自由化分析与评估》,对外经济贸易大学出版社 2013 年版。
[2] 陈德铭等:《经济危机与规则重构》,商务印书馆 2014 年版。
[3] 赵龙跃编著:《制度性权力:国际规则重构与中国策略》,人民出版社 2016 年版。
[4] 中国社会科学院世界经济与政治研究所国际贸易研究室:《〈跨太平洋伙伴关系协定〉文本解读》,中国社会科学出版社 2016 年版。
[5] 中华人民共和国国务院新闻办公室:《新时代的中国与世界》,人民出版社 2019 年版。

### (二) 译著类

[1] 〔荷兰〕尼科·斯赫雷弗:《可持续发展在国际法中的演进:起源、涵义及地位》,汪习根、黄海滨译,社会科学文献出版社 2010 年版。

---

[*] 本书的所有参考文献均已在正文脚注中翔实列出,此处仅列举对写作思路与观点有重要影响的主要参考文献,并按出版或发表时间排序。

〔2〕〔美〕西蒙·莱斯特、〔澳〕布赖恩·默丘里奥编著:《双边和区域贸易协定:案例研究》,王晨曦译,上海人民出版社 2016 年版。

〔3〕〔美〕西蒙·莱斯特、〔澳〕布赖恩·默丘里奥编著:《双边和区域贸易协定:评论和分析》,林惠玲、陈靓等译,上海人民出版社 2016 年版。

## (三)论文类

〔1〕徐崇利:《新兴国家崛起与构建国际经济新秩序——以中国的路径选择为视角》,载《中国社会科学》2012 年第 10 期。

〔2〕刘彬:《中国自由贸易协定知识产权文本的体系化构建》,载《环球法律评论》2016 年第 4 期。

〔3〕韩立余:《国际经贸投资规则对履行要求的规制》,载《法学家》2017 年第 6 期。

〔4〕张文显:《推进全球治理变革,构建世界新秩序——习近平治国理政的全球思维》,载《环球法律评论》2017 年第 4 期。

## 二、外文文献

### (一)著作类

[1] Richard Baldwin and Phil Thornton (eds.), *Multilateralizing Regionalism: Ideas for a WTO Action Plan on Regionalism*, CEPR Press, 2008.

[2] Richard Baldwin and Patrick Low (eds.), *Multilateralizing Regionalism: Challenges for the Global Trading System*, Cambridge University Press, 2009.

[3] C. L. Lim, Deborah K Elms and Patrick Low (eds.), *The Trans-Pacific Partnership: A Quest for a Twenty-first Century Trade Agreement*, Cambridge University Press, 2012.

[4] Bernard Hoekman, *Supply Chains, Mega-Regionals and Multilateralism: A Road Map for the WTO*, CEPR Press, 2014.

### (二)论文类

[1] Guiguo Wang, China's FTAs: Legal Characteristics and Implications, *American Journal of International Law*, Vol. 105, Iss. 3, 2011.

[2] Gabriel Gary, GATS and Offshoring: Is the Regulatory Framework Ready for the

Trade Revolution? *Journal of World Trade*, Vol. 46, Iss. 6, 2012.

[3] Patrick Reynaud, Sustainable Development and Regional Trade Agreements: Toward Better Practices in Impact Assessments, *McGill International Journal of Sustainable Development Law & Policy*, Vol. 8, Iss. 2, 2013.

[4] Shi Jingxia, Services Liberalization in China's Free Trade Agreements, *China Legal Science*, Vol. 1, Iss. 4, 2013.

[5] Alberto Alemanno, The Regulatory Cooperation Chapter of the Transatlantic Trade and Investment Partnership: Institutional Structures and Democratic Consequences, *Journal of International Economic Law*, Vol. 18, Iss. 3, 2015.

[6] Gary Clyde Hufbauer and Cathleen Cimino-Isaacs, How Will TPP and TTIP Change the WTO System? *Journal of International Economic Law*, Vol. 18, Iss. 3, 2015.

# 后　记

　　本书是我关注自由贸易协定法律问题的第二部专著,可以说是自己十几年来持续跟踪该领域的一个阶段性总结。由于种种原因,本书的完成时间有所延后,但现在看来也未必就不好,因为该领域的一些最新动态得以被纳入,如中国自由贸易协定若干升级版、《美墨加协定》、新时代中国的全球治理理念等,从而增强了研究质量,保证了与时代的合拍度。当然,国际经济法是一个内容变动性较大的学科,及时截取成果完成节点也是必要的。

　　感谢恩师徐崇利教授慷慨作序。恩师虽已取得学界公认的学术成就,但仍治学不辍,是我一生的榜样。他所作的序对本书固然有所肯定,但更是对我的进一步鞭策。

　　西南政法大学的各级领导和同事对本书的写作和出版给予大力支持,谨此一并致谢。我来到西南政法大学后,亲眼目睹各个兄弟学科的高手各显神通,真正感受到主流法学平台的氛围,受益良多。

　　最后,感谢家人对我的关爱。长辈的三春之晖、妻子的辛苦操劳和小儿的淘气顽皮,是我不敢懈怠的持久动力。

刘　彬

2020 年 3 月 16 日于重庆